Narrative Existenz

Contemporary Perspectives in European Philosophy / Zeitgenössische Perspektiven europäischer Philosophie

Edited by / Herausgegeben von

Emmanuel Alloa

VOLUME 4

Sebastian Spanknebel

Narrative Existenz

Grundüberlegungen zu einer narrativen Anthropologie in psychotherapeutischer Hinsicht

BRILL | FINK

Umschlagabbildung: Gustave Moreau (1864): *Ödipus und die Sphinx* (Öl auf Leinwand, 206 × 105 cm). Museum of Modern Art, New York City, NY, USA. Via Wikimedia Commons: https://commons.wikimedia.org/wiki/File:Oedipus_and_the_Sphinx_MET_DP-14201-023.jpg, abgerufen am 13.10.2024, veröffentlicht unter CC0 1.0

Bibliografische Information der Deutschen Nationalbibliothek

Die Deutsche Nationalbibliothek verzeichnet diese Publikation in der Deutschen Nationalbibliografie; detaillierte bibliografische Daten sind im Internet über http://dnb.d-nb.de abrufbar.

Zugl.: Magdeburg, Diss., Univ., 2023.

www.brill.com
E-Mail: info@fink.de

Einbandgestaltung: Evelyn Ziegler, München
Herstellung: Brill Deutschland GmbH, Paderborn

ISSN 2700-5852
ISBN 978-3-7705-6868-0 (hardback)
ISBN 978-3-8467-6868-6 (e-book)

Auch dieses Buch hat seine Geschichte.
Mein Dank gilt Eva Schürmann und Andreas Hetzel für die zugleich inspirierende wie geduldige Betreuung dieser Arbeit, Hedwig und Jochen Spanknebel für die unverzichtbare emotionale und materielle Unterstützung sowie Lena-Johanna Herrmann für die zahlreichen Anregungen.

„Antiphon erfand eine Methode, Leid zu vermeiden, vergleichbar mit der medizinischen Behandlung von körperlich Kranken. Er richtete sich in Korinth, in der Nähe des Marktplatzes, ein Gebäude ein und verkündete dabei, er könne die Leidenden durch Worte behandeln. Er pflegte die Ursachen des Kummers zu erfragen, worauf er dann die Patienten mündlich aufmunterte."[1]

1 Plutarch: Vit. X oral. 1, p. 833c, in: Diels et al. (1922)., Nr. 87 (Antiphon), A 6. Weiterführend zu Antiphon als Psychotherapeut avant la lettre: Furly (1992).

Inhaltsverzeichnis

Einleitung

> „In der analytischen Behandlung geht nichts anderes vor als ein Austausch von Worten zwischen dem Analysierten und dem Arzt. Der Patient spricht, erzählt von vergangenen Erlebnissen und gegenwärtigen Eindrücken, klagt, bekennt seine Wünsche und Gefühlsregungen. Der Arzt hört zu, sucht die Gedankengänge des Patienten zu dirigieren, mahnt, drängt seine Aufmerksamkeit nach gewissen Richtungen, gibt ihm Aufklärungen und beobachtet die Reaktionen von Verständnis oder von Ablehnung, welche er so beim Kranken hervorruft. Die ungebildeten Angehörigen unserer Kranken [...] versäumen es auch nie, ihre Zweifel zu äußern, wie man ‚durch bloße Reden etwas gegen die Krankheit ausrichten kann'. [...] Wir werden also die Verwendung der Worte in der Psychotherapie nicht geringschätzen und werden zufrieden sein, wenn wir Zuhörer der Worte sein können, die zwischen dem Analytiker und seinem Patienten gewechselt werden."[1]

Dass die Psychoanalyse ‚durch bloße Reden' zu heilen vermag, verwunderte nicht nur die Zeitgenossen Freuds, sondern stößt auch noch heute auf Irritationen. Eine *sprechende Medizin*, von einer Patientin Freuds auch „talking cure"[2] genannt, erscheint vielen, auch wenn mittlerweile klinisch etabliert und durch zahlreiche Studien als wirksam erwiesen[3], intuitiv widersprüchlich und unverständlich. Es steht daher die Frage im Raum: *Wie ist es möglich, mit Worten zu heilen?*

Dieser Frage soll im Rahmen dieser Arbeit nachgegangen werden. Es schließen sich jedoch sogleich weitere Fragen an: Wenn es tatsächlich möglich ist, mit Worten zu heilen, müssten sie dann nicht auch an der Entstehung der psychischen Erkrankung (pathogen) beteiligt sein? Wenn ja, wie ist dies möglich? Und weiterführend gefragt: Was sagt es über das Menschsein aus, wenn Worte darüber (mit)entscheiden, ob ein Mensch ein leidvolles Leben zu führen vermag?

Eine weitere Irritation stellt sich ein, wenn man in den Freud'schen und nachfolgenden psychoanalytischen Schriften nach Antworten auf diese Fragen sucht: Die Psychoanalyse hat sich zumeist nur wenige und, wenn überhaupt, dann häufig eher unergiebige Gedanken zur heilenden Kraft ihrer

1 Freud (1999q), S. 9.

2 Freud (1999o), S. 50.

3 Einen guten Überblick zur Geschichte und aktuellen Studienlage der Psychotherapieforschung bieten Wampold et al. (2018).

Worte gemacht.[4] Dies verwundert, da Therapeuten[5] in ihrer Praxis tagein, tagaus prima facie nichts anderes tun, als den Worten ihrer Patienten zuzuhören und manchmal auch zu antworten. Frei nach Martin Heidegger könnte man daher sagen: Das „Nächste und Bekannte ist das […] Fernste, Unerkannte und in seiner […] Bedeutung ständig Übersehene“[6].

Woher rührt es, dass ein wesentlicher Aspekt der klinischen Praxis theoretisch zumeist übersehen wird? Ein Grund hierfür liegt sicherlich in der Dominanz eines naturwissenschaftlichen Grundparadigmas in der Psychotherapie. Bekanntlich war und verstand sich Freud als Naturwissenschaftler; entsprechend war er reichlich bemüht, seiner Psychoanalyse eine naturwissenschaftliche Gestalt zu geben. Diese disziplinäre Situierung ließ Freud als Theoretiker (nicht als Behandler) in Bezug auf die sprachliche Dimension seines Behandlungsverfahrens weitestgehend erblinden. Mit wenigen Ausnahmen setzte sich diese theoretische Unterbelichtung der Bedeutung der Sprache als Medium der klinischen Praxis auch in der Nachfolge Freuds fort. Heute könnte man daher von einer medialen *Darstellungsvergessenheit* der Psychoanalyse sprechen.

Mancher mag sich an dieser Stelle denken: Na und? Welche Probleme bzw. welche Nachteile ergeben sich aus der theoretischen Marginalisierung des sprechenden Patienten? Hierauf wäre zunächst zu antworten, dass darstellungsvergessene Theorien den Blick auf die klinischen Phänomene verstellen und damit letztlich zu einer Beeinträchtigung des therapeutischen Handelns führen. Ausführlich werden erst die nachfolgenden Überlegungen diese Frage beantworten.

Im Zentrum der Überlegungen dieser Arbeit soll daher der sprechende Patient stehen; genauer, da das Sprechen in der Psychotherapie zumeist die mediale Form der *Erzählung* annimmt, der *erzählende Patient*. Thema ist also die Bedeutung des Erzählens für das menschliche *Selbstverstehen* und damit für seine *narrative Identität*. Hierfür ist eine ausführliche darstellungstheoretische Untersuchung der medialen Form und Praxen des Erzählens erforderlich. Da es in dieser Arbeit jedoch um den erzählenden Menschen geht, darf die Narrativität nicht isoliert betrachtet werden, sondern muss in Bezug auf und in ihrer Bedeutung für das Menschsein expliziert werden. Im

4 Auf die Ausnahmen, d.h. Theorien, welche die Bedeutung der Sprache für die Psychoanalyse würdigen und theoretisch zu explizieren versuchen, komme ich in Kapitel 10.2 zu sprechen.

5 Zur besseren Lesbarkeit wird im Folgenden das generische Maskulinum verwendet; gemeint sind jedoch durchgängig alle Geschlechter.

6 Heidegger (2006), S. 43.

erweiterten Fokus dieser Arbeit sollen daher Grundüberlegungen zu einer *narrativen Anthropologie in therapeutischer Hinsicht* entwickelt werden.

Durch diese Fragestellung weist die Arbeit notwendigerweise eine *interdisziplinäre Perspektive* auf: Ausgehend von einem psychotherapeutischen Klärungsinteresse wird der argumentative Gang, grob vereinfacht, über die philosophische Anthropologie und die Existenzphilosophie zu darstellungstheoretischen (primär narratologischen) Erörterungen zurück zur Psychotherapie führen. Die vorliegende Arbeit nimmt es sich zur Aufgabe, die philosophischen (genauer: medienanthropologischen) Grundlagen der Psychotherapie genauer zu betrachten und Grundzüge einer *narrativen Reformulierung der Psychoanalyse* zu skizzieren.

Hierzu sind einige methodische Hinweise notwendig:

1) Es handelt sich bei der vorliegenden Arbeit um eine philosophische Arbeit; dies limitiert den Gegenstandsbereich und bestimmt ihren methodischen Zugriff. Im Folgenden soll daher vor allem eine philosophische Untersuchung von Grundbegriffen bzw. grundlegenden Denkfiguren erfolgen; entsprechend ist vornehmlich eine *Arbeit am Begriff* zu leisten.

   Methodisches Ziel ist hierbei, Grundbegriffe und Denkfiguren zu erarbeiten, welche sich zum einen durch ein hohes Maß an Klarheit und Genauigkeit auszeichnen und zum anderen den Phänomenen und Handlungspraxen, die sie beschreiben, gerecht werden. Gesucht werden Begriffe, die den Blick auf den (psychisch leidenden) Menschen in der klinischen Praxis nicht theoretisch verzerren, sondern das, was sich zeigt, bzw. was wir tun, klarer erkennbar und damit besser verstehbar machen. Diese Arbeit sieht sich daher einer im weiten Sinne *phänomenologischen Maxime* verpflichtet; dies zeigt sich u.a. darin, dass als Ausgangs-, Referenz- und Zielpunkt der Argumentation zumeist die *erstpersonale Perspektive* im Fokus steht.

2) Auch wenn es sich um eine philosophische Arbeit handelt, so erfordert die Argumentation jedoch an vielen Stellen valide empirische Kenntnisse des Gegenstandes. Wo erforderlich, wird sich daher auf Studien, Fallberichte und anderweitige empirische Expertise bezogen. Es erfolgt jedoch keine eigene empirische Untersuchung zur Thematik. Dies wäre am Ende der vorliegenden Argumentation möglich und sicherlich aufschlussreich, kann jedoch im Rahmen dieses Forschungsprojektes aus verschiedenen Gründen nicht realisiert werden.

   Die vorliegende Arbeit kann daher als *empirisch informierte Philosophie* verstanden werden. Da ihr Untersuchungsgegenstand der erzählende Mensch ist, reiht sie sich ein in die Tradition der *philosophischen*

Anthropologie, wie sie von Max Scheler[7], Helmuth Plessner[8] oder Ernst Cassirer[9] vertreten wird. Die Arbeiten dieser Autoren stellen insofern ein Vorbild dar, als dass sie ebenfalls Erkenntnisse empirischer Humanwissenschaften aufnehmen, diese kritisch diskutieren und sie letztlich zu wesentlichen Bestimmungen des Menschseins verdichtet auf den Begriff bringen.

Da diese Arbeit jedoch mit dem Begriff der Narrativität nicht nur eine weitere theoretische Beschreibung des Menschen formulieren, sondern diese auch für ein praktisches Feld – die Psychotherapie – fruchtbar machen will, stellt sie, in Anlehnung an Immanuel Kant[10], zugleich auch eine *Anthropologie in pragmatischer Hinsicht* dar.

3) Der psychotherapeutische Fokus stellt das argumentative Ziel, jedoch nicht primär den Gegenstand dieser philosophischen Untersuchung dar. Ausgehend von meinen Überlegungen ergeben sich Implikationen für die psychoanalytische Theorie sowie für die Behandlungspraxis; diese sind jedoch nur als Denkanregungen zu verstehen. Die hier vorliegenden Thesen klinisch zu fundieren, würde weitere umfangreiche Studien erfordern, die ggf. im Anschluss durchzuführen wären.

Damit meine Überlegungen an Anschaulichkeit gewinnen und zudem deren klinische Relevanz erkennbar wird, sind einige kurze klinische Fallvignetten eingefügt. Hierbei ist es wichtig zu betonen, dass diesen nicht der argumentative Status einer empirischen Fundierung der jeweiligen Thesen zukommt; sie dienen primär ‚nur' der Veranschaulichung. Diese Fallvignetten stammen der Sache nach aus meiner eigenen klinischen Praxis, sind jedoch in Bezug auf persönliche Details stark verfremdet, sodass eine Identifikation unmöglich ist.

In Bezug auf die Psychotherapie ist zudem anzumerken, dass in dieser Arbeit keine Unterscheidung zwischen Psychoanalyse, tiefenpsychologisch fundierter Psychotherapie oder anderen verwandten Behandlungsverfahren vorgenommen wird. Da die Thesen dieser Arbeit derart grundlegender Natur sind, berühren sie die differentia specifica dieser Verfahren nicht. Meine Überlegungen betreffen all die psychischen Störungen und deren psychotherapeutische Behandlungsmöglichkeiten,

7 S. Scheler (2018).

8 S. Plessner (2003c).

9 S. Cassirer (2007).

10 S. Anth, AA VII. (Platon, Aristoteles und Kant werden in dieser Arbeit, abweichend von den anderen Quellenangaben, nach den jeweiligen im philosophischen Diskurs etablierten Zitationsstilen zitiert).

bei denen sich das verstehende Erzählen in der Therapie als wirksam erweist.[11]

4) Es ist mir zudem wichtig zu betonen, dass auf dem umfangreichen argumentativen Weg auf zahlreiche Theorien, Überlegungen oder Untersuchungen verschiedenster Provenienz zurückgegriffen wird; dies erfordert die leitende Fragestellung bzw. das damit einhergehende Klärungsinteresse. In den meisten Fällen handelt es sich bei den angeführten Referenzen daher nicht um eine umfassende Darstellung dieser Thematiken. Ich referiere die angeführten Quellen zumeist nur insofern bzw. in dem Umfang, wie sie sich für die Argumentation systematisch als zielführend erweisen.
   Aus diesem Grund habe ich mich entschieden, auf eine ausführliche und umfassende Darstellung der jeweiligen einschlägigen Diskurse zumeist zu verzichten; auf instruktive Quellen für die weitere Lektüre wird verwiesen. Es kann daher an der einen oder anderen Stelle (mitunter berechtigterweise) der Vorwurf erhoben werden, dass meine Ausführungen einem Autor, einer Theorie oder einer Debatte nicht gerecht werden. Dies ist dem Wunsch nach einer argumentativen Prägnanz geschuldet, welche hoffentlich zu einer aufschlussreichen Lektüre beiträgt.

5) Zuletzt noch ein formaler Hinweis: Ich schreibe grammatisch in der 1. Person; dies hat folgenden Grund: Verhindert werden soll hiermit, dass der anmaßende Eindruck entsteht, der Aufbau, die argumentative Konfiguration sowie letztlich die vertretenen Thesen seien Ausdruck einer ‚objektiven Notwendigkeit' oder ‚zwingenden Wahrheit'. Stattdessen möchte ich durch diese grammatische Stilistik in epistemischer Bescheidenheit markieren, dass ‚nur' ich es bin, der diese Überlegungen formuliert und die resultierenden Thesen aus hoffentlich überzeugenden Gründen vertritt.
   Ob meine Argumentation zu überzeugen weiß, entscheidet die Lektüre.

Der argumentative Weg dieser Arbeit beginnt mit grundlegenden anthropologischen Überlegungen zur Grundstruktur der menschlichen Subjektivität. Hierbei wird sich die Denkfigur des *exzentrischen Selbstverhältnisses* als zentral erweisen. Begriffe wie das *Ich*, das *Selbst* oder die *personale Identität* sollten, so meine Argumentation, ausgehend von dieser anthropologischen Denkfigur entwickelt werden. Dies lege ich im ersten Abschnitt dieser Arbeit dar. Ausgehend von zentralen Gedanken der Existenzphilosophie betone ich

11 Dies schließt beispielsweise hirnorganisch bedingte, psychotische und schwere strukturelle Störungen aus. Die Frage, ob meine Überlegungen auch für Traumafolgestörungen relevant sie können, diskutiere ich in Kapitel 10.1.

im zweiten Abschnitt die Bedeutung der *praktischen Frage* – der Frage, wie zu leben sei – für die weiteren Überlegungen. Die Beantwortung der praktischen Frage erfordert jedoch eine valide *Selbstkenntnis*. Ich argumentiere diesbezüglich dafür, hierbei vor allem auf den Begriff der *Artikulation* zurückzugreifen. Umfangreiche, diachrone Artikulationen des eigenen Lebens sind nur im Rahmen narrativer Darstellungen möglich; entsprechend wird im vierten Abschnitt der Begriff der *Erzählung* im Allgemeinen sowie in der Folge insbesondere das *autobiographische Erzählen* ausführlich in den Blick genommen. Im fünften und letzten Abschnitt stellt sich anschließend die Frage nach der *Wahrheit* des autobiographischen und letztlich therapeutischen Erzählens. Die Arbeit schließt, entsprechend ihres Klärungsinteresses, mit Überlegungen zu einer *narrativen Reformulierung der Psychoanalyse.*

TEIL I

Das Selbst

Es mag geradezu tollkühn erscheinen, eine Untersuchung nicht nur mit dem Begriff des *Selbst* zu beginnen, sondern ihm sogleich eine wichtige argumentative Bedeutung für das Klärungsinteresse dieser Untersuchung beimessen zu wollen; einem Begriff, welcher in der Alltagssprache vor allem adverbial und als Substantiv in vielfältiger und reichlich vager Bedeutung verwendet wird. Neben dem Begriff *Selbst* selbst wären hier vor allem die theoretisch schwierigen Begriffe *Selbstbewusstsein, Selbst(wert)gefühl, Selbstbild, Selbstkonzept* etc. zu nennen. Es scheint kaum möglich und wahrscheinlich letztlich ertraglos, mittels Diskurs- oder Begriffsanalyse eine grundständige Bedeutung dieser Begriffsfamilie herausarbeiten zu wollen. Trotzdem möchte ich versuchen, unter Rückgriff auf verschiedene Theorien und Autoren in diesem Abschnitt einen eigenen Begriff des Selbst entwickeln, welcher jedoch, so meine Überzeugung, viele alltagssprachliche wie auch theoretische Aspekte und Intuitionen einzufangen vermag.

Beginnen wir also mit unserer Alltagssprache: Schon der erste Blick auf die soeben genannten Begriffe lässt einen irgendwie gearteten reflexiven Bezug erkennen: So thematisiert das Bewusstsein sich im *Selbstbewusstsein* selber; das Bild, welches ich selber von mir habe, kann man *Selbstbild* nennen; die wertschätzende oder eher abschätzige Meinung, die ich von mir habe, bildet den Kern des *Selbstwertgefühls*. Was diese verschiedenen Beispiele bereits andeutungsweise zeigen, kann als *Selbstbezug* bezeichnet werden: Ich beziehe mich in verschiedenster Weise irgendwie auf mich selbst. Ein solcher Selbstbezug lässt bereits die für diese Arbeit zentrale Denkfigur des *Selbstverhältnisses* erkennen, welche ich im Folgenden mit Helmut Plessner als *exzentrisch* genauer charakterisieren werde.

Der Begriff des Selbstverhältnisses setzt begriffslogisch etwas voraus, worauf sich bezogen wird. Ich werde es nach Möglichkeit zu vermeiden versuchen, dieses, wie bisweilen üblich, jedoch in theoretischer Hinsicht problematisch, als *Ich* zu bezeichnen.[1] Stattdessen werde ich von Arten der *Selbstgegebenheit*

1 Zu dieser Problematik s. Tugendhat (2005), S. 68ff.

© BRILL FINK, 2025 | DOI:10.30965/9783846768686_002

sprechen, innerhalb derer verschiedene Aspekte unserer Existenz erfahren und die damit Gegenstand von verschiedenen Arten der Selbstbezugnahmen werden können. Obgleich relevant und höchst interessant, werde ich den verschiedenen Arten und Weisen der Selbstgegebenheit nur relativ wenig Aufmerksamkeit entgegenbringen, mich interessiert vielmehr, wie es uns möglich ist, dasjenige, was wir *implizit* in verschiedenen Erlebnissen, Erinnerungen, Gefühlen und Gedanken über uns erfahren, im Rahmen von Selbstbezugnahmen *explizit* zu thematisieren, zu reflektieren und letztlich in Erzählungen zu artikulieren. Dieses Vorhaben könnte man daher mit dem Schlagwort *making it explicit* versehen.[2]

Für die Gesamtheit dieser aus der Dialektik von Selbstgegebenheit und Selbstbezugnahme resultierenden expliziten Kenntnisse unserer Existenz verwende ich den Begriff des *Selbst*. Das Selbst ist also weder etwas einfach Gegebenes, schon gar nicht in Form einer substanziellen Entität, noch etwas gänzlich frei Konstruiertes; vielmehr ist mein Selbst all dasjenige, von dem ich auf Erfahrungen meiner Existenz bezugnehmend von mir expliziert Kenntnis habe. Diesen Akt des Explizierens werde ich im weiteren Verlauf der Arbeit als *Artikulation* bezeichnen. Das Selbst wird sich also immer als *artikuliertes Selbst* erweisen.

Dieser Begriff des artikulierten Selbst weist jedoch per se keine aktuale Einheitlichkeit oder zeitüberdauernde Stabilität auf. Im zweiten Teil dieses Abschnitts ist mir daher daran gelegen zu untersuchen, wie die *Identität des Selbst* angemessen, d.h. weder essentialistisch noch gänzlich kontingent gedacht werden kann.

---

2 Diese Formulierung ist titelgebend mit Robert Brandom verbunden; s. Brandom (2022). Obgleich durch ein gänzlich anderes Klärungsinteresse bestimmt und in einen anderen Diskurshorizont eingebunden, mag eine Verwandtschaft in der Sache bestehen.

KAPITEL 1

Der Begriff des Selbst

Ich beginne daher mit einigen Grundüberlegungen zum Begriff des *Selbst.* Zuvorderst geht es mir darum, eine grundsätzliche Unterscheidung zwischen *Selbst* und *Ich* zu markieren; im Anschluss werde ich ausgehend von Kierkegaard, Heidegger und Plessner das Selbst als *Selbstverhältnis* theoretisch genauer zu fassen versuchen sowie im dritten Unterkapitel exemplarisch vier verschiedene *Formen der Selbstgegebenheit* und *Selbstbezugnahme* anführen.

Zu einem naheliegenden Einwand sei zudem vorab Stellung bezogen: Die Verwendung der Substantive wie Ich und Selbst kann als problematisch angesehen werden, da diese ein Verständnis beider Entitäten in Form einer Vergegenständlichung nahelegt.[1] Meine entsprechenden Überlegungen, z.B. zum Begriff des Selbst, sollten jedoch deutlich erkennen lassen, dass ich hierunter keineswegs ein irgendwie geartetes ‚Ding' verstehe. Mitnichten möchte ich das Selbst durch substanzielle Stabilität ausgezeichnet wissen. Im Gegenteil ist es mir ein zentrales Anliegen, dieses in seinem Prozess- und Vollzugscharakter und in seiner mitunter fraglichen Identität sichtbar werden zu lassen. Im weiteren Verlauf der Arbeit werde ich daher aus meiner Sicht problematische Hypostasierungen oder Anthropomorphisierungen, wie sie z.B. innerhalb der psychoanalytischen Theoriebildung anzutreffen sind, kritisch betrachten und mitunter zu reformulieren versuchen. Solange ein verdinglichtes Missverständnis begrifflich fernliegt, möchte ich jedoch auf die Verwendung von Substantiven wie Ich oder Selbst (auch aus stilistischen Gründen) nicht verzichten.

1.1 Das ‚Ich'

Was ist das *Ich*? Es erscheint mir weder möglich noch für meine argumentativen Absichten sinnvoll zu versuchen, diesen Begriff unmittelbar zu bestimmen; ich werde mich ihm daher nur zum Zwecke der Abgrenzung annähern. Denn beim Ich handelt es sich um einen philosophischen Großbegriff, welcher irgendwo zwischen dem Fichte'schen Ich, das sich aus eigener Kraft und zugleich die gesamte Wirklichkeit als Nicht-Ich zu setzen vermag, und Untersuchungen,

1 Vgl. beispielsweise die Kritik von Ernst Tugendhat, welcher einen „*Abstieg von Ich zum ‚ich'*" fordert; Tugendhat (2005), S. 68ff.

 | DOI:10.30965/9783846768686_003

die sich kaum mehr als dem Sprachspiel der Verwendung des Index-Wortes ‚ich' widmen,[2] changiert. In der Geschichte der Philosophie wurde der Begriff des Ichs je nach systematischem Klärungsinteresse und paradigmatischen Grundannahmen anders in den Blick genommen: als unbezweifelbarer und damit archimedischer Ausgangspunkt des Denkens (bei Descartes), als transzendentales Ich (bei Kant oder Husserl), als reine Tätigkeit, als ‚tiefer' Kern der Persönlichkeit oder in der modernen Philosophie (nur noch) als Akt- oder Aktionszentrum bzw. als Träger von psychischen Zuständen. Häufig wird das Ich auch als Garant der diachronen und synchronen Einheit des Erlebens und im weiteren Sinn auch der Identität der Person ins Spiel gebracht.[3]

Als dezidiert theoretischer Begriff, z.B. als transzendentales Ich, mag dieses Konzept zwar im Rahmen bestimmter Theorien der Metaphysik, Erkenntnistheorie oder Subjekttheorie sinnvoll als Denknotwendigkeit postuliert werden. Ein solches Verständnis des Ichs ist für die vorliegende Arbeit jedoch nicht von Interesse. Denn „als reine Tätigkeit" habe das Ich, so konstatiert Hannah Arendt treffend, „kein Alter, kein Geschlecht, keine Eigenschaft und keine Lebensgeschichte"[4]. Ein transzendentales Ich kann nämlich als solches weder eingehender erfahren noch individuell bestimmt werden. Aus der erstpersonalen Perspektive kann ein solches Ich zudem, wenn überhaupt, nur in der rudimentären Form einer basalen Selbstvertrautheit in Erscheinung treten. Dieses Ich ist notwendigerweise bar jeder subjektiven Bestimmung; es zeichnet sich vielmehr in seiner explanativen Funktion gerade durch seine Unpersönlichkeit aus.

Die vorliegende Arbeit fragt nun jedoch genau nach der jeweiligen Existenz in ihrer individuellen, d.h. altersbezogenen, geschlechtlichen oder lebensgeschichtlichen Gestalt. Im Zentrum meiner Untersuchung steht daher nicht das Ich – gleich, was genau man mit diesem Begriff zu fassen versucht –, sondern die Art und Weise, wie ich mich (‚mein Ich') aus der erstpersonalen Perspektive erfahre, wahrnehme, beschreibe, bzw. wie ich mich praktisch zu mir verhalte, also die Formen der *Selbstgegebenheit* und der *Selbstbezugnahme*, deren Resultat ich das *Selbst* nenne. Während also der theoretische Begriff des Ichs, vor allem wegen der Gefahr einer unangemessenen Verdinglichung, im Folgenden vermieden werden soll, bin ich hingegen der Überzeugung, dass es möglich ist, den Begriff des Selbst hinreichend klar und sinnvoll zu formulieren, was ich in der Folge zu zeigen beabsichtige.

2 So vor allem in der analytischen Philosophie; zur Übersicht vgl. Frank (1994).

3 Eine gute Übersicht zum Begriff des Ichs findet sich bei Herring et al. (1976).

4 Arendt (1989), S. 52.

1.2 Exzentrisches Selbstverhältnis

Bevor ich mich nun verschiedenen Formen der Selbstgegebenheit und der Selbstbezugnahme zuwende, werde ich auf eine grundlegende anthropologische bzw. subjekttheoretische Denkfigur genauer eingehen, welche ich als *exzentrisches Selbstverhältnis* bezeichnen möchte. Diesem Begriff messe ich deshalb zentrale Bedeutung bei, weil „das herausragende Merkmal personaler Existenz", so betont Andreas Luckner, „ihr Selbstverhältnis"[5] ist. Diese wichtige Grundfigur möchte ich nun über alle Differenzen im Detail hinweg unter Rückgriff auf entsprechende Überlegungen bei Sören Kierkegaard, Martin Heidegger, Helmuth Plessner und Harry Frankfurt zur Darstellung bringen.[6]

Die grundsätzliche Einsicht, dass das Subjekt primär als Selbstverhältnis zu denken sei, entstammt dem Deutschen Idealismus; vor allem bei Johann Gottlieb Fichte lassen sich die entsprechenden Grundzüge dieser Denkfigur bereits erkennen. Ausgehend von der kantianischen Kritik an der paralogistischen Annahme einer Substanzialität der Seele entwickelt Fichte Überlegungen zu einer ursprünglich praktischen Subjektkonstitution in Form eines „Setzen[s] des Ich[s] durch sich selbst", vollzogen, so Fichte, durch eine „Tathandlung"[7]. Dieses Ich setzt sich nun in ein Verhältnis zu sich und zu seiner Welt, welche Fichte zugleich als gesetztes Nicht-Ich denkt.[8] Dass der Ansatz Fichtes äußerst spekulativ ist und zahlreiche argumentative Probleme aufweist, muss hier nicht weitergehend erörtert werden;[9] relevant ist hier vor allem, dass bei Fichte das Subjekt bzw. Subjektivität zum ersten Mal in Form eines *praktischen Selbstverhältnisses* produktiv zu denken versucht wird.

Während das Selbstverhältnis bei Fichte noch im Zeichen einer idealistischen Subjektphilosophie steht, kommt diese Denkfigur bei Sören Kierkegaard zur existenzphilosophischen Entfaltung. Hierzu führt Kierkegaard einleitend in die *Krankheit zum Tode* aus:

> „Der Mensch ist Geist. Aber was ist Geist? Geist ist das Selbst. Aber was ist das Selbst? Das Selbst ist ein Verhältnis, das sich zu sich selbst verhält, oder ist das am

5 Luckner et al. (2018), S. 110.

6 Eine gute Übersicht zur Denkfigur des ‚Verhaltens zu sich' bei Heidegger, Kierkegaard und Hegel findet sich bei Figal (2001). Es sei darüber hinaus betont, dass ich keinen der vier Autoren auch nur ansatzweise erschöpfend darzustellen beabsichtige; mir geht es darum, einen Grundgedanken – den des exzentrischen Selbstverhältnisses – unter Rückgriff auf bestimmte Überlegungen dieser Autoren zu erhellen.

7 Fichte (1970), S. 16.

8 Vgl. hierzu Henrich (1982).

9 Gut herausgearbeitet in Tugendhat (2005), S. 50ff.

> Verhältnis, dass das Verhältnis sich zu sich selbst verhält; das Selbst ist nicht das Verhältnis, sondern, dass das Verhältnis sich zu sich selbst verhält. Der Mensch ist eine Synthesis von Unendlichkeit und Endlichkeit, von dem Zeitlichen und dem Ewigen, von Freiheit und Notwendigkeit, kurz eine Synthese."[10]

Wie ist dieser ebenso berühmte wie interpretationsbedürftige Gedanke zu verstehen? Ich will der Interpretation Ernst Tugendhats folgen,[11] welcher den hier durchscheinenden innovativen Gedanken darin sieht, dass Kierkegaard das (problematische) egologische Subjekt-Objekt-Schema überwindet, indem das Selbst nicht mehr, wie in den klassischen Ansätzen, in einer für Tugendhat widersprüchlichen Weise, sich auf sich selber bezieht. „Das Sichverhalten der Person zu der Synthese", so dessen Kierkegaard-Interpretation, „ist ein Sichverhalten der Person zu ihrem Existieren, und das heißt ein Sichverhalten zu sich"[12]. Das menschliche Dasein ist für Kierkegaard, dies macht das angeführte Zitat bereits ansatzweise deutlich, vor allem durch antinomische Pole, wie den Gegensatz zwischen Unendlichkeit und Endlichkeit, Zeitlichkeit und Ewigkeit bzw. Freiheit und Notwendigkeit bestimmt, zu denen es sich in seiner Existenz verhalten muss. Entscheidend sei, so Tugendhat, dass das Sich-zu-sich-Verhalten nicht mehr als ein Verhalten „der Person zu der Person" verstanden wird, was sich bei genauerer Betrachtung als widersprüchlich erweist, „sondern der Person zu ihrem Leben, ihrer Existenz"[13].

Diesen Kierkegaard'schen Grundgedanken greift auch Martin Heidegger in *Sein und Zeit* auf. Der Mensch, von Heidegger als *Dasein* angesprochen, sei dadurch gekennzeichnet, „daß es diesem Seienden in seinem Sein um dieses Sein selbst geht. Zu dieser Seinsverfassung des Daseins gehört aber dann, daß es in seinem Sein zu diesem Sein ein Seinsverhältnis hat"[14]. Dasjenige, so Heidegger Kierkegaard folgend, „zu dem das Dasein sich so oder so verhalten kann und immer irgendwie verhält, nennen wir Existenz"[15]. Auf den Begriff der *Existenz* werde ich im zweiten Abschnitt dieser Arbeit noch ausführlicher zu sprechen kommen. Vorerst bleibt festzuhalten, dass der Mensch bei Kierkegaard und Heidegger primär dadurch gekennzeichnet ist, dass er nicht nur einfach so oder so ist, z.B. etwas denkt, fühlt oder tut, sondern sich grundsätzlich zu

10 Kierkegaard (1957), S. 8.
11 Tugendhat (2005), S. 158ff. Eine ausführliche Interpretation dieser Passage ist bei Viertbauer (2017) zu finden.
12 Tugendhat (2005), S. 160.
13 Ebd., S. 161.
14 Heidegger (2006), S. 12.
15 Ebd.

seinem jeweiligen So-Sein (seinem Denken, Fühlen oder Tun) zugleich wiederum verhält und in diesem Sich-zu-sich-Verhalten seine Existenz vollzieht.

Diesem unaufhebbaren Doppelaspekt der menschlichen Existenz hat Helmuth Plessner den Titel *Exzentrizität*[16] verliehen. Dem Menschen ist es nach Plessner konstitutiv eigen, nicht nur ein Zentrum zu haben und aus diesem heraus zu leben, wie es beispielsweise beim Tier der Fall ist, sondern er „lebt und erlebt nicht nur, sondern er erlebt sein Erleben"[17]. Dies heißt, dass es für den Menschen konstitutiv ist, nicht unmittelbar aus sich (aus seinem Zentrum) heraus zu denken, zu fühlen oder etwas zu tun, sondern dass er zu diesem Erleben und Tun zugleich in einem selbstbezugnehmenden (ex-zentrischen) Verhältnis steht. So kann man z.B. seinem Erleben misstrauen, seine Bedürfnisse zügeln, seinen Gefühlen vertrauen, stolz auf seinen Geschmack sein oder sein Tun unterlassen.

Hieraus ergibt sich ein komplexes Geflecht an zentrischen Momenten, auf welche (nahezu) immer auf verschiedene Weise exzentrisch Bezug genommen wird. Da die menschliche Existenz durch diesen Doppelaspekt grundlegend geprägt ist, betont Plessner folgerichtig, dass dem Menschen ein unvermittelt-zentrisches (‚natürliches') Leben und Erleben konstitutiv verstellt ist, was er als „Gesetz der vermittelten Unmittelbarkeit"[18] auf den Begriff bringt. In klassischen Termini formuliert könnte man ergänzen: Das menschliche Selbst- und Weltverhältnis geht nicht in der *intentio recta* auf, sondern ist zugleich immer durch die *intentio obliqua* gebrochen.

In der anthropologischen Denkfigur der Exzentrizität bzw. in dem exzentrischen Sich-zu-sich-Verhalten lässt sich daher ein interessantes begriffslogisches Zusammenspiel von *Identität* und *Differenz* erkennen: In der exzentrischen Bewegung wird innerhalb ein und derselben Person (Identität) ein Abstand zu sich selbst (Differenz) eingenommen. Später wird sich zeigen, dass gerade durch die exzentrische Differenz innerhalb des Subjekts eine Identität auf höherer Ebene angestrebt und hergestellt wird. Die Exzentrizität zeigt daher eine konstitutive Differenz innerhalb der Einheit der menschlichen Subjektivität. Das Verhältnis von Identität und Differenz in der exzentrischen Positionalität wird uns im Folgenden noch mehrfach begegnen.

Wie aber zeigt sich diese grundlegende exzentrische Denkfigur konkret? Neben der vor allem in der (Leib-)Phänomenologie aufgenommenen

16 Den Begriff *Exzentrizität* verwendet Plessner gleichbedeutend mit dem der *exzentrischen Position* bzw. *exzentrischen Positionalität*.

17 Plessner (2003c), S. 364.

18 Ebd., S. 396.

exzentrischen Dichotomie zwischen Körper und Leib[19] stellt vor allem Plessners Untersuchung zum Lächeln eine anschauliche Explikation seines Konzeptes der Exzentrizität dar: Das Lächeln, ein Phänomen dem ersten Anschein nach natürlicher, unvermittelter Regung, ist, Plessner zufolge, gerade durch seinen wechselseitig verwiesenen, stetig changierenden Doppelcharakter zwischen spontan-expressivem (zentrischem) Ausdruck und (exzentrischer) willentlich-kontrollierter Geste gekennzeichnet. Und „weil Lächeln", so Plessner weiter, „als natürliche Geste bereits im Ausdruck zum Ausdruck Abstand wahrt, drückt es die Distanziertheit des Menschen zu sich und seiner Umwelt aus"[20]. Ein Lächeln stellt daher nie einfach nur einen zentrischen Ausdruck spontaner emotionaler Expressivität dar, sondern ist immer auch exzentrisch in Bezug genommen; z.B. derart, dass ich mein Lächeln (erfolglos) zu unterbinden versuche, es ironisch überspitze oder meine darin aufscheinende Freude genieße. Das Phänomen des Lächelns markiert daher für Plessner die „Mimik der menschlichen Position"[21] schlechthin.

Das Beispiel des Lächelns vermag zu zeigen, wie das menschliche Sein grundlegend durch ein exzentrisches Selbstverhältnis geprägt ist. Diesen, für meine weiteren Überlegungen zentralen Begriff möchte ich im letzten Schritt mit Überlegungen zur Struktur des menschlichen Willens bzw. zum Begriff der Person von Harry Frankfurt eine letzte Konturierung geben.

Interessanterweise weist nämlich Frankfurts einflussreiche Theorie des menschlichen Willens, obgleich ganz anderer theoretischer Provenienz, in ihrer anthropologischen Grundstruktur eine große Nähe zu den bisher vorgestellten Ansätzen auf. Die Grundidee seines Ansatzes besteht darin, dass Menschen nicht nur einfach Wünsche oder Willensbestrebungen haben, sondern sich zu diesen wiederum reflexiv verhalten können.

> „Neben wünschen und wählen und bewegt werden, die oder das zu tun, können Menschen außerdem wünschen, bestimmte Wünsche oder Motive zu haben (oder nicht zu haben). Sie können, was ihre Vorlieben und Zwecke angeht, gern anders sein wollen, als sie sind. Viele Tiere scheinen durchaus zu, wie ich sagen will, ‚Wünschen erster Stufe' fähig zu sein. Kein Tier außer dem Menschen scheint dagegen die Fähigkeit zur reflektierenden Selbstbewertung zu haben, die sich in der Bildung von Wünschen zweiter Stufe ausdrückt."[22]

---

19 Während man einen Körper hat, in Form einer üblichen gegenständlichen Gegebenheitsweise, ist man sein Leib, vgl. Plessner (2003c), S. 367. Sowie erläuternd dazu: Schürmann (2019).

20 Plessner (2003b), S. 430.

21 Ebd., S. 431.

22 Frankfurt (1993), S. 288. Weitere instruktive Aufsätze Frankfurts finden sich in folgendem Sammelband: Frankfurt (2001b).

Für Frankfurt ist es von zentraler Bedeutung, dass es Menschen möglich und damit zugleich eigen ist, sich zu ihrem jeweiligen unmittelbaren zentrischen Wollen – so könnte man mit Plessner sagen – ex-zentrisch in Beziehung zu setzen, sich also beispielsweise zu fragen, ob man diesen oder jenen Wunsch eigentlich wirklich haben will. „Jemand kann", so erläutert Frankfurt, „einen bestimmten Wunsch haben, aber zugleich ganz eindeutig wünschen, daß dieser Wunsch unerfüllt bleibe"[23]. Ich habe also z.B. nicht nur einfach den Wunsch erster Stufe, so die Terminologie Frankfurts, ein Stück Torte zu essen, sondern möglicherweise zugleich auch den diesem Bedürfnis widerstrebenden Wunsch zweiter Stufe, eine Diät zu halten. Es mag sogar sein, dass ich mich, quasi auf der dritten Stufe meiner volitionalen Selbstbezugnahmen, frage, ob ich überhaupt jemand sein will, der sein Begehren einem Verzicht unterordnen will; möglicherweise verstehe ich mich als genussvoller Hedonist oder im Kontrast als willensstarker Asket, womit wir erstmals die Ebene der Frage nach der eigenen Identität erreicht hätten.

Eine Person, insofern sie diesem Begriff entspricht, und nur dann darf sie nach Frankfurt im vollwertigen Sinne als solche angesprochen werden, zeichnet sich ihm zufolge dadurch aus, dass sie über Wünsche zweiter (ggf. sogar dritter) Stufe verfügt und sich in ihrem Handeln von diesen leiten lässt. Mit Plessner reformuliert ließe sich sagen, dass auf ein zentrisches Bedürfnis, in unserem Fall Hunger auf Süßes, exzentrisch Bezug genommen werden kann. Mich interessiert an dieser Stelle nicht, wie dieser einflussreiche Ansatz hinsichtlich der Frage der personalen Autonomie zu beurteilen wäre,[24] sondern mir ist daran gelegen aufzuzeigen, dass sich in Frankfurts Theorie der Willensfreiheit und Personalität die Denkfigur des *exzentrischen Selbstverhältnisses* aufweisen lässt. Für meine weiteren Überlegungen wird sich die These, dass die anthropologische Grundstruktur des exzentrischen Selbstverhältnisses alle Facetten menschlichen Seins durchzieht, als zentral erweisen: Menschen sind nicht nur einfach so oder so, sondern stehen nahezu immer zugleich in einem Verhältnis zu diesem jeweiligen So-Sein.

Dies betrifft sowohl, wie soeben gezeigt, Wünsche, aber vor allem auch Gefühle und letztlich sogar Gedanken. Ich kann mich nämlich für einen Gedanken schämen, mir aber ebenso gut auch Gedanken über meine Scham machen. Zugleich ist es mir weitergehend sogar möglich, mich zu diesem Selbstverhältnis wiederum in ein Verhältnis zu setzen, indem ich mir z.B.

23 Frankfurt (1993), S. 290.

24 Für einen Überblick über die intensive Diskussion dieser Theorie: Betzler et al. (2009) sowie Betzler (2013).

wünsche, mir weniger Gedanken über meine Scham zu machen. Aber auch weniger situative Momente des Menschseins, z.B. Persönlichkeitszüge, Prägungen, Interessen, Strebungen, Ziele sowie Lebensprojekte stehen zumeist in ständiger reflexiver Selbstbezugnahme. So kann ich beispielsweise meine Introvertiertheit mögen, meine familiäre Prägung ablehnen oder meine Interessen vernachlässigen. Ich werde später darüber hinaus zu verdeutlichen versuchen, dass die exzentrische Inbezugnahme eines Gefühls oder eines Wunsches diesen wiederum in seiner Ausprägung und finalen Gestalt formt, sich also zentrale Ausdrucksmomente und exzentrische Bezugnahmen wechselseitig verschränken.

Ich fasse die bisherigen Überlegungen kurz zusammen: Personale Existenz ist, so die aus der Existenzphilosophie entlehnte Grundthese, konstitutiv durch ein Selbstverhältnis ausgezeichnet. Dieses lässt sich weitergehend mit Plessner als exzentrisch charakterisieren: Jedes zentrische Moment der menschlichen Existenz ist zugleich exzentrisch in Bezug genommen und gewinnt erst hierdurch seine letztlich finale Gestalt. Die menschliche Subjektivität ist daher, so möchte ich festhalten, durch eine grundlegende chiastische Verschränkung von (zentrischer) *Selbstgegebenheit* und (exzentrischer) *Selbstbezugnahme* durchzogen und kann daher, wie ich im Folgenden noch ausführlich darlegen werde, nur aus diesen komplexen Verflechtungen heraus verständlich gemacht werden.

1.3 Selbstgegebenheit und Selbstbezugnahme

Einer Person ist ihr (zentrisches) Sein auf verschiedene Weise gegeben, zu dem sie sich wiederum in Bezug setzen kann. Im Folgenden möchte ich nun exemplarisch ein kurzes Panorama verschiedener Formen der *Selbstgegebenheit* und der Möglichkeiten der *Selbstbezugnahme* auf diese in ihrer wechselseitigen Verschränktheit vorstellen:

(1) Die basalste Form der Art und Weise, wie wir uns selbst gegeben sind bzw. erfahren, kann mit dem Begriff des *Selbstgefühls* bezeichnet werden. Es geht dabei nicht einfach nur um das ‚Haben' einer Wahrnehmung oder eines bestimmten psychischen Zustandes (z.B. eines Gefühls, Gedankens oder Wunsches), sondern zugleich um die ‚mitgegebene' (Selbst) erfahrung dergestalt, dass ich mir präreflexiv gewahr bin, dass ich es bin, der in diesem Zustand ist, bzw. dass dieser meiner ist. Im (nichtpathologischen) Regelfall ist allen Gefühlen, Wahrnehmungen, Wünschen, Gedanken oder Erinnerungen ein Grundmoment der zumeist impliziten

„Jemeinigkeit"[25] imprägniert, welches mir die grundlegendste Form der Erfahrung meiner selbst bereitet.

In der Philosophiegeschichte gibt es verschiedene Versuche, diese grundlegende Selbsterfahrung begrifflich einzufangen (und für bestimmte argumentative Zwecke zu verwenden): beginnend mit dem unbezweifelbaren cogito Descartes' über Kants daran anknüpfendes transzendentales „Ich denke", das „alle meine Vorstellungen begleiten können"[26] muss bis zum sich selber setzenden Ich Fichtes. Vor allem Manfred Frank hat indes gezeigt, dass die menschliche Subjektivität in einer Form der nichtreflexiven, sondern präreflexiven *Selbstvertrautheit* fundiert ist, welche notwendigerweise allen höheren Formen von Selbstbewusstsein zugrunde liegt.[27] Phänomenologisch wurde ausgehend von Merleau-Ponty vor allem durch Bernhard Waldenfels[28] überzeugend dafür argumentiert, dass dieses elementare Selbstempfinden als ein (präreflexives) leibliches Selbst zu verstehen ist, welches konstitutiv allen ‚höheren' Formen eines personalen Selbst zugrunde liegt.

In der Regel bleiben solche Formen der basalen Selbstvertrautheit jedoch unbemerkt. Jenseits der philosophischen Reflexion werden diese zumeist erst auffällig, wenn sie beeinträchtigt sind oder verloren gehen, wie es z.B. leidvoll in Rahmen von psychiatrischen Ich-Störungen erfahren wird.[29]

Es ist mir jedoch wichtig zu betonen, dass bei solchen Phänomenen der basalen Selbstgegebenheit nicht notwendigerweise bereits ein Selbstverhältnis vorliegen muss. Gegen Plessner halte ich es phänomenologisch für plausibel zu behaupten, dass es Momente ausschließlicher zentrischer Selbsterfahrung gibt, welche zwar Gegenstand einer reflexiven Selbstbezugnahme werden konnen, es jedoch nicht durchgehend bzw. notwendigerweise sind.

Diese grundlegende Stufe der Subjektivität zeichnet sich zudem durch eine basale *Einheit des (Selbst)erlebens* aus. In der subjektiven Erfahrung ist (im nichtpathologischen Regelfall) eine Form der *synchronen* Einheit des Erlebens gegeben. Dies heißt, es besteht eben nicht, wie bisweilen

25 Heidegger (2006), S. 42.

26 KrV, AA III, 108.

27 Vgl. Frank (2002).

28 Vgl. Waldenfels (2000); in psychopathologischer Hinsicht wurde diese Grundthese von Thomas Fuchs weiterführend ausbuchstabiert, vgl. grundlegend: Fuchs (2000b), vor allem Kapitel 6.

29 Klassisch hierzu: Blankenburg (2012). Aktuelle Aufsätze sind bei Micali et al. (2014) zu finden.

von empiristischen Philosophen behauptet,[30] zunächst ein atomistisches Ensemble von Erlebnismomenten, welche dann verschiedentlich synthetisch zu einer Einheit des Bewusstseins verknüpft werden, sondern wir erfahren uns und die Welt, wie die phänomenologische Forschung vielfacht gezeigt hat, zunächst und zumeist als ein sinnvolles Ganzes. Gleiches gilt in *diachroner* Hinsicht: Es besteht zunächst und zumeist – wiederum im nichtpathologischen Regelfall – neben der synchronen auch eine diachrone Einheit des Erlebens (und Erinnerung) über die Zeit hinweg. Auf diesen Punkt werde ich im nächsten Kapitel ausführlicher zu sprechen kommen.

(2) Von solchen Formen unmittelbarer Selbstgegebenheit sind ‚höhere' Formen der (introspektiven) *Selbstbeobachtung*, des *Selbstbewusstseins*[31] und des *Selbstwissens* zu unterscheiden. Für unsere Belange ist bei diesen hochkomplexen Formen der Subjektivität vor allem von Interesse, dass diese üblicherweise von der logischen Grundstruktur her als *reflexive Selbstbezugnahmen* gedacht werden[32] und sich bei ihnen somit wiederum die anthropologische Denkfigur des *exzentrischen Selbstverhältnisses* ausmachen lässt: Ich erlebe nicht nur etwas, sondern kann explizit mein Erleben beobachten; ich kann mir bewusst darüber werden, dass ich es bin, der etwas erlebt bzw. diesen Gedanken hat, und so thetisches Wissen darüber erlangen, was ich gerade fühle, denke oder will. So ist es möglich, spontane oder sporadische Momente der Selbstgegebenheit ordnend und interpretierend festzuhalten. Letztlich kann ich zu komplexen Formen der *Selbstbeschreibung* kommen, in denen ich mir mein Erleben und Verhalten (narrativ) verständlich zu machen versuche. Ich werde im nächsten Abschnitt (wie auch in den darauffolgenden) sehr ausführlich auf das Thema Selbstbeschreibung bzw. *Selbsterkenntnis* eingehen.

(3) Als Drittes seien Formen des *praktischen Selbstverhältnisses* angesprochen. Sie zeichnen sich im Gegensatz zu den bisherigen Formationen dadurch aus, dass hier nicht nur *deskriptiv* festgestellt wird, was ich denke, fühle oder will, sondern dass ich mich *evaluativ* wertend zu meinem jeweiligen

---

30 So kann beispielsweise David Hume als Vertreter eines psychologischen Atomismus gelesen werden, vgl. Hume (2015), S. 23ff.

31 In dieser Arbeit versuche ich, die m.E. problematischen Begriffe Bewusstseins bzw. Selbstbewusstsein weitestgehend zu vermeiden und sie, wenn überhaupt, nur in einem alltäglichen Sinne oder im Zusammenhang mit von mir besprochenen Autoren zu verwenden. Der Grund liegt darin, dass diese chronisch vielschichtigen und mehrdeutigen Begriffe letztlich mehr verschleiern denn erhellen. Zur Übersicht über das Spektrum der Bedeutung und Theorien von Bewusstsein und Selbstbewusstsein s. Gloy (2004).

32 Vgl. beispielsweise: Frank (1991).

So-Sein verhalte. Mir können beispielsweise meine aggressiven Affekte missfallen (und ich kann sie daher zu mäßigen versuchen), oder ich kann stolz auf meine kreativen Gedanken sein. Als Frage könnte man daher formulieren: Will ich jemand sein, der so aggressiv ist? Wie kann ich jemand werden, der inspirierende Gedanken hat?

Wie Ernst Tugendhat betont und ich im Folgenden noch genauer darstellen werde, bewegen sich solche Formen der praktischen Selbstverhältnisse grundsätzlich in der Dimension der Bejahung oder Ablehnung. Sie können sich zudem auf Einzelaspekte oder auf ganze Lebensprojekte beziehen. Letztlich münden sie sogar in die umfassende Frage, ob das Leben grundsätzlich (so oder so gelebt bzw. als solches) bejaht oder verneint wird, was Tugendhat als die *praktische Frage* bezeichnet.[33]

Ich werde im weiteren Verlauf der Arbeit vor allem unter Rückgriff auf Harry Frankfurt und Charles Taylor genauer herausarbeiten, dass das Selbst vor allem durch grundlegende Überzeugungen, was mir im Leben wirklich wichtig ist – und dies heißt, wonach ich es ausrichten will –, geprägt ist. Charles Taylor bezeichnet diese als „starke Wertungen"[34].

Was ist nun das Selbst? Ich möchte unter diesem Begriff, dies sollte einsichtig geworden sein, keinesfalls eine statische und verdinglichte Entität verstehen. Zwar weisen Menschen üblicherweise stabile und ihren Lebensvollzug prägende Eigenschaften verschiedenster Art aus, welche sie in Formen der Selbstgegebenheit an sich erfahren; dies sollte jedoch nicht essentialistisch missverstanden werden. Die Formen der Selbstgegebenheit sind zu vielfältig, wandelbar, um sinnvoll als ein Gegenstand aufgefasst zu werden.

Begreifbar sind die verschiedenen Formen der Selbstgegebenheit eh nur, insofern sie als Gegenstand von Selbstbezugnahmen erfasst werden. Entscheidend ist daher, dass es zumindest möglich, zumeist sogar üblich ist, sich zu diesen wiederum exzentrisch zu verhalten. Mein Interesse und der Fokus dieser Arbeit gilt daher diesen Formen der Selbstbezugnahmen. Ich werde den Begriff des Selbst daher nur auf dieser Ebene verwenden. Entsprechend verstehe ich das Selbst als *das aus Formen der Selbstgegebenheit erwachsende und mittels Selbstbezugnahmen hergestellte mehr oder weniger verbundene Ensemble der Selbstverständnisse unserer Existenz.*

Dies bedeutet, dass die verschiedenen Erfahrungen der Selbstgegebenheit qua exzentrischer Selbstbezugnahmen zu thetischen Bestimmungen verdichtet werden, deren Summe das Selbst genannt werden kann. Der Begriff Selbstverständnis umfasst hierbei sowohl die *deskriptiv-konstatierenden* (so

33 Vgl. Tugendhat (2005), S. 193ff.
34 Taylor (1992b), S. 11.

bin ich), d.h. die Selbst(er)kenntnis, wie auch die *evaluativ-wertenden* Bestandteile (so will ich sein) des Selbst zu fassen vermag. Anders formuliert: Das Selbst ist die Summe der verschiedenen Antworten auf die Frage, wer ich bin bzw. sein will. Die Frage, in welcher medialen Art und Weise dieses Verständnis unserer Existenz repräsentiert ist (z.B. ob als (Selbst)Bild, Überzeugung oder als Geschichte), kann an dieser Stelle vorerst offengelassen werden.

Mit Ausnahme der skizzierten basalen Form der Selbstgegebenheit handelt sich bei allen ‚höheren' Formen der deskriptiven und evaluativen *Selbstbezugnahmen* um mehr oder weniger bewusst *vollzogene Akte* bzw. *Handlungen*. Es wird sich von entscheidender Bedeutung erweisen, dass das Selbst in großen Teilen nicht einfach vorhanden ist, sondern als Resultat vollzogener Selbstbezugnahme verstanden werden sollte. Wie zu zeigen sein wird, muss das Selbst in wandelnden (Lebens)situationen, vor dem Hintergrund neuer Erfahrungen und in Anbetracht neuer Fragestellungen immer wieder neu bestimmt werden.

Durch diesen *Vollzugs- und Prozesscharakter* des Selbst wird zudem seine *Identität* fraglich, was im nächsten Abschnitt eingehender betrachtet wird. Die Annahme eines Vollzugscharakters des Selbst hat zudem zur Folge, dass die Selbsterkenntnis durch verzerrend wirkende Gefühle, Interessen oder Gründe beeinflusst werden kann, was zur Frage nach der *Wahrheit des Selbst* bzw. dem Thema *Selbsttäuschung* überleitet, welcher ich mich im fünften Abschnitt dieser Arbeit widme.

KAPITEL 2

Die Identität des Selbst

Insofern man das Selbst, wie vorgeschlagen, nicht substanziell, sondern als heterogenes, lose verbundenes und sich ständig veränderndes Resultat von Akten der Selbstbezugnahmen verstehen will, stellt sich sogleich die Frage nach der *Einheit* bzw. *Identität des Selbst*. Bei dieser Frage ist jedoch sowohl in alltagssprachlicher wie auch in theoretischer Hinsicht Vorsicht geboten, denn die Einheitlichkeit des Selbst kann auf verschiedenen Ebenen und in unterschiedlicher Hinsicht fraglich werden. Es macht nämlich einen fundamentalen Unterschied, ob ich vor dem Hintergrund einer schweren psychopathologischen Störung, z.B. in Rahmen einer Ich-Störung, einem basalen Verlust meines personalen Einheitserlebens ausgesetzt bin, oder ob ich eine Identitätskrise dergestalt erlebe, dass es mir schwerfällt, verschiedene gesellschaftliche Rollen in Einklang zu bringen. Es ist daher wichtig, genauer zu verstehen, in welchem Sinne die Identität des Selbst infrage gestellt ist; dies gilt es im Folgenden zu erhellen.

Eine besondere Bedeutung erhält die Frage nach der Identität des Selbst in zeitlicher Hinsicht: Sich beispielsweise die Frage zu stellen, inwiefern bzw. in welcher Hinsicht man identisch mit dem kleinen Jungen ist, welcher einen auf einem Foto bei seiner Einschulung schüchtern ansieht und von dem man sicher weiß, dass man dieser Junge einmal war, kann eine irritierende Wirkung haben. Auch hier ist es wichtig, die aus dieser Irritation erwachsende Frage – ‚inwiefern sind der damalige Junge und mein heutiges Ich überhaupt ein und dieselbe Person?' – richtig zu stellen. Missverständliche Fragen und hieraus resultierende Überlegungen sind nämlich Legion.

Neben solchen alltäglichen Fragen nach der *diachronen Identität des Selbst* besteht eine lange und intensive philosophische Debatte zu dieser Thematik. Im Folgenden soll es daher darum gehen, diese verschiedenen Bedeutungen in Bezug auf die Einheit des Selbst herauszustellen und das für diese Arbeit leitende Verständnis zu gewinnen.

2.1 Der Begriff Identität

Die Diskurse um den Begriff der *Identität* stehen in Opposition zu seiner Bedeutung: Sie sind vielschichtig und uneinheitlich. Frei nach Wittgenstein ließe sich ein Großfamilienporträt mehr oder weniger verwandter

 | DOI:10.30965/9783846768686_004

Begriffsbedeutungen in den verschiedensten Diskursen skizzieren: von der Frage nach der logischen Struktur von Einzeldingen[1] über (zumeist analytische) Untersuchungen der Identität der Person[2] zur gendertheoretischen Diskussion zur Geschlechteridentität[3] bis zu kontroversen Fragen nach kollektiven Identitäten[4].

Obgleich die Familienähnlichkeit noch zu erkennen ist, scheint eine erschöpfende Darstellung des Identitätsbegriffs nahezu unmöglich und wird in dieser Arbeit daher auch nicht angestrebt. Ganz im Gegenteil ist es mir – ähnlich wie beim Begriff des Selbst – nicht daran gelegen, den Begriff der Identität in seinen facettenreichen Bedeutungen über seine verschiedenen Diskurse hinweg darzustellen, sondern ausgehend von einschlägigen Untersuchungen zu dieser Thematik eine für mein Klärungsinteresse sinnvolle Begriffsverwendung zu entwickeln.

Identität ist, dies wurde schon gesagt, ein vielschichtiger Begriff.[5] Um ihn angemessen verwenden zu können, bedarf es einiger Unterscheidungen, welche ich im Folgenden kurz anführen werde; im Anschluss werde ich diese Überlegungen auf das Selbst übertragen:

1) Die erste Unterscheidung betrifft die Frage, ob man Identität auf einen Gegenstand anwendet, oder ob man (vermeintlich) zwei Gegenstände in Beziehung setzt. In Bezug auf einen Gegenstand kann der Begriff der Identität entsprechend Quines berühmtem Diktum „no entity without identity"[6] verwendet werden, wenn man grundsätzlich fragt, ob bzw. wann etwas überhaupt als ein Gegenstand gelten darf. Hierfür muss ein gewisser innerer Zusammenhalt bzw. ein hinreichendes Maß an Unterscheidbarkeit von der Umgebung vorliegen. In diesem Fall ist der Gegenstand *identisch mit sich*. Identität in diesem Sinne meint so viel wie Abzählbarkeit, Individuierbarkeit bzw. grundlegende Konstitution als mehr oder weniger abgeschlossener und damit sinnvollerweise als solcher zu bezeichnender Gegenstand.[7]
2) Identität verstanden als die basalste Eigenschaft eines Gegenstandes, identisch mit sich zu sein, stellt eine eher seltene Begriffsverwendung dar. Geläufiger ist der Begriff der Identität in Bezug auf (vermeintlich)

1 Klassisch beispielsweise bei: Strawson (1972).
2 Eine Anthologie klassischer Texte zu dieser Debatte bietet Quante (1999).
3 Prominent und wirkungsmächtig z.B. bei: Butler (2001).
4 Exemplarisch zur Übersicht: Emcke (2010).
5 Eine gute Übersicht zum Begriff der Identität bietet Henrich (1979).
6 Quine (1981), S. 102.
7 Ebenso Benno Erdmann: „*Gegenstand und Identität mit sich selbst ist ein und dasselbe; Gegenstand sein ist nichts anderes als mit sich selbst identisch sein.*" Erdmann (1892), S. 210.

zwei Gegenstände: Es lässt sich nämlich fragen, ob x identisch mit y ist. Identität wird hier als eine *Relation* bzw. als ein *zweitstelliges Prädikat* verstanden. Üblicherweise unterscheidet man zwischen *numerischer Identität* und *qualitativer Identität*. Die deutsche Sprache erlaubt hier eine vorteilhafte Differenzierung, indem man entweder danach fragt, ob beispielsweise ein Stift derselbe ist, mit dem ich gestern schrieb, oder nur *der gleiche* wie ein anderer (fabrikgleicher) Stift. Denn zwei Stifte können sich haargenau gleichen. Insofern die Hersteller präzise gearbeitet haben und die Stifte keine Macken oder Kratzer aufweisen, stimmen sie womöglich in allen Eigenschaften überein; nur nicht in Bezug auf Raum und Zeit, denn sonst wären sie ja *ein* und *derselbe* Gegenstand. Dies bezeichnet man üblicherweise als qualitative Identität.

3) Numerische Identität besagt hingegen, dass ein und derselbe Gegenstand vorliegt. Eine solche Frage kann natürlich nur dann sinnvoll gestellt werden, wenn mir (vermeintlich) derselbe Gegenstand in zwei verschiedenen raumzeitlichen Wahrnehmungssituationen (Gegebenheitsweisen) begegnet und ich mich daher sinnvollerweise fragen kann, ob dies derselbe Stift ist, mit dem ich schon gestern geschrieben habe, oder eben nur das fabrikgleiche andere Exemplar. Es sei an dieser Stelle an Freges berühmtes Beispiel des Morgen- bzw. Abendsterns erinnert, welche sich als zwei verschiedene Gegebenheitsweisen eines numerisch identischen Gegenstandes (der Venus) erweisen.[8]

Die wahrscheinlich größte Schwierigkeit in Bezug auf numerische Identität stellt die sich *in der Zeit* vollziehende Veränderung eines Gegenstandes dar. Wenn sich ein Gegenstand stark verändert, ist es nicht nur mitunter schwierig, ihn zu einem späteren Zeitpunkt wiederzuerkennen; sich wirklich sicher zu sein, dass es sich hierbei tatsächlich um ein und denselben Gegenstand handelt, kann mitunter schier unmöglich sein. Um in solchen Fällen valide Identitätsaussagen treffen zu können, ist es notwendig, so betont Peter Bieri, eine Geschichte der kausalen Veränderung des Gegenstandes erzählen zu können. Hierzu ist wiederum erforderlich, dass man einerseits über die individuelle (‚Lebens'-)geschichte dieses Gegenstandes hinreichend Bescheid weiß; zum anderen benötigt man entsprechendes Hintergrundwissen über die für diese Art von Gegenständen typischen (kausalen) Veränderungsprozesse.[9] Zur Klärung der Frage, ob ich gerade denselben Kugelschreiber wie gestern in der Hand halte, muss ich also über dessen ‚Werdegang' im Bilde sein, zudem muss ich wissen, welche Veränderungen bei Stiften üblicherweise möglich sind

8 S. Frege (2008).

9 Vgl. Bieri (1986), S. 262f.

(z.B., dass der Clip eines Kugelschreibers häufig abbricht oder der Aufdruck abblättern kann).

Bei umfassenden Veränderungen lässt sich jedoch grundsätzlich fragen, ob es sich überhaupt noch um ein und denselben Gegenstand handelt. Das klassische Beispiel für dieses Problem stellt das Paradox des Schiffs des Theseus dar:[10] Um dieses als Andenken vor dem Verfall zu bewahren, so die Legende, haben die Athener über die Jahre hinweg stetig Planken des Schiffs erneuert. Irgendwann kam jedoch die Frage auf, ob man eigentlich noch dasselbe Schiff, mit dem Theseus in See stach, vor sich habe. In Bezug auf ein altes, jedoch geliebtes und umsorgtes Fahrrad, um ein zeitgemäßes Beispiel zu ergänzen, könnte man ebenso fragen, ob es sich nach zahlreichen Reparaturen und dem damit verbundenen Austausch einer Vielzahl seiner Teile eigentlich noch um dasselbe Rad handelt, welches man einst erworben und liebgewonnen hatte.

Sicherlich könnte man versuchen, beispielsweise vor dem Hintergrund einer aristotelischen Substanz-Akzidens-Unterscheidung nach einem eindeutigen und vor allem zeitüberdauernden Identitätsmerkmal zu suchen. Bezüglich des geliebten Fahrrads könnte man z.B. festlegen, dass der ursprüngliche Rahmen die numerische Identität garantiere. Nicht ohne Grund erscheint die Antwort jedoch ein wenig willkürlich. In zahlreichen (vielleicht sogar allen) Fällen wird sich ein solches substanzielles Kriterium jedoch nur schwerlich finden lassen, sodass eine gewisse Vagheit bzw. ein Interpretationsspielraum bei Fragen nach der zeitüberdauernden Identität eines Gegenstandes unumgänglich erscheinen. In den meisten alltäglichen Situationen – dies will ich hier nun behaupten und nicht weiter begründen – liegen unseren Identitätsurteilen wohl zumeist Routinen, Konventionen bzw. praktische Interessen und seltener eine ontologische Wesensbestimmung zugrunde.

Zusammenfassend lässt sich daher sagen, dass der Begriff der Identität verschiedene Bedeutungen aufweist; dies gilt es bei der Frage nach der Identität eines Gegenstandes, wie sie im Folgenden gestellt werden soll, zu beachten, vor allem in diachroner Hinsicht.

2.2 Die Identität des Selbst

Wie verhält es sich nun mit der Identität von Personen? Entsprechend dem Fokus dieser Arbeit meint dies: Was meint Identität in Bezug auf mein Selbst? Es stellt sich also die schwierige, da mehrdeutige Frage nach der *personalen*

10 Erläuternd hierzu: Rosenberg (2015).

Identität. Wir können die oben skizzierten Überlegungen zum allgemeinen Begriff der Identität nun übertragen:

1) Wie bei Gegenständen lässt sich auch bei Personen fragen, ob grundlegende *Identität mit sich selber* vorliegt; hier lässt sich von *synchroner personaler Identität* sprechen. Als Frage formuliert: Erlebe ich mich, auf der basalsten Ebene der Selbstgegebenheit, überhaupt als ein (mehr oder weniger einheitliches) Subjekt? Erfahre ich mich als jemand, d.h. von der Welt und meinen Mitmenschen unterscheidbar, oder vielmehr als aufgelöst oder fragmentiert? Bin ich überhaupt ein Subjekt, eine Person?
Solche Erfahrungen des Verlustes der basalen abgegrenzten Einheitlichkeit und vertrauten Jemeinigkeit des Selbsterlebens können z.B. im Rahmen einer Psychose auftreten und werden in der Psychopathologie zumeist als *Ich-Störungen* beschrieben.[11] Auch bei ausgeprägten *dissoziativen Störungen* kann die personale Identität auf dieser grundlegenden Ebene gestört sein.[12] Von vergleichbaren Erfahrungen wird auch bei meditativen Übungen berichtet, wobei die Ich-Auflösung hier im Gegensatz zum psychopathologischen Erleben willentlich herbeigeführt und zumeist nicht als beängstigend oder leidvoll, sondern bereichernd wahrgenommen wird.[13]
Trotz oder gerade in Anbetracht solcher außergewöhnlicher Erlebnisse erscheint aus einer phänomenologischen Perspektive jedoch unbestreitbar, dass eine basale Form der jemeinigen Einheitlichkeit des Selbsterlebens im Normalfall (also jenseits von psychotischen oder meditativen bzw. spirituellen Erfahrungen) zunächst und zumeist gegeben ist. Dies zu betonen, erscheint mir deshalb notwendig, da die Existenz einer solchen Form der Identität des Erlebens immer wieder – zumeist erwachsen aus den großen Schwierigkeiten einer theoretischen Erklärung dieser Einheit – z.B. vonseiten einiger empiristischer Philosophen oder Neurowissenschaftler bestritten wurde und wird.[14]
Gerade die entsprechenden psychopathologischen Phänomene zeigen jedoch ex negativo, dass wir uns selbst nicht derart fragmentiert erleben und daher solche Beschreibungen für den Normalfall phänomenologisch unzutreffend sind. Im Normalfall – und dies sollte immer der Ausgang wissenschaftlicher Betrachtungen sein – erleben wir uns in einem grundlegenden Sinne als einheitliche Subjekte. Die synchrone personale

11 Weiterführend hierzu: Scharfetter (2020), S. 71ff.

12 Eine Übersicht hierzu bieten Priebe et al. (2014).

13 Hierzu informativ: Vaitl (2012).

14 Prominent vor allem von Metzinger (2010); kritisch zu Metzingers Thesen: Fuchs (2015).

Identität kann daher zunächst und zumeist als gegeben vorausgesetzt werden.

Ein anderer Fall liegt vor, wenn die dissoziative Fragmentierung derart umfassend ausgeprägt ist, dass man von verschiedenen Personen sprechen kann, die sich einen Körper ‚teilen'. Entgegen der Häufigkeit ihrer Darstellung in Büchern oder Filmen, ist es in der Psychiatrie eine durchaus strittige Frage, ob und in welcher Form bzw. in welchem Ausmaß es derartige *dissoziative Identitätsstörungen* überhaupt gibt.[15] Mit psychopathologischen Phänomenen und Fragen dieser Art werde ich mich jedoch in dieser Arbeit nicht eingehender beschäftigen. In einem gewissen Sinne könnten auch Freuds metapsychologische Annahmen zur genuinen Fragmentierung des menschlichen Geistes in mehrere Subsysteme (Bewusstsein, das Vor- bzw. Unbewusste) als Beeinträchtigung dieser grundlegenden Identität des Subjekts verstanden werden. Dies wäre jedoch ein Missverständnis; ich komme hierauf später ausführlich zu sprechen.[16]

2) Wie sieht es nun mit der relationalen Identität, also der numerischen und qualitativen Übereinstimmung zweier Entitäten in Bezug auf das Selbst aus? Hier macht es m.E. Sinn zu fragen, wann man sich im Alltag die Frage stellt, ob zwei Personen ein und dieselbe sind.

Hier fragen wir also nach der Identität von zwei Personen. Selbstverständlich kann sich eine solche Frage bei äußerlich sehr ähnlichen und daher kaum unterscheidbaren Menschen, also beispielsweise bei eineiigen Zwillingen oder Doppelgängern stellen. Dies mag eine bisweilen interessante und auch relevante Frage sein; aus der erstpersonalen Perspektive, welcher sich diese Arbeit verpflichtet sieht, stellt sie sich jedoch kaum. Aus dieser Perspektive scheint es z.B. ausgeschlossen, dass ein Zwilling sich selber im Hier und Jetzt aufgrund seiner Ähnlichkeit mit seinem Bruder verwechselt. Dies wäre nur bei der Betrachtung einer Photographie, welche ihn und seinen Zwillingsbruder in Kindheitstagen zeigt, d.h. nur in drittpersonaler und diachroner Perspektive, möglich.

Hieraus folgt, dass sich aus der erstpersonalen Perspektive – abseits der oben genannten dissoziativen Phänomene – die Frage nach der relationalen Identität des Selbst nicht in synchroner, sondern nur in diachroner Hinsicht, d.h. als Frage nach der *Einheit des Selbst über die Zeit* hinweg sinnvoll stellen lässt.

---

15 S. Hacking (1996b) sowie Gunnarsson (2013).

16 S. hierzu Kapitel 10.2.

Bei der Frage nach der Einheit des Selbst über die Zeit geht es darum, ob und inwiefern ich eigentlich dieselbe bzw. die gleiche Person bin, die ich in der Vergangenheit war oder in Zukunft sein werde. Sind bzw. inwiefern sind mein vergangenes, mein derzeitiges und mein zukünftiges Ich eigentlich numerisch und (bzw. oder) qualitativ identisch? Zu der Frage nach der *diachronen Identität* gibt es in der Philosophie eine umfangreiche und kontroverse Debatte, mit der ich mich primär abgrenzend im nächsten Abschnitt beschäftigen werde.

Halten wir also in Bezug auf die Identität des Selbst als Zwischenfazit fest: Die Frage nach der synchronen Identität im numerischen Sinn (‚Bin ich überhaupt in diesem Moment ein und dieselbe Person?') stellt sich sinnvollerweise im nichtpathologischen Alltag kaum; sie ist daher vernachlässigbar. Relevanter ist die Frage nach der diachronen Identität: Hier stellt sich die Frage, ob (d.h. numerisch) und, wenn ja, inwiefern (d.h. qualitativ) ich über die Zeit hinweg ein und dieselbe Person bin.

Bevor ich mich dieser Debatte zuwende, ist eine weitere wichtige, häufig übersehene Unterscheidung in Bezug auf den Begriff der Identität vorzunehmen. Denn jenseits der Bedeutung von Identität als Übereinstimmung zweier Entitäten wird dieser Begriff sowohl in der Alltagssprache als auch vor allem in der Psychologie und Soziologie ebenfalls im Sinne von *Persönlichkeit* oder *Charakter*, im gesellschaftlichen Kontext auch als *Rolle* oder *Habitus* verwendet.[17] Mit dieser Bedeutung des Identitätsbegriffs wird i.d.R. kenntlich gemacht, welche *Eigenschaften* eine Person kennzeichnen, charakterisieren bzw. sie auszeichnen. Richard ist beispielsweise ängstlich, Christian gebürtiger Däne und Herr König mit Leib und Seele Schaffner. Es sind zahlreiche Arten solcher Kennzeichnungen vor dem Hintergrund unterschiedlicher psychologischer oder soziologischer Theorien möglich. Vorerst hervorzuheben ist jedoch, dass es sich hierbei nicht um eine Inbezugsetzung zweier Entitäten handelt (x ist derselbe wie y), also nicht um ein Verhältnis oder eine Relation, sondern um ein „einstelliges Prädikat"[18] (x zeichnet Eigenschaft z aus).

Um eine Konfusion dieser beiden Identitätsbegriffe zu vermeiden, erscheint es mir für die weiteren Überlegungen lohnenswert, eine begriffliche Unterscheidung Paul Ricœurs aufzugreifen: Dieser unterscheidet zwischen *idem-* und *ipse-Identität*.[19] Mit *Ipse* bezeichnet Ricœur Identität in der soeben angeführten Bedeutung von einer Charakterisierung einer Person – also

17 Zu dieser wichtigen Unterscheidung: Teichert (2003).

18 Ebd., S. 256.

19 Ricœur (2005), S. 144ff. Idem-Identität wird in der deutschen Ausgabe mit Selbigkeit, ipse-Identität mit Selbstheit übersetzt.

Antworten auf die „Wer-Frage"[20]. Bezogen auf das vorherige Beispiel könnte man fragen: Wer ist denn dieser Herr König? Diese Frage ließe sich mit der Antwort ‚der Schaffner' vielleicht hinreichend genau beantworten. Oder der besagte Herr König fragt selber: Wer bin ich eigentlich, wenn ich nach meiner Pensionierung kein Schaffner mehr bin? Dies kann man mit Ricœur als *ipse* bezeichnen.

Idem hingegen verwendet Ricœur, um Identität im Sinne einer Relation zu bezeichnen. In Bezug auf die personale Identität vor allem die Frage nach der „Beständigkeit in der Zeit"[21]. Am Beispiel expliziert: Ist das dort derselbe Schaffner, welcher mich auch gestern kontrolliert hat? Oder: Bin ich eigentlich noch derselbe, wenn ich demnächst im Ruhestand bin?

Ricœur betont nun nachdrücklich, dass beide Formen der Identität zu unterscheiden und je für sich zu untersuchen sind, jedoch in vielen Fragestellungen dialektisch verschränkt auftreten. Einige Phänomene lassen sich sogar nur unter Rückgriff auf beide Identitätsbegriffe angemessen beschreiben; Ricœurs Beispiele sind der *Charakter* und das *Versprechen*:

1) Unter dem Begriff des *Charakters* wird üblicherweise ein Bündel bedeutsamer und zeitlich weitestgehend beständiger Eigenschaften einer Person verstanden. Beispielsweise ließe sich sagen, dass Richard immer schon eine ängstliche Person gewesen ist. Hier wird also die Frage nach der ipse-Identität (dem Persönlichkeitsmerkmal der Ängstlichkeit) vor dem Hintergrund der idem-Identität (der zeitlichen Beständigkeit dieser Eigenschaft) gestellt.[22]
2) Während es sich beim Charakter i.d.R. um ein gegebenes und nur schwerlich selbst veränderbares Grundmerkmal einer Person handelt, haben wir es bei Ricœurs zweitem Beispiel, dem *Versprechen*, mit einem Zusammenspiel beider Identitätsbegriffe dergestalt zu tun, dass sich jemand in Form einer „Selbst-Ständigkeit"[23] selber dazu verpflichtet, auch zukünftig derart rechtschaffen zu sein, dass das Versprochene für ihn weiterhin gilt. Anders formuliert: Bei einem (prototypischen) Versprechen versichere ich dafür Sorge zu tragen, dass mir auch zukünftig (idem-Identität) die Einhaltung dieses Versprechens weiterhin von großer Wichtigkeit sein wird (Ipse-Identität).[24]

Unter Berücksichtigung dieser beiden Identitätsbegriffe ist es daher durchaus möglich, teilweise sogar angebracht, von einer *Identität der Identität* im

20 Ebd., S. 147.
21 Ebd., S. 144.
22 Vgl. ebd., S. 147f.
23 Ebd., S. 153.
24 Zur Philosophie des Versprechens s. Anwander (2008).

Sinne von einer zeitlichen Beständigkeit (idem) einer deskriptiven oder evaluativen Bestimmung einer Person (ipse) zu sprechen. Man könnte dies als ein *biographisches Selbstverständnis* bezeichnen; dieser Begriff wird sich noch als wichtig erweisen.

Vor allem zum Verständnis der *Veränderung einer Person* erweist sich die Verschränkung beider Identitätsbegriffe als zentral. Denn um eine solche Veränderung überhaupt begrifflich sinnvoll beschreiben zu können, bedarf es etwas Gleichbleibenden, etwas, an dem sich die Veränderungen vollziehen – aristotelisch gesprochen: einer Substanz – und desjenigen, welches sich verändert: einer Eigenschaft. In Bezug auf eine Person gewendet bedeutet dies: Wenn wir bei jemandem eine Persönlichkeitsveränderung beschreiben wollen, müssen wir begrifflich davon ausgehen, dass die Person in einem irgendwie gearteten ‚substanziellen' Sinne immer noch dieselbe ist (persistierende idem-Identität), während sie sich jedoch in Bezug auf andere Eigenschaften verändert hat (veränderte ipse-Identität).

Zwar ist es möglich, dass sich eine Person derart grundlegend verändert (z.B. im Rahmen einer frontotemporalen Demenz), dass es fraglich wird, ob man noch von derselben Person sprechen kann. In diesem Fall ist es begrifflich jedoch in einem strikten Sinne nicht mehr sinnvoll, von einer *Veränderung* zu sprechen; viel eher würde hier der Begriff der *Verwandlung* passend erscheinen. Unabhängig davon, wie (bzw. nach welchen Kriterien) diese Frage im Einzelfall beantwortet wird, bleibt jedoch festzuhalten, dass, insofern man von Veränderungen spricht, beide Begriffe von Identität zwar notwendig sind, es jedoch von zentraler Bedeutung ist, sie analytisch zu unterscheiden.

Der von mir bisher entwickelte Begriff des Selbst als Ensemble der Selbstgegebenheit und Selbstbezugnahme entspricht in weiten Teilen Ricœurs Begriff der ipse-Identität; daher kann anstelle von Selbst auch von (ipse-) Identität gesprochen werden. Ebenso ist es nun präziser möglich, die Frage der *diachronen (idem-)Identität des Selbst (ipse)* – üblicherweise auch *transtemporale Persistenz* genannt – zu stellen. Es gilt nun genauer zu untersuchen, wie die Einheit bzw. Veränderungen des Selbst in der Zeit zu verstehen sind; dieser Frage werde ich im Folgenden nachgehen.

2.3 Zeit und Selbst

Inwieweit ist es überhaupt möglich zu behaupten, dass ich und der abgebildete, schüchterne Junge mit der Schultüte in der Hand, den ich auf einem alten Foto erblicke, dieselbe Person sind? Sowohl das Äußere wie auch die Persönlichkeit haben sich im Laufe der Jahre grundlegend gewandelt; wenig scheint unverändert geblieben zu sein. Was verbindet uns? Was macht uns zu einer Person?

Es geht hier um mehr als nur um eine einfache Wiedererkennung im Sinne einer Reidentifikation. Denn daran, dass ich dieser Junge auf dem Foto bin, habe ich keine begründeten Zweifel. Es stellt sich vielmehr die grundlegende Frage, was uns beide (anders formuliert: mich) über alle Veränderungen hinweg zu einer über die Zeit persistierenden, sich also als diachron identisch (im Sinne von idem-Identität) erlebenden Person macht? Abgründig und für unsere Lebensführung folgenreich kann diese Frage werden, wenn sich der Verdacht einstellt, dass vielleicht nur eine schwache, scheinbare oder möglicherweise vielleicht sogar gar keine Verbundenheit zwischen diesen ‚beiden' Personen bestehen könnte. Dieses ‚Rätsel' der diachronen personalen Identität ist daher nicht nur existenziell höchst relevant – ich werde auf die lebenspraktischen Implikationen noch ausführlicher zu sprechen kommen –, sondern beschäftigt auch die (vor allem analytische) Philosophie seit gut 300 Jahren.

In der Philosophie stellte sich diese Frage lange Zeit nicht.[25] Durch die Annahme einer Seele – später des cogitos oder des Ichs – als eine der sich den zeitlebens vollziehenden Veränderungen (zumeist auch inklusiv seines Todes) unverändert zugrunde liegende Substanz war die grundlegende zeitliche Einheit der Person garantiert. Dementsprechend wurde die diachrone Identität der Person erst im Rahmen der Kritik am substanzontologischen Denken fraglich, und dies vor allem prominent bei und durch John Locke.

Vor dem Hintergrund seiner empiristischen Grundannahmen und der damit verbundenen Ablehnung der klassischen Substanzontologie kommt Locke in Paragraph 9 des 27. Kapitels von Buch II seines *Versuch über den menschlichen Verstand* zur Frage nach der diachronen Einheit der Person[26]. Im Anschluss an seine berühmte Bestimmung des Begriffs der Person als vernünftig denkendes und *„sich selbst als sich selbst betrachten*[*des*]*" Wesen* führt Locke als letztes Merkmal an, dass dieses „sich als dasselbe Ding [erfasst], das zu verschiedenen Zeiten und an verschiedenen Orten denkt. Das geschieht lediglich durch das Bewußtsein"[27]. Und weiter heißt es:

> „Hierbei kommt es in diesem Fall nicht darauf an, ob dasselbe Selbst in derselben oder in verschiedenen Substanzen weiterbesteht. Denn da das Bewußtsein das Denken stets begleitet und jeden zu dem macht, was er sein Selbst nennt und wodurch er sich von allen anderen denkenden Wesen unterscheidet, so besteht hierin allein die Identität der Person, das heißt das Sich-Selbst-Gleich-Bleiben eines vernünftigen Wesens. Soweit nun dieses Bewußtsein rückwärts

25 Eine ausführliche philosophiegeschichtliche Darstellung ist bei Teichert (2000) zu finden.
26 Locke (2000), S. 419ff.
27 Ebd.

> auf vergangene Taten oder Gedanken ausgedehnt werden kann, so weit reicht die Identität dieser Person. Sie ist jetzt dasselbe Selbst wie damals."[28]

Locke setzt also anstelle einer unveränderlichen Seelensubstanz als Garant der diachronen Identität das *Bewusstsein* bzw. das reflektierte Bewusstsein, also das *Selbstbewusstsein.* Da sich „Bewußtsein rückwärts auf vergangene Taten oder Gedanken aus[ge]dehnt", ist hier vor allem das *Vergangenheitsbewusstsein* relevant. Die zeitliche Einheit der Person fußt nach Locke also primär auf *Erinnerungen.*

Diese These besitzt nicht nur eine hohe intuitive Plausibilität, sondern wurde trotz einiger größerer Probleme – genannt sei der Zirkularitätsvorwurf (Erinnerungen setzen schon diachrone Identität voraus) sowie die naheliegende Schwierigkeit, dass Erinnerungen täuschen können[29] – zur zentralen Referenz der analytischen Diskussion dieser Problematik. Es ist mir nun nicht daran gelegen, diese weitverzweigte Diskussion hier darzustellen.[30] Dies erachte ich vor allem deshalb als unnötig, da dieser Diskurs m.E. fundamental daran krankt, dass die Frage nach der diachronen Einheit der Person in weiten Teilen (und interessanterweise sogar entgegen dem Ansatz Lockes) aus der Perspektive der dritten Person untersucht wird, was nicht nur der Grundausrichtung dieser Arbeit widerspricht, sondern sich auch in der Sache als problematisch erweist. Ich schließe mich hier der Kritik von Katja Crone an, welche ich daher kurz darstellen werde.

In der besagten analytischen Debatte dominieren reduktionistische Ansätze[31], welche das Problem der diachronen Identität im Rahmen der Frage formulieren, welche Form der Kontinuität vorliegen oder nachweisbar sein muss, damit berechtigterweise von einer zeitlichen Einheit einer Person gesprochen werden kann.[32] „Transtemporale Identität ist nichts anderes als Kontinuität", so fasst Crone die gemeinsame Grundannahme vieler dieser Ansätze zusammen, und „diese Kontinuität wird in Formen von Kausalrelationen analysiert"[33]. Eine solche Kontinuität wird dann entweder in der Tradition Lockes über psychische Zustände, vor allem Erinnerungen, oder über den Körper der Person nach- bzw. in manchen Theorien auch zurückgewiesen.

28 Ebd., S. 420.

29 Eine gute Darstellung findet sich bei Quante (2012), S. 46ff.

30 Eine systematische Übersicht findet sich bei Noonan (2005); eine Anthologie wichtiger Beiträge bei Quante (1999).

31 Prominentester und wirkmächtigster Vertreter ist sicherlich Derek Parfit, auf dessen Überlegungen ich später noch genauer eingehen werden.

32 Crone (2016), S. 102f.

33 Ebd., S. 103.

Eine diachrone Identität liegt diesen Theorien zufolge genau dann vor, so Crone, „wenn zwischen körperlichen oder mentalen Zuständen einer Person kausale Kontinuitätsrelationen zu körperlichen oder mentalen Zuständen einer Person zu einem früheren Zeitpunkt bestehen“[34]. Leitend ist dabei der Anspruch, dass solche Identitätszuschreibungen empirisch und objektiv, d.h. drittpersonal überprüfbar sein müssen.

Entsprechend dieser Theorien wäre ich dieselbe Person wie der schüchterne Erstklässler, insofern sich überzeugend zeigen ließe, dass man eine hinreichend[35] schlüssige kausale Veränderungsgeschichte von der damaligen zur heutigen Psyche (wahlweise des Körpers) erzählen kann. Letztlich unterscheidet sich diese Herangehensweise nicht wesentlich von der bereits erwähnten Identitätsfeststellung sich in der Zeit verändernder Gegenstände, wie z.B. des erwähnten alten, geliebten und daher sorgsam gepflegten Fahrrads.

Unter diesen Prämissen untersuchen nun zahlreiche Ansätze innerhalb dieses Diskurses, teilweise unter Verwendung sehr komplexer und höchst spekulativer Gedankenexperimente (z.B. Gehirnteilung oder -verpflanzungen), welche kausalen Kontinuitätsrelationen oder welche weiteren Bedingungen gegeben sein müssen, um zeitüberdauernde personale Identität zuschreiben zu können. Bisweilen kommen derartige Überlegungen – am prominentesten sicherlich bei Derek Parfit, auf welchen ich noch in kritischer Absicht zu sprechen kommen werde[36] – aufgrund reichlich spekulativer Gedankenexperimente zu der unseren Intuitionen und unserer Alltagsverständigung gänzlich zuwiderlaufenden These, dass personale Identität, da sich kein solides Identitätskriterium ermitteln lasse, existenziell und ethisch bedeutungslos sei.

Bei solchen Ansätzen ist von entscheidender Bedeutung, dass die Perspektive der ersten Person unberücksichtigt bleibt. Zur Identitätsfeststellung wird nicht die *phänomenale Kontinuität* herangezogen, z.B. in Form von leibhaftigen Erinnerung daran, wie ich damals eingeschult worden bin, sondern stattdessen die objektiv-empirisch (z.B. im Rahmen einer neurophysiologischen Untersuchung) feststellbare Kausalbeziehung zwischen meinen damaligen und meinen aktuellen psychischen Zuständen.

Katja Crone kritisiert nun diese, ihres Erachtens nach einem unbegründet vorausgesetzten Eindeutigkeitspostulat geschuldete, reduktionistische Übertragung der Identitätskriterien von Gegenständen auf Personen. Dies sei deshalb höchst problematisch, da es unserer Lebenserfahrung und Alltagspraxis

34 Ebd.

35 Ein Problem dieser Ansätze besteht u.a. darin, dass strittig ist, wann eine solche Kausalreaktion hinreichend gegeben ist; vgl. ebd., S. 106.

36 Vgl. Parfit (2017a) sowie Abschnitt 7 dieser Arbeit.

fundamental widerspreche, sich über einen reflexiven, inferenziellen Schluss seiner zeitlichen Identität versichern zu müssen. Denn „obwohl es selten der Fall ist, dass Personen konkret über ihre zeitliche Fortdauer reflektieren, sind sie sich derer dennoch implizit bewusst“[37], so Crone. Eine solche Form reflektierter Identitätsfeststellung sei nur bei längeren Zeiträumen oder in Ausnahmefällen, z.B. nach einer Amnesie erforderlich. „Normalerweise muss man keine komplizierten kognitiven, inferenziellen Operationen durchführen, um zu ‚wissen‘, dass man zu einem früheren Zeitpunkt bereits existiert hat“[38], betont Crone. Es gilt daher festzuhalten, dass sich personale Identität grundlegend nicht durch psychische, sondern durch *phänomenale Kontinuität* konstituiert.

Crone untersucht nun weitergehend, wie sich die transtemporale Identität aus der phänomenalen Einheit des Erlebens konstituiert: Während für kurze Zeitspannen von der klassischen phänomenologischen These auszugehen ist, dass zeitbezogenes Erleben nicht in atomare Einzelerlebnisse zerfällt, sondern im „Erlebnisstrom“[39] genuin als zeitliche Einheit erscheint, wodurch personale Identität mühe- und fraglos gegeben ist, spielen spätestens bei der nächtlichen Unterbrechung des bewussten Erlebens die episodische bzw. autonoetische Erinnerung[40] eine konstitutive Rolle; bei langen Zeitspannen sind sie unverzichtbar. Letztlich stellt Crone zwei verschiedene Weisen der Konstitution von personaler Identität heraus:

(1) Einerseits existiert auf basaler Ebene „ein implizites Gewahrsein der eigenen transtemporalen Identität, ein Bewusstsein, das nicht auf einer Reflexion oder einer inferenziellen Operation basiert“. Auf Grundlage dieses phänomenalen Einheitserlebens sind sich Personen „normalerweise unmittelbar und ohne kognitive Anstrengung ihrer zeitübergreifenden Existenz bewusst“[41].

(2) Von dieser grundlegenden Form der Identitätskonstitution sind Fälle zu unterscheiden, in denen „jemand explizit über seine Vergangenheit nachdenkt“[42] und aufgrund dieser Reflexion zu Identitätsurteilen über sich kommt. Solche schlussfolgernden Urteile (z.B. ‚Der dritte Junge von rechts, das müsste ich sein.‘) können jedoch zumeist nur unter

37 Crone (2016), S. 123.
38 Ebd.
39 Husserl (1969), S. 52.
40 Auf den Themen- und Problemkomplex des Gedächtnisses bzw. der Erinnerung komme ich noch ausführlich in Kapitel 9.2 zu sprechen.
41 Crone (2016), S. 136.
42 Ebd.

Berücksichtigung von autonoetischen Erinnerungen und anderen autobiographischen Überzeugungen gebildet werden.

Personale Identität, wenn sie auf phänomenale Kontinuität basierend verstanden wird, ist also (im Normalfall) zuerst einfach gegeben; sie muss nicht durch ein reflexives (exzentrisches) Urteil festgestellt werden. Es kommt (jenseits von Pathologien) üblicherweise nicht vor, dass ich von einem auf den anderen Moment nicht mehr weiß, wer ich bin bzw. war. Für zunehmend längere Zeiträume kann dies jedoch mehr und mehr fraglich werden, sodass ich kompensatorisch vermehrt auf die zweite Form der reflexiven Identitätskonstitution zurückgreifen muss, d.h. mich explizit nachdenkend meiner (idem-)Identität versichern muss.

Phänomenale Kontinuität konstituiert personale Identität daher nur in einem eingeschränkten, jedoch zumeist hinreichend sicheren Maße. Nicht nur über längere Zeit kann die Einheit der Person fraglich werden, sondern auch in anderen Fällen kann diese mehr oder weniger beeinträchtigt sein: Alltägliche (nichtpathologische) Erfahrungen einer solchen Beeinträchtigung sind beispielsweise die bereits erwähnte kurze Desorientierung beim morgendlichen Erwachen oder in deutlicherer Ausprägung im Rahmen einer alkoholbedingten retrograden Amnesie (vulgo: Filmriss).

Für die Tiefenpsychologie, aber auch für die Frage nach der biographischen Identität im Rahmen dieser Arbeit, ist vor allem das Phänomen der frühkindlichen Amnesie, also die Schwierigkeit bis Unfähigkeit, sich als Erwachsener an Erlebnisse vor dem dritten Lebensjahr erinnern zu können, von zentraler Bedeutung.[43] Derartige Beeinträchtigungen bereiten zwar bisweilen (erhebliche) lebenspraktische Schwierigkeiten; sie widersprechen jedoch nicht der grundsätzlichen Annahme der Existenz von personaler Identität, sondern zeigen vielmehr ihren mitunter prekären Status auf. Aus der Schwierigkeit der Erklärung eines Phänomens auf die Unmöglichkeit seiner Existenz zu schließen widerspricht grundsätzlich der phänomenologischen Grundhaltung, welcher sich diese Arbeit verpflichtet sieht.

Es wird also davon ausgegangen, dass personale Identität im Normalfall gegeben ist. Aus der Psychiatrie bzw. Neurologie ist darüber hinaus jedoch eine Reihe schwerwiegender Beeinträchtigungen der phänomenalen Kontinuität und damit der personalen Identität bekannt: Neben durch Substanzeinwirkung oder Hirnschädigungen bedingten Gedächtnisstörungen[44] sowie

43 Zur infantilen Amnesie s. Kapitel 9.2.

44 Zum Thema der Gedächtnisstörungen: Bartsch et al. (2013).

dem großen Problemkreis der demenziellen Erkrankungen und ihren Folgen[45] wären hier dissoziative Amnesien (z.B. nach traumatischen Erlebnissen)[46] zu nennen. Bei einer dissoziativen Amnesie liegt ein erheblicher, zeitweiliger und retrograder Verlust der Erinnerung vor, welcher nicht im Zusammenhang mit einer körperlichen Erkrankung oder Substanzmissbrauch steht.[47] Anhand einer Fallvignette möchte ich dieses Phänomen anhand der dissoziativen Fugue kurz vorstellen:

> [Fallvignette 1]: Ein Patient wird von der Polizei in die Klinik gebracht. Er sei orientierungslos am Hauptbahnhof aufgegriffen worden und könne weder Angaben zu seiner Person machen, noch wisse er, woher er komme, oder wohin seine Reise gehen soll. Irritierend ist, dass der Patient ansonsten psychopathologisch unauffällig erscheint, gepflegt aussieht und einen gültigen Fahrschein hat – er weiß nur nicht, wer er ist und woher er kommt. Die Polizei kann jedoch anhand seiner Dokumente zeitnah seine Identität feststellen und ruft bei seiner Familie in Süddeutschland an. Die Ehefrau zeigt sich am Telefon sehr erleichtert. Ihr Mann werde seit gestern – scheinbar nach einem massiven Konflikt auf der Arbeitsstelle – vermisst. Sie macht sich sogleich auf den Weg nach Norddeutschland, um ihn abzuholen. Der Patient weiß jedoch zunächst nicht, dass er verheiratet ist. Erst Stunden später kann er sich langsam wieder erinnern, wer er ist.

Dieses Fallbeispiel zeigt, wie dramatisch und existenziell bedeutsam eine *Dysfunktion des Gedächtnisses*, die damit verbundene *Unterbrechung der phänomenalen Kontinuität* und der sich dadurch ergebende zeitweilige *Verlust der personalen Identität* sind. Zwar ist es möglich, dass der von einer dissoziativen Amnesie Betroffene beispielsweise durch Berichte anderer, Videoaufzeichnungen oder anderweitige Indizien *drittpersonal* rekonstruieren kann, was er wie und wann getan hat; doch diese Kenntnis ersetzt nicht das leibhaftige, durch Erleben und Erinnerung erstpersonal gegebene ‚Wissen' der Identität der eigenen Person.

Als besonders beeinträchtigend erweist es sich, wenn eine Person weiß, dass solche Dissoziationen bei ihr auftreten, sie also damit rechnen muss, dass es

---

45 Vgl. ebd., S. 239ff. Zur Frage der personalen Identität bei demenziellen Erkrankungen s. zudem Ringkamp (2017).

46 Eine gute Übersicht zur Phänomenologie, Ätiologie und Behandlung dissoziativer Störungen findet sich bei Priebe et al. (2014).

47 Ebd., S. 21ff. Kritisch zur historischen Entwicklung dieser Störung: Hacking (1996a).

Phasen in ihrem Leben gibt, die aus ihrer personalen Erfahrung ‚herausfallen'; in denen sie also sprichwörtlich ‚nicht sie selber' ist. Das mit einer solchen Vorstellung verbundene Unbehagen weist auf die fundamentale Bedeutung des Vertrauens in die zukunftsbezogene Einheit der eigenen personalen Existenz hin, welche ich im nächsten Abschnitt erläutern werde.

Wie bereits erwähnt, ist es im Normalfall möglich, die sich über längere Zeiträume zumeist ergebenden Lücken oder Unsicherheiten des impliziten Gewahrseins der eigenen diachronen Identität über Erinnerung (im Verbund mit anderen Informationen oder Auskünften anderer Personen) hinreichend sicher zu erschließen. Nun ist sowohl allgemein bekannt wie auch psychologisch ausführlich belegt, dass sich gerade das autobiographische Gedächtnis in vielen Fällen als unzuverlässig, bisweilen verzerrend bis (selbst)täuschend erweist. Die personale Identität steht daher, frei formuliert, auf einem ‚wackligen Fundament'. Ich werde auf das Problem unsicherer und verzerrter Erinnerungen noch mehrfach zu sprechen kommen;[48] an dieser Stelle sei vorerst nur festgehalten, dass diese Form der Unsicherheit der menschlichen Identität einfach ein Teil, in einem gewissen Sinne eine der Herausforderungen unserer conditio humana darstellt, die wir zu bewältigen haben.

Zum Ende dieses Abschnitts möchte ich noch einmal auf die zuvor eingeführte Unterscheidung zwischen idem- und ipse-Identität zurückkommen. Die zuletzt dargestellten Überlegungen zur transtemporalen Einheit der Person beziehen sich, wie bereits gesagt, auf die Idem-Identität. Hier wird ausschließlich die Frage behandelt, ob und inwiefern eine Person über die Zeit hinweg in einem grundsätzlichen, ‚substanziellen' Sinne dieselbe bleibt. Ein solches „transtemporales Identitätsbewusstsein ist – für sich genommen – gewissermaßen leer", so Katja Crone. Denn, so diese weiter, „es enthält keine Informationen darüber, ‚wer' man ist, denn es vermittelt lediglich das eigene Fortbestehen als numerisch identisches Subjekt"[49]. Das Bewusstsein bzw. Wissen darüber, *dass* ich dieselbe Person wie der abgebildete schüchterne Schuljunge bin (idem-Identität), beantwortet mir nicht die Frage, *wer* ich damals war bzw. heute bin (ipse-Identität). Die Wer-Frage, in der Nomenklatur dieser Arbeit ipse-Identität bzw. das Selbst genannt, muss auf anderem Wege beantwortet werden.

Wie bereits gezeigt wurde, kann die Ipse-Identität natürlich auch in temporaler Hinsicht betrachtet werden, als Frage formuliert: Wer war ich, wer bin ich und wer werde ich sein? Es geht also um die Veränderungen des Selbst in der Zeit. Diese können jedoch begrifflich nur sinnvollerweise vor dem Hintergrund

48 Hierzu mehr in Kapitel 8.2.

49 Crone (2016), S. 148.

einer basalen transtemporalen Einheit (idem-Identität) beschrieben werden. Katja Crone drückt dies wie folgt aus: „Personen haben normalerweise ein nichtinferenzielles Bewusstsein davon, dass sie über die Zeit hinweg als einheitliches Subjekt existieren. Sie ‚persistieren' als numerische identische Subjekte, obwohl sie sich qualitativ verändern."[50]

Die in der Zeit sich vollziehende Veränderung der Art und Weise, wie ich mich verstehe, das *biographische Selbstverständnis* (ipse), kann sich daher nur auf Grundlage eines bestehenden basalen *transtemporalen* (*numerischen*) *Identitätsbewusstseins* (idem) entwickeln. Wenn Letzteres beispielsweise durch eine Amnesie beeinträchtigt ist, ich mich also z.B. nicht mehr an meine Zeit im Kindergarten erinnern kann (und dies auch nicht durch die Informationen Dritter kompensiert werden kann), dann ist es folglich auch nicht oder nur sehr eingeschränkt möglich, die Frage zu beantworten, wer ich damals eigentlich war und wie sich mein damaliges Selbst in seiner zeitlichen Entwicklung zu meinem jetzigen Selbst verhält. Biographisches Selbstverständnis – die Ipse-Identität bzw. das Selbst – wird, so die These, die ich im Folgenden entwickeln werde, vor allem *narrativ*, d.h. durch Erzählung *hergestellt*, während das transtemporale Identitätsbewusstsein (ggf. durch Erinnerung oder drittpersonales Wissen gestützt) im Normalfall *gegeben ist*.

Biographische Narrationen setzen also notwendigerweise ein Bewusstsein meiner Person als über die Zeit identisch im dargestellten basalen (‚leeren') Sinne voraus. Erst ausgehend von einem solchen transtemporalen Identitätsbewusstsein lässt sich eine sinnvolle Lebensgeschichte erzählen. Diesen Punkt unterstreicht auch Alasdair MacIntyre deutlich, wenn er anmerkt:„Die persönliche Identität ist also gerade die Identität, die durch die Einheit des Charakters vorausgesetzt wird, die die Einheit einer Erzählung erfordert. Ohne eine solche Einheit gäbe es kein Subjekt, von dem man Geschichten erzählen könnte."[51] Daher ist es auch verfehlt, wenn beispielsweise Daniel Dennett[52], David Carr[53] oder Marya Schechtman[54] transtemporale numerische Identität über Narrativität konstituiert zu denken versuchen.[55] Es muss immer ein zeitüberdauerndes Subjekt vorausgesetzt werden, dessen Lebensgeschichte man erzählen kann.

50 Ebd.
51 MacIntyre (1995), S. 291.
52 Vgl. Dennett (1992).
53 Vgl. Carr (1991).
54 Vgl. Schechtman (1996).
55 Ich schließe mich hier der Kritik von Zahavi (2007) an.

Ich möchte mich im Folgenden nicht weiter mit dieser basalen Form der diachronen Identität beschäftigen. Sie stellt zwar die Voraussetzung für ein zeitliches Verständnis des Selbst dar, muss jedoch für das Klärungsinteresse dieser Arbeit nicht weiter als bisher geschehen verständlich gemacht werden. Mich interessiert im Folgenden primär die (Ipse-)Identität im Sinne der Wer-Frage und das aus dieser Frage als Antwort resultierende Selbst.

TEIL II

Existenz

Die bisherige Untersuchung zur Frage des Selbst bzw. seiner Identität ergab, dass dieses als die Gesamtheit der aus verschiedenen Formen der Selbstgegebenheit erwachsender und mittels Selbstbezugnahmen zusammengefasster Selbstverständnisse zu verstehen ist. Die synchrone bzw. diachrone Identität dieses Selbst, welche von einer basalen Form des transtemporalen Identitätsbewusstseins unterschieden werden muss, ist *nicht gegeben*, sondern *muss hergestellt werden*. Auf die Frage nach dem Wer der eigenen Person muss eine Antwort gefunden werden; ob und inwiefern diese einheitlich (im Moment oder über die Zeit hinweg) ausfällt, ist Teil dieser Frage.

Dass der Mensch überhaupt in der Lage ist, sich eine solche Wer-Frage zu stellen und ein Selbst zu entwickeln, resultiert, so meine These, aus der bereits bekannten anthropologischen Grundbestimmung des Menschen als exzentrisches Selbstverhältnis. Ich bin nicht nur einfach so oder so, sondern verhalte mich zugleich konstatierend und evaluativ zu diesem jeweiligen So-Sein. Letztlich kann ich auch zu der Überzeugung kommen, dass mir ein Aspekt bzw. mein Leben als Ganzes missfällt und ich dieses daher ändern will. Sich kritisch und ggf. um Veränderungen bemühend zu seinem Leben zu verhalten, stellt jedoch nicht nur eine sich hin und wieder ergebende Möglichkeit dar, sondern muss als eine *stetige existenzielle Herausforderung des Menschseins* begriffen werden. In den Worten Plessners vor dem Hintergrund seiner Exzentrizitätsthese formuliert: „Der Mensch lebt nur, indem er ein Leben führt."[1]

Der aus dem Deutschen Idealismus stammende und vor allem von Kierkegaard weitergedachte Grundgedanke des *Vollzugscharakters der menschlichen Existenz* ist in seiner vollen Bedeutung vor allem von der Existenzphilosophie herausgearbeitet worden. Im Folgenden ist mir daran gelegen, unter Rückgriff auf zwei ‚Klassiker' der Existenzphilosophie – Martin Heidegger und Jean-Paul Sartre – sowie zeitgenössische Überlegungen von Andreas Luckner diesen Grundgedanken jenseits mancher klischeehafter Missdeutungen für die

1 Plessner (2003c), S. 384.

© BRILL FINK, 2025 | DOI:10.30965/9783846768686_005

Zwecke der vorliegenden Untersuchung fruchtbar zu machen. Ich möchte letztlich zeigen, dass Prozesse der Selbsterkenntnis und die Entwicklung eines Selbst im Dienst der Beantwortung der *praktischen Frage* stehen und damit als Reaktion auf den existenziellen Vollzugscharakter des menschlichen Lebens zu verstehen sind (Kapitel 3). Des Weiteren werde ich dafür argumentieren, dass gerade (bzw. nur) der lebenspraktische Vollzug der eigenen Existenz eine gewisse synchrone und diachrone Identität des Selbst garantiert (Kapitel 4).

KAPITEL 3

Die praktische Frage

Die Aufgabe dieses Kapitels besteht darin, die existenziell-praktische Seite der fundamentalanthropologischen Denkfigur des Selbstverhältnisses genauer zu beleuchten. Denn, wie bereits mehrmals am Rande erwähnt, ist es nicht nur möglich, sich partiell zu einzelnen psychischen Momenten exzentrisch zu verhalten (sich z.B. für einen bestimmten Gedanken zu schämen), sondern ebenso, sich auf umfassende Aspekte seiner Persönlichkeit bzw. seines Lebens zu beziehen; so kann mir z.B. mein cholerischer Persönlichkeitszug missfallen. Ebenfalls wurde bereits verdeutlicht, dass viele solcher Selbstverhältnisse evaluativer Art sind, woraus zugleich ein Veränderungsimpuls erwachsen kann (‚will ich jemand sein, der häufig so unbeherrscht aufbrausend ist?'). Hier zeigt sich eine Form des *praktischen Selbstverhältnisses*, also im Grundzug die Frage, ob ich so oder so überhaupt sein will bzw. wie ich stattdessen sein will, welche man mit Ernst Tugendhat auch als „praktische Frage"[1] bezeichnen kann. Um diese existenzphilosophische Grundthese zu verdeutlichen, werde ich ausgehend von der bereits etablierten Kierkegaard'schen Denkfigur versuchen, dessen Entwicklung über Heidegger, Sartre zu Tugendhat nachzuzeichnen und für die Zwecke der vorliegenden Untersuchung begrifflich zuzuschneiden.

3.1 Der Mensch ist seine Möglichkeit

In seinem frühen Hauptwerk *Sein und Zeit*, welches in vielerlei Hinsicht an Überlegungen Kierkegaards anschließt, entwickelt Martin Heidegger eine Reihe instruktiver und wirkmächtiger anthropologischer bzw. existenzieller Grundüberlegungen. Dies ist insofern verwunderlich, als dass Heidegger sich nicht als Existenzphilosoph verstand[2] und die philosophische Anthropologie seiner Zeit äußerst kritisch sah[3]. Die Betrachtung des Menschen, welchen Heidegger in seiner Terminologie als Dasein bezeichnet und dessen existenziale Grundstruktur er in *Sein und Zeit* ausführlich untersucht, steht programmatisch eigentlich im Dienst der *Seinsfrage*. Bedingt durch den Umstand, dass *Sein und Zeit* unvollständig geblieben ist, das heißt, dass das Werk weitestgehend

1 Tugendhat (2005), S. 193ff.
2 Vgl. Heidegger (2004), S. 334ff.
3 Vgl. Heidegger (2006), S. 45ff.

© BRILL FINK, 2025 | DOI:10.30965/9783846768686_006

nur die Analyse des Seins des Daseins umfasst und die eigentlich vorgesehene Rückbindung an die Seinsfrage weitestgehend ausbleibt, halte ich es für berechtigt, *Sein und Zeit* als existenzphilosophisches bzw. anthropologisches Werk zu lesen.

Zentral für Heideggers Überlegung ist eine von ihm vorgenommene fundamentale Unterscheidung zwischen dem Sein des *Daseins* und allem anderen *Seienden*. An Kierkegaard anknüpfend bestimmt Heidegger das Dasein dahingehend, dass es „nicht nur unter anderem Seienden vorkommt“, sondern „vielmehr dadurch ontisch ausgezeichnet [ist], daß es diesem Seienden in seinem Sein um dieses Sein selbst geht“[4]. Das menschliche Sein hebt sich von der Seinsweise anderer Gegenstände oder Lebewesen dadurch ab, dass sich das Dasein in seinem Selbstverhältnis nicht gleichgültig oder passiv gegenübersteht, sondern um dieses konstitutiv *besorgt* ist, was Heidegger mit den existenzialen Grundbegriffen der *Jemeinigkeit*[5] und der *Sorge*[6] charakterisiert.

Während allem anderen „nicht-daseinsmäßigen“[7] Seienden vorgegeben ist, so oder so zu sein und dieses zu seinem Sein in keinem Verhältnis steht, ist es mir als Dasein anvertraut, meine Art zu sein selbst zu bestimmen.

> „Das Seiende, dem es in seinem Sein um dieses selbst geht, verhält sich zu seinem Sein als seiner eigensten Möglichkeit. Dasein ist je seine Möglichkeit und es ‚hat‘ sie nicht nur noch eigenschaftlich als ein Vorhandenes. Und weil Dasein wesenhaft je seine Möglichkeit ist, kann dieses Seiende in seinem Sein sich selbst ‚wählen‘, gewinnen, es kann sich verlieren, bzw. nie und nur ‚scheinbar‘ gewinnen“.[8]

Aus der Grundbestimmung des Menschen als Selbstverhältnis schlussfolgert Heidegger, dass *der* Mensch seine Möglichkeit ist, oder in einer berühmten Formulierung: „das ‚Wesen‘ des Daseins liegt in seiner Existenz“[9]. Heidegger (sowie den meisten Existenzphilosophen) zufolge hat der Mensch kein ihn bestimmendes Wesen,[10] welches festlegt, so oder so zu sein (ggf. sogar: sein zu müssen), sondern es ist gerade sein ‚Wesen‘, dieses im Rahmen des Vollzugs seiner Existenz selber zu bestimmen. Der Mensch muss wählen, was er sein will.

---

4 Heidegger (2006), S. 12.
5 Ebd.
6 Ebd., S. 191ff. Auf den Begriff der Sorge werde ich in Kapitel 4.2 noch genauer eingehen.
7 Ebd., S. 13.
8 Ebd., S. 12.
9 Ebd., S. 42.
10 Natürlich ist diese Bestimmung selbst wiederum eine Art existenziale Wesensbestimmung; zudem gibt es weitere Existenzialien.

Bevor ich diese weitreichende These genauer sowie kritisch eingrenzend betrachte und vor allem auf den Aspekt der Selbstwahl genauer eingehe, möchte ich noch eine wichtige Implikation dieser Grundbestimmung aufzeigen. Insofern der Mensch grundlegend seine Möglichkeit ist, ihm also aufgetragen (durchaus auch: aufgebürdet) ist, sein Leben *selbst-bestimmt* zu vollziehen, steht dieses in zeitlicher Perspektive unter dem Primat der *Zukunft*. Aufgrund seines praktischen Vollzugscharakters muss die menschliche Existenz daher vor allem von ihrem Zukunftsbezug her verständlich gemacht werden. Ich halte dies für eine zentrale Einsicht Heideggers (bzw. der Existenzphilosophie) und werde dieser im weiteren Verlauf der vorliegenden Untersuchung besondere Beachtung schenken.

Ich bin, so könnte man frei formulieren, was ich aus mir machen werde. Dieses Grundmoment bezeichnet Heidegger als den „Entwurfcharakter"[11] des Daseins und aus diesem heraus

> „ist das Dasein ständig ‚mehr', als es tatsächlich ist, wollte man es und könnte man es als Vorhandenes in seinem Seinsbestand registrieren. Es ist aber nie mehr, als es faktisch ist, weil zu seiner Faktizität das Seinkönnen wesenhaft gehört. Das Dasein ist aber als Möglichsein auch nie weniger, das heißt das, was es in seinem Seinkönnen noch nicht ist, ist es existenzial"[12].

Als Seinkönnen ist das Dasein grundlegend von allem anderen Seienden unterschieden, da es einerseits von seinen Möglichkeiten her, da diese seine faktische Realisation stets übersteigen, immer ‚mehr' ist, als es ist, andererseits von der Faktizität aus gesehen, immer durch ein ‚weniger', ein genuines ‚Noch-nicht' geprägt ist. Was ich letztlich fundamentalontologisch bin, sind realisierbare Möglichkeiten meiner selbst. Nietzsche zitierend fasst Heidegger diesen Gedanken in folgendem Imperativ zusammen: „[W]erde, was du bist!"[13].

Aus diesem immerwährenden „Sichvorweg" resultiert nun die bereits erwähnte „ständige Unabgeschlossenheit"[14] der Existenz. „Die Unganzheit bedeutet einen Ausstand an Seinkönnen"[15], woraus Heidegger letztlich seine berühmten Thesen zum „Sein zum Tode"[16] entwickelt, was an dieser Stelle jedoch nicht weiter von Interesse sein muss. Als relevanter für die leitenden Fragen dieser Arbeit erachte ich hingegen, und dies wird zu zeigen sein, dass

11 Heidegger (2006), S. 145.
12 Ebd.
13 Ebd., S. 145; bzw. Nietzsche (1999a), S. 297.
14 Heidegger (2006), S. 236.
15 Ebd.
16 Ebd., S. 252ff.

auch das Selbst aufgrund des aufgezeigten existenzialen Vollzugscharakters und der sich daraus ergebenden zukunftsbezogenen Zeitlichkeit konstitutiv *unabgeschlossen* und damit zugleich immer *im Wandel begriffen* ist und daher angemessen nur aus dieser Grundstruktur verstanden werden kann.

Auch wenn diese Gedanken Heideggers eine hohe theoretische und intuitive (bisweilen auch suggestive) Plausibilität aufweisen, so drängen sich doch bei der Grundbestimmung des Menschen als Möglichkeit sogleich zahlreiche Fragen auf. Zuvorderst kann natürlich der Einwand formuliert werden, dass vielen, möglich sogar den meisten Menschen zahlreiche Möglichkeiten durch politische, gesellschaftliche, ökonomische, psychische oder biologische Einschränkungen verwehrt sind. Es wäre müßig und argumentativ unnötig, diese in ihrer Vielzahl darzulegen; vielmehr stellt sich die Frage, ob sich in Anbetracht dieser unzähligen Restriktionen die existenzphilosophische Grundthese vom Menschen als Möglichkeitswesen überhaupt als haltbar erweisen kann.

Heidegger ist sich solcher Möglichkeitseinschränkungen bewusst und setzt deshalb den *Entwurfcharakter* des Daseins in ein Spannungsverhältnis zur sogenannten *Geworfenheit*. Mit Geworfenheit beschreibt Heidegger einerseits die grundlegende Erfahrung des Daseins, „daß es ist und zu sein hat“[17]; anders formuliert: dass wir nicht gefragt wurden, ob wir überhaupt existieren wollen. Darüber hinaus jedoch auch den Umstand, dass wir uns faktisch immer in bestimmten (nicht gewählten), historisch-gesellschaftlichen Situationen vorfinden, welche den Möglichkeitsraum zur Realisierung unserer Existenz abstecken; daher, so betont Heidegger, ist das Dasein immer „durch und durch geworfene Möglichkeit“[18].

Letztlich bleibt bei Heidegger jedoch das Zusammenspiel von Entwurf und Geworfenheit unterbelichtet. Es lohnt sich daher, dieses Verhältnis anhand der existenzialen Zuspitzung der These des Menschen als Möglichkeit bzw. als *Freiheit* bei Jean-Paul Sartre zu betrachten und in seiner Plausibilität und Tragweite zu diskutieren.

3.2 Faktizität und Freiheit

Heideggers Überlegungen aufgreifend spitzt Sartre diese derart zu, dass er letztlich zu der berühmt-berüchtigten These kommt: „[D]er Mensch ist seine Freiheit“[19]. Für Sartre stellt dies die logische Konsequenz der

17 Ebd., S. 135.
18 Ebd., S. 144.
19 Sartre (1994), S. 125.

existenzphilosophischen Grundthese dar, dass beim Menschen „die Existenz dem Wesen vorausgeht“[20], woraus zugleich folgt, dass er „nicht definierbar [ist], weil er zunächst nichts ist“[21] bzw. „nichts anderes als das, wozu er sich macht“[22]. Wie verhält sich diese leicht pathetisch überhöhte Verabsolutierung der menschlichen Möglichkeitsnatur zu den zahlreichen faktisch bestehenden Restriktionen und Einschränkungen der menschlichen Freiheit?

Sartre, vor allem an Fragen der gesellschaftlichen bzw. politischen Freiheit interessiert, beantwortet diesen Einwand mit folgendem Hinweis:

> „Die historischen Situationen variieren: der Mensch kann als Sklave in einer heidnischen Gesellschaft oder als Feudalherr oder als Proletarier geboren werden. [...] Die Grenzen sind weder subjektiv noch objektiv, oder besser, sie haben eine objektive und eine subjektive Seite. Objektiv, weil man überall auf sie stößt und sie überall zu erkennen sind, subjektiv, weil sie gelebt werden und nichts sind, wenn der Mensch sie nicht lebt, das heißt, wenn er sich nicht in seiner Existenz frei im Verhältnis zu ihnen bestimmt.“[23]

Auch wenn bisweilen nur abseitig erwähnt, erkennt Sartre selbstverständlich Grenzen der Freiheit, auch ihre objektive Seite, an – gerade sein nachdrücklich gefordertes und persönlich gelebtes politisches Engagement wäre unverständlich, würde er solche Einschränkungen leugnen –, zugleich betont er jedoch ebenso die subjektive Seite dieser Grenzen. Es geht hier um die Frage, inwiefern solche Freiheitseinschränkungen über ihre objektive Seite hinaus subjektiv gelebt werden; dies meint, welches *Verhältnis zu diesen* eingenommen wird.

Ich möchte dies am genannten Beispiel des Sklaven versuchen zu plausibilisieren: Dieser mag zwar als Slave geboren sein und lebt als solcher ein Leben maximaler (objektiver) Unfreiheit. Dies macht nach Sartre jedoch nur seine faktische Situation aus, seinem ‚Wesen‘ nach ist er jedoch nicht als Sklave geboren, wie es vielleicht eine seine Versklavung rechtfertigende rassistische Ideologie behaupten mag, sondern frei. Zwar ist der Sklave de facto nicht in der Lage, seine Freiheit aufgrund der äußeren Umstände zu verwirklichen, dies ändert jedoch nichts an seiner existenzialen Grundbestimmung. Frei wiederum ist er, so würde Sartre wohl weitergehend behaupten, hinsichtlich seines Verhältnisses zu seiner faktischen Situation: Er kann sich mit seinem Status quo identifizieren, sich also als Sklave verstehen – in den Worten Sartres formuliert: die subjektive Seite der Grenzen leben – und sich in sein ‚Schicksal‘

20 Ebd., S. 119.
21 Ebd., S. 120.
22 Ebd., S. 121.
23 Ebd., S. 166.

fügen, oder er kann ein kritisches Verhältnis zu seiner Versklavung, eine Form der ,inneren Opposition' entwickeln, welche ggf. auch Grundstein einer emanzipativen Regung werden kann.

Zwar sind wir nach Sartre an sich frei, konkret besteht diese Freiheit jedoch immer nur „in Bedingtheit, und diese Beziehung der Bedingtheit zur Freiheit ist es, die wir unter dem Namen Situation präzisieren"[24]. Frei sind wir, so kann Sartre m.E. durchaus gelesen werden, nicht primär in Bezug auf unsere jeweilige faktische *Situation*, sondern im Verhältnis, welches wir zu dieser einnehmen. Und aus diesem Verhältnis heraus besteht immer die Möglichkeit, ein Bewusstsein der Kontingenz unserer faktischen Situation sowie möglicherweise einen Impuls zu deren Veränderung zu entwickeln. Eine berühmte Bemerkung Sartre fasst diese Überzeugung prägnant zusammen: „Wichtig ist nicht, was man aus uns macht, sondern was wir selbst aus dem machen, was man aus uns gemacht hat."[25]

Dies mag zwar bisweilen auf große Widerstände stoßen und mit allerhand Anstrengungen verbunden sein, und selbstverständlich kann der jeweilige Entwurf auch scheitern. Sartre insistiert jedoch entschieden darauf, dass wir prinzipiell immer die Möglichkeit haben, uns zu unserem jeweiligen *geworfenen* So-Sein ,innerlich' *entwerfend* zu verhalten.[26] Daher durchzieht das gesamte Sartre'sche Werk ein Appell an die *Verantwortung* des Einzelnen für sein Leben (sowie noch entschiedener, jedoch hier nicht Thema: für das freie Leben mit anderen, d.h. für die gesellschaftliche bzw. politische Freiheit).

Aus rhetorischen bzw. appellativen Gründen in einigen Formulierungen überspitzt, in der Sache jedoch wie gezeigt durchaus überzeugend, besteht der Impetus dieser Existenzphilosophie darin, die Freiheit eher zu groß als zu klein zu denken. Entsprechend kritisch steht Sartre Theorien gegenüber, welche den Menschen aus biologischer, psychologischer oder gesellschaftlicher Perspektive vor allem in seinen Determinanten beschreiben.[27] In einem solchen Determinismus sieht er, vor allem wenn ein solcher als freiheitsverleugnende Selbstbeschreibung für das eigene Leben übernommen wird, eine Variante der selbsttäuschenden *Unaufrichtigkeit*; hierzu später mehr.

Die Sartre'schen Überlegungen verdichten sich letztlich in der kontroversen These der *Selbstwahl*. Denn alles, was der Mensch ist, „ist nur Ausdruck

---

24 Ebd., S. 895.

25 Sartre (1982), S. 85.

26 Als produktiv und sehr wirkungsmächtig hat sich diese existenzialistische Denkfigur vor allem im Rahmen von Simone de Beauvoirs feministischem Klassiker *Das andere Geschlecht* erwiesen: Beauvoir (2014); hierzu empfehlenswert: Schönherr-Mann (2007).

27 Zur Kontrastierung bietet sich entsprechend ein Vergleich mit Foucault an; ein solcher ist bei Roedig (1997) zu finden.

einer ursprünglicheren, spontaneren Wahl als einer, die man willentlich nennt"[28]. Wenn Sartre nun weitergehend die „Grundlosigkeit der Wahl"[29] betont, steht der Vorwurf des Dezisionismus im Raum. Ich möchte diesen zentralen Gedanken der Existenzphilosophie daher im nächsten Kapitel kurz vorstellen, unter Rückgriff auf Überlegungen von Andreas Luckner verteidigen sowie im Anschluss für die Fragestellung der vorliegenden Arbeit begrifflich zuschneiden.

3.3 Selbstwahl und Selbstveränderung

Gerade die Grundlosigkeit der existenziellen Wahl Sartres wurde vielfach kritisiert; so nennt beispielsweise Charles Taylor dieses Konzept „zutiefst inkohärent"[30]. Und in der Tat legt vor allem das berühmte, jedoch in der Sache m.E. unvorteilhaft gewählte Beispiel eines jungen Mannes, der sich entscheiden muss, ob er seine kranke Mutter pflegt oder sich der Résistance anschließt,[31] durchaus eine kritikwürdige Lesart nahe. Insofern es bei der existenziellen Wahl, wie dieses Beispiel gelesen werden kann, tatsächlich nur um eine Präferenzentscheidung (was wäre dem jungen Mann wichtiger?) bzw. um eine moralische Entscheidung (was wäre die moralisch bessere Entscheidung?) ginge, für die es unmöglich sei, mehr oder weniger gute Gründe anzugeben, wäre den zahlreichen Kritikern, ohne dass ich deren Überlegungen hier weiter diskutieren möchte, Recht zu geben.

Die „Logik existenzieller Entscheidungen"[32] ist jedoch bei eingehenderer Betrachtung gänzlich anders strukturiert, was ich unter Zuhilfenahme von Andreas Luckner nun herausarbeiten möchte. Zudem werde ich die Theorie der existenziellen Entscheidung durch Überlegungen zu einer erfahrungsbezogenen *Selbstveränderung* ergänzen. Diese bisweilen paradox anmutende Logik existenzieller Entscheidungen klingt bereits an, wenn Sartre bemerkt: „[W]enn ich nicht wähle, wähle ich immer noch."[33] Hieraus folgt, dass ich nicht nicht wählen kann und weiter, dass diese Art von Wahl nicht in der Entscheidung zwischen zwei Möglichkeiten bestehen kann. Andreas Luckner beschreibt dies wie folgt:

---

28 Sartre (2000), S. 121.
29 Ebd., S. 137.
30 Taylor (1992b), S. 34.
31 Vgl. Sartre (2000), S. 125ff.
32 Luckner (2007), S. 23.
33 Sartre (2000), S. 168.

> „Die ‚Wahl des eigenen Selbst' ist keine Wahl zwischen verschiedenen Optionen; paradox gesprochen: Wer sich selbst wählt, hat keine Wahl, jedenfalls keine Auswahl zwischen verschiedenen Optionen. Diese scheinbar paradoxe Struktur einer ‚Wahl ohne Optionen' ist das Merkmal all dessen, was wir gemeinhin und sehr oft missverständlicher Weise ‚existenzielle Entscheidung' nennen."[34]

Aber wie ist eine solche ‚Wahl ohne Optionen' überhaupt sinnvoll zu denken? Der entscheidende Punkt ist, dass es nicht um partikulare Lebensentscheidungen geht, sondern um Entscheidungen derart fundamentaler Gestalt, dass hierbei überhaupt erst die basale Präferenzordnung des eigenen Lebens ‚gewählt' wird, auf deren Grundlage dann alle weiteren Entscheidungen getroffen werden. Letztlich betrifft diese Wahl, so Luckner, die Frage, „was für ein Mensch er sein will oder zu sein beansprucht"[35]. Aber was genau steht bei einer solchen Entscheidung zur Wahl? Es scheint mir hier (über Luckner hinausgehend) angemessen, zwischen der *existenziellen Wahl im starken und schwachen Sinne* zu unterscheiden:

Die *existenzielle Wahl im starken Sinne* betrifft die grundlegende Entscheidung, ob ich mich überhaupt als ein Wählender verstehe und meine Existenz unter dieser Voraussetzung vollziehe. Erst wenn ich mich als jemand verstehe, der sein Leben durch eigene Entscheidungen selbstbestimmt zu führen vermag und es entsprechend nach seinen Vorstellungen gestalten will, kann ich dies auch versuchen umzusetzen. Ob und inwiefern sich dieses Selbstverständnis als ein selbstbestimmtes Subjekt auch zu verwirklichen vermag, ist vorerst eine andere Frage.

Da sie die Bedingung der Möglichkeit aller anderen partikularen Lebensentscheidungen darstellt, erweist sich diese Art der existenziellen Entscheidung als fundamental. Die Existenzphilosophie hat diesem einschneidenden Moment bzw. den hieraus resultierenden Seinsweisen besondere Aufmerksamkeit geschenkt: Heidegger nennt diese *Uneigentlichkeit* bzw. *Eigentlichkeit*[36], Sartre *Aufrichtigkeit* bzw. *Unaufrichtigkeit*[37].

Nun kann auch einsichtig werden, warum es bei dieser Art von Entscheidung keine Wahl zwischen zwei Optionen geben kann. Denn beim Stellen dieser Frage ist die Entscheidung eigentlich schon gefallen, da man sich nicht bewusst dafür entscheiden kann, sich nicht *nun* nicht mehr zu entscheiden. „Es ist daher pragmatisch unmöglich, sich dafür zu entschließen,

---

34 Luckner (2007), S. 22.
35 Ebd., S. 224.
36 Vgl. vor allem Heidegger (2006), S. 175ff.
37 Vgl. vor allem Sartre (1994), S. 119ff.

uneigentlich zu existieren“[38], so Andreas Luckner. Das Auftreten dieser Frage beantwortet sie (performativ) sogleich; es macht daher durchaus Sinn, den Ereignischarakter dieses Moments herauszustellen. Indes ist es diskutabel, ob man hier überhaupt noch von Entscheidung oder Wahl sprechen sollte; Luckner schlägt daher vor, bei dieser Art der existenziellen Entscheidungen, da sie „alternativlos“ sind, besser von „Entschlüssen“[39] zu sprechen.

Zwei gängige Missverständnisse seien zudem kurz angesprochen: Die existenzielle Entscheidung darf zum einen nicht derart missverstanden werden, dass, einmal ‚getroffen‘, die Person ihr Leben fortan selbstbestimmt vollzieht. Vielmehr handelt es sich um einen Modus der permanenten Vergewisserung der eigenen existenziellen Autonomie. Zum anderen sei betont, dass eine solche existenzielle Entscheidung keinesfalls bedeutet, dass man nicht weiterhin expliziten oder impliziten, äußeren oder inneren Einflussfaktoren unterliegt, welche die Selbstbestimmung erschweren, beeinträchtigen oder verunmöglichen können. Die existenzielle Entscheidung führt nicht unmittelbar zur Selbstbestimmung, sondern eher zur Kultivierung einer Haltung, im Rahmen des Möglichen selbstbestimmt leben zu wollen.

Von der *existenziellen Wahl im schwachen Sinne* kann gesprochen werden, wenn es über die grundlegende Frage hinausgehend, ob man sich überhaupt (zumindest dem Anspruch nach) als selbstbestimmtes Subjekt verstehen will, um Entscheidungen dergestalt geht, „die allererst die Präferenzordnung auf- und herstellen, mit der man sich sodann rational entscheidend durchs Leben schlagen kann“[40]. Mit Kierkegaard könnte man beispielsweise fragen, ob man sein eigenes Leben eher unter ästhetisch-hedonistischen, moralischen oder religiösen Prämissen führen sollte. Man kann sein Leben darüber hinaus an Idealen ausrichten (z.B. der Gerechtigkeit, dem wissenschaftlichen Fortschritt) oder sich bestimmten großen Unterfangen (z.B. einer politischen Partei oder dem Klimaschutz) oder auch eher kleineren Projekten (z.B. der eigenen Familie, dem Fußballverein) verschreiben. Gemeinsam ist solchen grundlegenden Präferenzen, dass sie die existenziellen Grundkoordinaten eines Lebens darstellen und damit alle weiteren Entscheidungen maßgeblich prägen bzw. bestimmen. Solche grundlegenden Präferenzentscheidungen sind jedoch nur möglich, wenn sich die Person zuvor im Rahmen der starken existenziellen Wahl dazu entschlossen hat, sich selbst als selbstbestimmtes Subjekt zu verstehen.

38 Luckner (2007), S. 19.
39 Ebd., S. 30.
40 Luckner (2007), S. 28–29.

Letztlich geht es bei dieser Art der existenziellen Entscheidung um die *grundlegenden Maßstäbe* der eigenen Existenz, die lebensleitenden Maximen bzw. Prinzipien oder, mit Charles Taylor gesprochen, um *starke Wertungen*[41]; auf diesen Begriff Taylors und seine Bedeutung für die (Ipse-)Identität einer Person werde ich noch ausführlicher eingehen. Andreas Luckner spricht hier vielmehr von „Lebensweisen" und führt hierzu aus:

> „Eine Lebensweise zu wählen heißt, dem eigenen Leben eine andere Richtung zu geben, seinem Leben eine (Neu-)Orientierung zu geben, die Ausrichtung des Handelns, das heißt die Orientierungsinstanz neu zu bestimmen und damit ‚zu sich zu kommen'. Es kann dabei sein, dass mit und nach der Wahl des eigenen Lebens dessen Kurs derselbe wie vorher ist, nur mit dem ‚entscheidenden' Unterschied, dass ich – jeweils ich – dabei das Steuer in der Hand halte."[42]

Es ist hierbei letztlich unerheblich, wie Luckner betont, ob eine existenzielle Entscheidung zu manifesten Änderungen des Lebensvollzugs führt oder nicht. Vielmehr geht es darum, ob das Leben entsprechend der eigenen, reflektierten und selbst gewählten Vorstellungen versucht wird zu leben. Es geht also letztlich zentral um die Themen *Autonomie* und *Authentizität.*

Als ‚Lackmustest' für solche existenzielle Maximen kann die Unmöglichkeit bzw. Unvorstellbarkeit einer diesen Prinzipien widersprechenden Handlung gelten. Als Beispiel sei auf Luthers berühmten Ausspruch ‚*Hier stehe ich. Ich kann nicht anders*' auf dem Reichstag zu Worms verwiesen. Selbstverständlich wäre es Luther von einem neutralen (logischen) Standpunkt aus betrachtet möglich gewesen, seine reformatorischen Thesen dort zu widerrufen. Nur hätte er damit derart grundlegend gegen eigene zentrale Überzeugungen und Prinzipien verstoßen, dass es *ihm* unmöglich war, diese zu widerrufen. Hätte er dies getan, wäre er quasi nicht mehr er selbst, also Martin Luther, gewesen, da er diese Ansichten und Maßstäbe als fundamental und damit konstitutiv für seine *Identität* (ipse) begriff

Ebenso wäre es beispielsweise für einen moralischen Menschen unmöglich, aus Habgier zu stehlen, für einen Familienmenschen unverzeihlich, den Geburtstag seines Kindes zu versäumen, ebenso wie es für einen eingefleischten Schalke-Fan undenkbar wäre, bei einem Tor für Borussia Dortmund zu jubeln. Mit Charles Taylor gesprochen geht es hierbei um diejenigen Sachen, die uns im Leben wirklich wichtig sind und damit unsere Identität (ipse) grundlegend bestimmen; diesen Wertungen und Werten nicht gerecht

41 Für Charles Taylor sind starke Wertungen jedoch vornehmlich und zunächst durch Gesellschaft und Kultur vermittelt gegeben und nicht primär selbst gewählt.

42 Luckner (2007), S. 29.

zu werden, führt mit hoher Wahrscheinlichkeit, wenn nicht gar unumgänglich, zu einer *Identitätskrise*.

Solche grundlegenden Maximen und Präferenzen sind selbstverständlich in erheblichem Umfang gesellschaftlich und kulturell bedingt. Wir werden alle zuerst in ein komplexes Gefüge solcher Maßstäbe hineingeboren und übernehmen diese zunächst recht fraglos; sie bilden einen inkorporierten Nexus an Überzeugungen, Wertungen und Präferenzen, die unsere Lebensentscheidungen explizit oder implizit prägen. Es ist daher naiv zu glauben, man könnte sich einfach jenseits dieser Prägungen stellen. Trotzdem beharrt die Existenzphilosophie darauf, dass man sich zu diesem übernommenen Wertgebilde – ich komme auf meine zentrale Denkfigur des Selbstverhältnisses zurück – kritisch verhalten kann. Wenn diese artikuliert und reflektiert werden können, eröffnen sich mitunter Spielräume des Verhaltens zu diesen, und letztlich die Entscheidung über die Annahme, Modifikation oder Opposition im Verhältnis zu diesen Prägungen.[43]

Vergleichbar mit einer solchen expliziten Wahl über grundlegende Präferenz- und Wertordnungen der eigenen Existenz können auch andere fundamentale Entscheidungen gelten, welche die Grundkoordinaten des eigenen Lebens entscheidend verschieben und damit eine *Selbstveränderung* in Gang setzen. Wenn ich mich z.B. entscheide, einer fundamentalreligiösen Gemeinschaft beizutreten, mich der Résistance anzuschließen oder Vater zu werden, dann verändern sich die basalen Koordinaten meiner Existenz und damit die Entscheidungsgrundlage für die folgenden partikularen Dezisionen. Es handelt sich daher weniger um eine existenzielle Entscheidung, sondern vielmehr um eine *Entscheidung von existenzieller Bedeutung*. Der entscheidende Punkt ist, dass die verändernde Wirkung nicht primär von der Entscheidung selber ausgeht, sondern zumeist von den aus dieser Entscheidung resultierenden *transformativen Erfahrungen*.

Den Begriff der transformativen Erfahrung entwickelt Laurie A. Paul[44] ausgehend von Frank Jacksons berühmtem Gedankenexperiment der farbblinden, genialen Wissenschaftlerin Mary, welche im Rahmen drittpersonalen Wissens alles über Farben und Farbwahrnehmung erforscht hat, trotzdem, so Jackson, erstpersonal und damit leibhaftig nicht weiß, wie Farben wirklich aussehen.[45] Paul überträgt bzw. erweitert diesen Gedanken nun auf lebenspraktische Situationen bzw. die Entscheidung, sich in solche Situationen zu begeben. Am Beispiel der Entscheidung, Eltern zu werden oder nicht, zeigt

---

43 Zum hierbei entscheidenden Begriff der Artikulation s. Kapitel 6.
44 S. Paul (2020).
45 Vgl. Jackson (1986).

sie, dass man, gleich wie umfangreich drittpersonale Informationen über dieses Thema recherchiert oder andere Menschen, die bereits Eltern sind, befragt werden, nicht wirklich personal-leibhaftig wissen kann, wie es ist, Vater oder Mutter zu sein.[46] Mag uns unsere *Vorstellungskraft* hierbei auch hilfreich sein, letztlich ist es unumgänglich, diese Erfahrung selber zu machen. Paul hierzu: „Die Schwierigkeit rührt von der Tatsache her, dass aus dem Grund, weil es epistemisch transformativ ist, sein erstes Kind zu bekommen, man den Wert dessen, wie es sich anfühlt, ein eigenes Kind zu haben, nicht bestimmen kann, bevor man es tatsächlich hat."[47]

Das zentrale Problem besteht also darin, dass wir häufig zu entscheiden haben, uns auf zukünftige Situationen und damit verbundene Erfahrungen einzulassen, von denen wir erstpersonal nicht jedoch wissen können, wie sich diese Situation dann für uns anfühlt, d.h., ob sie uns ge- oder missfällt, ob sie unseren Erwartungen entspricht, diese übertrifft, oder aber ob wir enttäuscht sind und die Entscheidung, uns in diese Situation begeben zu haben, schlussendlich bereuen. Hieraus ergibt sich die existenzielle Herausforderung, dass bei vielen Entscheidungen, sich in eine solche neue Lebenssituation zu begeben, per se nicht gewusst werden kann, ob die gewählte Möglichkeit einem entspricht. Dies rückt die existenzielle Entscheidung in ein neues Licht, da ihr nun ein genuines Moment der Unsicherheit anhaftet. Das Nichtwissen bzgl. der leibhaftigen Erfahrung einer zu wählenden Seinsweise stellt eine große Herausforderung im Rahmen der Logik existenzieller Entscheidungen dar.

Diese Problematik verschärft sich zudem dadurch, dass existenzielle Entscheidungen häufig aufgrund der transformativen Erfahrungen, die sie mit sich bringen, eine *Selbstveränderung* bewirken. So verändert z.B. die Erfahrung, tatsächlich Vater oder Mutter zu sein, viele grundlegende Gefühle, Präferenzen und Überzeugungen und damit letztlich die eigene Identität (ipse).

Bisweilen weiß man zuvor mehr oder weniger genau um die *transformative Bedeutung solcher Entscheidungen*, häufig sind uns diese jedoch in ihrer Tragweite unbekannt. Gerade diese Unkenntnis der Wirkung solcher existenzieller Selbstveränderungen stellt jedoch häufig ein großes Problem dar.

> [Fallvignette 2]: Eine junge, nicht sonderlich religiöse Patientin berichtet in einer Therapiesitzung von ihren Plänen, als Pilgerreise den Jakobsweg zu gehen. Sie habe gehört, dass dies für viele Menschen eine einschneidende und lebensverändernde Erfahrung gewesen sei, an der

46 Vgl. Paul (2020).

47 Ebd., S. 34.

> sie nun auch interessiert sei. Ich schlage vor, genauer darüber nachzudenken, was dies bedeuten mag. Die Patientin bringt sogleich recht euphorisch ein, dass sie sich vorstelle, nach der Reise ein anderer Mensch zu sein und die Welt mit anderen Augen zu sehen. Ich ergänze, dass man jedoch nicht wissen könne, was für ein Mensch sie dann sei. Dies lässt die Patientin stutzig werden; ‚*vielleicht wird das gar keine gute Veränderung sein; vielleicht werde ich dann ja ein gläubiger Mensch – das wäre schrecklich*', bringt sie ein. Wir besprechen ihre Pläne noch weiter in Bezug auf ihre Motive, Ängste und Erwartungen; letztlich macht sie die Reise und kehrt ‚*spirituell verändert*' heim.

Die Fallvignette macht deutlich, dass solche Erfahrungen, gerade wegen ihrer transformativen Wirkung und obgleich ihre Wirkung nicht vorhersehbar ist, in vielen Fällen explizit gesucht werden; Reise- und Auslandserfahrungen sind hierfür klassische Beispiele.

Ich halte es für angemessen, auch bei diesem Phänomen von einer komplexen Form der dieser Arbeit zugrunde liegenden Denkfigur des *Selbstverhältnisses* zu sprechen. Denn in einem solchen Fall nimmt jemand exzentrisch auf sich selber Bezug, entwickelt aus der Selbstbetrachtung heraus einen Veränderungswunsch seines So-Seins und initialisiert durch die Herbeiführung transformativer Erfahrungssituationen einen *Veränderungsprozess* des eigenen Selbst. Es erscheint mir daher durchaus angemessen, solche selbst initiierten Veränderungsprozesse als *Selbsttechnik* im Foucault'schen Sinne zu verstehen.[48]

Selbstveränderungsprozesse in diesem Sinne exzentrisch willentlich zu beeinflussen, wird sich als fundamental für das Phänomen der *Selbsttäuschung* sowie letztlich der therapeutisch begleiteten *kurativen Selbstveränderung* erweisen. Notwendig ist natürlich, um zur Existenzphilosophie zurückzukommen, dass ich mich entscheide, entsprechende Situationen aufzusuchen und solche Erfahrungen auf mich wirken zu lassen. Bisweilen treten verändernde Erfahrungen natürlich auch unbeabsichtigt auf; ebenso kann es sein, dass aus dieser, wie die Patientin befürchtete, eine problematische Selbstveränderung resultiert, sodass man es rückblickend bereuen mag, diese Erfahrung gemacht (und die entsprechende Selbstveränderung erfahren) zu haben. In besonderem Maße gilt dies natürlich für traumatische Erfahrungen, welche nicht selten zu einer starken Persönlichkeitsveränderung führen.[49]

---

48 Eine konzentrierte Darstellung dieses Begriffs bietet folgender Text: Foucault (2007).

49 S. hierzu Kapitel 10.1.

Das Problem bei der Bewertung eigener Selbstveränderungsprozesse ist jedoch, dass man die Beurteilung nach der transformativen Erfahrung vor dem Hintergrund eines veränderten Ensembles von Grundüberzeugungen vornimmt; überspitzt formuliert: als ein anderer Mensch, welcher natürlich auch anders urteilt. Die Patientin mag beispielsweise die Sorge haben, dass sie durch die Pilgerreise ein aus ihrer jetzigen Sicht problematisch zu beurteilendes religiös geprägtes Selbst entwickelt. Als durch die Pilgerreise spirituell ‚Bekehrte' mag sie diese Veränderung jedoch nicht als besorgniserregend, sondern vielmehr als positiv werten.

Was dem aktuellen Selbst prospektiv unattraktiv erscheint, mag vom Standpunkt der veränderten Person als glückliche Entwicklung beurteilt werden. Hier wird etwas sichtbar, was sich noch als gewichtig erweisen wird: nämlich, dass die grundlegenden Maßstäbe, von denen aus das eigene Leben betrachtet, erzählt, bewertet wird und auf deren Grundlage weitere Entscheidungen getroffen werden, in einem stetigen Wandel begriffen sind. Existenzielle Entscheidungen, vor dem Hintergrund der aktuellen Präferenzen und Werte einer Person getroffen, führen häufig zu einer kaum vorhersehbaren Veränderung dieser Beurteilungs- und Entscheidungsgrundlage.

Hier wird eine Art *existenzielle Paradoxie* dergestalt sichtbar, dass ich im Leben gezwungen bin, Entscheidungen zu treffen, von denen ich nicht wissen kann, ob sie mein ‚zukünftiges Selbst', welches mitunter eben durch diese Entscheidungen und die resultierenden Lebenserfahrungen geformt wird, ebenfalls gutheißen wird. Besonders virulent wird dieses Problem dadurch, dass wir viele (vor allem langfristige und vorsorgende) Entscheidungen ja gerade primär für unser ‚zukünftiges Ich' treffen, von dem wir nicht wirklich wissen können, wie es sein wird.

Warum ist die existenzielle Wahl (und warum sind die damit ggf. verbundenen existenziellen Entscheidungen) so wichtig? Der Grund liegt darin, dass ich bestrebt bin, der existenziellen Wahl im Rahmen der Argumentation dieser Arbeit eine besondere Bedeutung einzuräumen. Nun ist gegen diesen Begriff, vor allem im Verständnis Sartres, vollkommen zu Recht einzuwenden, dass zahlreiche Aspekte der eigenen Existenz kaum ‚wählbar' erscheinen. Während es prima facie beispielsweise plausibel erscheint, ethische Maximen für das eigene Leben selber zu setzen (ob ihre praktische Verwirklichung gelingt, ist eine andere Frage), kann doch stark bezweifelt werden, ob sich Grundüberzeugungen, Werte oder Gefühle in vergleichbarer Weise wählen lassen. Es erscheint mir beispielsweise äußerst abwegig zu behaupten, dass wir unsere Gefühle wählen können (und entsprechend für diese verantwortlich seien), wie es Sartre behauptet.[50] Ich kann mich beispielsweise nicht direkt entscheiden, jemanden zu lieben. Anderseits ist es jedoch möglich, dass ich auf das Verhältnis, welches ich exzentrisch zu meinen artikulierten Liebesgefühlen einnehme, einwirken kann; sie also beispielsweise bejahe, herunterspiele oder verleugne. Dies ändert jedoch nichts daran, dass zahlreiche Aspekte, wie eben z.B. Gefühle, ein genuines Moment der Unverfügbarkeit aufweisen.

Trotzdem ist es mein Anliegen, die These der existenziellen Wahl und die damit einhergehenden Annahmen der Freiheitsgrade in Bezug auf Gestaltungs- und Veränderungsmöglichkeiten der menschlichen Existenz so stark wie möglich zu denken. Der Grund für dieses ambitionierte Unterfangen liegt im therapeutischen Fokus meiner Arbeit begründet, innerhalb dessen, wie ich noch zeigen werde, gerade durch die Selbstkenntnis vermittelte eigeninitialisierte Selbstveränderung von zentraler Bedeutung ist. Aus diesem Grund erweisen sich die skizzierten Überlegungen der existenziellen Entscheidung zur Selbstveränderung qua transformativer Erfahrungen als vielversprechend für mein Anliegen.

Kommen wir zusammenfassend zur existenziellen Wahl zurück. Wie gezeigt werden konnte, handelt es sich hierbei nicht um eine einfache, partikulare Präferenz- und Wertentscheidung, sondern im starken Sinne um die Wahl einer selbstbestimmten Lebensform sowie im weiteren, schwächeren Sinne um die Entscheidung über die grundsätzlichen Ansichten, Überzeugungen und Werte meines Lebens, welche zumeist gesellschaftlich-kulturell imprägniert, jedoch artikulierbar sind und qua exzentrischer Selbstbezugnahme durchaus, vor allem durch das Einlassen auf neue Erfahrungen, veränderbar sind.

Zuletzt stellt sich, da häufig als Vorwurf gegen die Theorie der existenziellen Wahl formuliert, die Frage nach der Rationalität bzw. der Irrationalität dieser Entscheidung. Handelt es sich nicht aufgrund der so deutlich betonten Grundlosigkeit dieser um einen ‚blinden' und daher äußerst problematischen Dezisionismus? Andreas Luckner weist diesen Vorwurf entschieden zurück; es sei widersinnig, die existenzielle Wahl als irrationalen Dezisionismus zu bezeichnen, denn

> „eine existenzielle Wahl kann gar nicht rational – allgemeinen Kriterien gehorchend – sein, und genau deswegen kann sie auch nicht irrational sein. Wenn man mochte, dann könnte man sie arational nennen, das heißt nicht

50 Vgl. Sartre (2000), S. 168ff. Ausführlicher in: Sartre (1997). Zu Emotionstheorie Sartres: Wils (2012).

> unter die Differenz von rational – irrational fallend. Sie sind selber grundlos (i. S. von: nicht weiter begründbar), bilden aber ihrerseits, wie wir noch sehen werden, einen letzten Grund für alle weiteren Entscheidungen"[51].

Da die existenzielle Wahl, zumindest im starken Sinne, erst die Grundlagen für rationale Entscheidungen überhaupt schafft, kann sie, wie Luckner zu Recht betont, nicht unter die Begriffe rational / irrational fallen. Um überhaupt rational begründete Lebensentscheidungen fällen zu können, muss ich mich zuvor als selbstbestimmtes und rationales Subjekt verstehen. Die Wahl dieser Lebensform kann selber nicht rational begründet werden; sie ist – mit Luckner gesprochen – als *arational* zu verstehen.

Bei existenziellen Entscheidungen im schwächeren Sinne, also bei der Wahl von grundlegenden Wert- und Präferenzmaßstäben des eigenen Lebens, möchte ich, gegen Luckner, jedoch betonen, dass es hier durchaus möglich ist, rational über das Für und Wider bestimmter grundlegender Maßstäbe des eigenen Lebens zu reflektieren. Es ist, wie Kierkegaard eindrucksvoll zeigt, beispielsweise selbstverständlich möglich, vernünftig darüber nachzudenken, ob eine moralische einer ästhetischen Existenzform vorzuziehen ist. Bei der Wahl moralischer Maximen steht dies außer Frage, aber auch bei anderen Lebensentscheidungen lassen sich bessere von schlechteren Gründen unterscheiden. Zwar mag es häufig nur wenige objektive Gründe geben – welche objektiv guten Gründe lassen sich z.B. in der Frage, ob man Eltern werden soll, finden? Subjektiv gibt es jedoch, dafür werde ich im dritten Abschnitt dieser Arbeit argumentieren, besser oder schlechter begründete Lebensentscheidungen; dies setzt jedoch eine hinreichend gute *Selbst(er)kenntnis* voraus.

Fassen wir die Überlegungen dieses Kapitels kurz zusammen: Ausgehend von der diese Arbeit leitenden anthropologischen Denkfigur des Selbstverhältnisses wurde dieses nun vor allem als praktisches in den Blick genommen. Ich beziehe mich nicht nur exzentrisch konstatierend auf mich, sondern evaluativ missfällt mir beispielsweise mein Jähzorn, sodass ich mich dahingehend hinterfragen kann, ob ich wirklich jemand sein will, der die Eigenschaft aufweist, jähzornig zu sein. Letztlich kann ich mich entschließen, an dieser unerwünschten Seite zu arbeiten, also eine Form der Selbstveränderung herbeizuführen.

Das, was wir sind, kann immer unter dem Aspekt des Möglichen betrachtet werden (auch wenn die praktische Veränderung schwerfallen mag). Stärker und im existenzphilosophischen Vokabular formuliert: Das Mögliche (das Veränderbare, Gestaltbare) bestimmt unser Sein. Wir sind, so mit Sartre diesen

---

51 Luckner (2007), S. 29f.

Gedanken auf die Spitze treibend, unsere Möglichkeiten. Wenn die menschliche Existenz in ihrem Vollzugscharakter, so wie es die Existenzphilosophie fordert, zuvorderst von ihren Möglichkeiten her zu begreifen (und zu leben) ist, dann bedeutet dies ein *Primat der Zukunft*. Wie dargelegt hat die existenzielle Freiheit prinzipiellen Charakter, tatsächlich kann die Realisierung der Lebensmöglichkeiten zahlreichen Einschränkungen unterliegen. Diese Überlegungen münden in die zuletzt vorgestellte, diskutierte und modifizierte Theorie der Selbstwahl. Ich habe dafür argumentiert, dass sich der umstrittene Begriff der Selbstwahl als sinnvoll erweist, insofern man zwischen einer existenziellen Wahl im starken und schwachen Sinne unterscheidet (im starken Sinne: die basale Wahl, überhaupt zu wählen bzw. die Wahl grundlegender Präferenzen und Werte; im schwachen Sinne: einzelne wichtige Lebensentscheidungen). Derartige existenzielle Entscheidungen stehen jedoch vor der Herausforderung des leibhaftigen Nichtwissens bzgl. der gewählten Seinsweise sowie weitergehend vor dem Problem, dass ich mich in meiner Identität in der Konsequenz meiner Entscheidung verändere. Solche transformativen Erfahrungen und die durch sie bewirkten Selbstveränderungsprozesse können jedoch auch explizit gesucht oder vermieden werden. Derartige Überlegungen und Entscheidungen sind dabei immer als Antwort auf die praktische Frage zu verstehen, d.h. auf die existenzielle Frage, wie zu leben sei.

KAPITEL 4

Die existenzielle Identität des Selbst

Mit den aus der Existenzphilosophie gewonnenen und im Begriff der praktischen Frage verdichteten Überlegungen des letzten Kapitels ist es nun möglich, den Begriff des Selbst genauer zu konturieren. Bisher wurde gesagt, dass das Selbst ein durch Formen der Selbstgegebenheit erwachsendes und mittels Selbstbezugnahmen hergestelltes heterogenes und lose verbundenes Ensemble der Selbstverständnisse ist. Im letzten Kapitel konnte ergänzt werden, dass sich der Fokus des Selbst primär als ein existenziell-praktischer erweist. Es wird in diesem Kapitel zu zeigen sein, dass der *Sinn der Selbsterkenntnis* und damit auch des Selbst primär in der *Beantwortung der praktischen Frage* liegt.

Bevor ich diese These argumentativ darlegen und plausibilisieren werde, möchte ich mich noch der bisher offen gebliebenen Frage nach der diachronen Identität (idem) des Selbst (ipse) zuwenden. Es sei daran erinnert, dass beim entwickelten Begriff des Selbst die Frage nach der Einheit, vor allem in zeitlicher Hinsicht, bisher unbeantwortet blieb. Wenn das Selbst ohne unveränderliche Substanz, sondern vielmehr im Fokus der praktischen Frage selbst entworfen und konstruiert gedacht wird, scheint die Einheitlichkeit der deskriptiven (wie bin ich?) sowie der evaluativ-praktischen Seite (wie will ich sein?) mehr oder weniger fragil. Könnte ich mich nicht heute so und morgen so verstehen bzw. entwerfen? Gestern war ich dieser und morgen bin ich jemand ganz anderes? Dieser (befürchteten) Beliebigkeit steht der simple Fakt entgegen, dass sich die meisten Menschen in ihrem deskriptiven und evaluativ-praktischen Selbstverständnis zumeist als recht einheitlich und verlässlich erweisen. Was ist der Grund dafür, warum unser Selbst i.d.R. eine recht hohe Kontinuität aufweist? Oder anders gefragt: Warum ist uns an einer gewissen Stabilität unseres Selbstverständnisses gelegen bzw. sollte uns gelegen sein?

Die Antwort, für die ich in diesem Kapitel argumentieren werde, lautet, dass eine relativ stabile Identität unseres Selbstverständnisses aus lebensweltlich-praktischen Gründen sowie aus sozialen, moralischen und rechtlichen Verpflichtungen heraus zumeist geboten ist und daher auch vollzogen wird. Für die Argumentation soll die berühmte und provozierende These Derek Parfits, dass Identität bedeutungslos sei, als Ausgangspunkt dienen, welche ich jedoch nur anführe, um aus ihren kontra-intuitiven Konsequenzen das Argument für ein praktisches Verständnis von Identität zu entwickeln.

 | DOI:10.30965/9783846768686_007

4.1 Die Belanglosigkeit der Identität

Derek Parfit ist für seine provokante These zur *Bedeutungslosigkeit der Identität*[1] bekannt. Bedeutungslos ist personale Identität laut Parfit deshalb, so kann man seine Argumentation zusammenfassen, weil er der Überzeugung ist, dass sich – abgesehen von der unplausiblen und daher abzulehnenden Annahme eines substanziellen Egos – keine identitätsgarantierende Kausalrelation zwischen einer Person zum jetzigen und dem zukünftigen Zeitpunkt finden lasse. Parfit bewegt sich hier im bereits vorgestellten, von Locke geprägten, analytischen Diskurs zur personalen Identität. Seine Argumentation weist daher die üblichen Eigenarten (z.B. hochspekulative Science-Fiction-Gedankenexperimente) und zugleich die bekannten, problematischen blinden Flecke auf. Ich hatte die kritischen Einwände von Michael Quante[2] und Katja Crone[3] bereits angesprochen: 1) ein problematisches Eindeutigkeitspostulat, 2) keine Unterscheidung zwischen transtemporalem Identitätsbewusstsein und biographischem Selbstverständnis sowie 3) der m.E. schwerwiegendste Einwand: das Auslassen der phänomenalen Erste-Person-Perspektive.

Interessanter als die m.E. schwache Argumentation ist jedoch die resultierende These und vor allem die Konsequenzen, welche Parfit daraus zieht: Da wir aus einer reduktionistischen Perspektive mit der zukünftigen Person, die unseren Namen trägt, nicht identisch sind, stellt, so Parfit, die übliche Auffassung, dass wir uns um unser vermeintliches zukünftiges Selbst sorgen, einen korrekturbedürftigen Irrglauben dar. „Parfits Vorschlag läuft auf die Behauptung hinaus", so Michael Quante, „dass es uns gleichgültig sein sollte, ob wir in einem zukünftigen Weltzustand mit genau einem Nachfolger in der Relation personaler Einheit stehen oder mehreren"[4].

Für die übliche, ‚naive' Alltagsüberzeugung, dass ich mit (m)einem zukünftigen Selbst in einer Identitätsbeziehung stehe, folgt nach Parfit, dass dadurch, „dass es unsere Zukunft ist, [die] uns einen Grund [liefert], uns um unsere Zukunft zu sorgen. Die personale Identität ist das, was am Überleben wichtig ist"[5]. Da es jedoch nicht meine Zukunft ist, denn in Wirklichkeit besteht keine Identität zwischen mir und meinem vermeintlichen zukünftigen Ich, gründet die „vorausschauende Sorge um unsere eigene Zukunft" auf einer

---

1 So der Titel eines berühmten Aufsatzes: Parfit (2017a).

2 Michael Quantes kritische Diskussion von Parfits Thesen: Quante (2012), S. 115ff.

3 Vgl. Crone (2016), S. 109ff.

4 Quante (2012), S. 123.

5 Parfit (2017a), S. 86.

„illusorische[n] Überzeugung“[6], von der wir reduktionistisch aufgeklärt ablassen sollten, so Parfit.

Neben weitreichenden moralphilosophischen Implikationen, auf die ich nicht weiter eingehen will,[7] zieht Parfit auch individuell-existenzielle Konsequenzen aus dieser These; so beschreibt er persönlich:

> „Ist die Wahrheit bedrückend? Einige dürften das so sehen. Ich finde sie befreiend und tröstlich. Als ich annahm, dass meine Existenz eine eigenständige Tatsache darstellte, schien ich in mir selbst gefangen. Mein Leben schien mir wie ein Glastunnel, durch den ich mich jedes Jahr schneller fortbewegte und an dessen Ende Dunkelheit wartet. Seit ich meine Sichtweise geändert habe, sind die Wände meines Glastunnels verschwunden. Ich lebe jetzt unter freiem Himmel. Es besteht immer noch ein Unterschied zwischen meinem Leben und dem anderen Menschen. Aber dieser Unterschied ist geringer geworden. Mein mir noch verbleibendes Leben kümmert mich nun weniger, das Leben der anderen dagegen mehr.“[8]

Da die menschliche Existenz durch und durch zeitlich geprägt ist, folgt aus Parfits deflationärem Identitätsbegriff ein stark revidiertes Verständnis dessen, was es heißt, eine Person zu sein sowie, dies zeigt das angeführte persönliche Zitat, eine veränderte Lebensführung.

Interessant ist an dieser Stelle die Nähe, die, obgleich ihnen verschiedene Argumente und ein anderer Denkstil zugrunde liegen, zu subjektkritischen Positionen der französischen Philosophie sichtbar wird. Im Zuge des vielbeschworenen ‚*Todes des Subjekts*‘[9] lässt sich bei zahlreichen Autoren dieses Diskurses ein massives Unbehagen mit dem Begriff der sich-mit-sich-identisch-bleibenden Person ausmachen, woraus ein Begehren resultiert, aus diesem „Identitätszwang“[10], um hier einen berühmten Begriff Adornos zu gebrauchen, auszubrechen. Gilles Deleuzes und Félix Guattaris psychopathologisch inspirierte, jedoch spekulativ überhöhte Theoriefigur des „Schizos“[11] kann geradezu als phantasmatischer Versuch des Denkens eines Subjekts jenseits aller freiheitsbeschneidenden Identitätsbeziehungen verstanden werden.

Auch wenn im Unterschied zu Parfit die Identitätskritik bei Deleuze und Guattari vielmehr gegen gesellschaftliche Restriktionen gerichtet ist und sich

---

6 Ebd., S. 104.

7 Eine gute Übersicht findet sich bei Hoesch et al. (2017).

8 Parfit (1984), S, 281. Übersetzung zitiert aus: Hoesch et al. (2017), S. 17.

9 Erhellendes zu diesem chronisch unbestimmten, mittlerweile abgekühlten Schlagwort findet man bei Heller (1993).

10 Adorno (1997), S. 24.

11 Deleuze et al. (1977).

vor allem auf die synchrone Identität bezieht, ist die Ähnlichkeit deutlich sichtbar, wenn diese selbstbezüglich in der Einleitung zu schreiben:

> „Wir haben Anti-Ödipus zu zweit geschrieben. Da jeder von uns mehrfach war, ergab das schon eine ganze Menge. [...] Warum wir unsere Namen beibehalten haben? Aus Gewohnheit, aus bloßer Gewohnheit. [...] Und außerdem, weil es angenehm ist, wie jedermann zu reden und zu sagen, die Sonne geht auf, wo doch jeder weiß, dass es nur eine Redensart ist. Nicht, um dabei an einen Punkt zu kommen, an dem man nicht mehr Ich sagt, sondern dahin, wo es belanglos [!] wird, ob man Ich sagt oder nicht."[12]

In der Belanglosigkeit der Identität sind sich sowohl Parfit wie auch Deleuze und Guattari trotz gravierender Unterschiede in der Argumentation einig. Überein kommen alle drei (und weitere) Autoren darin, dass dem Begriff der Identität etwas Belastendes, Freiheitseinschränkendes und daher Zu-Überwindendes anhaftet.

Es ist mir nun nicht daran gelegen, Parfits Thesen weitergehend oder Deleuzes und Guattaris verrückt-genialen bis verworrenen ‚Argumente' genauer betrachten zu wollen; vielmehr möchte ich auf den eklatanten Unterschied zwischen diesen beiden Thesen und unserer lebensweltlichen Praxis aufmerksam machen. Wir begreifen uns nämlich in unserem alltagspraktischen Verständnis sowohl als (synchron) mit uns selber wie auch als (diachron) mit ‚unserem zukünftigen Selbst' identische und daher um unsere Zukunft besorgte Subjekte. Gerade in ihrer teilweise abstrusen Überspitzung machen die vorgestellten Thesen zur Belanglosigkeit der Identität die alltägliche *fundamentale Bedeutung und Tragweite von personaler Identität* erst sichtbar. Von dieser Alltagsüberzeugung sollten wir jedoch, so die Empfehlung der drei Autoren, reduktionistisch oder postmodern belehrt gerade ablassen. Nun entspricht es jedoch der phänomenologischen Grundhaltung dieser Arbeit den Phänomenen, so wie sie sich zunächst und zumeist zeigen, größtmögliche Aufmerksamkeit zukommen zu lassen und in adäquater Darstellung theoretische Geltung zu verschaffen. Ein derart fundamentales Phänomen wie das der personalen Identität – ich werde die lebensweltliche Bedeutung dieser im nächsten Kapitel noch ausführlicher darstellen – durch hochabstrakte (und m.E. wenig überzeugende) Argumente ‚wegzuerklären', kann aus einer phänomenologischen Perspektive nur entschieden zurückgewiesen werden. Zurück zu den Sachen!

12 Ebd., S. 12.

4.2 Sorge und praktische Identität

Es ist geradezu bezeichnend, dass Parfit in der Formulierung der Implikation seiner Überlegungen zum Thema der personalen Identität, nämlich, dass die übliche „vorausschauende Sorge um unsere eigene Zukunft“[13] unbegründet sei, ausgerechnet den Begriff der *Sorge* verwendet. Dieser, ein aus Parfits Sicht lebenspraktisch obsoleter Begriff, bezeichnet nun bei Martin Heidegger das zentrale Moment des Daseins. Wie bereits vorgestellt, denkt Heidegger das menschliche Sein vor allem als praktisches Selbstverhältnis, welchem es „in seinem Sein um dieses Sein selbst geht“[14]. Im weiteren Verlauf seiner Analyse des Daseins fasst er dieses Grundmoment unter dem Begriff der Sorge, wobei sich letztlich „die Sorge als Sein des Daseins“[15] erweist. Dass sich der Mensch um sich – und dies meint aufgrund des konstitutiven Zukunftsbezugs der menschlichen Existenz immer zugleich um sein zukünftiges Sein – sorgt, stellt einen zentralen, konstitutiven und daher nicht ableitbaren Aspekt des Menschseins dar. Ich halte diese These für überzeugend und daher für argumentativ belast- und verwendbar.

Selbstverständlich kann die *Selbst-Sorge* in Einzelfällen oder in manchen Situationen z.B. im Rahmen oder in der Folge von psychischen Erkrankungen wie Depressionen oder psychotischen Störungen auch verloren gehen. Trotzdem halte ich es für angemessen, die Sorge als grundlegendes anthropologisches Existenzial herauszustellen.[16] Die Möglichkeit, in Einzelfällen teilweise oder vollständig verloren zu gehen, teilt die Sorge mit anderen anthropologischen Konstituenten wie z.B. der Sprache, welche bei der Aphasie im Einzelfall auch beeinträchtigt sein kann. Derartige anthropologische Grundbestimmungen zeichnen sich daher nicht dadurch aus, dass sie allen Menschen immer zukommen (oder noch problematischer: dass, wenn jemand diese Eigenschaft nicht aufweist, dieser nicht mehr als Mensch gelten dürfte), sondern sie qualifizieren sich dadurch, dass sie das allgemein Typische bzw. Auszeichnende sowie das explanatorisch Relevante am Menschsein hervorheben.

Ebenso wie die Selbstsorge beeinträchtigt sein kann, kann sie auch kultiviert werden. Formen und Praxen solcher *Sorge um sich selbst*[17] waren fester Bestandteil der antiken Philosophie, welche daher auch als eine Form der

---

13 Parfit (2017a), S. 104.

14 Heidegger (2006), S. 12.

15 Ebd., S. 180ff.

16 Sorge bedeutet mitnichten per se Egoismus; dieser kann vielmehr als übersteigerte und damit pervertierte Form der Selbstsorge verstanden werden; entsprechend betont Heidegger auch die enge Verbundenheit der Sorge mit der Fürsorge; vgl. ebd., S. 121ff.

17 Zum Begriff der Sorge: Ruffing (2013) sowie Holme (2018).

Lebenskunst verstanden werden kann[18]. Es ist vor allem Pierre Hadot[19] sowie dem späten Michel Foucault[20] zu verdanken, dass dieser Aspekt der antiken Philosophie wieder vermehrt in den Fokus der Aufmerksamkeit gerückt ist. Es sei an dieser Stelle nur auf eine zentrale, vor allem für den nächsten Abschnitt interessante These aus Foucaults Vorlesungen verwiesen: Foucault versteht nämlich die Selbsterkenntnis in Form des berühmten *gnothi seauton*, welche bisweilen als Wahlspruch der Philosophie im Ganzen gilt, ‚nur' nachgeordnet bzw. als Bestandteil der Selbstsorge (*epimeleia heautou*).[21] Die These, dass die Selbsterkenntnis im Dienst der Selbstsorge steht, werde ich auf die leitende Thematik dieser Arbeit gemünzt im nächsten Abschnitt genauer untersuchen.

Interessanterweise finden sich selbst bei John Locke, dem ‚Ahnherren' der analytischen Debatte zur personalen Identität bereits Überlegungen in die Richtung, dass konstitutiv für eine Person sei, am derzeitigen und zukünftigen Wohlergehen seiner selbst interessiert zu sein; dieser schreibt: „Jedenfalls muß jedes vernunftbegabte Wese, das für Glück und Unglück empfänglich ist, zugeben, daß es ein Etwas gibt, was sein Selbst ist, woran es interessiert ist und was es glücklich sehen möchte."[22] Für Locke ist ein Interesse am eigenen Selbst konstitutiv für jemanden, den man Person nennt.

Ebenso betont mit Harry Frankfurt ein weiterer für diese Arbeit zentraler Autor die „Bedeutsamkeit des Sich-Sorgens"[23]. Im Rahmen seiner Theorie der Willensfreiheit bzw. zum Begriff der Person kommt der Sorge eine zentrale Bedeutung zu; hierzu führt er aus:

> „Eine Person, die für eine Sache Sorge trägt, ist sozusagen in sie eingesetzt. Sie identifiziert sich in dem Sinne mit der Sache, um die sie sich sorgt, als sie sich verletzbar für Verlust und empfänglich für Gewinne zeigt, die davon abhängen, ob das, wofür sie Sorge trägt, vermindert oder gesteigert wird. Folglich sorgt sie sich um das, was von Belang ist, sie schenkt solchen Dingen besondere Aufmerksamkeit und orientiert ihr Verhalten entsprechend. Sofern das Leben der Person im Ganzen oder teilweise irgendeiner Sache gewidmet ist, statt bloß eine Abfolge von Ereignissen zu sein, deren Themen und Strukturen sie keine Anstrengungen unternimmt zu gestalten, ist es dem gewidmet."[24]

18 Zur historischen Übersicht empfehlenswert: Horn (2014); zudem mit Blick auf zeitgenössische Perspektiven: Ernst (2016).

19 Hadot (2005) sowie Hadot (1999).

20 Vor allem: Foucault (2004).

21 Ebd., S. 16ff.

22 Locke (2000), S. 434.

23 So der Titel eines einschlägigen Aufsatzes: Frankfurt (2001a).

24 Ebd., S. 101.

Frankfurt bindet die Sorge an den Begriff der *Identifikation*, mit dem ich mich später noch genauer beschäftigen werde.[25] Eine selbstbestimmte Person kann im Rahmen seiner Theorie nur jemand sein, der sich um eine Sache wirklich sorgt, d.h. sich mit ihr identifiziert und sie damit zu einem wesentlichen Teil des evaluativen Selbstverständnisses macht. Diese umsorgte Sache ist somit Teil der Identität (ipse) einer Person; das, was ihr im Leben wirklich wichtig ist.[26] Es zeigt sich also, dass die Begriffe Sorge, Selbstwahl bzw. Identifikation und Identität in einem logischen Bezug zueinander stehen.

Im angeführten Zitat klingt in Frankfurts Formulierung bereits an, dass durch Identifikation das jeweilige Leben eben nicht mehr „bloß eine Abfolge von Ereignissen"[27] sei. Dies weist auf den Zusammenhang zwischen Selbstsorge und diachroner Identität (idem) hin. Die Frage lautet nun, wie dieser Zusammenhang zu verstehen ist.

Georg Bertram hat diesbezüglich eine interessante Interpretation Heideggers vorgelegt: Ausgehend von der zentralen, uns mittlerweile gut bekannten These des praktischen und damit immer zukunftsorientierten Selbstverhältnisses entwickelt Bertram die Idee einer „zukunftsorientierte[n] Konstitution des Selbst"[28]; hierzu führt er aus:

> „Die Einheit des Selbst konstituiert sich dadurch, dass Einzelne auslegend Bindung an die Zukunft einzugehen vermögen. In einer auf Auslegungen bezogenen Reflexionspraxis können sie tradierte genauso wie traditionskritische Auslegungen als eine Autorität anerkennen und dies aus der Freiheit heraus, sich zu Auslegungen zu verhalten."[29]

Eben durch Bindung an die Zukunft konstituiert sich laut Bertrams Heidegger-Interpretation eine Einheit des Selbst. Als „Prägung"[30] bezeichnet Bertram eine solche Festlegung auf einen Entwurf, insofern diese einfach in einer Übernahme der tradierten, gesellschaftlich üblichen und von Heidegger unter dem Begriff des *Mans* zusammengefassten Lebensentwürfen zustande kommen (vulgo: *‚man lebt eben so oder so'*). Insofern sie selbstbestimmt, d.h. im kritischen Verhältnis zu den traditionellen Lebensentwürfen entwickelt werden, bezeichnet Bertram sie als *Bindungen* (vulgo: *‚ich habe mich entschieden, so*

25 S. hierzu Kapitel 6.1.

26 Vergleichbare Überlegungen habe ich bereits unter Begriff der Selbstwahl diskutiert; vgl. hierzu Kapitel 3.2.

27 Frankfurt (2001a), S. 101.

28 Bertram (2013), S. 206.

29 Ebd., S. 212.

30 Ebd., S. 206.

oder so zu leben‘). Egal, ob durch Prägungen übernommen oder als Bindungen gewählt, konstituiert ein Entwurf eine gewisse Identität (idem) der Person, so die vorliegende These.[31]

Ein ähnlicher theoretischer Ansatz in Bezug auf die praktische Identitätskonstitution lässt sich auch bei John Rawls finden. Rawls formuliert die Idee eines identitätsstiftenden *Lebensplans*. Entsprechend argumentiert er dafür, dass sich „die Einheit der Persönlichkeit in der Einheitlichkeit ihres Plans“[32] zeige. Indem sich eine Person also ausgehend von ihren Bedürfnissen (höherer Ordnung) und unter Berücksichtigung moralischer Erwägungen einen Plan für ihr (zukünftiges) Leben formuliert, ‚bindet‘ sie ihre Person zu einer Identität. Es sei angemerkt, dass Rawls These eines einheitskonstituierenden Lebensplans mehrere Probleme aufwirft;[33] an dieser Stelle ist es jedoch für die Argumentation hinreichend aufzuzeigen, dass die These einer praktischen Identitätskonstitution in verschiedenen Diskursen vertreten wird.

Leider lassen Rawls und Bertram weitestgehend offen, wie genau die Sorge bzw. der Lebensplan die Einheit des Selbst formen; dies möchte ich nun genauer untersuchen: Ich möchte diese These einer solchen praktischen Identitätskonstitution nun am Beispiel eines jungen Mannes, welcher überlegt, Vater zu werden, genauer betrachten.

Aufgrund der Tragweite einer solchen Entscheidung für sein Leben scheint es berechtigt, von einer existenziellen Selbstwahl, wie ich sie in Kapitel 3.3 vorgestellt habe, zu sprechen. Es stellen sich entsprechend auch hier die beschriebenen existenziellen Paradoxien dergestalt ein, dass der seine Zukunft planende Mann nicht genau wissen kann, wie es sich anfühlt, Vater zu sein. Die Entscheidung bleibt also immer ein Wagnis, ebenso wie die selbstverändernde Wirkung einer solchen Entscheidung. Ebenso können wir mit Heidegger bzw. Bertram fragen, ob diese Entscheidung wirklich seine ist oder er mehr oder weniger bewusst nur konventionellen Lebensentwürfen folgt. Diese wichtigen Fragen wollen wir jedoch ausblenden und uns auf die Frage konzentrieren, ob und inwiefern diese Entscheidung sein Leben zu einer synchronen und diachronen Einheit zu formen vermag.

Holmer Steinfath schreibt in diesem Zusammenhang zur einheitskonstituierenden Bedeutung von Lebensentscheidungen:

---

31 Bertrams These der Einheit des Selbst umfasst nicht nur das zukünftige Sein, sondern auch die Vergangenheit. Vorerst werde ich mich mit der Einheit in Bezug auf die Zukunft beschäftigten, auf die Einheitlichkeit der Vergangenheit in Form von biographischen Erzählungen gehen ich im nächsten und übernächsten Abschnitt dieser Arbeit genauer ein.

32 Rawls (1979), S. 608.

33 Gewichtige kritische Punkte merkt Dieter Thomä an; s. Thomä (1998), S. 70ff.

> „Die Einheit, die das Setzen eines Ziels mit sich bringt, ist zum einen eine synchrone, statische Einheit, die Einheit einer Motivationsstruktur, die zu einem fixen Zeitpunkt, dem Augenblick der Entscheidung, besteht. Da Ziele in die Zukunft reichen [...] sind sie zum anderen Quellen einer diachronen, dynamischen Einheit."[34]

Zuerst betont Steinfath, dass das Setzen eines Ziels mit einer gewissen Homogenität der Wünsche und Motive einhergeht, sodass sich eine Form der *synchronen* Einheit ergibt. Wenn wir im Leben also aufwendige und längerfristige Ziele erreichen wollen, sind wir aus (*lebens-*)*praktischen Gründen* genötigt, unsere zahlreichen, sich häufig widersprechenden Wünsche, Gefühle und Gedanken zu einer hinreichend homogenen Einheit zu formen. Man mag beispielsweise über die Entscheidung, zu heiraten oder nicht zu heiraten, nahezu verzweifeln; vielleicht ist Kierkegaard hier sogar Recht zu geben, dass der existenziell hochsensiblen Persönlichkeit in dieser Frage keine andere Möglichkeit als die der Verzweiflung bleibt.[35] Nur verhindert, wie Kierkegaards Beispiel zeigt, ein solches verzweifeltes Sich-nicht-entscheiden-Können – hier verstanden als Unfähigkeit, die widerstrebenden Selbstanteile zu einer hinreichenden motivationalen Einheit zu bringen – eine halbwegs zielgerichtete Lebensführung. Einen solchen inneren Konflikt sich widersprechender Selbstanteile bezeichnet man üblicherweise als *Ambivalenz.*

Ambivalenz erschwert, verunmöglicht jedoch nicht, wie Beate Rössler ausführt, selbstbestimmte Entscheidungen zu treffen, denn im richtigen Umgang mit ihr ist diese „als Ausdruck der Komplexität des Selbst" und damit „eines vernünftigen Verhältnisses zu Konflikten von Wünschen, Überzeugungen, Rollen, Identitäten und damit schließlich auch als Ausdruck der Kontingenz des alltäglichen Lebens"[36] zu verstehen. Eine solche Kompetenz im Umgang mit Ambivalenz, in der Psychotherapie *Ambivalenztoleranz* genannt,[37] hat daher eine hohe lebenspraktische Relevanz, bzw. deren Entwicklung kann als ein Ziel der psychotherapeutischen Behandlung angesehen werden. Wer in seinem Leben also Entscheidungen treffen und ein durch diese geleitetes Leben führen will, ist daher zur Herstellung einer gewissen Homogenität, wie schwierig dies im Einzelfall auch sein mag, genötigt.

In Bezug auf die *diachrone* Einheit merkt Steinfath an, dass Entscheidungen für eine gewisse Zeit dahingehend zur Einheit nötigen, da sie uns bei der Bildung neuer Ziele einschränken. Die zu klärende These ist also, wie uns

34 Steinfath (2001), S. 299.
35 Vgl. Kierkegaard (1956), S. 41f.
36 Rössler (2017), S. 65.
37 Der klassische Aufsatz hierzu: Frenkel-Brunswik (1949).

Lebensentscheidungen zu einer gewissen diachronen Einheitlichkeit bzw. Kontinuität zwingen. Welche Art von ‚Zwängen' liegt hier jedoch vor? Mir scheinen hier vier verschiedene Arten von zur diachronen Einheit nötigenden Faktoren unterscheidbar:

1) Nehmen wir an, der junge Mann hat sich entschieden und ist nun Vater geworden. Eine Entscheidung dieser Art hat zahlreiche lebensverändernde Konsequenzen: Die Versorgung des Babys zwingt ihn beispielsweise zu einer geregelteren Lebensführung, das Kind muss pünktlich um vier Uhr aus der Krippe abgeholt werden, die Urlaube müssen familienfreundlich gestaltet werden, das neue Auto muss familientauglich sein und vieles mehr. Die Entscheidung verleiht seinem Leben daher aus den daraus resultierenden *praktischen Notwendigkeiten* eine gewisse Einheitlichkeit. Dies trifft auf zahlreiche Lebensentwürfe zu: Wer Konzertpianist oder Profifußballer werden will, den zwingt diese Entscheidung dazu, dem notwendigen Üben in seinem Leben vieles unterzuordnen. Wer sich vornimmt, einen Roman zu schreiben, wird diesem Ziel viel Zeit widmen und auf anderes verzichten müssen. Man könnte daher von der *identitätsstiftenden Bedeutung von (Lebens-)Projekten* sprechen, wobei Identität hier ebenso im Sinn von idem, also im Sinn von einheitsstiftend, wie auch als ipse, d.h. als evaluatives Selbstverhältnis, als das, was mir im Leben wirklich wichtig ist, verstanden werden kann. Denn das, was mir wirklich wichtig ist, womit ich mich identifiziere, bestimmt durch seine praktischen Implikationen mein Leben und nötigt mich daher zu einer gewissen Einheitlichkeit in meiner Lebensführung.

   Es kann natürlich sein, dass sich unser junger Vater nach einiger Zeit in seinem von Notwendigkeiten und Routinen geprägten Leben zunehmend unwohl fühlt. Vielleicht kommen ihm auch Zweifel, ob Vater-Sein und Familienleben überhaupt das Richtige für ihn ist; die Entscheidung zur und nun wirklich gewordenen Vaterschaft erscheint ihm fremd. Diese *Selbstentfremdungen* lassen Zweifel an seinem selbst gewählten Lebensentwurf aufkommen, welche am Ende in einem Bruch mit seinem bisherigen Leben gipfeln. Ebenso wie die Wahl ist in liberalen Gesellschaften i.d.R. der Bruch mit einem Lebensentwurf möglich; ob dies eine gute oder schlechte Entscheidung ist, muss jeweils im Einzelfall geklärt werden.

   Der Begriff der Entfremdung erscheint hier deshalb als angemessen, da dieser u.a. nach Rahel Jaeggi ein „Erstarrungsphänomen"[38] bezeichnet,

38 Jaeggi (2016), S. 101.

bei dem es sich um eine (bisweilen selbst verursachte) „Verengung des Möglichkeitshorizontes, des Spielraums, innerhalb dessen sich Entscheidungen bewegen“[39] handelt. Letztlich kann sich Entfremdung daher, diese These Jaeggis werde ich später noch eingehender betrachten,[40] als eine selbsttäuschende „Verdeckung praktischer Fragen“[41] erweisen.

Selbstverständlich ist es daher auch möglich, solche einheitskonstituierenden Konsequenzen zu vermeiden und ein entsprechend ungebundenes Leben zu führen. Dies hat nur zur Folge, dass man sich kaum längerfristigen Projekten verschreiben kann, sich also, in den Worten Harry Frankfurts, keiner Sache widmen, sich mit nichts Umfassenderem wirklich identifizieren. Wem es also wichtig ist, ein freies, unstetiges und ungebundenes Leben zu führen, wird es daher schwer haben, ein guter Vater zu sein, ein Profifußballer zu werden oder seinen Roman zu vollenden. Ein weitestgehend ungebundenes Leben zu führen und zugleich größere Projekte zu realisieren, schließt sich also lebenspraktisch zumeist aus.

2) Nehmen wir an, unser junger Vater hat mit seiner spießig-kleinbürgerlichen, vom ‚Identitätszwang‘ durchsetzten Existenz gebrochen und sich entschieden, nun als selbstversorgender Aussteiger an der Algarve-Küste zu leben. Er hat die praktischen und lebensprägenden Konsequenzen seines vormaligen Lebensentwurfs hinter sich gelassen und versucht nun, ein möglichst ungebundenes Leben zu führen. Dies wäre per se unproblematisch, wenn es in seinem Lebensentwurf nur um ihn und seine Entscheidungen bzw. die resultierenden Konsequenzen ginge. Bei einer Entscheidung zur Vaterschaft geht man jedoch mehrere *soziale Bindungen* ein, welche unser Aussteiger nun kappen muss. Daher ist es offensichtlich, dass Lebensentscheidungen uns nicht nur in Anbetracht individueller praktischer Konsequenzen, sondern auch aus Gründen der *sozialen Verlässlichkeit* zu einer mehr oder weniger einheitlichen Lebensführung verpflichten.

Vertrauen, Verlässlichkeit, Verantwortung und *Treue* sind für ein funktionierendes, gar gutes soziales Miteinander zumeist unverzichtbar.[42] Diese setzen jedoch ihrerseits ein basales, numerisch transtemporales Identitätsbewusstsein voraus, was beispielsweise bei einem Demenzerkrankten beeinträchtigt sein kann, sodass in Bezug auf Vertrauen und

39 Ebd., S. 102.

40 S. Kapitel 4.2.

41 Jaeggi (2016), S. 89.

42 Zur Bedeutung von Vertrauen und Verlässlichkeit: Hartmann (2011).

Verlässlichkeit Vorsicht geboten ist bzw. möglicherweise dem Betroffenen Verantwortung aberkannt werden muss. Anderseits muss sich eine Person in ihrer praktischen Selbstbestimmung, um als vertraulich und verlässlich zu gelten, in einem hinreichenden Maße als einheitlich verstehen.[43] Wer sich an eine einst getroffene, intersubjektiv relevante Entscheidung oder ein gegebenes Versprechen[44] nicht mehr gebunden sieht, weil er diese seinem ‚vergangenen Selbst' zurechnet und sich nun in Distanz dazu als ein völlig anderer Mensch versteht, erweist sich als nicht vertrauenswürdig, unzuverlässig oder untreu.

Da es ein Gebot der praktischen Klugheit ist, mit Mitmenschen, die sich als unverlässlich und untreu erwiesen haben, keine weiteren längerfristigen Projekte oder sozialen Bindungen einzugehen, verunmöglicht eine Missachtung solcher Verpflichtungen zumeist ein gutes Miteinander. Anders formuliert: Wer mit anderen Menschen mittel- oder langfristig Beziehungen eingeht oder gemeinsam Projekte verwirklichen will, ist genötigt, sich als hinreichend verlässlich und treu zu erweisen, was zu einem gewissen Maß an diachroner Einheitlichkeit der Lebensführung verpflichtet. Selbstverständlich ist es auch hier möglich, diesen sozial vermittelten ‚Identitätszwang' zu vermeiden, jedoch nur um den Preis des Verzichts auf mittel- oder langfristige soziale Eingebundenheit. In einem gewissen Sinne scheint es sogar möglich, von *Verlässlichkeit* nicht nur gegenüber anderen, sondern *gegenüber sich selbst* zu sprechen. Denn gerade wenn das Menschsein vor allem primär als Selbstverhältnis verstanden wird, erscheint es angemessen, diese Relation zu mir selber in Begriffen wie Vertrauen, Verlässlichkeit oder Treue zu fassen. Während der Begriff Selbstvertrauen in der Bedeutung von Vertrauen in die eigenen Fähigkeiten üblich ist, könnte er jedoch auch dahingehend verstanden werden, dass ich mir in zeitlicher Hinsicht (‚meinem zukünftigen Selbst') vertraue (bzw. mich darauf verlasse), die richtigen Entscheidungen zu treffen. Ebenso ist es durchaus üblich und angemessen zu sagen, dass man sich treu bleiben möchte bzw. geblieben ist.

Bei genauer Betrachtung zeigt sich, dass es sich hierbei um eine nicht zu unterschätzende Ausprägung des menschlichen Selbstverhältnisses handelt. Man stelle sich nur mal vor, wie es aussähe, wenn uns das

43 Bezüglich der wichtigen Unterscheidung zwischen dem numerischen transtemporalen Identitätsbewusstsein und der praktischen Selbstbestimmung sei auf Kapitel 2 dieser Arbeit verwiesen.

44 Für Ricœur kommt dem Versprechen daher in Bezug auf die personale Identität besondere Bedeutung zu; vgl. Ricœur (2005), S. 153.

Vertrauen oder die Verlässlichkeit gegenüber uns selbst (in zeitlicher Hinsicht) fehlen würde. Unser Leben wäre sehr ungebunden, unstetig und wechselhaft. Manchem mag dies auf den ersten Blick als sympathischer Gedanke erscheinen. Ein solch ungezwungenes Leben erweist sich jedoch dahingehend als problematisch, dass wir im *Wissen der eigenen Unverlässlichkeit* – dies können wir in Analogie zur intersubjektiven Unverlässlichkeit betrachten – eigentlich vernünftigerweise kaum mehr in der Lage sein dürften, uns mittel- oder langfristig größeren Projekten zu verschreiben, da ihr Scheitern gewissermaßen zu erwarten ist. In der Regel verfolgen Menschen jedoch zahlreiche mittel- oder langfristige Ziele und erreichen sie häufig auch, was zugleich bedeutet, dass sie sich (über einen längeren Zeitraum) vertrauen bzw. sich treu bleiben. Strapaziert werden kann eine solche Treue zu sich (d.h. zu den eigenen Vorhaben, Projekten, Versprechen, Verpflichtungen etc.), wenn sich im Laufe der Zeit eine Selbstveränderung, d.h. eine Verschiebung der Werte- und Präferenzordnung einstellt; ggf. kann es sogar ratsam sein, sich selber untreu zu werden, also sich grundlegend zu verändern.

3) Nun könnte unser ausgewanderter Vater auf den Vorwurf der Unzuverlässigkeit und Untreue gegenüber seiner Frau und seinen Kindern entgegnen: ‚*Das war mein altes Leben, ich sehe mich an meine damaligen Versprechen oder Verpflichtungen nicht gebunden.*‘ Da er zudem nicht mehr plant, in seine Heimat zurückzukehren, kann ihm der Vertrauensverlust egal sein. Trotzdem, so scheint kaum bezweifelbar, entbindet ihn das nicht von den *moralischen Verpflichtungen*, welche mit einer Vaterschaft einhergehen.

Die These, dass wir aus moralischen Gründen zu einer diachronen personalen Identität verpflichtet sind, geht primär auf Immanuel Kant zurück. Da Kant im Rahmen seiner Kritik der *Paralogismen der reinen Vernunft* die Idee einer substanziellen Seele als unhaltbar zurückweist und das Ich nur noch als in transzendentaler Hinsicht notwendige Einheit der Apperzeption gelten lässt, bedeutet dies, dass „die Identität der Person aus der Identität des Ich, in dem Bewußtsein aller Zeit, darin ich mich erkenne, keineswegs folgt“[45]. Die diachrone Identität der Person ist also für Kant in theoretisch-metaphysischer Hinsicht nicht mehr substanziell gegeben.

Da die Identität der Person in theoretischer Hinsicht nicht mehr ausgewiesen werden kann, situiert Kant diese nun in das Reich der praktischen Vernunft; in der *Metaphysik der Sitten* heißt es daher:

45 KrV, AA III, 365.

> „Person ist dasjenige Subject, dessen Handlungen einer Zurechnung fähig sind. Die moralische Persönlichkeit ist also nichts anders, als die Freiheit eines vernünftigen Wesens unter moralischen Gesetzen, die psychologische aber bloß das Vermögen, sich der Identität seiner selbst in den verschiedenen Zuständen seines Daseins bewußt zu werden), woraus dann folgt, daß eine Person keinen anderen Gesetzen als denen, die sie (entweder allein, oder wenigstens zugleich mit anderen) sich selbst gibt, unterworfen ist."[46]

Vom Standpunkt der praktischen Vernunft aus muss sich ein Individuum als zurechnungsfähige und über die Zeit hinweg als einheitliche Person begreifen. Für Kant, so betont Dieter Sturma, folgt daher aus seinem Personbegriff, welcher sich aus dem kategorischen Imperativ ableitet, die Verpflichtung zur zurechnungsfähigen diachronen Einheit der Person.[47] Ausgehend von kantischen Grundüberlegungen hat vor allem Christine Korsgaard kritische Einwände gegen Parfits These der Bedeutungslosigkeit der personalen Identität hervorgebracht.[48] Insofern wir uns als Handlungssubjekte verstehen – und in praktischer bzw. moralischer Hinsicht müssen wir uns als solche ansehen –, ist es unumgänglich, dass wir uns über die Zeit hinweg als Urheber dieser begreifen. Dies stellt eine pragmatische Notwendigkeit da, und diese „pragmatische Notwendigkeit kann überwältigend sein"[49], so Korsgaard.

Da sich fast alle moralischen Handlungen über einen gewissen Zeitraum erstrecken und einen verantwortlichen Handelnden voraussetzen, welcher, um eben verantwortlich zu sein, mit sich über die Zeit hinweg als (hinreichend) identisch aufgefasst werden muss, sind wir in vielen Fällen moralisch verpflichtet, uns als diachron identische Person zu verstehen. Zur Veranschaulichung reicht es, sich nur kurz eine Welt ohne personale Identität vorzustellen: Versprechen beispielsweise müssten nicht gehalten, Verpflichtungen wären mehr oder weniger belanglos und ein Schuldgefühl bzw. eine Schuldzuweisung (für vergangene Taten) unangebracht.

4) Unser entflohener Familienvater wäre also aus moralischer Verpflichtung in Bezug auf seine Vaterschaft zu einer kontinuierlichen Lebensführung genötigt. Selbstverständlich könnte er sich jedoch auch dieser moralischen Verantwortung entziehen. In diesem Fall wäre aber damit zu

46 MS, AA VI, 223.
47 Vgl. Sturma (2008), S. 205ff.
48 Korsgaard (1999).
49 Ebd., S. 213.

rechnen, dass er aufgrund von *gesellschaftlichen und rechtlichen Institutionen* gezwungen wäre, seinen väterlichen Verpflichtungen nachzukommen. Vaterschaft stellt nämlich nicht nur eine moralische, sondern zugleich auch eine rechtliche Kategorie dar; daher könnte er z.B. zu Unterhaltszahlungen verpflichtet werden. Als vierten und letzten Punkt sei daher nur kurz auf gesellschaftliche und rechtliche Institutionen als zur einheitlichen Lebensführung verpflichtende Größen hingewiesen.
Abmachungen, Vereinbarungen, Verträge und *Gesetze* erfordern naheliegenderweise ein diachron identisches Subjekt. Wer bei einer Bank einen Kredit aufnimmt, verpflichtet sein ‚zukünftiges Selbst' darauf, diesen zurückzuzahlen. Wer einen Arbeitsvertrag unterzeichnet, bindet sich daran, zukünftig werktags um acht Uhr im Büro zu sein und seiner vertraglich vereinbarten Tätigkeit nachzugehen. Wer ein Verbrechen begeht, sollte sich des Risikos im Klaren sein, dass sein ‚zukünftiges Selbst' hierfür bestraft werden könnte. Alle diese Institutionen wären mehr oder weniger nichtig, gäbe es keine Selbstsorge, keinen am eigenen Wohlergehen (und an dem anderer) interessierten Zukunftsbezug und keine daraus resultierende diachrone Identität. Dass diese Einrichtungen hingegen zumeist recht gut funktionieren, verweist auf die immense lebensweltliche Bedeutung personaler Identität.

Es zeigt sich also, dass es zahlreiche *praktische, soziale, moralische* und *rechtliche* Gründe gibt, die zu einer hinreichend diachronen Identität (idem) des Selbst verpflichten. Identität des Selbst meint hier, dies sei noch einmal erinnert, eine gewisse Einheitlichkeit der praktischen Selbstverständnisse, also der Art und Weise, wie ich über die Zeit hinweg mein Leben führe. Korsgaard bringt dieses ausgezeichnet auf den Punkt, wenn sie sagt: „[M]an ist eine kontinuierliche Person, weil man ein Leben zu führen hat."[50]

Wichtig erscheint mir hierbei zu betonen, dass die genannten identitätskonstituierenden Größen immer nur *bedingten* Charakter haben; dies meint, dass es meine Entscheidung ist, ob ich Konzertpianist werden will (was zur Folge hat, dass ich mein Leben nach dieser Entscheidung ausrichten muss); ich muss entscheiden, ob ich längerfristige soziale Bindungen (z.B. Ehe oder Vaterschaft) eingehe; ich muss entscheiden, ob ich mich als moralisches Subjekt verstehe, oder ob ich ein Leben innerhalb oder außerhalb der gesellschaftlichen und rechtlichen Institutionen leben will.[51] Die Identität des Selbst ist

50 Korsgaard (1999), S. 210.

51 Einschränkend sei zudem noch darauf hingewiesen, dass sich diese Überlegungen natürlich auf westliche, d.h. zumeist wohlhabende und liberale Gesellschaften beziehen; in

daher vor allem eine *praktische Identität* und erweist sich damit letztlich als *Antwort auf die praktische Frage*.

Nach dieser ausführlichen Darlegung der zahlreichen ,identitätszwingenden' Faktoren und Gründe mag der eine oder andere Leser vielleicht eine gewisse ,Beklemmung', bisweilen sogar einen gewissen Wunsch nach Parfit'schen oder deleuzianischer befreiender Bedeutungslosigkeit der Identität verspüren. Vielleicht stellt sich auch eine gewisse Irritation ein: War der Diskurs über personale Identität nicht zuletzt vor allem durch Beiträge zur postmodernen Patchwork-[52] oder transitorischen Identität[53] geprägt? Ich möchte mich zu dieser Diskussion nur kurz äußern:

Die zentralen Thesen dieser Autoren lassen sich wie folgt zusammenfassen: Es wird 1) von der Ablehnung einer substanziellen bzw. statisch gegebenen Identität ausgegangen. Zudem wird 2) eine Erosion gesellschaftlicher Erwartungshaltungen, starrer Rollen und Normbiographien diagnostiziert, mit der Folge, dass 3) dem Einzelnen zunehmend mehr Möglichkeiten offenstehen, seinen Lebenslauf selber zu gestalten, was zahlreiche Subjekte auch kreativ nutzen, sie jedoch bisweilen sogar überfordert[54]. Diese drei Punkte scheinen mir zumeist gut begründet bzw. (empirisch) belegt und daher unstrittig – gerade die Gestaltungsspielräume für den Einzelnen habe ich aus existenzphilosophischer Perspektive versucht zu unterstreichen. Die zumeist aus diesen Thesen gezogene und in Teilen emphatisch bejahte Konklusion einer Patchwork- und ,Beliebigkeitsidentität' halte ich jedoch für überzogen und aus den aus soeben ausgeführten Gründen für weitestgehend unangemessen.

Trotzdem stellt sich an dieser Stelle die Frage, wie in Anbetracht der genannten identitätsverpflichtenden Determinanten eine Selbstwahl bzw. eine (gewollte) Selbstveränderung überhaupt möglich ist. Wie kann vermieden werden, dass mir die praktischen Konsequenzen meiner Entscheidungen als entfremdeter ,Identitätszwang' erscheinen? Wie kann ich mich anderen und mir selbst gegenüber als verlässlich und verantwortlich erweisen, wenn ich doch weiß, dass ich mich verändere bzw. verändern will, vielleicht sogar verändern muss? Der Beantwortung dieser Fragen dienen die folgenden Ausführungen; die Antworten werden wie folgt lauten:

---

vielen anderen Gesellschaften bestehen zahlreiche weitere ,identitätsformende' Restriktionen ökonomischer, gesellschaftlicher oder politischer Art.

52 S. z.B. Keupp (1999).

53 S. z.B. Straub et al. (2002).

54 Die interessante These bzgl. des Zusammenhangs zwischen eigenverantwortlicher Lebensführung und depressiver Überlastung ist vor allem durch Alain Ehrenberg prominent geworden; vgl. Ehrenberg (2015).

1) Der Gefahr, durch die praktischen Konsequenzen meiner Entscheidungen ein eingeengtes, entfremdetes Leben zu führen, kann dadurch begegnet werden, dass man für sich gute (d.h. passende) Lebensentscheidungen trifft und zugleich wachsam bleib, ob die getroffenen Entscheidungen und der eingeschlagene Lebensentwurf weiterhin stimmig sind. Beides wiederum hängt davon ab, wie gut ich mich kenne. *Selbsterkenntnis* garantiert kein entfremdetes (und damit unbefriedigendes Leben), hilft jedoch, dies zu vermeiden.
2) Der Anspruch an zeitüberdauernde Verlässlichkeit bzw. Treue gegenüber anderen, aber auch gegenüber sich selbst, verunmöglicht zudem keine Veränderung des gewählten oder übernommenen Lebensentwurfs. Aufgrund guter Selbstkenntnis kann es im Gegenteil gerade erforderlich sein, sein Leben entsprechend zu ändern. Entscheidend ist jedoch, dass solche Veränderungen *verständlich* sein müssen, das heißt, dies wird zu zeigen sein, sie müssen sich als eine *sinnvolle Lebensgeschichte* darstellen lassen.

Zusammenfassend lässt sich also festhalten, dass ausgehend von der praktischen Frage (‚wie zu leben sei') die zeitliche Identität des Selbst, verstanden als evaluatives Selbstverhältnis, untersucht wurde. Über den argumentativen ‚Umweg' der These Parfits zur Belanglosigkeit der Identität, ergänzt durch ähnliche Gedanken bei Deleuze und Guattari, habe ich die lebensweltliche Tragweite der Identität des Selbst herausgestellt. Menschen sind, so die zentrale These, um ihr aktuelles und zukünftiges Wohlergehen besorgt. Die Sorge, aus der in die Zukunft gerichtete Lebensentwürfe erwachsen, verpflichtet das Individuum aus praktischen, sozialen, moralischen und rechtlichen Gründen zu einem hinreichend kontinuierlichen Lebensentwurf und konstituiert damit eine Form der diachronen Identität des Selbst.

TEIL III

Selbsterkenntnis

Der bisherige Stand der Untersuchung hat ergeben, dass das Selbst als ein im Rahmen von deskriptiven und evaluativ-praktischen Selbstverhältnissen gebildetes Ensemble von Selbstverständnissen verstanden werden kann. Die evaluativ-praktische Seite – also die Frage: ‚wie möchte ich sein?' – wurde im vorigen Abschnitt untersucht.

Unterbelichtet blieb dagegen bisher die deskriptive Seite (‚wie bzw. wer bin ich') und damit einhergehend der Zusammenhang dieser beiden Fragen. Dies stellt die Aufgabe dieses Abschnitts dar, in dem ein elaborierter Begriff der *Selbst(er)kenntnis* in Form einer bewusst kurz gehaltenen *Hermeneutik des Selbst* entwickelt werden soll.

Meine Hermeneutik des Selbst gliedert sich in acht Thesen, von denen ich einige nur skizzen- bzw. thesenhaft vorstellen werde, sodass sich ein breiteres Bild der Thematik ergibt; andere, für die Fragestellung dieser Arbeit zentralere Thesen werde ich im Folgenden genauer betrachten. Im Anschluss werde ich Selbsterkenntnis vor allem als *Artikulation* explizieren.

© BRILL FINK, 2025 | DOI:10.30965/9783846768686_008

KAPITEL 5

Eine Hermeneutik des Selbst

Im Mittelpunkt steht die Frage nach dem *Sinn der Selbsterkenntnis*. Als Antwort plädiere ich für die These, dass Selbsterkenntnis zumeist nicht selbstzweckhaft ist, sondern im Dienst der praktischen Frage steht. Eine verbesserte Erkenntnis unseres Selbst hilft in Fragen des praktischen Selbstverhältnisses bessere Entscheidungen zu treffen, um ein stimmigeres und damit selbstbestimmteres (sowie letztlich, wie später zu zeigen sein wird, ein mitunter weniger leidvolles) Leben zu führen. Diesen und einige weitere Zusammenhänge gilt es in diesem Kapitel darzulegen.

Selbstkenntnis – man kann ebenso von Selbstverständnis[1] sprechen – resultiert aus Versuchen des *Verstehens* unserer selbst. Mit dem Begriff des Verstehens sind wir im Reich der (philosophischen) *Hermeneutik* angekommen, bei welcher es sich, ebenso wie bei der Anthropologie und der Existenzphilosophie, um ein nicht unstrittiges bzw. mitunter starker Kritik ausgesetztes Teilgebiet der Philosophie handelt.[2] Dem Anspruch folgend, das Verstehen verstehen zu wollen, untersucht die philosophische Hermeneutik die Voraussetzungen, Möglichkeiten und Grenzen des Verstehens. Neben der philosophischen existieren zudem verschiedene ‚regionale Hermeneutiken', beispielsweise theologischer, juristischer oder psychoanalytischer Ausrichtung, welche sich mit den Herausforderungen des Verstehens, Interpretierens und Auslegens im jeweiligen Gegenstandsbereich beschäftigen. Hierbei stellt die psychoanalytische Hermeneutik bzw. ein hermeneutisches Verständnis der Psychoanalyse den Fluchtpunkt meiner Überlegungen dar. Auf die umstrittene These, dass die Psychoanalyse im Grunde als hermeneutische Wissenschaft aufzufassen sei, werde ich zustimmend am Ende dieser Arbeit zurückkommen; zu ihrer Plausibilisierung bedarf es zuvor einiger Überlegungen und Argumente.

Es ist an dieser Stelle weder möglich noch notwendig, die wechselvolle und heterogene Theoriegeschichte der Hermeneutik darzustellen.[3] Ebenso wenig möchte ich auf die klassische Kritik an dieser, wie beispielsweise am

1 Ich verwende die Begriffe Erkennen bzw. Verstehen im Kontext meiner Arbeit synonym.

2 Beispielhaft für eine kritische Haltung zur Hermeneutik: Hörisch (1998).

3 Gute Darstellungen finden sich bei Grondin (2011) und Joisten (2009). Empfehlenswert, da diese Arbeit auch die Verwandtschaft der Hermeneutik zu Dekonstruktion behandelt, ist zudem Angehrn (2003).

 | DOI:10.30965/9783846768686_009

Universalitätsanspruch[4] oder einem unterstellten Präsenz- und Ursprungsdenken[5], eingehen. Mir ist vielmehr daran gelegen, die bisherigen Überlegungen zu einer existenzphilosophisch geprägten Anthropologie durch einige Gedanken zu einer *hermeneutischen Anthropologie*, wie sie vor allem bei Charles Taylor[6] und Emil Angehrn[7] zu finden sind, zu erweitern. Das Grundanliegen der hermeneutischen Anthropologie besteht darin, den Menschen als ein die Welt und sich selbst verstehendes Wesen auf den Begriff zu bringen.

5.1 Der (sich) verstehende Mensch

Als Grund- und Ausgangsthese meiner Überlegungen dient die zentrale These der anthropologischen Hermeneutik, welche besagt, dass Verstehen in den verschiedensten Ausprägungen nicht eine beliebige oder randständige Tätigkeit des Menschen ist, sondern grundlegend zu seinem Menschsein gehört. Entsprechend findet sich bei Heidegger auch eine erweiterte Formulierung seiner bereits mehrfach angeführten existenziellen Grundbestimmung: „Dasein ist Seiendes, das sich in seinem Sein verstehend zu diesem Sein verhält."[8] Paraphrasiert lässt sich daher sagen: *Menschen existieren verstehend.* Dies meint, dass wir in allen unseren Selbst- und Weltverhältnissen durch vielfältige Formen des Verstehens und Erkennens grundlegend geprägt sind.

Verstehen meint hier jedoch nicht ausschließlich explizite, höherstufige oder sprachgebundene Akte des Interpretierens oder Auslegens, sondern Verstehen reicht vom basalen leiblich-intuitiven In-der-Welt-Sein über welterschließende Gefühle zu dem von Heidegger so nachdrücklich betonten praktisch-hantierenden Umgang mit dem uns umgebenden ‚Zeug'. Darüber hinaus sind jedoch auch das Verstehen des sozialen Miteinanders sowie schließlich das klassische Auslegen von Texten oder das philosophische Interpretieren der Welt als Ganzes unter dem Begriff des Verstehens zu fassen.

Das, worin bzw. wodurch etwas verständlich wird, nennt man nicht nur in der Hermeneutik üblicherweise *Sinn*. An Sartre anlehnend und sich zugleich von diesem abgrenzend bemerkt Maurice Merleau-Ponty treffend: „Zur Welt seiend, sind wir verurteilt zum Sinn."[9] Ähnlich formuliert es Emil Angehrn,

4 Die klassische Kritik hat Habermas (1970) formuliert.

5 So zu finden bei Mersch (2010).

6 Hierbei beziehe ich mich selbstverständlich vor allem auf den Begriff des und die zugehörigen Überlegungen zum Menschen als *self-interpreting animal*; s. Taylor (1985).

7 Vgl. Angehrn (2010), (2015a).

8 Heidegger (2006), S. 52f.

9 Merleau-Ponty (1966), S. 16.

wenn er schreibt: „Der ursprüngliche Bezug der Menschen zur Welt ist einer des Erkennens: Die Welt öffnet sich ihnen, sie bildet für sie einen Raum des Wahrnehmens und Begreifens. Menschen sind wesentlich erkennende, verstehende Wesen."[10]

Ich schließe mich der noch recht allgemeinen, zudem vage gehaltenen und damit erläuterungsbedürftigen These an, dass Menschen *grundlegend auf Sinn bezogen* und daher durch einen *verstehenden Welt- und Selbstbezug* ausgezeichnet sind. Die Formulierung ‚verstehender Welt- *und* Selbstbezug' ist hierbei wortwörtlich zu nehmen, denn Welt- und Selbstverstehen sind als konstitutiv verwobene Momente des In-der-Welt-Seins nie wirklich trennbar. Dies meint, dass in den meisten Fällen das Selbstverstehen sowohl einen Blick introspektiv nach ‚Innen' wie auch nach ‚Außen' in die Welt verlangt. Wenn ich z.B. meine Angst besser verstehen möchte, ist es sinnvoll, sowohl das angstauslösende Objekt in der Welt als auch die subjektiven Anteile und Aspekte dieser Angst in mir, gerade in ihrer Verwobenheit, genauer zu betrachten. Ich muss also sowohl die Welt als auch mein ‚Inneres' zu verstehen versuchen.

Menschen sind also, so kann vorerst festgehalten werden, *sich und die Welt verstehende Wesen.* Ich möchte diese Grundthese für meine angestrebte Hermeneutik des Selbst um sieben Thesen erweitern; diese besagen: 2) Verstehen vollzieht sich immer vor dem Hintergrund eines Horizonts von *Vorverständnissen,* 3) Verstehen (des eigenen Selbst) reagiert auf *Unverständnis,* 4) ist zudem primär *praktisch motiviert.* 5) Verstehen ist aufgrund der *Intransparenz des Selbst* zudem häufig nur über *Umwege* möglich, 6) *bedarf anderer,* 7) stellt die Grundlage für *Autonomie* dar und 8) stößt allzu häufig auf *Unverständliches,* was bedeutet, dass dem Verstehen *Grenzen* gesetzt sind.

5.2 Das immer schon verstandene Selbst

Menschen leben immer schon in einem vorgängigen Verständnis der Welt und ihrer selbst. Dieses mehr oder weniger explizit artikulierte *Vorverständnis* hat Heidegger sehr treffend mit dem Begriff der „Erschlossenheit"[11] beschrieben und diesen zugleich mit der klassischen Denkfigur des *hermeneutischen Zirkels* existenziell verbunden. Ursprünglich beschreibt dieser Begriff ein für das Textverstehen konstitutives, wechselseitiges Verhältnis der Teile und des Ganzen eines Textes. Dies meint, dass einzelne Teile ihren Sinn nur vor dem Hintergrund des gesamten Textes erhalten, was zugleich bedeutet, dass sich

10 Angehrn (2010), S. 19.
11 Heidegger (2006), S. 75ff.

der Sinn eines Textes nur aus den einzelnen Teilen ergibt. Hans-Georg Gadamer beschreibt diesen Grundgedanken eines *zirkelhaften Verstehens* wie folgt: „Die Antizipation von Sinn, in der das Ganze gemeint ist, kommt dadurch zu explizitem Verständnis, daß die Teile, die sich vom Ganzen her bestimmen, ihrerseits auch diese Ganze bestimmen."[12]

Dieses Sinnganze, von Heidegger Erschlossenheit genannt, wird von Gadamer mit dem Begriff „Horizont"[13] bezeichnet. Ebenso wie die Auslegung eines Textes immer ein Vor- und Hintergrundverständnis benötigt, so fußt auch das alltäglich-lebenspraktische Verstehen immer auf *bereits Verstandenem*, einem *Verständnishorizont*, welcher den Ausgangspunkt des neuen Verständnisaktes darstellt, sich zugleich jedoch im Rahmen dessen verschieben bzw. verändern kann. Dieser Horizont ist selbstverständlich aufs Innigste verflochten mit dem kulturell-gesellschaftlichen Kontext des Verstehenden. Narrativitätstheoretisch hat Paul Ricœur diese zentrale hermeneutische Denkfigur aufgegriffen und als „dreifache Mimesis"[14] weiterführend ausbuchstabiert, worauf ich noch eingehen werde.[15]

Für eine Hermeneutik des Selbst bedeutet dies, dass Menschen immer schon ein Verständnis ihrer selbst – also ein deskriptives Selbst – aufweisen. Dieses kann übernommen oder selber gebildet, unbewusst oder bewusst bzw. mehr oder weniger klar artikuliert sein. Daher gilt: *Jede Selbsterkenntnis vollzieht sich immer nur vor dem Hintergrund bestehender Selbstverständnisse*; sie prägen und setzen einen Rahmen, innerhalb dessen sich eine neue Selbsterkenntnis bewegt.

Entsprechend den Grundprinzipien der philosophischen Hermeneutik gilt auch hier, dass einzelne Akte des Sich-selber-Verstehens immer wiederum die Kraft haben, das Ganze des Selbstbildes zu verändern. Zudem sei betont, dass sich Menschen immer in einem kulturell-gesellschaftlichen sowie sprachlichen Möglichkeitsraum des Erkennens, der Formulierung bzw. Etablierung ihres Selbst(verständnisses) bewegen. Ihnen steht ein bestimmtes *Vokabular der Möglichkeit sowie damit zugleich der Grenzen der Selbstbeschreibung* zur Verfügung.

12 Gadamer (2010), S. 296.

13 Ebd., S. 307ff.

14 Ricœur (1988), S. 87ff.

15 S. hierzu Kapitel 7.3.

5.3 Unverständnis als Ausgangspunkt für Selbsterkenntnis

Wenn wir uns immer schon in einer Welt sinnvoller Selbst- und Weltverständnisse bewegen – dies meint, dass wir uns immer schon deskriptiv (wie auch evaluativ-praktisch) als jemand verstehen – stellt sich die Frage, wann und warum Akte des Selbstverstehens überhaupt auftreten. Auch hier lohnt sich ein Blick in die klassische Texthermeneutik, denn diese erwächst bekanntlich aus Momenten des *Unverständnisses* von zumeist alten theologischen oder juristischen Texten. Die hermeneutische Interpretation wird notwendig, wenn ein Text sich nicht mehr ‚von selber' versteht, sein Sinn fremd bzw. fraglich geworden ist. Jean Grondin schreibt daher: „Interpretation tritt erst dann in Erscheinung, wenn ein fremder oder als fremd empfundener Sinn verständlich gemacht werden soll. Das Interpretieren ist somit eine Verständlichmachung oder ein Übersetzen von fremdem Sinn in Verständliches."[16] Das *Nichtverstehen* bildet daher die anfängliche und motivierende Erfahrung des hermeneutischen Unterfangens.[17] Die These, dass das Unverständnis oder das Sich-nicht-mehr-Auskennen das Initialmoment des Verstehens darstellt, kann jedoch durchaus auch für die Philosophie im Allgemeinen in Anspruch genommen werden. Nicht ohne Grund stellt das „Ich kenne mich nicht aus"[18] nach Wittgenstein die Grundform des philosophischen Problems dar.

Besonders nachdrücklich und gegen ein Verständnis von Hermeneutik des (illusionären) Anspruchs eines vollständigen Verstehens gewendet hat Emil Angehrn das Nichtverstehen nicht nur als Ausgangspunkt, sondern zugleich als stetig begleitende Erfahrung im Bemühen des Verstehens beschrieben. Eine Hermeneutik darf, so Angehrn, nicht nur den Sinn, sondern muss immer „sein Anderes"[19], d.h. die vielfältigen Begegnungen mit *Unverständlichem, Widersinnigem* und *Sinnlosem* in den Blick nehmen. In Bezug auf das Selbstverstehen heißt dies, dass immer auch unverstandene, unverstehbare und verkannte Anteile an der eigenen Existenz verbleiben; dem Verstehen sind daher, wie noch zu zeigen sein wird, immer *Grenzen* gesetzt. Das Verstehen kann nach Angehrn als eine *unabschließbare Arbeit am Nicht-Sinn* begriffen werden.

Mir erscheint es naheliegend, den klassischen Gedanken des Beginns des Verstehens aus dem Unverständnis auch für eine Hermeneutik des Selbst fruchtbar zu machen; die These lautet daher: *Selbsterkenntnis reagiert auf Irritationen und Störungen des bestehenden Selbstverständnisses.* Dies meint, dass

16 Grondin (2011), S. 22.
17 Vgl. zudem: Stoellger (2005).
18 Wittgenstein (1984), § 123.
19 Angehrn (2010) S. 244ff; zudem: Angehrn (2015a).

die Motivation zur explizit vollzogenen Selbsterkenntnis aus einer irritierenden bzw. störenden Erfahrungen des Unverständnisses und der Fremdheit des eigenen Lebens erwächst. Mit Peter Sloterdijk, welcher diesen Begriff in einer frühen Arbeit zur Autobiographie einführt, könnte man hier von einer *Stör-Erfahrung* sprechen, welche

> „solche Erfahrungen bezeichnet, die bisherige Erfahrungen, Überzeugungen oder Selbstverständlichkeiten durchbrechen und eine Dissonanz gegenüber den Erwartungen enthält. Stör-Erfahrungen sind alle jene nichtintegrierbaren Erfahrungsanlässe, die in jedem individuellen Leben mehr oder weniger häufig auftreten. [...] Bei Stör-Erfahrungen werden übernommene Wirklichkeitsbilder revidiert und ihrer selbstverständlichen Geltung beraubt“[20].

Solche Stör-Erfahrungen können vielfältiger Art sein: Ich kann mich als großzügig verstehen, jedoch merken, dass ich mich in vielen Situationen dem zuwider eher knausrig verhalte. Vielleicht habe ich auch die Überzeugung, dass ich meine Frau immer noch wie am ersten Tage liebe, merke jedoch zunehmend, wie selten Situationen sind, in denen ich dies spüre. Oder – bezugnehmend auf das Beispiel des letzten Kapitels – hält der junge Vater vielleicht an der Einstellung fest, dass ein Familienleben für ihn das Richtige sei, er macht jedoch mehr und mehr Erfahrungen, die dem widersprechen.

Daher antwortet Peter Bieri auf die Frage, warum Selbsterkenntnis wertvoll sei, mit dem Hinweis darauf, dass wir diese benötigen, „wenn unser Leben und unsere Empfindungen nicht mehr zusammenpassen. Wir müssen uns dann neu sehen und verstehen lernen, um die Krise zu überwinden und weiter zu können“[21]. Derartige *Krisenerfahrungen*, die sich dissonant zum bisherigen deskriptiven wie evaluativ-praktischen Selbstverständnis verhalten, erzwingen eine Reaktion. Peter Sloterdijk ergänzt hierzu:

> „Dem Individuum stehen mehrere Stellungnahmen bzw. Verarbeitungsstrategien für Stör-Erfahrungen offen; entweder es ‚stolpert‘ an den Widersprüchen und nimmt die Erfahrung als kritisches Motiv in sich auf, indem es als vital Betroffenes sich sensibilisiert und ein Interesse entwickelt an der Auflösung der Widersprüche; oder es versucht sich aus seiner eigenen Erfahrung herauszustehlen, indem es seine Wahrung rigide organisiert und nur noch selektiven Umgang mit einem Erfahrungsmaterial betreibt – dies entspricht dem Modus der Verdrängung.“[22]

20 Sloterdijk (1978), S. 114f.
21 Bieri (2011), S. 55.
22 Sloterdijk (1978), S. 114.

In Bezug auf den deskriptiven Anteil des Selbst hat das Individuum zur Lösung eines solchen Widerspruchs die naheliegende Möglichkeit der *Veränderung seines Selbstbildes;* dies wäre ein Moment der Selbsterkenntnis. Durch die *Verständlichmachung der eigenen Fremdheit* reduziert sich im geglückten Fall der Widerspruch zur Erfahrung seiner selbst, sodass man weniger *Fremder seiner selbst*[23] ist.

Wie Sloterdijk zu Recht betont und ich später noch ausführlich untersuchen werde, kann das Subjekt natürlich auch einen ‚selektiven Umgang mit einem Erfahrungsmaterial' pflegen, sich also einer *einsichtsvermeidenden Selbsttäuschung* bedienen. Eine ‚wahre' Selbsterkenntnis, z.B. derart, dass ich wohl doch eher knausrig bin, meine Liebe erloschen ist, oder eine bürgerliche Existenz nicht zu mir passt, bietet wiederum die Möglichkeit, sich zu dieser Bestimmung zu verhalten, also ein wertendes, evaluatives Selbstverhältnis einzunehmen (z.B. *‚ich will niemand sein, der derart geizig ist*') und ihr versuchen entgegenzuwirken. Eine solche Selbsterkenntnis kann also, wie bereits beschrieben, eine *Lebensveränderung* in Gang setzen.

Entsprechend merkt Vincent Descombes an, dass, wenn jemand „‚nicht weiß, wer er ist', dann nicht in dem Sinne, dass ihm eine bestimmte Information fehlen würde, sondern in dem Sinne, dass er noch nicht zwischen verschiedenen Möglichkeiten gewählt hat"[24]. Eine Identitätskrise, so Descombes weiter, ist daher vor allem als eine „Krise der Unentschlossenheit"[25] zu verstehen. Es ist daher erforderlich, dass sich die praktische Frage gestellt wird.

5.4 Der Sinn der Selbsterkenntnis

Selbsterkenntnis bereitet also die Möglichkeit (bzw. ‚nötigt' einen manchmal sogar), sein Leben zu verändern. Ich möchte jedoch darüber hinaus dafür argumentieren, dass Selbsterkenntnis für die praktische Lebensführung nicht nur hilfreich sein kann, sondern durch diese primär motiviert ist. Der *Sinn der Selbsterkenntnis,* so meine These, *liegt letztlich in der praktischen Frage*; also der Frage, wie zu leben sei.

Dass Verstehen im Allgemeinen praktisch motiviert ist, ist eine These, die man nicht nur bei Heidegger, sondern auch bei Hans-Georg Gadamer findet, wenn dieser in *Wahrheit und Methode* schreibt, „daß alles solches Verstehen

23 Dies spielt selbstverständlich auf den Titel eines Buches von Julia Kristeva an: Kristeva (1990).

24 Descombes (2013), S. 110.

25 Ebd., S. 111.

am Ende ein Sichverstehen ist"; und weiter gilt, „daß, wer sich versteht, sich auf eine Möglichkeit seiner selbst hin entwirft"[26]. Verstehen steht daher immer im innigen Verbund mit dem Entwurfscharakter des Daseins. In diesem Sinne versteht auch Emil Angehrn die existenzphilosophisch geprägte Hermeneutik des Selbst:

> „Wenn der Mensch für die Existenzphilosophie ein sich selbst verstehendes und sich interpretierendes Wesen ist, so ist er dies in erster Linie darin, dass er sich auf seine Möglichkeiten hin entwirft und sich von ihnen her begreift. Sich aus der Macht seines Könnens zu verstehen heißt sich mit Bezug auf die Zukunft, auf seine Zukunft hin verstehen."[27]

Häufig wird hingegen behauptet, dass der Selbsterkenntnis eine intrinsische, d.h. nicht oder kaum weiter zurückführbare Motivation zugrunde liege: Dem Menschen sei, so die These, ein inhärentes Bedürfnis eigen, sich selber (mitsamt der Welt und anderen Menschen) verstehen zu wollen.

Ich möchte die Existenz einer solchen intrinsischen Motivation zur Selbsterkenntnis nicht grundsätzlich anzweifeln. Es scheint mir einiges dafür zu sprechen, dass dies jedoch eher in den selteneren Fällen das leitende Motiv ist. Häufiger, gewichtiger und vor allem im therapeutischen Sinn einschlägiger scheint mir jedoch eine lebenspraktisch motivierte Selbsterkenntnis vorzuliegen. Daher die These: *Selbsterkenntnis kann helfen, sich angemessener zu entwerfen*. Ich kann diese These natürlich vorläufig nur als Intuition einbringen, hoffe jedoch, sie durch meine weiteren Ausführungen plausibilisieren zu können.

Häufig wird, wenn Selbsterkenntnis als anthropologisches bzw. intrinsisches Motiv des Menschseins postuliert wird, auf Charles Taylors Begriff des *self-interpreting animal* Bezug genommen. Dies verwundert jedoch insofern, als dass Taylor im gleichnamigen Aufsatz[28] gerade die These vertritt, dass dieser Begriff eben nicht einfach als der unbefragt vorausgesetzte Ausgangspunkt einer Hermeneutik gelten sollte, sondern selber der Erläuterung bedarf, was er in der Folge zu leisten versucht. Taylors These ist – hier nur kurz angeführt, da ich sie im nächsten Kapitel ausführlicher vorstellen werde –, dass Selbstinterpretationen deshalb von zentraler Bedeutung für das Menschsein sind, weil uns unsere *starken Wertungen*, d.h. unsere Einstellungen bzgl. dessen, was uns im Leben (mit anderen) wirklich wichtig ist und wonach wir unser Leben

26 Gadamer (2010), S. 265.
27 Angehrn (2017), S. 35.
28 Taylor (1985).

ausrichten, häufig *nicht direkt zugänglich*, sondern zumeist nur implizit, primär in Form von Gefühlen, gegeben ist.

Durch *artikulierende Interpretationen* können wir uns jedoch größere Klarheit darüber verschaffen, was uns wirklich wichtig ist. Sie stellen also *Orientierung* in Bezug auf die praktische Frage bereit. Menschen sind deshalb selbstinterpretierende Tiere, so Taylor, da für sie Selbsterkenntnis von existenzieller Bedeutung ist, um sich in Bezug auf die praktische Lebensführung besser verstehen und orientieren zu können.

Die These, dass Selbsterkenntnis vor allem in Bezug auf die praktische Frage, also die Frage, wie man leben will, von zentraler Bedeutung ist, lässt sich u.a. in einer luziden Formulierung bei Arthur Schopenhauer finden; dieser schreibt:

> „Darum ist das bloße Wollen und auch Können an sich noch nicht zureichend, sondern ein Mensch muß auch wissen, was er will, und wissen, was er kann: erst so wird er Charakter zeigen, und erst dann kann er etwas Rechtes vollbringen. [...] Wir müssen erst aus Erfahrung lernen, was wir wollen und was wir können; bis dahin wissen wir es nicht, sind charakterlos und müssen oft durch harte Stöße von außen auf unseren eigenen Weg zurückgeworfen werden. – Haben wir es aber endlich gelernt, dann haben wir erlangt, was man in der Welt Charakter nennt, den erworbenen Charakter. Dieses ist demnach nichts Anderes, als möglichst vollkommene Kenntniß der eigenen Individualität."[29]

Für Schopenhauer ist also ein Wollen erst dann kein bloßes Wollen mehr, wenn es ein verstandenes Wollen geworden ist; zuvor ist man ‚charakterlos'. Kenntnis des eigenen Wollens bzw. der eigenen Vermögen ist für Schopenhauer daher notwendig, um sich seinen eigenen Willen anzueignen und an Autonomie zu gewinnen. Wie aber ist dieser Gedanke konkret zu verstehen? Warum hilft mir Selbsterkenntnis dabei, bessere Lebensentscheidungen zu treffen? Und was heißt hierbei eigentlich ‚besser'?

Wie bereits Schopenhauer in dem oben angeführten Zitat anmerkt, ist zum einen die Einschätzung des ‚Könnens', also der eigenen von Bedeutung. Wenn ich mich mit der Entscheidung beschäftige, ob ich z.B. versuchen sollte, Konzertpianist zu werden, ist es ratsam, so gründlich wie möglich zu eruieren, ob ich mit dem hierfür notwendigen Talent gesegnet bin. Ebenso wäre es vorteilhaft zu wissen, ob ich in der Lage bin, das erforderliche Maß an Fleiß an den Tag zu legen und die zahlreichen Entbehrungen hinzunehmen, die das Erstreben eines solchen Ziels bedeuten. Wenn ich mich über mein Talent täusche, hat dies naheliegenderweise die Konsequenz, dass ich trotz all der

29 Schopenhauer (1986), S. 418.

Mühen und Entsagungen mein Ziel wohl nicht erreichen kann, was mit hoher Sicherheit eine bittere Erfahrung sein wird.

Neben der Einschätzung der eigenen Fähigkeiten ist natürlich zum anderen die Frage danach relevant, ob mein Wunsch wirklich so stark ist (und bleibt), wie ich derzeit glaube. Wie *stabil* ist dieser Wunsch? Und ist es überhaupt wirklich *mein* Wunsch, professioneller Musiker zu werden – oder nicht doch vielmehr derjenige meiner, ihre musikalischen Ambitionen an mich transgenerational delegierenden Eltern?[30] Die Frage ist also, wie gut ich meine *Wünsche, Bedürfnisse, Interessen, Abneigungen, Werte* und *Präferenzen*, welche ja die Grundlage für jede reflektierte Lebensentscheidung darstellen, wirklich kenne. Bei der besagten Entscheidung muss ich also einschätzen, ob eine Existenz als Musiker zu meiner Persönlichkeit passt, anders formuliert: ob sie eine stimmige Lebensform für mich darstellt. Letztlich geht es um die Frage, ob ich als Musiker wirklich glücklich werden würde.

Obgleich sich, wie bereits unter dem Begriff der transformativen Erfahrung beschrieben,[31] meine Wünsche und Präferenzen im Laufe des Lebens verändern können, was ihre Einschätzung bei langfristigen Entscheidungen teils erheblich erschwert, denke ich, dass es trotzdem sinnvoll ist zu behaupten, dass eine bessere Kenntnis unserer selbst hilfreich ist, Entscheidungen zu treffen, die besser zu uns passen und dadurch zu einem stimmigeren und letztlich besseren Leben führen. Wichtig ist, dass Selbst(er)kenntnis keineswegs gute Entscheidungen und ein stimmiges Leben garantieren. Ein gutes Selbstverständnis hilft jedoch dabei, zumindest eine Ahnung davon zu haben, wie man sein Leben am besten führen sollte. Es ist also *ratsam*, sich um Selb(er)stkenntnis zu bemühen, um passende Lebensentscheidungen zu treffen.

Dies gilt nicht nur vor bzw. in der Reflexion einer Entscheidung, sondern auch nach dieser: Es wurde bereits erwähnt, dass es ebenfalls ratsam sein kann, weiterhin ‚wachsam' dahingehend zu bleiben, ob die einst getroffenen Entscheidungen und der eingeschlagene und nun verwirklichte Lebensentwurf sich überhaupt und auch weiterhin als stimmig erweisen. Hier ist vor allem auf das bereits mehrfach angesprochene Gefühl der Entfremdung bzw. der Stör-Erfahrung als Symptom eines nicht mehr stimmigen, d.h. zu mir passenden oder sich als nun unpassend offenbarenden Lebensentwurfs hinzuweisen.

Wie bereits bei Taylor angeklungen, spielen hierbei *Gefühle* eine zentrale Rolle. Denn gerade in ihrer selbst- und welterschließenden Kraft sind Gefühle

---

30 Die unbewusste ‚Weitergabe' von elterlichen Erwartungen und Wünschen an ihre Kinder wird mit dem Begriff Delegation beschrieben; vgl. hierzu Stierlin (1982).

31 S. hierzu Kapitel 3.3.

in der Lage anzuzeigen, wie es aktuell um uns und unsere Situation in der Welt steht. Gefühle sind daher als *Seismograph der Stimmigkeit unseres aktuellen Lebensentwurfs* von entscheidender Bedeutung.[32] Hinzukommt, dass Gefühle eben nur nicht neutral oder ‚stumm' anzeigen, wie es um uns steht, sondern uns aufgrund ihrer motivationalen Valenz zu ihrer Beachtung zwingen. Gefühle nötigen uns bisweilen, unsere Lebenssituation immer wieder neu und kritisch zu betrachten. Dies ist einer der Gründe für die unverzichtbare Bedeutung von Gefühlen in der psychotherapeutischen Arbeit.

5.5 Das intransparente Selbst

Wenn Taylor von einer Art Uneindeutigkeit unserer Gefühle spricht, deutet sich eine, wenn nicht gar die zentrale Herausforderung der Selbsterkenntnis an; und zwar die Schwierigkeit der Selbsterkenntnis aufgrund der ausgeprägten *Intransparenz des Ichs* und eine dementsprechende Unsicherheit des durch Reflexion gewonnenen Selbst. Es wurde bereits in Bezug auf die klassische Hermeneutik gesagt, dass diese in ihrem Bemühen zu verstehen vor allem auf Unverständliches, Befremdliches bzw. Fremd-Gewordenes reagiert. In Bezug auf eine Hermeneutik des Selbst bedeutet dies, dass Akte der Selbsterkenntnis vor allem auf irritierende Erfahrungen der Fremdheit unserer selbst, mit Sloterdijk Stör-Erfahrungen genannt, reagieren und um erneute Verständlichmachung bemüht sind.

Zwar ist die ‚Unergründlichkeit' der Seele spätestens seit Augustinus fester Bestandteil des abendländischen Selbstverständnisses; wissenschaftlich ausformuliert und zu überragender Prominenz verholfen wurde der These der ‚inneren' Unbekanntheit jedoch vor allem durch Sigmund Freud und ihm nachfolgende Psychoanalytiker. Die zentrale Innovation Freuds besteht allerdings nicht unbedingt darin, dass er nachweisen konnte, dass ein beträchtlicher Teil unserer Psyche schlicht opak ist, sondern darin, überzeugend herausgearbeitet zu haben, dass wir aktiv dazu beitragen, dass unangenehme oder verpönte Aspekte unseres Seelenlebens uns unbekannt werden bzw. bleiben. Diesen psychodynamischen Aspekt des *motivierten Nicht- oder Missverstehens* unserer selbst, bei Freud mit den Begriffen des *Unbewussten* bzw. der *Verdrängung* beschrieben, werde ich unter dem Begriff der *Selbsttäuschung* noch ausführlicher betrachten.

32 S. hierzu Kapitel 6.2.

Seit Freud haben wir ein Bild davon, wie vielfältig und mächtig die Mechanismen und Strategien der Verzerrung, Beeinträchtigung oder Verhinderung von Selbstkenntnis sind und sind durch ihn zur Skepsis gegen einen naiven Realismus in Bezug auf Wissen und Verstehen unserer selbst angehalten. Paul Ricœur, welcher sich intensiv mit Freuds Theorien beschäftigt hat,[33] hat diesen zusammen mit Nietzsche und Marx daher unter dem Begriff einer *Hermeneutik des Verdachts* versammelt. Sie eint, so Ricœur, die Einsicht, dass unser naives Selbstverständnis durch Triebstrukturen, Machtverhältnisse oder ökonomische Einflussfaktoren genuin verzerrt ist und auf eine als „Übung des Zweifels"[34] verstandene verdachtserprobte Interpretation angewiesen ist. Ricœur plädiert daher nachdrücklich für die *Umwege des Verstehens*. Hier meint er,

> „dass die Reflexion einen zweifach indirekten Weg gehen muß: einmal weil sich die Existenz nur in den Denkmalen des Lebens äußerst; dann aber auch, weil das Bewußtsein vorerst falsches Bewußtsein ist und man nur über die korrektive Kritik des Mißverstehens zum Verstehen gelangen kann"[35].

Die Umwege des Verstehens bedürfen also einerseits einer im Verdacht geschulten Reflexion; zum anderen bestehen sie eben nicht primär in einem Blick nach ‚Innen' (im Sinne von Introspektion), sondern vor allem nach ‚Außen' zu den besagten *‚Denkmälern des Lebens*'. Ricœur, welcher hier die bekannte hegelianische These der (Selbst)erkenntnis durch Selbstentäußerung aufgreift, betont hiermit, dass Selbstverstehen nicht nur introspektiv erfolgt, sondern, dass es ebenso gut (womöglich so besser) möglich ist, sich im ‚Spiegel' seiner Werke und Taten selber zu erkennen. Solche ‚Entäußerungen des Selbst' sind jedoch umso interpretationsbedürftiger.

Die Problematik eines intransparenten Ichs bzw. (selbst-)getäuschten Selbst zeigt eine erhebliche Tragweite, gerade im therapeutischen Kontext. Sie berührt zudem die Frage nach der *Wahrheit der Selbsterkenntnis* sowie weiterführend nach dem *Wert* bzw. *Nutzen* einer solchen Wahrheit. Denn bekanntermaßen schützen uns die von Freud beschriebenen selbsttäuschenden Mechanismen vor unangenehmen oder gar unaushaltbaren Einsichten, sodass in einigen Fällen mit guten Gründen diskutiert werden kann, ob eine Intransparenz oder Täuschung nicht als wertvoll zu erachten ist und auf entgegenwirkende

---

33 S. hierzu beispielsweise: Ricœur (1974), (2016c).

34 Ricœur (1974), S. 45.

35 Ricœur (2010), S. 40.

Selbsterkenntnis besser verzichtet werden sollte. Ich werde diese Frage unter dem Begriff Selbsttäuschung im fünften Abschnitt dieser Arbeit diskutieren.

5.6 Gemeinsame Selbsterkenntnis

Die große Anfälligkeit für (selbsttäuschende) Verzerrungen im Selbstverstehen wirft die Frage nach Möglichkeiten der Vermeidung oder Reduzierung solcher Selbstmissverständnisse auf. Neben einem geschulten *Bewusstsein des Verdachts* ist hier selbstverständlich vor allem die *Korrektur durch andere* zu nennen. Gegen die blinden Flecken der Selbstwahrnehmung hilft zuvorderst der korrigierende Blick anderer, was sich natürlich vor allem im therapeutischen Kontext als fundamental erweist. Dies leitet zu der fünften These meiner Hermeneutik des Selbst über: *Fundierte Selbsterkenntnis bedarf anderer.*

Dies bezieht sich nicht nur, jedoch auf den für meinen therapeutischen Fokus zentralen Umstand, dass Selbstverstehen im dialogischen Austauschen zumeist an Qualität gewinnt, sondern viel grundsätzlicher darauf, dass sich unsere Selbsterkenntnis quasi nie solipsistisch vollzieht, sondern immer im sozialen Raum und in vielfältigen Bezügen zu anderen Menschen situiert ist. Dies gilt vor allem dann, wenn man, wie ich noch zeigen werde, Selbsterkenntnis vor allem narrativ vermittelt versteht: Viel Wissen bzw. zahlreiche Geschichten über uns stammen von anderen, z.B. in Bezug auf unsere frühe Kindheit von unseren Eltern. Unsere individuellen Geschichten sind mit denen anderer zutiefst verflochten und zugleich werden viele Geschichten gemeinsam erlebt und erzählt. Hier wird sich später der Begriff der *Ko-Autorenschaft* bezüglich des autobiographischen Narrativs als zentral erweisen.

Zudem sind wir mitunter sogar zur (aufrichtigen) Selbsterkenntnis anderen gegenüber verpflichtet. Dies gilt z.B. in partnerschaftlichen Beziehungen: Wenn ich jemandem meine Liebesgefühle offenbare und diese in der Folge die Grundlage für eine längerfristige Partnerschaft darstellen, ist es naheliegend, dass mein Gegenüber sich darauf verlassen können muss, dass ich hinreichend Mühe darauf verwendet habe sicherzustellen, dass meine Gefühle zutreffend und stabil sind. Eine solche Verpflichtung zur Aufrichtigkeit gilt auch für zahlreiche weitere Fälle: Wenn ich beispielsweise vor Gericht Erinnerungen schildere, sollte ich mir sicher sein, dass diese nicht verzerrt sind. Oder, um ein anderes Beispiel zu nennen, sollte der Eintritt in eine religiöse Gemeinschaft auf authentischen religiösen Gefühlen und Überzeugungen fußen. Es scheint daher nicht abwegig, von einer *intersubjektiven Verpflichtung zur Selbsterkenntnis* zu sprechen.

5.7 Selbsterkenntnis und Selbstbestimmung

Sich selber unverständlich zu sein, dies wurde schon mehrfach betont, stellt eine Erfahrung der Selbstentfremdung dar. Ich weiß mitunter nicht, warum ich dieses Gefühl oder jenen Wunsch habe, oder weshalb ich immer wieder diese oder jene irritierende Verhaltensweise an den Tag lege. Gemeinsam ist diesen Erfahrungen, dass in ihnen eine Beeinträchtigung der *Selbstbestimmung* aufscheint. Ich möchte daher einen kurzen Seitenblick auf den Zusammenhang zwischen Selbsterkenntnis und Selbstbestimmung werfen. Wichtig zu betonen ist mir, dass es hierbei nur um die Problematik der personalen Autonomie geht, insofern sie als persönliche Erfahrung der Unfreiheit erlebt wird. Grundsätzliche (letztlich metaphysische) Fragen zur Willensfreiheit des Menschen sowie zur gesellschaftlichen oder politischen Selbstbestimmung klammere ich, ohne ihre fundamentale Bedeutung für den Einzelnen leugnen zu wollen, hierbei aus.

Instruktive Überlegungen zu diesem Zusammenhang lassen sich bei Peter Bieri finden. In seiner Monographie *Das Handwerk der Freiheit* beschreibt dieser anschaulich zahlreiche Beispiele solcher Erfahrungen der Fremdheit und damit die Unfreiheit des eigenen Willens. Bieris zentrale These hierbei lautet, dass es zu kurz greift, solche Erfahrungen der Unfreiheit einfach als einen inneren kausalen Wirkfaktor zu beschreiben, welcher sich unserer Kontrolle entzieht und damit fremd erscheint; vielmehr gilt, dass

> „wenn Sie sich, was diesen Willen anlangt, unfrei fühlen, dann deshalb, weil Sie ihn als unstimmig erleben. Vor dem Hintergrund Ihrer sonstigen Wünsche ergibt er keinen Sinn. Entsprechend muß es sich bei dem Versuch, diesen Willen trotz allem zu verstehen und dadurch seine Aneignung zu erreichen, um den Versuch handeln, Sinn zu entdecken, wo auf den ersten Blick keiner ist"[36].

Ein als fremd und unfrei erlebter Wille ist, so Bieri, also primär ein unverstandener Wille. Der Grund für erlebte Unfreiheit – dieser Gedanke ist uns bereits von Schopenhauer bekannt – ist daher in fehlender Selbstkenntnis zu suchen. „Die Herkunft und Entwicklung eines Willens zu verstehen ist etwas", so Bieri weiter, „das zur Freiheit dieses Willens beiträgt".[37] Und folglich gilt, dass „wachsende Erkenntnis [...] wachsende Freiheit [bedeutet]. So gesehen ist Selbsterkenntnis ein Maß für Willensfreiheit"[38]. Ich möchte dies anhand einer kurzen Fallvignette verdeutlichen:

36 Bieri (2001) S. 391.
37 Ebd., S. 396.
38 Ebd., S. 397.

> [Fallvignette 3]: Ein junger Patient berichtet in einer Therapiesitzung davon, dass ihn immer, wenn er ein bestimmtes Lied hört, eine diffuse Traurigkeit und der Wunsch, es nicht mehr zu hören, überkommt. Es handle sich dabei um einen ‚*Allerweltsschlager*' und ihm sei völlig unverständlich, warum er so reagiere. Dies beunruhige ihn jedes Mal, da ‚*da etwas in ihm passiere*', er fühle sich daher unfrei; ‚*irgendetwas macht da etwas in mir*', so der Patient. Einige Zeit später berichtet er, dass er von seiner Tante zufällig erfahren habe, dass dieses Lied einst das Lieblingslied seiner Mutter gewesen sei, zu welcher der Patient eine schwierige Beziehung und schon lange kaum Kontakt hat; er habe dieses Lied, so schlussfolgert er, wohl in seiner frühen Kindheit häufiger gehört. Später berichtet der Patient, dass er nun bei diesem Lied zwar immer noch sehr emotional reagiere, da er nun aber wisse, woher diese Gefühle kommen, sei ihm diese Reaktion weniger überkommend und fremd.

Wie dieses Beispiel zeigt, nimmt ein besseres Verstehen des eigenen Willens (oder wie in diesem Fall: eines Gefühls) diesem seine Fremdheit. Der Patient versteht nun besser, warum dieses Lied in ihm ein starkes Gefühl auslöst; er kann dies in seine Lebensgeschichte und damit in sein Selbst(verständnis) integrieren – ohne dass damit die zahlreichen Schwierigkeiten in der Beziehung zu seiner Mutter in Gänze gelöst wären.

Aber wie genau gewinnt man durch ein besseres Verständnis der eigenen Existenz ein höheres Maß an Selbststimmung? Entscheidend sind hier die Begriffe der *Aneignung* bzw. der *Identifikation*. Identifikation meint, dass ein bedeutsamer Anteil meines Ichs im Rahmen von Selbsterkenntnis artikuliert und als Teil des Selbst verstanden wird; ich erkenne also, dass ich so oder so bin; dass dieser oder jener Teil zu meinem Selbst gehört – gleich ob es mir ge- oder missfällt.

Eine solche Form der identifizierenden Selbsterkenntnis eröffnet die Möglichkeit, den zuvor fremden Selbstanteil als mir zugehörig zu begreifen; daher betont Bieri,

> „daß ein freier Wille ein Wille ist, mit dem ich mich ‚identifizieren' kann: Es ist ein Wille, den ich mir zurechnen kann, weil ich ihn in seinen genauen Konturen erkannt und weil ich verstanden habe, wie er in die Geschichte und die gegenwärtige Struktur des Wünschens eingebettet ist, die mich zu dieser bestimmten Person machen"[39].

39 Ebd., S. 397.

Eingehender verstanden kann ich meinen Willen also nicht nur als einen Teil meines deskriptiven Selbst ansehen, sondern mich zugleich im Rahmen eines evaluativen Selbstverhältnisses wertend zu diesem verhalten. Ich kann ihn bejahen und als zu mir gehörig akzeptieren.

Entscheidend dafür, dass die verstehende Aneignung zu einem größeren Maß an Selbstbestimmung führt, ist, so Bieri, „ein innerer Abstand zu unserem Willen, der darin besteht, daß wir ihn bewerten"[40]. Und weiter heißt es: „Fällt die Bewertung positiv aus, so können wir uns mit ihnen identifizieren; distanzieren wir uns kritisch von ihnen, so führt das zur Erfahrung der Fremdheit des eigenen Wünschens."[41] In der kritischen Betrachtung der eigenen Wünsche kann ich mich ablehnend oder zustimmend zu diesen (exzentrisch) verhalten und so entscheiden, ob ich diesen Willen (erster Stufe) gutheiße, d.h. haben möchte oder eben nicht. Dabei geht es letztlich um die Frage, „was für eine Art Person ich sein möchte. Es geht, wie wir sagen, um mein Selbstbild"[42].

Willensfreiheit besteht daher, so Bieris These, in einer weitgehenden Übereinstimmung von „Wunsch und Selbstbild"[43]. Dies kann dadurch geschehen, dass ich entweder versuche, meine Wünsche zu realisieren, sie anpasse oder aufgebe, oder indem ich mein Selbstbild entsprechend verändere. Wie genau dieses *Handwerk der Freiheit* vonstattengeht, muss an dieser Stelle offenbleiben; für diese Untersuchung kann hingegen festgehalten werden: „Mein Wille ist frei, weil er der Wille ist, den ich haben möchte"[44]; anders formuliert: Nur wenn ich mich mit meinem Willen identifiziere, ist dies mein und damit ein freier Wille.

Meinerseits möchte ich ergänzen, dass diese Überlegungen nicht nur für den Willen einschlägig sind, sondern sich auch auf Gefühle und Gedanken übertragen lassen. Auch diese können – dies zeigt das angeführte Fallbeispiel – als entfremdet und damit fremdbestimmt erlebt werden, und auch hier besteht die Möglichkeit einer Aneignung qua Verstehen und Identifikation. Es ist an dieser Stelle nicht die Aufgabe, die Plausibilität und Reichweite der Überlegungen Bieris zur komplexen Frage der Willensfreiheit zu klären; es soll (viel bescheidener) aufgezeigt werden, dass ein Zusammenhang zwischen Selbsterkenntnis und Autonomie besteht.

Darüber hinaus, dies sei auch nur thesenhaft angerissen, kann mit guten Gründen weitergehend ein Zusammenhang zwischen dem selbstbestimmten

40 Ebd., S. 398.
41 Ebd.
42 Ebd.
43 Ebd., S. 399.
44 Ebd.

und dem guten bzw. sinnvollen Leben hergestellt werden. An dieser Stelle sind Überlegungen von Beate Rössler einschlägig: Sie argumentiert m.E. überzeugend dafür, dass wir „ohne Autonomie [...] kein sinnvolles und kein gelungenes Leben führen“[45] können. Autonomie ist „eine notwendige, keine hinreichende Bedingung für das Glück und den Sinn des Lebens“[46], so ihre These. Entsprechend argumentiert Rössler, dass wir Autonomie nicht einfach nur schätzen, sondern dass wir ein Leben, welches prima facie noch so gelungen erscheinen mag, nicht leben wollen würden, wenn dies nicht auf unseren Entscheidungen fußte, da es ansonsten eben nicht *unser* Leben wäre.

In einer modernen Gesellschaft, welche aus guten Gründen weitestgehend darauf verzichtet, allgemeine (und damit tendenziell präskriptive) inhaltliche Bestimmungen des guten Lebens aufzustellen, kann Autonomie daher als eine der wenigen argumentativ vertretbaren notwendigen Bedingungen eines solchen gelten, so Rössler. Was das gute Leben ist, lässt sich heutzutage inhaltlich in Anbetracht einer zu respektierenden Pluralität der Lebensentwürfe kaum mehr allgemeingültig sagen. Dafür kann jedoch umso nachdrücklicher angebracht werden, dass es, wie immer es auch aussehen mag, zumindest *mein* Leben sein sollte; d.h. es sollte (im Rahmen des Möglichen) nach meinen Vorstellungen und damit selbstbestimmt ausgerichtet sein. Zugleich betont Rössler, u.a. auf Bieri bezugnehmend, „dass ein Mangel an oder die Abwesenheit von Selbsterkenntnis mit einem Mangel an Autonomie einhergeht“[47]. Selbstbestimmung setzt also Selbsterkenntnis voraus, bzw. umgekehrt bedroht Selbsttäuschung die persönliche Autonomie.

Es lässt sich also, auch wenn ich dies nur in groben Umrissen skizziert und primär andere Autoren referierend vorgestellt habe, erkennen, dass Selbsterkenntnis als Voraussetzung für Selbstbestimmung und damit für ein gutes bzw. sinnvolles Leben angenommen werden kann, was damit die sechste These meiner Hermeneutik des Selbst bildet.

5.8 Grenzen des Selbstverstehens

Meine siebte und letzte These betrifft die bereits erwähnten Grenzen des Verstehens. Dem Anspruch, alles verstehen zu können, ist eine klare Absage zu erteilen. Verstehen tritt allzu häufig auf *Unverständliches*, *Widersinniges* und *Sinnloses*, an welchem es scheitert. Ich sehe mich daher einer *negativen*

45 Rössler (2017), S. 95f.
46 Ebd., S. 132.
47 Ebd., S. 136f.

Hermeneutik verpflichtet, wie sie von Emil Angehrn[48] und Robert Schurz[49] vertreten wird. Die negative Hermeneutik ist einerseits darum bemüht, in klassischer Tradition das Verstehen in seiner Breite und seinen Facetten würdigend in den Blick zu nehmen, anderseits schenkt sie vor allem den *Grenzen des Verstehens* bzw. den Erfahrungen des *Nichtverstehens* besondere Aufmerksamkeit. In einem solchen Verständnis von Hermeneutik zeigt sich zugleich eine Verwandtschaft zur Dekonstruktion Derridas oder anderen sogenannten post-strukturalistischen Ansätzen, wie Angehrn eindrucksvoll aufzeigt.[50]

Wie sehen die Grenzen der Selbsterkenntnis aus? Es stellt sicherlich keine seltene, jedoch zumeist unangenehme Erfahrung dar, wenn man selbst trotz Bemühung zu verstehen unverständlich bleibt. Dies kann von unbedeutenden Marotten oder Lappalien bis hin zu lebensbestimmenden unerklärlichen Gefühlen, Wünschen oder Verhaltensweisen reichen. Beispielsweise bekommt jemand immer Angst, wenn er einen bestimmten Ort betritt, ohne dass sich aufhellende Zusammenhänge finden lassen. Eine andere Person kann sich beim besten Willen nicht erklären, warum es sie immer wieder ins Casino zieht, auch wenn ihr Glücksspiel selten von Erfolg gekrönt ist und die Verluste ihr Leben letztlich ruinieren. Trotz aller Versuche des Verstehens entziehen sich Teile unserer Existenz diesem Bemühen und bleiben (fürs Erste) unverständlich.

Wie im letzten Kapitel verdeutlicht, stellen solche unverstandenen, widersinnigen oder sinnlosen Anteile der eigenen Existenz häufig sehr leidvolle Erfahrungen der (inneren) Unfreiheit dar. Folgendes Fallbeispiel soll dies illustrieren:

> [Fallvignette 4]: Ein Patient nimmt eine psychotherapeutische Behandlung auf, da er unter ihm unerklärlichen, massiven hypochondrischen Ängsten leidet, welche sich trotz zahlreicher, medizinisch unnötiger Arztbesuche kaum verringern lassen. Seine Therapie resümierend führt er am Ende der längeren Behandlung, innerhalb derer es letztlich möglich ist, diese Ängste zu reduzieren, an, dass es wohl weniger die zahlreichen Versuche des Verstehens und Deutens seiner Symptomatik waren, die ihm geholfen haben, sondern vielmehr das schwierige Akzeptieren des grundsätzlichen Umstandes, dass die Gefahr von Krankheit und Tod zum Leben gehört; damit könne er nun besser umgehen, was wohl viel eher der Grund für seine Symptomreduktion sei.

48 S. Angehrn (2010), (2015a).
49 S. Schurz (1995).
50 Vgl. Angehrn (2015a).

Das Fallbeispiel zeigt, dass es dem Leben – hier sind natürlich vor allem existenzielle Grenzerfahrungen wie Krankheit, Leid, Trauer, Tod oder andere Schicksalsschläge zu nennen – Momente inhärent sind, die sich dem Verstehen und damit einem Akzeptieren oder einer Aneignung strikt verwehren. Gerade die Sinnlosigkeit bei solchen Erfahrungen des Negativen, wie Emil Angehrn betont, „kann selbst ein Quell des Leidens [sein], und sie kann erfahrenes Leid potenzieren"[51]. Es geht in vielen solcher Fälle, ebenso wie in dem angeführten Fallbeispiel, weniger um das Verstehen, sondern vielmehr um das *Akzeptieren* ihrer grundlegenden *Unverständlichkeit*, letztlich mitunter auch ihrer *existenziellen Unausweichlichkeit*. Menschliches Verstehen stößt aufgrund seiner Endlichkeit letztlich immer auf Unverständliches; vielfach geht es daher in letzter Konsequenz darum, die Unumgänglichkeit unseres Nichtverstehens zu verstehen.

Meine Hermeneutik des Selbst lässt sich nun wie folgt zusammenfassen: Ihre Grundthese lautet, dass Menschen sich selbst verstehende Wesen sind, welche immer schon ein deskriptives wie evaluativ-praktisches Selbstverständnis aufweisen. Es können sich jedoch Erfahrungen ereignen, in denen wir uns selber fremd bzw. unverständlich werden. Verstehen reagiert als Versuch der (Wieder)verständlichmachung auf ein solches Unverständnis. Ein solches Verstehen steht dabei vor allem im Dienst der praktischen Frage. Durch Selbsterkenntnis sind wir besser in der Lage, unser Leben entsprechend unseren Vorstellungen zu gestalten. Als zentrales Problem des Selbstverstehens erweisen sich jedoch die zahlreichen Facetten der Intransparenz des Selbst. Hier bedarf es mitunter der Hilfe unterstützender oder korrigierender anderer Personen, wobei zugleich zu betonen ist, dass Selbsterkenntnis in vielen Fällen und in vielerlei Hinsicht eh einen intersubjektiven Charakter aufweist. Es ist zudem der andeutungsweise aufgezeigte Zusammenhang zwischen Selbsterkenntnis, Autonomie und der Frage nach dem guten Leben zu beachten. Zuletzt muss nachdrücklich herausgestellt werden, dass das Verstehen häufig auf *Grenzen* in Form von Unverständlichem, Wider- und Unsinnigem stößt.

51 Ebd., S. 100.

KAPITEL 6

Artikulation als Selbsterkenntnis

Die soeben in groben Umrissen skizzierte Hermeneutik des Selbst mag einen Eindruck davon geben, wie viele Facetten und theoretische Arbeitsfelder diese Thematik berührt bzw. umfasst; nur einige davon können sinnvollerweise in dieser Arbeit weitergehend untersucht werden. Eine zentrale, sich geradezu aufdrängende Frage betrifft das genauere Verständnis der Art und Weise der Selbsterkenntnis: Wie genau vollzieht sich Selbsterkenntnis, wie ist dieser Prozess eingehender zu verstehen? Diese und daran anschließende Fragen möchte ich in diesem Kapitel untersuchen.

Meine zentrale These hierzu lautet, dass es (im Rahmen des therapeutischen Fokus meiner Arbeit) sinnvoll und ergiebig ist, Selbsterkenntnis primär als *Artikulation* zu verstehen. Autobiographische Erzählungen, welche im nächsten Abschnitt Thema sind, lassen sich weitergehend als *komplexe, narrative Artikulationen der eigenen Lebensgeschichte* in diachroner Hinsicht begreifen. In diesem Kapitel soll es jedoch vorerst um die Artikulation einzelner aktualer Momente des eigenen Erlebens und Verhaltens gehen.

Auch wenn es sicherlich möglich ist, hier mit anderen Begriffen zu arbeiten, halte ich, wie ich im Folgenden darlegen möchte, den Begriff der Artikulation für explanatorisch derart furchtbar, dass ich es gerechtfertigt finde, mich primär auf ihn zu konzentrieren. Meine durchaus enthusiastische Parteinahme für diesen Begriff liegt vor allem darin begründet, dass ich in ihm das Potenzial sehe, innerhalb der psychoanalytischen Theorie an die Stelle m.E. problematischer bewusstseinstheoretischer Begriffe (Unbewusstes, Verdrängung, Bewusstmachung etc.) zu treten. Diese anspruchsvolle, meiner Ansicht nach jedoch notwendige Novellierung des tiefenpsychologischen Vokabulars kann ich im Rahmen dieser Arbeit jedoch nur andeutend in den Blick nehmen.

Die Stärken des Begriffs der Artikulation, bzgl. dessen ich mich größtenteils an Charles Taylor orientiere, sehe ich vor allem darin, dass er es erlaubt, die Akte der Selbsterkenntnis im Spannungsfeld zwischen *Selbstfindung* und *Selbsterfindung* unter besonderer Berücksichtigung ihrer medialen (vor allem narrativen) Darstellungsleistung zu beschreiben. In Artikulationsakten wird etwas, das bereits *unartikuliert* vorhanden und damit vage *bekannt*, aber als solches in seiner Bedeutung *unverstanden* war, *geformt* und damit *versteh-* und *interpretierbar* gemacht. Diesen komplexen Vorgang gilt es im Folgenden genauer zu untersuchen.

 | DOI:10.30965/9783846768686_010

Entscheidend ist, dass Artikulationen nicht als eine einfache ‚Überführung' des Unartikulierten in seine sprachliche (letztlich narrative) Repräsentation verstanden werden dürfen. Vielmehr ist es so, dass sich in artikulierenden Akten erst entscheidet, *als* was das zuvor Unartikulierte nun erscheint. Dem unscheinbaren Wort ‚als' kommt hierbei eine nicht zu unterschätzende Bedeutung zu. Denn es macht einen Unterschied ums Ganze, ob z.B. ein vages Unwohlsein als somatisch oder psychisch fundiert, unbedeutend oder gravierend, wetter- oder lebensbedingt verstanden wird. Hier deutet sich bereits an, dass Artikulationen immer verschiedene, – und es sei bereits hier auf den absehbaren Vorwurf eines Relativismus entgegnend betont – unterschiedlich schlüssige Auslegungen ermöglichen. Letztlich kann etwas nur Teil unseres Selbst und damit im Rahmen eines evaluativen Selbstverhältnisses ggf. wertend betrachtet werden, wenn es zuvor artikuliert wurde. Artikulationen sind daher für ein reflektiertes Selbstverhältnis unumgänglich.

Meine Untersuchung zu diesem Begriff beginne ich mit dem *unartikulierten Selbst* als Ausgangspunkt artikulierender Akte. Das unartikulierte Selbst ist uns immer schon *leiblich, sozial* und *geschichtlich* manifestiert gegeben; es handelt sich also um eine Form der Selbstgegebenheit. Auch wenn ich Artikulationen primär als explizit vollzogene Akte verstehe, werde ich im Anschluss kurz das Phänomen des *Ausdrucks* als unwillkürliche Artikulation vorstellen, bevor ich ausführlicher auf den Artikulationsbegriff selbst eingehen werde. Im Anschluss wende ich mich den *Möglichkeiten* und *Grenzen* der Artikulation zu. Wichtig wird mir zu betonen sein, dass sich Selbstartikulation immer innerhalb eines bestimmten individuellen wie kollektiven *Vokabulars* vollzieht und durch dieses geprägt sowie zugleich begrenzt wird. Große Bedeutung messe ich zudem der These bei, dass sowohl für den Einzelnen wie auch in kollektiver bzw. theoretischer Hinsicht die Möglichkeit besteht, das vorhandene Vokabular zu erweitern, was differenziertere bzw. genauere Artikulationen ermöglicht. Zuletzt werde ich zudem auf die *Grenzen des Artikulierbaren* zu sprechen kommen.

6.1 Das unartikulierte Selbst

Der Begriff der Artikulation setzt begriffslogisch etwas voraus, das artikuliert wird. Für die Selbstartikulation heißt dies, dass das, was uns ausmacht und im Rahmen von artikulierenden Bestimmungen (zustimmenden oder ablehnenden) unser Selbstbild konstituiert, zuvor bereits in unartikulierter Form irgendwie vorhanden sein muss. In Kapitel 1.3 wurde hierfür der Begriff der *Selbstgegebenheit* eingeführt. Die verschiedenen Form der Selbstgegebenheit sind jedoch zunächst nicht, noch nicht oder nicht vollständig artikuliert. Selbsterkenntnis setzt daher logisch ein *unartikuliertes Selbst* voraus. Da sich das Selbst – so wie ich es verstehe und im Folgenden darlegen werde – durch Artikulationen konstituiert, mag der Begriff des unartikulierten Selbst auf den ersten Blick widersprüchlich erscheinen. Die Verwendung dieses Begriffs wird sich jedoch als zulässig, wenn nicht gar notwendig erweisen, um die wechselseitigen Verschränktheit von Selbstgegebenheit und artikulierter Selbstbezugnahme adäquat darzustellen. Es sei diesbezüglich auch daran erinnert, dass im vorherigen Abschnitt dafür argumentiert wurde, dass wir (als Erwachsene) immer schon ein mehr oder weniger artikuliertes Selbstverständnis aufweisen. Es gibt daher *keinen Nullpunkt der Selbsterkenntnis*.

Was meint nun der Begriff des unartikulierten Selbst? Was umfasst dieses? Ich möchte – im Bewusstsein der Gefahr einer drohenden Sinnentleerung – diesen Begriff absichtlich sehr weit fassen und hierunter alles verstehen, was mir in meinem Leben *wichtig* ist (bzw. war), meine Existenz entsprechend *prägt* und was ich mir daher potenziell im Rahmen von *artikulierender* Selbsterkenntnis als Bestimmung meines Selbst zuschreiben kann. Mein Verständnis des unartikulierten Selbst ist an William James' Begriff des ‚Mich' (me) angelehnt; hierunter versteht James:

> „Im weitesten Sinne gehört zu eines Menschen ‚Mich' die ganze Summe dessen, was er als sein Eigen bezeichnen kann, nicht nur sein Körper und seine psychischen Fähigkeiten, sondern auch seine Kleider und sein Haus, sein Weib und seine Kinder, seine Vorfahren und Freunde, seine Lehre und Arbeit, seine Güter und Pferde, oder auch seine Yacht und ein Bankkredit."[1]

Der Maßstab, ob etwas als zum ‚Mich' zugehörig gelten darf, stellt für James die affektive Bedeutung dieses Gegenstandes für den Betroffenen dar. „All diese Dinge verursachen ihm die nämlichen Gefühle. Wenn sie zunehmen und gedeihen, hat er sein Gefühl des Triumphes, wenn sie schwinden und zugrunde gehen, fühlt er sich niedergedrückt."[2] Zum ‚Mich' bzw. zum unartikulierten Selbst gehört also alles, was einer Person in ihrem Leben wichtig ist, woran sie sich erfreut, wenn es gedeiht bzw. mitunter deutlicher – unter dessen Verlust jemand leiden würde; also dasjenige, ohne das ein Mensch sich nicht oder kaum vorstellen kann zu leben; prägnant formuliert: all das, was uns etwas bedeutet, uns ausmacht und damit Teil unseres unartikulierten Selbst ist.

Uns macht – dies mag trivial erscheinen, sollte jedoch betont werden – immer viel mehr aus, als wir artikuliert unserem Selbstbild (zustimmend oder

1 James (1909), S. 175.
2 Ebd.

ablehnend) zuschreiben können. Es sind bzw. bleiben daher immer zahlreiche Aspekte unserer Existenz unartikuliert. Zunächst und zumeist bleibt auch deshalb vieles unartikuliert, weil zahlreiche Aspekte unserer Existenz einfach unbedeutend sind (und bleiben). Dies kann zudem von Mensch zu Mensch sehr unterschiedlich sein: So kann ich beispielsweise die Tatsache, dass ich im Sommer geboren bin, als kontingent oder daher weitestgehend unbedeutend für mich ansehen; jemand anderes kann diesem Umstand jedoch auch eine Bedeutung beimessen und sich mit ihm identifizieren (*‚ich bin ein Sommerkind'*). Hier ist zudem ein erheblicher historisch-kultureller Einfluss zu beachten; zahlreiche Kulturen messen z.B. dem Geburtstag keine besondere Bedeutung bei. Und selbstverständlich kann sich eine solche Zuschreibung mit der Zeit auch verschieben. Das einst so stolze ‚Sommerkind' wird sich im Erwachsenenalter womöglich nicht mehr über diese, sondern eher über andere Determinanten, z.B. über das Geburtsjahr, definieren.

Dieses recht triviale Beispiel zeigt, dass es immer möglich ist, einem der zahlreichen Umstände, die meiner Existenz bisher unbeachtet inhärent waren, eine neue oder andere Bedeutung zuzuschreiben, sodass ich mich nun zugleich anders, ggf. zustimmend oder ablehnend, zu diesen verhalte. Affirmierend kann ich mich mit ihnen identifizieren, d.h. sie als Teil meines Selbst(bildes) betrachten; ablehnend kann ich eine Selbstveränderung anstrengen.

Nehmen wir ein etwas gewichtigeres Beispiel: Ihr (biologisches) Geschlecht mag bei einer Frau bisher im Rahmen ihres Selbstbildes nur eine bescheidene Rolle gespielt haben. Feministisch informiert kann sie jedoch die Bedeutung und Tragweite dieser bisher als randständig erachteten Eigenschaft ihrer Existenz nun anders betrachten und ihr Geschlecht nun zu einem bedeutenderen Teil ihres Selbstverständnisses machen (*‚ich bin stolz darauf, eine Frau zu sein'*). Ein bisher nicht unbekannter, jedoch als unbedeutend verstandener Aspekt ihrer Existenz wird nun in einem anderen Licht und damit als etwas wesentlich Bedeutsameres gesehen.

Diese Form der Selbstzuschreibung durch die explizite Identifikation mit einem die Person immer schon als mitbestimmt bezeichnenden Aspekt der eigenen Existenz nennt Hermann Schmitz als *relative Identität*.[3] Es bestehen i.d.R., so Schmitz, zahlreiche, verschmolzene relative Identitäten (ich bin eine Frau, eine Berlinerin, eine Mutter, eine Liberale etc.), welchen jedoch immer eine absolute Identität als Ausgangspunkt dieser Identifikationen vorausgesetzt werden muss. Eine Selbstzuschreibung setzt sich nach Schmitz daher immer aus einer absoluten und zumeist mehreren relativen Identitätsbestimmungen

3 S. Schmitz (2017), S. 15.

zusammen; z.B. ‚*Ich* (absolute Identität) *bin eine liberale Berlinerin* (relative Identität)'.

Ebenso kann es sein, dass ich es mehr oder weniger explizit vermeide, mich mit bestimmten Aspekten meiner Existenz eingehender zu beschäftigen bzw. mich bemühe, sie als unbedeutend oder nicht als etwas Bestimmtes anzusehen, da es unangenehm wäre, sie als Teil meines Selbstverständnisses anzunehmen; ich werde dies später unter dem Begriff Selbsttäuschung eingehender untersuchen.

Das unartikulierte Selbst jedes Menschen weist zahlreiche Aspekte in unterschiedlichen Dimensionen auf. Es umfasst alles, was die Existenz eines Individuums in irgendeiner Weise mitbestimmt, prägt und damit potenziell Teil des Selbstverständnisses einer Person werden kann. Ich möchte an dieser Stelle drei für mein Klärungsinteresse relevante Dimensionen kurz ansprechen, und zwar: das unartikulierte *leibliche, soziale* sowie das *geschichtliche* Selbst:

1) Dass wir nicht nur einen Körper haben, sondern in fundamentaler Weise leibliche Wesen und daher *all unsere Selbst- und Weltbezüge leiblich vermittelt und geprägt sind*, ist die Grundthese der Leibphänomenologie.[4] Es kann ergänzt werden, dass der Leib zumeist als solcher *unauffällig* ist. Mit Ausnahme von Krankheiten oder Verletzungen bzw. expliziten Praktiken seiner Vergegenwärtigung nehmen wir im Alltag i.d.R. wenig Notiz von unserer leiblichen Existenz.[5] Auch wenn diese Arbeit primär an den höheren selbstreflexiven Formen der menschlichen Subjektivität interessiert ist, darf das *leibliche Selbst*[6] hierbei keinesfalls ausgeblendet werden. Es sei daran erinnert, dass Plessner ausdrücklich davon spricht, dass der Mensch immer zugleich zentrisch wie exzentrisch existiert; d.h. für diesen Kontext: Jedes höherstufige Selbstverhältnis ist durch unmittelbare, vornehmlich leibliche Momente begleitet. Selbsterkenntnis ist daher immer auch leiblich (mit)geprägt. Dies wird vor allem dann deutlich werden, wenn ich auf die Bedeutung von (leiblichen) Gefühlen als Gradmesser für die Stimmigkeit einer Selbstinterpretation zu sprechen komme.

   Inwiefern sind der Körper bzw. der Leib ein zentraler Teil des unartikulierten Selbst? Bereits in einem recht trivialen Sinn ist der Körper

4 Der Leibphänomenologie wurde ausgehend von Husserl vor allem durch Merleau-Ponty geprägt, dessen Phänomenologie der Wahrnehmung immer noch das Grundlagenwerk dieses Ansatzes darstellt: Merleau-Ponty (1966). Eine gute Übersicht über den Diskurs bieten Alloa et al. (2019). Aufgrund des klinischen Fokus ist zudem Fuchs (2000b) einschlägig.

5 Bezüglich Praktiken der Bewusstwerdung der eigenen Leiblichkeit sei vor allem auf die Somästhetik von Richard Shusterman (2012) verwiesen.

6 So der Titel einer einschlägigen Monographie von Waldenfels (2000).

etwas, das mich durch seine Größe und seine Gestalt ausmacht. Nicht ohne Grund basiert die bloße identifizierende Identitätsfeststellung im Alltag wie auch in der Kriminologie auf der Gesichtsphysiognomie bzw. wird über die Fingerabdrücke vollzogen. Weniger randständig werden diese äußeren Merkmale, wenn es in diesem Kontext um die körperlichen Merkmale wie z.B. Hautfarbe oder das Geschlecht geht. Es ist unnötig zu betonen, wie ungemein identitätsrelevant diese beide körperlichen Aspekte in vielen Kontexten sind.[7]

Aber nicht nur als Körper, sondern auch als Leib – also als Körper, so wie ich ihn erfahre, ‚bewohne' bzw. der ich bin – prägt und bestimmt dieser meine Existenz in vielerlei Hinsicht. Was ich bin, bin ich immer auch als *leibliches Selbst*. In seiner in theoretischer wie empirischer Hinsicht lesenswerten Untersuchung zu dieser Thematik arbeitet Robert Gugutzer heraus, dass sowohl der Leib wie auch der Körper „von entscheidender Relevanz für das Individuum sind, um jenen Halt, jene Sicherheit und Orientierung im eigenen Leben zu finden, die gemeinhin als Ausdruck personaler Identität bezeichnet werden"[8]. Der Leib stellt daher einen Ausgangs- und Ankerpunkt der menschlichen Identitätsentwicklung dar. In der für die Neue Phänomenologie charakteristischen, jedoch bisweilen überzogenen Nachdrücklichkeit hat vor allem Hermann Schmitz die leibliche Konstitution und Epigenese des Selbst bzw. der Person herausgearbeitet.[9]

Aber wie genau bestimmt unsere Leiblichkeit unsere Identität? Entsprechend der berühmten Sentenz Freuds, dass „das Ich […] vor allem ein körperliches"[10] sei, bilden leibliche Regungen wie *Bedürfnisse, Triebe* oder das *Begehren* (mehr oder weniger bewusst) den Grundstock unserer Wünsche und Ziele, welche wiederum affirmativ oder distanzierend Eingang in unser Selbstverständnis finden können. Ohne der Komplexität dieser Thematik hier gerecht werden zu können, sei beispielhaft auf die Ausrichtung des sexuellen Begehrens hingewiesen. Zunächst und zumeist leiblich gegeben, kann es artikuliert und reflektiert zentraler Bestandteil der *sexuellen Orientierung* bzw. *sexuellen Identität* werden. Wenngleich gesellschaftlich geprägt und geformt, so bleibt das Begehren leiblich fundiert und gebunden.[11]

---

7 Bezüglich des Geschlechts: Butler (1997). Zur Hautfarbe beispielhaft: Morrison (2018).
8 Gugutzer (2002), S. 16.
9 S. Schmitz (2015), (2017).
10 Freud (1999c), S. 253.
11 Detailliert und eindrücklich schildert dies Carolin Emcke in: Emcke (2012).

Gerade die klassische, durch die Freud'sche Triebtheorie geprägte Psychoanalyse hat die Bedeutung des Triebes und Begehrens (bzw. des Umgangs damit) für das Selbstverständnis des Subjekts (über)deutlich betont und theoretisch zu fassen versucht. Dies jedoch mit der m.E. problematischen Konsequenz, dass lange Zeit unter Identität ausschließlich oder primär sexuelle Identität verstanden wurde.

Der Körper bzw. der Leib bestimmen jedoch nicht nur die individuelle Existenz, sondern, und diesen Punkt möchte ich besonders betonen, leiblich vermittelt erfahren wir auch, wie es uns geht, wie es um uns in der Welt steht und damit letztlich, wer wir sind. Die „große Vernunft"[12] des Leibes ‚weiß' häufig viel früher und genauer, ob etwas uns guttut oder nicht, ob uns eine Sache missfällt, behagt oder bedrückt, was wir uns wünschen, ersehnen oder befürchten. Nicht ohne Grund ist es daher häufig ratsam, bei existenziellen Entscheidungen dem sprichwörtlichen Bauchgefühl zu trauen.

Neben der Leibphänomenologie haben vor allem Autoren aus der psychosomatischen Medizin den engen und wechselseitigen Zusammenhang zwischen psychischen Problemen und deren leiblicher Resonanz- bzw. symbolischem Ausdruck klinisch beschrieben und theoretisch ausbuchstabiert.[13] Die verbindende Grundidee dieser Ansätze ist, dass bestimmte leibliche bzw. körperliche Vorgänge, insbesondere Krankheiten, etwas kundtun und damit einen Sinn aufweisen, d.h. verstanden werden können. Gerade in pathologischen, jedoch ebenso in zahlreichen ‚gesunden' Fällen besteht die zentrale Schwierigkeit solcher leiblichen Ausdrücke, Symbole oder Zeichen in ihrer *Unverständlichkeit.* Warum habe ich immer so ein flaues Gefühl im Magen, wenn ich meinen Kollegen sehe? Was bedeutet es, dass ich vor dem Familienfest immer krank werde? Hier wird etwas in seiner leiblich-affektiven Bedeutsamkeit *erfahren,* ohne dass es in seiner Bedeutung *verstanden* wird.

Der Leib ‚informiert' jedoch nicht nur über das aktuelle Befinden einer Person, sondern bisweilen auch über ihre Geschichte: Die Lebensgeschichte schlägt sich auch im bzw. am Leib nieder. Dies betrifft vor allem ontogenetisch frühe Erlebnisse aus der Kindheit, aber auch traumatische Erfahrungen ‚schreiben' sich leiblich ein. Es ist daher mehr

12 Nietzsche (1999a), S. 39.

13 Als Klassiker dieser Denktradition sei auf Thure von Uexküll und Viktor von Weizsäcker verwiesen: Weizsäcker (2005), Uexküll (1970). Zuletzt hat Joachim Küchenhoff interessante Beiträge, welche eine Brücke zwischen Leibphänomenologie und Psychoanalyse schlagen, verfasst; vgl. Küchenhoff (2012).

als angemessen, hier, wie Thomas Fuchs es vorschlägt, von einem *Leibgedächtnis*[14] zu sprechen. Auch dieses zeichnet sich wiederum dadurch aus, dass etwas Bestimmtes und Bedeutsames leiblich erfahren, jedoch als solches häufig nicht artikuliert und verstanden wird (bzw. werden kann).

Das leibliche Spüren vermittelt uns einen unartikulierten Eindruck zentraler Aspekte unserer Existenz. In vielen Bemühungen, sich selber besser zu verstehen, ist es deshalb ratsam, den begleitenden leiblich-affektiven Regungen Aufmerksamkeit zu schenken. Ich halte es daher für berechtigt, hier von einem *leiblichen Resonanzraum der Selbsterkenntnis* zu sprechen. Aufgrund seiner Passivität werde ich dieses Phänomen im nächsten Kapitel als *Ausdruck* und diesen wiederum als *unwillkürliche Artikulation* behandeln.

2) Menschen sind jedoch nicht nur leibliche, sondern immer schon und auch *soziale Wesen*; wir sind von Geburt an durch zahlreiche soziale Beziehungen, Strukturen, Verpflichtungen und Rollen in unserer Existenz geprägt und (mit)bestimmt. Neben einem leiblichen sind wir daher immer auch ein *soziales Selbst*[15]. Auch hier ist es mir wieder daran gelegen aufzuzeigen, dass zahlreiche dieser Bestimmungen nur teilweise artikuliert, nur einige Aspekte davon Teile unseres expliziten Selbst(verständnisses) sind.

Jeder Mensch ist beispielsweise alleine dadurch in einem gewissen Sinne bestimmt, dass er eine Mutter und Vater (nebst Geschwistern, Großeltern etc.) hat, welche alleine in dieser basalen Funktion Teil seiner Biographie bzw. Identität sind. Über diese bloße Tatsache hinaus – und natürlich ebenso durch genetische Faktoren – ist man vor allem durch Beziehungserfahrungen und Erziehung durch seine Eltern in vielerlei Hinsicht geprägt. Auch die Abwesenheit eines oder beider Elternteile ist, in welcher Form auch immer, ein Bestandteil der jeweiligen Biographie.[16] Wie genau sich das Verhältnis zu meinen Eltern gestaltet, wie stark der implizite oder explizite Einfluss dieser auf meine Ansichten, Wünsche oder Ziele sein mag, ist häufig nicht wirklich bewusst – im Vokabular dieser Arbeit: unartikuliert.

14 Fuchs (2013), (2008).

15 Verbinden lassen sich beide Bereiche durch den Begriff der Zwischenleiblichkeit; vgl. Fuchs (2000b), S. 253ff.

16 Beispielhaft sei hierbei auf die von Alexander Mitscherlich initialisierte Debatte zur Vaterlosigkeit verwiesen: Mitscherlich (1963), s. auch Thomä (2009).

Entscheidend ist nun, wie ich diese Beziehung zu meinen Eltern, die zahlreichen Erfahrungen mit und die Prägungen durch diese artikuliere, also welches Verhältnis ich zu diesen einnehme und wie ich diese Aspekte in mein Selbstbild integriere. Wie bzw. *als was* verstehe ich meine familiäre Herkunft? Sehe ich meine Eltern als zu ehrgeizig oder zu streng an, als liebevoll oder gar als überfürsorglich? Inwiefern ist dieses heute noch in meinen Gefühlen, meinem Denken und meinem Verhalten wirksam? Es wird im übernächsten Kapitel noch zu zeigen sein, dass die Artikulation solcher, mich prägender und auszeichnender Bestandteile meiner Existenz immer auch auf etwas zurückgreift, das irgendwie vorhanden ist, aber als solches bisher noch nicht bestimmend artikuliert wurde.

Nur artikuliert ist es jedoch möglich, ein (exzentrisches) Verhältnis zu meiner familiären Herkunft und Prägung einzunehmen. So kann ich stolz auf meine familiäre Zugehörigkeit sein, mich mit dieser identifizieren, ihr gleichgültig gegenüberstehen, mich (innerlich oder äußerlich) von dieser distanzieren oder meine familiäre Bindung teilweise, ggf. auch vollständig ablehnen. Egal, wie genau ich meine familiäre Herkunft und Prägung artikuliere und welches praktische Selbstverhältnis ich dazu einnehme: Sobald ich mich zu ihnen verhalte, sind sie Teil meines Selbst(verständnisses).

Menschen sind jedoch naheliegenderweise nicht nur durch ihre Eltern geprägt. Ich habe dieser Thematik besondere Aufmerksamkeit geschenkt, da der elterliche Einfluss unbestreitbar hoch ist und vor allem in der psychotherapeutischen Praxis wie auch in der psychoanalytischen Theorie viel Raum einnimmt. Die Einflusssphäre umfasst darüber hinaus natürlich auch das weitere soziale Umfeld, das Milieu sowie letztlich die Gesellschaft als Ganzes. Innerhalb der Sozialpsychologie wie auch der Soziologie liegen zahlreiche Untersuchungen und Theorien vor, die keinen Zweifel daran lassen, dass wir in der Art, wie wir sind – von unserem Gang, unserer Gestik und Mimik, aber auch bzgl. unserer Vorlieben und Ansichten bis zu unseren Wünschen, Werten und Zielen – durch unsere soziale Herkunft bzw. das aktuelle soziale Milieu geprägt und damit in einem nicht unerheblichen Maße durch dieses bestimmt sind. Exemplarisch sei nur auf den Symbolischen Interaktionismus John Herbert Meads[17], die Rollentheorie Erving Goffmans[18] sowie auf den Habitusbegriff Pierre Bourdieus[19] verwiesen.

17 S. Mead (1973).
18 S. Goffman (2010).
19 S. Bourdieu (1987).

Es ist an dieser Stelle unnötig darzustellen bzw. zu diskutieren, wie genau bzw. in welchem Umfang Menschen durch vergangene (bzw. aktuelle) soziale oder gesellschaftliche Beziehungen geprägt und damit in ihrer Existenz bestimmt sind. Festzuhalten ist nur, dass dies häufig nicht oder nur partiell artikuliert ist. Zugleich darf mit Sartre jedoch nicht außer Acht gelassen werden, dass es immer auch möglich ist, sich zu demjenigen, zu dem man gemacht wurde, zustimmend oder kritisch-distanzierend zu verhalten. Dies ist jedoch nur möglich, wenn diese Prägungen und Bestimmungen artikuliert zugänglich sind.

3) Neben dem leiblichen und dem sozialen Selbst sei zuletzt als dritter Aspekt des unartikulierten Selbst auf das *geschichtliche Selbst* verwiesen.[20] Jeder Mensch hat eine Geschichte, die ihn in vielerlei Hinsicht geprägt und zu dem gemacht hat, was er ist. Auch für das geschichtliche Selbst gilt, dass es hier keinen Nullpunkt gibt. Bereits ein Neugeborener hat eine Geschichte; und zwar zuerst einmal die Ereignisse und Umstände, die zu seiner Zeugung führten. Diese wiederum sind Teil der Lebensgeschichte der Eltern, welche in vielfacher Weise mit den Geschichten weiterer Personen sowie verschiedener kollektiver Geschichten bzw. der Zeitgeschichte im Ganzen verwoben ist. „Die Geschichte meines Lebens", so Alasdair MacIntyre, „ist stets eingebettet in die Geschichte jener Gemeinschaft, von der ich meine Identität herleite".[21] Eine geglückte Formulierung Wilhelm Schapps aufgreifend lässt sich sagen, dass wir *immer schon in Geschichten verstrickt* sind.[22]

Es gilt auch hier, dass ich mir meine Geschichte bewusstmachen und mich zu dieser verhalten kann. So kann ich beispielsweise stolz auf meine Familiengeschichte sein und mich darüber definieren, zu dieser Familie zu gehören, also diesen Umstand als einen wichtigen Teil meiner Identität verstehen – oder diese Geschichte eben ablehnen. Hierbei gilt jedoch immer auch, so MacIntyre weiter, „daß ein Aufstand gegen meine Identität immer eine Möglichkeit ist, sie auszudrücken"[23]. Dies meint, dass auch die Ablehnung einer Geschichte, in welcher ich verstrickt bin, immer eine Artikulation dieser und abgrenzende Identifikation bedeutet.

20 Die drei von mir vorgestellten Aspekte des unartikulierten Selbst erheben weder den Anspruch auf Vollständigkeit, noch sind sie unabhängig von einander; sie sind eher als exemplarische Betrachtungsperspektiven zu verstehen.

21 MacIntyre (1995), S. 295.

22 S. Schapp (2012).

23 MacIntyre (1995), S. 295.

Analog ist dies mit kollektiver Geschichte möglich, was zu einer Identifikation mit einer kollektiven Identität[24] führen mag.
Ob es sinnvoll ist, sein Selbstverständnis primär über seine Familiengeschichte zu konstruieren, bzw. ob es nicht als bedenklich oder gar gefährlich zu betrachten ist, seine Identität über die Geschichte bzw. Zugehörigkeit zu einer Tradition oder einem Kollektiv zu bestimmen, möchte ich an dieser Stelle nicht weiter diskutieren. Die beiden entscheidenden Punkte hierbei sind wiederum die, dass Menschen erstens immer in zahlreiche Geschichten verstrickt sind, welche ihnen mehr oder weniger bekannt (d.h. artikuliert) sind, und dass es zweitens primär an ihnen liegt, ob, inwiefern und in welcher Weise sie diese für ihr Selbstverständnis als bedeutsam erachten.
Wirkmächtiger ist natürlich der Teil der eigenen Geschichte, welcher auf *persönlichen Lebenserfahrungen* fußt. Selbst erlebte Geschehnisse, also Erfahrungen, prägen eine Person und machen sie zu dem, was sie ist. Auch wenn es intuitiv klar ist und daher vielleicht trivial erscheinen mag, sei betont, dass die eigene Vergangenheit sich auf zwei unterschiedliche Arten zeigt: einerseits darüber, wie sie jemanden *prägt* oder *beeinflusst* und somit in der Gegenwart präsent ist, sowie anderseits selbstverständlich über *Erinnerungen* an vergangene, mitunter prägende Erfahrungen. Mir ist es deshalb wichtig, diese beiden Wege zu unterscheiden, da es bei der Selbsterkenntnis, gerade im therapeutischen Kontext, häufig darum geht, den Zusammenhang zwischen einer Erinnerung und dem aktuellen Sein der Person als nachwirkende Prägung durch diese vergangene Erfahrung herzustellen; anders formuliert: *letztlich zu verstehen, wie man zu demjenigen wurde, der man heute ist.*
Wie ich noch eingehender zeigen werde,[25] bilden Erinnerungen den Grundstock, quasi das ‚Rohmaterial' der eigenen Lebensgeschichte. Diese müssen jedoch artikuliert und narrativ geformt, d.h. als Geschichte erzählt werden, um verstanden und damit letztlich Teil der Identität werden zu können. Artikuliert und narrativ konfiguriert bildet die erinnerte Vergangenheit die *Biographie* eines Menschen. Autobiographische Narrationen sind daher, wie bereits erwähnt, als *komplexe Artikulationen der eigenen Lebensgeschichte* zu verstehen.

Es sollte nun plausibel geworden sein, dass Menschen immer schon jemand sind, d.h. in vielerlei Hinsicht geprägt und in ihrer Existenz bestimmt sind. Diese zahlreichen Bestimmungen, egal ob sie leiblicher, sozialer oder geschichtlicher

24 Zum Begriff der kollektiven Identität: Descombes (2013).
25 S. hierzu Kapitel 8.2.

Gestalt sind, kann man als unartikuliertes Selbst bezeichnen. Dieser Begriff ist zwar rhetorisch griffig, streng genommen jedoch widersprüchlich, da ich das Selbst ja gerade als die Summe der artikulierten Selbstverständnisse definiert habe. Zudem ist die Formulierung überzeichnet und daher insofern unangemessen, als dass viele Aspekte der eigenen Existenz immer schon mehr oder weniger artikuliert sind. Wie bereits mehrfach betont, setzt Selbsterkenntnis niemals an einem Nullpunkt an, sondern greift immer auf bestehende Selbstkenntnis zurück.

Es mag die Frage aufkommen, warum der Begriff des *Unbewussten* hier (bisher) keine Berücksichtigung gefunden hat. Der Grund für die Auslassung dieses, so meine Überzeugung, notorisch mehrdeutigen Begriffs liegt darin, dass ich die hypostasierende Formulierung des Unbewussten als einen ‚Ort' oder wie auch immer zu verstehenden Gegenstand für problematisch halte. Ich ziehe es vor, lieber adverbial von ‚unbewusst' zu sprechen und darunter bestimmte Aspekte der eigenen Existenz zu verstehen, welche bisher nicht bzw. nicht hinreichend klar artikuliert wurden – ggf. auch intentional, d.h. in selbsttäuschender Absicht. Zuvor geht es jedoch erst einmal darum, den Begriff der Artikulation genauer zu betrachten; zunächst soll die unwillkürliche Artikulation als *Ausdruck* kurz thematisiert werden.

6.2 Ausdruck als unwillkürliche Artikulation

Den Ausgangspunkt meiner Überlegungen zum Begriff des Ausdrucks stellt die anthropologische Grundthese der *expressiven Natur des Menschen* dar. Diese Denktradition, welche auf Johann Gottfried Herder und Wilhelm von Humboldt zurückgeht und zu welcher man Autoren wie Ludwig Klages, Wilhelm Dilthey, Helmuth Plessner, Ernst Cassirer oder auch Charles Taylor zählen kann,[26] zeichnet sich dadurch aus, dass sie den Begriff des Ausdrucks als Bindeglied zwischen der menschlichen Natur und Kultur in Anschlag bringt. Norbert Meuter fasst diesen Grundgedanken wie folgt zusammen: „Die Existenz des Menschen ist expressiv. Der leibliche Ausdruck verbindet ihn ebenso mit seinem natürlichen Organismus wie mit seinen kulturellen Lebensformen."[27]

Beim Ausdruck handelt es sich nicht nur, jedoch primär um ein leibliches Phänomen, welches zwischen natürlichem Verhalten und kulturellen Formungsprozessen steht, wobei der Ausdruck zumeist tendenziell eher dem natürlichen Verhalten zugeordnet wird. Es kann laut Meuter dabei eine Art

26 Es liegen zwei gute Übersichtswerke vor: Jung (2009) sowie Meuter (2006).
27 Ebd., S. 28.

Stufenfolge der Expressivität angenommen werden: von primärer, über praktische, mimetische bis hin zu symbolischer Expressivität.[28] Ich möchte daher Ausdruck von *Artikulation* unterscheiden; diese Unterscheidung kann man, hier folge ich Norbert Meuter, wie folgt markieren:

> „Von vorsymbolischen Expressionen unterscheiden sich Artikulationen darin, daß sie vom Akteur bewußt hervorgebracht werden. Artikulationen sind niemals unwillkürliche Ausdrucksgestalten, sondern bewußte symbolische Gestaltbildungen."[29]

Artikulationen werden bewusst hervorgebracht und gestaltet, wobei dies „nicht heißt, daß die sprechende Person intentionalistisch über den Sinn des Gemeinten verfügen könnte"[30]. Der Ausdruck hingegen erfolgt *unwillkürlich*, mitunter *spontan* und weist eine Form der *Eigendynamik* auf. Gerade diese Unverfügbarkeit und Eigendynamik kann dem Ausdruck einen *Symptomcharakter* verleihen und ihn somit klinisch interessant werden lassen.

> [Fallvignette 5]: Eine Patientin berichtet von einem gemeinsamen Essen bei einer alten Freundin, bei dem sie ein ‚komisches' Gefühl in der Magengegend bekam. Die Patientin merkt an, dass sie zuerst dachte, dass das Essen, welches ihr auch nicht gut geschmeckt habe – sie habe sich jedoch nichts anmerken lassen –, ihr nicht gut bekommen sei. Mittlerweile sei sie sich jedoch nicht mehr sicher; vielleicht bedeute ihr Unwohlsein auch etwas anderes, so fragt sie mich. Ich rege an, etwas ausführlicher über den Abend und vor allem das Verhältnis zu der Freundin nachzudenken.

Was macht etwas zu einem Ausdruck? Was zeichnet den Ausdruck überhaupt aus? Bezugnehmend auf dieses Fallbeispiel möchte ich hier vier Charakteristika anführen:

1) Wie bereits in Abgrenzung zur Artikulation angeführt, weist das Ausdrucksgeschehen eine *Unwillkürlichkeit* auf. Es überkommt uns und entzieht sich unserer direkten Kontrolle. Selbst wenn wir darum bemüht sind, sind wir gerade im emotionalen Ausdruck nicht Herr des Geschehens; beispielsweise überkommt einen ein Lachanfall, manchmal sogar in unpassenden Situationen. Vielleicht will man, so wie die Patientin, der Gastgeberin aus Höflichkeit nicht sagen, dass das servierte Essen ungenießbar ist, der Gesichtsausdruck verrät den Widerwillen jedoch.

28 Vgl. ebd., S. 32.
29 Schlette et al. (2005), S. 15.
30 Ebd.

Gerade das Wechselspiel zwischen einem spontan-überkommenden, zentrischen Ausdruck (z.B. Lachen, Ekel oder Ärger) und dem im Rahmen eines exzentrischen Selbstverhältnisses zu verstehenden Versuch der Kontrolle dieses Geschehens lässt sich hervorragend mit den Begriffen Plessners beschreiben.[31] Hieraus folgt, dass auf jedes Ausdrucksgeschehen exzentrisch Bezug genommen werden kann, z.B. durch Unterdrückung eines spontanen Ausdrucks, seiner Hervorrufung (z.B. bei einem Schauspieler) oder auf den Versuch zu verstehen, womit das Ausdrucksgeschehen im Zusammenhang stehen mag. Zugleich darf mit Plessner nicht vergessen werden, dass ebenso alle höherstufigen, exzentrischen Selbstverhältnisse von einem spontan-leiblichen Ausdruck begleitet werden.

2) Auch wenn der Ausdruck unwillkürlich und mitunter spontan erfolgt, so ist sein Auftreten nicht kontingent: Uns überkommt das Lachen, weil wir etwas lustig finden, wir ekeln uns, weil das Essen ungenießbar ist. Der Ausdruck ist intentional auf einen Gegenstand oder einen Umstand bezogen und drückt darüber hinaus im wahrsten Sinne des Wortes etwas aus; er gibt etwas kund, er hat somit einen *Sinn*.
Dabei stellt der Ausdruck zugleich mehr als ein natürliches Zeichen (ein Anzeichen oder einen Index im Sinne Peirces[32]), welches nur aus einer kausalen Verkettung resultiert, jedoch (noch) kein kodifiziertes Symbol dar. Man kann sich dies am angeführten Beispiel des ‚flauen Gefühls im Magen' verständlich machen: Es kann sein, dass diese Empfindung nur ein Anzeichen für eine Magenverstimmung ist. Hier würde man von einem natürlichen Zeichen sprechen, da eine Kausalverbindung zwischen der ungenießbaren Mahlzeit, einer entsprechend beeinträchtigten Verdauungstätigkeit und dem Gefühl in der Magengegend vorliegt. Das flaue Gefühl könnte jedoch zugleich auch Ausdruck eines allgemeinen Unbehagens, beispielsweise in Bezug auf die unsympathische Gastgeberin sein. Vielleicht bestehen schon länger unausgesprochene Konflikte mit dieser? Daher macht sich hier vielleicht eine vielschichtige und diffuse Stimmungslage bemerkbar. Diese Art von Ausdruck wäre jedoch nicht bzw. noch nicht als Symbol zu verstehen. Dies wäre erst der Fall,

31 Einschlägige Untersuchungen Plessners zum Zusammenspiel zwischen Zentrizität und Exzentrizität im Ausdrucksgeschehen sind hier versammelt: Plessner (2003a); exemplarisch sei vor allem auf die entsprechenden Untersuchungen zum Lachen und Weinen (Plessner (2003d)), zum Lächeln (Plessner (2003b)) oder zum Schauspielen (Plessner (2003e)) hingewiesen.

32 Vgl. Peirce (1983), S. 64ff.

wenn der Ausdruck in Bezug auf seinen Sinn zu verstehen und sprachlich zu fassen versucht wird.

Der Ausdruck ist deshalb vom Symbol zu unterscheiden, da er einerseits (noch) keinen kodifizierten oder etablierten Zeichencharakter aufweist, zum anderen, weil er anders als ein Zeichen vom Bezeichneten nicht ohne weiteres getrennt werden kann. „Der Ausdruck ist Teil der Emotion selbst“[33], wie Meuter betont. Während also z.B. das Wort Angst vom Gefühl unterschieden ist und nur auf dieses verweist, ist der entsprechende Ausdruck (das angstvolle Zittern, das rasende Herzklopfen, das einsetzende Schwitzen) untilgbarer Bestandteil des Gefühls.

Mir ist es u.a. wichtig, dies zu betonen, da es in der therapeutischen Praxis unabdingbar ist, dass nicht nur distanziert über etwas oder jemanden, z.B. über die Beziehung zu der besagten alten Freundin, gesprochen wird, sondern nach Möglichkeit dieses zugleich auch im emotionalen Ausdruck präsent sein sollte, sodass die Problematik ‚leibhaftig‘ verstanden werden kann. Einerseits ist es wichtig, dass etwas verstanden, also sprachlich fassbar wird, also z.B., warum sich bei diesem gemeinsamen Essen ein solches Gefühl des Unbehagens eingestellt hat. Und da es vielleicht etwas mit der schwierigen Beziehung zur Gastgeberin zu tun hat, muss dies in einem umfangreicheren Kontext und vor dem Hintergrund der Geschichte dieser Freundschaft genauer betrachtet werden. Anderseits ist es ebenso zentral, den leiblich-affektiven Ausdruck im Versuch des Verstehens gegenwärtig zu halten. Mit Plessner könnte man sagen, dass das unmittelbare, zentrische Erleben und die exzentrische Bezugnahme zusammenwirken müssen.

3) Wie bereits am angeführten Beispiel durchscheint, ist der leibliche Ausdruck in seiner Bedeutung häufig *diffus, unklar, unbestimmt*, mitunter *rätselhaft* und letztlich häufig sogar *mehrdeutig*. Mitunter ist nicht einmal klar, ob es sich hierbei wirklich um einen Ausdruck handelt oder, wie im angeführten Beispiel, nicht doch nur um ein Anzeichen eines Kausalgeschehens (einer Magenverstimmung). Dies im Einzelfall zu bestimmen, stellt u.a. die große Herausforderung der psychosomatischen Medizin dar.[34] Hierbei besteht natürlich immer auch die Gefahr, Bedeutung oder Sinn zu sehen (‚hineinzuinterpretieren‘), wo keiner ist. Aus der Unklarheit und Mehrdeutigkeit erwächst die *Artikulationsbedürftigkeit des Ausdrucks*; ich komme darauf im nächsten Kapitel eingehender zu sprechen.

33 Meuter (2006), S. 26.

34 Eine historische und systematische Übersicht zur Psychosomatik ist in folgendem Sammelband zu finden: Geisthövel et al. (2019).

Man kann sich natürlich mit gutem Recht die Frage stellen, warum der Ausdruck eigentlich überhaupt artikuliert und verstanden werden soll. In sehr vielen Fällen – dies scheint offensichtlich – ist es *weder notwendig* noch *sinnvoll*, sich dem Ausdruckgeschehen exzentrisch verstehend zuzuwenden. *Unnötig* häufig deshalb, weil der Ausdruck in der Situation stimmig und unmittelbar verständlich ist. *Wenig sinnvoll* bisweilen deswegen, weil es klug sein kann, die sich ausdrückenden Gefühle, gerade wenn es sich um angenehme Gefühle handelt, als solche unberührt zu lassen. Mitunter macht ein unbedingtes Verstehenwollen diese sogar zunichte. In einigen Fällen, vor allem im klinischen Umgang mit traumatisierten Patienten, kann es zudem eine berechtigte Frage sein, ob es nicht besser ist, das, was symptomatisch im Ausdruck durchscheint, nicht zu explizieren, da es für den Betroffenen als zum Ausdruck Gebrachtes kaum *aushalt-* und daher nicht *zumutbar* wäre. Mitunter ist es daher geboten, auf ein artikulierendes Verstehen (vorerst) zu verzichten; hierzu später mehr.

In einigen Fällen ist der leibliche Ausdruck jedoch nicht nur rätselhaft, sondern zugleich auch *irritierend, verunsichernd,* vielleicht sogar *verstörend.* Dies hat natürlich viel damit zu tun, dass sich Ausdruck verschaffende negative Gefühle stark dazu drängen, sich ihnen zuzuwenden. Es ist ein zentrales Moment der psychotherapeutischen Tätigkeit, dass ein verstandenes Gefühl weniger belastend ist als ein unverstandenes. Denn Verstehen ermöglicht, dass ich mit einer Situation anders umgehen kann. Wenn ich in einer bestimmten Situation, in der mich immer ein diffuses Angstgefühl beschleicht, besser verstehe, was genau mich dort beängstigt – anders formuliert: als was die Angst zu begreifen sein mag –, stellt dies die Bedingung der Möglichkeit dafür dar, mich mit dieser Problematik genauer auseinanderzusetzen und ihrer hierdurch Herr zu werden.

Es kann zuletzt hilfreich (vielleicht sogar interessant) sein, sich selber durch ein artikulierendes Verstehen seines leiblichen Ausdrucks besser kennen zu lernen; und dies wiederum stellt die Grundlage dar, bessere (Lebens)entscheidungen zu treffen. In Bezug auf das angeführte Beispiel sei ergänzt, dass die Patientin letztlich für sich verstanden hat, dass die Beziehung zu ihrer Freundin, was sie lange nicht wahrhaben wollte, sehr konfliktbeladen sei und ihr deshalb nicht mehr guttue; daher entschloss sie sich, diese ruhen zu lassen.

4) Als vierter Punkt möchte ich zuletzt auf den *kommunikativen* bzw. häufig *appellativen Aspekt des Ausdrucks* hinweisen. Schon alltagssprachlich übliche Formulierungen wie ‚etwas tut sich kund' oder ‚der Körper will

etwas sagen' legen nahe, dass hier jemandem etwas mitgeteilt werden soll. Dem leiblichen Ausdruck kann daher mitunter ein appellativer Charakter zugesprochen werden. Aus Sicht einer sprachphilosophischen Position, welche Sprache und Kommunikation vor allem oder sogar notwendigerweise intentional versteht, mag der Gedanke eines kommunikativen Ausdrucksgeschehens vielleicht widersinnig erscheinen, in der psychosomatischen Medizin stellt dies jedoch eine etablierte Denkfigur dar, welche vor allem Thure von Uexküll durch seine ökologisch-biosemiotischen Grundüberlegungen zur Psychosomatik wirkmächtig etabliert hat.[35] Ebenso lässt sich hier der bereits angeführte phänomenologische Begriff der Zwischenleiblichkeit[36] produktiv einbringen.
Ich möchte auf diese Theorien hier nicht weiterführend eingehen; es sei nur kurz darauf hingewiesen, dass es zumindest ontogenetisch durchaus plausibel erscheint, dass der leibliche Ausdruck beim Kleinkind – und über andere Ausdrucks- oder Kommunikationsmöglichkeiten verfügt ein solches zumeist ja noch nicht – sehr häufig als appellative Botschaft an die versorgende Bezugsperson zu verstehen ist. Es gibt daher in der Psychosomatik ein klassisches Verständnis von psychosomatischen Erkrankungen als Regression auf ein ontogenetisch frühes Ausdrucks- bzw. Artikulationsniveau.[37] Zuletzt sollte nicht unerwähnt bleiben, dass es natürlich auch im nichtklinischen Kontext Phänomene des kommunikativen leiblichen Ausdrucks gibt, beispielsweise beim Tanz[38] oder in der Liebe bzw. Erotik[39].

Wir können also festhalten, dass der leibliche Ausdruck *unwillkürlich* erfolgt (was ihn von der Artikulation unterscheidet), ihm jedoch eine *Bedeutung* inhärent sein kann, welche jedoch häufig *unverständlich*, daher *artikulations-* und *interpretationsbedürftig* ist sowie mitunter einen *kommunikativ-appellativen* Charakter haben kann.

Wie bereits in den bisherigen Charakterisierungen angesprochen wurde, sind leibliche Ausdrucksgeschehnisse vor allem *affektive* Phänomene. Zumeist drückt sich im Ausdruck eine Empfindung, eine Emotion oder eine Stimmung, zusammengefasst ein *Gefühl* aus. Zur Thematik der Affektivität bzw. der

35 Vgl. Uexküll (1970); Uexkülls Lehrbuch ist weiterhin das Standardlehrbuch der Psychosomatik: s. Köhle et al. (2017).

36 Vgl. Küchenhoff (2016).

37 Es handelt sich hierbei um die von Max Schur formulierte Theorie der Desomatisierung und Resomatisierung: Schur (1955).

38 Vgl. z.B. Eberlein (2016).

39 Vgl. z.B. Schmitz (2007).

Philosophie der Gefühle ließe sich viel sagen.[40] Mir ist an dieser Stelle jedoch nur daran gelegen, einige, für meine Überlegungen relevante Punkte kurz anzuführen: Wie Jan Slaby nachdrücklich betont, sind Gefühle intentional auf die Welt bezogen und vermitteln, versehen mit einer starken motivationalen Komponente, uns dadurch einen Eindruck unserer aktuellen Lebenssituation; so schreibt Slaby:

> „Die Affektivität ist ein Registrieren dessen, wie es einerseits insgesamt und anderseits in je spezifischer Hinsicht ‚um uns steht' – d.h. Gefühle erschließen uns, mit welchen relevanten situativen Begebenheiten wir, ob wir es (wahrhaben) wollen oder nicht, konfrontiert sind, und lassen uns zugleich einen situativ gerichteten Handlungsdruck verspüren."[41]

Gefühle *erschließen* – Slaby greift hier einen berühmten Begriff Heideggers auf – unseren aktuellen lebensweltlichen ‚Status quo' in Bezug auf eine bestimmte Begebenheit: So zeigt Trauer beispielsweise, wie wichtig uns eine bestimmte, nun abwesende Person ist bzw. war; Ärger hingegen verdeutlicht, dass etwas in der Welt der Fall ist, was wir so nicht akzeptieren können. Stimmungen vermitteln daher (im nichtpathologischen Normalfall) einen umfassenderen Eindruck unserer existenziellen Lebenssituation: Erleben wir Heiterkeit oder Freude, steht es gut um uns; sind wir mit der Gesamtsituation unzufrieden, zeigt sich dies affektiv in Niedergeschlagenheit. Durch Gefühle erfahren wir also, *wie es um uns steht*.

Gefühle sind jedoch nicht nur ein ‚Gradmesser' unseres In-der-Welt-Seins, sondern weisen zugleich eine „motivationale Wirksamkeit"[42] auf, d.h. sie drängen uns zur aktiven Auseinandersetzung mit unserer affektiv erschlossenen Situation in der Welt. Das klassische Beispiel hierfür ist die Empfindung des Schmerzes, welcher, so Friedrich Nietzsche, immer zugleich „spricht: Vergeh!"[43], und uns somit nachdrücklich dazu auffordert, sich dem verursachenden, schmerzhaften Umstand zuzuwenden und ihn nach Möglichkeit zu beseitigen.

In ihrer affektiver Valenz Gefühle ‚informieren' uns also Gefühle darüber, wie es gerade um uns steht und motivieren uns entsprechend zu handeln. Was sie zum Ausdruck bringen, ist in Bezug auf Selbsterkenntnis von unverzichtbarer Bedeutung. Slaby, welcher die Begriffe Ausdruck und Artikulation

40 Eine hervorragende Übersicht zu klassische Emotionstheorien bieten Landweer et al. (2012) Zu einzelnen Emotionen bzw. Gefühlen: Demmerling et al. (2007).

41 Slaby (2008), S. 246.

42 Slaby (2008), S. 88ff.

43 Nietzsche (1999a), S. 404.

nur randständig erwähnt bzw. nicht eigens untersucht (er verwendet eher den Begriff der Explikation), betont jedoch, dass Gefühle einen sprachlich artikulierbaren Gehalt haben, auch wenn dieser häufig erst einmal unklar ist und mehrdeutig bleiben kann.[44] In Bezug auf begriffliche Explikation, und dies ist für die vorliegende Untersuchung besonders interessant, insistiert Slaby auf der „narrative[n]" Struktur von Gefühlen"; dies meint, „dass Gefühle von der Art sind, dass eine Thematisierung in Form von Erzählungen die angemessene Art ihrer Thematisierung ist, dass die Struktur der Gefühle eine Thematisierung in Form von Narrationen verlangt"[45]. Die Angewiesenheit auf narrative Thematisierung liegt laut Slaby darin begründet, dass Gefühle, wie ausgeführt wurde, unsere aktuelle existenzielle Situation erschließen. Situationen als komplexe Konstellationen von Ereignissen, Beziehungen, Entwicklungen und Perspektiven lassen sich jedoch in ihrer affektiven Bedeutsamkeit für den Fühlenden nur, wie Slaby betont und ich später noch weiter ausführen werde, im Medium der Erzählung artikulieren und verstehen. Worauf mich meine Gefühle hinweisen, was sie vermitteln bzw. in ihnen zum Ausdruck kommt, so die zentrale These der *narrativen Emotionstheorien*, kann nur verstanden werden, wenn ich meine aktuelle Situation erzählend zu begreifen versuche.[46]

Es kann also festgehalten werden, dass sich im Phänomen des Ausdrucks häufig Gefühle zeigen, die uns einen Eindruck unserer aktuellen Lebenssituation vermitteln, und dies zumeist mit einer ausgeprägten motivationalen Handlungstendenz, deren Verständnis jedoch zumeist nur qua (narrativer) Artikulation möglich ist.

6.3 Artikulation zwischen Finden und Herstellen

In Anbetracht der *Artikulationsbedürftigkeit des Ausdrucks* stellt sich nun naheliegenderweise die Frage, wie der Begriff der Artikulation genauer zu verstehen ist. Es sei daran erinnert, dass Artikulation von Ausdruck durch den Charakter der *bewussten Hervorbringung* und *Formgestaltung* zu unterscheiden ist. „Wer etwas (bzw. sich) artikuliert, der handelt"[47], betont Matthias Jung deutlich; und aus diesem Handlungscharakter der Artikulationstätigkeit ergibt sich sogleich die Möglichkeit der intentionalen Einflussnahme auf die Art und Weise der Artikulation. „Der Artikulationsbegriff betont also im Unterschied

---

44 Slaby (2008), S. 245ff.
45 Ebd., S. 284.
46 Weiterführend zu narrativen Emotionstheorien: Voss (2004).
47 Jung (2009), S. 28.

zum Ausdrucksbegriff", so Jung zusammen mit Magnus Schlette, „die Freiheit, sich für eine unter vielen symbolischen Gestaltbildungen für die Erste-Person-Erfahrung entscheiden zu können".[48] In artikulierenden Handlungen stehen uns also (in einem gewissen Rahmen) *Freiheitsgrade* der Gestaltbildung zur Verfügung.

Da es sich bei Artikulationen um Formen der exzentrischen Selbstbezugnahme auf ein zentrisch-unmittelbares Geschehen (z.B. den Ausdruck) handelt, lässt sich das Verhältnis von Ausdruck zu Artikulation, wie bereits angeklungen ist, sehr gut mit dem Plessner'schen Begriff der Exzentrizität ausbuchstabieren. Bei Plessner lässt sich die Unterscheidung zwischen Ausdruck und Artikulation zwar expressis verbis nicht finden (er spricht zumeist nur von Ausdruck), jedoch beschreibt er in seinem zweiten anthropologischen Grundgesetz, dem „Gesetz der vermittelten Unmittelbarkeit"[49], der Sache nach Ähnliches, wenn er herausstellt, dass jedes unmittelbar-zentrische Geschehen nur exzentrisch vermittelt (d.h. artikuliert) realisiert werden kann, wie zugleich jede Vermittlung eines unmittelbaren Ausdrucks bedarf. Mit diesem Verweis auf Plessner sei vorerst nur gesagt, dass der Begriff der Artikulation sich als anschlussfähig an die bisherigen anthropologischen Grundüberlegungen dieser Arbeit erweist.

Wie ist der Begriff der Artikulation nun zu verstehen? Artikulation sei zuvorderst „Explikation", so Stefan Niklas, und dies bedeute, „etwas Implizites ausdrücklich zu machen, es nicht verworren und gehäuft, sondern gegliedert, strukturiert und klar werden zu lassen"[50]. In erster Annäherung kann der Begriff der Artikulation als eine Form der *explizierenden und klärenden Selbstbeschreibung* verstanden werden: Ich fasse in Worte, was und wie ich mich erlebe. Welches Gefühl habe ich gerade? Was wünsche ich mir eigentlich genau? Welche verworrenen Gedanken beschäftigen mich da eigentlich die ganze Zeit? Wie bereits im vorherigen Kapitel betont wurde, gilt auch an dieser Stelle, dass es verfehlt wäre, hierbei primär nur introspektiv ‚nach innen' zu schauen. Denn vielmehr geht es darum, das In-der-Welt-Sein als Ganzes (holistisch) in den Blick zu nehmen. Der Begriff der Artikulation übersteigt jedoch zugleich das übliche Verständnis von (Selbst)beschreibung; dies gilt es im Folgenden zu zeigen.

In der Linguistik, so möchte ich in diese Thematik einsteigen, ist der Begriff der ‚doppelten Artikulation' geläufig. Ferdinand de Saussure schreibt hierzu:

48 Schlette et al. (2005), S. 16.
49 Plessner (2003c), S. 396ff.
50 Niklas (2013), S. 16.

> „Im Lateinischen bedeutet articulus ‚Glied, Teil, Unterteilung in einer Folge der Sache'; hinsichtlich der Sprache kann die Artikulation entweder die Unterteilung der gesprochenen Kette in den Silben oder die Unterteilung der Kette der Bedeutungen in signifikative Einheiten bezeichnen."[51]

Artikulation meint hier also in erster Annäherung eine Art der *Unterteilung* bzw. *Gliederung* von phonetischen oder signifikativen sprachlichen Einheiten. Diese Bedeutung aufgreifend, sie jedoch zugleich als zu eng kritisierend, erweitert Jürgen Trabant diese zu einer „dritte[n] Artikulation"[52] und bezieht sich hierbei vor allem auf Humboldt, da dieser schreibt, dass „die Articulation das Wesen der Sprache ausmacht [...] und der Begriff der Gliederung sich über das ganze Gebiet, auch wo nicht bloss von Tönen die Rede ist, erstreckt"[53]. Und, entsprechend der humboldtschen Grundthese der konstitutiven Verbundenheit von Sprechen und Denken, heißt es weiter: „Der Begriff der Gliederung ist ihrer [der Sprache] logische Funktion, so wie die des Denkens selbst."[54] Daher gilt, so Trabant emphatisch: „Gliederung ist die Funktion des Denkens!"[55].

Interessanterweise verwendet bereits Kant den Begriff „articulatio", im Gegensatz zu „coacervatio" (dem Gehäuften) zur Charakterisierung der Architektonik der reinen Vernunft, da diese eben nicht als eine chaotische Gemengelage, sondern als ein gegliedertes Ganzes zu verstehen sei.[56] Auch Ernst Cassirer rekurriert auf dieses Verständnis von Artikulation als Gliederung und betont damit die Bedeutung der gliedernden Artikulation, wenn er seinen zentralen Begriff der „symbolischen Prägnanz" als „die Wahrnehmung selbst, die kraft ihrer immanenten Gliederung eine Art von geistiger Artikulation gewinnt"[57], bestimmt.

Mein Verweis auf Humboldts Verständnis von Artikulation als gliedernde Tätigkeit (energeia) des Sprechens und Denkens ist vor allem dadurch motiviert, dass Charles Taylor mit seinen Überlegungen zum Artikulationsbegriff[58], welche für mich zentral sind und die ich nun darlegen werde, explizit an Humboldt anknüpft. Taylor spricht diesbezüglich von einer „Herder-Humboldt-Hamann-Konzeption" der Sprache, bisweilen ergänzt durch Heidegger, welche

51 Saussure (2001), S. 12.
52 Trabant (1998), S. 85.
53 Humboldt (1906), S. 116.
54 Ebd., S. 122.
55 Trabant (1998), S. 82.
56 KdV, AA III, 539.
57 Cassirer (2010), S. 231.
58 Eine hervorragende Darstellung der Philosophie Taylors ist bei Hartmut Rosa zu finden: Rosa (1998). Taylor selbst unterscheidet terminologisch nicht trennscharf zwischen Ausdruck und Artikulation; vgl. ebd., S. 150.

er seiner Theorie zugrunde legt. Die zentrale Einsicht dieser Autoren sieht Taylor darin, dass wir „durch Sprache [...] explizit bewußt machen [können], was wir zuvor nur implizit empfinden. Dadurch, daß wir einen Sachverhalt formulieren, machen wir ihn vollständiger und klarer bewußt“[59]. Diesem Zitat Taylors lassen sich bereits wesentliche Grundzüge seines Artikulationsbegriffs entnehmen: Mittels Artikulation wird etwas *implizit Gegebenes* durch sprachliche Formulierung *explizit gemacht*[60], sodass es eben „vollständiger und klarer bewußt“ wird. Dass hierbei die Formulierung, ‚etwas bewußtmachen‘ verwendet wird, erinnert nicht ohne Grund an psychoanalytische Begrifflichkeiten und verweist bereits andeutungsweise auf die Möglichkeit, das in der Psychoanalyse zentrale, jedoch m.E. theoretisch unterbestimmte Konzept der ‚Bewusstmachung‘ als Artikulation adäquater und präziser zu bestimmen.

Der Artikulationsbegriff Taylors hat innerhalb seines philosophischen Ansatzes eine konstitutive Funktion, welche ja bereits mehrfach zur Sprache kam; es sei kurz an einige Grundzüge erinnert: Fluchtpunkt der Überlegungen Taylors stellen letztlich gesellschaftsphilosophische Fragestellungen dar. Diese fußen jedoch auf fundierten und interessant in Beziehung gesetzten Überlegungen zur Sprachphilosophie, Anthropologie bzw. Psychologie. Gegen den Utilitarismus argumentierend geht Taylor davon aus, dass es immer schon in der Kultur verankerte *starke Wertungen* gibt, welche uns prägen und dahingehend bestimmen, was wir in unserem Leben für wichtig erachten. Damit stellen die starken Wertungen letztlich, so Taylors These, die zentralen Bestandteile unserer Identität dar. Dem Artikulationsbegriff kommt deshalb entscheidende Bedeutung zu, da die starken Wertungen zwar implizit gegeben, häufig jedoch als solche explizit nicht bewusst sind, sondern sich nur, wie Taylor betont, beispielsweise in Gefühlen zeigen und daher der *Artikulation* bedürfen.

Da mein Klärungsinteresse anthropologischer bzw. psychologischer Art ist, klammere ich die gesellschaftsphilosophische Einbettung des Taylor'schen Artikulationsbegriffs weitestgehend aus und wende mich diesem vor allem unter Rückgriff auf seine konzise Darstellung in *Was ist menschliches Handeln?*[61] zu. Wie bereits erwähnt, stellt der Ausgangspunkt von Taylors Überlegungen die These dar, dass „unsere Wertungen [...] nicht gewählt“ sind,

59 Taylor (1992a), S. 64.

60 Dem Begriff des Explizit-Machens wurde zuletzt vor allem von Robert Brandom zu neuer philosophischer Prominenz verholfen; zum Zusammenhang mit dem Artikulationsbegriff s. Jung (2005).

61 Taylor (1992b). Vergleichbare Ausführungen finden sich im zwar berühmteren, jedoch der Sache nach nicht so klar formulieren Aufsatz *Self-interpreting animals* sowie in der Monographie *Quellen des Selbst*, wo Taylor vorrangig inhaltlich die historische Entwicklung des Selbstverständnisses des modernen Subjekts nachzeichnet: Taylor (1985), (1996).

sondern „im Gegenteil, sie sind Artikulationen unserer Auffassung davon, was wertvoll ist"[62]. Das, was uns wertvoll ist, ist zwar durch ein prägendes gesellschaftlich-kulturelles Umfeld in unserer Lebenspraxis implizit wirksam, jedoch nicht explizit als Wünsche, Werte oder Überzeugungen formuliert. „Ein Großteil unserer Motivationen – unserer Wünsche, Bestrebungen und Wertung – ist nicht einfach gegeben", so merkt Taylor an; „wir formulieren sie in Worten oder Bildern"[63]. Zurückgewiesen wird also die als naiv anzusehende Vorstellung, dass Wünsche oder Wertungen ‚einfach' vorhanden sind, sondern vielmehr, so Taylor,

> „müssen unsere Wünsche und Bestrebungen aufgrund der Tatsache, daß wir sprachbegabte Tiere sind, auf die eine oder andere Weise artikuliert werden. Daher werden wir nicht einfach von psychischen Kräften bewegt, die der Wirkungsweise der Schwerkraft oder des Elektromagnetismus analog wären, die wir als unmittelbar gegeben betrachten können, sondern vielmehr durch psychische ‚Kräfte', die in einer bestimmten Weise artikuliert oder interpretiert sind"[64].

Wer bei Taylors kritischer Zurückweisung der Vorstellung, dass wir nicht einfach durch psychische Kräfte, gedacht in Analogie zu Wirkprinzipien physikalischer Größen, bewegt werden, an die Freud'sche Metapsychologie denkt, liegt damit m.E. nicht falsch. Als *sprachbegabte Tiere* sind wir dadurch bestimmt bzw. darauf angewiesen, unsere Wünsche und Bestrebungen zu artikulieren bzw. zu interpretieren.

Es sei hier an die angeführte etymologische bzw. in der Linguistik gebräuchliche Bedeutung von Artikulation als *Gliederung* erinnert: Durch sprachliche Artikulationen werden unsere vormals diffusen, verworrenen und damit unklaren Wünsche, Gefühle und Überzeugungen *gegliedert* und damit im ursprünglichen Sinne des Wortes *differenziert*, d.h. auseinandergenommen, ‚ent-worren', als einzelne sinnvolle Einheiten bestimmt und in einer sprachlichen Ordnung gefasst.

Was ist es eigentlich, was ich da emotional ‚in mir' wahrnehme? Was zuvor nur als diffuse, hochemotionale Gemengelage wahrnehmbar war, lässt sich durch sprachliche Artikulation z.B. genauer als Ärger aufgrund von Enttäuschung und Kränkung bestimmen. Oder, in Bezug auf das Begehren bzw. Wünsche, merke ich vielleicht, dass ich mich nach irgendetwas sehne, es mich irgendwo hinzieht, ich dies aber noch nicht auf den Begriff bringen kann. Womöglich bin ich hin- und hergerissen oder irre letztlich unbefriedigt von

62 Taylor (1992a), S. 38.
63 Ebd., S. 38f.
64 Ebd.

einer Sache zur nächsten. Artikuliert kann ich dieses Begehren jedoch dahingehend klarer fassen, dass dieses eher als Flucht denn als Suche zu verstehen ist, womöglich aus Angst vor Beständig- und Endgültigkeit.[65]

Durch Selbstartikulation geschieht also eine Form der *Differenzierung, Konturierung* und damit *Bestimmung* dessen, was ‚in uns' vor sich geht. Gliedernde Unterscheidung und Bestimmung gehen hierbei, entsprechend dem Baruch de Spinoza zugeschriebenen Satz „omnis determinatio est negatio"[66], Hand in Hand. Bei der artikulierenden Bestimmung kommt zudem dem ‚*als*' eine zentrale Bedeutung zu: Etwas (ein unartikuliertes Gefühl) wird von anderen Empfindungen *unterschieden* und damit im zweiten Schritt *als etwas* bestimmt. *Etwas als etwas* zu bestimmen, ist daher die basalste Grundform der Artikulation. Zwar existiert (notwendigerweise) das erste ‚etwas' – das unartikulierte Gefühl oder der unartikulierte Wunsch – bereits zuvor; *als solcher* kann dieser jedoch erst durch die Artikulation differenziert und damit bestimmt werden. Durch Artikulation sind wir also in der Lage, zuvor unbestimmtes Empfinden zu gliedern, zu bestimmen und damit *verständlich* zu machen.

Zumeist bestehen durchaus verschiedene (bessere oder schlechtere) Möglichkeiten, wie bzw. als was etwas artikuliert wird. Da zudem, wie bereits erwähnt, Artikulationen *formgestaltende Handlungen* sind, bestehen immer *Freiheitsgrade der Artikulationen*. Entsprechend sind Artikulationsakte als Tätigkeiten durch bestimmte *Motive* geprägt; daher liegen immer bestimmte, mehr oder weniger einsichtige Gründe vor, etwas so oder so bzw. gar nicht zu artikulieren. Hieraus ergibt sich naheliegenderweise die Frage nach der Angemessenheit oder Wahrheit einer so oder so vollzogenen Artikulation, worauf ich noch eingehender zu sprechen kommen werde.

Im besten Fall lassen sich über die basale Artikulation hinaus auch weiterführende Zusammenhänge zwischen nun differenzierten Affekten finden und somit die aktuelle emotionale Gesamtsituation besser verstehen. *Artikulation ist daher zentral für die Selbsterkenntnis*. Denn wenn ich nicht unterscheiden kann, was ich emotional erlebe, kann ich den Sinn meiner Gefühle, also dasjenige, was sie über meine aktuelle Situation ‚sagen', nicht verstehen und mich dazu nicht angemessen verhalten. Wenn ich nicht unterscheiden kann, was ich eigentlich will, kann ich mein Begehren nicht befriedigen bzw. meine Wünsche nicht realisieren.

---

65 Instruktive Überlegungen zum Verstehen der eigenen Gefühle lassen sich bei Weber-Guskar (2009) finden.

66 Prominent wurde diese Formulierung durch Hegel (vgl. Hegel (1969), S. 121); als solche ist sie interessanterweise bei Spinoza in den Hauptwerken nicht, sondern nur sinngemäß in Briefen zu finden; vgl. Hübner (1975).

Stefan Niklas betont entsprechend:

> „Sich sprachlich oder in anderer Form zu artikulieren, bedeutet somit, sich von der (Um-)Welt zu distanzieren. Doch Auseinandersetzung bedeutet natürlich zugleich, sich mit einer Sache zu beschäftigen, sich auf sie zu beziehen und bewusst mit ihr umzugehen."[67]

Daher gilt: Nur, wenn ich hinreichend gut artikulieren kann, was ich fühle, wünsche oder denke, kann ich mich dazu angemessen verhalten. Hieraus erwächst die große Bedeutung der Fähigkeit zur Artikulation unserer selbst für unsere alltägliche Lebensführung. Eine hinreichend valide Artikulation meiner Gefühle, Gedanken und Wünsche ist für eine gute Lebensführung unabdingbar. Dies gilt auch für die klinisch-therapeutische Praxis. Entsprechend stellt die Unterstützung bei der Artikulation des eigenen Erlebens und damit zugleich die Nachreifung dieser Fähigkeit einen wesentlichen Teil der therapeutischen Praxis dar.

Es gilt daher, dass ich mich zu meinen nun artikulierten psychischen Zuständen exzentrisch verhalten kann; ich kann sie beispielsweise missbilligen, ihnen versuchen entgegenzuwirken oder sie auf der anderen Seite auch gutheißen, bestärken oder mich mit ihnen identifizieren. Im Rahmen einer solchen exzentrischen Selbstbezugnahme kann ich jedoch nicht nur Urteile über meine artikulierten Gefühle bilden, sondern zugleich können sich auch neue Gefühle ‚zweiter Stufe' bilden, deren Gegenstand das anfängliche Empfinden ist (‚ich ärgere mich über meine Angst'). Die Artikulation eines ursprünglichen Gefühls kann also die Bildung eines neuen Gefühls bewirken, sodass sich die emotionale Gesamtsituation verschiebt. Artikulationen bilden also nicht nur ab, sondern sind zugleich in der Lage, neue psychische Zustände auszubilden.

Dieser interessante und folgenreiche Gedanke ist ebenfalls bei Charles Taylor zu finden. Artikulationen, so dieser, dürfen nicht nach dem Modell der üblichen Beschreibung eines ‚äußeren' Gegenstandes gedacht werden. Denn Artikulationen sind nämlich

> „nicht einfach Beschreibungen, wenn wir damit die Charakterisierungen eines völlig unabhängigen Gegenstandes meinen, das heißt eines Gegenstandes, der durch die Beschreibung weder in dem, was er ist, noch in dem Grade oder in der Weise seiner Erkennbarkeit für uns unverändert wird"[68].

67 Niklas (2013), S. 27.
68 Taylor (1992a), S. 39.

Diese Unabhängigkeit sei im Fall von artikulierenden Beschreibungen unserer selbst nicht gegeben; unsere Gefühle oder Wünsche sind, so Taylor, keine unabhängig beschreibbaren Entitäten. Daher gilt, dass „Artikulationen Versuche dar[stellen], etwas zu formulieren, das anfangs unvollständig, konfus oder schlecht formuliert ist. Diese Formulierung oder Reformulierung jedoch läßt den Gegenstand nicht unverändert“[69].

Entscheidend ist, dass die Artikulation das zuvor Unartikulierte durch ihre sprachliche Formulierung formt und dieses damit eben nicht ‚unberührt' lässt. Selbst-Artikulationen bleiben ihrem Gegenstand nicht äußerlich, sondern verändern ihn in seiner Gestalt. „Eine Artikulation dieses ‚Objekts' führt dazu“, so Charles Taylor weiter, „es zu etwas anderem zu machen als dem, was es zuvor war“[70]. Während es beispielsweise einen Stuhl in seinem Sein unberührt lässt, ob ich ihn so oder so beschreibe, ist dies bei der Artikulation unserer psychischen Situation eben nicht der Fall; ihre Artikulation *verändert* sie.

„Von entscheidender Bedeutung ist“ daher, so kommentiert Hartmut Rosa dieses Konzept, dass beispielsweise durch „eine (Neu-)Bewertung oder Interpretation des Gefühls auch die ursprüngliche Empfindung selbst verändert wird“[71]. Eine diffuse Angst verändert sich durch ihre klarifizierende Artikulation in ihrer Ausprägung; sie wird z.B. in ihrer emotionalen Valenz weniger belastend. Oder ein erst nur schwaches und vages Unrechtsempfinden gewinnt bei genauerer Artikulation neben Luzidität auch an emotionalem Gewicht. Hierzu wiederum Charles Taylor:

> „Und aus dem gleichen Grund läßt eine Artikulation ihren ‚Gegenstand' für uns nicht in derselben Weise oder in demselben Maße klar oder unklar. Indem sie ihn formt, macht sie ihn auf eine neue Weise zugänglich oder unzugänglich.“[72]

Eine artikulierende Formulierung *formt* also ihren ‚Gegenstand' immer auch derart, dass sie ihn verändert – sie macht ihn anders zugänglich. Es ist daher unangemessen, Artikulation als einen ‚neutralen Transport' des Impliziten ins Explizite zu verstehen. Etwas wird nicht einfach ins Bewusstsein ‚überführt' – eine Vorstellung, die leider in der Psychoanalyse durchaus verbreitet ist – sondern wird im Akt des artikulierenden Bewusstmachens *formiert* und damit zugleich auch *transformiert*.

Peter Bieri, dessen Überlegungen zu dieser Thematik Charles Taylor viel verdanken, drückt dies wie folgt aus:

---

69 Ebd.

70 Ebd., S. 42.

71 Rosa (1998), S. 89.

72 Taylor (1992a), S. 42.

> „In den meisten Fällen beeinflußt das, was wir über eine Sache sagen, diese Sache nicht. Anders verhält es sich, wenn wir uns selbst erkennen und zu verstehen versuchen, indem wir das Erleben in Worte fassen. Wir haben gesehen: Wenn wir uns fragen, was wir über eine Sache denken [...], so kann sich diese Überzeugung gerade dadurch, daß sie untersucht und besprochen wird, verändern. Man könnte sagen: Dann schafft das Erkennen das Erkannte, oder auch: Dann formt das Besprechen das Besprochene."[73]

Durch seine Formung und Konturierung erschafft eine solche Selbsterkenntnis also mitunter das Selbst in seiner artikulierten Gestalt. Hieraus folgt zugleich, dass, sei es ein Gefühl, ein Wunsch oder eine Überzeugung, zwar (notwendigerweise) zuvor vorhanden ist, sich mitunter auch kundtut, bisweilen sogar auf das Erleben des Subjekts einwirkt und es in seinem Erleben und Verhalten vielleicht sogar umfangreich bestimmt; jedoch erst durch seine Artikulation wird das Unartikulierte zu dem, was es letztlich ist. Hartmut Rosa fasst diesen zentralen und m.E. ungemein ertragreichen Gedanken Taylors wie folgt zusammen:

> „Das, was jeweils durch Expression und Artikulation ‚klar' gemacht werden soll, existiert an sich gar nicht unabhängig von der Expression oder Artikulation. Jede Expression oder Artikulation verändert zugleich das Artikulierte oder zum Ausdruck Gebrachte. Das Ausdrucksmedium und das zum Ausdruck Gebrachte verschmelzen daher in einer solchen Weise, daß ‚Expression' nicht mehr als Manifestwerden eines Vorgängigen zu verstehen ist, sondern zumindest teilweise auch als dessen Herstellung."[74]

In artikulierenden Akten wird etwas zugleich wiedergegeben, geformt und dadurch auch in seiner letztlichen Ausprägung hervorgebracht. Artikulationen können daher durchaus als Form der *Selbstveränderung* verstanden werden. Berücksichtigt man, dass Artikulationen Handlungen sind, ergibt sich zudem die Möglichkeit, dass durch Artikulation intentional Einfluss auf das eigene Empfinden und Erleben genommen wird. Durch die Art und Weise der Artikulation kann ich meinen aktuellen psychischen Zustand daher verändern (ggf. sogar in selbsttäuschender Hinsicht). Artikulationen, „in denen das Beschreiben und Verstehen unserer selbst nicht in einer einflußlosen Bestandaufnahme besteht", so wiederum Peter Bieri, seien zugleich, „innere Umgestaltungen"[75]. Daher lässt sich sagen: „Wir arbeiten durch

73 Bieri (2011), S. 18.
74 Rosa (1998), S. 149.
75 Bieri (2011), S. 19.

Selbstbeschreibung an unserer persönlichen Identität."[76] Wir können daher festhalten: Artikulationen sind als Selbstveränderungen zu verstehen.

Ein einfaches Beispiel hierzu: Ich kann den sich meldenden leichten Schmerz im Knie als harmlosen Muskelkater artikulieren, was vermutlich dazu führt, dass ich diesen kaum mehr oder zumindest nicht als besorgniserregend wahrnehme. Ich kann ihn jedoch auch, beispielsweise aufgrund meiner hypochondrischen Veranlagung, als Hinweis auf eine womöglich schwerwiegende Verletzung deuten, was zur Folge haben mag, dass ich ihn vermehrt und überzogen intensiver wahrnehme und mir noch mehr katastrophisierende Gedanken über meine Gesundheit mache. Damit verändert die Artikulation meines Schmerzes eben diesen in problematischer Hinsicht. Ich ergänze eine Fallvignette:

> [Fallvignette 6]: Eine junge Patientin, welche sich seit Kurzem in einer neuen Partnerschaft befindet, berichtet in der Therapiesitzung von ersten negativen Gefühlsregungen in Form von Ärger und Enttäuschung gegenüber ihrem Partner, welche sie jedoch nicht genau einordnen konnte. Irritierend sei zudem, dass sie bisher nur positive Gefühle wahrgenommen habe. Dies sei deshalb ‚*der Anfang vom Ende*', so ist sich die Patientin sicher. Ich rege an, sich diese Gefühle noch einmal genauer anzusehen.

Die ersten negativen Gefühlsregungen gegenüber dem neuen Partner kann man entsprechend als anfängliche Krisensymptome, die das baldige Scheitern der Beziehung anzeigen, verstehen, oder alternativ eben als ‚gesunde', da weniger durch Verliebtheit verzerrte Wahrnehmung begreifen. Dies wiederum verstärkt oder vermindert diese Gefühle und beeinflusst somit das weitere Erleben und Verhalten. Das Verstehen „kann eine gewisse Distanzierung von der Emotion bedeuten, die diese schwächer werden lassen kann und / oder ihren Einfluss auf Handlungen geringer"[77]. Die artikulierende *Reformulierung* kann also zugleich eine entlastende *Regulierung* eines Gefühls bewirken.

Auch wenn sich meine Ausführungen und Beispiele vor allem auf Gefühle beziehen, so sei doch zugleich betont, dass die vorgestellten Überlegungen ebenso für Wünsche oder (mit Einschränkungen) auch für Überzeugungen bzw. Gedanken gelten können: Ein unbestimmtes Begehren muss, um als expliziter Wunsch Beachtung in meinen Entscheidungen finden zu können, als solches erst artikuliert werden. Bevor wir von etwas eine explizite, sprachlich

76 Ebd.
77 Weber-Guskar (2009), S. 145.

formulierte Überzeugung haben, ist dieses in vielen Fällen zuvor bereits als implizite Ahnung vernehmbar. Wem redensartlich Böses schwant, der hat die vage Ahnung, dass Unheilvolles droht, was sich dann später möglicherweise als bittere Gewissheit formulieren lässt. Ein Ehemann ahnt beispielsweise womöglich bereits, dass seine Frau ihn betrügt, kann (oder vielmehr will) dieses jedoch noch nicht als Überzeugung formulieren.[78] Wolfram Hogrebe spricht hier mit gutem Recht von der zentralen Bedeutung der ahnenden *Mantik* als Vorausstufe bzw. Voraussetzung aller menschlichen Welt- und Selbstverständnisse[79] sowie anthropologisch gewendet vom „impliziten Menschen"[80].

Das Beispiel des die Untreue seiner Frau ahnenden Ehemannes macht des Weiteren deutlich, dass es in vielen alltäglichen Fällen häufig kaum möglich ist, trennscharf zwischen Gefühlen, mantischen Ahnungen und Wünschen zu unterscheiden: Der besorgte Ehemann spürt irgendwie, dass etwas in seiner ehelichen Beziehung nicht stimmt und wünscht sich zugleich, dass seine Ahnung unbegründet sei, was vielleicht selbsttäuschend und damit einsichtsvermeidend sogar der Grund sein mag, warum er die Artikulation seiner vagen Befürchtung unterlässt.

Es wird ebenfalls deutlich, dass Artikulationen keinesfalls ausschließlich, wahrscheinlich nicht einmal primär introspektiv auf ‚innere' psychische Zustände oder Vorgänge, sondern zugleich immer auf Umstände oder Vorgänge im ‚Außen' (z.B. die Untreue der Ehefrau) bezogen sind. Dies liegt darin begründet, dass sich Gefühle, Wünsche und Überzeugungen (mit wenigen Ausnahmen) intentional auf Sachverhalte in der Welt beziehen: Die Eifersucht als vollständiges Phänomen – und nur als solches Ganzes kann sie wirklich verstanden werden – ist weder im ‚psychischen Innenraum' noch ‚draußen in der Welt', sondern umfasst immer das In-der-Welt-Sein des Eifersüchtigen als Ganzes. Ein artikulierendes Verstehen betrifft daher das Erleben wie auch die erlebten Umstände in ihrer konstitutiven Verwobenheit. Es sei zudem daran erinnert, dass sich in unseren (vergangenen) Handlungen und damit auch letztlich in deren Resultaten (Werken) immer implizit etwas von uns ausdrücken kann. Die Artikulation dieser Manifestationen der Entäußerungen des Selbst können daher ebenfalls als Akte der Selbsterkenntnis verstanden werden.

---

78 Auf dieses Beispiel, angelehnt an Leo Tolstois Protagonisten Alexej Karenin, komme ich später noch zurück; s. Kapitel 9.2.

79 Vgl. Hogrebe (1992).

80 Titelgebend für: Hogrebe (2013).

Artikulationen, so Hartmut Rosa final resümierend, enthalten letztlich sowohl „ein Moment des Findens als auch des Herstellens“[81]. Hier stellt sich selbstverständlich wieder die Frage danach, wie die ‚richtige‘ Artikulation gefunden werden kann. Oder kann jede gewünschte Artikulation einfach willkürlich hergestellt werden? Es geht also letztlich um die Frage nach der *Wahrheit der Artikulation.*

Charles Taylor verwahrt sich an dieser Stelle entschieden gegen ein ‚anything goes‘; stattdessen gelte: „Es gibt mehr oder weniger adäquate, mehr oder weniger aufrichtige, eher zur Selbsterkenntnis oder eher zur Selbsttäuschung tendierende Interpretationen.“[82] Auch wenn ich diese Problematik erst eingehender im fünften Abschnitt dieser Arbeit behandeln werde, sei bereits angemerkt, dass zwar immer verschiedene Möglichkeiten (bzw. Freiheitsgrade) der Artikulation existieren. Das zu Artikulierende kann jedoch diesen Möglichkeitsraum dahingehend abstecken, dass es, hier pflichte ich Taylor bei, adäquatere oder wenig adäquate, bessere oder schlechtere bzw. auch wahrhaftigere oder tendenziell selbsttäuschend verzerrte Artikulationen gibt.

Abschließend ist es nun möglich, deutlicher herauszustellen, warum ich dem Artikulationsbegriff eine solch zentrale Bedeutung zuschreibe; drei Argumente seien hier resümierend genannt: 1) Nur die Aspekte unserer Existenz, die artikuliert werden, können auch weitergehend *verstanden* werden. 2) Nur zu demjenigen, was artikuliert (und verstanden) wurde, kann man *sich verhalten.* 3) Artikulationen *transformieren* zudem das zuvor Unartikulierte; sie stellen daher eine Form der *Selbstveränderung* dar.

Dass durch seine Artikulation ein Gefühl dahingehend transformiert werden kann, dass es beispielsweise an überzogener, besorgniserregender oder lähmender Intensität verliert und somit sein ‚Sinn‘ verstehend zugänglich wird, erweist sich für die psychotherapeutische Tätigkeit als unentbehrlich. Es erscheint daher nicht abwegig, dies in der Tradition des zentralen Satzes Freuds „Wo Es war, soll Ich werden“[83] zu sehen, welcher vor dem Hintergrund der bisherigen Überlegungen nun dahingehend verstanden werden kann, dass es eine wichtige Aufgabe der Psychoanalyse sei, das diffuse, undifferenzierte und damit nicht verstandene Erleben, das ‚Es‘, in das artikulierte und damit verstehbare ‚Ich‘ zu überführen. Auch wenn ich es im Rahmen dieser Arbeit nur anreißen kann, erscheint es mir als ein in theoretischer Hinsicht äußerst ertragreiches Unterfangen, den *Artikulationsbegriff als Bewusstwerdung* zu verstehen und ihn damit als Alternative zu den üblichen psychoanalytischen

81 Rosa (1998), S. 152.

82 Taylor (1992a), S. 41.

83 Freud (1999l), S. 86.

Konzepten von Unbewusstem und Bewusstem bzw. den Mechanismen der Überführung eines Inhalts zwischen diesen beiden Bereichen in Stellung zu bringen.

Peter Bieri hat sicherlich Ähnliches im Sinn, wenn er im Rahmen seiner vorgestellten Überlegungen zur Selbsterkenntnis von zwei Weisen spricht,

> „in denen wir durch sprachliche Artikulation Einfluß auf unsere Affekte nehmen und den Radius der Selbstbestimmung nach innen ausweiten können: Differenzierung von bewußtem Erleben auf der einen Seite, Erschließen von Unbewußtem auf der anderen“[84].

Hierdurch, so Bieri, „kann aus Unbewußtem durch sprachliche Artikulation Bewußtes werden“[85]. Die Idee, Artikulation als Bewusstmachung zu verstehen, erweist sich, dies wird noch weiterführend zu zeigen sein, aus folgenden, hier nur thetisch angeführten Gründen als ertragreich:

1) Freuds zentrale Entdeckung und damit die Grundlage des tiefenpsychologischen Denkens – die Unterteilung von Unbewusstem und Bewusstem – bleibt nicht nur gewahrt, sondern wird zudem dahingehend theoretisch angemessener bestimmt, dass sie
2) sowohl der herausgearbeiteten *sprachlichen Natur des Menschen* wie
3) auch der *sprachzentrierten Praxis der Psychotherapie* Rechnung trägt. Darüber hinaus ermöglicht der Artikulationsbegriff, kulturelle Prägungen, Unterschiede oder Entwicklungen, welche sich immer auch im *Vokabular der artikulierenden Selbstbeschreibung* niederschlagen, zu berücksichtigen.
4) Da Artikulationen Handlungen sind, sind sie sowohl durch Gründe motiviert wie auch durch andere psychische Einflussfaktoren (mit)bestimmt; dies macht es möglich, *Selbsttäuschungen* als Artikulationsverzerrungen oder -vermeidungen verständlich zu machen.
5) Hiermit hängt zusammen, dass Artikulationen, wie bereits kurz erwähnt wurde und später noch eingehender behandelt wird, zudem *perspektivisch* und *graduierbar* sind. Etwas ist nicht einfach bewusst oder unbewusst, sondern kann angemessener oder leicht verzerrt, eher von dieser oder jener Seite betrachtet, mit guten Gründen so oder so artikuliert werden. Hierdurch kann die Verwendung von problematischen psychoanalytischen Begriffen wie ‚halbbewusst‘ oder ‚überdeterminiert‘ vermieden werden).

84 Bieri (2011), S. 20.
85 Ebd., S. 19f.

6) Hieraus folgt zudem, was im Folgenden noch eingehender thematisiert werden soll, nämlich, dass die *Fähigkeit zur Artikulation* als eine zu erwerbende Kompetenz verstanden werden kann, welche besser oder schlechter ausgeprägt ist. Der Erwerb bzw. die Verbesserung dieser Fähigkeit ist daher ein Ziel der psychotherapeutischen Behandlung.
7) Zuletzt knüpft ein so entwickelter Artikulationsbegriff an die *hermeneutische Tradition* der Psychoanalyse an und eröffnet die Möglichkeit einer m.E. fruchtbaren Zuwendung zu den Human-, Geistes- und Sozialwissenschaften.

Fassen wir die Überlegungen zum Begriff der Artikulation zusammen: Die Selbst-Artikulation steht zwischen Selbstfindung und -erfindung. Denn in Akten der Artikulation wird etwas, das bereits vage vorhanden ist, *als* etwas artikuliert. Nur artikuliert sind ein Gefühl, ein Wunsch oder ein Gedanke als solcher verstehbar. Artikulationen dürfen jedoch nicht als eine einfache, ihren Gegenstand unberührt lassende ‚Überführung' vom Unbewussten ins Bewusste missverstanden werden, denn sie formen diesen signifikant und tragen daher entscheidend zu seiner letztlichen Gestalt bei. Mitunter verändert sich das Artikulierte im Akt seiner Artikulation sogar entscheidend. Artikulationen wirken daher nicht nur formgebend, sondern auch transformierend. Zuletzt ist entscheidend, dass Artikulationen als bewusste Handlungen zu verstehen sind, was sie vom Ausdruck unterscheidet. Dies impliziert, dass es immer Freiheitsgrade gibt, als was etwas artikuliert wird. Aus diesen Freiheitspielräumen der Artikulation folgt jedoch keine dezisionistische Willkür; es gibt bessere oder schlechtere Artikulationen.

Dem Artikulationsbegriff kommt eine zentrale Bedeutung im Ganzen meiner Argumentation zu. Artikulationen ermöglichen es, dass Anteile des unartikulierten Selbst, verstanden als die Vielzahl der uns in verschiedener Hinsicht bestimmenden Aspekte, explizit zu machen. Sie sind daher grundlegend für die Konstitution eines deskriptiven bzw. evaluativen Selbst, also als Antwort auf die Frage, wer ich eigentlich bin bzw. sein will. In artikulierenden Handlungen wird etwas zuvor implizit Vorhandenes zur Darstellung gebracht und damit zugleich in seiner finalen Gestalt hervorgebracht. Das artikulierte Selbst, so Rosa, „ist Manifestation und Selbstschöpfung zugleich"[86].

86 Rosa (1998), S. 152.

6.4 Möglichkeiten und Grenzen der Artikulation

Wenn Artikulationen als Tätigkeiten verstanden werden, setzt dies die *Fähigkeit zur Artikulation* voraus. Diese Fähigkeit resultiert in erheblichem Maße aus dem individuell oder kollektiv zur Verfügung stehenden *Vokabular der Selbstartikulation*; also aus den zur Verfügung stehenden Begriffen, Metaphern, Sprachbildern, mit denen wir uns selber beschreiben. Diese stecken zugleich die *Möglichkeiten* wie auch die *Grenzen* des Artikulierbaren ab; dieser Thematik möchte ich mich nun zuwenden. Die Grenzen des Artikulierbaren werden darüber hinaus, so meine These, jedoch nicht nur durch das verfügbare Vokabular, sondern auch durch der Sache nach *Unartikulierbares* gezogen. Selbstverständlich erfordert die Artikulationsfähigkeit auch weitere Fertigkeiten wie Aufmerksamkeit, sprachliche und kognitive Kapazitäten und dergleichen; ich werde mich in meinen Ausführungen jedoch primär auf das Artikulationsvokabular konzentrieren.

Hierzu knüpfe ich wieder an Charles Taylor an, denn dieser betont als Konsequenz seiner sprachanthropologischen Überlegungen, dass „aus all dem [...] natürlich [folgt], daß Menschen mit einem sehr unterschiedlichen Vokabular sehr verschiedene Arten von Gefühlen, Bestrebungen und Empfindungen besitzen“[87]. Da Artikulationen eben nicht nur etwas in seiner Form schon Vorhandenes besser oder schlechter abbilden, sondern durch ihre Gestaltungsstätigkeit erst konstituieren, haben Menschen, hier ist Charles Taylor zuzustimmen, mit unterschiedlichem Vokabular auch unterschiedliche Gefühle und verhalten sich entsprechend ebenfalls anders.

Dies schließt nicht aus, dass gewisse Grundaffekte durchaus kulturinvariant bzw. universell sind, sondern betont vielmehr, dass sie im Rahmen des zur Verfügung stehenden Vokabulars eine unterschiedliche Ausprägung erhalten. Rosa kommentiert Taylors These am Beispiel der Liebe daher wie folgt:

> „Erst wo ein differenziertes Vokabular zur Beschreibung beispielsweise des Sich-angezogen-Fühlens in Begriffen wie Liebe, Zuneigung, sexuelle Anziehung, Bewunderung, Verehrung etc. zur Verfügung steht, können diese Empfindungen als solche wahrgenommen werden, wobei sie dann wiederum auch handlungsleitend zu werden vermögen, indem sie entsprechende Handlungsziele vorgeben.“[88]

Ein Gefühl kann als solches letztlich nur artikuliert werden, wenn die hierfür notwendigen Begriffe verfügbar sind; bzw. es kann nur in dem Rahmen

87 Taylor (1992a), S. 86.
88 Rosa (1998), S. 89.

artikuliert werden, den das vorhandene Vokabular zur Verfügung stellt. Anders formuliert: *Das verfügbare Vokabular ermöglicht und begrenzt die Ausprägung des Erlebens*, wobei ich unter Vokabular die begrifflichen Artikulationsmöglichkeiten eines psychischen Zustandes verstehe.

Diese konstitutive Interdependenz zwischen Gefühl und Gefühlsvokabular kann insbesondere durch die Analyse der historischen Veränderung eines Gefühls bzw. seiner begrifflichen Artikulationsmöglichkeiten verdeutlicht werden:[89] Wenn wir beim Beispiel der Liebe bleiben, so können uns die profunden Analysen von Eva Illiouz zur historischen Geneseromantischer Gefühle zeigen, dass wir beispielsweise in der kapitalistischen Moderne anders fühlen als es in früheren Zeiten der Fall war.[90] Dies hat signifikant mit den Begriffen, Sprachbildern und Metaphern zu tun, in Summe also mit dem romantischen Vokabular, in dem wir unsere Gefühle zum Ausdruck bringen. Als ein anderes Beispiel kann nochmals auf Charles Taylor verwiesen werden, welcher in seiner groß angelegten Monographie *Quellen des Selbst*[91] die historische Entwicklung der Beschreibungsformen unserer moralischen Gefühle und der entsprechenden Formen ethischer Selbstverständnisse untersucht.

Die wechselseitige Verwiesenheit von Erleben und Begrifflichkeiten zeigen jedoch nicht nur historische Untersuchungen auf, sondern ebenso interkulturelle Betrachtungen. So weisen zahlreiche Sprachen Emotionsbegriffe auf, die andere Sprachen in dieser Weise nicht kennen und die daher bisweilen kaum übersetzbar sind. Als Beispiel sei auf den japanischen Begriff ‚*amae*' verwiesen, welcher im Deutschen mehr oder weniger treffend mit dem Wunsch, der Sehnsucht nach (geborgener) Abhängigkeit wiedergegeben wird.[92] Für viele Europäer wird dieser Begriff und das dazugehörige Gefühl sicherlich befremdlich wirken. Als Beschreibung einer kindlichen Emotion in Bezug auf die primäre Bezugsperson mag dies (aus der westlichen Perspektive) vielleicht noch annähernd verständlich sein. Dass jedoch der Begriff *amae* in der japanischen Kultur, so das Ergebnis einer Studie von Takeo Doi, häufig auch zur Beschreibung des emotionalen Verhältnisses zum beruflich Vorgesetzten verwendet wird, mag aus einer westlichen Perspektive eher fremd bzw. irritierend wirken. Da jedoch die ‚emotionalen Grundbausteine' – Sehnsucht, Geborgenheit, Abhängigkeit – ohne Zweifel vorhanden sind, halte ich es jedoch nicht für

89 Die historischen Veränderungen von Gefühlen werden im Rahmen der sogenannten Emotionsgeschichte untersucht; s. einführend: Plamper (2012).

90 Illouz (2007), (2016).

91 Taylor (1996).

92 Zur ausführlichen Darstellung, Untersuchung und Deutung dieses Phänomens s. Doi (1973).

abwegig, dass mancher Europäer zumindest in der Lage sein sollte, eine vage Vorstellung dieses Gefühls zu entwickeln.[93]

Es sei zudem noch einmal daran erinnert, dass die Artikulation eines Gefühls dieses immer auch konstituiert, woraus folgt, dass Zweifel angemeldet werden können, ob es für Kulturfremde, welche nicht über den Begriff der ‚*amae*' verfügen, möglich ist, ein Gefühl in dieser Ausprägung zu haben. Ähnliches gilt sicherlich auch für die Gefühle vergangener Zeit, deren „prinzipielle Differenz"[94] z.B. bei der Lektüre mittelalterlicher Liebeslyrik erfahren werden kann.

Es kann daher festgehalten werden, dass das zur Verfügung stehende sprachliche Vokabular die Artikulation von Erleben *ermöglicht*, sie jedoch zugleich auch *begrenzt*. Ich möchte diese Problematik in historischer und interkultureller Hinsicht hier nicht weiter diskutieren, da mein Klärungsinteresse vielmehr den individuellen Fähigkeiten bzw. dem individuell verfügbaren Vokabular der Selbstartikulation gilt. Peter Bieri, dessen Überlegungen zu diesem Thema bereits mehrfach zur Sprache kamen, plädiert nachdrücklich dafür, dass profunde Selbstkenntnis ein umfangreiches und differenziertes Vokabular voraussetzt. „Wenn unsere Sprache des Erlebens differenzierter wird, wird es auch das Erleben selbst", so Bieris These. Er ergänzt: „Das ist mit dem Ausdruck éducation sentimentale gemeint."[95] Eine differenzierte Sprache verfeinert also das Erleben.

Obgleich ich es vorziehe, hier von *Artikulationsfähigkeit* zu sprechen, bin ich der Überzeugung, dass Bieri hier einen instruktiven Gedanken vorbringt. Üblicherweise mag man davon ausgehen, dass erwachsene, sprachkompetente Menschen im Regelfall in der Lage sind, ihr Erleben, vor allem ihr Gefühlsleben, angemessen zu artikulieren.[96] Wie Bieri betont und ich nun unter Zuhilfenahme von Richard Rorty weiter ausbuchstabieren werde, handelt es sich hierbei jedoch nicht einfach um eine basale Fähigkeit, über welche man im nichtpathologischen Regelfall einfach verfügt (oder eben nicht), sondern um graduell entwickelbare Fähigkeiten, bzgl. derer man nie ‚ausgelernt' hat. Analog zu Schriftstellern und Schriftstellerinnen, bei denen es üblich ist, ihre Fähigkeit zur Beschreibung realer oder fiktiver Geschehnisse als besser oder schlechter zu beurteilen, erscheint es mir sinnvoll und angebracht, eine solche,

---

93 Doi sieht eine Verwandtschaft mit dem psychoanalytischen Begriff der „*passiven Objektliebe*", wie er von Michael Balint verwendet wird: ebd., S. 28.

94 Härle (2007), S. 10. Zur Erfahrung dieser Fremdheit sei die Lektüre der Texte dieser Anthologie empfohlen.

95 Bieri (2011), S. 18f.

96 Eine sehr empfehlenswerte, interdisziplinäre Arbeit zur (zugleich titelgebenden) Frage, *wie wir lernen, über unsere Gefühle zu sprechen*, haben Gebauer et al. (2017) vorgelegt.

entwicklungsfähige ‚Kunstfertigkeit' auch bezüglich des eigenen Erlebens zu postulieren. In diesem Sinne wäre Artikulationsfähigkeit eine stetige, bis zur Meisterschaft entwickelbare Fertigkeit.[97]

Das Stichwort ‚Schriftsteller des eigenen Lebens' leitet unmittelbar zu Richard Rorty über: Ausgehend von der (in mehrerlei Hinsicht diskutablen) sprachphilosophischen Grundthese, dass unsere Beschreibungen die Wirklichkeit niemals angemessen abbilden können, weshalb es daher vielmehr darum gehe, anstelle von wahren immer neue, interessante bzw. dem gesellschaftlichen Fortschritt förderliche sprachliche Welt- und Selbstbilder hervorzubringen, entwickelt dieser in seinem Buch *Kontingenz, Ironie und Solidarität* die These, dass es uns daher in Bezug auf unser Selbst primär daran gelegen sein sollte, eine einzigartige, „idiosynkratische"[98] Beschreibung unserer Person zu liefern. Getrieben vom „Horror, sich als bloße Kopie oder Replik vorzufinden"[99], gehe es darum, als „starker Dichter"[100] sich selber in unverkennbarer Gestalt zu erfinden.

Auch wenn ich Rortys Konstruktivismus als überzogen erachte, so trifft er einen wichtigen Punkt, wenn er behauptet, dass der Nutzen philosophischer oder anderer Theorien (ebenso wie literarischer Werke, denn für Rorty gibt es hierbei letztlich keinen Unterschied) primär darin besteht, uns ein reichhaltigeres Vokabular zur Selbstbeschreibung zur Verfügung zu stellen.

In seinem instruktiven Aufsatz zu Sigmund Freud veranschaulicht er dies an dessen Beispiel; dank Freud, so Rorty, „verfügen wir über ein Vokabular, mit dessen Hilfe wie alle die verschiedenen Teile der Seele – die bewußten wie die unbewußten – in homogenen Begriffen beschreiben können"[101]. Die eigentliche Stärke der von ihm eingeführten Begriffe und Theoreme, so Rortys äußerst kreative Lektüre Freuds, bestehe nicht darin, dass sie die Wirklichkeit der menschlichen Psyche angemessen beschreiben, sondern darin, dass sie innovative Vorschläge zur reichhaltigeren Beschreibung unserer selbst liefern. Die Originalität des durch Freud gestifteten Vokabulars sei daher darin zu sehen, dass die verschiedenen Kompartimente der Psyche als ‚homogen' verstanden werden, dies meint, dass sie als gleichwertige Beschreibungsformen gelten und somit eine ‚tiefere' Beschreibung des Selbst ermöglichen.

97 Meisterhafte Kunstfertigkeit bzgl. der Beschreibung seines eigenen Erlebens kann beispielsweise mit Sicherheit Marcel Proust zugesprochen werden. Prousts Beispiel mag jedoch zugleich verdeutlichen, dass solch feingliedriges Erleben ebenso lebenshemmend sein kann.

98 Rorty (1991), S. 53.

99 Ebd., S. 62.

100 Ebd., S. 55.

101 Rorty (1988), S. 51.

Diese neue Sprache unserer Seele ermöglicht uns nicht nur eine originelle Neubeschreibung unseres Erlebens, sondern zugleich auch eine Form der Selbstveränderung; Freud, so führt Rorty weiter aus,

> „hat uns die Möglichkeit gegeben, alternative Geschichten und alternative Vokabulare nicht als prospektiv richtige Abbildungen des Verhaltens der Dinge in ihrem Ansichsein zu sehen, sondern als Werkzeuge des Wandels"[102].

Durch das psychoanalytische Vokabular ist es möglich, uns (deskriptiv) anders, gleichsam reichhaltiger zu beschreiben und somit zugleich auf andere Weise (evaluativ) zu entwerfen. Resümierend konstatiert Rorty daher: „Nach meiner Darstellung gibt Freuds Werk uns die Möglichkeit, derart ad hoc reichhaltigere und einleuchtendere Geschichten zu konstruieren."[103] Emphatisch empfiehlt Rorty daher die stetige Erweiterung unserer Fähigkeit zur Selbstbeschreibung durch die Aneignung kreativen Vokabulars aus Philosophie, Wissenschaft und Literatur.

Obgleich ich, wie bereits angemerkt, Rortys Konstruktivismus überzogen und letztlich unhaltbar finde, seine Desavouierung philosophischer Theorien als ‚kreativen Begriffspool' nicht mitgehen kann und auch seine Freud-Interpretation zwar als originell, jedoch zugleich auch als einsichtig erachte, halte ich seine These, dass wir dank psychoanalytischer Begriffe zu einer reichhaltigeren Beschreibung unseres Erlebens und Verhaltens befähigt sind, für äußerst fruchtbar. Hieraus lässt sich weiterführend die These entwickeln, dass die Leistung der Psychoanalyse in erheblichen Teilen darin besteht, dass sie *die Artikulationsmöglichkeiten des Patienten erweitert*, sodass dieser mittels eines reichhaltigeren Vokabulars seine Gefühle, Wünsche und Gedanken differenzierter beschreiben, verstehen und sich schlussendlich auch angemessener zu diesen verhalten kann. Insofern man, was alltagssprachlich ja durchaus üblich ist, ein differenziertes artikuliertes Erleben als ‚*tief*' bezeichnet, macht es in der Tat Sinn, hier von *Tiefenpsychologie* zu sprechen.

Wenn wir von der These ausgehen, dass ein nicht unerheblicher Teil der kurativen Wirkungen tiefenpsychologischer Therapien darin besteht, den Patienten ein erweitertes und feingliedrigeres Vokabular zur Beschreibung seines Erlebens (und Erinnerns) zu verschaffen und damit die Erweiterung der bisherigen Grenzen seiner Artikulationsmöglichkeiten zu bieten, dann stellt sich neben der Frage nach den *Möglichkeiten* ebenso die Frage nach den

102 Ebd., S. 52.
103 Ebd., S. 66.

Grenzen der Artikulation. Dieser Frage möchte ich mich abschließend noch kurz zuwenden; auf drei Grenzen möchte ich hinweisen:

1) Bereits angesprochen und als zentral für die klinische Praxis erweist sich eine individuelle pathogene *Einschränkung des Artikulationsvokabulars*. Viele Patienten zeigen sich nur eingeschränkt in der Lage, ihr psychisches Erleben hinreichend gut zu artikulieren; dies kann die psychische Gesundheit beeinträchtigen bzw. eine Therapie erschweren. Die therapeutische Arbeit besteht entsprechend darin, *die Grenzen der Artikulationsmöglichkeiten zu erweitern*.
   In der modernen Psychoanalyse wird eine solche Einschränkung zumeist anknüpfend an die Theory of Mind als *Mentalisierungsstörung* bezeichnet.[104] Obgleich unter diesem Begriff behandlungstechnisch häufig adäquate Impulse gesetzt werden, welche man durchaus als Verbesserung der Fähigkeit zur Selbstartikulation bezeichnen kann, weist dieser Ansatz m.E. mehrere problematische theoretische Defizite auf; insbesondere bleibt die Bedeutung der Sprache unterbelichtet.
   Neben dem bereits erwähnten Konzept der Mentalisierung wäre in diesem Zusammenhang das Konzept der *Alexithymie* (‚Gefühlsblindheit') als klinische Theorie zu nennen. Der Begriff *Alexithymie* entstammt der sogenannten ‚Pariser Schule' der Psychosomatik[105] und beschreibt die klinisch relevante Beeinträchtigung der Fähigkeit zur Wahrnehmung und Symbolisierung eigener Gefühle.[106] Es erscheint mir deshalb nicht unberechtigt, die unter diesem Begriff beschriebenen klinischen Phänomene auch als Artikulationsbeeinträchtigungen zu begreifen.
2) Neben dem (mäßig ausgeprägten) Umfang des zur Verfügung stehenden Vokabulars können ebenfalls *abgelehnte, verpönte* oder *verbotene Begriffe* der Artikulation Grenzen setzen. Wir befinden uns hier in der Nähe dessen, was in der Psychoanalyse mit dem vielschichtigen Begriff des *Über-Ichs* beschrieben wird.
   Da die Grundidee zwar leicht einsichtig, ihre theoretische Ausbuchstablerung jedoch anspruchsvoll ist, möchte ich dieses komplexe Thema hier nur kurz streifen. Wenn wir z.B. annehmen, dass eine Person in einer restriktiven, homophoben Gesellschaft ein verpöntes homosexuelles Begehren entwickelt, kann dessen explizite Formulierung (z.B. ‚*ich begehre einen anderen Mann*') dadurch eingeschränkt oder verhindert werden, dass die Wörter zur angemessenen Artikulation dieses

104 Für einen Überblick hierzu s. Fonagy et al. (2018).
105 S. Marty et al. (1978).
106 Eine gute Übersicht zum Konzept der Alexithymie bieten Grabe et al. (2009).

Begehrens als inakzeptabel gelten und dadurch de facto unverfügbar sind. Entsprechend der hier entwickelten Annahme der Konstitution eines Gefühls oder Wunsches durch seine Artikulation kann die These aufgestellt werden, dass eine solche Gesellschaft die Bildung eines homoerotischen Begehrens durch die (internalisierte) Tabuisierung entsprechender Begrifflichkeiten restringiert. Entsprechend könnte man sagen: *Das gesellschaftlich Sagbare formt und begrenzt das individuell Wahrnehmbare.*

Nach psychoanalytischer Auffassung besteht in einem solchen Fall die Gefahr, eine problematische und leidvolle Über-Ich-Pathologie zu entwickeln. Die These, dass sich das Freud'sche Über-Ich vor allem im Medium sprachlicher Restriktionen konstituiert, hat vor allem Jacques Lacan mit seinen Überlegungen zur ‚symbolischen Ordnung', verstanden als Matrix des Sagbaren, innerhalb derer ein Begehren artikuliert wird, sowie darüber hinaus mit der diese Ordnung legitimierenden, imaginären Figur des ‚großen Anderen' entwickelt und ausbuchstabiert.[107]

Auch wenn in modernen westlichen Gesellschaften kaum noch derart kategoriale und restriktive Verbote existieren, so sind sie lokal bzw. individuell weiterhin, mitunter auch in der klinischen Praxis, anzutreffen. So mag Homosexualität gesamtgesellschaftlich weitestgehend akzeptiert sein, trotzdem kann es aufgrund von individueller Prägung immer noch verpönt sein, ein vages leibliches Begehren in diese Richtung zu artikulieren oder gar weiterführend als Teil der eigenen (sexuellen) Identität anzunehmen.

Zudem, so kann man mit Alain Ehrenberg anmerken, ist eine gesellschaftliche Entwicklung derart zu beobachten, dass an die Stelle expliziter Verbote eher implizite Gebote z.B. in Form von Leistungsimperativen getreten sind.[108] Verpönt ist beispielsweise zumeist nicht mehr die Artikulation eines homosexuellen Begehrens, sondern vielmehr die explizite Formulierung von Erschöpfungs- und Insuffizienzgefühlen. Sich in seiner Identität als Homosexueller zu verstehen, scheint heute in westlichen Gesellschaften glücklicherweise weitestgehend unproblematisch; überfordert zu sein oder als ein ‚Leistungsversager' zu gelten, ist hingegen vielerorts wesentlich weniger akzeptabel.

3) Zuletzt sei eine Grenze der Artikulation angesprochen, die nicht im begrenzten oder tabuisierten Vokabular oder in anderen Einschränkungen der Artikulationsfähigkeit gelegen, sondern im Artikulierten selbst

107 S. hierzu Kapitel 10.2.

108 Vgl. Ehrenberg (2015).

auszumachen ist: Wie bereits unter dem Stichwort *unartikuliertes Selbst* erwähnt, gibt es immer Aspekte unserer Existenz, die uns implizit (unartikuliert) (mit)bestimmen oder prägen. Unter diesen finden sich mitunter vor allem in lebensgeschichtlicher Hinsicht Anteile, die sich grundsätzlich nicht angemessen artikulieren lassen. Bestimmte Erfahrungen und Erlebnisse *entziehen* sich der *Artikulierbarkeit.*

Neben Erlebnissen auf der einen Seite, deren Schönheit in keine angemessene sprachliche Form gefasst werden kann (oder sollte)[109], sind auf der anderen Seite vor allem *traumatische Erfahrungen* zu nennen. Erfahrungen dieser Art – Katastrophen, Gewalt, Verlust, Trauer, Krankheit – sind häufig in ihrer fundamentalen Sinnlosigkeit, Widersinnigkeit oder Sinnwidrigkeit nicht oder nur kaum in Worte zu fassen. *Ihre traumatische Intensität übersteigt das überhaupt Artikulierbare.*

Auch wenn sich solche Erfahrungen trotz aller Schwierigkeiten und mit viel Überwindung zur Sprache bringen lassen, kann es jedoch sein, dass sie sich als artikuliertes Erleben erst recht als unaushaltbar erweisen. Ihre Nichtartikulation stellt daher ggf. eine Form der *sinnvollen Vermeidung* dar. Es kann daher von Fällen ausgegangen werden, in denen nicht die Artikulation, sondern die *Akzeptanz der Unartikulierbarkeit* eines Erlebnisses geboten zu sein scheint.

Hingegen behauptet die moderne Traumatherapie, dass gerade die fehlende narrative Einbindung eine erschütternde Erfahrung zum Trauma werden lässt, und betont die Bedeutung der *narrativen Bewältigung* von Trauma und Verlust; hierzu später mehr.[110] Die Frage, ob, wann bzw. unter welchen Bedingungen eine traumatische Erfahrung in therapeutischer Absicht artikuliert werden soll, kann aus der philosophischen Perspektive dieser Arbeit nicht geklärt werden. Festzuhalten bleibt hingegen, dass traumatische Erfahrungen deutliche *Grenzen der Artikulation* aufzeigen.

Neben solchen Formen ‚objektiv' unaushaltbarer Erfahrungen gibt es auch *Artikulationsvermeidungen*, deren Gründe auf den ersten Blick bzw. von außen betrachtet weit weniger nachvollziehbar erscheinen. Während traumatische Erfahrungen von Krieg, Katastrophen oder Verbrechen gemeinhin als erschütternd, kaum aushaltbar und nur schwer artikulierbar gelten, kann es ebenso gut *subjektiv Unaushaltbares* geben,

---

109 In diesem Sinne kritisiert beispielsweise Roland Barthes die Artikulation in der Musik, denn *„artikulieren heißt, den Sinn in einer parasitären, unnützen und dabei nicht einmal verschwenderischen Klarheit überladen"*; Barthes (1990), S. 283.

110 Vgl. hierzu Kapitel 10.1.

was Grund zur Vermeidung seiner Artikulation bietet. Solch ‚neurotisch Unartikuliertes' reicht von subjektiv Unerträglichem bis hin zu Einsichtsvermeidung aus weit weniger dramatischen Gründen.

> [Fallvignette 7]: Eine Studentin stellt sich in einem Beratungsgespräch mit einer allgemeinen Überforderungsproblematik in ihrem Studium vor; bereits im zweiten Gespräch merkt sie jedoch an, dass es da noch etwas anderes gebe, über das sie jedoch noch nicht reden könne. Ich lasse ihr dafür erst einmal Zeit und nach ein paar Sitzungen und mehreren Anläufen schafft sie es auszusprechen, dass sie panische Angst vor Hunden habe; selbst bei kleinsten Exemplaren müsse sie die Straßenseite wechseln. Dies sei ihr hochpeinlich und beeinträchtige ihr Leben; es gelingt ihr im weiteren Verlauf mit großer Mühe einige Beispielsituationen und letztlich sogar einige Kindheitserinnerungen mit als bedrohlich wahrgenommenen Hunden zu schildern, sodass Anhaltspunkte der Pathogenese sichtbar werden. Letztlich empfehle ich die Aufnahme einer psychotherapeutischen Behandlung. Zum Ende der Beratung meldet sich die Studentin erneut und berichtet, dass es ihr in der Beratung bzw. der nachfolgenden Therapie zum ersten Mal überhaupt möglich war, ihre Angst deutlich in Worte zu fassen und somit erste Versuche des Erinnerns und des Verstehens zu unternehmen.

Die Fallvignette mag zeigen, dass auch subjektiv schwer Aushaltbares – die übermäßige Angst der Patientin vor Hunden ist offensichtlich objektiv unbegründet und daher überzogen – Grund zur Artikulationsvermeidung bieten kann. Die Aufgabe und bisweilen auch die Herausforderung eines Therapeuten bestehen darin, diese subjektive Dimension solcher Probleme, egal wie abwegig sie auf den ersten Blick auch erscheinen mögen, anzunehmen. Nur so besteht die Möglichkeit, die Problematik angemessen zu artikulieren und sie möglicherweise weitergehend zu verstehen. Auch hier ist wiederum von entscheidender Bedeutung, dass ein bisher nur vages oder implizit gegebenes Gefühl (bzw. ein Wunsch oder eine Überzeugung) alleine durch seine Artikulation verändert wird. Häufig, wie z.B. in der Fallvignette, hat bereits dies eine entlastende Wirkung. Eine Artikulationsvermeidung stellt natürlich letztlich eine Form der Selbsttäuschung dar. In den bisher angeführten Fällen sind die Gründe hierfür (bei genauerer Betrachtung) gut nachvollziehbar. Manchmal kann sogar einiges dafür sprechen, die selbsttäuschende

Artikulationsvermeidung unangetastet zu lassen. Selbstverständlich gibt es jedoch auch zahlreiche, anders gelagerte Fälle, in denen schwächere Motive Grund der Selbsttäuschung sind und sich ein unangenehmes Aufdecken dieser als letztlich lohnenswert erweist – auch auf dieses Thema komme ich noch eingehender zu sprechen.[111]

Es sollte deutlich geworden sein, dass die Artikulationstätigkeit aus verschiedenen Gründen begrenzt sein kann, sei es durch die kollektive oder individuelle Begrenzung des Vokabulars, die Tabuisierung von Begrifflichkeiten, die selbsttäuschende Artikulationsvermeidung oder die schiere Unartikulierbarkeit bestimmter Erinnerungen oder Problematiken.

Ich fasse die Überlegungen zum Artikulationsbegriff kurz zusammen: Als gestaltende Tätigkeit verstanden, so wurde zuvor gezeigt, ist Artikulation vom unwillkürlichen Ausdruck zu unterscheiden. Durch Artikulationen gliedern wir unser Erleben und machen es damit überhaupt erst verstehbar; sie sind dabei zugleich als hervorbringende und schöpferische Tätigkeiten zu verstehen. Der Artikulationsbegriff erweist sich daher als ein ertragreiches alternatives Verständnis der Bewusstmachung zuvor nur implizit gegebener Gefühle, Wünsche und Gedanken. Ihr Handlungscharakter erlaubt es zudem, Artikulationen als durch bestimmte Motive geleitet zu verstehen, dies ggf. auch in selbsttäuschender Absicht.

Selbsterkenntnis, so kann am Ende dieses Abschnitts festgehalten werden, beruht konstitutiv auf Akten der Artikulation. Wenn wir zur leitenden Frage dieser Arbeit – der Frage, wer ich bin – zurückkehren, so lässt sich nun präziser sagen, dass wir immer schon jemand sind, was ich mit dem Begriff des unartikulierten Selbst beschrieben habe. Um als Antwort auf diese Frage ein explizites Selbst im deskriptiven Sinne zu entwickeln, ist es notwendig, das, was unsere Existenz implizit auszeichnet, prägt oder bestimmt, zu artikulieren. Denn nur zu den artikulierten Anteilen des Selbst kann wiederum ein evaluativ-wertendes Verhältnis eingenommen, also die Fragen danach, wer ich sein will, beantwortet werden.

Selbsterkenntnis erschöpft sich jedoch nicht in Artikulationen; sie stellen vielmehr deren Grundstock dar und damit die Voraussetzung für weiterführende und anspruchsvollere Bemühungen des Verstehens. Bisher wurde vor allem die Artikulation von einzelnen, zumeist synchronen Momenten des Erlebens und Verhaltens betrachtet. Möchte man jedoch ein umfassenderes Verständnis seiner selbst entwickeln, ist es nahezu unverzichtbar, eine diachrone Perspektive einzunehmen, d.h. nicht nur die aktuelle Existenz in den

111 S. hierzu Kapitel 9.2.

Blick zu nehmen, sondern auch die eigene Geschichte. Hier gilt ebenfalls, dass die eigene Lebensgeschichte artikulationsbedürftig ist. Im folgenden vierten Abschnitt dieser Arbeit geht es daher darum, autobiographische Erzählungen als komplexe, narrative Artikulationen der eigenen Lebensgeschichte verständlich zu machen.

TEIL IV

Narrativität

Selbsterkenntnis fußt also, so wurde sie im letzten Abschnitt in erster Linie verstanden, primär auf (Selbst)artikulationen. Bisher stand vor allem die Artikulation von aktuellen Gefühlen, Wünschen und Gedanken im Zentrum der Untersuchung. Auch hier gilt: Nur wer diese artikulieren und damit verstehen kann, kann sich angemessen zu diesen bzw. zu sich verhalten. Wer nicht weiß, was seine Gefühle bedeuten, seine Wünsche sind oder seine Gedanken eigentlich besagen, kann sie in seinen kleineren oder größeren Lebensentscheidungen nicht berücksichtigen und steht damit in der Gefahr, für sich unvorteilhafte Entwürfe zu realisieren. Der Sinn der artikulierenden Selbstkenntnis besteht also, an diese zentrale These sei hier noch einmal erinnert, darin, dass sie uns hilft, passendere Lebensentscheidungen für uns zu treffen.

Über die gegenwärtige Situation hinaus stellt natürlich die *eigene Vergangenheit* eine ungemein ergiebige Quelle der Selbstkenntnis dar. Hannah Arendt spricht sicherlich kein Geheimnis aus, wenn sie schreibt: „Wer jemand ist oder war, können wir nur erfahren, wenn wir die Geschichte hören, deren Held er selbst ist, also seine Biographie."[1] Die eigene Lebensgeschichte zeugt also davon, wer jemand ist oder war. Dies begründet ihre zentrale Bedeutung für das Projekt einer Hermeneutik des Selbst. Nicht ohne Grund kommt ihr entsprechend in der psychoanalytischen Theorie und Praxis eine solche zentrale Rolle zu. Jedoch klärt uns gerade die Psychoanalyse ebenso darüber auf, dass das Wissen über unsere eigene Vergangenheit nicht nur ein Quell des *Erkennens*, sondern zugleich des *Verkennens* darstellt.

Die nahcliegendste Schwierigkeit besteht darin, dass wir uns über die Zeit hinweg verändern, sodass unser früheres Selbst wenig über uns heute auszusagen vermag. Da wir uns unsere Vergangenheit jedoch vor allem in Form von Geschichten erzahlend erschließen und es gerade das zentrale Merkmal von Erzählungen ist, *Veränderung darzustellen*, kann unsere Biographie uns insofern Kenntnis unseres aktuellen Selbst (ipse) liefern, wenn sie es vermag verständlich zu machen, *wie wir zu demjenigen wurden, der wir nun sind.* Die

1 Arendt (2011), S. 231.

© BRILL FINK, 2025 | DOI:10.30965/9783846768686_011

individuelle Genese trägt zum Verstehen der aktuellen Existenz entscheidend bei. Die Untersuchung in diesem Abschnitt wird jedoch zeigen, dass es zahlreiche weitere Probleme und Herausforderungen in Bezug auf das Erzählen der Biographie gibt.

Wie ist nun das Verhältnis zwischen Artikulationen und Narrationen zu verstehen? Ich verstehe autobiographische Narrationen als *komplexe, konfigurierende Artikulationen des eigenen, vergangenen Lebens*. Sie umfassen nicht nur die aktuellen, synchronen psychischen Zustände oder Umstände meiner Existenz, sondern sind Darstellung vergangener Gefühle, Gedanken und vor allem der Handlungen einer Person in ihrem diachronen Zusammenhang. Entsprechend lässt sich fürs Erste formulieren: *Die Biographie zeigt die diachrone Einheit (idem) des Selbst (ipse) in und durch ihre Veränderungen in der Zeit.*

Auch hier gilt bzw. ist offensichtlich, dass die Biographie nicht nur psychische Zustände, sondern eben vor allem die eigenen Handlungen, die Handlungen anderer sowie weitere lebensgeschichtlich relevante Ereignisse zum Gegenstand hat – letztlich das gesamte diachrone In-der-Welt-Sein als die Geschichte der Person. Selbstverständlich setzt die Biographie einzelne Artikulationen von Lebensmomenten als ‚Bausteine' voraus.

Es sei in diesem Zusammenhang an die eingeführten Begriffe aus dem zweiten Kapitel erinnert: Es wurde zwischen dem *basalen transtemporalen (numerischen) Identitätsbewusstseins* und dem *biographischen Selbstverständnis* unterschieden. Erstgenanntes bezeichnet das Bewusstsein darüber, dass aktuelle und erinnerte Erlebnisse tatsächlich meine sind, wodurch sich eine diachrone Einheit meiner Person konstituiert. Das im Normalfall durch eine passive Synthese gegebene transtemporale Identitätsbewusstsein bezeugt jedoch nur, *dass* ich über die Zeit hinweg als eine Person existiere, es vermittelt jedoch, ich zitiere nochmals Katja Crone, „keine Informationen darüber, ‚wer' man ist"[2].

Dieses leistet nur das biographische Selbstverständnis, welches jedoch immer ein hinreichend valides und stabiles transtemporales Identitätsbewusstsein voraussetzt. Das biographische Selbstverständnis, oder kurz: das Selbst (ipse), verstanden als die Antwort auf die Frage, wer man ist bzw. war, ist hingegen nicht passiv gegeben, sondern muss *hergestellt* werden. Es wurde bereits betont, dass nur hier sinnvoll narrative Theorien der personalen Identität in Anschlag gebracht werden können.

Ob, inwiefern bzw. welche narrativen Theorien dies zu leisten vermögen, ist Thema dieses Abschnitts. Dementsprechend wird das Erzählen in einigen,

2 Crone (2016), S. 148.

für die Fragestellung dieser Arbeit relevanten theoretischen Grundmomenten vorgestellt. Entsprechend dem klinischen Fokus stehen dabei weniger die großen, im klassischen Stil niedergeschriebenen Biographien, sondern vielmehr kleine, dialogische, situativ eingebundene und motivierte Ad-hoc-Erzählungen im Vordergrund.

Aus demselben Grund gilt mein Interesse selbstverständlich nicht, wie zumeist in der Erzähltheorie untersucht, den fiktionalen, sondern vielmehr den *faktualen* Erzählungen, d.h. Erzählungen, die den Anspruch erheben, sich adäquat auf tatsächlich stattgefundene (Lebens)ereignisse zu beziehen. Hier stellt sich selbstredend die Frage, wie dieser Anspruch eingelöst werden kann. Diese Frage ist zentraler Gegenstand der Theorie der Geschichtsschreibung bzw. der Geschichtsphilosophie. Ich werde mich hierbei vor allem auf instruktive Überlegungen von Hayden White und Arthur Danto beziehen, auch deshalb, weil diese Theorien interessante Implikationen für therapeutische Erzählungen, den eigentlichen Fluchtpunkt meiner Untersuchung, bereitstellen.

Im zweiten Teil dieses Abschnitts sollen dann *Lebenserzählungen* (Biographien) als solche genauer beleuchtet werden. Es geht hierbei um die Gründe und Motive des biographischen Erzählens, ihre Grundstrukturen sowie als Exkurs um den Zusammenhang von Erzählen und Erinnern. Anknüpfend an die geschichtsphilosophischen Thesen Dantos werde ich zudem dem Phänomen der Retroaktivität bzw. dem korrespondierenden psychoanalytischen Begriff der *Nachträglichkeit* besondere Aufmerksamkeit schenken. Zuletzt wird das biographische und vor allem das autobiographische Erzählen in Bezug auf das komplexe Verhältnis von Autor und Protagonist untersucht.

KAPITEL 7

Erzählen

Erzählen ist im Alltag omnipräsent; ich nenne ein paar Beispiele: Jemand liest einen Roman auf einer Parkbank; eine Kollegin berichtet begeistert von ihrer letzten Urlaubsreise; ein Zeuge schildert vor Gericht den Tathergang; jemand schreibt seiner Lebenspartnerin kurz eine Nachricht, dass er auf dem Heimweg noch tanken und einkaufen will; der Sportjournalist berichtet vom dramatischen Freitagabendspiel; eine Ärztin erfragt im Krankenhaus die Krankheitsgeschichte; oder ein Elternpaar erzählt seinen gelangweilten Kindern noch einmal die Geschichte, wie sich beide kennengelernt haben. Schon diese willkürliche Auswahl von Beispielen lässt die vielfältigen Situationen (Alltag, Journalismus, Recht, Medizin etc.) und Funktionen (Unterhalten, Informieren, Beglaubigen, Ankündigen, Rechtfertigen, soziale Bindung stärken etc.) des Erzählens erahnen.[1]

Aber nicht nur unsere westliche Kultur ist von Erzählungen durchdrungen und geprägt, sondern das Erzählen scheint durchaus den Status einer anthropologischen Universalie beanspruchen zu können. Denn das Erzählen, so Roland Barthes, lasse sich in „nahezu unzähligen Formen zu allen Zeiten, an allen Orten und in allen Gesellschaften" finden und „nirgends gibt und gab es jemals ein Volk ohne Erzählung"[2]. Die Universalität des Erzählens korrespondiert für Odo Marquard mit der Notwendigkeit bzw. Unverzichtbarkeit von Erzählung; Marquard bringt dies mit der Formulierung „narrare necesse est"[3] auf den Punkt. Alasdair MacIntyre zieht daher das anthropologische Fazit: „Der Mensch ist […] im wesentlichen ein Geschichten erzählendes Tier."[4]

Das Erzählen und die resultierenden Erzählungen sind omnipräsent: Dabei hört, formuliert, liest oder schreibt jeder Mensch ohne nennenswerte Probleme täglich dutzende kleine oder größere Erzählungen; mit der Praxis des Formulierens und Verstehens von Geschichten sind wir daher ohne Zweifel bestens vertraut. Trotzdem bereitet die theoretische Explikation dessen, was

1 Eine prägnante Übersicht über die verschiedenen sozialen Felder und Funktionen des Erzählens liefert das *Handbuch Erzählen* (Martínez (2017b)).

2 Barthes (1988), S. 102. Zum Erzählen als anthropologische Universalie s. Meister (2018) sowie Scheffel (2004).

3 Marquard (1986), S. 95.

4 MacIntyre (1995), S. 288.

© BRILL FINK, 2025 | DOI:10.30965/9783846768686_012

Erzählungen eigentlich sind, was sie in ihrer Vielfalt unterscheidet und eint bzw., wie ihre Wahrheitsfähigkeit zu beurteilen ist, große Schwierigkeiten.

Diese Aufgabe obliegt der Erzähltheorie bzw. der Narratologie, innerhalb derer zahlreiche Begriffe und Differenzierungen zum besseren theoretischen Verständnis von Erzählungen eingeführt wurden, von denen ich einige, für mein Klärungsinteresse relevante Begriffe kurz vorstellen möchte.[5] Mein Klärungsinteresse ist ebenso der Grund dafür, dass ich zahlreiche Probleme, Begriffe oder Theorien der Narratologie, vor allem solche, die zur Untersuchung erzähltheoretisch vielschichtiger literarischer Werke entwickelt wurden, unbeachtet lassen werde. Im Fokus stehen faktuale, autobiographische Erzählungen.

7.1 Was ist eine Erzählung?

Aufgabe dieses Abschnitts ist es, die begriffliche ‚Anatomie' des Erzählens und der Erzählung für die weitere Analyse herauszuarbeiten. Es geht also um die Frage, was Erzählungen sind und wie sie sich angemessen begrifflich fassen lassen.

Obgleich sich die Narratologie zumeist mit sprach- bzw. textbasierten Erzählungen befasst, besteht mittlerweile Konsens bzgl. der These, dass Narrativität nicht an ein bestimmtes Medium gebunden ist, sondern vielmehr eine bestimmte *Form der Darstellung verschiedener Medien* bezeichnet. Neben den klassischen sprachlichen Narrationen gibt es daher z.B. das bildbasierte Erzählen. Naheliegenderweise kann hier an den erzählenden Film gedacht werden;[6] jedoch können auch monszenische Bilder, wie in der klassischen Malerei häufig anzutreffen, eine Geschichte erzählen.[7] Auch die Musik ist in der Lage, eine Geschichte zu erzählen.[8] Zudem kann auch im Medium des Körpers, z.B. im Rahmen von Theater und Tanz, eine Erzählung zur Darstellung gebracht werden.[9]

Moderne narrativitätstheoretische Ansätze, so Wolf Schmid, schließen daher „Repräsentationen jeglichen Mediums ein, sofern sie Veränderungen

5 Den Status eines Klassikers der Erzähltheorie hat Genette (2010) inne. Aktueller und Grundlage meiner Ausführungen sind Martínez et al. (2016) sowie Schmid (2008) Die Narratologie hat natürlich eine lange und wechselhafte Geschichte; s. hierzu Contzen et al. (2019).

6 S. hierzu z.B. Kaul et al. (2009).

7 Zur Narrativität von Bildern lassen sich aufschlussreiche Texte in folgendem Sammelband finden: Veits et al. (2020).

8 Beispielhaft sei hierbei auf Lodes (2013) verwiesen.

9 S. z.B. Horstmann (2018).

darstellen, schließt aber alle Darstellungen aus, deren Referent keine temporale Struktur besitzt und deshalb keine Veränderungen enthält“[10]. Das angeführte Zitat deutet bereits an, dass Erzählungen dadurch gekennzeichnet sind – und sich damit sogleich von anderen Arten der Darstellungen abgrenzen –, dass sie *Veränderungen in der Zeit* in Bezug auf einen Referenten repräsentieren. Dies gilt es im Folgenden genauer herauszustellen.

Schmid führt weiter aus: „Die Minimaldefinition der Narrativität ist, dass mindestens eine Veränderung eines Zustandes in einem gegebenen zeitlichen Moment dargestellt wird.“[11] Prägnanter fasst es Matías Martínez, wenn er schreibt: „Erzählen ist Geschehensdarstellung“[12]. Beiden Definitionen lassen sich die beiden zentralen ‚anatomischen' Begriffe der Narrativität entnehmen: *Darstellung* und *Geschehen*[13]. Die Darstellung betrifft die Art und Weise, *wie* eine Erzählung dargeboten wird, während das Geschehen die Frage berührt, *was* erzählt wird bzw. *was passiert*.

Die Unterscheidung zwischen dem *Wie* (Darstellung) und dem *Was* (Geschehen) der Erzählung ergibt sich aus dem Umstand, dass ein Geschehen immer auch anders erzählt werden kann. So kann z.B. die Geschichte Werthers, auf der Handlungsebene unverändert, jedoch in einer anderen temporalen Ordnung dargestellt werden; beispielsweise könnte im Rahmen einer Anachronie (in diesem Fall einer Prolepse)[14] erst der Selbstmord Werthers und nachfolgend die vorausgegangene tragische Liebesgeschichte berichtet werden. Gleichsam könnte auch der Modus der Darstellung verändert werden; z.B. könnte ein distanziert-sachlicher Erzählstil in Form eines Polizeiberichts gewählt oder eine allwissende Erzählperspektive eingenommen werden – dies alles, ohne dass sich die Handlung als solche hierdurch veränderte.

Trotz dieser analytischen Möglichkeit ihrer Unterscheidung gibt es die Handlung nicht jenseits ihrer (ggf. divergenten) Darstellung(en); dies gilt evidentermaßen vor allem für fiktionale, jedoch auch – dies wird zu zeigen sein – für faktuale Erzählungen. Selbst eine ‚reine', aus der ursprünglichen Erzählung herausdestillierte, quasi protokollarische Handlungschronologie (… ‚*Werther stieg in die Kutsche, die Kutsche hielt beim Haus des Amtmannes, Werther sah Lotte*' …) ist immer noch eine Form der Darstellung. Selbst wenn jedoch die Handlung in ihren basalen Handlungsmomenten identisch bleibt, verändert sich die Wirkung der Erzählung in Abhängigkeit der Form ihrer Darstellung

10 Schmid (2008), S. 2f.
11 Ebd., S. 4.
12 Martínez (2017c).
13 Genau genommen: ein *bestimmtes* Geschehen; hierzu später mehr.
14 Zum Begriff der Anachronie s. Genette (2010), S. 22ff.

signifikant. Ein Polizeibericht hätte wohl niemals den Werther-Effekt bewirkt, welcher sich infolge der Veröffentlichung des Briefromans von Goethe eingestellt hat.[15] Eine andere Darstellung verändert also immer auch den *Sinn der Erzählung*.

Die Trennung zwischen dem Wie (Darstellung) und dem Was (Geschehen bzw. Handlung) erweist sich daher einerseits als analytisch sinnvoll – und aus diesem Grund werden im Folgenden beide Aspekte voneinander getrennt betrachtet –, zugleich jedoch auch in therapeutischer Hinsicht als bedeutsam. Denn die Möglichkeit, denselben Ereignisverlauf *anders erzählen* und ihm damit *einen anderen Sinn* geben zu können, stellt m.E. einen zentralen Aspekt der psychotherapeutischen Arbeit dar.

Bevor das Wie und das Was der Erzählung genauer betrachtet werden, möchte ich noch einige allgemeine narratologische Merkmale von Erzählungen herausstellen, welche ich in Teilen später noch ausführlicher erörtern werde:

1) Erzählungen sind, wie alle Darstellungen[16], *intentional* in dem Sinne, dass sie sich immer auf etwas, nämlich das Erzählte, beziehen. Erzählungen stellen entsprechend immer *etwas* (ein Geschehen) dar. Dies ist bereits in der angeführten basalen begrifflichen Bestimmung von Erzählung als Geschehensdarstellung enthalten. Hierbei ist prima facie unerheblich, ob der intentionale Gegenstand jenseits der Erzählung existiert oder nicht, die Erzählung also faktual oder fiktional ist.
2) Die Intentionalität von Erzählungen kann zudem verschiedene *Zeitformen* annehmen. Angelehnt an die klassische zeitphänomenologische Terminologie Husserls lässt sich die narrative Intentionalität daher als Retention oder Protention verstehen.[17] Zumeist weisen Erzählungen eine retrospektive Intentionalität auf, d.h. sie beziehen sich auf vergangenes Geschehen, z.B. in Form einer geschichtswissenschaftlichen Darstellung. Eine narrative Schilderung kann jedoch auch gegenwartsbezogen (z.B. bei einer Live-Sportreportage) oder zukunftsbezogen sein, wenn zukünftige Ereignisse und Handlungen geschildert werden, also z.B., wenn ich jemandem meine Urlaubspläne erläutere.
3) Erzählungen können *faktual* oder *fiktional* sein; dies meint, dass Erzählungen den Anspruch erheben können, dass das dargestellte Geschehen der Wirklichkeit entspricht – oder eben nicht. Wie dieser Anspruch erhoben und unter welchen Bedingungen er eingelöst werden kann,

15 Zum Werther-Effekt: Andree (2006).
16 Vgl. Schürmann (2018), S. 85ff.
17 Zur Möglichkeit, Narrativität in Bezug auf Husserl zu denken: Sommer (1983).

wird im Folgenden noch ausführlich Thema sein. Vor allem in Bezug auf biographische Erzählungen, welche per se faktualen Charakter beanspruchen, stellt sich die Frage, inwiefern und wie diese das geschilderte Leben adäquat darstellen und somit *biographische Wahrheit* für sich geltend machen können.

4) Naheliegend ist zudem, dass Geschichten immer von jemandem – dem *Erzähler* oder der *Erzählerin* – erzählt werden. Dies bedeutet zugleich, dass Erzählungen notwendigerweise immer Ausdruck einer perspektivierten Sicht auf die Welt sind. *Perspektivität* stellt daher eine grundlegende und zugleich konstitutive Eigenschaft und keinen tilgbaren Mangel von Erzählungen dar.
5) Aus dem Umstand, dass Erzählen immer durch einen Erzähler erzählt wird, folgt, dass Erzählen eine *Handlung* darstellt. Dies meint, dass sie in bestimmten Situationen aus verschiedenen Gründen oder Motiven erzählt werden. Gerade für Alltagsnarrative, jedoch insbesondere für die therapeutische Erzählung erweist sich deren *Performativität* als zentral.[18] Der Sinn einer Erzählung erschließt sich nicht ausschließlich, jedoch in erheblichen Teilen durch die konkrete Handlungssituation, in welcher diese erzählt wird.
6) Es lassen sich daher zahlreiche *Funktionen des Erzählens* herausstellen: Neben naheliegenden Funktionen wie Veranschaulichen[19], Erläutern oder Erklären[20] können Erzählungen dazu dienen, jemanden von etwas überzeugen[21] oder gar bekehren[22] zu wollen. Erzählungen können Rat geben[23], sie vermögen zu helfen, schwierige oder traumatische Ereignisse zu bewältigen[24], oder sie können zur Gruppenbildung beitragen[25]. Dass Erzählungen zur Rechtfertigung oder als Ausrede dienen können, hat Fritz Brauthaupt derart nachdrücklich herausgearbeitet, dass er letztlich zu der recht spekulativen These gelangt, dass die Ausrede das zentrale Grundmotiv von Erzählungen sei.[26]

   Diese performative Dimension von Narrationen ist jedoch nicht dahingehend zu verstehen, dass dem erzählenden Subjekt die Motive seines

18 Zur Performativität von Erzählen s. Strohmaier (2010).
19 S. z.B. Brosch (2017).
20 S. z.B. Martínez (2017a).
21 S. z.B. Hübner (2017).
22 S. z.B. Rüggemeier (2017).
23 S. z.B. Peeters (2017).
24 S. z.B. Scheidt et al. (2015b).
25 S. z.B. Sommer (2017).
26 S. Breithaupt (2012).

Erzählens gänzlich bewusst wären, ebenso wenig wie der Sinn einer Erzählung sich in diesen erschöpft. Wir erzählen immer mehr, als wir (bewusst) sagen wollen.

Viele Theoretiker schreiben der Erzählung sogar eine basale bzw. konstitutive Funktion in Bezug auf alle unsere (zeitbezogenen) Welterfahrungen zu. Jerome Bruner z.B. vertritt nachdrücklich die These, dass Erzählungen grundsätzlich eine entscheidende Rolle bei der „Organisation von Erfahrungen“ zukommt. Bruner erläutert hierzu:

> „Die Schaffung eines Rahmens dient dazu, eine Erfahrung zu ‚konstituieren‘, ihr Fließen zu kennzeichnen, Ereignisse innerhalb dieser Welt zu segmentieren […]. Wären wir nicht in der Lage, eine derartige Rahmung vorzunehmen, würden wir uns in einem Sumpf chaotischer Erfahrungen verlieren.“[27]

Erzählungen haben also auch die Funktion, das Chaos durch eine narrative Rahmung ordnend zu bändigen und das Geschehen in der Welt, vor allem in diachroner Hinsicht, damit versteh- und lebbar zu machen. Brigitte Boothe spricht daher davon, dass Erzählen das Gegebene *anverwandelt* und so eine *personale Welt* schafft. Dadurch dass Narrationen Fremdes in Eigenes transformieren, „schaffen [sich Menschen] erzählend ein narratives Zuhause“[28], so Boothe weiter.

7) Wenn Erzählungen als Handlungen verstanden werden, setzen sie die Fähigkeit, erzählen zu können, voraus. Der Hinweis auf diese zu erlernende Fertigkeit mag auf den ersten Blick für die Fragestellung dieser Arbeit uninteressant erscheinen. Man mag denken, dass erwachsene Menschen über diese *narrative Kompetenz* (im Regelfall) doch verfügen. Analog zur bereits thematisierten Artikulationsfähigkeit[29] ist die Erzählfähigkeit jedoch auch bei erwachsenen Subjekten nie vollends ausgereift, mitunter bestehen sogar signifikante Defizite. Wenn man, wie diese Arbeit es tut, Erzählungen eine große Bedeutung für eine gute Lebensführung zuschreibt, erweist sich eine unzureichend ausgebildete Erzählkompetenz als mitunter problematisch. Aus psychotherapeutischer Hinsicht kann bestätigt werden, dass viele Patienten unter entsprechenden Defiziten leiden und dass die Nachreifung narrativer Kompetenzen einen wichtigen Aspekt in psychotherapeutischen Behandlungen darstellt.

---

27 Bruner (1997), S. 72.

28 Boothe (2010), S. 4ff.

29 S. hierzu Kapitel 6.4.

8) Erzählungen werden zudem jemandem erzählt; es gibt folglich immer zumindest einen (hypothetisch) *adressierten Zuhörer* (oder Leser, Zuschauer etc.), dem aus bestimmten Gründen etwas vermittelt werden soll. Dies gilt auch für Selbsterzählungen, z.B. in Form von privaten Tagebüchern oder narrativen Selbstgesprächen, in denen zwar nur eine Person beteiligt ist, welche jedoch in zwei Rollen auftritt. Ein solches selbstreflexives Erzählen kann mitunter helfen, sich selber gegenüber ein nicht gänzlich verstandenes Geschehen zu plausibilisieren.
Diese *kommunikative* im Verbund mit der performativen Dimension von Erzählungen ist vor allem dahingehend von zentraler Relevanz, dass der Zuhörer erheblichen Einfluss darauf hat, warum, was und wie etwas erzählt wird. Eine Erzählung zu verstehen, bedeutet daher immer auch, eine *Beziehung* zu verstehen. Häufig sind Erzählungen zudem als *Antworten* auf die Fragen, Erwartungen, Aufforderungen, Anschuldigungen oder dergleichen des zuhörenden (oder lesenden, zuschauenden) anderen zu verstehen.
9) Zuletzt sei darauf hingewiesen, dass Erzählungen nahezu immer mit anderen Erzählungen *korrespondieren*. Dies meint, dass sie auf andere Erzählungen – wie soeben angeführt – antworten, sie aufgreifen und fortsetzen, sich von ihnen abgrenzen oder sich in größere Erzählungen einfügen. Erzählungen bilden somit häufig einen *internarrativen Dialog* oder auch einen *narrativen Nexus*; und zumeist sind sie nur aus diesem heraus in ihrer Bedeutung verständlich.
Zugleich bedienen wir uns beim Erzählen – dieser Aspekt wurde bereits diskutiert – der in der jeweiligen Sprache bzw. Kultur verfügbaren Begriffe, Metaphern, Skripte und Schemata, welche die Erzählung in Sinn und Gestalt prägen. In diesem Zusammenhang sei auf den Begriff des *Metanarrativs* (auch Meistererzählungen genannt)[30] verwiesen, welcher einen zu einer bestimmten Zeit vorherrschenden (in Teilen auch hegenominalen) Rahmen der Erzählperspektive auf bestimmte historische Ereignisse beschreibt.

Erzählungen, dies kann vorerst und in einem groben Umriss festgehalten werden, sind also intentionale Handlungen, in denen perspektiviert und eingebettet in einen internarrativen Kontext ein reales oder imaginäres Geschehen für einen Zuhörer (oder Leser etc.) zur Darstellung gebracht wird. Im Folgenden soll nun das Wie der Erzählung genauer herausgearbeitet werden.

30 Vgl. hierzu Jarausch et al. (2002).

7.2 Das Wie der Erzählung

Wie bereits mehrfach angeführt, handelt es sich bei Erzählungen um Geschehnisdarstellungen; dementsprechend ist zuvorderst der Begriff der *Darstellung* zu erhellen. Eine einschlägige medienanthropologische Untersuchung zu diesem Begriff ist bei Eva Schürmann zu finden; ihre

> „Hauptthese lautet, dass Darstellen eine Verfahrensweise des Geistes ist, deren Produkte, die Darstellungen, nicht einfach nur wahrnehmbar machen, sondern Vorstellungen der dargestellten Gegenstände artikulieren, das heißt geistige Auffassungsweisen wahrnehmbar machen, sei es sprachlich, bildlich oder durch weitere Medien“[31].

Darstellungen sind nach Schürmann also als artikulierte Vorstellungen, verstanden als geistige Auffassungsweisen, zu fassen. In diesem Zusammenhang sei daran erinnert, dass in Abschnitt 6 ein ähnlicher Artikulationsbegriff entwickelt wurde: Hier wurde Artikulation dahingehend begriffen, dass etwas zuvor implizit Gegebenes durch formgebende Akte explizit gemacht wird. Dieser Vorgang ähnelt der von Eva Schürmann beschriebenen ‚Wahrnehmbarmachung' von geistigen Vorstellungen in medialen Darstellungen. Zugleich ist es jedoch wichtig zu sehen, dass Vorstellungen Darstellungen nicht nur vorausgehen, sondern eine Interdependenz von Vorstellen und Darstellen besteht. „Grundsätzlich“, so Schürmann, „aber konkretisiert und artikuliert sich das, was wir Geist nennen, erst in einander wechselwirkenden Tätigkeiten des Vor- und Darstellens“.[32] Das Dargestellte wirkt wiederum zugleich auf die in ihm artikulierten Vorstellungen. Der Gedanke der wechselseitigen Bezogenheit einer Vorstellung in seiner artikulierten Darstellung ist uns bei basaleren Formen der Artikulation von Gefühlen von Charles Taylor bereits bekannt.

Dementsprechend können Darstellungen als komplexe, medial vermittelte Artikulation von Vorstellungen verstanden werden; anders formuliert: Wir können eine Artikulation Darstellung nennen, wenn sie einen gewissen Grad an Umfang und Komplexität besitzt. Folglich erscheint es beispielsweise deplatziert zu sagen, dass ich ein einzelnes Gefühl darstelle, während es sinnvoll sein kann anzugeben, dass man sein Gefühlsleben darstellt, z.B. in Form einer komplexen musikalischen Komposition, oder eine Vielzahl zusammengehöriger Gedanken, z.B. in Form einer umfangreichen wissenschaftlichen Theorie. Gemein ist solchen konfigurierenden Akten, dass die zuvor nur mehr

31 Schürmann (2018), S. 9.
32 Ebd.

oder weniger expliziten Vorstellungen in eine mediale Form der Darstellung gebracht werden.

Die Darstellung von Geschehnissen wird als Erzählung verstanden. Im Folgenden soll nun genauer das Wie dieser Darstellungsformen in den Blick genommen werden. Der Fluchtpunkt dieser Erörterung ist das diese Arbeit leitende Interesse an biographischen, vor allem therapeutischen Erzählungen; entsprechend sollen nur für diesen Problemhorizont relevante Aspekte in den Blick genommen werden. Systematisch kann hierbei zwischen theoretischen Gesichtspunkten, welche *die Erzählung* als Gegenstand (narratologisch) und solchen, die *das Erzählen* (erzählpragmatisch) untersuchen, unterschieden werden.

Auf der Ebene des *Erzählens*, welche ich zuerst betrachten möchte, wird das Was und auch in weiten Teilen das Wie der Erzählung ausgeklammert und stattdessen die *Pragmatik des Erzählens* in den Blick genommen. Als leitende Grundfrage kann formuliert werden: Wer erzählt wem wie in welcher Situation aus welchen Gründen etwas? Hieraus ergibt sich die Frage nach dem *Erzähler*, den *Gründen* und *Motiven* des *Erzählaktes*, dem *Zuhörer*, der *Erzählinszenierung*, sowie der ganzen *Erzählsituation*. Auf diese erzählpragmatischen Aspekte möchte ich im Folgenden kurz eingehen:

1) Auch wenn die Frage danach, wer erzählt (oder schreibt etc.), also die Frage nach dem *konkreten Autor* von Roland Barthes[33] und Michel Foucault[34] unter dem Schlagwort ‚Tod des Autors' wirkmächtig, jedoch nicht unwidersprochen[35] für obsolet erklärt wurde, bleibt diese zumindest für die vorliegende Problematik weiterhin virulent. Für ‚tot' wird vor allem der autonom sinnstiftende Autor als explanatorisch bedeutsame literaturtheoretische Instanz erklärt; denn Motive, Interessen, Ideologien, Erfahrungen und Vorlieben des Autors werden von Barthes und Foucault in Bezug auf die Sinngenese des Textes als zweitrangig erachtet. Sinn und Bedeutung einer Erzählung sollen stattdessen textimmanent, mitunter intertextuell, unter Ausklammerung der Person des konkreten Autors erschlossen werden.

   Ob im Rahmen der Literaturtheorie für tot oder lebendig gehalten, für therapeutische Narrative ist der Autor – also der erzählende Patient – selbstverständlich nicht aus dem Blick zu nehmen. Denn seine Erzählung hat im therapeutischen Kontext, entsprechend dem kurativen Sinne der Behandlung, primär in Bezug auf seine Person Bedeutung. Trotzdem

33 S. Barthes (2005).
34 S. Foucault (2003).
35 Dieser These widersprechende Texte hierzu finden sich in Jannidis et al. (2008).

bleibt die ‚poststrukturalistische' Kritik dahingehend zu berücksichtigen, dass Sinn und Bedeutung therapeutischer Narrative niemals gänzlich unter der intentionalen Kontrolle des erzählenden Patienten stehen, dieser also niemals vollständig Herr des Sinngeschehens seines Narrativs ist. Die Erzählung sagt also immer mehr oder anderes, als der Erzählende beabsichtigt zu sagen.

Der Psychoanalyse ist dieser Gedanke eines vom Erzählenden in Teilen autonomen Sinngeschehens natürlich nicht fremd. Dass Patienten im Sprechen oder Verhalten mehr ‚sagen' als sie beabsichtigen, stellt eine Grundeinsicht Freuds bzw. der Psychoanalyse dar. Als prägnantestes Beispiel kann sicherlich auf den berühmten Freud'schen Versprecher verwiesen werden.[36] Vor allem Jacques imagin bzw. in seiner Tradition stehende Psychoanalytiker haben die Erkenntnis, dass sich im Sprechen des Analysanden das Unbewusste manifestiert, in ihrer theoretischen und klinisch-praktischen Bedeutung ausbuchstabiert.[37]

In der Narratologie hingegen spielt, in Bezug auf fiktionale Erzählungen, vor allem die Frage, wie sich der konkrete (und implizite) Autor, der Erzähler und dieser als ggf. intradiegetischer Protagonist theoretisch zueinander verhalten, eine bedeutsame Rolle. Der konkrete Autor ist der reale Urheber der Erzählung; mit dem (durchaus strittigen Konzept) des impliziten Autors wird hingegen der im Werk implizit präsente Autor bezeichnet[38]. Der konkrete Autor, so Sartre prägnant und treffend, „erfindet und der Erzähler erzählt, was geschehen ist", wobei wichtig ist: „Der Autor erfindet den Erzähler und den Stil der Erzählung, der die des Erzählers ist."[39] Der Erzähler ist also ebenfalls eine erfundene Figur des Autors. Dieser wiederum berichtet von den Geschehnissen. Das Verhältnis von Autor, Erzähler und seinen Protagonisten ist nun gerade in der Literaturwissenschaft Gegenstand vieler Untersuchungen und Diskussionen.

Bezüglich autobiographischer Erzählungen, wie sie im therapeutischen Kontext üblich sind, scheint dies jedoch auf den ersten Blick eine nebensächliche Frage zu sein, da es sich bei Autor, Erzähler und Protagonist hier prima facie um ein- und dieselbe Person handelt. Und in der Tat mag eine Unterscheidung zwischen Autor und Erzähler, wie sie in der

---

36 S. Freud (1999q), S. 33ff.

37 Vgl. hierzu: Lacan (1986b).

38 Zum Begriff des impliziten Autors und zur entsprechenden Diskussion um diesen s. Schmid (2008), S. 45ff.

39 Zitiert nach Genette (1991), S. 83.

Literaturwissenschaft aus guten Gründen gesetzt wird, für therapeutische Narrative in den allermeisten Fällen unerheblich sein – zumindest mir ist kein Fall bekannt bzw. noch nie ein Fall begegnet, in dem ein Patient die Instanz eines Erzählers in seine autobiographische Erzählung ‚zwischengeschaltet' hat.

Anders sieht es jedoch mit der *Identität zwischen Autor und Protagonist* aus: Zwar erhebt der Autobiograph entweder parakommunikativ, indem er seine Erzählung als autobiographisch tituliert und präsentiert, oder explizit und deklarativ innerhalb seiner Rede den Anspruch, dass er über sich erzählt, er also der Protagonist seiner Erzählung ist. Hiermit wird jedoch nur eine idem-Identität beansprucht. Dies heißt, es wird der Anspruch erhoben, dass der erzählte Protagonist den erzählenden Autor referiert, zwischen beiden also eine basale (numerische) Idem-Identität besteht. Dieser Anspruch, welcher begrifflich einer Autobiographie inhärent ist, wird auch in den allermeisten Fällen eingelöst.

Nicht eingelöst wäre er, wenn ein Erzähler, z.B. ein Betrüger, biographisch nicht von sich, sondern in täuschender Absicht (z.B. als Autobiographie tituliert) von einer anderen Person berichten würde. Ebenfalls würde dieser Anspruch nicht erfüllt werden, wenn jemand im Rahmen einer dissoziativen oder mnestischen Beeinträchtigung unabsichtlich von einer anderen statt seiner Person erzählen würde. Dies sind jedoch Sonderfälle, welchen ich keine weitere Beachtung schenken will.

Selbstverständlich kann eine Autobiographie auch in einem durchaus ausführlichen Umfang von anderen Personen handeln, welche im Leben des Erzählenden prägende Bedeutung haben. In diesem Fall sind Autor und die meisten Protagonisten selbstredend nicht identisch; dies wird i.d.R. jedoch vom Erzählenden deutlich markiert. Mitunter kann es auch sein, dass der Autor in seiner Erzählung als intradiegetische Figur nur eine Nebenrolle einnimmt. In diesem Fall wäre jedoch zu diskutieren, ob die Erzählung noch als Autobiographie gelten darf.

Gewichtiger als die in den meisten Fällen unstrittige idem-Identität zwischen dem Autor und ihm als intra- bzw. homodiegetischen Protagonisten ist die Frage nach der *Ipse-Identität* zwischen beiden. Hier stellt sich die Frage, inwiefern die erzählende und die erzählte Person in der Weise, wie sie sind bzw. dargestellt werden, übereinkommen.

Naheliegenderweise kann die autobiographische Darstellung erstens inadäquat sein: Ein Erzähler kann unter dem Anspruch, *biographische Wahrheiten* zu schildern, einfach falsche Tatsachen behaupten, wichtige Details verschweigen oder ein verzerrtes Bild von sich präsentieren. In diesem Fall kommen die erzählende und die erzählte Person in Bezug auf die ipse-Identität, also in dem, wie sie sind und welches narrative Bild sie von sich vermitteln, nicht mehr überein. Zugleich ist jedoch zu fragen, inwiefern und möglicherweise sogar, ob es überhaupt möglich ist, sich selber adäquat narrativ darzustellen. Ebenso steht die Frage im Raum, warum biographische Wahrheit wichtig ist bzw. man ihr verpflichtet sein sollte; ich werde diese Thematik im nächsten Abschnitt behandeln.

Zweitens thematisieren autobiographische Narrative häufig die lebensgeschichtliche Entwicklung über einen längeren Zeitraum, in dem sich natürlich auch der Erzähler verändert; mitunter steht genau diese *biographische Entwicklung* im Fokus der Schilderung. Im Fall eines solchen rückblickenden autobiographischen Narrativs – z.B. im Stil eines klassischen Bildungsromans – sind Erzähler und erzähltes Selbst zumeist (im Sinne der ipse-Identität) zu Beginn nicht identisch, wobei die Differenz dann mit dem chronologischen Näherkommen der erzählten Gegebenheit an den Zeitpunkt des Erzählens abnimmt. Mitunter mag die autobiographische Erzählung auch bis zum Erzählmoment reichen; das erzählte Selbst ‚mündet' in diesem Fall dann in den Erzähler. Das narrativ vorschreitende ‚Zu-sich-Kommen' des erzählten zum erzählenden Selbst ist ja geradezu der Sinn einer solchen Autobiographie.

Drittens wäre mit Jacques Lacan noch darauf hinzuweisen, dass jedem Akt der Selbstartikulation genuin ein Moment der *Selbstentfremdung* inhärent ist. Sobald man sich im Sprechen selber thematisiert, entsteht eine Differenz zwischen sprechendem (von Lacan als ‚je' bezeichnet) und ausgesprochenem Ich, welches er als ‚moi' bestimmt. Für Lacan ist diese Differenz untilgbar. Dies meint, narratologisch gewendet, dass eine (Ipse-)Identität bzw. jegliche Form der Übereinstimmung zwischen Autor und Protagonist ausgeschlossen ist. Hieraus folgt, dass das Begehren – dem psychischen Moment, dem Lacans (nahezu ungeteilte) Aufmerksamkeit gilt –, sobald es artikuliert und damit versprachlicht wird, seinem (nie einzuholenden) ‚Ursprung' fremd geworden ist.

Lacan hat diesen Grundgedanken umfangreich und weitergehend theoretisch ausbuchstabiert, was hier vorerst nicht von Interesse ist. Für mein Klärungsinteresse kann festgehalten werden, dass zwischen Autor und Protagonist genuin eine Differenz besteht, welche im erzählenden Versuch, biographische Wahrheit zu finden, zu reduzieren versucht wird. Ich werde auf die komplexe Beziehung zwischen Autor und Protagonist noch ausführlicher zu sprechen kommen.[40]

40 S. hierzu Kapitel 8.3.

2) Der Erzähler hat selbstverständlich *Motive* und *Gründe*, warum er etwas erzählt. Wie bereits erwähnt, ist Erzählen immer auch – und aus performativitätstheoretischer Sicht sogar vorrangig – als eine Handlung zu verstehen, mit welcher etwas bewirkt oder erreicht werden soll; Erzählen stellt daher illokutionäre Akte dar.[41] Wie bereits im vorherigen Kapitel kurz angerissen, gibt es zahlreiche Motive, Gründe und Funktionen des Erzählens (wie z.B. Erklären, Verdeutlichen, Verstehen, Überzeugen, Bewältigen, Anklagen oder Sich-Herausreden). Dass Erzählungen, als Handlungen verstanden, immer bestimmte Motive zugrunde liegen, ist jedoch – gerade aus tiefenpsychologischer Perspektive – nicht dahingehend zu verstehen, dass einem Erzähler diese immer transparent sein müssen. Die Opazität der eine Erzählung leitenden Motive – dies wird zu zeigen sein – trägt wesentlich zum Phänomen der Selbsttäuschung bei.
Aus narrativitätstheoretischer Sicht ist vor allem von Interesse, dass die Motive und Gründe einer Erzählung selbstverständlich ihre Gestalt und ihren Sinn mitbestimmen. Hieraus folgt, dass das Wie einer Erzählung immer auch von der Intention des Erzählers geprägt ist. Dies ist in zwei Richtungen zu verstehen: Einerseits können Erzählung eingehender verstanden werden, wenn einem die Motivlage des Erzählers bekannt ist. Zum anderen kann eine Erzählung Aufschluss über die Persönlichkeit des Autors inklusive seiner Motive geben. Diese These der klassischen Hermeneutik[42] wird vor allem in literaturtheoretischer Hinsicht massiv kritisiert; für Alltagsnarrative und therapeutische Erzählungen ist sie jedoch von grundlegender Bedeutung. Hierzu eine kurze Fallvignette:

> [Fallvignette 8]: Eine Patientin beginnt ein Erstgespräch sogleich damit, wie schwer sie erkrankt sei und wie viele andere Therapeuten an ihr schon gescheitert seien. Da sie dies als Erstes und sogleich sehr ausführlich narrativ darstellt, frage ich mich, was der Grund für diese Art der Gesprächseröffnung ist. Später kann herausgearbeitet werden, dass die Patienten häufig die Erfahrung der Zurückweisung gemacht hat und dass sie mich daher im Erstkontakt damals mit diesen Narrativen sogleich dahingehend ‚testen' wollte, ob ich sie ‚aushalte'.

3) Dies leitet zum nächsten Punkt: Wenn Erzählungen Handlungen sind, mit denen etwas bewirkt werden soll, zielt dieses unmittelbar auf den

41 Vgl. Searle (2015).
42 Vgl. Dilthey (1981), S. 235ff.

in der Erzählsituation real anwesenden, in der Ferne adressierten oder antizipierten *Zuhörer* bzw. *Leser*. *Wem* etwas erzählt wird, ist daher für das erzählpragmatische Wie eines Narrativs von großer Bedeutung. Während es in Bezug auf fiktionale Werke in der Literaturtheorie eine intensive Debatte über die Rolle des werkimmanent angenommenen ‚impliziten Lesers' gibt,[43] interessiert für die Frage nach therapeutischen Narrativen vor allem der konkrete Zuhörer, also zumeist der Therapeut. Entsprechend orientiert sich ein Erzähler im Wie seiner Erzählungen zumeist auch an seinen Zuhörern; hierbei kann beispielsweise das Vorwissen der Zuhörer, ihr Interesse oder ihre Stimmung relevant sein. Kommunikationstheoretisch erscheint es mir an dieser Stelle für den Gang der Argumentation ausreichend, an das klassische Organon-Modell von Karl Bühler[44] zu erinnern, um zu verdeutlichen, dass jedes Zeichen – und Erzählungen können hier prima facie als komplexe Zeichen verstanden werden – neben der *Darstellungsfunktion* eines Geschehens auch immer in ihrer *Appellfunktion* in Bezug auf den Empfänger begriffen werden müssen. *Wie* ich etwas erzähle, hängt dementsprechend immer auch damit zusammen, *wem* ich etwas und *was* – also welche Botschaft – ich diesem erzähle. Mit Bühler kann zudem ergänzend angeführt werden, dass jedem narrativen Zeichen eine Ausdrucksfunktion[45] innewohnt, also explizit oder implizit immer auch etwas über die psychische Situation des Erzählenden mitgeteilt wird.

> [Fallvignette 9]: Eine ältere Patientin berichtet immer wieder von Situationen aus ihrem Leben, in denen sie sich von anderen unverstanden fühlt. Wir analysieren diese im Einzelnen immer eingehend. Mit der Zeit frage ich mich jedoch, aus welchen Gründen sie immer solche Szenen narrativ präsentiert. Ich frage sie daher, ob der Grund, warum sie so häufig derartige Narrative präsentiert, darin liegt, dass sie damit zum Ausdruck bringen möchte, dass sie sich vielleicht auch von mir unverstanden fühlt, jedoch Scheu hat, dies hier so direkt anzusprechen; sie bejaht.

Dass eine Erzählung immer auch motiviert und in ihrer Gestalt dadurch geprägt ist, wem sie erzählt wird, bedeutet darüber hinaus, dass zugleich in den allermeisten Fällen eine *Antwort* erwartet und häufig

43 Vgl. Iser (1972).
44 S. Bühler (1999).
45 Zum Begriff Ausdruck s. Kapitel 6 dieser Arbeit.

auch gegeben wird. Diese kann beispielsweise in Form einer responsiven Zustimmung, Nachfrage oder der Ermutigung, weiter zu erzählen, bestehen. Auch eine desinteressierte oder empörte Abwendung kann als antwortende Reaktion verstanden werden. Ebenso kann das geschilderte Narrativ selber eine Antwort auf eine vorherige Frage, eine Aufforderung zum Erzählen oder eine Reaktion auf eine vorangegangene Erzählung des Gegenübers sein, sodass sich ein *dialogisches Erzählen* ergibt, dessen Gestalt und Sinn sich nur aus dem gesamten *narrativen Gespräch* erschließt.

Es gibt jedoch auch narrative Gespräche, die nicht auf die Antwort eines Gegenübers abzielen bzw. die nicht einmal ein Gegenüber aufweisen, da bei ihnen Erzähler und Zuhörer in eins fallen. In therapeutischer Hinsicht sind solche Formen von *Selbstgesprächen* hochinteressant. Dem Phänomen der Selbstgespräche kommt im Allgemeinen nicht der beste Ruf zu: Bei Kindern erwartet man in so einem Fall beispielsweise, dass sich diese Eigenart verwächst, bei verwirrten oder vereinsamten Menschen zeigt man sich höchstens nachsichtig.[46] Philosophisch verwundert diese Entwertung des Selbstgesprächs, denn bekanntermaßen adelt Platon das Selbstgespräch dadurch, dass er das Denken als „inneres Gespräch der Seele mit sich selbst“[47] versteht. In dieser Tradition gibt es auch weitere Theoretiker, welche dem Selbstgespräch große Bedeutung beimessen. So werden Formen der *Autokommunikation* beispielsweise von Juri Lotman als kommunikatives ‚*Ich-Ich-Modell*‘[48] (im Gegensatz zum klassischen ‚Ich-Er-Modell‘) beschrieben und als wichtiger Bestandteil seiner Kultursemiologie präsentiert. Es liegt nahe, das Selbstgespräch theoretisch im Rahmen der eingeführten grundlegenden anthropologischen Denkfigur des exzentrischen Selbstverhältnisses zu fassen.

Als die womöglich bekannteste Praxis narrativer Selbstkommunikation kann das *Tagebuch* gelten.[49] Im Normalfall nicht für die lesenden Augen anderer bestimmt, stellt das Erzählen der täglichen Geschehnisse ohne Gegenüber eine Form des narrativen Selbstgesprächs dar. Es lassen sich verschiedene Motive des Tagebuchschreibens feststellen; für diese Arbeit sind zwei interessant: Es kann zum einen das Bedürfnis bestehen, seinem

46 Zum Thema Selbstgespräche in klinischer Hinsicht s. Tönnies (1994). Dass Selbstgespräche in Form von Selbstinstruktionen sogar als psychotherapeutische Techniken eingesetzt werden können, hat Donald Meichenbaum im Rahmen seines ‚Stressimpfungstrainings‘ herausgearbeitet; s. Meichenbaum (2012).

47 Platon, Theaitetos, 189e; sowie ebenfalls: Sophistes, 263e.

48 Lotman (2017). Einen Überblick zum Thema Autokommunikation bietet Schorno (2004).

49 Zur Theorie des Tagesbuchs s. Dusini (2005).

'zukünftigen Ich' Zeugnis seiner Vergangenheit abzulegen. So verstanden kann die Praxis des Tagebuchschreibens einen Beitrag dazu leisten, die transtemporale Identität des Selbst zu entwickeln. Zum anderen kann eine solche Praxis (oder auch andere Praxen) des narrativen Selbstgesprächs auch als Form der artikulierenden Selbsterkenntnis das Verständnis des aktuellen Lebens und Erlebens befördern.

In einem gewissen Sinne kann auch das therapeutische Erzählen im klassisch psychoanalytischen Setting durch das Liegen auf der Couch, dem Sitzen des Analytikers außerhalb des Sichtfeldes sowie dessen neutrale und abstinente Haltung in weiten Teilen als Selbstgespräch des Patienten aufgefasst werden. In diesem Sinne wäre der Analytiker als das Medium eines auf Einsicht abzielenden Selbstgesprächs des Patienten zu verstehen.

4) Neben dem Erzähler, seinen Gründen und dem Zuhörer soll als vierter erzählpragmatischer Gesichtspunkt kurz auf die *Erzählinszenierung* eingegangen werden. Denn abseits des Wies der Erzählung als Werk spielen bei Alltags- und psychotherapeutischen Narrativen parakommunikative Aspekte eine bedeutsame Rolle: Neben der Prosodie (Intonation, Tempo, Rhythmus, Pausen etc.) bestimmen selbstverständlich auch Mimik, körperliche Haltung und Gestik das Wie der Erzählung. Um zu verstehen, was jemand erzählt, ist das *Wie der Inszenierung* seiner Erzählung daher nicht außer Betracht zu lassen.

> [Fallvignette 10]: Ein Patient berichtet im Erstkontakt, dass er von seinem Hausarzt zu mir überwiesen worden sei. Er präsentiert sich sachlich, nüchtern und kompetent. Eigentlich wisse er gar nicht so richtig, was er hier solle; er leide ja schließlich unter gastrointestinalen Beschwerden. Psychisch sei bei ihm 'alles im Griff'. Ich frage ihn, wann die Beschwerden begonnen haben und es wird deutlich, dass der Beginn mit dem Tod seiner Mutter korreliert. Zudem fällt dem Patienten auf, dass seine Scheidung auf den Tag genau zwei Jahre zuvor gerichtlich vollendet worden sei. Beides seien jedoch keine wirklichen Probleme für ihn – mit so etwas komme jemand wie er gut klar. Diese um Souveränität bemühte Inszenierung passt, wie später herausgearbeitet werden kann – sehr zum Ich-Ideal des Patienten, welches keine Schwäche zulässt und entsprechende Emotionen (somatisierend) verdrängt.

In seiner Inszenierung – weniger den entsprechenden Berichten – wird die Konfliktdynamik des Patienten erkennbar. Für solche Fälle hat sich in der Psychoanalyse der Begriff des *szenischen Verstehens* etabliert. Dieser wurde von Alfred Lorenzer, auf welchen ich noch zu sprechen kommen werde,[50] im Rahmen seines Entwurfs einer Tiefenhermeneutik geprägt und für die psychodynamische Diagnostik fruchtbar gemacht.[51]

5) Die Gesamtheit der bisher angeführten und weiteren erzählpragmatischen Umstände kann mit dem Begriff *Erzählsituation* zusammengefasst werden. Erzählen findet immer in bestimmten lebensweltlichen Situationen (mitsamt ihren sprachlichen Gepflogenheiten, sozialen Sinngebilden, Erwartungen, Routinen, Regeln und Institutionen) statt. Die Erzählung ist durch diese immer mitbestimmt und daher letztlich nur aus diesen heraus verstehbar. Ein Erzähler rekurriert immer auch auf den Kontext, in dem er seine Erzählung vollzieht. „Das Erzählte", so Tim Henning, hat seine Bedeutung, „im Lichte des Wissens und der Empathie der Rezipienten im jeweiligen Äußerungskontext"[52]. Erzählt wird also immer auch unter expliziter oder impliziter Berücksichtigung der jeweiligen Erzählsituation.

Situation meint hierbei die konkrete Situation, in der die Erzählhandlung vollzogen wird, sowie den weiteren lebensweltlichen und historischen Kontext, in den diese eingebettet ist. Eine Erzählung zu verstehen erfordert demzufolge immer auch, die konkrete Situation und den lebensweltlichen Kontext, in dem sie geschildert wird, in den Blick zu nehmen. Zugleich bedeutet dies, dass ein und derselben Geschichte, selbst wenn sie weitestgehend identisch erzählt wird, in verschiedenen Kontexten unterschiedliche Bedeutung zukommt. Der Kontext bestimmt jedoch nicht nur den Sinn einer Erzählung, sondern durch ihn wird auch dessen Status mitbestimmt; dies meint, *als was* eine Erzählung aufzufassen ist.

Eine konfrontative Begegnung mit einem unliebsamen Menschen wird, um ein Beispiel anzuführen, in Gestalt und Bedeutung beispielsweise in der Feierabendrunde anders als beim Therapeuten oder vor Gericht geschildert und entsprechend auch anders verstanden und eingeordnet. Die Erzählsituation entscheidet, ob es sich bei der Schilderung der abendlichen Begegnung mit dem skurrilen Menschen um eine erheiternde Anekdote, um ein traumatisches Erlebnis oder um einen gerichtlich zu verhandelnden Straftatbestand handelt.

Dies ist vor allem in Bezug auf die epistemischen Ansprüche einer Erzählung von großer Bedeutung, also hinsichtlich der Frage nach der

50 Vgl. hierzu Kapitel 10.2.

51 S. Lorenzer (1970b, 2013).

52 Henning (2009), S. 195.

Wahrheit des Erzählens. Während im Kontext einer witzigen Anekdote die Wahrheit einer Erzählung eine untergeordnete Rolle spielt, beim Psychotherapeuten vielmehr die psychische Realität im Zentrum steht, verpflichtet einen die soziale und rechtliche Institution des Gerichts dazu, nach bestem Wissen und Gewissen die Wahrheit zu berichten. Entsprechend gilt, dass – neben dem expliziten Erheben und Zurückweisen von Wahrheitsansprüchen durch den Erzähler – vor allem die Regeln des sozialen Kontextes bestimmen, ob und inwiefern dieser in seiner Erzählung um Wahrheit bemüht sein sollte. Aus diesem Grund wäre es beispielsweise deplatziert, einen Theaterschauspieler für sein Spiel oder einen Romancier für seinen Roman der Falschaussage zu bezichtigen; eben deshalb, weil Theater und Literatur soziale Kontexte bzw. Institutionen des Fiktiven sind. Ich komme auf diese Thematik noch ausführlicher zu sprechen.

Zum Wie der Erzählung lässt sich summierend aus erzählpragmatischer Perspektive Folgendes festhalten: Das Erzählen bedarf eines Erzählers, welcher aus bestimmten Motiven oder Gründen jemandem, dem Zuhörer, etwas erzählt. Das Erzählen ist als Akt der Selbsterkenntnis im Rahmen eines Selbstgesprächs auch ohne Zuhörer möglich. In solchen und anderen Formen des autobiographischen Erzählens stehen Autor und Protagonist in einem komplexen Identitäts- bzw. Korrespondenzverhältnis zueinander. Erzählen geht zudem immer mit einer bestimmten Inszenierung einher und findet in bestimmten Erzählsituationen statt. Alle diese Umstände und Aspekte haben Einfluss auf das Wie der Erzählung und sind daher beim Versuch ihres Verstehens zu beachten.

Neben der erzählpragmatischen Betrachtung des *Erzählens* kann narratologisch natürlich vor allem auch die *Erzählung als Werk* in den Blick genommen werden. Denn auf der Ebene des Erzählwerks hat die Erzähltheorie in einem mittlerweile komplexen Diskurs zahlreiche Aspekte und Merkmale dieser Textgattung herausgearbeitet.[53] Mich interessieren hierbei vor allem die konfigurierenden Darstellungsmöglichkeiten, welche sich vor allem bei therapeutisch-biographischen Erzählungen als relevant erweisen. Auf folgende Aspekte möchte ich kurz eingehen:

1) Erzählungen stehen in einem besonderen Verhältnis zur *Zeit* bzw. Zeitlichkeit der menschlichen Existenz. Auf der narratologischen Ebene ist vorerst relevant, dass Erzählen durch ein bestimmtes Verhältnis von

53 Eine ausführliche Übersicht bieten die bereits erwähnten und im Folgenden wiederholt angeführten Standardwerke von Genette (1991), Schmid (2008) sowie Martínez et al. (2016).

der *Zeit der Erzählung* (Erzählzeit) und *erzählter Zeit* ausgezeichnet ist. Eine Sequenz von Geschehnissen in der realen bzw. erzählten Welt kann sehr ausführlich oder eher kurz narrativ dargestellt werden. Wenn das Geschehen dieselbe Zeit in Anspruch nimmt wie die narrative Darstellung – dies ist z.B. bei einer Live-Reportage einer Sportveranstaltung im Radio der Fall –, kann man von einem *zeitdeckenden* Erzählen sprechen. Ein *zeitraffendes* Erzählen liegt vor, wenn die Erzählung im Verhältnis zum erzählten Geschehen deutlich kürzer ist; umgekehrt spricht man von einem *zeitdehnenden* Erzählen. Klassischerweise finden wir diese Form der narrativen Darstellung im filmischen Stilmittel der Zeitlupe vor.[54] Zugleich ist es auch möglich, dass das Geschehen in der erzählten Welt voranschreitet, die Erzählung jedoch pausiert (Ellipse) bzw. vice versa, d.h. das Geschehen stillsteht, die narrative Darstellung jedoch weiterführt (Pause).[55]

Durch diese Möglichkeiten der narrativen Konfiguration des Verhältnisses von erzählter Zeit und Erzählzeit ist der Erzähler in der Lage, die Konzentration auf bestimmte Momente des Geschehens zu lenken, oder eben sie der Aufmerksamkeit zu entziehen. Bei einer zeitdehnenden Erzählung werden viele Details präsentiert, was diesen entsprechend eine besondere Bedeutung verleiht. Bei der zeitraffenden Darstellung wird hingegen Geschehen übergangen. Dies kann verschiedene Gründe haben: Naheliegenderweise mögen diese als unwichtig erachtet werden; es kann jedoch auch sein, dass der Erzähler aus dramaturgischen Gründen das Wissen oder die Aufmerksamkeit der Leser zu beeinflussen versucht. Zuletzt, und dies ist der für meine Überlegungen entscheidende Punkt, kann durch diese zeitbezogene Fokussierung auch in *täuschender* bzw. *selbsttäuschender* Absicht erzählt werden.

> [Fallvignette 11]: Bei den therapeutischen Narrativen eines merklich narzisstisch akzentuierten Patienten fällt auf, dass er seine Erfolge, z.B. die erfolgreiche Bewerbung bei einer überregionalen Werbeagentur, zeitdehnend ausführlich präsentiert, während er den Umstand, dass sein Vertrag bei seinem vorherigen Arbeitgeber nicht verlängert wurde, durch eine zeitraffende Erzählstrategie schnell übergeht. Es ist offensichtlich, dass er mit dieser Art der narrativen Darstellung aus einer Selbstwertproblematik heraus bemüht ist, ein positives Selbst- und Fremdbild aufrechtzuerhalten.

---

54 Zum filmischen Stilmittel der Zeitlupe: Brockmann (2009).

55 Eine gute Übersicht bietet Ritter (1978).

2) Neben der zeitbezogenen Konfiguration spielt die *temporale Ordnung* des Geschehens in der Erzählung eine bedeutsame Rolle; also die Frage, in welcher Reihenfolge etwas erzählt wird. Wichtig ist, dass es nicht um die Chronologie der Ereignisse auf der Ebene des Geschehens geht, sondern darum, wie diese auf der Ebene der Darstellung angeordnet werden. Während bei faktualen Erzählungen auf der Ebene der Geschehnisse deren Reihenfolge durch die Chronologie der tatsächlichen Ereignisse vorgegeben ist (während deren Darstellung natürlich anderweitig angeordnet sein kann), kann Ordnung bei fiktionalen Narrativen auf beiden Ebenen vom Erzähler frei gesetzt werden.
An einem Beispiel verdeutlicht: Bei einer einen Wahrheitsanspruch erhebenden Biographie Napoleons ist durch den Lauf der realen Geschichte vorgegeben, dass dieser zuerst auf Elba verbannt wurde und später die Schlacht von Waterloo verlor. Diese auf der Ebene der Geschehnisse festgelegte Reihenfolge kann jedoch auf der Ebene der Darstellung andersartig angeordnet dargestellt werden, indem der Biograph seine biographische Erzählung z.B. mit der Niederlage beginnen lässt und erst später auf die Verbannung zu sprechen kommt. Bei einer fiktionalen Erzählung sind solche Restriktionen nicht gegeben: So hätte Leo Tolstoi z.B. Anna Karenina und Alexej Wronskij sich auch erst auf ihr Landgut zurückziehen und danach nach Italien aufbrechen lassen können; die Anordnung dieser Ereignisse könnte auf der Ebene der narrativen Darstellung jedoch wiederum umgekehrt erfolgen – dies steht dem Romancier gänzlich frei.
Eine solche Form, in welcher die temporale Reihenfolge der Geschehnisse von ihrer narrativen Darstellung abweicht, nennt man nach Gérard Genette *Anachronie*.[56] Genette unterscheidet hierbei zwischen *Analepse* (Rückblende), bei welcher ein vorangegangenes Ereignis nachträglich angeführt wird – dieses Stilmittel ist z.B. häufig bei Kriminalgeschichten im Zuge der Auflösung des Falls anzutreffen –, und der *Prolepse* (Vorausdeutung oder Vorwegnahme), bei der ein späteres Ereignis im Rahmen eines Hysteron-Proteron vorausschauend berichtet wird. Als Beispiel kann Vergils *Aeneis* angeführt werden, in welcher zu Beginn bereits von der Gründung Roms berichtet wird, obgleich diese erst am Ende der dargestellten Handlung stattfindet.
Entscheidend ist nun, dass die narrative Anordnung der dargestellten Ereignisse deren Bedeutung im Rahmen der Geschichte mitbestimmt:

56 Vgl. Genette (2010), S. 22f.

Durch die Vorwegnahme der Gründung Roms erscheint diese als Telos der vorangegangenen Ereignisse und Handlungen, während dem Helden intradiegetisch (bzw. mitfiebernden Lesern, welche den Beginn des Epos übersprungen haben bzw. historisch uninformiert sind) diese finalistische oder teleologische Bedeutungsdimension seiner Handlung unbekannt ist. Der Umstand, dass spätere, vor allem zukünftige Ereignisse, die Bedeutung vorheriger Ereignisse mitbestimmen, hat (nach Arthur Danto) weiterreichende Konsequenzen für die Geschichtswissenschaften sowie ebenfalls für therapeutisch-biographische Narrative, wie ich im nächsten Kapitel zeigen werde.

3) Neben den Möglichkeiten, die zeitliche Dauer der Erzählung sowie deren temporale Anordnung zu gestalten, steht es dem Erzähler frei, die *Frequenz* zwischen Geschehnis und narrativer Darstellung zu gestalten. Zum einen können verschiedene, sich mehr oder weniger ähnliche Ereignisse zusammengefasst erzählt werden, was Genette auch einen *Iterativ* nennt.[57] Dieses narrative Stilmittel kommt häufig zum Einsatz, um regelmäßige, gewohnheitsmäßige oder anderweitig sich wiederholende Geschehnisse auf einen Begriff zu bringen (z.B. in Form von: ‚*Jeden Sonntag ging er in die Kirche*'). Diese Formen der narrativen Subsumption verschiedener Ereignisse unter einen Satz birgt, obgleich häufig notwendig, um repetitive Geschehnisse angemessen zu beschreiben bzw. einer Erzählung Prägnanz zu verleihen, die Gefahr dessen, was Friedrich Nietzsche das „Gleichsetzen des Nichtgleichen"[58] nennt. Es kann also in problematischer Hinsicht passieren, dass relevante Unterschiede zwischen verschiedenen Ereignissen iterativ negiert werden.
Auf der anderen Seite kann in einer Erzählung etwas, das auf der Handlungsebene nur einmal passiert, mehrmals, also als *Wiederholung* erzählt werden. Zum schillernden Begriff der Wiederholung ließe sich von Kierkegaard über Freud bis hin zur französischen Philosophie des 20. Jahrhunderts einiges sagen.[59] Vorerst reicht es herauszustellen, dass jeder Akt der narrativen Wiederholung das Erzählte neu und damit immer auch in ihrem Sinn zumindest leicht verändert darstellt. Es gehört zu einer der zentralen Einsichten Jacques Derridas, dass selbst eine wortgleiche

57 Vgl. ebd., S. 83f.

58 Nietzsche (1999d), S. 880.

59 Einen theoretischen Bogen zwischen diesen drei Verständnissen des Begriffs der Wiederholung versucht Strowick (1999) zu schlagen.

wiederholte Darstellung eines Sachverhalts diesen in seiner Bedeutung verändert.[60] Ein *wiederholtes* ist immer auch ein *anderes* Erzählen.
Diese semantische Verschiebung des wiederholten Erzählens erweist sich auch für therapeutische Gespräche als bedeutsam, denn die langsame Veränderung von in ihrer Bedeutung feststehenden, jedoch leidverursachenden biographischen Schilderungen spielt im Rahmen des therapeutischen Prozesses eine wichtige Rolle; dies vor allem in Form von sich wiederholenden und damit sukzessiv in ihrer Bedeutung verschiebenden Erzählungen.

4) In der klassischen Erzähltheorie wird vor allem der *Erzählperspektive* viel Aufmerksamkeit zuteil. Hierbei geht es um die insbesondere in Bezug auf fiktionale Texte komplexe Frage, wie die narratologische Position des Autors, des Erzählers und der geschilderten Handlung bzw. deren Verhältnis zueinander zu verstehen ist. So kann der Erzähler beispielsweise nicht als Teil der erzählten Welt auftreten, was man in der klassischen, jedoch mittlerweile überholten Typologie der Erzählsituationen nach Stanzel als auktoriale Erzählsituation beschreiben würde.[61] In der modernen Erzähltheorie werden hingegen differenziertere Modelle verwendet; hierzu einige genauere Ausführungen:
Zuerst möchte ich die Erzählperspektive unter dem Begriff der *Distanz* eingehender betrachten.[62] Mit dem narratologischen Begriff der Distanz wird beschrieben, wie nahe und ‚unmittelbar' bzw. wie ‚mittelbar' und fern die geschilderten Ereignisse narrativ dargestellt werden: Eine Geschichte kann eher kühl, nüchtern, objektiv und distanziert präsentiert werden – beispielsweise kann man hierbei an einen Polizeibericht über einen Banküberfall denken. Im Kontrast dazu kann eine beteiligte und aufgewühlte Zeugin eines solchen Ereignisses dieses emotional, lebhaft und dramatisch vortragen.
Um Ereignisse eher nah oder distanziert zu erzählen, stehen zahlreiche Stilmittel zur Verfügung; hier genügt ein Blick in die lange Geschichte der Rhetorik.[63] Ich möchte an dieser Stelle nur auf ein besonderes Merkmal eingehen: Erzählt werden kann nämlich in großer oder geringer Distanz zu den geschilderten Ereignissen, Worten oder Gedanken. In einer stark distanzierten Perspektive werden z.B. zumeist nur Ereignisse angeführt; es wird nur berichtet, was geschah. Das Erleben und die Gefühle der

60 Derrida (1988).
61 Stanzel (2008).
62 Zum Begriff der Distanz s. Martínez et al. (2016), S. 47f.
63 Eine Übersicht hierzu bieten Hetzel et al. (2017).

Protagonisten bleiben verschlossen. Im Unterschied dazu kann auch eine sehr nahe Perspektive gewählt werden; hierbei stehen die Gedanken, das Erleben und die Gefühle der Protagonisten im Fokus. Mitunter kann die Distanz derart nah sein, dass unklar bzw. unwichtig wird, welche Ereignisse (in der diegetischen Welt) eigentlich passieren. Bei besonders nahen, dramatischen und real wirkenden Erzählungen kann sich sogar das einstellen, was Roland Barthes ‚*Realitätseffekt*' nennt.[64]
Im psychotherapeutischen Kontext werden sehr distanzierte und kühle Selbstartikulationen zumeist als konkretistisch (am konkreten Geschehen orientiert) oder affektisoliert (ohne emotionale Regung) bezeichnet. Dies kann u.a. als eine Form der Abwehr gegen die mit bestimmten Ereignissen verbundenen unangenehmen Gefühle verstanden werden.

> [Fallvignette 12]: In einer biographischen Anamnese führt eine Patientin zu ihrer Kindheit nur einige Rahmendaten und objektive Fakten nüchtern an. Auf Rückfrage hierzu merkt sie an, dass dies ja die wesentlichen Informationen seien. Im Verlauf der Therapie stellt sich jedoch heraus, dass die Patientin in ihrer Frühgenese zahlreiche körperliche Übergriffe und Erfahrungen emotionaler Deprivation erlebt hat. Zu Beginn der Behandlung, so merkt die Patientin später an, habe sie noch nicht genug Vertrauen gehabt bzw. sei sie noch nicht ‚*stark genug*' gewesen, um ihre Kindheit in ihrer emotionalen Valenz darzustellen.

Neben der Distanz kann die Erzählperspektive auch dahingehend beschrieben werden, aus welchem *Blickwinkel* die Darstellung erfolgt. Dies wird narratologisch zumeist mit den Begriffen *Fokus* oder *Fokalisierung* beschrieben. Genette hat hierzu eine wichtige Unterscheidung vorgeschlagen, welche sich in die beiden Fragen ‚Wer sieht?' und ‚Wer spricht?' paraphrasieren lässt.[65]
Mit der Frage ‚Wer sieht?', wobei Genette mit Sehen pars pro toto die *Wahrnehmung* als Ganze sowie darüber hinaus auch das *Wissen* des Erzählers meint, wird die epistemische Position des Erzählers im Verhältnis zu seinen Figuren beschrieben. Wenn der Erzähler mehr als die Figuren seiner Erzählung weiß, ggf. sogar als allwissend (auktorial) auftritt, wird dies von Genette als Nullfokalisation bezeichnet. Wenn das Wahrnehmungsfeld bzw. der Wissensstand mit dem des Protagonisten hingegen

64 Vgl. Barthes (2008).
65 Vgl. ebd., S. 132ff.

übereinstimmt, nennt Genette dies interne Fokalisation. Wir sehen die erzählte Welt dann in diesem Fall aus dem epistemisch-perspektivierten Blickwinkel dieser intradiegetischen Figuren. Wenn hingegen der Erzähler weniger weiß als sein Protagonist, ihm z.B. seine Innenwelt nicht zugänglich ist und er die Gegebenheit nur ‚von außen' schildert, spricht Genette von externer Fokalisation.

Mit dem narratologischen Begriff der Fokalisierung auf den ersten Blick verwandt, hiervon jedoch nach Genette mit guten Gründen zu unterscheiden, ist der Begriff der *Stimme*, also die Frage: Wer spricht? Mit dem Begriff der Stimme wird die Position bzw. das Verhältnis des Erzählers zum Geschehen markiert.[66]

Hierbei kann zum einen der *Zeitpunkt des Erzählens* als Kategorie angeführt werden. Es wurde bereits erwähnt und erläutert, dass das Erzählen immer ein bestimmtes Verhältnis zur Zeitlichkeit unterhält: Der Erzähler kann (innerhalb des Erzählwerks) mit einem zeitlichen Abstand rückblickend Ereignisse schildern, sich temporal im Präsens zu ihnen befinden oder auch vorausschauend berichten. Bei faktualen Erzählungen, welche uns ja letztlich primär interessieren, wird vor allem rückblickend, also *retrospektiv* erzählt; auf die damit verbundenen Herausforderungen und Implikationen werde ich noch ausführlich zu sprechen kommen.

Des Weiteren kann der *Ort des Erzählens* beschrieben werden: Der Erzähler kann nach Genette jenseits der eigentlichen Erzählung (extradiegetisch) oder innerhalb dieser situiert werden (intradiegetisch). Zudem können innerhalb einer Erzählung wiederum teils hochkomplex verschachtelte (metadiegetische) Binnenerzählungen auftreten.

Zuletzt kann unter Stimme auch die *Stellung des Erzählers zum Geschehen* narratologisch charakterisiert werden. Der Erzähler kann (heterodiegetisch) z.B. völlig unbeteiligt von den Geschehnissen berichten – mitunter kann dessen Stellung sogar so entrückt sein, dass er nicht einmal Teil der erzählten Welt zu sein scheint. Er kann zudem als beteiligte Nebenfigur auftreten (homodiegetisch) oder auf der anderen Seite des Spektrums die Hauptfigur seiner Erzählung sein (autodiegetisch).

Wie verhalten sich nun diese drei Merkmale der Erzählperspektive – Distanz, Fokussierung und Stimme – zueinander, bzw. warum ist eine solche Differenzierung vor allem für faktuale therapeutische Narrative sinnvoll? Der Grund liegt selbstverständlich darin, dass alle drei Merkmale unabhängig voneinander variiert werden können; z.B. kann eine

66 Zum Begriff der Stimme: Genette, S. 151ff. sowie Martínez et al. (2016), S. 67ff.

autobiographische Geschichte, wie bereits erwähnt, zwar autodiegetisch, jedoch sehr distanziert erzählt werden.
In Bezug auf die narratologischen Darstellungsformen *Distanz* und *Fokussierung* sind im therapeutischen Kontext verschiedene Erzählweisen möglich; hierzu zwei Fallvignetten:

> [Fallvignette 13]: Bei den Erzählungen eines älteren Patienten fällt mir auf, dass dieser bei der Schilderung von Begebenheiten aus seiner Vergangenheit häufig unpersönliche Pronomen (‚man') verwendet; vor allem dann, wenn es um Entscheidungen und Verantwortung geht (z.B. ‚*dann hat man geheiratet*' oder ‚*man will ja, dass es den Kindern gut geht*'). Irgendwann spreche ich den Patienten auf seine grammatisch distanzierte Darstellungsform an, was ihn zunächst irritiert, jedoch zur Reflexion anregt, welchen Einfluss die Erwartungen anderer auf seine Lebensentscheidung gehabt haben.

> [Fallvignette 14]: Im Kontrast dazu tendiert eine andere Patientin dazu, ihre Vergangenheit immer sehr emotional und teils auch in der grammatischen Zeitform des Präsens narrativ darzustellen. Hierdurch wurde deutlich, dass diese Erlebnisse für die Patientin persönlich eben noch keine Vergangenheit geworden sind – emotional sind sie (teils leidvoll) immer noch gegenwärtig.

Während der erste Patient seine Vergangenheit narrativ distanziert darstellt, ist die zweite Patientin in ihre Geschichte noch ‚hautnah' involviert. Beide Modi der Distanz zeigen das Verhältnis zur eigenen Vergangenheit an bzw. stellen dieses her.
Bezüglich der Stimme – also der Frage ‚Wer spricht?' – liegt bei der autobiographischen Erzählung selbstredend allermeist eine autodiegetische Position des Erzählers vor. Extradiegetische Rahmenhandlungen treten selten auf, während metadiegetische Binnengespräche häufiger Bestandteil sind (z.B. in Form von: „Als damals die Situation auf meiner Arbeitsstelle unerträglich wurde, habe ich das Gespräch mit meinem Chef gesucht und da haben wir besprochen, dass …"). In Bezug auf den Zeitpunkt des Erzählens kann angenommen werden, dass mit wenigen Ausnahmen (aktuelle Lebensumstände, Zukunftspläne etc.) i.d.R. rückblickend erzählt wird. Interessant wird es hingegen bei der Frage nach der Fokalisierung – also der epistemischen Perspektive –, mit der autobiographisch erzählt wird.

Bei fiktionalen Erzählungen ist der Autor als Schöpfer der erzählten Welt per se allwissend. Der Erzähler ist als Schöpfung des Autors von diesem im Verhältnis zum Geschehen und zu seinen Figuren in eine bestimmte diegetische Position gesetzt und berichtet aus dieser mit einem perspektivierten und epistemischen Blick von den Ereignissen. Bei faktualen Erzählungen hingegen – also einer Erzählung, die den Anspruch erhebt, adäquat von tatsächlichen Ereignissen in unserer Welt zu berichten – ist der Autor (und somit zugleich der Erzähler) jedoch niemals allwissend. Denn dies würde bedeuten, dass er über alle Ereignisse und Umstände der Welt Bescheid wüsste, was für ein epistemisch endliches Subjekt selbstredend unmöglich ist. Bei faktualen Erzählungen ist das Wissen des Erzählers daher *immer begrenzt.*

Zugleich entspricht der Wissensstand der erzählenden Person jedoch nicht, im Sinne einer internen Fokalisierung, einfach dem erzählten Selbst als Protagnisten, sondern weicht bedingt durch den späteren, rückblickenden Zeitpunkt des Erzählens von diesem ab. Es besteht also eine *epistemische Differenz zwischen erzählendem Ich und erzähltem Selbst.* Dies kann einerseits damit zu tun haben, dass die erzählende Person (in Teilen) *weniger* weiß als damals, also als ihr erzähltes Selbst, da Aspekte und Details der eigenen Vergangenheit mittlerweile *vergessen* wurden.[67] Zum anderen ist es möglich, dass ein Autobiograph mittlerweile *mehr weiß*, als er zum damaligen Zeitpunkt wusste. Grund hierfür kann sein, dass er bestimmte Gegebenheiten (z.B. durch andere Personen) mittlerweile in Erfahrung bringen konnte. Zudem, und dies ist der für mich vor allem relevante Punkt, ist er jedoch über den weiteren Verlauf der Ereignisse im Bilde und betrachtet im Spiegel dieses Wissens sein damaliges Ich. Diese Besonderheit der epistemischen Differenz wird sich noch als wichtig erweisen.

Es lässt sich zusammenfassend festhalten, dass in Bezug auf die Darstellung (das Wie) einer Erzählung sowohl auf erzählpragmatischer wie auch narratologischer Ebene dem Erzählenden zahlreiche Gestaltungsmöglichkeiten gegeben sind. Die Betrachtung der Erzählpragmatik ergab vor allem, dass zum Verstehen einer Erzählung nicht nur diese als solche, sondern die gesamte Erzählsituation in den Blick genommen werden muss. Auch auf narratologischer Ebene ergeben sich verschiedene narrative Gestaltungsmöglichkeiten, welche es dem Erzähler erlauben, die Geschehnisse unterschiedlich darzustellen und sie damit in einem bestimmten Licht erscheinen zu lassen.

67 Zum Thema Erinnern und Vergessen s. Kapitel 8.2.

Als zentraler Begriff der narrativen Darstellung kann, wie dargelegt, der Begriff der *Perspektive* angeführt werden. Da Erzählungen per definitionem von jemandem erzählt werden, sind sie immer an dessen Blick auf die Ereignisse gebunden (egal, wie allwissend der Erzähler gesetzt wird) und damit notwendigerweise perspektiviert. Wolf Schmid stellt hier prägnant fest: „Ohne Perspektive gibt es keine Geschichte. Eine Geschichte konstituiert sich überhaupt erst dadurch, dass das amorphe, kontinuierliche Geschehen einer selektierenden und hierarchisierenden Hinsicht unterworfen wird."[68] Dies meint zugleich: „Eine ‚Geschichte an sich', d.h. eine Geschichte ohne Perspektive kann es nicht geben." Und weiter schreibt Schmid:

> „Es ist auch nicht sinnvoll, in einem Konstitutionsmodell eine solche zu postulieren. Frei von erzählerischer Perspektivierung ist lediglich das unbegrenzte, amorphe Geschehen. Jegliche Auswahl von Geschehensmomenten und ihren Eigenschaften, die ja allererst eine Geschichte konstituiert, setzt immer schon eine Perspektive voraus."[69]

Diese Feststellung leitet vom *Wie* der Erzählung, also ihrer Darstellung, zum *Was* der Erzählung, also der Konfiguration ihrer Handlung, über. Es sei noch einmal daran erinnert, dass die bisherigen Ausführungen zum Wie der Darstellung die narrative Anordnung der erzählten Ereignisse (weitestgehend) unberührt gelassen haben. Diese soll nun im Folgenden in den Blick genommen werden.

7.3 Das Was der Erzählung

Als erste, da sie zwischen dem Wie und dem Was der Erzählung zu verorten ist, soll im Folgenden die bereits mehrfach im bisherigen Verlauf der Argumentation gestreifte Frage danach, wann und mit welchen Gründen eine Erzählung als fiktional oder faktual gelten darf, in den Blick genommen werden. Diese narratologischen Überlegungen bilden den Grundstock für die epistemische Frage nach der Wahrheit der Erzählung im nach folgenden Abschnitt.

Vorab erscheint eine Begriffsklärung sinnvoll: Während mit dem Begriff *fiktiv* im Gegensatz zu *real* der ontologische Status von Gegenständen beschrieben wird – eben, dass sie in unserer Welt als solche nicht existieren – beschreibt der Begriff *fiktional* die Eigenschaft von Erzählungen, über fiktive Gegenstände und Ereignisse zu berichten. Erzählungen, die hingegen (dem Anspruch nach)

68 Schmid (2008), S. 129.
69 Ebd., S. 256.

reale Gegebenheiten schildern, werden als *faktual* bezeichnet. Die Handlung einer faktualen Erzählung soll also dem wirklichen Verlauf der Ereignisse entsprechen; bei fiktionalen Erzählungen ist dies nicht der Fall.[70]

Wie sind nun faktuale von fiktionalen Erzählungen zu unterscheiden? Uns interessiert diese Frage hier (vorerst) nicht in ontologischer (‚Was ist unter dem wirklichen Verlauf der Ereignisse zu verstehen?‘) oder epistemischer (‚Können bzw. wie können wir diese adäquat abbilden?‘), sondern in narratologischer Hinsicht. Dies meint die Frage, wie man anhand der Erzählung oder Erzählsituation zwischen einem faktualen oder einem fiktionalen Text unterscheiden kann. Mein Interesse in dieser Untersuchung gilt selbstredend primär den faktualen Erzählungen.

In der Literaturwissenschaft lassen sich die entsprechenden Theorien in zwei Ansätze unterteilen: Zum einen kann versucht werden, (textuell) auf der Ebene des Erzählwerks Indizien oder Merkmale auszumachen, welche dafür sprechen, dass es sich um eine fiktionale oder eine faktuale Erzählung handelt. Als Beispiel für einen solchen Ansatz kann auf Käte Hamburger verwiesen werden, welche u.a. das sogenannte ‚epische Präteritum‘ oder auch die drittpersonale Darstellung für das psychische Innenleben einer fremden Person als ‚Symptome‘ eines fiktionalen Textes herausstellte.[71] Derartige Merkmale zeigen laut Hamburger an, dass es sich (höchstwahrscheinlich) nicht um eine faktuale Erzählung handelt.

In der Diskussion um diese Thesen, welche hier nicht dargestellt werden muss,[72] wurden jedoch zahlreiche literarische Gegenbeispiele angeführt und entsprechend massive Zweifel an der Zuverlässigkeit solcher textueller Fiktionssignale geäußert, sodass dieser Ansatz weitestgehend als obsolet gilt. Da das Klärungsinteresse dieser Arbeit faktualen Texten gilt, wäre visa versa eh die in der Literaturwissenschaft wenig beachtete Frage nach textuellen ‚Realitätssignalen‘ einschlägiger.[73]

Zum anderen kann zur Unterscheidung von fiktionalen und faktualen Erzählungen auf peri- oder paratextuelle Merkmale der Erzählung (oder des Erzählens) Bezug genommen werden. Dies meint, dass sich der Status einer Erzählung am besten durch begleitende Texte (z.B. durch den Hinweis ‚Roman‘

70 Zum Thema Fiktionalität bietet das Handbuch von Klauk et al. (2016) eine breiten Überblick; zur Begriffsdifferenzierung ist vor allem die Einleitung der beiden Herausgeber (vgl. S. 5ff.) einschlägig.

71 Hamburger (1977).

72 Eine gute Übersicht über den entsprechenden Diskurs ist bei Zipfel (2016) zu finden.

73 Einschlägig wäre hier ein Blick in die (forensische) Aussagenpsychologie, welche u.a. nach erlebnisbezogenen Aussagen, sogenannten Realkennzeichen, in den zu prüfenden Berichten sucht; s. beispielhaft Arntzen (2011).

auf dem Buchcover) oder durch entsprechende Statements des Autors (z.B. in einem begleitenden Zeitungsinterview zum Roman) bestimmen lässt.

Solche Positionen ähneln der sprechakttheoretischen Fiktionalitätstheorie John Searles, welcher bekanntermaßen und wirkmächtig die These vertritt, dass die fiktionale Rede (oder entsprechende Texte) durch die mit ihnen einhergehenden illokutionären Akte als fiktiv gekennzeichnet und damit in den entsprechenden fiktionalen Diskurs mit seinen eigenen Konventionen gesetzt werden.[74] Ein Erzähler gibt also explizit (‚*Ich erzähle euch eine frei erfundene Geschichte, …*') oder implizit an, ob er eine fiktionale oder faktuale Erzählung präsentiert. Implizit kann diese ‚Anzeige', dass es sich um ein fiktionales Werk handelt, auch durch den Kontext, etablierte soziale Praxen oder entsprechende Institutionen erfolgen, in denen eine Geschichte erzählt wird. Der Erzähler einer Märchenstunde oder ein Zeuge vor Gericht muss daher beispielsweise nicht unbedingt explizit angeben, dass er eine fiktionale Fabel erzählt oder eine wahrheitsgemäße Zeugenaussage tätigt, da dies durch die Institution prima facie erkennbar ist. Hierauf beziehen sich vor allem institutionelle Theorien der Fiktionalität.[75]

Es kann daher angenommen werden, dass eine Erzählung in den allermeisten Fällen textuell, paratextuell oder kontextuell als fiktional oder faktual gekennzeichnet wird. Dies bedeutet jedoch nur, dass der Erzähler den *Anspruch* formuliert, eine fiktionale oder faktuale Erzählung vorzubringen. Ob er dem Anspruch, eine wahrheitsgemäße Erzählung zu präsentieren, gerecht wird, ist die nachfolgend zu erörternde Frage.

Der Erzähler kann nämlich seinem selbst formulierten Wahrheitsanspruch entweder erstens unabsichtlich nicht genügen, wenn er sich z.B. *irrt*, oder er kann zweitens absichtlich in täuschender Absicht und wider besseres Wissen etwas Falsches erzählen, also *lügen*. Drittens wäre es jedoch auch in epistemischer oder darstellungstheoretischer Hinsicht denkbar, dass bestimmte (oder möglicherweise sogar alle) Arten von Erzählungen grundsätzlich als *nicht wahrheitsfähig* zu erachten sind, der erhobene Anspruch einer faktualen Erzählung also per se nicht eingelöst werden kann.

Diese Frage sei hier jedoch (vorerst) zurückgestellt und stattdessen festgehalten, dass faktuale Erzählungen sich zumeist dadurch auszeichnen, dass im Normalfall – in welcher Form auch immer – der Anspruch, eine solche zu sein, erhoben wird. Vor allem bei autobiographischen und noch deutlicher bei therapeutischen Narrativen wird dieser Anspruch üblicherweise entsprechend

74 S. Searle (1982).
75 S. hierzu Köppe (2016).

formuliert oder ist durch den Kontext gesetzt.[76] Warum mir dieser Punkt von großer Bedeutung erscheint, werde ich später erläutern.

Wenn Erzählungen als Darstellungen von (dem Anspruch nach) realen oder fiktiven Geschehen begriffen werden, stellt sich im nächsten Schritt die vielleicht zunächst trivial anmutende Frage, was unter einem *Geschehen* eigentlich zu verstehen ist. Grundlegend lässt sich hierzu anführen, dass wir den Begriff Geschehen verwenden, um eine wie auch immer geartete *Veränderung in der Zeit* zu beschreiben. Nun geschieht immer im wahrsten Sinn des Wortes unbeschreiblich vieles.

Erzählungen fokussieren sich daher auf die an einem Subjekt vollziehenden (oder durch dieses vollzogenen) Veränderungen, wobei Subjekt hier erst einmal nur in einem basalen, grammatischen Sinne zu verstehen ist. Eine Erzählung beschreibt daher eine *Zustandsveränderung* an ebendiesem.[77] Eine solche Zustandsveränderung muss hierbei keine grundlegende Transformation des Subjekts bezeichnen, sondern umfasst alle Arten von Veränderung in Bezug auf dieses Subjekt; auch eine simple Ortsveränderung wie sie z.B. im narrativen Satz ‚*Roland fuhr von Berlin nach München*‘ beschrieben werden kann.

Entsprechend gilt, dass „die Minimalbedingung der Narrativität“, so Wolf Schmid, darin besteht, „dass mindestens eine Veränderung eines Zustandes in einem gegebenen zeitlichen Moment dargestellt wird“[78]. Diese Veränderungen müssen auch nicht unbedingt explizit dargestellt werden, sie können auch durch die Logik des Handlungsverlaufs angedeutet werden. Daher kann eine Erzählung auch zuerst nur schildern, dass Roland, um im Beispiel zu bleiben, in Berlin eine Konferenz besucht, und dann (nach einer narrativen Ellipse) berichten, dass er abends in München in seiner Wohnung eintrifft. Dass er zwischen den beiden Ereignissen eine Reise unternommen hat, erschließt sich dem Leser durch sein Wissen über die entsprechenden geographischen bzw. lebensweltlichen Zusammenhänge.

Als sich veränderndes Subjekt einer Erzählung treten zumeist Personen auf; es können jedoch auch Kollektivsubjekte, z.B. im Rahmen einer Familien- oder Stadtgeschichte, beschrieben werden. Erzählungen steht es ebenso frei, die Geschichte von Tieren oder unbelebten Gegenständen zu schildern. Dies hat u.a. damit zu tun, dass eine Erzählung zwar häufig vom besagten Subjekt selber aktiv vollzogene Veränderungen (Handlungen) beschreibt; ebenso gut können jedoch auch sich passiv an ihm vollziehende Veränderungen (Widerfahrnisse)

76 Philippe Lejeune nennt diese Wahrheitsverpflichtung in Bezug auf die Autobiographie einen ‚autobiographischen Packt‘; s. Lejeune (1994); später mehr dazu.

77 Vgl. Schmid (2008), S. 3.

78 Ebd., S. 4.

dargestellt werden (z.B.: ‚*Roland wurde von Berlin nach München gebracht*'). Bei Menschen oder anthropomorphisierten Wesen können, insofern sie als bewusstseinsfähig beschrieben werden, auch *innere Bewegungen* – also die innerpsychische Entwicklung von Gedanken, Wahrnehmungen, Gefühlen oder Erinnerungen – narrativ dargestellt werden. Darüber hinaus können auch Geschehnisse nicht handelnder oder bewusstseinsfähiger Gegenstände beschrieben werden, z.B. im Rahmen von Naturgeschichten oder der Provenienzgeschichte von Kunstwerken. Wichtig ist nur, dass es (mindestens) ein Subjekt gibt, welches im Zentrum dieser Veränderungen steht.

Dies bedeutet jedoch, dass dem Anfangs- und Endpunkt einer narrativ dargestellten Veränderung ein wie auch immer geartetes Gleichbleibendes, ein *narratives Subjekt*, zugrunde liegen muss; eben etwas, an dem sich (in einem quasi substanziellen Sinne) die Veränderungen vollziehen. Die für Narrativität konstitutive Zustandsveränderung beschreibt daher immer ein Sujet in „Identität und Differenz ihrer Eigenschaften"[79]. Dies lässt sich ex negativo leicht verdeutlichen: Bei reiner Identität läge nämlich per se *keine* Veränderung; bei absoluter Differenz keine Veränderung *eines* Gegenstandes vor. Diese (im Grunde aristotelische) Logik der Veränderungen habe ich bereits in Bezug auf die Identität des Selbst beschrieben;[80] sie wird uns auch in den weiteren Überlegungen immer wieder begegnen und sich dort als wichtig erweisen.

Hierbei ist jedoch unbedingt zu beachten, dass eine narrativ dargestellte Identität (und die sich in Laufe der Handlung entwickelnden Differenzen) prima facie keine (ontologische) Grundlage in der Realität haben muss. In Bezug auf die Frage nach der personalen Identität bedeutet dies, dass ein Subjekt im Rahmen seiner narrativen Darstellung (z.B. im Rahmen einer biographischen Erzählung) in einen bestimmten Zusammenhang von diachroner Identität und (Veränderungs-)Differenz gesetzt wird. Damit ist jedoch vorerst nicht gesagt bzw. begründet, ob diese als solche auch in der Realität gegeben ist. Einfach ausgedrückt: Nur weil etwas als diachron identisch narrativ dargestellt wird, heißt dies nicht sogleich, dass diese Identität (idem) in dieser Weise auch in Wirklichkeit gegeben ist. Erzählungen können also aufgrund ihrer narratologischen Eigendynamik in ggf. problematischer Hinsicht leicht Zusammenhänge so darstellen, dass eine diachrone personale Identität gegeben scheint – und dabei vergessen lassen, dass eine Darstellung nicht prima facie der Wirklichkeit entspricht.

Das Grundmoment von Erzählungen sind also Zustandsveränderungen. Um diese These zu verdeutlichen, mag es hilfreich sein sich zu fragen, welche

79 Schmid (2008), S. 4.
80 S. hierzu Kapitel 2.2.

Formen der Darstellung in diesem Sinne nicht als Erzählung gelten dürfen: Dies kann naheliegenderweise eine Darstellung von einem Gegenstand *ohne Veränderungen*, also eine Deskription[81], sein. Bei einer Porträtmalerei, einer lyrischen Landschaftsbeschreibung oder einer wissenschaftlichen Theorie handelt es sich – nicht unbedingt, jedoch zumeist – um Darstellungen von etwas, das sich nicht verändert (oder verändert wird). Selbstverständlich ist nicht ausgeschlossen, dass auch ein Porträt, indem es das sich in der Physiognomie abzeichnende Altern des Sujets hervorhebt, implizit eine Geschichte erzählt, in einer Landschaftsbeschreibung die jahreszeitlichen Veränderungen mitklingen oder wissenschaftliche Theorien kausale Prozesse beschreiben. Narrationen und Deskriptionen bilden daher zumeist „keine Opposition"[82], wie Wolf Schmid herausstellt, sondern viele Werke enthalten beide Darstellungsmodi bzw. diese wechseln sich ab.

Erzählungen stellen also Geschehen dar. Geschehen meint jedoch alles, was passiert, also eine unendliche Menge an Geschehnissen – zu viel, schon alleine aus erzählpragmatischer Sicht. Erzählen bedeutet daher immer auch eine *Auswahl* von ‚erzählwürdigen' Geschehnissen vorzunehmen; also zu entscheiden, was Gegenstand der Erzählung werden sollen und was nicht. Bei faktualen Erzählungen ist dies intuitiv einsichtig: Potenziell kommen alle Geschehnisse der wirklichen Welt als Gegenstand der Erzählung in Betracht. Der Erzähler muss sich jedoch begrenzen, d.h. es müssen einige von ihnen ausgewählt werden.

Wie verhält sich dies aber bei fiktionalen Erzählungen? Auch hier existiert eine unendliche Anzahl von Geschehnissen in der imaginären, durch die Erzählung aufgestellten Welt – selbst wenn von diesen nur wenige zur Darstellung kommen. Arthur Doyle musste sich also beispielsweise entscheiden, ob er Sherlock Holmes auf dem Weg zum Tatort noch Zigaretten kaufen lässt oder nicht. Auch hier muss also eine Auswahl getroffen werden, was erzählt wird und was nicht. Zugleich hat Arthur Doyle die Welt der Erzählungen ‚hinter' der dargestellten Handlung entworfen, zumindest die Teile, die ‚Ort' der Handlung sind. Der Autor einer fiktionalen Erzählung muss also zum einen zahlreiche Entscheidungen treffen, wie die imaginäre Welt seiner Erzählung aussehen soll, sowie zum anderen entscheiden, welche Aspekte dieser Welt er in seiner Erzählung darstellen will.

Bei der Auswahl von Geschehnissen ist selbstverständlich die *Relevanz* der ausgewählten Geschehnisse von Bedeutung. Prima facie gilt daher: *Erzählt wird, was wichtig ist.* Ein wichtiges und damit erzählwürdiges Geschehnis

---

81 Vgl. Schmid (2008), S. 7.
82 Ebd.

nennt die Narratologie *Ereignis*. Der schillernde Begriff des Ereignisses hat in der Philosophie des 20. Jahrhunderts Konjunktur erfahren, obgleich er je nach Diskurs sehr unterschiedlich verwendet wird:[83] So verwendet die analytische Philosophie diesen als einen basalen Grundbegriff einer deskriptiven Metaphysik, welcher nicht gegenständliche, sondern veränderungs- bzw. prozessbezogene Entitäten beschreibt.[84] Dem einzelnen Ereignis als solchem kommt in diesem Diskurs jedoch keine besondere Bedeutung zu. Im Kontrast dazu wird in der französischen Philosophie in der Folge Heideggers ein emphatischer Ereignisbegriff verwendet, welcher ein Geschehen beschreibt, welches nahezu epiphanisch den bisherigen Vorstellungshorizont sprengt und die Grundkoordinaten unseres Weltverständnisses verändert;[85] als klassische Beispiele hierfür wären die Französische oder die Russische Revolution zu nennen. „Ereignisse", so fasst Martin Seel dieses Verständnis prägnant zusammen, „sind ein unwahrscheinliches und im Ganzen ungesteuertes Geschehen, das den Sinn der Gegenwart dieses Geschehenden verschiebt"[86].

Beide Denktraditionen kommen jedoch in einem entscheidenden Merkmal des Ereignisses überein: Das Ereignis ist *unwiederholbar*. Diese Unwiederholbarkeit ist dem Ereignisbegriff bereits in der Alltagssprache eigen. Und wenn wir dieser Begriffsverwendung folgen, „legen wir uns damit", so Donald Davidson, „auf eine Ontologie von Ereignissen als unwiederholbare Einzeldinge fest"[87]. Die konstitutive Irreversibilität eines Ereignisses verhindert natürlich nicht die letztlich immer vergeblichen Versuche seiner Wiederholung – es mag sie sogar motivieren.

Der narratologische Ereignisbegriff steht dem letztgenannten Verständnis näher;[88] hier meint Ereignis ein Geschehen, welchem in einer Erzählung besondere Bedeutung zukommt. „Ereignisse müssen wertvoll sein", so Hartmut Bleumer, „sonst sind sie in diesem Erzählen nur Geschehnisse".[89] In diesem Sinne habe, so Goethes berühmtes Diktum, die Novelle „eine sich ereignete unerhörte Begebenheit"[90] zum Thema. Anders formuliert: ohne Ereignis, keine

83 Eine empfehlenswerte, da Phänomen-nahe Beschreibung findet sich bei Seel (2003).

84 Zur Übersicht zum Ereignisbegriff der analytischen Philosophie: Kanzian (2017).

85 Zum ‚kontinentalen' Ereignisbegriff: Rölli (2004).

86 Seel (2003), S. 40f.

87 Davidson (1990), S. 259.

88 Für einen materialreichen Überblick zum philosophischen, jedoch vor allem narratologischen Ereignisbegriff s. Bleumer (2020).

89 Ebd., S. 42.

90 So Goethe zu Eckermann in einem Gespräch mit diesem, s. Eckermann (1999), S. 221. Mit der Bestimmung ‚eine' grenzt Goethe die Novelle zum Roman ab, welcher nicht eine, wie die Novelle, sondern mehrere sich ereignete Begebenheiten zum Thema hat.

Novelle. Wenn Erzählungen also von solchen sich ereignenden ‚unerhörten Begebenheiten' handeln, stellt sich zugleich die Frage, was ein Geschehen wertvoll und damit narratologisch zum Ereignis macht? Dies meint die Frage nach der *Ereignishaftigkeit* von Geschehnissen.[91]

Wolf Schmid führt hierzu mehrere Merkmale an, die ein Geschehen zu einem Ereignis machen. Unter Ereignishaftigkeit versteht er dabei eine graduierbare Eigenschaft; d.h. ein Geschehen kann mehr oder weniger ereignishaft sein. Als Merkmal führt Schmid neben der bereits erwähnten Zustandsveränderung zunächst die Merkmale *Realität* und *Resultativität* an. Dies meint, dass die geschilderten Veränderungen real (bei fiktionalen Erzählungen ‚real' in der fiktiven Welt) stattfinden, also nicht nur erträumt oder erdacht werden, und entsprechend auch zu einem Resultat führen, also nicht nur aus Versuchen oder unabgeschlossenen Vollzügen bestehen.[92] Darüber hinaus führt Schmid an, dass die Ereignishaftigkeit zunimmt, wenn es sich um eine *relevante* oder *folgenreiche* Veränderung handelt, welche *unvorhergesehen*[93] und *irreversibel*[94] ist.

Ein Ereignis par excellence ist also eine stattfindende, vollendete und unumkehrbare Veränderung, welche relevant und folgenreich für das weitere Geschehen ist. Vor allem bzgl. der beiden letztgenannten Merkmale stellt sich die Frage, wer und nach welchem Maßstab bestimmt wird, wann ein Ereignis relevant und inwiefern es folgenreich ist. Als Beispiel kann hier auf Tschechows Kurzgeschichte mit dem einschlägigen Titel *Das Ereignis* verwiesen werden, welche im Kontrast zum emphatisch anmutenden Titel die mitunter nicht sehr bedeutsam und folgenreich anmutend erscheinende Geburt einiger Katzenjungen zum Thema hat. Für die beiden kindlichen Protagonisten stellt dies jedoch ein vollwertiges Ereignis dar, was verdeutlicht, dass es stark von den subjektiven Maßstäben der Protagonisten sowie dem erzählerischen Kontext abhängt, welche Bedeutung einem Ereignis beigemessen wird.[95]

Die Relevanz eines Ereignisses steht also in einem Zusammenhang mit den Maßstäben der Protagonisten, des Erzählers bzw. den geteilten Wertmaßstäben der fiktiven (oder realen) Welt. Gleiches gilt für die Konsekutivität. Denn erst im weiteren Verlauf der Handlung kann verdeutlicht werden, welche Folgen ein Ereignis haben wird.

---

91 Zum Begriff der Ereignishaftigkeit s. Hühn (2014).

92 Vgl. Schmid (2008), S. 12ff.

93 Ebd., S. 14.

94 Ebd., S. 17.

95 Vgl. ebd., S. 18ff.

„Was als Ereignis gelten darf und was nicht", so betont Albrecht Koschorke, „geht erst aus der Anlage der Erzählung hervor. Es gibt keine Ereignisse per se".[96] Insofern man unter dem Begriff des Ereignisses daher ein bedeutendes Veränderungsgeschehen versteht, kann es Ereignisse nur innerhalb von Erzählungen geben, da sich ihre Bedeutsamkeit nur aus dieser ergibt. „Der Begriff des Ereignisses impliziert bereits die Geschichte und ihre Sprachlichkeit", so merkt Hartmut Bleumer an. „Ereignis, Erzählung und Geschichte gehören im Kern zusammen."[97]

Die bisherigen narratologischen Überlegungen beziehen sich vor allem auf fiktionale Erzählungen, welche per definitionem nicht den Anspruch erheben, sich in adäquater Weise auf reales Geschehen zu beziehen. Die im Rahmen der Erzählung zum Ereignis erkorenen Zustandsveränderungen sind daher imaginär; ihre Bedeutungszuschreibung folgt allein der dramaturgischen oder ästhetischen Logik der Erzählung. Die Besonderheit faktualer Erzählungen, nämlich, dass sie faktischem Geschehen Ereignishaftigkeit zuschreiben, wie es z.B. die Geschichtsschreibung macht, wenn sie ein politisches Geschehen als historisches Ereignis herausstellt, bedarf hingegen einer weiterführenden Betrachtung. Hier stellt sich nämlich die Frage, anhand welcher Maßstäbe bzw. mit welchen Gründen ein historisches Ereignis als solches bezeichnet werden darf. Ich vertrete hierbei die bereits vorgestellte, jedoch bisher noch nicht weiterführend begründete These, dass auch reale Ereignisse nicht an sich eine Ereignishaftigkeit aufweisen, sondern im Kontext der weiteren Erzählung zu einem Ereignis erhoben werden. Ich werde dies im nächsten Kapitel anhand der Philosophie der Geschichtsschreibung zu begründen versuchen.

Es stellt sich daher zunächst die Frage, wie genau einem Geschehnis im Rahmen einer Erzählung Bedeutung zukommt. Die narrative Grundoperation, durch welche etwas überhaupt Bedeutung verliehen wird, besteht, wie bereits angeführt, darin, es für die Erzählung auszuwählen; dies kann als *Selektion* bezeichnet werden. „Erzählen ist eine hochgradig selektive Tätigkeit", so wiederum Koschorke. „Es hebt wenige Einzelzüge als signifikant aus einer Masse von Daten heraus."[98] Selektion ist für das Erzählen unumgänglich, weil es zum einen aus pragmatischen Gründen unmöglich wäre, alles, was in der realen oder einer imaginären Welt geschieht, in einer Erzählung darzustellen. Zum anderen hätte dies, selbst wenn dies möglich wäre, was Arthur Danto in der Figur des idealen Chronisten hypothetisch annimmt, nicht den Charakter

96 Koschorke (2012), S. 62.
97 Bleumer (2020), S. 38.
98 Koschorke (2012), S. 29.

einer Geschichte.[99] Daher gilt: *Die Selektion ist konstitutiv für Erzählungen.* Einem Geschehnis kommt also grundlegend dadurch Bedeutung zu, dass es für das Erzählen ausgewählt wird.

Selbstverständlich hat der Erzähler Gründe, warum er etwas Bestimmtes im Akt der narrativen Selektion als erzählenswert ausgewählt hat. Es lohnt sich daher mitunter, vor allem bei therapeutischen Narrativen, zu fragen, warum etwas als ereignishaft im Rahmen einer Erzählung dargestellt wird.

> [Fallvignette 15]: Ein junger Patient erzählt mehrmals davon, wie eine Nachbarin ihm einmal ein gebrauchtes Fußballtrikot seines Lieblingsvereins, aus dem ihr eigener Sohn herausgewachsen war, geschenkt habe. Ich frage mich, warum diese Episode immer wieder narrativ dargeboten wird. Mit der Zeit wird mir klar, dass diese Szene deshalb ereignishaft ist, weil es eine der wenigen Situationen seiner Kindheit gewesen ist, in der ihm ein Wunsch erfüllt wurde.

Es kann natürlich nur das ausgewählt und erzählt werden, was sich auch im Blickfeld des Erzählers bewegt; dies gilt vor allem bei faktualen autobiographischen Narrationen. Der Begriff Blickfeld ist hierbei zugleich epistemisch wie aufmerksamkeitsbezogen zu verstehen: Der Erzähler muss von einem Geschehen wissen und es muss sein Interesse derart hinreichend geweckt haben, dass es ihm erzählwürdig erscheint. Dies wiederum bedeutet, dass Erzählungen auch in Bezug auf die Auswahl der relevanten Ereignisse immer eine bestimmte Perspektive des Erzählers bzw. des Erzählenden repräsentieren. Tim Henning nennt dies die *semantische Intentionalitätsbedingung* von Narrationen; diese besagt, „dass Sätze nur dann eine Narration bilden, wenn sie die Ereignisse, von denen sie handeln, als Gegenstand der Perspektive des Denkens, Wünschens, Wollens, Hoffen etc. von Akteuren beschreiben"[100]. Zwar, so Henning weiter, müssen,

> „nicht alle Ereignisse, von denen eine Geschichte erzählt, [...] von Akteuren bemerkt, bedacht, bewertet, gewünscht oder befürchtet werden. Aber sie müssen in intelligiblen Beziehungen zu dem stehen, was die Akteure bemerken, bedenken, bewerten, wünschen oder fürchten"[101].

Ein bestimmtes Geschehen für eine Erzählung auszuwählen, heißt jedoch zugleich auch, und dies ist in therapeutischer Hinsicht womöglich sogar

99 Ich werde diese These Dantos im nächsten Kapitel argumentativ darstellen.
100 Henning (2009), S. 190.
101 Ebd., S. 193.

interessanter, andere Momente *nicht zu erzählen*. Mit dem Akt der Selektion geht daher notwendigerweise auch eine *Negation*, verstanden „als Abweisung anderer Möglichkeiten der Wahl"[102], einher, so Schmid. Und weiter führt dieser aus: „Erst vor dem Hintergrund des Nicht-Gewählten erhält das Gewählte seine Identität und seine Sinnfunktion. Eine Geschichte als sinnhaftes Ganzes zu erfahren heißt, die Logik ihrer Selektivität zu erschließen."[103]

Jede Erzählung steht also vor dem Hintergrund zahlreicher nicht ausgewählter Geschehnisse. Es gibt nun verschiedene Gründe, warum ein Geschehen nicht erzählt wird. Der vermutlich naheliegendste Grund besteht darin, dass diese Geschehensmomente für die Erzählung als irrelevant erachtet werden. Sowohl bei fiktionalen wie faktualen Geschichten fällt hierunter eine schier unendliche Anzahl von Geschehnissen, da – zumindest der Möglichkeit nach – jeder Moment der realen oder fiktiven Welt erwähnt werden könnte. Daher ist es sowohl logisch wie auch pragmatisch unumgänglich, Momente auszulassen.

Interessanter sind folglich nicht auswählte Geschehensmomente, bei welchen man im Rahmen der *Sinnlinie einer Erzählung*, so Schmid, hätte erwarten können, dass sie narrativ thematisiert worden wären. Helmut Bleumer führt hierzu den paradox anmutenden Begriff des *Nicht-Ereignisses* an; hierunter versteht er „ein erwartetes, aber nicht eingetretenes Geschehnis"[104]. Die zu erwartenden Sinnlinien konstituieren sich wiederum aus pränarrativen Skripten, narrativen Vorbildern, kulturellen Handlungspraxen oder dergleichen. Es wäre z.B. zu erwarten, dass in einer autobiographischen Schilderung, welche als ein Lebensereignis eine Hochzeit schildert, auch das spätere eheliche Zusammenleben Erwähnung findet. Wird dies als Nicht-Ereignis in der narrativen Darstellung ausgelassen, mag dies irritieren und den Verdacht aufkommen lassen, dass etwas aus bestimmten Gründen nicht narrativ darstellt werden soll.

> [Fallvignette 16]: In der biographischen Anamnese und psychodynamisch aufschlussreich berichtet eine Patientin ausführlich über ihre Großeltern, ihre Mutter und ihre Geschwister. Ich bin angetan von der Fülle des biographischen Materials, mache mir zahlreiche Notizen und stelle innerlich schon einige psychogenetische Hypothesen bzgl. der Psychodynamik der Patientin auf. Als ich die Angaben später verschriftliche, fällt mir auf, dass kein Wort zum Vater angebracht wurde. In der nächsten

102 Schmid (2008), S. 268.
103 Ebd., S. 268f.
104 Bleumer (2020), S. 53.

> Stunde spreche ich dies an, woraufhin die eigentlich auskunftsfreudige Patientin verstummt und nach Zögern angibt, dass es seine Gründe hat, warum ihr Vater in ihrer narrativen Darstellung ausgelassen wurde – die schwierige Vaterthematik wird in der Folge ein zentrales Thema der weiteren Behandlung.

Entsprechend ist die *konstitutive Negativität der Narrativität* für die Psychoanalyse, welche sich ja gerade darauf versteht, auf das Nichterzählte zu achten, von zentraler Bedeutung. „Das Unbewusste ist jenes Kapitel meiner Geschichte", so merkt Lacan zu Recht an, „das durch eine Leerstelle markiert oder durch eine Lüge besetzt ist".[105] Die Frage, inwiefern das Unbewusste lügen kann, sei hier vorerst hintangestellt; vielmehr sind die narrativen ‚Leerstellen' oder Nichte-Ereignisse, welche Erzählungen aufweisen und bei denen sich mitunter die Frage erheben kann, warum es nicht erzählt wird, von Interesse.

Einzelne ausgewählte Ereignisse machen noch keine Geschichte. Für eine solche dürfen die Ereignisse nicht atomistisch für sich stehen, sondern müssen *verknüpft* werden. Dies lässt sich an einem klassischen Beispiel von Edward Morgan Forster demonstrieren. Der Satz ‚*Der König stirbt*' stellt nach Forster in dieser Form, da er nur ein Ereignis beschreibt, keine Geschichte dar. Erst, wenn ein zweites Ereignis angefügt wird, ergibt sich ein Narrativ. Erst ein Satz wie ‚*Der König stirbt und dann stirbt die Königin*' dürfte dementsprechend eine Geschichte genannt werden.[106] Eine Geschichte besteht also aus einer Art *Ereigniskette*.

Ereignisse müssen also *verknüpft* werden, damit sich eine Geschichte ergibt. Hier stellt sich die Frage, welche Arten von Verknüpfung möglich sind. Im genannten Beispiel finden wir die grundlegendste Art der Verknüpfung vor: Das ‚und dann' zeigt eine chronologische Verknüpfung beider Ereignisse an. Dieses ‚und dann' stellt die basalste und wichtigste Möglichkeit der Verknüpfung von Ereignissen dar und wird daher von Charles Taylor auch als der basalste und damit wichtigste narrative Verknüpfungsmodus für die Lebensgeschichte erachtet.[107] Der Grund für die besondere Bedeutung der chronologischen Verknüpfung liegt naheliegenderweise darin, dass das Geschehen (der realen und der meisten fiktiven Welten[108]) sich in einer diachronen

105 Lacan (1986b), S. 98.
106 Vgl. Forster (1990), S. 87ff.
107 Vgl. Taylor (1996), S. 95.
108 Fiktive Welten können, dies ist z.B. im Science-Fiction-Genre zu finden, in ihren ontologischen Grundkategorien auch anders als die unsrige entworfen werden; daher ist es möglich, dass Geschehnisse nicht notwendigerweise sukzessiv erfolgen, sondern z.B.

Kontinuität vollzieht, welche auch auf der Ebene der narrativen Darstellung entsprechend abgebildet werden muss.

Es ist wichtig, sich daran zu erinnern, dass wir uns hier auf der Ebene der Handlung (Was der Erzählung) und nicht auf der Ebene ihrer Darstellung (Wie der Erzählung) bewegen. Denn selbstverständlich kann die kurze Beispielgeschichte, ohne dass die Chronologie des Handlungsverlaufs geändert wird, auch anders angeordnet dargestellt werden, z.B. in der Form: ‚*Die Königin stirbt, nachdem der König gestorben ist*'. Die chronologische Ordnung der Handlung bleibt die gleiche, nur die Anordnung ihrer narrativen Darstellung ist verändert. Bei faktualen Erzählungen ist die chronologische Darstellung der Handlung, entsprechend ihrem Wahrheitsanspruch, durch die Orientierung am realen Verlauf der Ereignisse vorgeben (wie soeben gezeigt, jedoch nicht der ihrer Darstellung).

Eine chronologische Verknüpfung von Ereignissen ist zwar die basalste, sagt jedoch darüber hinaus wenig aus. Mitunter wird daher, z.B. von Arthur Danto, auch die These vertreten, dass rein chronologische ‚Und-dann-Erzählungen' nicht als solche Geschichten bezeichnet werden dürften. Die Ereignisse müssen nach Danto über die reine Chronologie hinaus ‚informativer' verknüpft werden. Forster bringt dies darin zum Ausdruck, dass mit dem Satz ‚*Der König stirbt und dann stirbt die Königin*' noch keine Geschichte im eigentlichen Sinne formuliert sei (, sondern in seiner Diktion nur eine ‚story', jedoch kein ‚plot'). Eine Geschichte im vollfertigen Sinne liegt erst dann vor, wenn beide letalen Ereignisse in eine explanatorisch reichere Verbindung zueinander gebracht werden. Eine kleine Ergänzung reicht hierfür aus: ‚*Der König stirbt und die Königin auch, aus Trauer*'.[109] Mit dem ergänzten Begriff Trauer wird das erste Ereignis als Grund für das folgende angeführt; beide Ereignisse werden somit kausal verknüpft.

Um als Geschichte gelten zu dürfen, müssen in dieser mindestens zwei Ereignisse über ihre Chronologie hinaus narrativ verbunden dargestellt werden. Durch ihre narrative Verknüpfung werden die Ereignisse in eine Sinnbeziehung zueinander gestellt, d.h. ein früheres Ereignis wird beispielsweise als kausale Erklärung für das Auftreten des späteren Ereignisses angeführt. Durch eine solche erklärende In-Beziehung-Setzung von zwei Ereignissen ergibt sich laut Arthur Danto, auf dessen Thesen zur Geschichtsphilosophie ich im folgenden Kapitel noch ausführlicher zu sprechen kommen werde,

andere chronologische Ordnungen oder Ausnahmen von dieser (z.B. als Zeitreise) möglich sind.

109 Vgl. Forster (1990), S. 87ff.

die Grundform des *narrativen Satzes.*[110] Tim Henning spricht diesbezüglich von der „Bedingung des Sinnzusammenhangs"[111], welche Narrationen notwendigerweise aufweisen müssen, um als solche gelten zu dürfen.

Die Verknüpfung verschiedener Ereignisse zu einer Geschichte nenne ich *Konfiguration.* Einzelne Ereignisse können in ihrer narrativen Darstellung auf verschiedene Weise miteinander in Verbindung gebracht werden Im Folgenden möchte ich exemplarisch sieben Arten der *konfigurierenden narrativen Verknüpfung* kurz vorstellen, welche in der narratologischen Literatur prominent zu finden sind bzw. mir für mein Klärungsinteresse wichtig erscheinen; diese Auswahl erhebt keinen Anspruch auf Vollständigkeit:

0) Wie bereits angeführt, kann die *chronologische* Anordnung als die basalste Form der narrativen Darstellung von Ereignissen gelten. Dass Ereignisse eine basale zeitliche Ordnung aufweisen müssen, stellt zwar eine Grundbedingung von Erzählungen dar (ansonsten handelt es sich nicht um Narrationen, sondern um Deskriptionen), häufig und mit Recht wird jedoch angemerkt, dass eine reine Aufzählung von Begebenheiten – also in Form einer Chronik, man denke z.B. an Kirchenbücher, welche Geburten, Trauungen oder Todesfälle auflisten – in dieser rudimentären Form nicht als Erzählung gelten dürfen.
1) Es bedarf daher einer über die reine Chronologie hinausgehenden Verknüpfung von mindestens zwei Ereignissen. Im angeführten Beispiel der zwei royalen Todesfälle werden diese beiden Ereignisse durch den Hinweis auf die Trauer der Königin als Ursache ihres Ablebens verbunden; die Ereignisse werden *kausal* verknüpft. Ein chronologisch vorangegangenes wird als kausale Ursache für ein nachfolgendes Ereignis angeführt.
2) Eine kausale In-Beziehung-Setzung von zwei Ereignissen stellt eine Erklärung, also eine Antwort auf die Frage nach dem Warum eines Ereignisses dar. Sie können daher als eine Form der *explanatorischen* Verknüpfung bezeichnet werden. Tim Henning summiert unter dem Oberbegriff der explanatorischen Verknüpfung neben der kausalen auch die *intentionale* Verknüpfung: Ein Ereignis wird als intentionale Erklärung – dies meint unter Rekurs auf innerpsychische Motive, Gründe, Absichten, Ziele oder dergleichen – für ein anderes Ereignis angeführt. Entsprechend ließe sich die Kurzgeschichte von Forster wie folgt umformulieren: ‚*Wegen des Todes ihres Gemahls nahm sich die Königin das Leben*'. Der Tod des Königs wird als Grund für die suizidale Handlung der Königin und damit ihres eigenen Todes dargestellt. Diese Art

110 Vgl. Danto (1980), S. 232ff.
111 Henning (2009), S. 183.

der narrativen Verknüpfung ist daher vor allem von Bedeutung, wenn es um die Umstände und Hintergründe verschiedener Handlungen geht. Da Erzählungen ja zumeist und primär die Handlungen ihrer Protagonisten darstellen, stellt diese Art der Verknüpfung hier eine der wichtigsten dar.

3) Hiermit verwandt sind *teleologische* Verknüpfungen, insofern sie sich auf menschliche Handlungen (oder solche anthromorphisierten Wesen) beziehen. Dies meint, dass ein Ereignis von einem Protagonisten vollzogen wird, um ein anderes in Form eines Ziels herbeizuführen. An unserem Beispiel demonstriert: ‚*Die Königin nahm sich das Leben, um bei ihrem Gemahl im Jenseits zu sein*'. Jenseits von menschlichen Handlungen sind teleologische Denkfiguren in der Philosophie bzw. den Wissenschaften aus guten Gründen unüblich geworden. Dies gilt jedoch selbstverständlich nicht für fiktionale Erzählungen, in denen finalistische Zusammenhänge weiterhin ohne Probleme dargestellt werden können; dies vor allem natürlich in vielen Dramen der klassischen Literatur. Wiederum an unserem Beispiel verdeutlicht: ‚*Das Schicksal erlaubt es der Königin nicht, ohne ihren Gemahl zu leben.*' Aber auch in faktualen Erzählungen können solche teleologischen Verknüpfungen zwischen zwei Ereignissen aufgestellt werden; z.B. im Rahmen von schicksalsgläubigen Grundüberzeugungen (‚*Ich bin dazu bestimmt, berühmt zu werden*') – ob dies im Einzelfall adäquate Deutungen der realen Zusammenhänge dieser Ereignisse sind, sei dahingestellt.

4) Es kann aber beispielsweise auch ein toter Vogel am Vortag als ‚Vorbote' der nachfolgenden beiden royalen Todesfälle narrativ angeführt werden. Ein Ereignis kann folglich als *Anzeichen* eines späteren Ereignisses betrachtet werden. Jenseits einer solchen mystischen Symbolik können Ereignisse jedoch auch im profanen Kontext derart verknüpft werden: Das erste fallende Blatt kündigt den Herbst an, das Niesen die entsprechend folgende herbstliche Erkältung. Ebenso kann sich beispielsweise die Treulosigkeit eines später tatsächlich untreuen Ehemannes (rückblickend) bereits in kleinen Szenen zu Beginn der Beziehung offenbaren bzw. ankündigen.

5) Zwei oder mehrere Ereignisse können jedoch auch dadurch in einen Zusammenhang gestellt werden, dass sie, wie Tim Henning betont, *konstitutiv* für eine übergeordnete Sache sind.[112] Das Schmücken des Tannenbaums sowie der Besuch der Christmette sind mitunter konstitutive Bestandteile eines Weihnachtsfestes. Einzelne Ereignisse können also als

112 Vgl. Henning (2009), S. 186f.

(notwendige) Konstituenten für umfassendere, komplexe Ereignisse (vor allem sozialer Praxen) narrativ angeführt werden.

6) Vielleicht musste die Königin in unserer kleinen Geschichte jedoch nur deshalb sterben, damit sich eine ‚dramaturgische Symmetrie' einstellt? Dies wäre der Fall, wenn, wie gerade in fiktionalen Erzählungen üblich, die Konfiguration der Ereignisse primär *ästhetisch* motiviert ist. Mitunter soll die Handlung auch dem Genre oder der Werkgattung entsprechen, sodass beispielsweise am Ende einer Operette ein Deus ex machina erscheinen muss, damit sich die verworrenen Handlungskonflikte lösen lassen und ein genretypisches ‚Happy End' als finales Ereignis gefeiert werden kann.
Gerade im Bereich von (faktualen) Autobiographien, man denke z.B. an Goethes *Wahrheit und Dichtung*, sind ästhetische Prinzipien bei der Konfiguration der Handlung häufig anzutreffen Die Frage, ob bzw. inwiefern solche dramaturgischen oder ästhetischen Konfigurationsprinzipien auch bei faktualen Erzählungen verwendet werden dürfen, ohne dass der Anspruch, wahrheitsgemäß zu erzählen, aufgegeben werden müsste, sei vorerst offen gelassen. In Bezug auf geschichtswissenschaftliche Erzählungen behauptet zumindest Hayden White, auf den ich gleich noch zu sprechen kommen werde, dass auch diese ‚dichten'.[113]

7) Zuletzt besteht natürlich noch die Möglichkeit, Ereignisse nur lose oder gar nicht verknüpft, also *kontingent* zu erzählen.[114] Dies widerspricht jedoch der klassischen Literaturtheorie, welche sich bekanntlich nach dem aristotelischen Diktum richtet, dass die Folge der Handlungsereignisse „nach der Wahrscheinlichkeit oder Notwendigkeit"[115] figuriert erfolgen soll.
Der moderne Roman entspricht dieser Maxime jedoch häufig nicht mehr: Während beispielsweise der existenzialistische Roman – hier kann paradigmatisch auf Jean-Paul Sartres *Der Ekel* verwiesen werden – die aufbrechende Kontingenz der Welt darstellt, soll (etwas später) im Nouveau Roman die Kontingenz des Erzählens und damit dessen schiere Unmöglichkeit sichtbar gemacht werden.[116] Die durch Kontingenz geprägte Erzählung kann einerseits als eine Form des desillusionären und damit wahrhaftigen Erzählens in Anbetracht der fehlenden Sinnhaftigkeit der

113 S. White (1991).
114 Zum Begriff der Kontingenz bietet folgender Sammelband umfassende Erläuterungen: Graevenitz et al. (1998).
115 Aristoteles, Poetik, 1451a.
116 S. hierzu Schürmann (2018), S. 68.

realen Welt oder anderseits auch als Scheitern der Erzählung in ihrer Funktion als sinnkonstituierendes Medium verstanden werden.

Ereignisse können in ihrer narrativen Darstellung daher über ihre chronologische Anordnung hinaus kausal, intentional, teleologisch, vorhersehend, konstitutiv, ästhetisch oder kaum bis gar nicht verknüpft, also kontingent angeordnet werden. In Bezug auf faktuale Erzählungen – also Erzählungen, die den Anspruch erheben, dass ihre Darstellung dem wirklichen Verlauf der Ereignisse entspricht – ist es mir wichtig daran zu erinnern, dass keineswegs klar ist, dass dieser epistemische Anspruch auch eingelöst wird. Anders formuliert: Die Frage, ob die dargestellte narrative Verknüpfung faktualer Ereignisse auch der realen Verbundenheit der Geschehnisse entspricht, übersteigt die Möglichkeit der Narratologie und muss daher vorerst offenbleiben.

Obgleich ich das komplexe Thema der Wahrheit von (biographischen) Erzählungen erst später behandeln werde,[117] sei an dieser Stelle vorab schon einmal ein Blick auf die Problematik von *narrativen Verzerrungseffekten* geworfen: So ist z.B. der bekannte, bereits von Aristoteles[118] beschriebene Fehlschluss ‚post hoc ergo propter hoc', bei welchem von der chronologischen Folge zweier Ereignisse vorschnell, ungeprüft und letztlich zu Unrecht auf ihre kausale Verbundenheit geschlossen wird, in Erzählungen häufig anzutreffen.[119] Dies bedeutet, an unserem Beispiel demonstriert, dass durch eine entsprechende chronologische Konfiguration zu Unrecht nahegelegt werden kann, dass der Tod der Königin als kausale (oder anderweitige) Folge des Todes ihres Gemahls zu verstehen sei, obgleich in Wirklichkeit nichts für eine solche Verknüpfung spricht und nur eine tragische Koinzidenz zweier Todesfälle besteht.

Es besteht also die Gefahr, dass narrativer Sinn reale Kontingenz übertüncht. Ein anderes Beispiel für solche narrativen Verzerrungsprozesse, auf welche ich noch zu sprechen kommen werde,[120] besteht in der verbreiteten Tendenz, mehr zufällige als geplante (Lebens)ereignisse rückblickend als gänzlich intendiert zu erzählen. Vor allem wenn sie zu einem guten Ergebnis geführt haben, werden Lebensereignisse mitunter rückblickend gerne als immer schon angestrebte Ziele verstanden und die Etappen dorthin entsprechend als teleologische Notwendigkeiten narrativ dargestellt.

Während in solchen Fällen mehr narrativer Sinn konfigurierend gesetzt wird als real gegeben ist, gibt es auch Fälle, in denen die Lebensgeschichte

117 S. hierzu Kapitel 9.2.
118 Aristoteles, Poetik, 1401b.
119 S. hierzu Pier (2008).
120 S. hierzu Kapitel 9.2.

unterkomplex erzählt wird. Robert Musil macht auf solche Narrative aufmerksam, wenn er uns folgende Beobachtung mitteilt:

> „Die meisten Menschen sind im Grundverhältnis zu sich selbst Erzähler. Sie lieben nicht die Lyrik, oder nur für Augenblicke, und wenn in den Faden des Lebens auch ein wenig ‚weil' und ‚damit' hineingeknüpft wird, so verabscheuen sie doch alle Besinnung, die darüber hinausgreift: sie lieben das ordentliche Nacheinander von Tatsachen, weil es einer Notwendigkeit gleichsieht, und fühlen sich durch den Eindruck, daß ihr Leben einen ‚Lauf' habe, irgendwie im Chaos geborgen."[121]

Gleich ob narratologisch über- oder unterkomplex erzählt kann festgehalten werden, dass Erzählungen aus selektierten und verschiedentlich verknüpften Ereignissen bestehen. Selbstverständlich werden jedoch zumeist nicht nur zwei, sondern eine Vielzahl von Ereignissen konfigurierend verknüpft. Eine solche komplexe Verknüpfung von zahlreichen Ereignissen in einer Erzählung nennt man bekanntlich *Handlung*. Die Handlung stellt die Antwort auf die Was-Frage einer Erzählung dar (Was ist passiert?). Entsprechend gilt: *Eine Handlung ist als Antwort auf die Was-Frage die Gesamtheit der selektierten und konfigurierten Ereignisse, die dem Subjekt der Erzählung als Veränderungen widerfahren, oder die er selbst vollzieht.*

Nochmals sei daran erinnert, dass das Was der Erzählung, also ihre Handlung, vom Wie ihrer Darstellung zum Zwecke der theoretischen Analyse getrennt betrachtet wird: Eine Handlung kann unverändert in ihrer konfigurierten Ereignisfolge, in der Art und Weise ihrer narrativen Darstellung immer auch anders erzählt werden. Der Sinn einer Erzählung als Ganzes ergibt sich natürlich im wechselseitigen Zusammenspiel von Handlung und Darstellung.

Auch wenn die Handlung einer Erzählung mit ihren zahlreichen verknüpften Ereignissen eine hohe Komplexität erreicht, folgt sie doch zumeist einem etablierten *Handlungsschema*; zudem können verschiedene *Formprinzipien* der Handlungen beschrieben werden. Der Held hat mehrere Prüfungen zu bestehen, Prinz und Prinzessin kommen zum Schluss immer doch noch zusammen und letztlich löst der Meisterdetektiv jeden Mordfall. Erzählschemata wie diese sind wohlbekannt und wurden theoretisch unter den Begriffen *Mythos, Fabel, Sujet, Plot, Motiv* oder *Sinnlinien* vielfach beschrieben.

Die entscheidende Frage hierbei ist, wie sich die Sinnhaftigkeit solcher komplexen Konfiguration von Ereignissen ergibt. Hierzu liegen zahlreiche Theorien und Untersuchungen vor; exemplarisch und rhapsodisch möchte ich jedoch nur vier Theoretiker kurz anführen:

121 Musil (1978), S. 650.

1) Kanonischer Ausgangspunkt von Überlegungen zu Struktur- und Formprinzipien von Handlungen ist die *Poetik* von Aristoteles. Als Gegenstand der Tragödie stellt Aristoteles den *Mythos* heraus, wobei Mythos nicht im heutigen Sinne zu verstehen ist, sondern die „Zusammensetzung der Begebenheiten"[122] und damit die Handlung einer Geschichte bezeichnet. Die Handlung wiederum ahmt, so Aristoteles, das Charakteristische menschlicher Handlungspraxen nach. Hierbei ist der Begriff der *mimêsis* für Aristoteles von entscheidender Bedeutung, welchen man nur unzureichend mit ‚Nachahmung' übersetzen, sondern vielmehr als eine komplexe Form der Darstellungstätigkeit verstehen sollte.[123]
Wichtig ist, dass die Dichtung nicht das thematisiert, was tatsächlich passiert ist, sondern das wahrscheinlich oder notwendig Mögliche:

> „Aus dem Gesagten erhellt, dass nicht Erzählung des Geschehenen Aufgabe des Dichters ist, sondern Erzählung der Begebenheiten, wie sie geschehen sein könnten, und des Möglichen nach der Wahrscheinlichkeit oder Notwendigkeit."[124]

Wie bereits erwähnt, ahmt das Mögliche der Dichtung das Wahrscheinliche und Notwendige der menschlichen Handlungspraxen nach. Dies bedeutet für unsere Fragestellung, dass nach Aristoteles die komplexe Verknüpfung von Ereignissen nach dem Muster etablierter und charakteristischer Verhaltens- und Handlungsweisen der Lebenswelt erfolgt.

2) Umfangreich an Aristoteles anknüpfend,[125] jedoch hermeneutisch gewendet untersucht auch Paul Ricœur in seinem monumentalen, dreibändigen Werk *Zeit und Erzählung* ebendiese in Bezug auf ihre (vor allem diachron) einheitsstiftende Funktion.[126] Er erweitert hierbei den aristotelischen Begriff *mimêsis* zu einer dreifachen Mimesis in Form eines hermeneutischen Zirkels: Mit der Mimesis I betont Ricœur, dass die „Fabelkomposition in einem Vorverständnis der Welt des Handelns verwurzelt"[127] ist. Bezugnehmend auf Martin Heidegger, Ernst Cassirer und Clifford Geertz arbeitet Ricœur die *pränarrativen* Strukturen der Lebenswelt als Fundament expliziter Erzählungen heraus. Dieser folgt

122 Aristoteles, Poetik, 1450a.
123 Zum Begriff der Mimesis s. Gebauer et al. (1998).
124 Aristoteles, Poetik 1451a.
125 Vgl. Ricœur 1988, S. 54ff.
126 Ricœur (1988), (1989), (1991).
127 Ricœur (1988), S. 90.

dann die Mimesis II, durch welche im Rahmen eines „Akt des Konfigurierens"[128] aus eigentlich heterogenen Elementen wie Handlungen, Umständen oder Ereignissen eine „dissonante Konsonanz"[129] und damit letztlich eine „Synthese des Heterogenen"[130] hergestellt werden kann. Diese einheits- und sinnstiftende Erzählung wirkt letztlich als Mimesis III formgebend zurück auf die lebensweltlichen Handlungspraxen, wodurch sich der besagte hermeneutische Zirkel ergibt.

3) In dieser hermeneutischen Tradition steht auch Alasdair MacIntyre, wenn er betont, dass wir unser menschliches Handeln immer nur in Form von Geschichten verstehen können. Diesbezüglich bringt MacIntyre das Beispiel eines Mannes, den wir im Garten grabend sehen.[131] Wenn wir verstehen wollen, was genau er dort tut – Gartenarbeit, körperliche Ertüchtigung oder einen Gefallen für seine Frau? – sind wir, so MacIntyre darauf angewiesen, die Geschichte(n) zu kennen, in welcher diese Handlung stattfinden, und sie als Antwort auf unsere Frage, warum der Mann im Garten gräbt, zu erzählen. Erst in diesem *narrativen Rahmen* bzw. aus diesem heraus verstehen wir menschliche Handlungen. MacIntyre hierzu:

> „Aber wesentlich für den Begriff des Rahmens, wie ich ihn verstehe, ist, daß ein Rahmen eine Geschichte hat, eine Geschichte, innerhalb der die Geschichten der individuellen Handelnden nicht nur angesiedelt sind, sondern angesiedelt sein müssen, weil die Geschichte eines individuellen Handelns […] ohne diesen Rahmen […] nicht zu verstehen ist."[132]

Laut MacIntyre können wir einzelne Ereignisse nur im jeweiligen narrativen Rahmen verstehen; dieser Rahmen ist uns wiederum aus einer geteilten Handlungspraxis bekannt. Nur wenn wir die soziale Praxis der Gartenarbeit, der Leibesertüchtigung oder das mitunter komplexe Beziehungsgefüge einer Ehe kennen, können wir die einzelnen Handlungen verstehen.

In der hermeneutischen Tradition werden komplexe narrative Verknüpfungen auf lebensweltlich geteilte Handlungspraxen zurückgeführt; ihren Sinn erhalten narrative Skripte daher aus ihrer Einbettung in

128 Ebd., S. 107.
129 Ebd., S. 106.
130 Ebd.
131 S. MacIntyre (1995), S. 275.
132 Ebd., S. 276.

pränarrative Sinnstrukturen, welche wiederum nur in der Erzählung rückwirkend verändert werden können.

4) Im Kontrast zu derartigen hermeneutischen Theorien der lebensweltlich fundierten narrativen Sinnstiftung steht die strukturalistisch orientierte Literaturwissenschaft. Exemplarisch möchte ich hierbei jedoch nicht auf einen der klassischen französischen ‚Antipoden' von Ricœur[133], sondern auf Wladimir Propp als einen Strukturalisten avant la lettre eingehen. In seiner bemerkenswerten Untersuchung *Morphologie des Märchens*[134] vergleicht und analysiert Propp verschiedene russische Märchen in Bezug auf ihre Ereignisfolge und kann diesbezüglich rund 30 basale invariante narrative Einheiten bzw. Funktionen herausarbeiten; diese nennt der *Narrateme*. Ein typisches Narratem ist z.B., dass einem Helden ein Verbot erteilt wird.[135] Solche narrativen Einheiten lassen sich in zahlreichen Märchen finden bzw. jedes Märchen besteht, so Propp, aus einer Vielzahl solcher Funktionen, welche sich analytisch herausarbeiten lassen.
Im Unterschied zum aristotelischen bzw. hermeneutischen Verständnis, nach welchem sich die narrative Verknüpfung durch das lebensweltliche Sinnfundament konstituiert, geht Propp wie auch andere Strukturalisten davon aus, dass Erzählungen basale, genuin sinnstiftende Funktionen in Form der besagten Narrateme oder anderer Strukturen aufweisen, welche eine für den Leser nachvollziehbare Handlung generieren. Nicht die pränarrative Lebenswelt, sondern die tradierten Strukturen der Erzählungen stiften hier die Einheit einer narrativen Ereignisverknüpfung.

5) Während Propp davon ausgeht, dass sich die sinnhafte Konfiguration von komplexen Ereignisfolgen durch bestimmte narrative Funktionen der Erzählung ergibt, betonen ‚poststrukturalistische' Theoretiker wesentlich deutlicher die diesbezügliche formgebende Gestaltungsmöglichkeit des Erzählers. Exemplarisch sei hier auf die kontroversen geschichtswissenschaftlichen Thesen von Hayden White verwiesen.[136] Kontrovers sind Whites Thesen insofern, als dass er die *dichtende* Dimension der Geschichtsschreibung herausstellt und sie damit deutlich weniger als exakte Wissenschaft denn als Literatur qualifiziert. Diese poetische Tätigkeit des Historikers setzt jedoch nicht auf der Ebene der Chronologie der

133 Zur Frage, was den Strukturalismus kennzeichnet, s. Deleuze (1992). Eine gute ideengeschichtliche Übersicht zum französischen Strukturalismus bietet Dosse (1999).

134 Propp (1972).

135 Vgl. Propp (1972), S. 66.

136 Grundlegend formuliert hat Hayden White seine Thesen in White (2015), präzisiert und erweitert in White (1986a) dargelegt.

Ereignisse an, sondern in der Auswahl und Anordnung dieser im Rahmen sogenannte *Plotstrukturen*, so White. Dieser schreibt hierzu:

> „Wie eine bestimmte historische Situation anzuordnen ist, hängt von der Geschicklichkeit des Historikers ab, mit der er eine bestimmte Plotstruktur und eine bestimmte Menge von historischen Ereignissen, der er eine bestimmte Bedeutung verleihen will, einander anpaßt. Das ist im wesentlichen ein literarisches, d.h. ein fiktionsbildendes Verfahren."[137]

Die Plotstruktur ergibt sich aus dem *Emplotment*, welches der jeweilige Historiker wählt, um den Ereignissen eine bestimmte narrative Form, z.B. in Form einer Romanze, Tragödie, Komödie oder Satire, zu geben, wie White am Beispiel bedeutender Geschichtswissenschaftler eindrücklich herausarbeitet. Diesen vier Formen von narrativer Modellierung entsprechen, so Whites weiterführende Thesen, auf anderen Textanalyseebenen bestimmten rhetorischen Figuren bzw. Stilen des formalen Schlussfolgerns sowie letztlich korrespondierenden gesellschaftspolitischen Ideologien.

Für White stellt diese narrativ-literarische Dimension einen essenziellen und daher untilgbaren Bestandteil der Geschichtsschreibung dar. Dass die als Muse Klio personifizierten Geschichtswissenschaften dichten, stieß bei Whites Fachkollegen überwiegend und zumeist massiv auf Ablehnung.[138] Vor allem der Vorwurf der poetischen Willkür und damit verbunden die Angst, dass die Geschichtswissenschaften ihren Status als objektive Wissenschaft verlieren könnten, steht im Raum. Dies ist jedoch keineswegs Whites Intention; dieser betont nämlich durchweg, dass seine Überlegungen „dem Status der historischen Erzählung als eine Art von Erkenntnisleistung keinerlei Abbruch"[139] tun.

Diese Frage soll hier offengelassen werden. Ich werde auf Hayden Whites Thesen später noch mehrmals zurückkommen. Für das Klärungsinteresse dieser Arbeit bleibt vorerst festzuhalten, dass die Konfiguration von einzelnen Ereignissen zu komplexen Geschichten nach White durch poetische Akte des Emplotments geschieht; und dies gilt eben nicht nur für fiktionale, sondern auch für faktuale Erzählungen. Meines Erachtens gilt dies ebenso für biographische Narrative und bedeutet, dass auch hier im Rahmen etablierter Plotstrukturen Gestaltungsspielräume bzgl. der Konfiguration der Ereignisse aufseiten des Erzählers gegeben sind.

---

137 Vgl. ebd., S. 106.

138 S. hierzu Goertz (2001).

139 White (1986b), S. 106.

Die fünf vorgestellten Theoretiker legen nahe, dass die sinnhafte Einheit der Erzählhandlung entweder, so in der hermeneutischen Theorie, primär auf dem pränarrativen Sinnfundament von lebensweltlichen Handlungspraxen fußt oder – entsprechend den strukturalistischen oder poststrukturalistischen Theorien – sich diese Einheit durch narrative Mechanismen auf der Ebene der Erzählung konstituiert.

Zugleich kann die Art und Weise solcher Formgebung mit Hayden White als *poetischer Akt* verstanden werden. Der letztgenannte Punkt ist vor allem in Bezug auf faktuale Erzählungen, wie z.B. bei der erwähnten Geschichtsschreibung, jedoch ebenso bzgl. biographischer Erzählungen brisant. Denn eine Betonung der poetisch sinnstiftenden Potenziale von Erzählungen scheint in epistemischer Hinsicht einen problematischen Konstruktivismus nahezulegen, welcher die grundsätzliche Frage nach der Wahrheit von Erzählungen aufwirft; hierzu später mehr.

Neben den Strukturen und Schemata der komplexen Verknüpfung von Handlungsereignissen gibt es auch Überlegungen zu *Formprinzipien*, die die Handlung als Ganzes betreffen. Diesbezüglich möchte ich nur kurz und ausschließlich auf die aristotelische These der *dramatischen Geschlossenheit* von Handlungen eingehen. In der *Poetik* heißt es hierzu: „Es gilt uns als ausgemacht, dass die Tragödie die Darstellung einer vollendeten und ganzen Handlung sei"; sowie weiter: „Ganz aber ist das, was Anfang, Mitte und Ende hat."[140] Die Handlung einer dramatischen Erzählung muss nach Aristoteles also innerhalb dieser beginnen, sich vollziehen und am Ende der Darstellung zum Abschluss kommen.

Es wurde bereits dargelegt, dass beim Erzählen notwendigerweise Ereignisse ausgewählt (selektiert) werden müssen, was im Umkehrschluss bedeutet, dass andere Ereignisse nicht erzählt werden. Bei der aristotelisch geschlossenen Erzählung wird zwar auch nur ein Ausschnitt präsentiert – es gibt also z.B. eine Vorgeschichte der Handlung, welche wie bei *Antigone* zu Beginn vom Chor vorgetragen wird oder bereits aus *König Ödipus* bekannt ist –, der relevante und daher dramaturgisch fokussierte Teil der Handlung wird jedoch vollständig dargestellt.

Bei Erzählungen mit aristotelischer Geschlossenheit wird daher die relevante Handlung vollständig eingerahmt. Es gibt also einen *narrativen Rahmen*, welcher das Erzählte vom Nichterzählten trennt. Beim Rahmen handelt es sich laut Eva Schürmann in darstellungstheoretischer Hinsicht, gleich in welchem Medium, um eine notwendige Konstituente aller Darstellungsformen, durch

140 Aristoteles, Poetik, 1450b.

die das Dargestellte von seiner Umgebung abgegrenzt und damit als solches erst bestimmt wird.[141] Der narrative Rahmen ist daher als eine darstellungstheoretische Notwendigkeit aller Erzählungen zu verstehen.

Nun gilt die klassische aristotelische Einheit der Handlung schon seit Langem nicht mehr als verbindliches Formprinzip für Dramen oder andere Erzählungen.[142] Dies bedeutet, dass zumeist nur ein Ausschnitt des relevanten Geschehens narrativ dargestellt wird, was zugleich bedeutet, dass häufig viel Wichtiges nicht erzählt wird. Viele moderne Erzählungen weisen daher mehr Nicht-Ereignisse als Ereignisse auf. Dies betrifft vor allem das *offene Ende* von nicht geschlossenen Erzählungen.

Das offene Ende – also das Nichterzählen des eigentlich zu erwartenden Endes einer Handlung – stellt ein verbreitetes narratives Stilmittel dar, welches vor allem in Medium des Films gerne zur Anwendung kommt.[143] Häufig wird das offene Ende hierbei in der Funktion eines sogenannten ‚Cliffhangers' verwendet, welcher bei seriellen Narrationen den Wunsch generieren soll, auch das Sequels zu sehen.[144] Dieses tradierte Stilmittel zeigt, dass ein basales menschliches Bedürfnis zu bestehen scheint, die Handlung als Ganzes zu erfahren, obgleich Erzählungen (aus verschiedenen Gründen) dieses häufig nicht befriedigen. Durch ein offenes Ende bleibt sogleich der finale Sinn der Geschichte unbestimmt; denn gerade das Ende – dies wird noch genauer zu erläutern sein – erweist sich als entscheidend für den Sinn der Erzählung als Ganzes.

Warum ist das Thema des offenen Endes für die vorliegende Fragestellung von Interesse? Dies hat seinen einfachen Grund darin, dass faktuale Erzählungen per se immer unabgeschlossene Erzählungen sind. Da sie ja reales Geschehen darstellen, präsentieren sie immer nur einen ausgewählten Ausschnitt der Wirklichkeit.

Dies gilt zwar auch für fiktionale Erzählungen, daher hat z.B. Sherlock Holmes selbstverständlich, da die Romanwelt bzgl. dieser anthropologischen Universalie nicht von der unsrigen abweicht, eine Kindheit, auch wenn Arthur Doyle diese kaum thematisiert. Bei fiktionalen Erzählungen kann jedoch entschieden werden, dass solche Aspekte unwichtig sind und daher nicht thematisiert werden müssen. Selbstverständlich kann etwas auch aus anderen (z.B. dramaturgischen) Gründen unterbelichtet bleiben; Arthur Doyle hätte z.B. Holmes Kindheit auch deshalb (nur vorläufig) auslassen können, um

141 Vgl. Schürmann (2017).
142 Klassisch zur geschlossenen und offenen Form des Dramas: Klotz (1999).
143 S. hierzu Christen (2002).
144 Zum Begriff des ‚Cliffhangers' s. Fröhlich (2015).

später ein biographisches Geheimnis zu lüften. Der Romancier, welcher keiner Wahrheit, sondern vielmehr dramaturgischen oder ästhetischen Ansprüchen ‚verpflichtet' ist, hat hier alle Freiheiten.

Bei faktualen Erzählungen darf hingegen (entsprechend ihre Wahrheitsanspruchs) für die Handlung Relevantes nicht einfach ausgelassen werden. Der entscheidende Punkt ist nun, dass der Autor einer faktualen Erzählungen niemals vollständig weiß, welche Bedeutung einem Ereignis zukommt oder nicht; während Arthur Doyle als Romanautor hingegen das epistemische Privileg hat, dies frei bestimmen zu können. Das *Nichtwissen* des Erzählers einer faktualen Erzählung hingegen kann zum einen damit zu tun haben, dass er einfach zu wenig über die realen Vorkommnisse der Vergangenheit und Gegenwart weiß; dies möchte ich als *kontingentes* Nichtwissen bezeichnen, da der Erzähler (prinzipiell) mehr wissen könnte oder auch kann, wenn er sich über das Geschehen informiert. Beim *prinzipiellen* Nichtwissen ist es hingegen unmöglich, dass der Erzähler etwas weiß. Paradigmatischer Fall hierfür stellt das zukünftige Geschehen dar, eben weil die Zukunft prinzipiell offen und daher genuin unbekannt ist. Da, wie zu zeigen sein wird, die Zukunft die Bedeutungszuschreibung von Ereignissen der Vergangenheit in erheblichem Maße mitbestimmt, hat dies weitreichende Folgen. Während der fiktionale Erzähler festgelegt und daher vollständig weiß, wie die Geschichte ausgehen wird – auch wenn er es dem Leser verschweigt – und jedes Ereignis daher entsprechend im Licht dieser weiteren Entwicklung in einer bestimmten Bedeutung darstellt, ist dem faktualen Autor die Zukunft unbekannt. Daher kann er prinzipiell nicht wissen, welche Bedeutung die von ihm dargestellten Ereignisse letztlich haben werden. Vereinfacht gesagt: Während der Romancier weiß, was noch passieren wird, und entsprechend erzählt, ist dem Biographen niemals vollständig klar, wie seine Geschichte letztlich enden wird – und damit, welchen Sinn sie hat.

Hinzu kommt, dass sich die fiktionale Welt niemals außertextuell verändern kann, sie ist daher – außer wenn die Erzählungen vom Autor überarbeitet oder bei einer seriellen Narration eine Fortsetzungserzählung publiziert wird – in sich *abgeschlossen*. Es kann daher nichts passieren (oder herausgefunden werden), was ein neues Licht auf die Ereignisse wirft. Eben dies ist jedoch bei faktualen Erzählungen möglich, da die von ihr beschriebene, reale Welt ontologisch *offen* ist und sich in ihr ständig Neues zutragen kann, was die im narrativen Ausschnitt dargestellten Ereignisse tangieren und damit ihre Bedeutung verändern kann. Faktuale Erzählungen sind daher *konstitutiv unabgeschlossen* und weisen *immer* ein *offenes Ende* auf.

Das Problem der genuinen und für ihren Sinn konstitutiven Unabgeschlossenheit von faktualen Erzählungen wurde vor allem in der Geschichtsphilosophie in seiner weitreichenden Konsequenz für das Fach erkannt und theoretisch ausbuchstabiert. Da ich diesen Aspekt auch für biographisch-therapeutische Narrative für folgenschwer erachte, werde ich mich dieser Debatte im folgenden Kapitel zuwenden.

Abschließend und zusammenfassend kann bzgl. des Was der Darstellung Folgendes festgehalten werden: Das Was kann vom Wie der Erzählung (analytisch) unterschieden werden, denn dieselben Geschehnisse können, als solche unverändert, verschiedentlich dargestellt werden. In Bezug auf das Wie der Erzählung wurden verschiedene Modalitäten der Darstellung auf der Ebene des Erzählens (Erzählpragmatik) sowie anhand der Erzählung (Narratologie) herausgearbeitet: Erzählpragmatisch wurde vor allem betont, dass Erzählen eine Handlung ist, die (performativ) aus Gründen in bestimmten Situationen getätigt wird. Auf der Ebene der Erzählung selbst wurde vor allem die (temporale) Anordnung der Geschehnisse sowie die Erzählperspektive in den Blick genommen, wobei sich die Frage nach der Identität von Erzähler und Protagonist diesbezüglich bei autobiographischen Erzählungen als relevant für das Thema dieser Arbeit erwies. Letztlich ist festzuhalten, dass zum Verstehen des Sinns einer Erzählung die situative Inszenierung und das Wie der Darstellung unabdingbar sind.

In Bezug auf das Was einer Erzählung, also die Handlung, konnte herausgearbeitet werden, dass Narrative sich dadurch auszeichnen, dass sie in ihrer logischen Grundstruktur immer sich in der Zeit an einem Subjekt vollziehende oder durch diese vollzogene Zustandsveränderungen thematisieren. Um erzählt zu werden, müssen diese als bedeutsam (erzählwürdig) ausgewählt werden; hierdurch werden sie zu einem Ereignis. Bei der Ereignishaftigkeit von Veränderungen handelt es sich um eine graduierbare Eigenschaft, welche sich durch verschiedene Eigenschaften (Relevanz, Folgenreichtun, Unumkehrbarkeit, Resultativität etc.) innerhalb der Erzählung ergibt.

Eine Erzählung besteht jedoch nicht nur aus einem, sondern aus mehreren Ereignissen, welche über ihre reine Chronologie hinaus auf eine bestimmte Weise konfigurierend in Beziehung gesetzt werden. Eine solche Verknüpfung kann kausaler, intentionaler, teleologischer, vorhersehender, konstitutiver oder ästhetischer Art sein; zudem ist es möglich, dass Ereignisse weitestgehend unverbunden, also kontingent erzählt werden. Die Gesamtheit der so konfigurierten Ereignisse ergibt die Handlung, welche die Antwort auf die Was-Frage der Erzählung darstellt. Über die einzelnen Verknüpfungen von Ereignissen hinaus lassen sich auf der Makroebene der Erzählung tradierte Handlungsschemata erkennen, welche dieser eine sinnstiftende Einheit verleihen. Diese Sinngenese kann lebensweltlich-hermeneutisch begründet, textimmanent-strukturalistisch bedingt oder poetisch gestaltet verstanden werden.

Inwiefern stellen nun Erzählungen Artikulationen dar? Zum Begriff der Artikulation wurde herausgearbeitet, dass diesen eigen ist, bereits implizit vorhandene Aspekte der eigenen Existenz (vor allem psychische Zustände wie z.B. Gefühle, Gedanken oder Wünsche) auf den Begriff zu bringen, sie damit in Form und Gestalt zu bestimmen und verstehbar zu machen. Erzählende Artikulationen wären entsprechend Darstellungen der *Veränderungen an einer Person über die Zeit hinweg*. Um dies verständlich zu machen, ist im Folgenden zu klären, wie Erzählen Vergangenes, Zeitüberdauerndes und zeitliche Einheit artikulieren kann.

Die besondere Verbundenheit von *Zeit und Erzählungen* kam bereits mehrfach zur Sprache und soll daher im nächsten Kapitel vor allem in Bezug auf die eigene Lebenszeit und damit auf die Frage nach der These einer *narrativen Identität* betrachtet werden.

KAPITEL 8

Zeit und Erzählen

Die Zeit, alltäglich vertraut, sich jedoch dem theoretischen Zugriff, wie Augustinus bekanntermaßen konstatiert,[1] immer wieder entziehend, stellt eines der ältesten Themen der Philosophie dar.[2] Neben dem Versuch, das Phänomen der Zeit in seiner metaphysischen bzw. ontologischen Dimension zu verstehen, stand zugleich auch von Anfang an die Herausforderung, in und mit der Zeit ein gutes Leben zu führen, im Fokus der philosophischen Reflexion. Nicht selten wurde die Zeitlichkeit und damit die Endlichkeit des menschlichen Daseins (aus verschiedenen Gründen) als leidvolle Erfahrung verstanden. So hat beispielsweise Michael Theunissen ein kaum entrinnbares „Leiden unter der Herrschaft der Zeit"[3] beschrieben und die existenzielle Frage aufgeworfen, ob „wir in der Zeit glücklich sein"[4] können.

Da der Mensch als durch und durch zeitliches Wesen zu verstehen ist – eine These, die Martin Heidegger in seinen verschiedenen bedeutungsdimensionalen und existenziellen Konsequenzen in *Sein und Zeit* nachdrücklich herausgearbeitet hat[5] –, sind wir mit mehreren herausfordernden Erfahrungen in Bezug auf die Zeitlichkeit konfrontiert: Neben der Endlichkeit bzw. Vergänglichkeit, vor allem in konkreter Gestalt der Sterblichkeit, begegnet uns als Menschen auch die mitunter ebenfalls leidvolle Erfahrung des *Auseinanderfallens der Zeit*, also der Verlust des Gefühls der (bzw. der entsprechende rationale Zweifel an der) *zeitüberdauernden Identität alles Seienden*. Sind bzw. inwiefern existieren die Dinge der Vergangenheit heute eigentlich noch (als solche), und was macht sie zu denselben, mit denen wir in Zukunft zu tun haben werden, zumal die Zeit, wie bereits dargelegt, *Veränderungen* mit sich bringt?

Wie ebenfalls schon dargelegt, spitzt sich die Frage nach der *transtemporalen Identität* vor allem in Bezug auf die personale Identität zu: Gerade, weil wir

1 *„Was ist also Zeit. Wenn niemand mich danach frage, weiß ich es; wenn mich es jemanden auf seine Frage hin erklären will, weiß ich es nicht."* Das XI. Buch der Bekenntnisse von Augustinus sowie ein ausführlicher Kommentar, auch bzgl. der Vor- und Wirkungsgeschichte dieses Textes, findet sich bei Flasch (2016); das angeführte Zitat auf S. 251.

2 Eine gute Übersicht zur Philosophiegeschichte der Zeit lässt sich bei Gloy (2008) finden.

3 So der Titel eines lesenswerten Aufsatzes: Theunissen (1991b).

4 So die titelgebende Frage eines Aufsatzes aus dem gleichen Sammelband: Theunissen (1991a).

5 Vgl. Heidegger (2006), vor allem die Paragraphen § 61ff.

 | DOI:10.30965/9783846768686_013

uns über die Zeit hinweg verändern, stellt sich die Frage, ob und wie sich die zeitüberdauernde Identität der Person überhaupt konstituiert. Es sei kurz an die wichtigsten Ergebnisse dieser Untersuchung erinnert: Es wurde ein basales *transtemporales Identitätsbewusstsein* von einem qualifizierten *biographischen Selbstverständnis* unterschieden. Während die erstgenannte *idem-Identität* lediglich besagt, *dass* ich mit meinem früheren und zukünftigen Ich in einem grundlegenden Sinne identisch bin, beantwortet die *ipse-Identität* die Frage, *wer* man eigentlich über die Zeit hinweg ist. Die Idem-Identität, dies konnte ebenfalls gezeigt werden, ist im nichtpathologischen Fall i.d.R. gegeben, während die Ipse-Identität fraglich ist und hergestellt werden muss. Dies gilt vor allem, wie unter Rückgriff auf die Existenzphilosophie anhand der praktischen Frage gezeigt wurde, für das zukünftige, zu entwerfende Selbst: Wer ich sein will bzw. werde, obliegt (in Rahmen der gegebenen Möglichkeiten) meiner Entscheidung und Verantwortung.

Auch wenn die Ipse-Identität (oder das Selbst) in Teilen gewählt wird, so habe ich dafür argumentiert, dass der Zukunftsbezug aus pragmatischen Gründen zu einer gewissen synchronen diachronen Einheitlichkeit des Selbst (Idem-Identität der Ipse-Identität) nötigt. Die *Identität des Selbst* ist daher vor allem als eine *praktische* und damit letztlich als *Antwort auf die praktische Frage* zu verstehen. Um eine gute Antwort auf die praktische Frage zu finden, bedarf es einer validen Selbstkenntnis. Es muss also gefragt werden, wer man ist bzw. war, um zu wissen, wer man sein will. Die Selbsterkenntnis war Gegenstand des dritten Abschnitts dieser Arbeit, wobei sich vor allem der Begriff der (Selbst)artikulation als zentral erwies. Die Artikulation des vergangenen Lebens in Form einer Autobiographie führte zur Notwendigkeit, ein vertieftes Verständnis von Narrativität zu gewinnen.

Da wir nun über einen qualifizierten Begriff von Narrativität verfügen, soll es im Folgenden darum gehen, diesen in Bezug zur Frage nach der Biographie sowie weiterführend zur These der *narrativen Identität* zu setzen. Es wurde bereits erwähnt, dass zahlreiche Theoretiker[6] die These einer über Erzählungen konstituierten Identität als transtemporale Einheit der Person vertreten; diese These soll am Ende dieses Kapitels mit den in dieser Arbeit entwickelten Begriffen diskutiert werden.

Zuvor ist es jedoch geboten, genauer zu klären, unter welchen Bedingungen und Schwierigkeiten überhaupt über die Vergangenheit erzählt werden kann. Ich werde mich hierbei vor allem auf die geschichtsphilosophischen Gedanken von Arthur Danto und auf seine These, dass die Vergangenheit gar nicht anders

6 Zu nennen wären beispielsweise Ricœur (2005), Carr (1991), Taylor (1996) oder MacIntyre (1995).

als im Licht der Gegenwart bzw. Zukunft erzählt werden, es also keinen finalen Sinn der Geschichte geben kann, beziehen. Diese These lässt sich (in anderer Formulierung) auch in der Psychoanalyse unter dem Begriff der Nachträglichkeit bzw. Retroaktivität finden und soll entsprechend damit in Bezug gesetzt werden. Das Phänomen, dass die erinnerte Vergangenheit in immer neuer Bedeutung erscheinen kann, ist auch aus der Gedächtnispsychologie bekannt. Das Thema *Gedächtnis* soll daher im Rahmen eines kleinen Exkurses kurz vorgestellt werden, bevor das Thema *Autobiographie* und letztlich zusammenführend die These der narrativen Identität in den Blick genommen werden kann.

8.1 Die Vergangenheit erzählen

Auf den ersten Blick erscheint es unproblematisch: Der Geschichtsschreiber oder der Biograph schildern, wie bereits Aristoteles herausstellt, „das wirklich Geschehene“[7]. Zwar mag nicht alles, was sich damals zugetragen hat, dem Historiker bekannt sein; insofern er jedoch hinreichend gut über den Lauf der Ereignisse informiert ist und sich der Wahrhaftigkeit verpflichtet sieht, scheinen keine prinzipiellen Probleme zu bestehen, das, was war, so zu berichten, wie es eben wirklich war. Eine solche faktuale Erzählung – ich sehe entsprechend der Ausführungen zum Begriff der Narrativität keine Gründe, Geschichtsschreibungen nicht als Erzählungen zu verstehen – würden dann nur isomorph abbilden, was einst der Fall war. Gegen ein solches Verständnis können jedoch verschiedene kritische Einwände erhoben werden:

1) Wenn *etwas*, so wie es *wirklich* war, durch eine narrative Darstellung abgebildet werden soll, stellt sich zuvorderst die Frage nach der Wirklichkeit dieses vergangenen Etwas, also letztlich nach dem *ontologischen Status der Vergangenheit.* Bereits Augustinus fiel auf, dass die Vergangenheit ja nicht mehr sei,[8] ihr also kein Sein (im vollwertigen Sinne) mehr zukomme. Die Frage, ob und inwiefern die Vergangenheit ontologisch überhaupt ist, stellt eine Grundfrage der Philosophie der Zeit dar, welche hier nicht ausführlich, sondern nur in Bezug auf die Probleme der Historie erörtert werden kann und soll. Paul Ricœur spricht entsprechend von einer „negative[n] Ontologie der Vergangenheit“[9], welche uns durch eine inhärente Differenz und daher nur als Spur gegeben ist. Die

7 Aristoteles, Poetik, 1451b.
8 Vgl. Flasch (2016), S. 249ff.
9 Vgl. Ricœur (1991), S. 233.

Vergangenheit kann daher von der Geschichtsschreibung nur mittels historischer Einbildungskraft im „Zeichen des Anderen"[10] *rekonstruiert* werden, so Ricœur.

Auch Jan Assmann, auf welchen ich bzgl. seiner Überlegungen zum kollektiven Gedächtnis noch zurückkommen werden, vertritt die These, dass die Vergangenheit „überhaupt erst dadurch [entsteht], daß man sich auf sie bezieht"[11]. Entsprechend käme der Vergangenheit keine ‚Wirklichkeit' zu. Sie wäre nur entsprechend ihrer hinterlassenen Spuren und Artefakte mittels Erinnerung, Recherche und Einbildungskraft rekonstruierbar. Ähnlich argumentiert auch Hans-Jürgen Goertz in Bezug auf den Gegenstand der Geschichtswissenschaften:

> „Wirklichkeit begegnet uns im Modus der Gegenwart, beglückt, bedrängt und schlägt uns vor dem Kopf – und zwar jetzt. Was vergangen ist, ist nicht mehr, ist also auch nicht wirklich. Was bleibt, ist nicht der Schlag, sondern die Beule – und auch sie bleibt nicht immer. ‚Historische Wirklichkeit' ist ein Begriff, der, genau bedacht, ohne Inhalt ist. Allenfalls könnte er bezeichnen, was für die Zeitgenossen einmal wirklich war."[12]

Die Wucht der vergangenen Wirklichkeit (be)trifft uns höchstens als hinterlassene ‚Beule', also als Spur des einstigen ‚Schlages'. Die Beule lässt uns mithilfe von Phantasie und Einbildungskraft die Wirklichkeit des damals Betroffenen nur erahnen bzw. das Geschehen narrativ rekonstruieren; wirklich ist sie nicht mehr.

Was bedeutet die These von der negativen Ontologie der Vergangenheit für die epistemischen Möglichkeiten und Grenzen einer der Wahrheit verpflichteten Geschichtsschreibung? Es kann im ersten Schritt festgehalten werden, dass die Vorstellung einer wirklichkeitsgetreuen narrativen Abbildung der Vergangenheit eben deshalb, weil das Abzubildende so per se nicht mehr existiert, als deplatziert anzusehen ist. Geschichtsschreibung ist daher bei der *Rekonstruktion* der einstigen Wirklichkeit notwendigerweise auf ‚Spurensuche' im Verbund mit einer floriden Einbildungskraft angewiesen. Dies bedeutet jedoch, so Ricœur, per se nicht, dass der Historiker seine „Schuld gegenüber der Vergangenheit"[13] in Form der Verpflichtung, diese adäquat darzustellen, nicht einzulösen vermag.

10 Ebd.
11 Assmann (2017), S. 31.
12 Goertz (2001), S. 24.
13 Vgl. Ricœur (1991), S. 223.

Auch in der Differenz zu ihrem abwesenden Gegenstand kann eine faktuale Geschichte diesem mehr oder weniger gerecht werden.

In Bezug auf die faktuale Lebenserzählung bedeutet dies, dass das vergangene Leben, welches ja Gegenstand dieses Narrativs sein soll, als solches nicht mehr existiert. Gegeben ist es nur qua der Spuren, die es hinterließ, und der Erinnerung an sie. Es ist daher, insofern es nicht ad hoc, sondern wie üblich rückblickend erzählt wird, logisch unmöglich, dass das vergangene Leben abbildlich narrativ zur Darstellung gebracht wird. Dies hat seinen logischen Grund darin, dass es das Abzubildende eben nicht mehr gibt. Die Biographie kann immer nur vermittelt über Erinnerungen und Spuren, sowie qua Einbildungskraft rekonstruiert werden.

2) Wie bereits zum Thema Erzählungen in narratologischer Hinsicht angeführt, besteht auch bei der Geschichtsschreibung bzw. der Autobiographie immer die Notwendigkeit zu entscheiden, welcher vergangene Zeitraum bzw. welche Ereignisse überhaupt erzählend in den Blick genommen werden sollen. Da die Weltgeschichte, aber auch jede Lebensgeschichte ungemein umfangreich ist, muss ein *Fokus* gesetzt und entsprechend diesem eine *Selektion* der berichtenswerten Ereignisse vorgenommen werden. Emil Angehrn spricht daher auch von einem „Zwang zur Wahl“, vor welcher ein Historiker stehe; entsprechend gilt, Angehrn weiter: „Geschichtskonstitution ist notwendigerweise selektiv.“[14]

Während die Wahl des grundsätzlichen Themas der historischen Betrachtung weitestgehend unproblematisch erscheint, z.B. ob die Geschichte des Ersten oder Zweiten Weltkrieges geschrieben werden soll, stellt die Selektion der Ereignisse zu diesem Thema einen neuralgischen Punkt dar. Denn auch innerhalb einer umgrenzten Episode gibt es unzählige Ereignisse, sodass, wie bereits ausgeführt wurde, auch der Historiker entscheiden muss, welche er (unter welchem Gesichtspunkt) für *relevant* oder als *explanatorisch bedeutsam* erachten will und welche nicht. Narratologisch würde man hier, wie bereits dargelegt, von Erzählwürdigkeit sprechen.

Wie bereits deutlich im vorherigen Kapitel herausgestellt, kann eine faktuale Erzählung also niemals *die* Vergangenheit, sondern immer nur einen *narrativ gerahmten Ausschnitt* aus dieser darstellen. Dies darf jedoch nicht dahingehend missverstanden werden, dass die (theoretisch angenommene, praktisch jedoch unmögliche) Aneinanderreihung

14 Angehrn (1985), S. 23.

aller narrativ gerahmten Ausschnitte zusammen die gesamte Geschichte ergeben, die einzelnen Erzählungen also nur verschiedene Kompartimente der Geschichte als Ganzes darstellen. Dies ist deshalb eine falsche Vorstellung, weil die jeweilige narrative Rahmung eben den Sinn des ausschnitthaft Dargestellten nicht unberührt lässt, sondern ihn dadurch, was sie zeigt und nicht zeigt, konstitutiv in seiner Bedeutung mitbestimmt. Die Bedeutung der Kriegsereignisse des Zweiten Weltkriegs z.B. verändern sich eben in Abhängigkeit davon, ob man die jeweilige historische Erzählung 1933, 1918 oder 1871 beginnen lässt und sie damit zu den Ereignissen der Vorgeschichte in Bezug setzt. Dies bedeutet und ist mit Nachdruck festzuhalten, dass die Auswahl die Bedeutung der dargestellten Ereignisse signifikant mitbestimmt. Wie bereits ausgeführt, gilt auch hier: *Der narrative Rahmen ist konstitutiv für die Bedeutung des Dargestellten.*

In Bezug auf die Biographie bedeutet dies, dass auch hier zeitliche Ausschnitte bzw. bestimmte Ereignisse selektiv ausgewählt werden und daher entschieden werden muss, welche als *erzählwürdig* bzw. welche als nebensächlich anzusehen sind. Da Erzählungen Handlungen sind, liegen einer solchen Rahmung, Fokussierung und Selektion bestimmte mehr oder weniger transparente Gründe und Motive zugrunde: Etwas kann aus bestimmten Gründen erzählt oder verschwiegen werden. Wie bereits erwähnt, lohnt sich häufig die Klärung der Frage, warum etwas nicht erzählt wird.

3) Hayden White, welcher mit seinen provokanten, jedoch m.E. fundierten Thesen zur poetischen Dimension der Geschichtswissenschaften bereits vorgestellt wurde, spricht sich, eben wegen der von ihm herausgestellten poetischen Dimension seiner Wissenschaft, ebenfalls deutlich gegen die These aus, dass Historiker die Vergangenheit abbildlich darstellen. Zwar betont White, dass es selbstverständlich möglich und auch erforderlich sei, eine basale, mehr oder wenig vollständige Chronik der Ereignisse aufzustellen. Wer dies für die Aufgabe der Geschichtsschreibung hält, übersehe jedoch,

> „daß eine gegebene Menge von zufällig überlieferten Ereignissen niemals für sich selbst eine Geschichte darstellen kann; das äußerste, was sie einem Historiker bieten kann, sind die Elemente einer Geschichte"[15].

15 White (1986b), S. 104.

Da Historiker jedoch faktische Geschichten erzählen, was für White auch vollkommen berechtigt ist, komme es darauf an, aus *Chroniken Geschichten zu machen.* Hierzu White weiter:

> „Die Ereignisse werden zu einer Geschichte gemacht durch das Weglassen oder die Unterordnung bestimmter Ereignissee und die Hervorhebung anderer, durch die Beschreibung, motivische Wiederholung, Wechsel in Ton und Perspektive, durch alternative Beschreibungsverfahren und Ähnliches."[16]

Es bedarf also Akte der literarisch-poetischen Konfiguration, um die Vergangenheit als Geschichte darzustellen, also der „Hilfe alle der Verfahren, die wir normalerweise beim Aufbau einer Plotstruktur eines Romans oder eines Dramas erwarten". Denn, „kein historisches Ereignis", so White abschließend, sei z.B. „an sich tragisch"[17]. Wie bereits herausgearbeitet und von White hier ebenfalls betont, haben Ereignisse an sich keine Bedeutung (z.B. in Form einer Tragödie), sondern immer nur im Rahmen ihrer narrativen Konfiguration innerhalb einer Geschichte – von White ‚Plotstrukturen' bzw. *Emplotment* genannt.
Bezüglich der Autobiographie bedeutet dies und soll im Folgenden genauer aufgezeigt werden, dass die Lebenserzählung, insofern sie keine bloße Chronik der Ereignisse bleiben will, eben literarischer Mittel der Konfiguration dieser Ereignisse bedarf. Das Poetische der Autobiographie ist daher nicht als unnötiger oder gar störender, da von den eigentlichen Fakten ablenkender ‚Zierrat', sondern als konstitutives und damit notwendiges Element ihrer Darstellung als Geschichte zu verstehen.
Faktuale Geschichten, gleich ob es sich um historische Großpanoramen oder um kleine autobiographische Lebensgeschichten handelt, können also aufgrund der Abwesenheit ihres Gegenstandes und ihrer Angewiesenheit auf poetische Akte der Selektion bzw. Konfiguration nicht als isomorph-abbildliche Darstellung dessen, was wirklich war, begriffen werden. Die sich aufdrängende Frage, wie unter diesen Bedingungen der von faktualen Erzählungen erhobene Anspruch, die Wirklichkeit und keine Fiktion darzustellen, eingelöst werden kann, sei vorerst zurückgestellt.

Entsprechend des dargelegten Verständnisses von faktualen Erzählungen könnte jedoch zumindest angenommen werden, dass Geschichten, einmal unter den genannten Voraussetzungen geschrieben, in ihrem Sinn, den sie den stattgefundenen Ereignissen (mit guten Gründen) verliehen haben,

16 Ebd.
17 Ebd.

unverändert bleiben. Diese These erachte ich jedoch für unhaltbar; stattdessen möchte ich für folgende These argumentieren: *Faktuale Geschichten können nicht abschließend, sondern müssen immer wieder neu geschrieben werden.*

Dies ergibt sich jedoch nicht aus willkürlichen Gründen, sondern aufgrund der Tatsache, dass der Erzählende, insbesondere bei autobiographischen Geschichten, Teil des beschriebenen, jedoch nicht feststehenden, sondern sich immer fortsetzenden Geschehens ist, woraus sich die Notwendigkeit ergibt, die Vergangenheit aus einer sich *stetig verändernden Erzählperspektive* immer wieder anders darzustellen. Dieser Gedanke soll zuerst im Rahmen der Geschichtsphilosophie anhand von Arthur Dantos Überlegungen aus seiner *Analytischen Philosophie der Geschichte*[18] eingeführt und im Anschluss mit dem psychoanalytischen Begriff der *Nachträglichkeit* für unsere Fragestellung präzisiert werden.

Gehen wir hierfür vorerst ein paar Schritte zurück, und zwar zum zuvor dargelegten Verständnis von Erzählung als konfigurierende Verknüpfung von Ereignissen: Arthur Danto, welcher wie Hayden White betont, dass Historiker erzählen, geht entsprechend als Basiselement der Geschichtsschreibung vom *narrativen Satz* aus. Diese zeichnen sich nach Danto grundlegend dadurch aus, „daß sie sich auf mindestens zwei Ereignisse beziehen, obwohl sie nur das frühere der beiden beschreiben (oder Aussagen darüber machen), auf die sie sich beziehen“[19].

Mit einem erzählenden Satz werden also (mindestens) zwei Ereignisse explanatorisch derart verknüpft, dass das Spätere dem Vorangegangenen eine Bedeutung verleiht. Ich erinnere an das Beispiel aus dem letzten Kapitel: den Tod des Königs, welcher durch das nachfolgende Ereignis des Todes seiner Gemahlin für diese als ‚todbringend traurig‘ beschrieben wurde. Um seine These zu verdeutlichen, führt Danto ein anderes Beispiel an, und zwar den narrativen Satz „Der Autor von Rameaus Neffe wurde 1715 geboren“[20]. In diesem narrativen Satz wird das Ereignis von Diderots Geburt im Jahr 1715 mit dem späteren Ereignis, dass eben dieser Denis Diderot den philosophischen Dialogroman *Rameaus Neffe* schrieb, welcher nach seinem Tod veröffentlicht wurde und als dessen Autor er entsprechend bekannt ist, narrativ verknüpft. Entsprechend der von Danto aufgestellten Logik des erzählenden Satzes bedeutet dies, dass durch das spätere Ereignis (Diderots Niederschrift von *Rameaus Neffe*) dem früheren Ereignis (seine Geburt) eine bestimmte Bedeutung verliehen wird; nämlich der Tatsache, dass der Autor von Rameaus

18 Danto (1980).
19 Ebd., S, 232.
20 Ebd., S. 29.

Neffe im Jahr 1715 geboren wurde. Erzählende Sätze verleihen einem Ereignis also dadurch Bedeutung, dass sie sie mit anderen Ereignissen in informative Beziehung setzen. Anders formuliert: Ereignisse haben dadurch eine bestimmte Bedeutung, dass sie in Erzählungen mit anderen Ereignissen bedeutungsstiftend verknüpft werden.

Entsprechend wurde ebenfalls bereits mehrfach, zuletzt in Bezug auf Hayden White, die These vertreten, dass Geschehnisse an sich keine Bedeutung und damit Ereignishaftigkeit aufweisen, sondern nur im Rahmen einer Erzählung zu Ereignissen werden. Arthur Danto vertritt – entsprechend der Logik seiner These von narrativen Sätzen als Grundbaustein der Geschichtsschreibung – ebenfalls diese These. Denn, so dieser, „nach der Bedeutung eines Ereignisses im historischen Wortsinn zu fragen, heißt eine Frage zu stellen, die nur im Kontext einer Geschichte beantwortet werden kann“[21].

Diese bedeutungsholistische These der Ereignishaftigkeit von Geschehnissen ist uns ja bereits aus der Narratologie in Bezug auf fiktionale Erzählungen bekannt.[22] Wie bereits erwähnt, besteht jedoch ein gewichtiger Unterschied zwischen einem Romancier und einem Historiker, den auch Danto wie folgt pointiert markiert:

> „Im Gegensatz zu jenen unter uns, die den gesamten Roman vor sich liegen haben und mit einiger Autorität zu sagen imstande sind, worin die Bedeutung dieses oder jenes Ereignisses besteht, liegt dem Geschichtsphilosophen nicht das Ganze der Geschichte vor. Wir verfügen bestenfalls über ein Fragment – die ganze Vergangenheit.“[23]

Während der fiktionale Erzähler theoretisch die gesamte Geschichte, d.h. die Vergangenheit, Gegenwart und Zukunft seiner erzählten Welt, überblicken kann, ist dem Geschichtsschreiber im Idealfall höchstens (jedoch zumeist faktisch nicht) die gesamte Vergangenheit bekannt – nicht jedoch die Zukunft. Dieser Gedanke ist für Danto von zentraler Bedeutung.

Im Rahmen eines Gedankenexperiments skizziert Danto daher die hypothetische Figur des ‚idealen Chronisten‘. Diesen charakterisiert Danto wie folgt: „All das, was längs dem vorgeschobenen Saum der Vergangenheit geschieht, würde von ihm – sobald es geschieht, in der Weise, in der es geschieht – unmittelbar niedergelegt.“[24] Eine solche ideale Chronik wäre jedoch immer noch, selbst wenn sie durch narrative Konfiguration in Form einer Geschichte – als

21 Ebd., S. 27.
22 S. hierzu Kapitel 7.3.
23 Ebd., S. 23.
24 Ebd., S. 241.

Emplotment im Sinne Whites – gebracht wird, *unvollständig*. Denn, so Danto, selbst dem idealen Chronisten ist die Zukunft *unbekannt*. Hieraus ergibt sich folgendes Grundproblem:

> „Um eine lebendige Anschauung von der Bedeutung der Ereignisse zum Zeitpunkt ihres Geschehens zu haben, muß man wissen, auf welche späteren Ereignisse jene von Historikern der Zukunft in der Form erzählender Sätze bezogen werden können."[25]

Dieser Gedanke lässt sich leicht an Dantos Beispiel veranschaulichen: Im Jahr 1715 wäre der ideale Chronist selbstverständlich bestens darüber im Bilde gewesen, dass soeben ein gewisser Denis Diderot als zweites Kind des Messerschmiedemeisters Didier Diderot und seiner Frau Angélique in Langres geboren wurde. Entsprechend seiner Profession würde der ideale Chronist dies vollständig niederschreiben.[26] Auch wenn unser Chronist die Umstände bis ins kleinste Detail dokumentierte, wäre er, solange wir nicht annehmen, dass er über prophetische Fähigkeiten verfügt, nicht in der Lage, den besagten Satz ‚*Der Autor von Rameaus Neffe wurde 1715 geboren*' zu formulieren. Der Grund hierfür ist naheliegend: Es war 1715 noch nicht bekannt bzw. absehbar, dass der soeben geborene Junge später als bedeutender philosophischer Schriftsteller in die Geschichte eingehen würde. Insofern man also, wie Danto es aus guten Gründen tut, Prophetie oder (in größeren Zusammenhängen) geschichtsteleologische Denkfiguren ablehnt, also annimmt, dass die Zukunft offen und uns damit grundsätzlich unbekannt ist, ist es unmöglich, die letztliche Bedeutung eines Ereignisses (in diesem Fall die Geburt von Denis Diderot) ohne Rückgriff auf die späteren, jedoch per se unbekannten Ereignisse der Zukunft zu beschreiben.

Ähnlich wie bei seiner Geburt nicht gewusst werden konnte, dass hier ein Philosoph das Licht der Welt erblickt hat, können auch größere historische Ereignisse, während sie sich ereignen sowie in ihrer Folge niemals in ihrer finalen Bedeutung beschrieben werden. Das klassische Beispiel hierfür stellt die Französische Revolution dar, welche im resultierenden Fortgang der Geschehnisse, z.B. vor bzw. nach dem ihr folgenden Terror, bekanntlich unzählige Male in jeweils anderem Licht und damit in einer anderen Bedeutung beschrieben wurde. „Ereignisse müssen", so Danto daher, „beständig neu beschrieben werden und ihre Bedeutsamkeit im Lichte späterer Informationen neu bewertet werden".[27]

---

25 Ebd., S. 272.
26 Zur Biographie von Diderot sei die Arbeit von Gumbrecht (2020) empfohlen.
27 Danto (1980), S. 27.

Als ein anderes Beispiel fügt Danto interessanterweise die Philosophie bzw. die Philosophiegeschichte selber an, indem er auf das weitverbreitete Phänomen aufmerksam macht, dass „jede neue philosophische Erkenntnis [...] eine umwälzende Re-Strukturierung der gesamten Geschichte der Philosophie erzwingen [kann]: man beginnt, frühere Philosophen als Vorläufer einzuschätzen"[28]. Die Beispiele hierfür sind Legion: Beispielhaft sei darauf verwiesen, dass im Rahmen des sogenannten ‚lingustic turns' der Spätscholastiker Wilhelm von Ockham mitunter als analytischer Sprachphilosoph avant la lettre oder analog im ‚iconic turn' auf einmal Johann Gottlieb Fichte als Bildtheoretiker neu charakterisiert wird.[29]

Danto bringt dies prägnant mit dem Begriff der „rückwirkenden Neugliederung der Vergangenheit"[30] auf den Punkt. Auch Emil Angehrn greift diesen Gedanken auf und betont, dass durch narrative Konfiguration im Rahmen von Geschichtsschreibung „das Ereignis selber neu qualifiziert [wird], ja es wird im strikten Sinn erst im Nachhinein zu dem bestimmten Ereignis; dies meint die These von der Veränderbarkeit der Vergangenheit"[31].

Diese *Veränderbarkeit der Vergangenheit*, etwas später spricht Emil Angehrn auch von einer „retrospektiven Neuqualifizierung"[32], erachte ich als einen sehr fruchtbaren Gedanken, welcher in meiner Argumentation noch eine gewichtige Rolle einnehmen wird. Bei diesem Begriff ist es jedoch wichtig zu verstehen, dass die rückwirkende Neugliederung der Vergangenheit nicht als Akt einer willkürlichen Projektion oder Aneignung missverstanden wird. Denn, wie Danto zeigt, folgt diese rückwirkende Neugliederung aus der Logik der narrativen Sätze und ist daher letztlich unumgänglich. Dies bedeutet selbstverständlich nicht, dass man die Bedeutung vergangener Ereignisse einfach dezionistisch umformulieren darf, sondern, dass ihre jeweilige narrative Sinnzuschreibung immer vorläufig ist und ihre Bedeutsamkeit im Licht späterer Ereignisse und Informationen daher stetig neu betrachtet und beschrieben werden muss.

Da die These der rückwirkenden Neubeschreibung logischerweise für alle Ereignisse der Vergangenheit gilt, folgert Arthur Danto: „Doch wenn die Zukunft nicht gewußt werden kann, kann es auch keine vollkommene Kenntnis der Vergangenheit geben."[33] Die Indeterminiertheit der Zukunft bedeutet

28 Ebd.

29 Als Beispiel sei auf Perler (1995) bzw. Klotz et al. (2019) verwiesen.

30 Danto (1980), S. 270.

31 Angehrn (1985), S. 19.

32 Ebd., S. 20.

33 Danto (1980), S. 315.

somit zugleich eine epistemische Offenheit der Vergangenheit. Daher kritisiert Danto die großen, vor allem geschichtsphilosophischen Geschichtsschreiber, denn diese „versuchen faktisch, die Geschichte dessen, was geschieht, zu schreiben, bevor es geschehen ist, und Darstellung der Vergangenheit zu geben, die auf Darstellung der Zukunft beruhen“[34]. Dies sei jedoch unmöglich. „Doch der Geschichtsphilosoph ist ungeduldig“, so Dantos Diagnose, „er möchte die Gegenwart wie die Vergangenheit aus der Perspektive der Zukunft sehen“.[35]

Aus der These der erzählenden rückwirkenden Neugliederung der Vergangenheit folgt zugleich auch, dass große Ereignisse in der Lage sind, die Vergangenheit in einem neuen Licht erscheinen zu lassen; *also ihre eigene Geschichte zu schreiben*. Dieser Gedanke findet sich bereits bei Nietzsche, welcher großen Menschen eine „rückwirkende Kraft“ zuspricht. „Alle Geschichte“, so Nietzsche weiter, „wird um seinetwillen wieder auf die Waage gestellt, und tausend Geheimnisse der Vergangenheit kriechen aus ihren Schlupfwinkeln – hinein in seine Sonne“[36]. Dies meint, so lese ich Nietzsche hier, dass große Gestalten der Zeitgeschichte sich durch rückwirkende Neugestaltung der Vergangenheit ihre eigene Vorgeschichte schaffen.

Mit diesen Überlegungen kommen wir zum bereits angeführten emphatischen Ereignisbegriff in der Tradition Heideggers und der französischen Philosophie des 20. Jahrhunderts zurück.[37] Zu diesem wurde bereits gesagt, dass ein Ereignis in diesem Sinne die Kraft besitzt, den globalen Verständnisrahmen zu verändern; frei formuliert: Die Welt wird jetzt und zukünftig anders zu sehen sein. Mithilfe des Begriffs der rückwirkenden Neubeschreibung kann einem Ereignis jedoch auch die Potenz zugesprochen werden, nicht nur die Gegenwart und die Zukunft, sondern auch die Vergangenheit anders erscheinen zu lassen. Andreas Hetzel erläutert dies am klassischen Beispiel der Französischen Revolution:

> „Ein Ereignis wie die Französische Revolution ist im Moment seines Eintretens hochgradig kontingent, in seinen Konsequenzen und Auswirkungen dann allerdings so total, dass auch seine Vorgeschichte vom Ereignis selbst aus gesehen in einem völlig anderen Licht erscheinen muss, als eine Geschichte, die notwendig zu diesem Ereignis führen musste. Es zeichnet das Ereignis als Ereignis aus, dass es retroaktiv seine Voraussetzungen schafft und seine eigene Geschichte installiert.“[38]

34 Ebd., S. 30.
35 Ebd., S. 29.
36 Nietzsche (1999b), S. 404.
37 S. hierzu Kapitel 7.3.
38 Hetzel et al. (2011), S. 337f.

Für die These, dass ein monumentales Ereignis sich seine eigene Geschichte schreibt, greift Hetzel auf Slavoj Žižeks Begriff der „retroaktiven Performativität“[39] zurück, welcher diesen Begriff wie folgt charakterisiert:

> „Wenn eine Sache sich, ausgehend von einer Reihe der zufälligen Bedingungen, verwirklicht, entsteht der retroaktive Effekt einer teleologischen Notwendigkeit, als ob einer solchen Entwicklung von Anfang an vorgeschrieben gewesen wäre: Ausgehend vom Resultat erscheinen dessen Bedingungen als von ihm selber gesetzt.“[40]

Dies bedeutet, dass nach einem Ereignis wie der Französischen Revolution, deren Vorgeschichte qua retroaktiver Performativität in Bezug auf eben dieses, spätere Ereignis neu beschrieben wird. Als Art der retrospektiven Konfiguration führt Žižek hier die uns bereits bekannte teleologische Verknüpfung an: Rückblickend betrachtet erscheinen alle vorherigen Ereignisse mit Notwendigkeit auf dieses resultierende Ereignis hinauszulaufen. Obgleich teleologische Geschichtsdeutungen mittlerweile umstritten sind bzw. zumeist abgelehnt werden,[41] sind sie zumindest als (ggf. illusionärer) narrativer Effekt im Alltag häufig anzutreffen. Daher dient Žižek der „retroaktive Charakter der Liebe“[42] hierbei als anschauliches Beispiel:

> „Wenn man sich verliebt, ist man notwendigerweise schon Opfer dieser Illusion, wonach man es immer schon gewesen ist. Das ganze vorherige Leben erscheint als Chaos, welches nur auf die schöpferische Geste der Liebe gewartet hat, es ist nur mehr von dem Erscheinen der Liebe her lesbar, die ihm rückwirkend seine Bedeutung verleiht; das heißt, sie erlaubt uns, die Vorzeichen ihrer Ankunft darin auszumachen.“[43]

Und weiter ergänzt Žižek zusammenfassend:

> „In die lineare Abfolge der Ereignisse eingereiht, erscheint die Begegnung mit der geliebten Person gänzlich kontingent, als Resultat reiner Zufälle. Nachträglich aber hat man das Gefühl, dass sie von Anfang an vom Schicksal vorgesehen war.“[44]

39 Žižek (2015), S. 45.
40 Ebd., S. 44f.
41 Hierzu vgl. z.B. Bauch (1979).
42 Ebd., S. 48.
43 Ebd., S. 47.
44 Ebd., S. 48.

Dieser illusionäre Effekt der retroaktiven Neubeschreibung der Liebe dergestalt, dass alle vorherigen Ereignisse rückblickend als Vorboten oder Notwendigkeiten der finalen romantischen Begegnung erzählt werden, ist sicherlich vielen vertraut. Vom Standpunkt bzw. aus der Erzählperspektive der Verliebten nimmt die Geschichte häufig diese narrative Form an. Jedoch ist auch diese Erzählung in ihrer narrativen Konfiguration nicht fixiert, sondern kann durch den weiteren Verlauf der (realen) Begebenheiten wiederum in einem anderen Licht erscheinen und entsprechend anders erzählt werden.

Um zu zeigen, dass dasselbe Ereignis im Fortgang des Geschehens jeweils in einer anderen Bedeutung und mit einer anderen Vorgeschichte erzählt werden kann, modifiziere bzw. entwickle ich das Beispiel der Liebesgeschichte von Žižek ein wenig weiter. Zur besseren Übersicht unterteile ich es in verschiedene ‚Akte':

1) Erster Akt: *Die Begegnung*: Sie und er, beide jung und in der Liebe unerfahren, begegnen sich auf einer Party. Zwar finden sie spontan Gefallen am jeweils anderen, jedoch zeigen sich beide gehemmt, ihr Interesse zu bekunden, sodass (vorerst) nichts weiter passiert. Das Ereignis dieser Begegnung wird am nächsten Tag, wenn überhaupt, als unbedeutend oder als leider vergebene Chance narrativ repräsentiert.
2) Zweiter Akt: *Das Date*: Ihr geht die flüchtige Begegnung nicht aus dem Kopf; sie erkundigt sich daher bei einem Bekannten nach dem Fremden und erhält seine Telefonnummer. Sie meldet sich bei ihm und beide treffen sich zu einem romantischen Date. Das Ereignis der ersten Begegnung wird nun aus der Perspektive der jetzt frisch Verliebten als glücklicher Zufall oder – entsprechend des von Žižek beschriebenen teleologischen Effekts – als schicksalhafte Zusammenführung beider erzählt.
3) Dritter Akt: *Die Beziehung*: Das Verliebtsein wird zur Liebe und beide werden für längere Zeit ein Paar. Die erste Begegnung wird aus dieser Erzählperspektive heraus nun als Teil einer ‚Paargeschichte' und vielleicht, so zumindest derzeit geplant, demnächst auch als das erste Kapitel einer Familiengeschichte konfiguriert.
4) Vierter Akt: *Die Trennung*: Das zweisame Glück findet ein jähes und sehr unschönes Ende. Aus der Wut und Trauer nach der Trennung heraus erscheint die bisher entweder als unbedeutend oder als positiv erzählte erste Begegnung nun negativ, z.B. als Beginn einer tragischen Geschichte. Vielleicht schleicht sich sogar der Gedanke ein, dass es besser gewesen wäre, den anderen nie getroffen zu haben.

5) Fünfter Akt: *Latenz*: Trauer und Wut vergehen mit der Zeit. Die erste Begegnung und die nachfolgende Beziehung werden eine nicht mehr sehr bedeutsame Episode in der Lebensgeschichte beider Personen.
6) Sechster Akt: *Die Wiederholung*: Auf einer Party, Jahre später, und beide sind emotional gereift, begegnen sie sich wieder und die alten Gefühle füreinander erwachen sogleich zu neuem Leben. Zufall? Eine Wiederholung? Lässt das Schicksal nicht locker und sind sie doch füreinander bestimmt? Die Antwort weiß nur die zukünftige Geschichte.

In jedem neuen Akt, also mit dem Voranschreiten der realen Zeit und den damit einhergehenden Veränderungen, werden, so zeigt das Beispiel, auch die Ereignisse anders erzählt. Zu Beginn ist das Ereignis der Begegnung in seiner Bedeutung nur vorläufig zu bestimmen, erst im weiteren Verlauf der realen Geschehnisse konturiert sich die spätere Bedeutung langsam heraus. In einem gewissen Sinne nötigen neue reale Geschehnisse (oder auch bisher unbekannte Informationen) einen sogar dazu, die Geschichte immer wieder neu zu erzählen; hierzu später mehr.

An dieser Stelle lässt sich natürlich fragen, ob es im Rahmen von Erzählungen überhaupt so etwas wie eine abschließende Bedeutungszuschreibung geben kann. Anders formuliert: Kann ein Ereignis jemals final und eindeutig als gut oder schlecht, glücklich oder tragisch narrativ bestimmt werden? Wann endet die Neuerzählung? Mit guten Gründen könnte man, wie es z.B. Arthur Danto tut, hier die These vertreten, dass sich im Rahmen einer faktualen Geschichte die Bedeutungen von Ereignissen niemals abschließend bestimmen lassen; eben aus dem Grund, dass die Zukunft per se immer offen und unabgeschlossen bleibt.

Aber könnte man nicht, so sei gefragt, in Bezug auf autobiographische Erzählungen zumindest annehmen, dass diese mit dem Tod des Erzählers (und ihm als Protagonisten) enden? Faktisch selbstverständlich ja, denn Tote können nicht mehr erzählen. Die Logik der retrospektiven Performanz übersteigt jedoch das faktische Erzählen. Es sei hierzu auf ein Argument aus der *Nikomachischen Ethik* verwiesen. Dort wirft Aristoteles die Frage auf, ob man jemanden, solange er noch lebt, glücklich nennen dürfe. Da ihm zu Lebzeiten, und das auch noch im hohen Alter, allerlei Widrigkeiten und Übel widerfahren könnten, sei eine finale Bestimmung erst am Ende des Lebens möglich, so Aristoteles.

Jedoch, und dies ist der entscheidende Punkt für meine Argumentation, könne man auch nach dem Tod eines Menschen nicht abschließend sagen, ob er ein glückliches Leben geführt habe. Man könne sich nämlich beispielsweise jemanden vorstellen, dessen Stolz und Lebensglück (am Ende seines Lebens) darin besteht, tapfere Söhne gezeugt und großgezogen zu haben. Hierzu merkt Aristoteles jedoch an:

> „Ein Mensch, der bis in sein hohes Alter glücklich gelebt hat und ebenso gestorben ist, kann noch mancherlei Veränderungen in seinen Nachkommen erleiden; die einen können tugendhaft sein und ein dem entsprechendes Lebenslos genießen, die anderen umgekehrt."[45]

Obgleich sich dieser Vater zum Zeitpunkt kurz vor seinem Tod mit guten Gründen an der Tapferkeit seiner Söhne erfreut – in meinen Worten: seine bilanzierende Lebensgeschichte mit Bezug auf seine tapferen Söhne erzählt, welche sein Leben glücklich erscheinen lässt –, bleibt unklar, ob nicht zukünftige Ereignisse, z.B. die unerwartete Feigheit der Söhne in der nächsten Schlacht, ein anderes Licht auf die Vergangenheit und damit auch auf das einst stolze Urteil des verstorbenen Vaters werfen mag.

Hieraus folgt, dass die Lebensgeschichte auch post mortem retroaktiv ggf. neu erzählt werden muss; im aristotelischen Fall: Die spätere Feigheit der Söhne nötigt zu einer Reformulierung der narrativen Lebensbilanz des verstorbenen Vaters. Während dieser Umstand bzgl. autobiographischen Erzählungen selbstverständlich unerheblich ist (Tote können ja nicht mehr erzählen), gilt dies jedoch für alle anderen Formen von Geschichten.

Eine faktuale Geschichte kann (bzw. muss) also immer wieder neu erzählt werden. In diesem Gedanken verbinden sich die Thesen von Hayden White und Arthur Danto: Einerseits zeigt sich die von Danto beschriebene rückwirkende Neugliederung der Ereignisse, zum anderen werden sie jeweils mit einem anderen narrativen Emplotment (z.B. Kontinenz, Romanze, Tragödie, Wiederholung) versehen; dies stellt den zentralen Gedanken von Hayden White dar. Auch White betont den von Danto herausgestellten Zukunftsbezug historischer Erzählungen, wenn er ausführt:

> „Wir wählen unsere Vergangenheit in der gleichen Weise, wie wir auch unsere Zukunft wählen. Die historische Vergangenheit ist daher, wie unsere verschiedene persönliche Vergangenheit, bestenfalls ein Mythos, der unseren Einsatz auf eine bestimmte Zukunft rechtfertigt, und schlimmstenfalls eine Lüge, eine nachträgliche Rationalisierung dessen, was wir im Grund durch unsere Entscheidung geworden sind."[46]

---

45 Aristoteles, Nikomachische Ethik, 1100a.
46 White (1991), S. 49.

Die narrative Ordnung der Vergangenheit ist also – White bezieht sich hier explizit auf Sartre – als eine Entscheidung in Bezug auf die Zukunft zu verstehen: *Wir wählen unsere Vergangenheit,* denn in ihrer narrativen Konfiguration spiegelt sich die existenzielle Wahl unserer Zukunft. Wir wählen uns also die Vergangenheit, die zu unserem Lebensentwurf passt, so White.

Wie die existenzielle Wahl darf die retrospektive Wahl jedoch nicht rein dezisionistisch, d.h. grundlos, missverstanden werden. Eine Wahl muss nicht, kann jedoch bzw. sollte durch Gründe motiviert sein. Entsprechend ist auch eine Vergangenheitserzählung durch mehr oder weniger gute Gründe bestimmt, wobei selbstverständlich auch Wünsche, Gefühle oder äußere Umstände Einfluss darauf nehmen, wie wir die Vergangenheit erzählen.

So können neue Informationen oder Erkenntnisse zur Verfügung stehen, welche die Geschichte in einem neuen Licht erscheinen lassen; oder Einstellungen, Betrachtungsweisen oder Sensibilitäten haben sich verändert und mit ihnen der Blick auf die Vergangenheit. Ebenso – hierauf werde ich im sechsten Abschnitt noch zu sprechen kommen – kann die bisherige Erzählung als einseitig, verzerrt oder anderweitig problematisch geprägt erkannt werden, sodass eine Neuerzählung notwendig wird. Wann, wie und aus welchen Motiven bzw. Gründen eine Neuerzählung veranlasst wird bzw. ob diese gerechtfertigt ist, ist hier vorerst nicht die Frage. Es geht vielmehr darum, dass eine Neuerzählung der Vergangenheit möglich ist, *die Vergangenheit in ihrer Bedeutung also nie feststeht.*

Dies hat seinen Grund u.a. darin, dass auch faktuale Geschichten (wie alle Erzählungen notwendigerweise) immer aus einer bestimmten *Perspektive* heraus erzählt werden und diese die Art und Weise, wie die Ereignisse konfigurierend erzählt werden und welcher Sinn ihnen damit verliehen wird, entscheidend prägt. Die Besonderheit der Perspektivität von faktualen, vor allem jedoch autobiographischen Erzählungen liegt m.E. darin, dass der faktuale Erzähler eben *Teil der Welt ist, die er beschreibt.* Dies unterscheidet ihn vom Romancier, der die von ihm entworfene fiktive Welt zwar allwissend überblickt, in ihr jedoch nicht leibhaftig involviert ist.

Dies erinnert an eine berühmte geschichtsphilosophische Anmerkung Wilhelm Diltheys, welche lautet: „Die erste Bedingung für die Möglichkeit der Geschichtswissenschaften liegt darin, dass ich selber ein geschichtliches Wesen bin, daß der, welcher die Geschichte erforscht, derselbe ist, der die Geschichte macht.“[47] Wie bereits erwähnt, ist die erzählte Welt einer fiktionalen Narration ihrem Begriff nach nicht diejenige des Autors. Die Welt der

47 Dilthey (1981), S. 347.

faktualen Erzählung ist jedoch qua ihres epistemischen Anspruchs an die reale Welt gebunden und steht daher in Abhängigkeit von den sich in eben dieser ständig zutragenden Veränderungen. Der faktuale Autor ist als ‚*Geschichte Machender*', in den Worten Diltheys, eben Teil dieser Welt. Er beschreibt also eine Welt (bzw. einen Ausschnitt dieser), deren Zukunft er handelnd selber beeinflussen kann, womit er zugleich immer auch, wenn auch zumeist nur in einem kleinen Rahmen, ein neues Licht auf die Vergangenheit wirft und eine retrospektive Neuerzählung notwendig werden lässt.

Nun stellt es in Bezug auf die ‚große Geschichtsschreibung' eine Seltenheit dar, dass weltgeschichtlich Handelnde zugleich als bedeutsame Historiker in Erscheinung treten (Julius Caesars *De bello Gallico* oder Winston Churchills *The Second World War* stellen eher Ausnahmen dar). In Bezug auf autobiographische Erzählungen ist dies jedoch der Normalfall, da, wie dargestellt, Protagonist, Referenzperson und Erzähler (in einem bestimmten Sinne) identisch sind.[48] Daher kann bzgl. des autobiographischen Erzählers formuliert werden: *Der Autobiograph erzählt die Vergangenheit seines Lebens, dessen Zukunft er handelnd (mit)gestaltet und welche seine Vergangenheit damit wiederum retrospektiv neu zu bestimmen vermag.*

Diese These der Retroaktivität erweist sich anschlussfähig an die existenzphilosophischen Überlegungen des zweiten Abschnitts dieser Arbeit. Dort wurde dafür argumentiert, dass die menschliche Existenz durch einen grundlegenden Zukunftsbezug in Form der Frage, wie zu leben sei, ausgezeichnet ist. Der zukunftsbezogene Entwurf ist jedoch, wie dargelegt wurde, immer durch die Faktizität der konkreten Situation und selbstredend auch durch die Vergangenheit der jeweiligen Person bedingt; trotzdem wurde dem Entwurfscharakter eine entscheidende Funktion zugesprochen. Die Vergangenheit wurde daher primär als Quelle der Selbsterkenntnis, um freie und bessere Entscheidungen in Bezug auf die praktische Frage treffen zu können, in Anschlag gebracht.

Mit der zuletzt entwickelten These der retrospektiven Neubeschreibung der Vergangenheit kann das Verhältnis zwischen eben dieser und der Zukunft dahingehend erweitert bestimmt werden, dass die Vergangenheit in ihrer narrativ vermittelten Bedeutung immer nur in Bezug auf die Zukunft zu bestimmen ist. „Wer oder was wir jeweils sind, ergibt sich erst daraus, wer wir jeweils gewesen sein werden"[49], so Andreas Luckner in existenzphilosophischer Hinsicht. Dieser Gedanke verstärkt die These des primären Zukunftsbezugs der menschlichen Existenz, schwächt jedoch zugleich die

48 S. hierzu Kapitel 7.2.
49 Luckner et al. (2018), S 134.

Güte der vergangenheitsbezogenen Selbsterkenntnis, da – so sei vorläufig festgehalten – sich die ‚Wahrheit' der Vergangenheit letztlich erst in der Zukunft, die zu gestalten mir obliegt, zeigen wird. Prägnant lässt sich dieser Gedanke durchaus ‚dialektisch' paraphrasieren: *Erst in der Zukunft kann ich wissen, wer ich war.*

Interessanterweise lässt sich der Gedanke der retroaktiven Neubeschreibung der Vergangenheit unter dem Begriff der *Nachträglichkeit* auch in der Psychoanalyse finden. Im Folgenden möchte ich diesen aufschlussreichen, jedoch zugleich auch kontroversen Begriff daher in gebotener Kürze vorstellen.[50] Mein Interesse am Begriff der Nachträglichkeit ergibt sich nicht nur aufgrund seiner Anschlussfähigkeit an den bisherigen Gang der Argumentation, sondern auch aufgrund der darzulegenden These, dass sich anhand des Verständnisses dieses Konzepts mitentscheidet, ob die Psychoanalyse als hermeneutische Wissenschaft verstanden werden kann.

Sigmund Freud verwendet den Begriff der Nachträglichkeit in seinem Œuvre durchgängig, jedoch zumeist eher randständig, vor allem jedoch in seinen frühen Schriften zur sogenannten Verführungstheorie. Jean Laplanche, einer der versiertesten Leser des Freud'schen Werks und Parteigänger des Begriffs der Nachträglichkeit für die Weiterentwicklung der psychoanalytischen Theorie, merkt diesbezüglich an, „daß freilich die Begrifflichkeit der Nachträglichkeit bei Freud nicht immer die Tiefe hat, die wir selbst […] nachträglich dort finden"[51]. Es geht also, so Laplanche in seiner lobenswert undogmatischen Lesart Freuds, weniger darum, exergetisch exakt herauszuarbeiten, wie genau der Begriff der Nachträglichkeit von Freud selber (höchstwahrscheinlich uneinheitlich) verstanden und verwendet wird, sondern vielmehr darum, ausgehend von Freud die Potenziale dieses Konzepts für die psychoanalytische Theorie und ihre klinische Praxis auszuloten.

Der Begriff der Nachträglichkeit wird von Freud in der Frühphase der Entwicklung seiner Theorie im Rahmen der sogenannten Verführungstheorie argumentativ in Anschlag gebracht. Innerhalb der Verführungstheorie, welche Freud ab 1897 aufgab, ging dieser – verkürzt dargestellt[52] – von der Annahme aus, dass neurotische Symptome ätiologisch durchgängig auf real stattgefundene sexuell-übergriffige Ereignisse in der Kindheit der Patienten zurückgeführt werden können. Die Erinnerung an diese Übergriffe sei jedoch

50 Ein guter Überblick zum Begriff der Nachträglichkeit bei Freud bzw. seiner Wirkgeschichte im psychoanalytischen Diskurs ist bei Kirchhoff (2009) zu finden.

51 Laplanche (1996), S. 115.

52 Erläuternd zur Verführungstheorie: Laplanche et al. (1992); ausführlich, jedoch mit kritischem Fokus: Masson (1991).

als solche verdrängt und zeige sich nur in Gestalt von Symptomen, so Freuds Auffassung zu diesem Zeitpunkt seiner Theorieentwicklung. Die Aufdeckung dieser und die damit einhergehende Abreaktion der mit dem Trauma verbundenen Affekte innerhalb der psychotherapeutischen Behandlung wirke entsprechend kurativ, so Freud weiter.

Die geschilderten Erinnerungen der Patientinnen irritierten Freud jedoch zunehmend, denn das, was seine Patienten und Patientinnen ihm berichteten, könnten sie zu dem Zeitpunkt, an dem sie angaben, es erlebt zu haben, als solches eigentlich noch gar nicht verstanden haben, so Freuds Misstrauen. Dies ließ Zweifel an der Glaubwürdigkeit der Berichte aufkommen. Freud will seinen Neurotikern jedoch vorerst weiterhin Glauben schenken. Jahre später schwindet jedoch schließlich sein Glaube an die Berichte dieser traumaätiologischen Schilderungen, was zu einem Widerruf der Verführungstheorie führte. Im *Entwurf einer Psychologie* hält er jedoch noch an seiner Verführungstheorie fest und erläutert seine damalige Lösung der Problematik wie folgt:

> „Es liegt hier der Fall vor, dass eine Erinnerung einen Affekt erweckt, den sie als Erlebnis nicht erweckt hatte, weil unterdes die Veränderung der Pubertät ein anderes Verständnis des Erinnerten ermöglicht hat. Dieser Fall ist nun typisch für die Verdrängung bei der Hysterie. Überall findet sich, dass eine Erinnerung verdrängt wird, die nun nachträglich zum Trauma geworden ist.“[53]

Das Ereignis war also nicht an sich traumatisch, sondern wird *nachträglich* zum Trauma, weil im Lauf der weiteren psychosexuellen Entwicklung ein *anderes Verständnis des Erinnerten* möglich wird. An anderer Stelle umreißt Freud den Begriff der Nachträglichkeit wie folgt:

> „Aus einem derartigen Zusammenhange läßt sich etwa verstehen, warum sexuelle Erlebnisse des Kindesalters pathogen wirken müssen. Sie entfalten ihre Wirkung aber nur zum geringsten Maße zur Zeit, da sie vorfallen; weit bedeutsamer ist ihre nachträgliche Wirkung, die erst in späteren Perioden der Reifung eintreten kann.“[54]

Diese nachträgliche Wirkung bringt Freud nun mit seiner Gedächtnis- bzw. Erinnerungstheorie in Verbindung, im Rahmen derer vor allem der Begriff der *Erinnerungsspur*[55] von zentraler Bedeutung ist:

---

53 Freud (1999j), S. 447f.

54 Freud (1999h), S. 511.

55 Freuds Begriff der (Erinnerungs)spur findet vor allem in Derrida einen interessierten Leser; vgl. Derrida (1976). Erläuternd hierzu: Angehrn (2001).

„Diese nachträgliche Wirkung geht, wie nicht anders möglich, von den psychischen Spuren aus, welche die infantilen Sexualerlebnisse zurückgelassen haben. In dem Intervall zwischen dem Erleben dieser Eindrücke und deren Reproduktion (vielmehr dem Erstarken der von ihnen ausgehenden libidinösen Impulse) hat nicht nur der somatische Sexualapparat, sondern auch der psychische Apparat eine bedeutsame Ausgestaltung erfahren, und darum erfolgt auf die Einwirkung jener früheren sexuellen Erlebnisse nun eine abnorme psychische Reaktion, es entstehen psychopathologische Bildungen."[56]

Das erlebte und später traumagenetische Ereignis schlägt sich in solchen psychischen Spuren nieder. Die in der Behandlung präsentierte Erinnerung entsteht jedoch erst, „indem von Zeit zu Zeit das vorhandene Material von Erinnerungsspuren eine Umordnung nach neuen Beziehungen, eine Umschrift erfährt"[57], so Freud.

Als zentralen Grund für das Phänomen der späteren, nachträglichen *Umschrift* führt Freud, wie bereits erwähnt, den Umstand an, dass die psychische Reife des Subjekts ein adäquates Verständnis der Erlebnisse verunmöglicht. Noch deutlicher bringt Psychoanalytiker Donald Winnicott diesen Gedanken auf den Punkt, wenn er betont, dass

„der Patient [...] sich daran ‚erinnern' [muss], aber es ist unmöglich, sich an etwas zu erinnern, das noch nicht geschehen ist, und dieses vergangene Geschehen ist noch nicht passiert, weil der Patient noch nicht (wirklich) da war, es ihm nicht geschehen konnte. [...] Das Vergangene und das Zukünftige wird so zu einem Gegenstand des Hier und Jetzt und zum ersten Mal vom Patienten erlebt"[58].

Das Subjekt existiert also nach Winnicott zum Zeitpunkt des Erlebens als solches – dies meint als sich selber verstehendes Wesen – noch nicht; ‚wirklich' erlebt wird das Vergangene daher erst in Akten des späteren Erinnerns des ausgereiften Subjekts.

Diese Überlegungen betreffen vor allem Erinnerungen aus der frühen Kindheit, in welcher das erlebende und die Erlebnisse verarbeitende Subjekt entwicklungspsychologisch im vollwertigen Sinne tatsächlich noch nicht existiert. Der Begriff der Nachträglichkeit wird von Freud jedoch nicht nur in Bezug auf Erinnerungen aus der frühsten Kindheit angeführt, sondern aus guten Gründen auch für spätere Erinnerungen in Anschlag gebracht. Die Differenz besteht hier nicht zwischen ‚keinem' oder ‚einem' Subjekt, sondern darin, dass ein *anderes Ich* als das einst erlebende sich nun an eben diese Erlebnisse erinnert.

56 Freud (1999h), S. 511.
57 Freud (1985), S. 217. Zum Begriff der Umschrift bei Freud s. Quindeau (2004).
58 Winnicott (1991), S. 112.

Durch die veränderte (bzw. sich stetig verändernde) *Erinnerungs-* bzw. *Erzählperspektive*[59] wird die Vergangenheit *anders* repräsentiert.

Freud spricht in diesem Zusammenhang auch von einer „unermüdlichen Umarbeitung“[60] der Erinnerungen und bemüht interessanterweise in einer Fußnote auch das Bild eines Historikers, indem er anmerkt, dass sein Patient „wie ein richtiger Geschichtsschreiber die Vergangenheit im Lichte der Gegenwart erblicken will“[61]. So formuliert lässt sich eine starke Ähnlichkeit zu den ausgehend von Arthur Danto entwickelten geschichtswissenschaftlichen Thesen der retroaktiven Neubeschreibung der Vergangenheit erkennen: Die Ereignisse der Vergangenheit sind sowohl für den Neurotiker wie auch den Historiker in ihrer Bedeutung an sich nicht festgelegt, sondern können (bzw. müssen) im Licht der weiteren Entwicklung immer neu beschrieben werden.

Dass Freud mit dem Begriff der Nachträglichkeit einen den angeführten philosophischen Positionen sehr ähnliche Gedanken entwickelt, mag interessanterweise kein Zufall sein. Wolfgang Loch, einer der philosophisch interessiertesten Psychoanalytiker dieses Diskurses, äußert nämlich den Verdacht, dass, obgleich Freud immer verneint habe, Friedrich Nietzsche gelesen zu haben,[62] der Gedanke der Nachträglichkeit von dieser verleugneten Lektüre inspiriert sei.[63]

Der Gedanke der Nachträglichkeit wurde – eben wegen seiner Unausgereiftheit bei Freud sowie problematischen Übersetzungen dieses Begriffs[64] – im psychoanalytischen Diskurs in der Nachfolge Freuds nur zögerlich rezipiert. Eine Ausnahme stellen Jacques Lacan und einige französische Psychoanalytiker in der Folge dar.[65] Lacan verwehrt sich in seiner Neuinterpretation Freuds dagegen, die in der Analyse berichteten Erinnerungen als in ihrer ursprünglichen Wahrheit zwar durch Abwehr verstellte, jedoch an sich unveränderliche biographische Ereignisse des Analysanden anzunehmen. Hierzu Lacan in seinem bekanntermaßen elegant-enigmatischen Stil:

> „Denn es handelt sich bei Freud weder um ein biologisches Gedächtnis, noch um eine intuitionistische Mystifizierung, noch auch um eine Paramnesie des

---

59 Auf das komplexe Verhältnis von Erinnern und Erzählen gehe ich im nächsten Abschnitt ausführlicher ein.

60 Freud (1999a), S. 79.

61 Freud (1999b), S. 427.

62 Ausführlich zum komplexen Verhältnis von Nietzsche und Freud s. Gasser (1997).

63 Vgl. Loch (2010), S. 250f.

64 S. Kirchhoff (2009), S. 184f.

65 Instruktiv zum Begriff der Nachträglichkeit bei Lacan: Hock (2000); zudem: Kirchhoff (2009), S. 190f.

> Symptoms, sondern um ein Wiedererinnern, das heißt um Geschichte, welche alleine auf des Messers Schneide der Datumsgewissheit die Waage aufliegen lässt, bei der die Konjekturen über die Vergangenheit die Verheißungen der Zukunft schwanken machen."[66]

Der Freud'sche Begriff Gedächtnis wird von Lacan also – dieser Gedanke ist uns mittlerweile gut vertraut – als ein ,Wiedererinnern' in Bezug auf die ,Verheißungen der Zukunft' verstanden, dessen ,Datumsgewissheit' auf ,Messers Schneide' liegt und welches immerwährend ,Konjekturen' ausgesetzt ist. Lacan präzisiert daher:

> „Seien wir kategorisch, es handelt sich in der psychoanalytischen Anamnese nicht um Wirklichkeit, sondern um Wahrheit, weil es die Wirkung eines vollen Sprechens ist, die vergangenen Zufälligkeiten neu zu ordnen, indem es ihnen den Sinn zukünftiger Notwendigkeiten gibt, so wie das Wenige an Freiheit sie konstituiert, wodurch das Subjekt sie gegenwärtig macht."[67]

Für Lacan geht es also in der psychoanalytischen Behandlung primär nicht um ,Wirklichkeit', sondern um ,Wahrheit', wobei er Wahrheit als Resultat des *,vollen Sprechens'*[68] des Analysanden versteht. Dieses volle Sprechen vermag, die Kontingenz der erinnerten Ereignisse derart neu zu ordnen, dass sie *,den Sinn zukünftiger Notwendigkeiten'* erhalten. Damit wendet sich Lacan zugleich (im Sinne der Nachträglichkeit) gegen eine deterministische Grundtendenz, die sich in den Schriften Freuds und anderer Psychoanalytiker finden lässt, welche Erinnerungen zwar als mitunter unzugänglich (d.h. verdrängt), jedoch als an sich unveränderlich (und damit in ihrer ursprünglichen Form qua Deutung dechiffrierbar) verstehen. Der Sinn der berichteten Erinnerungen konstituiert sich für Lacan erst – in einem gewissen Sinne performativ – im Akt des (vollen) Sprechens.

Lacan versteht die Nachträglichkeit jedoch nicht nur – wie Freud und andere – als ein neues Verstehen der Vergangenheit aus der Gegenwart heraus, sondern ergänzt dieses ,poetische' Erinnern durch einen Zukunftsbezug. Das Vergangene wird nämlich im Sinne der ,zukünftigen Notwendigkeit' verstanden, so Lacan; das gegenwärtige Sprechen ordnet also die Vergangenheit in Bezug auf die Zukunft. Friedrich-Wilhelm Eickhoff fasst diesen dialektischen Gedanken wie folgt zusammen:

66 Lacan (1986b), S. 95.
67 Ebd.
68 Vgl. hierzu: ebd., S. 84ff.

> „Daß im Erinnern die Vergangenheit vom Verständnis der Gegenwart aus entworfen statt behalten und einfach in der Erinnerung vorgefunden wird, so daß sie nachträglich erst zu dem wird, was sie in Zukunft immer schon gewesen sein wird, entspricht Lacans Rezeption [Freuds].“[69]

Diese Interpretation Lacans, so Eickhoff, ergänzt den Freud'schen Begriff der Nachträglichkeit dahingehend, dass sie „der Dialektik der Zeitlichkeit das futurum exactum hinzufügt: Die Realität ist nicht, sondern sie wird gewesen sein“[70]. Dies bedeutet, dass sich erst in der Zukunft zeigen wird, welchen Sinn die Ereignisse der eigenen Vergangenheit haben werden. Erst im Licht dieser Entwicklung – und immer wieder aufs Neue – werden die Erinnerungen rückwirkend in ihrer Bedeutung beschrieben. „Das Bewußtsein“, so Jean Laplanche und Jean-Bertrand Pontialis, „schafft sich seine Vergangenheit und arbeitet deren Sinn aufgrund eines ‚Entwurfs“ ständig um“[71]. Grammatisch können wir dies im Deutschen in Form des Futur II zum Ausdruck bringen, dessen Bedeutung für die Psychotherapie vor allem Wolfgang Blankenburg hervorgehoben hat.[72]

Wenn Erinnerungen, wie von den vorgestellten Vertretern der Nachträglichkeitsthese postuliert wird, der besagten ‚unermüdlichen Umarbeitung‘ unterworfen sind, stellt sich natürlich im nächsten Schritt die Frage nach der *Wahrheit der Erinnerung*. Was wurde tatsächlich erlebt? Was ist Produkt der nachträglichen Umarbeitung?

Sigmund Freud zeigt sich in dieser Frage in seinen Schriften unentschlossen, was sich gut an der Behandlung bzw. am entsprechenden Fallbericht des sogenannten ‚Wolfsmanns‘ zeigen lässt:[73] In Bezug auf den epistemischen Status der Schilderungen des Wolfsmanns schwankt Freud nämlich zwischen der Annahme, diese seien entweder „Reproduktion realer Begebenheiten“ oder eben „Phantasiebildungen, die der Zeit der Reife ihre Anregung entnehmen“[74]. Beim Letztgenannten begegnet uns schon wieder der Gedanke der Nachträglichkeit. Freud zeigt sich also unschlüssig, ob sich die präsentierten Ereignisse wie berichtet zugetragen haben – er stellt sogar entsprechende Nachforschungen an – oder Produkte der Umarbeitungen späterer Zeiten sind. Obgleich einiges dafür spricht, die Berichte nicht als bare Münze zu nehmen – hierbei sind vor allem die bereits angeführten Bedenken zu

69 Eickhoff (2005), S. 144.
70 Ebd.
71 Laplanche et al. (1973), S. 314.
72 S. Blankenburg (2007); erläuternd hierzu: Wandruska (2014).
73 Freud (1999a).
74 Ebd., S. 77. Erläuternd hierzu: Gekle (1989).

nennen, dass die sexuellen Ereignisse aus der frühen Kindheit entsprechend der psychosexuellen Entwicklung als solche noch nicht verstanden werden konnten –, zögert Freud, die Wahrheit der ihm berichteten und für die Psychogenese bedeutsamen Ereignisse in Zweifel zu ziehen.

Dieses Zögern hat zum einen damit zu tun, dass sich Freud schwertut, C.G. Jung, welcher mittlerweile zum theoretischen Opponenten geworden ist und in dieser Frage den Begriff des ‚Zurückphantasieren' geprägt hat, in Teilen Recht zu geben. Zum anderen widerspricht die These der Nachträglichkeit dem von Freud innerhalb der psychoanalytischen Theorie postulierten Kausalitätskonzept. Dieses geht, vereinfacht dargestellt, davon aus, dass bestimmte, in der frühen Kindheit erlebte Ereignisse (als solche) verdrängt werden und im Rahmen einer auslösenden Situation kausal die aktuelle Symptomatik hervorrufen. Wenn nun jedoch angenommen wird, dass die Bedeutung des pathogenen Ereignisses aus der Kindheit der späteren Neubestimmung unterliegt, ist mehr als fraglich, ob diese kausal-mechanische Krankheitstheorie haltbar ist. Das Konzept der Nachträglichkeit verhält sich nicht nur disparat zu einem naturwissenschaftlich-kausalen Verständnis der Psychoanalyse, sondern verunmöglicht auch das von Freud gerne angebrachte metaphorische Bild des Therapeuten als einen die verschüttete Wahrheit der Vergangenheit suchenden Archäologen.[75]

Ein Archäologe sucht, findet und rekonstruiert das einst tatsächlich Gewesene. Seine Aufgabe besteht nicht jedoch darin, die Bedeutung des Hervorgeholten für die Gegenwart zu untersuchen. Anders sieht Freuds Vorgehen im Fall des Wolfsmanns aus: „Anhand der Krankengeschichte des Wolfsmannes verdeutlicht Freud", so Alfred Schöpf,

> „daß er unter historischer Wahrheit nicht das Auffinden eines positiven Ereignisses im Sinne der Einlösung einer Tatsachenwahrheit meint, sondern das Herausfinden der Bedeutung, die das damalige Ereignis für den Patienten heute hat. Die historische Wahrheit ist nicht eine Ereigniswahrheit an sich, sondern die Wahrheit seiner Bedeutung für uns"[76].

Wenn es die Psychoanalyse nicht mit ‚Ereigniswahrheit an sich', sondern bei genauer Betrachtung mit der ‚Wahrheit seiner Bedeutung für uns' zu tun hat, rückt statt der Fakten deren Interpretation ins Zentrum des psychoanalytischen Denkens. Dies wiederum bedeutet, dass die Psychoanalyse nicht oder nur mit Einschränkungen als Naturwissenschaft, sondern, so der hermeneutische Psychoanalytiker Schöpf, eben als hermeneutische Wissenschaft

75 Vgl. hierzu: Freud (1999k).
76 Schöpf (1988), S. 194.

begriffen werden müsste. Am Begriff der Nachträglichkeit entscheidet sich also u.a. die im weiteren Verlauf der Untersuchung zu klärende Frage, ob die Psychoanalyse als Hermeneutik anzusehen ist oder nicht.[77]

Aufschlussreich diskutiert Freud die Frage nach der Wahrheit der erinnerten Vergangenheit zudem unter dem Begriff der *Deckerinnerung.*[78] Als solche bezeichnet Freud von seinen Patienten vorgebrachte Erinnerungen aus der Kindheit, deren berichtete Begebenheiten auf den ersten Blick belanglos erscheinen. In der genaueren psychoanalytischen Betrachtung lässt sich jedoch nachweisen, dass diese Belanglosigkeiten bedeutungsvolle Erinnerungen im Sinn der psychischen Abwehr *verdecken.* Deckerinnerungen werden vom psychischen Apparat vorgebracht, um belastende Erinnerungen bewusstseinsfern zu halten, und sind daher in der psychoanalytischen Nomenklatur als eine Art zu deutendes Symptom zu verstehen.

Wenn Erinnerungen jedoch in diesem Sinne als zum Zwecke der Abwehr erfundene oder konstruierte Deckerinnerungen verstanden werden und wenn man zugleich annimmt, dass diese keine Seltenheit, sondern eine verbreitete Erscheinung des Seelenlebens darstellen, stellt sich für Freud die Frage, ob seine Patienten überhaupt über (im unmittelbaren Sinne) adäquate Erinnerungen aus ihrer Kindheit verfügen. Diese Zweifel werden z.B. in folgendem Zitat deutlich:

> „Es sieht aus, als wäre hier eine Kindheits-Erinnerungsspur zu einer späteren (Erweckungs-)Zeit ins Plastische und Visuelle rückübersetzt worden. Von einer Reproduktion aber des ursprünglichen Eindrucks ist uns niemals etwas zum Bewußtsein gekommen.“[79]

Dies bedeutet, dass die präsentierten Erinnerungen als phantasmatische *Rückübersetzungen* zu verstehen sind. Das einst Erlebte hat zwar Spuren hinterlassen und stellt insofern (retrospektiv) die Ursache der Deckerinnerung dar, es wird jedoch nicht in seiner unmittelbaren visuellen und plastischen Gestalt repräsentiert. „Die historische Ursache, die damals keine war“, so Hanna Gekle, „wird dies erst im Nachhinein, indem das, was ihre Wirkung sein soll, sie rückwirkend erst zur Ursache macht“.[80]

77 Vgl. hierzu: Raguse 1998. Auf diese Frage komme ich in Kapitel 1.2 ausführlicher zu sprechen.

78 S. hierzu die entsprechenden Ausführungen in der Psychopathologie des Alltagslebens (Freud (1999n), S. 46f.) sowie ausführlich in Freud (1999p).

79 Freud (1999p), S. 552f.

80 Gekle (1989), S. 97.

Die Aufgabe des Analytikers besteht darin, diese Rückübersetzung in einem gewissen Sinne, um deren latenten Sinn verständlich zu machen, wieder zurückzuübersetzen. Dies darf jedoch nicht als eine ‚Freilegung' der ursprünglichen Erinnerungen verstanden werden, denn diesbezüglich äußert Freud starke Vorbehalte:

> „Vielleicht ist es überhaupt zweifelhaft, ob wir bewußte Erinnerungen aus der Kindheit haben, oder nicht vielmehr bloß an die Kindheit. Unsere Kindheitserinnerungen zeigen uns die ersten Lebensjahre, nicht wie sie waren, sondern wie sie späteren Erweckungszeiten erschienen sind. Zu diesen Zeiten der Erweckung sind die Kindheitserinnerungen nicht, wie man zu sagen gewohnt ist, aufgetaucht, sondern sie sind damals gebildet worden, und eine Reihe von Motiven, denen die Absicht historischer Treue fern liegt, hat diese Bildung sowie die Auswahl der Erinnerungen mitbeeinflußt."[81]

Die Erkenntnis, dass zahlreichen Erinnerungen, welche als Deckerinnerungen später gebildet werden, die *Absicht historischer Treue* fernliegt, lässt Freud also daran zweifeln, dass Menschen überhaupt über bewusste Erinnerungen aus ihrer (frühen) Kindheit verfügen. Trotzdem weisen Deckerinnerungen eine freizulegende ‚Wahrheit' über die Vergangenheit des Analysanden auf, welche jedoch nicht unbedingt der unmittelbaren visuellen Repräsentation entspricht, sondern diese verschoben, allegorisch, synekdochisch oder symbolistisch darstellt.

> [Fallvignette 17]: Ein Patient berichtet, als ich ihn nach seinen Großeltern frage, dass er sich daran erinnere, wie sein Großvater ihm geholfen habe, die fehlenden Sticker eines Sammelalbums zu einer Fußballweltmeisterschaft zu besorgen, sodass er als stolzer Erster seiner Schulklasse ein vollständiges Album besessen habe. Er könne sich sogar noch genau an die Namen des letzten, noch fehlenden Fußballspielers erinnern, den sein Großvater ihm mit viel Aufwand besorgt habe. Zwei Therapiestunden später berichtet der Patient jedoch mit großer Irritation davon, dass der besagte Fußballspieler wohl nur bei einer Weltmeisterschaft teilgenommen habe, zu deren Zeitpunkt sein Großvater jedoch schon verstorben gewesen sei. Er habe nun den Verdacht, dass es sich bei der ganzen Erinnerung um eine Trugerinnerung handelt. Ich merke daraufhin an, dass es ja vielleicht gar nicht vorrangig auf den Fakt ankomme, ob sich das besagte Ereignis genau so zugetragen habe, sondern dass

---

81 Freud (1999p), S. 553f.

vielmehr die Fürsorglichkeit des Großvaters, die sich in dieser Erinnerung zeige, von Bedeutung sei.

Die Fallvignette verdeutlicht, dass es in Bezug auf die Bedeutung einer therapeutischen Erzählung weniger um deren unmittelbare Übereinstimmung mit den einst erlebten Gegebenheiten geht, sondern vielmehr darum, was die Erzählung verdichtend und möglicherweise symbolisierend über die Vergangenheit eines Menschen aussagt. Dies erschwert ihre angemessene Deutung und verleiht dieser zugleich eine nicht tilgbare Unsicherheit. Das Beispiel zeigt jedoch zugleich auf, dass eine vermutlich nachträgliche und als Deckerinnerung komponierte Erzählung mitunter mehr ‚Wahrheit' in sich zu tragen vermag als eine ordinäre amnestische Reproduktion des einst Erlebten.

Fassen wir also die Überlegungen dieses Kapitels zusammen: Es wurde anknüpfend an die narratologischen Überlegungen der vorherigen Abschnitte für die These argumentiert, dass die Vergangenheit in ihrer Bedeutung niemals final feststeht, sondern ihre Geschichte immer wieder aufs Neue anders geschrieben werden muss. Zwei Gründe wurden hierfür angeführt:

1) Die Vergangenheit zu erzählen, ist ein *poetischer Akt*, d.h. es bestehen große Freiheitsgrade in Bezug auf die Auswahl und Konfiguration der Ereignisse, was Hayden White treffend als ‚Emplotment' bezeichnet. Wie Ereignisse konfigurierend erzählt werden, hängt vom Interesse, von der Perspektive bzw. in gewissem Grade auch von der Entscheidung des Erzählers ab.
2) Die Bedeutungsoffenheit der vergangenen Ereignisse vergrößert sich zudem in Anbetracht in der Indeterminiertheit der Zukunft. Wie mithilfe Arthur Dantos gezeigt, steht – entsprechend der Logik von narrativen Sätzen – die Bedeutung vergangener immer in Abhängigkeit zukünftiger Ereignisse. Hieraus folgt, dass die Vergangenheit nie final narrativ beschrieben werden kann, sondern in Anbetracht der weiteren Entwicklung der Geschehnisse in ihrer Bedeutung immer neu erzählt werden muss. Die geschichtsphilosophische These der retroaktiven Neubeschreibung der Vergangenheit korrespondiert, wie gezeigt, mit dem psychoanalytischen Begriff der Nachträglichkeit, welcher den mitunter irritierenden Befund beschreibt, dass die vom Patienten präsentierten Erinnerungen in ihrer jeweiligen Gestalt und Bedeutung zumeist als Produkt späterer Bearbeitung des ‚ursprünglichen' Erlebens zu verstehen sind.

Es zeigt sich also, dass die Vergangenheit immer nur in poetischen, d.h. in konfigurierenden Akten des Erzählens bzw. Erinnerns zugänglich ist. Diese Idee der retroaktiven bzw. nachträglichen Bearbeitung der Vergangenheit verdeutlicht und verstärkt die im zweiten Abschnitt dieser Arbeit aufgestellte These, dass aus existenzphilosophischer Sicht die Vergangenheit vor allem in Bezug auf die Zukunft von Bedeutung ist. Erst die Zukunft zeigt uns, welche Bedeutung die Vergangenheit für uns hat.

Den Gedanken, dass erst die Zukunft der Vergangenheit ihre Bedeutung verleiht, bringt Charles Taylor am Beispiel von Proust wie folgt auf den Punkt:

> „Wenn nötig, wollen wir, daß die Vergangenheit durch die Zukunft ‚erlöst', in eine sinn- oder zweckvolle Lebensgeschichte eingegliedert und in eine gehaltvolle Einheit einbezogen wird. Ein berühmtes, für unsere Moderne vielleicht paradigmatisches Beispiel der möglichen Bedeutung dieses Wunsches wird von Proust in einer Schilderung seines Romans ‚Auf der Suche nach der verlorenen Zeit' angeführt. In der Szene, die in der Bibliothek der Guermantes spielt, gelingt es dem Erzähler, den ganzen Sinn seiner Vergangenheit wiederzufinden und so die [...] verlorene Zeit wiederzufinden. Die zuvor unwiederbringliche Vergangenheit wird in ihrer Einheit mit dem künftigen zu führenden Leben wiedergewonnen, und die ganze ‚vergeudete' Zeit erhält jetzt einen Sinn, nämlich als die Zeit der Vorbereitung auf die Arbeit des Schriftstellers, der dieser Einheit Gestalt verleihen wird."[82]

Erst das *‚künftig zu führende Leben'* gibt der Vergangenheit ihren Sinn, ebenso wie der sinnvolle Entwurf (visa versa) nur in Bezug auf die Vergangenheit des Subjekts formuliert werden kann. Das Finden einer solchen Einheit der Zeitdimensionen wird daher von Proust als ‚Erlösung' erfahren.

Es mag aufgefallen sein, dass in den bisherigen Überlegungen kaum zwischen Erinnern und biographischem Erzählen unterschieden wurde. Nur zuletzt bzgl. des psychoanalytischen Konzepts der Nachträglichkeit wurde das Thema Gedächtnis kurz gestreift. Zudem wurde in Kapitel 2.3 in Bezug auf den Begriff der Identität die These vertreten, dass autonoetische Erinnerungen für ein basales Verständnis von diachroner Identität (idem-Identität) erforderlich, im (nichtpathologischen) Normalfall jedoch zumeist gegeben sind. Für den anspruchsvolleren Begriff der Identität verstanden als biographisches Selbstverständnis (Ipse-Identität, das Selbst) sind Erinnerungen hingegen als ‚Rohmaterial' für die eigene, zu erzählende Lebensgeschichte unabdingbar. Erinnerungen kommt daher in Bezug auf die Frage nach dem Selbst eine hohe Bedeutung zu, vor allem wenn, wie soeben in Bezug auf den Begriff der Nachträglichkeit angedeutet, die *Wahrheit der Erinnerung* (im Sinne der adäquaten Abbildung der erlebten Vergangenheit) fraglich wird. Es ist daher notwendig, das Verhältnis von Erinnerungen und Erzählung genauer herauszuarbeiten.

82 Taylor (1996), S. 101.

Daher soll das Thema *Erinnern und Vergessen* im Folgenden im Rahmen eines Exkurses genauer in den Blick genommen werden.

8.2 Exkurs: Erinnern und Vergessen

Die menschliche Fähigkeit, sich an das Vergangene erinnern zu können, hat seit jeher Erstaunen hervorgerufen. Es bedarf keiner tieferen Reflexion, um zu erkennen, dass wir ohne Gedächtnis keinen Bezug zur Vergangenheit und damit keine diachrone Identität hätten. Und da auch die Gegenwart – dies zeigen die phänomenologischen Analysen zum Zeitbewusstsein eindrücklich – sogleich bereits vergangen ist, wären wir ohne Retention zugleich mehr oder weniger zeitlose Wesen.

Um die fundamentale Bedeutung des Gedächtnisses für den Einzelnen aufzuzeigen, reicht des Weiteren ein Blick auf die leidvollen Erfahrungen im Rahmen entsprechender Störungen des retrograden Zeitbezugs bzw. Gedächtnisses, wie sie z.B. im Rahmen von (dissoziativen) Amnesien oder demenziellen Erkrankungen auftreten. Ohne die Fähigkeit zu erinnern wären zudem deklaratives Wissen sowie praktisches Können kaum möglich, moralische Verbindlichkeiten wären, wie bereits gezeigt, in weiten Teilen hinfällig und zahlreiche lebensweltliche Praxen und Institutionen würden sich als dysfunktional erweisen.

Es gibt wohl keinen Philosophen, welcher die fundamentale Bedeutung des Gedächtnisses für unsere Welterfahrung eingehender und nachdrücklicher herausgestellt hat als Henri Bergson. Denn „praktisch", so Bergson bezugnehmend auf die stets entschwindende Nichtigkeit der Gegenwart, „nehmen wir nur die Vergangenheit wahr"[83]. Wir sind daher durch und durch mnestische Wesen, so Bergsons grundlegende These. Zugleich ist die Vergangenheit jedoch ebenfalls nur als gegenwärtige Erinnerung präsent, worin Paul Ricœur, „das tiefste Paradox der Erinnerung" sieht; nämlich: „Das Vergangene ist gleichzeitig mit der Gegenwart, die es gewesen ist."[84] Seine mitunter paradox anmutende Struktur macht das Gedächtnis daher in der theoretischen Reflexion zu einem Rätsel, obgleich es uns im lebenspraktischen Vollzug zunächst und zumeist unproblematisch und damit unauffällig bleibt. Das menschliche Selbst- und Weltverhältnis wäre jedoch ohne das Gedächtnis in seiner Komplexität nicht denkbar.

83 Bergson (1991), S. 145.
84 Zitiert nach (und übersetzt von) Angehrn (2017), S. 75.

Zugleich – und dies wird zu zeigen sein – kann das Gedächtnis jedoch, wie beispielsweise Friedrich Nietzsche deutlich betont, auch als erdrückende und lebenshemmende Last erlebt werden.[85] Dies gilt insbesondere für die nicht vergehen wollende Vergangenheit bei Traumatisierung. Hier deutet sich bereits an, dass das Erinnern immer auch des *Vergessens* bedarf. Es wird zu zeigen sein, dass Erinnern nicht ohne Vergessen und Vergessen nicht ohne Erinnern gedacht werden kann – und sollte.

Bedingt durch diese besondere Bedeutung verwundert es nicht, dass in der Kulturgeschichte seit jeher eine Vielzahl von Metaphern des Gedächtnisses verschiedenster Art existiert. Hinzu kommt über die letzten 100 Jahre eine schier unüberschaubare Anzahl von empirischen Befunden aus der Psychologie bzw. den Neurowissenschaften zum Thema Gedächtnis.[86] Im Rahmen dieses Exkurses sollen daher entsprechend des Klärungsinteresses und der Fragestellung dieser Arbeit nur einige dieser zahlreichen Befunde und Theorien vorgestellt werden. Hierbei ist mir vorrangig daran gelegen, die folgenden Thesen argumentativ zu plausibilisieren: Es ist verfehlt, das Gedächtnis als eine Art ‚Behälter' oder ‚Speicher' zu verstehen, aus welchem dort ‚aufbewahrte' Erinnerungen (mehr oder weniger gut) abgerufen werden können. Erinnerungen konstituieren sich vielmehr in gegenwärtigen poetischen Akten des Erinnerns stets aufs Neue. Daher sind Erinnerungen in Gestalt und Bedeutung nicht fixiert, sondern verändern sich stetig – einen Gedanken, den wir bereits in Bezug auf (Vergangenheits-)Erzählungen kennengelernt haben. Diese Thesen korrespondieren mit den Überlegungen zur Nachträglichkeit aus dem letzten Abschnitt. Es wird sich zeigen, dass die mnestische und die narrative Vergangenheitsbezugnahme analog zu verstehen sind und sich beide darüber hinaus wechselseitig bedingen. Die These der sich stets aufs Neue konstruierenden Erinnerungen, ihre Implikationen und ihre Bedeutung für eine Theorie der narrativen Identität gilt es im Folgenden zu entwickeln.

Da es sich beim Gedächtnis sowohl aus der subjektiven Perspektive des Sich-Erinnernden wie auch in wissenschaftlicher Hinsicht um ein in seiner Komplexität nur schwer verständliches Phänomen handelt, bestehen zahlreiche *Metaphern des Gedächtnisses*, mithilfe derer sich Menschen gestern wie heute ihre Fähigkeit, sich erinnern zu können, versuchen, besser verständlich zu machen. Bei diesen Metaphern handelt sich jedoch nicht nur um kulturhistorisch veraltete oder nur alltagspsychologisch gebräuchliche, jedoch

85 S. Nietzsche (1999e).

86 Eine Übersicht über den aktuellen Stand der psychologischen bzw. neurowissenschaftlichen Gedächtnisforschung findet sich bei Gruber (2018). In interdisziplinärer Hinsicht liefert folgendes Handbuch eine guten Überblick: Gudehus et al. (2010).

wissenschaftlich entbehrliche Vorstellungsbilder, sondern, m.E. um unverzichtbare, d.h. ‚absolute' Metaphern, ohne welche wir uns die Leistungen (und Schwächen) des Gedächtnisses ansonsten nicht vorstellen könnten. Solche absoluten Metaphern zeichnen sich nach Hans Blumenberg dadurch aus, dass sie eben keine rückübersetzbaren Ausschmückungen einer eigentlichen Rede, sondern unverzichtbare Vorstellungen der Sache (in unserem Fall des Gedächtnisses) sind, welche entsprechend „nicht in Begrifflichkeiten aufgelöst werden können"[87]. Eine solche absolute Metapher des Gedächtnisses muss zum einen die teils erstaunlichen Leistungen des Erinnerns wie auch dem zumeist leidvollen Phänomen des Vergessens bzw. der falschen Erinnerungen angemessen Rechnung tragen.

Welche Metaphern des Gedächtnisses gibt es also? Aleida Assmann identifiziert neben den Bildern des ‚Ausgrabens', ‚Verdauens', ‚Einfrierens' bzw. ‚Auftauens', des ‚Erwachens' und des ‚Beschwörens' vor allem die beiden Leitmetaphern der *Schrift* und des *Raums* als kulturell tradierte Verbildlichungen des Erinnerns,[88] welche daher zum Einstieg in die Thematik kurz vorgestellt werden sollen. Denn, so meine Überzeugung, nur vor dem Hintergrund dieser tief tradierten Leitmetaphern lassen sich alle nachfolgenden Überlegungen zum Gedächtnis wirklich verstehen:

Die *Raum-Metapher*[89], welche durch die antiken (und immer noch Verwendung findenden) Mnemotechniken inspiriert ist, imaginiert das Gedächtnis als einen Ort, an dem alles Erlebte bzw. Sich-Gemerkte *aufbewahrt* wird. So spricht z.B. Augustinus von der „riesigen Halle meines Gedächtnisses"[90]. Einem Bibliothekar gleich durchsucht der Sich-Erinnernde dieses Archiv nach dem einst dort (mehr oder weniger) gut Verwahrten. Das Gedächtnis wird daher bildlich als eine Art *Behälter* oder *Speicher* verstanden, in dem alles, wie es war, aufbewahrt wird. Ist dieses Archiv gut sortiert, lässt sich das in der Vergangenheit Erlebte bzw. das erinnerte Wissen dort gut wiederfinden. Das Vergessen entspricht in dieser Metapher dem Nichtwiederfinden bzw. Verlorengehen der an diesem Ort einst hinterlegten Erinnerungen. Die in veränderter Gestalt heute häufig anzutreffende Vorstellung des Gedächtnisses als Ort oder Behälter impliziert, dass das Erlebte oder Memorierte einfach, d.h. als solches unverändert, dort deponiert und im Versuch des Erinnerns dort wiedergefunden (oder im Falle des Vergessens eben nicht wiedergefunden) wird. Diese verbreitete Vorstellung des Gedächtnisses als ein Behältnis der

87 Blumenberg (1999), S. 12.
88 Assmann (2010), S. 149ff.
89 Vgl. ebd., S. 158ff.
90 Augustinus (2012), S. 479.

unveränderten Aufbewahrung des Erinnerten stellt jedoch, wie ich zeigen werde, ein problematisches Bild dar.

Die *Schriftmetapher*[91], innerhalb derer das Sich-Merken als eine Art Niederschreiben und das Erinnern als ein Lesen dieser transkribierten Erfahrungen verstanden wird, stellt diesbezüglich einen Fortschritt dar.[92] Eine solche Form der Niederschrift des einst Erlebten hinterlässt also eine Form der Inschrift bzw. (Gedächtnis)spur. In älteren Vorstellungen wird hierbei zumeist das Bild einer Tafel, in die Erinnerungen eingeritzt werden, bemüht. Später wurde primär die Metapher des Buches verwendet, heute dominiert das Bild eines Codes. Die Vorstellung, dass das Erlebte oder Gelernte eine (wie auch immer zu verstehende) Inschrift hinterlässt, schwingt in dem heute immer noch in der Psychologie bzw. den Neurowissenschaften verwendeten Begriff des *Engramms* als eine neurophysiologische (Erinnerungs)spur mit.[93]

Dies bedeutet jedoch zugleich auch, dass das als Engramm Niedergeschriebene im Akt der Erinnerung wieder gelesen werden muss: eine Lektüre, die glücken kann oder auch nicht. Aus diesem Grund ist es möglich, sich im Rahmen dieses metaphorischen Bildes nicht nur das Vergessen als Verlust des Engramms, sondern sich auch eine Fehllektüre vorzustellen, womit (neben dem Vergessen) auch die bekannten Phänomene der Schein- oder Fehlerinnerungen verständlich gemacht werden können. Auch wenn das Engramm (als Form der ‚eingeschriebenen' Bewahrung der Erinnerung) mitunter nur noch falsch (Scheinerinnerung) oder gar nicht mehr ‚gelesen' (Vergessen) werden kann, so bleibt im Rahmen dieser Metapher jedoch das Engramm an sich unverändert. Verschiedene Erinnerungen oder neue Erlebnisse bzw. neues Wissen beeinflussen die ‚niedergeschriebenen' Erinnerungen in diesem mnestischen Paradigma nicht.

Dies verändert sich erst mit der auf Thomas De Quincey zurückgehenden Vorstellung des Gedächtnisses als *Palimpsest*.[94] Bei einem Palimpsest handelt es sich um eine in früheren Zeiten zumeist aus Kostengründen (mehrfach) ausradierte und neue beschriebene Pergamentseite. Entsprechende moderne Restaurationsverfahren erlauben es jedoch, die einst überschriebene Schrift wieder sichtbar werden zu lassen, sodass sich je nach Präparation

91 Vgl. Assmann (2010), S. 151ff.

92 Selbstverständlich lassen sich die Leitmetapher der Schrift und des Raumes, z.B. im bereits angeführten Bild der Bibliothek verstanden als Archiv der Schrift, auch kombinieren.

93 S. z.B. Josselyn et al. (2015).

94 S. Quincey (1903).

verschiedene Ebenen der Schrift ergeben, welche mitunter interferieren oder konfundieren.[95]

Inwiefern erlaubt die Palimpsest-Metapher ein anderes Verständnis des Gedächtnisses? Entscheidend ist die Idee, dass das Engramm einer Erinnerung durch nachfolgende memorierte Erlebnisse *überschrieben* werden kann, wodurch bei der Lektüre je eine andere Erinnerung hervortritt, sich mitunter sogar eine ‚Melange' beider Erinnerungen zeigt. Das Bild einer solchen Intertextualität[96] der Erinnerungsschriften wird sich noch als aufschlussreich erweisen. Aleida Assmann merkt zur Palimpsest-Metapher des Gedächtnisses entsprechend an, dass dieses „nun nicht mehr als Spur- oder Speicher, sondern als eine plastische Masse betrachtet [wird], die unter den wachsenden Perspektiven der Gegenwart immer wieder neu geformt wird"[97]. Anders als bei der Ort- oder Schriftmetapher werden Erinnerungen hier also als veränderbar, eben als ‚plastische Masse', veranschaulicht, was sich als die zutreffendere Bildmetapher erweist.

Warum aber kann dieses metaphorische Bild als geglückt gelten bzw. ist es wichtig, dieser Metapher den Vorzug zu geben? Dies hat seinen Grund darin, dass die Vorstellung des Gedächtnisses als Behälter oder unveränderliche Niederschrift weiterhin eine sowohl im Alltag wie auch (immer noch) in Teilen der Wissenschaft verbreitete Fehlvorstellung über das Gedächtnis ist. Dabei herrscht in der Gedächtnisforschung mittlerweile Konsens dahingehend, dass

> „unsere Erinnerungen […] nicht eine Kopie der erlebten Geschehnisse [sind]. Sie sind auch nicht endgültig in unser Gehirn eingraviert und liegen dort unverändert bis zu ihrem Wiedererinnern. Ganz im Gegenteil: Erinnerungen verändern sich mit jedem neuen Tag"[98].

Dieses resümierende Statement des renommierten Gedächtnisforschers Hans Markowitsch führe ich vor allem deshalb an, da dieser die beiden prominenten Gedächtnismetaphern (‚eingraviert' für Schrift bzw. Spur, ‚liegen' für Ort) als deplatziert anführt und stattdessen die Veränderbarkeit der Erinnerung betont. Es gilt nun, dies im Folgenden in gebotener Kürze darzustellen.

95 Ein sehr ähnliches Bild finden wir auch bei Sigmund Freud, welcher das Gedächtnis entsprechend des Wunderblockes, eines nach ähnlichen Mechanismen funktionierenden Kinderspielzeuges beschreibt; s. Freud (1999m).

96 Zum Thema Intertextualität wird der Palimpsest in der poststrukturalistischen Literaturtheorie gerne als Leitmetapher gewählt; vgl. Genette (2015).

97 Assmann (2010), S. 158.

98 Kühnel et al. (2009), S. 3.

Was passiert also, wenn wir uns erinnern? Anders formuliert: Wie ‚arbeitet' das Gedächtnis? Ich möchte hierzu auf einen zentralen Begriff des vorherigen Kapitels zurückgreifen, und zwar den des *Ereignisses*. Zu Beginn des Prozesses des Erinnerns steht nämlich das Erleben des Ereignisses, an das sich später erinnert wird. Dies ist, vor allem in Bezug auf die Frage nach der Wahrheit von Erinnerungen, insofern nicht trivial, als dass, wie der Gedächtnisforscher Daniel L. Schacter betont, gilt: „Erinnerungen halten fest, wie wir Ereignisse erlebt haben, sie sind keine Kopien dieser Ereignisse."[99] Es kann also (von einigen Sonderfällen abgesehen) nur das erinnert werden, was auch wahrgenommen wurde.

Wenn ein Zeuge also beispielsweise im Moment eines Unfallereignisses seine Aufmerksamkeit der lauten Musik auf der anderen Straßenseite zugewendet hat und erst beim Knall den Unfall fokussiert, wird er später wenig Angaben zur Frage, wer den Unfall verursacht hat, machen können. Zudem wird das Ereignis primär *so* festgehalten, *wie* es einst erlebt wurde. Wenn der Unfallwagen also *als* zu schnell wahrgenommen wurde, wird dies vermutlich auch so erinnert werden. Wenn der am Unfall beteiligte Radfahrer hingegen zuvor schon als waghalsig und selbstgefährdend aufgefallen ist, mag die Zeugenaussage hingegen anders ausfallen. Die Perspektive der Wahrnehmung eines Ereignisses bestimmt also entscheidend mit, wie dieses als Erinnerung festgehalten und später erinnert wird.

Als ein Ereignis wurde im vorherigen Kapitel ein bedeutsames Geschehnis verstanden.[100] An eben solche wird sich i.d.R. auch erinnert, während unbedeutendes Geschehen zumeist vergessen wird. Was macht ein Erlebnis also erinnerungswürdig? Dies ist natürlich im Einzelfall höchst subjektiv und kontextabhängig; nichtsdestoweniger zeigen sich einige psychologische Regularitäten: Allgemein bekannt, aber auch wissenschaftlich nachgewiesen, ist die Tendenz, dass vor allem neue und, wenn diese sich später wiederholen, erstmalige Ereignisse in Erinnerung bleiben (z.B. der Einschulungstag oder das Kennenlernen eines Paares), zudem solche, die für die Person eine subjektiv hohe Bedeutung haben, sowie Ereignisse, die mit starken Gefühlen einhergehen. „Bevor wir einer Erfahrung im Gedächtnis einen dauerhaften Platz zuweisen können, müssen wir entscheiden", so John Kotre, „was sie bedeutet". Dies verweist, so dieser weiter, auf das „eigentliche Interesse des Gedächtnisses: das Selbst mit Sinn zu versorgen".[101]

99 Schacter (1999b), S. 23.
100 S. hierzu Kapitel 7.3.
101 Kotre (1996), S. 110.

Zuletzt, so Kotre, und dies ist auch deshalb von Interesse, weil es an den uns bereits bekannten psychoanalytischen Begriff der Deckerinnerungen anknüpft, werden vor allem Ereignisse memoriert bzw. erinnert, welche an sich nicht in ihrer Bedeutung hervorstechen, jedoch symbolisch für viele andere wichtige Geschehnisse oder Umstände stehen.[102] Greifen wir als Beispiel die letzte Fallvignette auf: An das Erlebnis mit dem Großvater, wie er keine Mühen gescheut hat, um den noch fehlenden Sticker für seinen Enkel zu besorgen, mag sich dieser besonders gut erinnern, da es pars pro toto für die fürsorgliche Beziehung zu diesem steht. Es sei jedoch daran erinnert, dass sich die Bedeutung eines vergangenen Ereignisses immer neu bestimmen lässt. Hätte sich die Beziehung zum Großvater im Laufe der Jahre verschlechtert, könnte es gut sein, dass die Erinnerung im Zuge dessen ihre symbolische Signifikanz verloren hätte.

Wie wird ein Erlebnis also memoriert? Ein wahrgenommenes Ereignis wird zunächst, so das übliche Modell der Gedächtnispsychologie, zum Zwecke der weiteren Verarbeitung im sogenannten *Kurzzeit-* bzw. *Arbeitsgedächtnis* festgehalten. Das Konzept des Arbeitsgedächtnisses erweist sich zum besseren Verständnis von kognitiven Prozessen als hochrelevant; entsprechend liegen in der Psychologie zahlreiche empirische Erkenntnisse und Modelle hierzu vor.[103] In philosophischer Hinsicht kann diesbezüglich auf die bereits mehrfach angeführten zeitphänomenologischen Untersuchungen von Husserl verwiesen werden, welche sich ebenfalls mit der Frage beschäftigen, wie das Bewusstsein soeben Erlebtes als „primäre Erinnerung" bzw. Retention festzuhalten vermag.[104]

Die wahrgenommenen und unmittelbar verarbeiteten Erlebnisse werden als Erinnerungen gespeichert. Dieser Vorgang wird als Kodierung bezeichnet; hierunter versteht die Psychologie den „Vorgang, der das, was jemand sieht hört, denkt oder fühlt, in eine Erinnerung umwandelt"[105]. Die Kodierung verläuft normalerweise passiv und unbemerkt, kann aber auch als „elaborierte Kodierung"[106] als expliziter Akt des Sich-Merkens (z.B. wie beim Lernen von Vokabeln) vollzogen werden. Auch die seit der Antike praktizierten klassischen Memotechniken sind als Formen der elaborierten Kodierung zu verstehen.[107]

102 Kotre (1996), S. 117ff.

103 Eine Übersicht zum Konzept des Arbeitsgedächtnis bietet Berti (2010).

104 Husserl (1969), S. 30.

105 Schacter (1999b), S. 75.

106 Ebd., S. 78.

107 Vgl. ebd., S. 81; zu den klassischen Memotechniken zudem Yates (1994).

Im psychologischen Terminus der Kodierung erkennen wir die bereits erwähnte Schrift-Metapher wieder. Entsprechend stellt sich die Frage, in was das soeben Erlebte ‚umgewandelt' bzw. ‚übersetzt' und damit längerfristig festgehalten wird. Wie bereits erwähnt, bedient sich die Gedächtnisforschung hier des ebenfalls an die Schriftmetaphorik anknüpfenden Begriffs des *Engramms*. Das Erlebte hinterlässt im Gehirn bleibende ‚Gedächtnisspuren'. Wie genau dies geschieht bzw. welche materielle (oder gar immaterielle) Substanz das Engramm aufweist, ist, wie vieles in Bezug auf das menschliche Gedächtnis, noch nicht final verstanden.

In der modernen Gedächtnispsychologie bzw. den Neurowissenschaften wird zumeist angenommen, dass sich das Engramm durch die physiologische Verbindung verschiedener Nervenzellen in Form von spezifisch verbundener Erregungsleitung konstituiert.[108] Die Frage nach der genauen neuronalen Basis dieser Prozesse kann an dieser Stelle unbeantwortet bleiben. Für unsere Belange wichtiger ist die Erkenntnis, dass die Erlebnisse nicht einfach chronologisch ‚abgelegt', sondern durch *Assoziationen* nach bestimmten Ordnungsprinzipien miteinander verbunden und somit ‚einsortiert' werden.[109] Diesen eine längere Zeit (wohl mehrere Stunden) in Anspruch nehmenden und sich vermutlich vor allem im Schlaf vollziehenden Prozess der Überführung der Inhalte des Kurzzeit- ins *Langzeitgedächtnis* nennt man *Konsolidierung*.

Bevor wir diese Konsolidierung weiter betrachten, erscheint es mir wichtig, in Bezug auf das Langzeitgedächtnis auf eine weitere wichtige Differenzierung hinzuweisen: Dieses kann nämlich in verschiedene Gedächtnissysteme unterteilt werden; dies zeigen zahlreiche Fälle mnestischer Störungen, in denen jeweils eines dieser Systeme beeinträchtigt ist, sehr eindrücklich. Zuvorderst wird zwischen dem *deklarativen* und dem *prozeduralen* Gedächtnis unterschieden.

Letztgenanntes kann auch Verhaltensgedächtnis genannt werden und bezeichnet vor allem angeeignetes, gelerntes oder eingeübtes *Können* (praktisches Wissen / knowing how), welches intuitiv und ohne bewusste Akte des Erinnerns in unseren praktischen Umgang mit der Welt eingeht. Ein mit dem prozeduralen Gedächtnis verwandtes, jedoch umfassenderes Konzept stellt das *Leibgedächtnis* dar, auf welches ich später noch zu sprechen kommen werde.

Im Kontrast zum prozeduralen steht das deklarative Gedächtnis *Wissen* (knowing that), wobei hierbei wiederum zwischen dem *semantischen* und dem *episodischen* Gedächtnis unterschieden wird. Das semantische Gedächtnis

108 Vgl. Gruber (2018), S. 95ff.
109 Vgl. Pohl (2007), S. 22ff.

umfasst (noetisches) *Weltwissen*, das episodische hingegen (autonoetisches) *Erlebnis-* oder *Ereigniswissen*. Diese Unterscheidung geht auf Henri Bergson zurück, welcher in Bezug auf die Erinnerung eine Differenz „zwischen dem, was durch Wiederholung entsteht, und dem, was seinem Wesen nach sich nicht wiederholen kann"[110], einführt. Das semantische Gedächtnis repräsentiert sich wiederholendes Wissen, das episodische einmalige Erlebnisse. Während also ein Schüler eben durch Wiederholung lernt, dass Rom die Hauptstadt von Italien ist (semantisches Weltwissen), und er sich hoffentlich an das Gelernte später in der Prüfung noch erinnern wird, ist das Erlebnis der ersten Klassenfahrt nach Rom (episodisches Erlebniswissen) als singuläres Ereignis nicht wiederholbar.

Die Unterscheidung zwischen dem semantischen und dem episodischen Gedächtnis wird sich in Bezug auf unsere Frage nach der Lebensgeschichte und damit nach den für die biographische Erzählung zentralen *Lebenserinnerungen* noch als wichtig herausstellen. Die das eigene Leben betreffenden Erinnerungen werden in der Gedächtnispsychologie mitunter unter dem Konstrukt des *autobiographischen Gedächtnisses* zusammengefasst.[111] Hierbei handelt es sich jedoch nicht um ein auf neurophysiologischer Ebene eigenständiges Gedächtnissystem, sondern um ein (durchaus umstrittenes) theoretisches Konzept, welches eben alle Erinnerungen mit Bezug zur eigenen Person vereint. Aus naheliegenden Gründen sind dies vor allem die Erinnerungen des episodischen Gedächtnisses, weshalb manche Theoretiker das autobiographische mit dem episodischen Gedächtnis gleichsetzen.[112] Dagegen spricht jedoch, dass es zum einen episodische Erinnerungen gibt, die, außer, dass wir sie eben erlebt haben, kaum autobiographische Relevanz aufweisen, sowie zum anderen relevantes *autobiographisches Wissen* (z.B. unsere ersten Lebensjahre betreffend), welches nicht autonoetischen Ursprungs und daher als uns betreffendes Weltwissen dem semantischen Gedächtnis zuzuordnen ist. Zudem können auch Aspekte des prozeduralen, jedoch vor allem des leiblichen Gedächtnisses dem autobiographischen Gedächtnis zugerechnet werden, worauf ich noch zu sprechen kommen werde.

Das autobiographische Gedächtnis umfasst daher Erinnerungen der verschiedenen Gedächtnissysteme und Repräsentationsformen, welche sich dadurch auszeichnen, dass sie einen *relevanten Selbstbezug* aufweisen.[113] Für die biographische Selbsterkenntnis ist es jedoch nicht unbedeutend, ob das

110 Bergson (1991), S. 68.
111 Vgl. Pohl (2007), vor allem S. 43ff.; zudem: Markowitsch et al. (2006).
112 S. z.B. Tulving (1992).
113 Pohl (2007), S. 47.

vergangene Selbst qua autonoetischer Erinnerungen oder abstrakten Wissens bekannt ist. Zudem können sich episodische Erinnerungen des eigenen Lebens in semantisches Wissen wandeln, was ihre Bedeutung und Überzeugungskraft für die autobiographische Erzählung stark verändert.

Kommen wir zurück zum allgemeinen Prozess der Gedächtniskonsolidierung und der Frage, nach welchem Organisationsprinzip Erlebtes und Memoriertes gespeichert werden. Auch wenn diese Prozesse bei weitem noch nicht abschließend verstanden sind, herrscht dahingehend Konsens, dass im Gedächtnis keine isomorphen ‚Abbilder' des Wahrgenommenen festgehalten (und später abgerufen) werden, wie es die klassische Schrift- und Ort-Metaphern nahelegen. Denn Erinnerungen werden im Prozess der Gedächtniskonsolidierung vielmehr durch komplexe Verarbeitungsprozesse wie Selektion, Abstraktion, Interpretation und Integration verarbeitet:[114] Selektion meint hierbei, dass nur bestimmte Aspekte einer Situation festgehalten werden, andere nicht. Häufig werden Ereignisse auch nur als verallgemeinert (z.B. der übliche Heimweg) gespeichert. Zudem werden Erlebnisse immer auch interpretiert, also *als* etwas memoriert (z.B. der Heimweg per Fahrrad wegen des schlechten Wetters *als* Ärgernis). Und zuletzt werden Ereignisse immer mit anderen gespeicherten Erlebnissen und vorhandenem Wissen in Verbindung gesetzt festgehalten; dies wird mit dem bekannten Begriff der *Assoziation* beschrieben (z.B. der Heimweg mit einem Song, der im Radio lief).

Erlebnisse werden also nicht einfach als Abbilder ihrer Ereignisse festgehalten, sondern im Rahmen der Kodierung und Konsolidierung kognitiv verarbeitet und zu anderen Erinnerungen in Bezug gesetzt. Da es für die autobiographische Erzählung von großer Relevanz ist, stellt sich hier natürlich die Frage, nach welchen ‚Ordnungsmerkmalen' episodische, vor allem autobiographische Erinnerungen festgehalten werden. Hierzu liegen zahlreiche Studienergebnisse vor, welche jedoch der Interpretation bedürfen.[115] Als grobes Raster scheint tatsächlich die Chronologie der erlebten Ereignisse die mnestische Ordnung der Erinnerung festzulegen, wobei die Zeitangaben hier zumeist nur ‚ungefähr' zutreffend sind. Diese Chronologie der Lebensereignisse ist überwiegend nach bedeutsamen Orientierungspunkten bzw. biographischen Einschnitten (Geburt eines Kindes, Berufswechsel, Umzug etc.) strukturiert. Neben dieser Chronologie organisiert sich das Gedächtnis vor allem nach Lebensabschnitten (Kindheit, Jugend, Ausbildung, Rente etc.) sowie nach Themen bzw. Aktivitäten (Arbeit, Hobbys etc.).

---

114 Ebd., S. 31f.

115 Zur Übersicht: ebd., S. 78ff.

Die Chronologie stellt, wie gesagt, nur ein zumeist recht grob gegliedertes mnestisches Ordnungssystem dar; häufig werden Erinnerungen zudem nach anderen Prinzipien organisiert: So konnte z.B. gezeigt werden, dass neben Aktivitäten auch die Orte, an dem die Ereignisse stattgefunden haben, und vor allem Personen, mit denen die Erlebnisse gemacht wurden oder mit denen sie in Verbindung stehen, ihre mnestische Organisation signifikant mitbestimmen.[116] Dies meint, dass z.B. die verschiedenen Erinnerungen an die jährlichen Sommerurlaube thematisch oder, wenn die Reise immer an denselben Ort ging, aufgrund der gleichen Lokalisation eng assoziiert memoriert werden. Es liegt hier also, wenn man es so nennen möchte, ein ‚Urlaubsgedächtnis' vor. Ebenso mögen z.B. die verschiedenen Vorstellungsgespräche im Laufe des Berufslebens eng assoziiert festgehalten sein, obgleich zwischen ihnen viele Jahre liegen können. Gleiches mag für die Erinnerungen an verschiedene partnerschaftliche Trennungen gelten, die sich im Rahmen des Beziehungslebens ereignet haben. Selbstverständlich können Ereignisse auch in mehrerlei Hinsicht assoziiert im Gedächtnis festgehalten werden. Dieser Vielschichtigkeit der Erinnerung tragen vor allem komplexe Modelle des autobiographischen Gedächtnisses, wie sie z.B. bei Martin Conway zu finden sind, Rechnung.[117]

Conways Modell betont jedoch neben der ‚horizontalen' Organisation (Assoziation von verschiedenen Ereignissen) auch die ‚vertikale' Verbundenheit von Erinnerung, woraus sich ein hierarchisches Modell des autobiographischen Gedächtnisses ergibt. Dies bedeutet, dass nicht jedes Lebensereignis für sich bzw. als solches assoziiert mit anderen Erinnerungen im Gedächtnis festgehalten wird, sondern dass solche im Rahmen der Kodierung und Konsolidierung zu *summierten* bzw. *erweiterten Ereignissen* zusammengefasst werden. So erinnert man sich z.B. an einen zweiwöchigen Urlaub als ein Ereignis, obgleich er eigentlich aus zahlreichen einzelnen Ereignissen bestand. Diese vertikale Gedächtnisorganisation gilt auch für *sich wiederholende Ereignisse*; dies meint, dass z.B. das Essen beim Lieblingsitaliener, obgleich dieser viele Male besucht wurde, nur als ein Ereignis bestehend aus den üblichen Sequenzen erinnert wird. Hierdurch mag es passieren, dass ein einzelner Restaurantbesuch als solcher erst einmal gar nicht festgehalten wird (oder erinnert werden kann) – zumindest, insofern hier keine Besonderheiten aufgefallen und assoziiert festgehalten wurden –, sondern nur *der* Besuch beim Lieblingsitaliener. Eine solche Zusammenfassung von sich wiederholenden Ereignissen ist uns

116 Vgl. Barsalou (1995).
117 S. Conway (2010).

bereits auf narratologischer Ebene bekannt und wurde dort mit dem Begriff des *Iterativs* beschrieben.[118]

John Kotre spricht daher auch von „allgemeingültigen Erinnerungen“[119], welche von anderen Autoren auch ‚Skripts‘ oder ‚mnestische Schemata‘ genannt werden. Wir erinnern uns i.d.R. nicht an jedes Einzelereignis, sondern an einen üblichen Schultag, die Routinen der Kindheit, an die üblichen Betriebsabläufe während der Ausbildung oder die Skatrunde, so wie sie jeden Dienstag stattgefunden hat. Diese Form der hierarchischen Organisation scheint ‚ökonomische‘ Gründe zu haben; sie bringt, so Kotre „Effizienz in das System des autobiographischen Gedächtnisses“[120]. Während solche allgemeingültigen Erinnerungen auf der unteren Ebene nur einige Ereignisse summierend zusammenfassen (z.B. einen Spaziergang), können allgemeingültige Ereignisse „nahe der Spitze [...] das ganze Leben umfassen. Sie vermitteln die Bedeutung, die einzelnen Ereignisse jedoch, welche diese Bedeutung hervorbringen, fehlen ihnen“[121]. Das Erinnern, so Kotre weiter, bewegt sich daher immer im komplexen Zusammenspiel zwischen dem *Allgemeinen* und dem *Besonderen*. Als Beispiel kann auf das vertraute Phänomen des Déjà-vus verwiesen werden: Ein Ort erweckt eine *allgemeine* Erinnerung und damit das Gefühl einer Vertrautheit, obgleich – und dieser Widerspruch löst die Irritationen aus – wir über keine *besondere* Erinnerung an diesen konkreten Ort verfügen, vermutlich weil wir dort tatsächlich noch nie waren.

Zuletzt sei zur Konsolidierung festgehalten, dass diese nie wirklich beendet zu sein scheint. Dies meint, dass die in Form des Engramms festgehaltenen Erinnerungen nicht unverändert ‚verwahrt‘ (Speicher- bzw. Archiv-Metapher), sondern unter dem Einfluss von neuen Erlebnissen und Erkenntnissen immer neu assoziiert werden. Wie Erinnerungen im Gedächtnis vertikal oder horizontal organisiert und damit festgehalten werden, verändert sich – so die Erkenntnis der Gedächtnispsychologie – ständig; dieser Prozess wird auch *Rekonsolidierung* genannt.[122]

Das gesamte ‚Netz‘ der mnestischen Assoziationen ist in einer ständigen Neu- bzw. Reorganisation begriffen, was immer auch bedeutet, dass alte Erinnerungen neu verknüpft und damit anders eingeordnet werden. Neue Erfahrungen interferieren also mit den bestehenden Gedächtnisinhalten und sind in der Lage, diesen durch veränderte Assoziationen immer neue

118 S. hierzu Kapitel 7.3.
119 Kotre (1996), S. 111.
120 Ebd., S. 112.
121 Ebd.
122 Zu diesem Begriff bzw. zur entsprechenden Debatte s. Ledoux et al. (2013).

Bedeutungen zu geben. Wir treffen daher auch auf der Ebene der (neuro) psychologischen Gedächtnistheorien die uns aus der Narratologie bereits vertraute These der Nachträglichkeit und Retroaktivität von Erinnerungen: *Wie genau etwas erinnert wird, ist nie final fixiert, sondern wird in seiner Bedeutung ständig neu bestimmt.*

Neben der Kodierung und Konsolidierung kommt im Gedächtnisprozess vor allem dem *Abruf* eine wichtige Bedeutung zu. Aus der alltäglichen Erfahrung, der Wissenschaft sowie aus Literatur, z.B. bei Prousts berühmter Szene, in welcher dem Protagonisten durch ein Madeleine ausgelöst eine plötzliche und überwältigend glückliche Wiedererinnerung an seine Kindheit überkommt,[123] ist die große Bedeutung des *Hinweisreizes* (bzw. die Erinnerungssituation als Ganzes) für das Erinnern bekannt. Der Hinweisreiz ‚erweckt' jedoch nicht nur eine Erinnerung zum Leben, sondern bestimmt auch mit, an welchen Aspekt bzw. wie gefärbt sich erinnert wird. „Erinnern ist", so betont Schacter nachdrücklich, „immer auf die Ähnlichkeit oder Affinität zwischen Kodierungs- und Abrufprozessen angewiesen".[124]

Als ein extremer, jedoch überzeugender Beleg für diese These kann z.B. darauf verwiesen werden, dass unter Alkoholeinfluss Gemerktes besser erinnert wird, wenn die Person in der Abrufsituation ebenfalls alkoholisiert ist.[125] Die experimentelle Gedächtnisforschung hat zahlreiche solcher Effekte beschrieben; als in klinischer Hinsicht interessantes und bekanntes Beispiel sei auf den sogenannten ‚mood-congruency effect' verwiesen, welcher besagt, dass Menschen sich tendenziell eher an Erlebnisse oder auch Fakten erinnern, die zu ihrer aktuellen Stimmung passen:[126] Eine depressiv gestimmte Person erinnert sich also z.B. eher an Niederlagen oder Verluste, während ihr in glücklicher Stimmung eher schöne Erinnerungen zugänglich sind. Was und wie wir erinnern, hängt also in erheblichem Umfang von den Umständen der Gegenwart ab, in der wir uns erinnern. Dies bedeutet, dass sich auch auf der Ebene des Abrufs der nachträgliche Einfluss der Gegenwart auf die Auswahl und auch die Gestalt der jeweils erinnerten Vergangenheit zeigt. Noch deutlicher tritt die

123 S. Proust (1994), S. 67. Die besondere Valenz von olfaktorischen oder gustatorischen Hinweisreizen wird daher auch als *Proust-* oder *Madeleine-Effekt* bezeichnet; vgl. z.B. van Campen (2014).

124 Schacter (1999b), S. 102.

125 Goodwin et al. (1969). Dieser Effekt ist jedoch bereits in Charly Chaplins *Lichter der Großstadt* (USA 1931) Thema. Chaplin rettet (in der Figur des Tramps) einem alkoholabhängigen Millionär das Leben. Dieser zeigt sich ihm gegenüber jedoch immer nur im alkoholisierten Zustand generös; nüchtern erkennt er seinen Retter nicht mehr und setzt ihn vor die Tür.

126 Dieser Effekt wurde zuerst von Bower (1981) beschrieben.

Validität des Nachträglichkeitskonzepts hervor, wenn man berücksichtigt, dass in der Gedächtnispsychologie weitestgehend Einigkeit darüber besteht, dass wir Erinnerungen primär *rekonstruieren*. Dies bedeutet: *Erinnerungen stellen Rekonstruktionen der erlebten Vergangenheit dar.*

Diese mittlerweile vielfach bestätigte These geht auf die klassischen Experimente von Frederic Barlett aus den 1930er Jahren zurück, welcher mit verschiedenen Untersuchungen, die dem Kinderspiel ‚Stille Post' ähneln bzw. von ihm inspiriert sind, zeigen konnte, dass memorierte Inhalte immer wieder anders wiedergegeben werden.[127] Der Abruf einer Erinnerung darf daher nicht – ich erinnere an die eingeführten Leitmetaphern – analog dem Gang eines Bibliothekars in ein Archiv verstanden werden. Das Erinnern funktioniert anders: Es wird eben nicht eine ‚archivierte' Erinnerung einfach hervorgeholt, sondern ausgehend von situativen Hinweisreizen werden entsprechende assoziierte Engramme reaktiviert, welche unter Zuhilfenahme von allgemeinem Wissen dann die Erinnerungen entstehen lassen. Für diesen komplexen und vielschichtigen Prozess verwendet Schacter folgendes metaphorisches Bild:

> „Demnach sind eine Erinnerung wie die Rekonstruktion eines Dinosauriers aus den Knochenbruchstücken. Für den Paläontologen sind die Knochenstücke, die bei einer archäologischen Ausgrabung gefunden werden, und der Dinosaurier, der am Ende aus ihnen rekonstruiert wird, nicht dasselbe. Der vollständige Dinosaurier wird konstruiert, indem man die Knochenstücke mit anderen verfügbaren Fragmenten kombiniert und das allgemeine Wissen, das besagt, wie ein vollständiger Dinosaurier auszusehen hat, zugrunde legt."[128]

Der von Schacter angesprochene Paläontologe erinnert natürlich an das metaphorische Bild Freuds vom Psychoanalytiker als Archäologen, wobei zugleich zwei Unterschiede sichtbar werden: Die Rekonstruktion wird bei Freud zum einen von außen durch den Psychoanalytiker als Archäologen geleistet, während es sich bei Schacter um innerpsychische Mechanismen handelt. Zum anderen erwähnt Freud im Rahmen dieses Bild nicht, dass sich der Psychoanalytiker über das Ausgraben von Erinnerungen hinaus um eine archäologische Rekonstruktion seiner Fundstücke bemühen sollte.[129] Für Schacter ist es hingegen zentral, dass es sich beim Erinnern um einen rekonstruierenden Akt handelt, was zugleich bedeutet, dass „für den Erinnerer das Engramm (die eingespeicherten Fragmente der Episode) und die Erinnerung (das subjektive

---

127 Bartlett (1932).
128 Schacter (1999b), S. 118.
129 Vgl. hierzu Freuds Text *Konstruktion in der Analyse* (Freud (1999k)).

Erlebnis der Vergegenwärtigung eines vergangenen Ereignisses) nicht dasselbe"[130] sind.

Hieraus folgt Wichtiges: „Erinnerungen können sich verändern", so Kotre, eben „weil sie dafür Raum lassen. Sie machen zwar nicht diesen Eindruck, aber so ist es".[131] Im Engramm ist das Erlebnis nämlich nicht, wie es der phänomenale Eindruck beim Erinnern nahelegt, vollständig repräsentiert. Es wird sich zumeist nur an Fragmente des Erlebten erinnert; der weitere ‚Bildraum' wird phänomenal rekonstruiert. Beim Erinnern sind wir daher in erheblichen Teilen auf unsere *Einbildungskraft* angewiesen, welche aus den erinnerten Fragmenten unter Zuhilfenahme anderer Erinnerungen und weiterer Wissensbestände ein phänomenal vollständiges Erinnerungsbild generiert. Erinnerungen stellen daher, dies ist wichtig zu verstehen, zumeist *eher Imaginationen denn Reproduktionen* dar. Sie sind keine Abbilder der erlebten Vergangenheit, sondern *imaginative Vorstellungen* eben dieser. Je nach Situation, Hinweisreizen, hierdurch qua Assoziationen angestoßene (weitere) Engramme, den besagten allgemeingültigen Erinnerungen und dem verfügbaren bzw. hinzugezogenen Wissen wird sich daher jedes Mal *anders* erinnert. Anders formuliert: Es wird eine andere Vorstellung der Vergangenheit reproduktiv imaginiert.

Dies hat des Weiteren zur Folge, dass jeder (rekonstruierende) Akt des Erinnerns an ein vergangenes Ereignis dieses mnestisch modifiziert. Neues Wissen oder Erfahrungen segmentieren, neue Assoziationen entstehen, neue affektive Valenzen färben das Geschehen ein bzw. ein neuer Verständnisrahmen prägt das Erinnerungsbild. Das heißt, die jeweilige Rekonstruktion schlägt sich im Engramm nieder; anders formuliert: *Das Erinnern verändert daher die Erinnerung.*

Dies bedeutet jedoch zugleich, dass der Prozess des Erinnerns nie als abgeschlossen gelten darf. Entsprechend spricht Walter Benjamin in Bezug auf Proust auch treffend vom „Weben seiner Erinnerungen", verstanden als eine unendliche „Penelopearbeit des Eingedenkens", welche zugleich auch ein „Penelopewerk des Vergessens"[132] sei. Erinnerungen können daher als ein ‚Gewebe', an dem immer weitergearbeitet wird, verstanden werden, wozu jedoch auch, so Benjamin, konstitutiv das Vergessen gehört.

Es ist daher unverzichtbar, neben dem Erinnern zugleich auch das *Vergessen* in den Blick zu nehmen. Denn Erinnern ist ohne Vergessen, Vergessen ohne Erinnerung nicht denkbar. Diese besondere, letztlich dialektische Verwiesenheit von Erinnern und Vergessen ist lange bekannt und vielfach beschrieben

130 Schacter (1999b), S. 118.
131 Kotre (1996), S. 88.
132 Benjamin (1991), S. 311.

worden.[133] Bereits Augustinus zeigt sich irritiert darüber, dass er sich „an das Vergessen selbst erinnere“[134]. Denn, dies kann leicht gezeigt werden, das Vergessen kann nur als solches bemerkt werden, wenn sich daran erinnert wird, dass etwas vergessen wurde. Nur wenn ich weiß, dass mir der Name meines Nachbarn bekannt ist, ich mich an ihn also erinnern könnte, kann ich bemerken, dass er mir entfallen ist. Im Kontrast dazu würde mir bei einer globalen Amnesie gar nicht auffallen, dass ich mich an diesen Namen eigentlich erinnern müsste. *Das Vergessen bedarf also des Erinnerns.*

Zugleich ist auch für das Erinnern das Vergessen notwendig. Wenn ich den Namen meines Nachbarn die ganze Zeit im Bewusstsein habe, müsste ich mich an ihn nicht erinnern. Erinnern setzt voraus, dass ich eine Sache für eine gewisse Zeit ‚vergessen' habe. *Vergessen und Erinnern bedingen also einander.*

Die erste Frage, die sich bzgl. des Vergessens stellt, lautet, ob es dieses überhaupt gibt. „Daß es ein Vergessen gibt, ist noch nicht bewiesen“, so Nietzsche, „was wir wissen, ist allein, daß die Wiedererinnerung nicht in unserer Macht steht.“[135] Auch Freud tritt für die Überzeugung ein, „daß im Seelenleben nichts, das einmal gebildet wurde, untergehen kann, daß alles irgendwie erhalten bleibt und unter geeigneten Umständen [...] wieder zum Vorschein gebracht werden kann“[136].

Es ist also zu fragen, ob wir überhaupt je etwas wirklich vergessen, oder es uns nur gerade nicht einfallen will. Anders formuliert: Bewahrt das Gedächtnis alles Erlebte und einst gemerkte Wissen zeitlebens auf? Nun ist es prima facie so, dass wir häufig etwas vergessen. Trotzdem kann nicht ausgeschlossen werden, dass wir uns gerade nur nicht erinnern können, die Erinnerung jedoch in unserem Gedächtnis vorhanden ist und uns später, insofern der richtige Hinweisreiz vorliegt, wiederkommen mag. Vergessen würde in diesem Fall lediglich bedeuten, dass der treffende Hinweisreiz (noch) fehlt.

Diese Frage lässt sich empirisch nicht beantworten.[137] Sowohl die alltägliche Intuition wie auch die Gedächtnispsychologie gehen jedoch davon aus, dass die neuronal gebildeten Gedächtnisspuren mit der Zeit ‚zerfallen' können, die entsprechenden Erinnerungen ‚verblassen' und es schwieriger bis mitunter unmöglich wird, sich an bestimmte Ereignisse zu erinnern.[138] Das Vergessen

133 Sehr ausführlich und fundiert hierzu: Abbt (2016).
134 Augustinus (2012), S. 497.
135 Nietzsche (1999c), S. 117.
136 Freud (1999d), S. 426.
137 Vgl. Pohl (2007), S. 40.
138 Borges (1992).

wird hier als eine Art faktisch auftretende, leidvolle und eigentlich unnötige ‚Erosion' verstanden.

Gegen die These, dass das Vergessen ein unnötiger (und daher ggf. irgendwann medizinisch zu stoppender) ‚Verfall' des neuronalen Engramms sei, wird der Einwand erhoben, dass das Vergessen in mehrerlei Hinsicht notwendig sei: Zum einen wird angebracht, dass wir, hätten wir ein nichtvergessendes, also perfektes Gedächtnis, pragmatisch nicht mehr in der Lage wären, uns sinnvoll in der Welt zu orientieren. Jorge Luis Borges zeigt dies eindrücklich in seiner Kurzgeschichte mit dem treffenden Titel *Das unerbittliche Gedächtnis*:[139] Sein Protagonist verfügt nämlich über ein solches perfektes Gedächtnis und damit über die Unfähigkeit zu vergessen. Dies hat jedoch u.a. zur Folge, dass dieser nicht in der Lage ist, von etwas oder einem Aspekt einer Sache abzusehen. Er ist daher unfähig, so zeigt Borges nachdrücklich, Begriffe zu bilden. Für den Protagonisten gibt es nur die Erinnerung an unzählige Hunde, nicht jedoch den Allgemeinbegriff ‚Hund'. Ohne die Fähigkeit zu vergessen, von Borges gleichbedeutend mit der Fähigkeit, vom Einzelnen abzusehen, gibt es nur Partikulares und nichts Allgemeines. Dies wird von Borges entsprechend als kognitiv überfordernde und damit ungemein belastende Erfahrung beschrieben. Das perfekte Gedächtnis erschwere bzw. verunmögliche es, sich begrifflich in der Welt zu orientieren. Anders formuliert: *Vergessen ermöglicht das Begreifen der Welt*.

Diese literarisch-hypothetische Reflexion entspricht auch den Berichten von Menschen, die tatsächlich nicht in der Lage sind zu vergessen. Dies betrifft, soweit mir bekannt, nicht das semantische, sondern nur das episodische Gedächtnis. Diese Menschen beschreiben ihre ‚Fähigkeit' als letztlich sehr leidvolle, da den Lebensvollzug quasi verunmöglichende Erfahrung[140], denn sie sind ständig mit einer einstigen Gegenwart konfrontiert, „die sich weigert, zur Vergangenheit zu werden"[141]. Die Hyperpräsenz der Vergangenheit erschwert ein Leben in Gegenwart und Zukunft.

Neben dem Fehlen eines solchen durch das Vergessen ermöglichten ‚kognitiven Pragmatismus' wird von den Betroffenen immer wieder betont, dass sie besonders das Nicht-vergessen-Können von zumeist negativen biographischen Erlebnissen als belastend erleben. Bezüglich der These, dass

139 Vgl. Abbt (2016), S. 205ff.

140 Bekannt geworden ist der Fall von Jill Price, welche über ein hyperanamnestisches Gedächtnis verfügt, s. Parker et al. (2006). Price hat die zumeist leidvollen Erfahrungen ihrer Fähigkeiten in einem eigenen Buch geschildert: Price et al. (2009).

141 Merleau-Ponty (1966), S. 110. Diese treffliche Formulierung aufgreifend und psychotherapeutisch weiterdenkend: Küchenhoff (2019).

Nicht-vergessen-Können lebenshemmend bzw. das Vergessen (über)lebensnotwendig sei, kann auf zwei Referenzautoren verwiesen werden: zum einen auf Friedrich Nietzsche, welcher nachdrücklich die lebenshemmende Wirkung eines in der Vergangenheit verhaftet bleibenden Bewusstseins herausgestellt hat,[142] sowie zum anderen auf Sigmund Freud (sowie in der Nachfolge zahlreiche Psychotherapeuten), welcher die lebensermöglichende Bedeutung von Vergessen lassenden Abwehrmechanismen herausgearbeitet hat.[143]

Insofern man die vorgestellten gedächtnispsychologischen Erkenntnisse und Theorien, welche Erinnern als einen reproduktiven, d.h. letztlich poetischen Akt verstehen, ernst nimmt, kann das Vergessen eh nicht einfach nur als ein passiver ‚Verlust' des Engramms im ‚Gedächtnisarchiv' begriffen werden; vielmehr sollte das Vergessen als eine Form der konstitutiven *Nichtberücksichtigung* im reproduktiven Prozess des Sich-Erinnerns verstanden werden. Die Gründe einer solchen Nichtberücksichtigung können vielfältig sein: keine Hinweisreize, anderweitige Assoziationen oder auch mehr oder weniger bewusste Gründe und Motive, dass etwas (als solches) nicht erinnert werden soll. Dies würde eine Form des *aktiven Vergessens* bedeuten, wie es die Psychoanalyse bei Abwehrmechanismen postuliert.

Das Erinnern, wie auch bisweilen das Vergessen, kann daher mit guten Gründen als *poetischer Akt* verstanden werden.[144] Zumeist vollzieht sich dieser psychische Akt passiv, mitunter sogar unwillkürlich (z.B. als ‚memoire involontaire' bei Proust), bzw. reaktiv angestoßen durch einen Reiz. Insofern explizit vollzogen, was deutlich seltener vorkommt, kann vom Erinnern auch als *poetischer Handlung* gesprochen werden.

Wenn Erinnern als poetischer Akt verstanden wird, stellt sich umso dringlicher die Frage nach der *Wahrheit der Erinnerungen*. Diese Frage erhält ihre Virulenz aus zahlreichen, wohlbekannten Beispielen für *falsche Erinnerungen*.[145] Bei der Frage nach der Wahrheit der Erinnerungen ist es fürs Erste wichtig zu berücksichtigen, was zuvor aufgezeigt wurde; nämlich, dass Erinnern ein rekonstruktiver Prozess ist. Erinnerungen sind daher keine Abbilder, sondern *imaginative Vorstellungen der erlebten Vergangenheit*. Entsprechend der poetischen Natur des Erinnerns erscheint es angemessen, nicht von *falschen*, sondern vielmehr von *verfälschten* Erinnerungen zu sprechen. Zwar handelt es

142 Vgl. Nietzsche (1999e).

143 Eine fundierte Darstellung des psychoanalytischen Begriffs der Abwehrmechanismen ist bei König (2007) zu finden.

144 Im Sinne von ‚hervorbringend' verstanden.

145 Eine gute Einführung und Übersicht zur Studienlage bzgl. falscher Erinnerungen findet sich bei Kühnel et al. (2009) sowie Shaw (2018).

sich beim Erinnern in den allermeisten Fällen um passive nichtintentionale Prozesse, welche jedoch trotzdem vielfältige einflussnehmende Motive und Interessen zugrunde liegen können. Der Gedächtnispsychologie sind daher zahlreiche solcher mnestischen Verzerrungen bekannt:

1) Die bekanntesten und vermutlich auch folgenschwersten Fälle stellen *Scheinerinnerungen* (Kryptomnesien) dar. Hierbei handelt es sich um vom Erinnerenden für valide gehaltene Erinnerungen von Begebenheiten, welche sich so jedoch überhaupt nicht zugetragen haben. Es wird sich also mit subjektiv hoher Gewissheit an nicht erlebte Ereignisse erinnert. In einem klassischen Experiment mit dem Namen ‚lost in the mall' konnte Elizabeth Loftus zeigen, dass es zwar nicht bei allen, jedoch bei nicht wenigen Menschen möglich ist, ihnen Erinnerungen suggestiv ‚einzupflanzen'. Versuchspersonen wurden verschiedene, von ihren Verwandten verfasste Berichte aus ihrer Kindheit vorgelegt. Einer der präsentierten Berichte, der darin bestand, dass sich die Versuchsperson im Alter von etwa 5 Jahren in einem Einkaufszentrum verirrt hätte, war jedoch frei erfunden. Trotzdem behauptete ein Viertel der Versuchspersonen, sich an dieses Ereignis zu erinnern.[146]

   Das geschilderte Experiment fand im Zuge der sogenannten ‚false-memory-Debatte' in den 1980er Jahren statt. In dieser in der Öffentlichkeit und in der Psychologie hitzig geführten Debatte ging es um das inflationäre Auftauchen von Erinnerungen an frühere reale oder vermeintlich stattgefundene innerfamiliäre sexuelle Übergriffe.[147] Häufig führten diese zumeist im Rahmen von psychotherapeutischen Behandlungen auftauchenden Erinnerungen zu entsprechenden Anklagen, was wiederum vor Gericht die Frage aufwarf, wie verlässlich solche Erinnerungen seien. Es ist hier nicht der Ort, um in dieser komplexen Debatte Stellung zu beziehen; es genügt festzuhalten, dass die besagte Studie von Loftus und viele Untersuchungen in der Folge zeigen konnten, dass es verhältnismäßig leicht ist, suggestiv Scheinerinnerungen zu implementieren.

   Diese Suggestivität in Bezug auf Erinnerungen ist insofern verständlich, wenn man, wie dargelegt, berücksichtigt, dass sie Rekonstruktionen sind. Hierbei spielt vor allem die Erinnerungssituation eine große Rolle, was bzw. wie etwas erinnert wird. Die Arten zu fragen, bestimmte Hinweisreize oder auch ein vermeintlich vertrauensvoller Gesprächspartner bestimmen (neben vielen anderen Einflussfaktoren) die mnestische

146 S. Loftus et al. (2014).

147 Zu dieser Debatte bzw. der durch sie angestoßenen Forschung s. Loftus (1995). Interessante philosophische Überlegungen zur dieser Debatte finden sich bei Hacking (1996b).

Rekonstruktion entscheidend mit. Hinzu kommt die sogenannte *Quellenamnesie*: Wir können uns besser an Erlebnisse erinnern, als daran, wann und wo wir sie memoriert oder erlebt haben. Die Herkunft unserer Erinnerungen wird also relativ schnell vergessen. Dies gilt auch für semantisches Weltwissen und hat mitunter die problematische Konsequenz, dass uns die Quelle einer Überzeugung entfällt (‚*das weiß ich aus irgendeiner Studie*'), was dazu führen kann, dass wir nicht mehr gut in der Lage sind, zwischen fundierten und epistemisch fragwürdigen Überzeugungen zu unterscheiden.

In Bezug auf das episodische, vor allem das autobiographische Gedächtnis hat die Quellenamnesie zur Folge, dass mitunter festgehaltene Erlebnisfragmente falsch zugeordnet werden: Vielleicht verfügten die besagten Versuchspersonen über die Erfahrung, mal von ihren Eltern vergessen worden zu sein; dies mag jedoch nicht in einem Einkaufszentrum der Fall gewesen sein, sondern in einem Wald. Vielleicht stammen die Erinnerungsbilder daran, in einem Wald von den Eltern verloren worden zu sein, auch gar nicht aus dem eigenen Erleben, sondern aus einem aufwühlenden Spielfilm, welcher die Versuchsperson in ihrer Kindheit mit großer emotionaler Anteilnahme gesehen hat – fertig ist die Scheinerinnerung.

Aufschlussreiche Beispiele für solche Formen von Quellenamnesien im Verbund mit dem rekonstruierenden Charakter von Erinnerungen stellen die Kriegserinnerungen an den Zweiten Weltkrieg dar, welche Harald Welzer gesammelt und analysiert hat. Interessant sind diese insofern, als dass diese zahlreiche Sequenzen und Motive aus bekannten Kriegsfilmen aufweisen.[148] Das vielleicht prominenteste Beispiel für eine solche konfundierte Kriegserinnerung lieferte Ronald Reagan, welcher öffentlich und sehr ausführlich eine für ihn emotional bewegende Erinnerung aus seiner Zeit als Kampfpilot berichtete, die, wie Journalisten später herausfanden, haargenau einer Szene eines Kriegsfilms entsprach.[149]

Dies mag den Eindruck erwecken, Erinnerungen seien beliebig und daher nicht glaubwürdig. Dem ist in dieser Formulierung jedoch zu widersprechen: Die Untersuchungen der Gedächtnispsychologie sowie unsere (nichtpathologischen) alltäglichen Erfahrungen zeigen deutlich, dass unser Erinnerungsvermögen zumeist in den wesentlichen Aspekten zutreffend und in den meisten Situationen *hinreichend verlässlich* ist. Unser Gedächtnis weist jedoch Schwächen auf; und für die Frage nach

148 Vgl. Welzer et al. (2015).

149 Welzer (2008), S. 43.

der narrativen Selbsterkenntnis empfiehlt es sich, bzgl. dieser im Bilde zu sein. Ich möchte daher noch ein paar weitere mnestische Verzerrungen anführen.

2) Die Gedächtnispsychologie konnte beispielsweise zudem nachweisen, dass Ereignisse aus bestimmten Lebensabschnitten häufiger erinnert werden als andere (‚reminiscence bump'). Dies hat u.a. zur Folge, dass mitunter der Eindruck entsteht, dass z.B. die Adoleszenz ereignisreicher, das Erwachsenenalter hingegen ereignisärmer als andere Lebensabschnitte war.[150] Mitunter mag dieser Effekt sogar den häufig berichteten Eindruck erklären, dass die Zeit mit fortgeschrittenem Alter schneller vergehe.

3) In diesem Zusammenhang steht natürlich auch die bereits schon mehrfach erwähnte *infantile Amnesie*. Bekanntermaßen kann man sich an die frühsten nicht und an die frühen Lebensjahre nur sehr vereinzelt explizit erinnern. Im Kontrast dazu sind Erinnerungen des prozeduralen sowie des Leib- und Beziehungsgedächtnisses zumeist unbeeinträchtigt (und wirkmächtig). Es werden verschiedene Gründe für dieses Phänomen diskutiert: Während die Psychoanalyse hier eine globale Verdrängung vermutet,[151] wird in der Psychologie bzw. den Neurowissenschaften u.a. die These einer noch nicht abgeschlossenen Reife des Gehirns oder eine neuronale Neuorganisation des Gedächtnisses im Alter von 2 bis 3 Jahren angeführt.[152] Eine mittlerweile im Diskurs sehr verbreitete und für die Thesen dieser Arbeit sehr aufschlussreiche Erklärung führt die infantile Amnesie darauf zurück, dass das Gedächtnis von Kleinkindern anders funktioniert, was wiederum mit der noch nicht ausgebildeten sprachlichen Fähigkeit im Zusammenhang steht. Aufgrund der fehlenden narrativen Fähigkeiten können die Erinnerungen nicht derart mnestisch organisiert werden, dass ein späterer Abruf möglich ist.[153] Dies deutet bereits an, was später noch Thema sein wird, nämlich die konstitutive Interdependenz zwischen Erinnern und Erzählen.
Am Beispiel der frühen Erinnerung lässt sich noch eine andere interessante Beobachtung machen: Viele Personen berichten glaubhaft, dass sie über Erinnerungen aus ihren frühsten Lebensjahren verfügen. Auffällig ist hierbei, dass häufig Umstände oder Details erinnert werden, die definitiv als solche so nicht wahrgenommen werden konnten.

150 S. z.B. Rathbone et al. (2008).
151 Vgl. Freud (1999i), S. 75ff.
152 Vgl. z.B. Schacter et al. (1984).
153 S. hierzu Nelson et al. (2004).

> [Fallvignette 18]: Eine Patientin schilderte mir z.B. einmal mit hoher subjektiver Gewissheit die Erinnerung an die Umstände unmittelbar nach ihrer Geburt; sie könne sich sogar an die Automarke des Fahrzeugs erinnern, mit welchem ihre Eltern sie aus dem Krankenhaus heimgefahren hätten. Da Neugeborene jedoch nur auf eine Entfernung von ca. 30 cm scharf sehen können, kann mit Sicherheit ausgeschlossen werden, dass sie über ein hinreichend umfassendes Erinnerungsbild verfügt, um die Automarke identifizieren zu können. Vielmehr kann angenommen werden, dass, wenn nicht komplett imaginiert, zumindest dieses Detail aus allgemeinem Wissen oder späteren Erinnerungen bzgl. des Familienautos stammt.

Das Problem besteht darin, dass es, so John Kotre, „schwierig, wenn nicht unmöglich [...] ist, den Blickwickel eines Kindes wieder einzunehmen". Dies hat zur Folge, so Kotre weiter, „daß unsere Erinnerungen an die Kindheit von der Sicht des Erwachsenen geprägt sind."[154] Wir erinnern uns also mit den Augen eines Erwachsenen, was bedeutet, dass wir den ‚ursprünglichen' Erinnerungen nachträglich die (rekonstruierte) visuelle Gestalt der adulten Wahrnehmung geben. Dies mag auch den irritierenden Befund erklären, warum viele Ereignisse aus der (frühen) Kindheit aus der drittpersonalen, außerkörperlichen Perspektive erinnert werden. Wie eine ‚authentische' Erinnerung an die frühe Kindheit aussehen könnte, obgleich auch diese natürlich im Akt der Artikulation durch den „Strom der Sprache überholt"[155] wurde, können wir den Berichten von Menschen mit einem absoluten episodischen Gedächtnis entnehmen. So schildert z.B. der russische Journalist Solomon Schereschewski, welcher über eben ein solches verfügte, die frühen Erinnerungen an seine Mutter wie folgt:

> „Die Mutter habe ich so wahrgenommen: Bevor ich sie zu erkennen begann, hatte ich nur das Gefühl: ‚Das ist gut'. Da war keine Form, kein Gesicht, bloß etwas, das sich über mich beugte und von dem mir wohl wurde ... das tat gut ... Ich habe die Mutter so gesehen, als wenn Sie durch das Objektiv eines Photoapparates schauen würden ... Zunächst unterscheiden Sie nichts – nur ein rundes Wölkchen – einen Fleck ... dann taucht ein Gesicht auf ... dann werden die Gesichtszüge schärfer."[156]

154 Kotre (1996), S. 196f.

155 Ebd., S. 194.

156 Lurija (1995), S. 197.

Solche Schilderungen mögen deshalb irritieren, weil wir uns i.d.R., d.h. ohne absolutes Gedächtnis, so an unsere Kindheit nicht erinnern. Unsere Erinnerungen, mögen sie auch phänomenalen Erlebnissen gleichen, sind eben zumeist Rekonstruktionen, welche nur in Teilen aus erlebten Erinnerungsfragmenten bestehen, in ihrer Gänze jedoch nur mithilfe der Einbildungskraft erschaffen werden. Was in Bezug auf Erinnerungen an frühe Erlebnisse gilt, trifft – weniger ausgeprägt – auch auf spätere Erinnerungen zu: Aufgrund ihres Charakters als rekonstruierte Vorstellung besteht ein genuiner Unterschied zwischen dem Erlebnis eines Ereignisses und der späteren Erinnerung an dieses.

4) Zurück zu den mnestischen Verzerrungen: Eine weitere, vielen aus eigener Erfahrung bekannte Verzerrung des episodischen Gedächtnisses stellt der sogenannte *Positivbias* dar, welcher bereits im alten Rom unter der Phrase ‚memoria praeteritorum bonorum' bekannt war: Die Vergangenheit wird tendenziell positiver erinnert als sie war (‚*früher war alles besser*'). Mit dem Positivbias korrespondiert auch das sogenannte Pollyanna-Prinzip, welches besagt, dass positive Ereignisse i.d.R. häufiger und deutlicher erinnert werden als negative.[157] Diese mnestische Tendenz zur ‚goldenen Vergangenheit' mag eine nostalgisch verklärende Haltung oder einen Hang zur Entwertung der Gegenwart begünstigen.

5) Zwei weitere für die leitende Frage dieser Arbeit interessante mnestische Verzerrungen sind der sogenannte *Rückschaufehler* (hindsight bias) und die *Kontrollillusion* (illusion of control): Mit dem Begriff des Rückschaufehlers wird die menschliche Tendenz beschrieben, rückblickend die Vorhersehbarkeit eines Ereignisses zu überschätzen bzw. den Einfluss des Zufalls zu unterschätzen (‚*ich wusste ja, dass es passieren wird*').[158] Hier begegnet uns wieder der bereits bekannte Gedanke der Retroaktivität in mitunter problematischer Gestalt: Das spätere und nun schlauere Ich blickt auf sein früheres Ich und blendet im Licht seiner gewachsenen Kenntnisse um den Ausgang der Ereignisse sein vorheriges Nichtwissen aus.

Dieser epistemischen Gedächtnisverzerrung entspricht auf der Seite der Handlung die Kontrollillusion:[159] Dieser Effekt betrifft nicht nur die Gegenwart, sondern zeigt sich auch in der rückblickenden Fehleinschätzung der Kontrollierbarkeit der vergangenen Ereignisse. Menschen weisen die Tendenz auf, in der Retrospektive ihren Einfluss auf den Gang

157 Vgl. Matlin et al. (1978).
158 S. beispielsweise Blank et al. (2007).
159 Vgl. hierzu Langer (1975).

der Ereignisse zu überschätzen und äquivalent zum Rückschaufehler die Bedeutung anderer Einflussfaktoren oder die des Zufalls zu depretiieren. Die Tendenz, die eigene Handlungsmacht rückblickend zu überschätzen bzw. den Einfluss der Kontingenz zu eliminieren, wurde bereits als narrative Verzerrungseffekte bei der Konfiguration von Ereignissen in Erzählungen angesprochen,[160] was nochmals das enge Verhältnis von Erinnern und Erzählen verdeutlicht.

6) Abschließend sei auf eine letzte mnestische Verzerrung hingewiesen, und zwar auf den *Konsistenzfehler*: Überzeugungen, Gefühle und Wünsche werden rückschauend tendenziell als konsistenter und stabiler gesehen, als sie es tatsächlich waren.[161] Ausgehend vom derzeitigen Selbst, verstanden als die artikulierten Aspekte meiner Existenz, besteht die Tendenz, Differenzen, Veränderungen und Brüche zur früheren Person zu kitten, sich also in Bezug auf die diachrone (idem-)Identität als überzogen homogen zu erinnern. Dies wird in der Gedächtnispsychologie auch als Konservativismus bezeichnet, worunter „das Bemühen verstanden [wird], eine einheitliche und kohärente Wissensbasis im Gedächtnis herzustellen. Brüche, Mehrdeutigkeiten und alternative Wahrheit haben da keinen Platz"[162], so Rüdiger Pohl. Das aktuelle Ich scheint die starke Tendenz aufzuweisen, sich gegen ‚störende' Erinnerungen an vormalige Überzeugungen, Gefühle und Wünsche zu ‚verteidigen'. Greenwald spricht daher sogar vom aktuellen als dem *totalen Ich*, da es wie ein Diktator über seine Vergangenheit herrsche und keine Widersprüche dulde.[163] Auch wenn diese Metapher überzogen sein mag, so verdeutlicht sie doch die starke Tendenz des Gedächtnisses, unsere Vergangenheit im Sinne der Gegenwart zu erinnern.

Es kann vorerst festgehalten werden, dass der Gedächtnispsychologie zahlreiche mnestische Verzerrungseffekte bekannt sind; dies lässt Zweifel an der Validität von Erinnerungen aufkommen. Die sich aufdrängende Frage nach der Wahrheit der Erinnerungen möchte ich jedoch noch zurückstellen, denn ein wichtiger Aspekt des Gedächtnisses blieb bisher unterbelichtet und muss m.E. ergänzt werden.

Denn die Erkenntnisse der empirischen Gedächtnispsychologie mögen noch so aufschlussreich bzw. anschlussfähig für weitere Überlegungen sein, sie weisen jedoch eine problematische Verengung auf: Sie verstehen das

160 S. hierzu Kapitel 7.3.
161 S. Schacter (1999a), S. 195f.
162 Pohl (2007), S. 162.
163 S. Greenwald (1980).

Gedächtnis nämlich *neurozentristisch*. Damit meine ich, dass fast alle vorgestellten Theorien dadurch limitiert sind, *dass sie das Gedächtnis ausschließlich (intrakraniell) im menschlichen Gehirn situieren* und es primär dort untersuchen sowie entsprechend theoretisch begreifen. Diese intrakranielle Verengung muss m.E. aus verschiedenen Perspektiven kritisiert werden, da dieser Diskurs die „Außendimension des Gedächtnisses"[164] vernachlässigt. Neben den elaborierten Überlegungen von Jan Assmann möchte ich zwei weitere Kritiken bzw. Ergänzungen kurz vorstellen:

1) Die von mir soeben angebrachte Kritik einer intrakraniellen Verengung der Gedächtnispsychologie, ist der Tradition der Phänomenologie, vor allem der Leibphänomenologie entlehnt. Maurice Merleau-Ponty, Herrmann Schmitz und in Bezug auf Fragen der Psychiatrie vor allem Thomas Fuchs haben nachdrücklich und überzeugend auf diese problematische Tendenz der Psychologie, der Neurowissenschaften bzw. der Philosophie des Geistes hingewiesen.

   In Bezug auf das Gedächtnis hat vor allem Thomas Fuchs die in der wissenschaftlichen Betrachtung häufig übersehene Bedeutung ihrer leiblichen Fundierung herausgearbeitet.[165] Das *Leibgedächtnis* ähnelt dem bereits vorgestellten impliziten Gedächtnis und zeigt sich vor allem als nicht reflexive, sensomotorischen Vollzügen bzw. leiblichen Affektionen innewohnende *Gewohnheiten*. Entscheidend hierbei ist, dass das Leibgedächtnis nicht als eine andere (implizit-prozedurale) Form neben den anderen Gedächtnisformen begriffen wird, sondern, so die These von Fuchs, diese präreflexiv fundiert. Reflexive Gedächtnisleistungen sind daher immer nur vor dem Hintergrund leiblicher Erinnerungen möglich. Das Leibgedächtnis zeichnet sich zudem im Kontrast zu expliziten (rekonstruierenden) Akten des Erinnerns als eine besondere Form der Gegenwärtigkeit des Vergangenen aus. „Die Vergangenheit", so Fuchs zum Leibgedächtnis, „muß nicht mehr erinnert werden – sie hat sich in reine Gegenwart verwandelt. Man könnte also sagen, daß wir als Personen unsere Vergangenheit haben, als leibliche Wesen hingegen unsere Vergangenheit sind".[166] Die Verwendung der kontrastierenden Begriffe ‚haben' und ‚sein' korrespondiert mit anfänglichen und für diese Arbeit grundlegenden Überlegungen zu einer exzentrischen Anthropologie: Wir *sind* (qua Leibgedächtnis) zentrisch unsere Vergangenheit und *haben* diese exzentrisch qua erinnernder Reflexion.

164 Assmann (2017), S. 20.
165 Fuchs (2000a)
166 Ebd., S. 76.

Auch das Leibgedächtnis konstituiert eine Form der diachronen Identität; denn, so Fuchs, es vermittelt qua habitueller Gewohnheit und natürlicher Vertrautheit „die grundlegende Erfahrung der Kontinuität, des Selbigen im Wechsel der Situationen"[167]. Die Form der grundlegenden, zeitüberdauernden Vertrautheit von Selbst und Welt bedarf keiner reflexiv-erinnernden Versicherung; sie ist im Normalfall unbemerkt gegeben. „Leibliches Vertrautsein", so Fuchs, bedeute daher, „biographisches Vergessen".[168] Akte des Sich-Erinnerns können daher aus leibphänomenologischer Sicht als Reaktion einer Störung oder anderweitigen Herausfallens aus der vertrauten Gewohnheit des zeitüberdauernden In-der-Welt-Seins verstanden werden. Die biographische Reflexion reagiert daher auf Irritationen in Bezug auf die zunächst und zumeist gegebene transtemporale Selbstverständlichkeit; wir erinnern uns, wenn wir aus der Gewohnheit fallen.

2) Neben der Leibphänomenologie gibt es auch in der analytischen Philosophie des Geistes Überlegungen, das Gedächtnis jenseits der intrakraniellen Verengung zu verstehen. So verwendet Andy Clark in der Debatte um den *erweiterten Geist* (extended mind) das Beispiel des demenziell erkrankten Ottos, dessen biologisches Gedächtnis krankheitsbedingt nachlässt, welcher diese Defizite jedoch durch ein Notizbuch kompensiert. Das Notizbuch wird somit funktionell zu einem ‚transkranialen' Teil seines Gedächtnisses.

Entsprechend argumentiert Clark dafür, dass es sinnvoll ist, das Gedächtnis (und damit letztlich den menschlichen Geist) nicht nur innerhalb der Kalotte zu situieren, sondern ihn als erweitert zu begreifen.[169] Ohne diese These nun weitergehend vorstellen oder diskutieren zu wollen, kann für unsere Zwecke festgehalten werden, dass das Gedächtnis nicht nur als im Gehirn situiert (oder dort zu erforschen), sondern auch transkranial in bzw. im Zusammenspiel mit den medientechnischen Hilfsmitteln verstanden werden kann.

3) Die vorgestellte These des ‚erweiterten Gedächtnisses' mag in der Philosophie des Geistes eine innovative Position darstellen (mittlerweile dürfte sie im Rahmen der 4E-Kognition[170] dort jedoch auch etabliert

167 Ebd., S. 75.
168 Ebd., S. 76.
169 S. Clark (2005).
170 Im Rahmen des 4E-Kognitions-Paradigmas wird der produktive Versuch unternommen, den menschlichen Geist erweitert, verkörpert, involviert und handelnd zu denken; für eine Übersicht s. Newen et al. (2018).

sein), in den Kulturwissenschaften sind solche Gedanken jedoch wohlbekannt und ausführlich untersucht. Wie bereits erwähnt, spricht auch Jan Assmann von der „Außendimension des Gedächtnisses"[171], welche er in vier Bereiche unterteilt:
Dem prozeduralen bzw. dem Leibgedächtnis ähnlich spricht Assmann als Erstes von einem *mimetischen Gedächtnis*, wobei er hierunter vielmehr habitulerte, intersubjektiv geteilte und damit letztlich kulturell etablierte Handlungspraxen versteht. Darüber hinaus spricht Assmann zudem von einem *Gedächtnis der Dinge*. Hiermit bezeichnet er den Umstand, dass die uns umgebenden Dinge (‚Dingwelt') immer auch auf ihre Geschichte verweisen, die Vergangenheit damit ‚durchschimmert' und sich uns zu erkennen gibt.
Für unsere Überlegungen ist jedoch vor allem die dritte Außendimension des Gedächtnisses von Bedeutung: das *kommunikative Gedächtnis*. Die Vergangenheit wird nicht nur (neuronal) solipsistisch, sondern immer auch im sozialen bzw. kommunikativen Miteinander mnestisch festgehalten. Jan Assmann bezieht sich hierbei vor allem auf Maurice Halbwachs, welcher als Schüler von Henri Bergson dessen Grundeinsicht zu einer komplexen Theorie des kollektiven Gedächtnisses weiterentwickelt hat.[172] Halbwachs arbeitet vor allem heraus, dass sich das individuelle Gedächtnis immer nur vor dem Hintergrund eines sozialen Rahmens entwickelt. Es ist daher durch die kollektive Erinnerungspraxis geprägt, welche wiederum nur existiert, weil sie von individuellen Gedächtnissen getragen wird. Individuelles und kollektives Gedächtnis sind also konstitutiv aufeinander verwiesen.
Ausbuchstabiert wurde das Paradigma des sozialen oder kollektiven Gedächtnisses vor allem im Rahmen der sogenannten ‚Oral History'[173]; exemplarisch sei hierzu auf Harald Welzers Überlegungen zum kommunikativen Gedächtnis verwiesen. Welzer arbeitet überzeugend heraus, wie das Gedächtnis sowohl formal, d.h. in der Art und Weise wie es funktioniert, wie auch inhaltlich stark durch soziale bzw. kommunikative Interaktion in Genese und Gestalt geprägt ist.
In Bezug auf die Genese des kommunikativen Gedächtnisses betont Welzer vor allem die Bedeutung der Sprachentwicklung, welche zugleich die Entwicklung des Gedächtnisses verändert. Während der Infans (lat.

171 Assmann (2017), S. 20.
172 S. Halbwachs (2012).
173 Zur Übersicht sei auf folgende Anthologie grundlegender Texte verwiesen: Obertreis (2012).

‚ohne Sprache') sich vor allem prozedural und episodisch erinnert, transformiert die Fähigkeit zu sprechen und hierbei natürlich vor allem die Fähigkeit zu erzählen das Gedächtnis grundlegend:

> „Der entscheidende Punkt hierbei scheint in der narrativen Strukturierung der berichteten Ereignisse zu liegen: Kinder lernen im Gespräch nicht nur, daß die Vergangenheit im Sprechen mit anderen eine wichtige Rolle spielt, sondern auch daß sie ihre eigene Erinnerung in einer genau festgelegten narrativen Struktur wiedergeben müssen."[174]

Das des Erzählens fähige Subjekt erinnert sich nun anders als zuvor. In Bezug auf die inhaltliche Prägung von Erinnerung zeigt Welzer im Detail vor allem, wie die Vergangenheit im erzählenden Gespräch über diese geformt und weitergegeben wird; sein Interesse gilt hierbei vor allem dem sogenannten *Familiengedächtnis*. Hierbei handelt es sich um eine zumeist sehr heterogene und lose verbundene Menge von immer wieder, meist beiläufig in unregelmäßigen Wiederholungen erzählten Geschichten, deren Funktion darin besteht, die gemeinsame Vergangenheit zu reaktualisieren und damit Verbundenheit und Identität der Familie zu konstituieren.[175]
Das Konzept des Familiengedächtnisses erweist sich selbstverständlich auch in therapeutischer Hinsicht als fruchtbares Konzept. Hierzu eine kurze Fallvignette:

> [Fallvignette 19]: Eine Patientin berichtet von zahlreichen Problemen an ihrem Arbeitsplatz. Sie sei in einem Familienunternehmen tätig, das von ihrem Großvater gegründet worden sei und von ihrem Onkel geleitet werde. Alle wichtigen Positionen sind mit Familienmitgliedern besetzt (was den dortigen Konflikten eine besondere Brisanz gibt). In der Familie besteht eine ‚mythologisch' anmutende Geschichte, wie der Großvater das Unternehmen gründete und in den Anfangsjahren häufig mit illoyalen Mitarbeitern zu kämpfen hatte. Daher dürfen alle wichtigen Positionen nur mit Familienmitgliedern besetzt werden. Immer wenn die Patientin überlegt, doch woanders zu arbeiten, wird ihr diese Familiengeschichte präsentiert.

174 Welzer (2008), S. 95.
175 Vgl. Welzer (2008), S. 163ff.

Die Fallvignette macht zugleich deutlich, dass eine Familiengeschichte auch eine normative Dimension haben kann, was hier jedoch nicht das Thema ist. Auf jeden Fall stellt das Familiengedächtnis die Matrix dar, innerhalb derer sich die individuellen Erinnerungen (affirmativ oder distanziert) situieren.

Das Familiengedächtnis wird von Welzer darüber hinaus als Keimzelle des öffentlichen kommunikativen Gedächtnisses verstanden. Unter dem Begriff des kommunikativen Gedächtnisses werden die in sozialen Interaktionen geteilten, hierdurch geformten und damit lebendig gehaltenen Erinnerungen einer Gruppe von Zeitgenossen verstanden. Dem kommunikativen Gedächtnis sind jedoch Grenzen gesetzt. Jan Assmann betont diesbezüglich, dass dieses nur Erinnerungen umfasst, „die sich auf die rezente Vergangenheit beziehen. Es sind dies Erinnerungen, die der Mensch mit seinen Zeitgenossen teilt"[176]. Nicht mehr erlebte oder zumindest unmittelbar von direkt bekannten Zeugen überlieferte Vergangenheit wird als vierte Außendimension des Gedächtnisses im sogenannten *kulturellen Gedächtnis* festgehalten.

Im Rahmen des kulturellen Gedächtnisses, dem eigentlichen Fokus von Assmanns Interesse, wird die Vergangenheit durch Riten, Feste, Mythen, Lieder, Denkmäler und natürlich auch durch medial fixierte Erzählungen lebendig gehalten. Im Gegensatz zur (geschichtswissenschaftlichen) Historie, welche sich um Objektivität und Neutralität bemüht, ist das kulturelle Gedächtnis für die jeweilige Gruppe jedoch primär subjektiv-lebenspraktisch bedeutsam und damit vor allem *identitätsstiftend*, so Assmann.

Dabei betonen Halbwachs, Assmann und Welzer immer wieder die wechselseitige konstitutive Bezogenheit der verschiedenen Gedächtnisformen: Das individuelle (neuronale oder leibbezogene) Gedächtnis ist notwendige Voraussetzung und letztlich immer neuralgischer Punkt der verschiedenen Gestalten des sozialen und des kulturellen Gedächtnisses, welche wiederum ihrerseits das individuelle Erinnern prägen bzw. dessen Rahmen abstecken.

Als ‚Scharnierstelle' des komplexen Zusammenspiels von individuellem und kommunikativem bzw. kulturellem Gedächtnis kann das *Erzählen* bzw. die *Erzählung* gelten. Wie dargelegt, ist (ihrem Begriff nach) jede mediale Form der Darstellung vergangenen Geschehens narrativ. Das kommunikative und das kulturelle Gedächtnis sind daher auf Engste mit der medialen

176 Assmann (2017), S. 50.

Form der Narration verbunden: Nur erzählend können wir anderen unsere (gemeinsame) Vergangenheit vermitteln, was zugleich bedeutet, dass die Vergangenheit immer auch im Medium der geteilten Erzählung erinnert wird.

Das Verhältnis von Erinnern und Erzählen ist eng und komplex: Bereits die soeben angeführte Darstellung zu beiden Phänomenen ließ viele Ähnlichkeiten erkennen; die genaue Bestimmung des Verhältnisses von Erinnerung und Erzählung erweist sich jedoch als herausfordernd. Die Schwierigkeiten beginnen früh: Bisher wurde der Begriff der Narration für explizite Akte des Erzählens reserviert und entsprechend untersucht. Nun gibt es jedoch gute Gründe und daher auch viele Autoren, die den Narrativitätsbegriff deutlich weiter fassen. So wird mitunter dafür argumentiert, dass alle Welterfahrungen, insofern sie zeitbezogen bzw. -überdauernden Charakter haben, in ihrer Grundstruktur narrativ geprägt sind; hier wird der Begriff des *Pränarrativen* verwendet.[177]

Mit dem Begriff des Pränarrativen soll verdeutlicht werden, dass die aufgezeigten narratologischen Grundmechanismen bereits das Erleben ordnen und strukturieren. Es sei daran erinnert, dass mit Paul Ricœur und Alasdair MacIntyre bereits zwei hermeneutische Autoren vorgestellt wurden, welche die Thesen eines pränarrativ fundierten Sinngefüges der Lebenswelt vertreten.[178] Der große explanatorische Vorteil eines solchen Ansatzes besteht darin, dass durch die pränarrative Sinnfundierung besser verständlich gemacht werden kann, wie Erzählen Sinn zu stiften vermag. Gegen einen starken Begriff des Pränarrativen spricht m.E. jedoch, dass durch einen solchen narrativen Holismus der Begriff der Erzählung droht, explanatorisch überstrapaziert zu werden und damit sehr viel, letztlich jedoch wenig erhellt. Gerade wenn man das Erzählen, wie ich es tue, primär als poetische Handlung der Darstellung verstehen will, ist es unvorteilhaft, auch lebensweltliche Strukturen, Erlebnisse und Erinnerungen als (prä)narrativ zu bezeichnen. Obgleich also der Sache nach in Theorien des Pränarrativen viel Aufschlussreiches gesagt wird, würde ich es aus diesem Grund vorziehen, hier andere Begriffe zu verwenden.

Ohne Zweifel gilt jedoch weiterhin, dass Erzählen und Erinnern zum einen viele strukturelle Ähnlichkeiten aufweisen und zum anderen häufig in einem engen interdependenten und konstitutiven Zusammenhang stehen: Erzählen bedarf des Erinnerns, (komplexeres) Erinnern nimmt notwendigerweise eine narrative Form an. Komplexeres Erinnern kann, wie ich noch darlegen werde, daher als *Artikulation der eigenen Vergangenheit* bezeichnet werden.

Mitunter mag es in vielen konkreten Fällen kaum unterscheidbar bzw. müßig sein, feststellen zu wollen, wann sich jemand erinnert bzw. (ab) wann

177 S. Breyer et al. (2010).

178 S. hierzu Kapitel 7.3.

er erzählt. Für die wissenschaftliche Untersuchung erscheint es mir trotzdem sinnvoll, analytisch zwischen diesen beiden Modi der Vergegenwärtigung des Vergangenen zu unterscheiden – hierzu mehr im nächsten Kapitel.

Kommen wir zum Ende dieses Exkurses noch einmal auf die Befunde der Gedächtnispsychologie zurück: Es kann resümierend festgehalten werden, dass vergangene Erlebnisse eben nicht einfach im Gedächtnis archiviert oder niedergeschrieben, sondern in einem komplexen, sich durch neue Eindrücke ständig verändernden Assoziationsgeflecht festgehalten werden, wodurch sie je nach Abrufsituation anders abgerufen werden. Beim Abruf der Erinnerung wird diese nicht einfach ‚wiedergegeben', vielmehr wird aus den Erinnerungsfragmenten in Abhängigkeit ihrer assoziativen Verknüpfung und unter Hinzuziehung von allgemeinem Wissen eine phänomenale Erinnerung rekonstruiert. Daher stellt bereits der Pionier der empirischen Gedächtnisforschung Frederic Charles Bartlett resümierend fest: „Die Vergangenheit [wird] kontinuierlich neu gemacht, rekonstruiert im Sinne der Gegenwart."[179]

Dieses Resümee fügt sich gut in die zuvor herausgearbeiteten anthropologischen Thesen zum Primat der praktischen Zukunftsorientierung der menschlichen Existenz. Denn auch die Betrachtung des Gedächtnisses zeigt, dass die Vergangenheit primär im Licht der Gegenwart und Zukunft erscheint. Erinnerungen sind entsprechend häufig mehr zukunftsbezogener Entwurf als vergangene Geworfenheit.

Entsprechend stellt sich abschließend die Frage nach der *Wahrheit der Erinnerungen*. Sind Erinnerungen also in dem Sinne wahr, dass ihr Inhalt mit referenzierten Ereignissen der Vergangenheit übereinstimmt? Anders formuliert: *Können wir unseren Erinnerungen trauen*?

Nach dem, was bisher zum Thema Erinnerung und Gedächtnis ausgeführt wurde, sollte klar sein, dass die erinnerte Vergangenheit keine ‚adäquatio' mit den realen Ereignissen darstellt. Zum einen können wir uns an vergangene Ereignisse überhaupt nur in dem Rahmen erinnern, wie wir sie erfahren haben. Erinnerungen können also, wenn überhaupt, nur mit unseren damaligen Erlebnissen übereinstimmen. Zum anderen – dies wurde ausführlich dargestellt – stellen Erinnerungen komplexe imaginäre Rekonstruktionen des Erlebten dar. Eine vollständige Übereinstimmung dieser rekonstruierten Erinnerungen mit der einstigen Erfahrung kann daher nahezu ausgeschlossen werden.

179 Bartlett (1932), S. 79.

Bedeutet dies nun, dass Erinnerungen in epistemischer Hinsicht nur zufällige oder willkürliche Phantasieprodukte unserer Einbildungskraft sind – was zugleich bedeuten würde, dass ihnen epistemisch nicht zu trauen ist?

Nein. Dem widerspricht bereits unsere alltägliche Praxis, in welcher uns unser Gedächtnis im (nichtpathologischen) Regelfall *hinreichend* gute Dienste erweist. Die Antwort der Gedächtnispsychologie (und meine) lautet daher: *Das Gedächtnis ist so gut, wie es sein muss.* Kleine mnestische Irrtümer mögen vorkommen, für die alltäglichen Herausforderungen des Lebens können wir uns jedoch weitestgehend auf unser Gedächtnis verlassen.

Probleme stellen sich vielmehr dann ein, wenn die Leistungsfähigkeit des Gedächtnisses *überstrapaziert* wird. Dies meint, dass das Gedächtnis sich zumeist dann als invalide erweist, wenn eine mnestische Leistung verlangt wird, die deutlich von den alltäglichen Erfordernissen abweicht. Dies ist z.B. dann der Fall, wenn sich ein Zeuge im Rahmen eines Gerichtsverfahrens detailliert an bestimmte Geschehnisse erinnern soll. In solchen Fällen wird zwar die Situation zumeist im Groben halbwegs korrekt erinnert; im Detail versagt das Gedächtnis jedoch häufig. So waren z.B. John Deans Erinnerungen, welche er als Kronzeuge im Rahmen der Watergate-Affäre kundgab, und dessen Aussagen durch die später aufgetauchten Tonbänder überprüft werden konnten, zwar in vielen Details falsch, die grundsätzlichen Umstände wurden jedoch korrekt erinnert.[180] Das Beispiel von Deans Gedächtnis darf verallgemeinert werden: *Erinnerungen sind im Detail häufig unzuverlässig, in den wesentlichen Aussagen jedoch zumeist vertrauenswürdig.*

Wie verhält es sich diesbezüglich mit autobiographischen Erinnerungen? Wie steht es um die „biographische Wahrheit", von welcher Freud behauptete, dass sie „nicht zu haben"[181] sei? In Bezug auf die erinnerten biographischen Fakten gilt ebenfalls das soeben Gesagte: Das Gedächtnis ist im Normalfall so gut, wie es sein muss; d.h. nicht fehlerfrei, aber für die alltäglichen Aufgaben hinreichend zuverlässig. Diese pragmatische Validität gilt es in Bezug auf die Frage nach der epistemischen Leistungsfähigkeit des menschlichen Gedächtnisses stets im Blick zu behalten.

Jenseits seiner epistemischen Zuverlässigkeit ist beim autobiographischen Gedächtnis jedoch zu beachten, dass nicht primär die ‚data' der eigenen Vergangenheit, sondern vor allem die *Bedeutung der lebensgeschichtlichen Ereignisse* für den Erinnernden im Vordergrund stehen; und die Bedeutung eines Ereignisses – dieser Gedanke ist uns bereits bestens vertraut – ist niemals final festgeschrieben.

180 S. hierzu Neisser (1981).

181 Freud (1984), S. 137.

Diese Einsicht erweist sich, wie ich noch darlegen werde, vor allem in therapeutischer Hinsicht als essenziell: Es wird sich auch hier zeigen, dass in kurativer Hinsicht weniger die adäquate Erinnerung denn vielmehr die *narrative Wahrheit* im Vordergrund steht. Der Patient, so John Kotre in diesem Zusammenhang,

> „kann die historische Wahrheit nicht wiedererlangen. Er muß sich mit der narrativen Wahrheit zufriedengeben. Mit jener Kohärenz, die ästhetische Finalität annimmt und zum gegenwärtigen Charakter des Klienten paßt"[182].

Schließen wir also diesen Exkurs zum Erinnern bzw. Vergessen und wenden uns der besagten narrativen Wahrheit zu.

8.3 Erlebtes erzählen: die Autobiographie

Zum Gedächtnis können wir bei Augustinus Folgendes lesen:

> „Erzählt man vom Vergangenen wahre Geschichten, dann holt man nicht die vergangenen Dinge selbst aus dem Gedächtnis hervor, sondern Worte, die durch die Bilder entstanden, die sie auf dem Weg über die Wahrnehmung wie feste Spuren im Geist hinterlassen habe, als sie vorbeigingen. Denn meine Kindheit, die nicht mehr ist, liegt in der vergangenen Zeit, die nicht mehr ist; aber ihr Bild, das ich heraufhole, wenn ich von ihr erzähle, sehe ich im gegenwärtigen Augenblick, weil es noch in meinem Gedächtnis ist."[183]

Von Augustinus' These der Unwirklichkeit der Vergangenheit und seiner Betonung des Gedächtnisses als Möglichkeit der Bewahrung dieser war bereits die Rede. Was nun in den Fokus rücken soll, ist der Zusammenhang zwischen den ‚vergangenen Dingen', über die wahrheitsgemäß erzählt werden soll, den ‚Bildern', die sie als Spur im Gedächtnis hinterließen und letztlich den ‚Worten', welche von dieser Vergangenheit berichten. In der Terminologie dieser Arbeit: das *Ereignis*, die *Erinnerung* daran und die *Erzählung* davon.

Es geht also um die Frage, wie sich Erleben und Erzählen der eigenen Vergangenheit zueinander verhalten? Genauer formuliert: Wie lässt sich das (vergangene) eigene Leben angemessen erzählen? Die Schwierigkeiten sollten nach den bisherigen Erörterungen zu den Begriffen des Erzählens und des Erinnerns auf der Hand liegen: Beide Arten der Vergangenheitsbezugnahme erweisen

182 Kotre (1996), S. 75.
183 Augustinus (2012), S. 595.

sich als selektiv, poetisch konfigurierend und stark von der gegenwärtigen Situation beeinflusst. Dies lässt berechtigte Zweifel an der Möglichkeit, qua erzählendem Blick in die eigene Vergangenheit valide Selbsterkenntnis zu erlangen, aufkommen.

Die Antwort auf die Frage nach der Möglichkeit, sich die eigene Vergangenheit narrativ zu vergegenwärtigen, scheint klar: Mit der *Autobiographie* erzählen wir unsere Vergangenheit. Mit dem erläuterungsbedürftigen Begriff ist fürs Erste nur das Stichwort für die weitere Untersuchung gegeben. Bevor wir uns explizit dem Begriff der Autobiographie zuwenden, sei an die einschlägigen Zwischenergebnisse der bisherigen Untersuchung erinnert.

Sich an die Vergangenheit (umfangreich) zu erinnern und von ihr zu erzählen, wurde als *Artikulation* dieser verstanden; der Begriff der Artikulation erwies sich deshalb als treffend und aufschlussreich, weil im artikulierenden Akt etwas bereits Vorhandenem, als solches jedoch noch nicht sprachlich Bestimmtem eine symbolische Form gegeben wird, sodass es verstanden und kundgetan werden kann. Der Akt der Artikulation lässt das Artikulierte in Gestalt und Bedeutung jedoch nicht unberührt, sondern formt und verändert es damit zugleich. Als gewichtig hat sich zudem erwiesen, dass immer Freiheitsgrade in Bezug auf die Art und Weise, wie die Sache artikuliert wird, bestehen. Die Artikulation der Vergangenheit ist, so wurde argumentiert, letztlich nur narrativ möglich; dementsprechend kann die Autobiographie in erster Annäherung deshalb als *Artikulation und narrative Darstellung der erinnerten Vergangenheit* bestimmt werden.

Es wurden mit dem Erzählen und dem Erinnern bisher zwei konstitutiv verbundene Modi der Bezugnahme auf die Vergangenheit untersucht: Beide wurden als poetische Akte begriffen, welche ausgehend von der aktuellen Situation und den mit ihr verbundenen Motiven und Interessen selektierend und konfigurierend die Ereignisse der Vergangenheit vergegenwärtigen. Zudem wurde sowohl die Erinnerung wie auch die Erzählung als in ihrer Bedeutung nie final fixiert verstanden; neues Wissen und neue Erfahrungen verändern beständig unsere Erinnerungen und Geschichten.

Erzählen und Erinnern müssen als konstitutiv aufeinander verwiesen begriffen werden. Ohne ein Gedächtnis, gleich welcher Form, ist ein vergangenheitsbezogenes Erzählen unmöglich: Es kann nur erzählt werden, was erinnert wird; und wie erinnert wird, prägt zugleich die Erzählung. Visa versa beeinflusst die Konfiguration der Erzählung jedoch ebenfalls, was und wie erinnert wird. Jedes Erzählen einer Erinnerung verändert (mehr oder weniger stark) zudem dessen (neuronales) Engramm und seine entsprechenden Assoziationen, sodass sich zukünftig anders erinnert wird.

Erinnern und Erzählen unterscheiden sich jedoch dahingehend, dass Erzählungen Handlungen sind, während es sich beim Erinnern nur in selteneren Fällen um explizit vollzogene Akte, sondern zumeist um (durch Hinweisreize) angestoßene Widerfahrnisse handelt. Der für die nachfolgenden Überlegungen gewichtigere Unterschied besteht jedoch darin, dass Erinnerungen die Vergangenheit, wie Augustinus sagt, in Bildern, d.h. also *phänomenal* darbieten. Erzählungen hingegen vermitteln die Vergangenheit *symbolisch*, d.h. zumeist, jedoch nicht immer *im Medium der Sprache*. Dies bedeutet, dass im Erzählen die memorierten Erlebnisse in Sprache überführt, d.h. *artikuliert* werden müssen. Entsprechend gilt für den aktuellen Stand der Argumentation: *Die Autobiographie stellt eine komplexe mediale Form der Artikulation, d.h. Darstellungen der Erinnerungen der eigenen vergangenen Existenz dar.*

Aus dieser Bestimmung ergibt sich für die Theorie der (Auto)biographie die zentrale, für die nachfolgenden Überlegungen leitende Frage, ob und inwiefern sich das (Er)leben überhaupt angemessen artikulieren, d.h. narrativ darstellen lässt? Prägnant formuliert: *Lässt sich das (eigene) Leben eigentlich erzählen?*

Um diese Frage zu beantworten, möchte ich zunächst klären, was die Autobiographie überhaupt ist, sowie zweitens, welche *Gründe* autobiographisches Erzählen motivieren. Im dritten Schritt stellt sich die bereits angesprochene Frage, ob das Leben *überhaupt erzählbar* ist, sowie in Bezug auf Autobiographien die vierte und letzte Frage, welche Herausforderungen sich ergeben, wenn es darum geht, das *eigene* Leben zu erzählen.

Was ist also eine Autobiographie? Der Begriff erscheint in erster Annäherung dem Wortsinn nach selbsterklärend. Entsprechend merkt Georg Misch an, dass sich die Autobiographie kaum näher bestimmen lasse „als durch Erläuterungen dessen, was der Ausdruck besagt: die Beschreibung (graphia) des Lebens (bios) eines Einzelnen durch diesen selbst (auto)“[184]. Hier ist das Wesentliche, jedoch wenig Spezifisches gesagt.

Philippe Lejeune, auf dessen Überlegungen ich noch eingehender zu sprechen kommen werde, bringt folgende Definition ein: Eine Autobiographie ist eine „rückblickende Prosaerzählung einer tatsächlichen Person über ihre eigene Existenz, wenn sie den Nachdruck auf ihr persönliches Leben und insbesondere auf die Geschichte ihrer Persönlichkeit legt“[185]. Hieraus ergeben sich folgende Merkmale: 1) Die Erzählung ist in Prosa verfasst, 2) sie behandelt eine *individuelle Lebensgeschichte*, 3) die Erzählperspektive ist *retrospektiv* und,

184 Misch (1989), S. 38.
185 Lejeune (1994), S. 14.

dies wird sich noch als gewichtig erweisen, Autor und Erzähler sowie Erzähler und Hauptfigur sind *identisch* (Autor = Erzähler = Hauptfigur).[186]

Aus dieser Definition folgt, dass z.B. autobiographische Gedichte (keine Prosa), Memoiren (keine individuelle Lebensgeschichte), Tagebücher (nicht rückblickend) oder eben Biographien (keine Identität zwischen Erzähler und Hauptfigur) keine Autobiographien sind.[187] Zudem erheben Autobiographien einen spezifischen Wahrheitsanspruch, welche sie von autobiographischen Romanen unterscheidet; hierzu später mehr.

Ich übernehme diese Definition der Autobiographie von Philippe Lejeune mit Ausnahme seiner Einschränkungen der Autobiographie auf prosaische Werke. Wie bereits in Bezug auf Erzählungen angeführt,[188] können verschiedene Medien (z.B. Texte, Filme, Bilder etc.) Geschehnisse narrativ darstellen. Erzählung meint nämlich eine bestimmte Art der Darstellung (Konfiguration von zeitlich distinkten Ereignissen zu einer Einheit), welche in bzw. durch verschiedene Medien dargeboten werden kann. Zugleich müssen biographische Erzählungen nicht notwendigerweise als Werk auftreten. Bei den meisten alltäglichen narrativen Bezugnahmen auf die eigene Vergangenheit handelt es sich um situative, kommunikative und weitestgehend spontane *Stehgreiferzählungen*[189]. Auch die Erzählungen in der psychotherapeutischen Behandlung können aufgrund ihrer Spontanität, dialogischen bzw. kommunikativen Situation und Einbettung in das therapeutische Dispositiv nicht als Werk verstanden werden. Es macht daher m.E. Sinn, nicht von biographischen Erzählungen als prosaischen Werken, sondern von Formen und Gestalten des „Biographischen“[190] zu sprechen.

Die angeführte und ergänzte Definition der Biographie als *rückblickende Erzählung einer tatsächlichen Person über ihre eigene Existenz* grenzt die Thematik daher für die weitere Untersuchung hinreichend gut ein, lässt jedoch wichtige Fragen, z.B. des Wahrheitsanspruchs oder der Identität zwischen Autor und Protagonist unbeantwortet; auch diese Fragen sollen im Folgenden untersucht werden.

186 Ausführlich zu Lejeunes Definition s. Wagner-Egelhaaf (2005), S. 6f.

187 Für die meisten der unmittelbar nachfolgenden Überlegungen muss nicht zwischen Biographie und Autobiographie unterschieden werden. Die angesprochenen Punkte gelten für meine Arten der Erzählungen gleichermaßen; auf die entscheidende Differenz komme ich später zu sprechen. Zur Unterscheidung von Biographie und Autobiographie s. zudem Zimmermann (2009).

188 S. hierzu Kapitel 7.1.

189 Zum Begriff der Stehgreiferzählung s. Schütze (1984).

190 Fetz (2009b), S. 23.

Zuerst ist festzuhalten: „Biographien wollen etwas“, so Christian Klein. „Sie präsentieren nie wertfrei irgendein Leben, sondern stellen die Geschichte einer Person dar, die aus bestimmten Gründen von Bedeutung zu sein scheint.“[191] Für wen und aus welchen Gründen wird also eine Biographie geschrieben oder eine autobiographische Episode erzählt? Die Motive sind natürlich sehr vielfältig und können letztlich nur im Einzelfall geklärt werden. Einige Gründe stehen jedoch im Vordergrund und werden in der Literatur entsprechend häufig angeführt, sodass sich eine exemplarische Betrachtung lohnt:

1) Viele klassische Biographien und Autobiographien stellen ihre Protagonisten als *Vor-* bzw. *Idealbilder* dar.[192] Solche Lebenserzählungen porträtieren die Personen als herausragende und nachahmungswürdige Individuen. Die Protagonisten stellen sich als idealtypische Staatsmänner, Wissenschaftler, Künstler oder dergleichen narrativ dar bzw. werden als solche dargestellt.

   Seinen stärksten Ausdruck findet dieses Motiv sicherlich in der Gattung der Heiligenbiographie, welche den Porträtierten in Bezug auf seinen Glauben als vorbildlich und nachahmungswürdig charakterisiert. Derartige Hagiographien gleichen sich jedoch nicht nur in Bezug auf ihr missionarisches Anliegen, sondern weisen, wie Hans Ulrich Gumbrecht vorzüglich herausarbeitet, auch ein charakteristisches narratives Emplotment auf, welches sich, wie dieser aufschlussreich zeigt, sogar noch in zeitgenössischen Autobiographien von namhaften Fußballern finden lässt.[193]

   Bei der heroisierenden Biographie werden primär Nachahmer oder Bewunderer adressiert. Sie sollen sich den Protagonisten in einer bestimmten normativen Hinsicht zum Vorbild nehmen. Entsprechend stellen solche Biographien häufig auch idealtypische narrative Skripte zur Verfügung, welche dem Leser seinen eigenen Lebensweg vorzeichnen sollen. Dies gilt auch für Autobiographien: Hier wird das eigene Leben nicht selten als nachahmenswert präsentiert, wobei aus tiefenpsychologischer Sicht häufig der Verdacht aufkommen mag, dass bei solchen auto-heroisierenden Lebensschilderungen auch oder vorrangig ein narzisstisches Bedürfnis federführend ist.

   Eine solche biographische Heroisierung führt zudem häufig, wie Michael Bachtin anhand antiker Texte herausarbeitet, zu einer Stereotypisierung des dargestellten Lebenswegs und daher zu einem mitunter wenig

191 Klein (2009), S. 210.
192 Instruktiv zum Thema Vorbilder: Macho (2011).
193 Vgl. Gumbrecht (1979).

erquicklichen Leseerlebnis.[194] Auch Sigmund Freud kritisiert eine solche Heldenidealisierung, wenn er beobachtet,

> „dass Biographen in ganz eigentümlicher Weise an ihren Helden fixiert sind. Sie haben ihn häufig zum Objekt ihrer Studien gewählt, weil sie ihm aus Gründen ihres persönlichen Gefühlslebens von vorneherein eine besondere Affektion entgegenbrachten. Sie geben sich dann einer Idealisierungsarbeit hin, die bestrebt ist, den großen Mann in die Reihe ihrer infantilen Vorbilder hinzutragen, etwa die kindliche Vorstellung des Vaters in ihm neu zu beleben. Sie löschen diesem Wunsche zuliebe die individuellen Züge in seiner Physiognomie aus, glätten die Spuren seines Lebenskampfes mit inneren und äußeren Widerständen, dulden an ihm keinen Rest von menschlicher Schwäche oder Unvollkommenheit und geben uns dann wirklich eine kalte, fremde Idealgestalt anstatt des Menschen, dem wir uns entfernt verwandt fühlen könnten“[195].

Diese narrative Darstellungstendenz hat letztlich die problematische Konsequenz, dass Biographien dieser Art, „die Wahrheit einer Illusion“ opfern, so Freud, denn sie „verzichten zugunsten ihrer infantilen Phantasien auf die Gelegenheit, in die reizvollsten Geheimnisse der menschlichen Natur einzudringen“[196].

Freud und Bachtin sprechen hier nicht nur ein narratives Stilmotiv des biographischen Erzählens, sondern auch die problematische Tendenz autobiographischer Narrationen an, das Leben ihres Sujets aus Gründen der Idealisierung oder Stereotypisierung zu *glätten*, d.h. beispielsweise Negativität und Antinomien aus dem Blick zu nehmen und sich damit einer idealistischen Illusion hinzugeben.

Neben dieser Tendenz zur glättenden Idealisierung wird auch an der geschichtswissenschaftlichen Fokussierung auf Biographien ‚großer Männer' zunehmend Kritik laut. Es wird die Frage laut, wessen Leben eigentlich *biographiewürdig* ist. Ist nicht den marginalisierten Individuen der Vergangenheit (und Gegenwart) und nicht nur ihren Unterdrückern ebenso ein Interesse an ihrer Geschichte entgegenzubringen? Ausgehend von diesen kritischen Fragen hat z.B. Michel Foucault mit seinen Mitarbeitern aus Gerichts- und Krankenakten rudimentäre biographische Skizzen von ‚infamen Menschen' vergangener Jahrhunderte rekonstruiert und publiziert.[197]

194 Bachtin (2016).
195 Freud (1999g), S. 202.
196 Ebd.
197 S. Foucault (2001).

2) Eng verwandt mit dem Vorbild-Motiv sind (auto)biographische Schilderungen, welche vor allem eine *Berufung* darstellen: „Jede gute Autobiographie“, so Roy Pascal, „ist in einem gewissen Sinn die Geschichte einer Berufung, d.h. jede erzählt von der Verwirklichung einer inneren Möglichkeit“.[198] Das biographische Motiv der Berufung findet man jenseits von Hagiographien vor allem in Künstlerbiographien, häufig in der narrativen Form einer Geniefigur, deren überragendes Potenzial bereits in der Kindheit durchblitzte, häufig verkannt wurde und dem letztlich gegen alle Widerstände die verdiente Anerkennung zuteilwurde.[199]
Die narrative Gestalt der Berufung kann auch die Form einer *Rechtfertigung* annehmen: Das, was jemand ist, wird durch seine Geschichte aus seiner Genese verständlich und damit zugleich gerechtfertigt. Alasdair MacIntyre schreibt hierzu:

> „Das Subjekt einer Erzählung zu sein [...] bedeutet [...] verantwortlich für die Handlungen und Erfahrungen zu sein, aus denen ein erzählbares Leben besteht. Es bedeutet sozusagen, offen gegenüber der Bitte zu sein, eine bestimmte Darstellung dessen zu geben, was man gemacht hat, oder was einem widerfahren ist, oder was man im Leben vor der Zeit, zu der die Frage gestellt worden ist, erlebt hat.“[200]

Autobiographisches Erzählen steht also für MacIntyre primär in einer verantwortungsbekennenden und damit rechtfertigenden Antwort auf die Frage nach der eigenen Existenz. Jerome Bruner sieht in der Rechtfertigung ebenfalls das zentrale Motiv für autobiographisches Erzählen: „Das Ich als Erzähler berichtet nicht nur, er rechtfertigt“[201], so dieser. Auch Manfred Fuhrmann vertritt die These, dass Rechtfertigung das zentrale Motiv jeder Autobiographie sowie der sich hieraus ergebenden Identität sei.[202]
„Zur Rechtfertigung gehört die Frage: wer ist der Ankläger?“[203], fragt Odo Marquard in Replik auf Fuhrmann. Dies sei früher, z.B. bei den besagten Heiligenbiographien – paradigmatisch kann hierbei auf Augustinus' Bekenntnisse[204] verwiesen werden – zumeist der „absolute und zugleich

198 Pascal (1965), S. 137.
199 Zur Künstlerbiographie s. Kris (1995), auf dessen aufschlussreiche Studien ich später noch zu sprechen kommen werden.
200 MacIntyre (1995), S. 290.
201 Bruner (1997), S. 129.
202 S. Fuhrmann (1979).
203 Marquard (1979), S. 692.
204 Augustinus (2012).

gnädige Gott"[205] gewesen, so Marquard. Wie man lebt oder vor allem gelebt hat, gottgefällig oder nicht, musste vor diesem gerechtfertigt werden. Hier ist die Nähe der Autobiographie zur *Beichte* offensichtlich.

In der Neuzeit trat jedoch anstelle der göttlichen Autorität der „absolute und zugleich gnadenlose Mensch"[206], so Marquard weiter. Die Autobiographie dient in der Folge also vor allem dem Ziel, seine Lebensentscheidungen anderen Menschen bzw. Institutionen gegenüber rechtfertigend darzustellen. Die die Identität des Einzelnen infrage stellende und Rechtfertigung einfordernde Autorität – der Mensch anstelle von Gott – verliert jedoch, so Marquard, ihre genuine Allgüte; sie wird gnadenlos. Aus der Beichte wird das Geständnis. Diese Entwicklung spitzt Manfred Schneider dahingehend zu, dass er die an Foucault angelehnte These vertritt, dass aus der ehemaligen „Herzensschrift" eine „Polizei des Herzens"[207] geworden sei. Autobiographien seien folglich als normierende Praktiken eines umfassenden polizeilichen Dispositivs zu verstehen, so Schneiders provokante These.

Obgleich ich das Motiv der autobiographischen Rechtfertigung in der Gegenwart für zentral erachte, halte ich Schneiders These jedoch für überzogen und letztlich unhaltbar. Auch Odo Marquard kritisiert eine solche „Übertribunalisierung"[208] der Autobiographie. Stattdessen spricht er (in seiner bekannten Freude an Neologismen) davon, dass Menschen als endliche Wesen nicht vollkommen frei ihren Lebensweg bestimmen könnten, sie daher „nicht urheberverantwortlich, sondern truehänderverantwortlich für ihre Identität"[209] seien.

Autobiographien weisen also häufig das Motiv der Rechtfertigung auf: In der narrativen Darstellung wird der eigene Lebensweg vor anderen, aber auch vor dem eigenen Blick gerechtfertigt. Ausgehend von der praktischen Frage, wie zu leben sei, werden Entscheidungen begründet bzw. von ihren Resultaten her retrospektiv beurteilt, es werden beeinflussende Umstände erläutert, Verantwortlichkeiten benannt, Entschuldigungen formuliert oder es wird letztlich Bilanz gezogen. Selbstverständlich kann eine Autobiographie in ihrem Versuch der Rechtfertigung auch den Charakter einer *Ausrede* annehmen. Es wurde bereits auf Fritz Breithaupt verwiesen, welcher die gewagte These vertritt, dass die

---

205 Marquard (1979), S. 692.
206 Ebd., S. 693.
207 Schneider (1986), S. 19.
208 Marquard (1979), S. 697.
209 Ebd., S. 698.

verantwortungsentziehende Ausrede das durchgängige Grundmotiv aller Erzählungen sei.[210]

3) Dem Motiv der Rechtfertigung verwandt ist die Autobiographie in der Funktion des *Bezeugens*[211] bzw. des *Bewältigens*. Eine „Autobiographie ist“, so Ruth Klüger, „eine Art Zeugenaussage“.[212] Klügers eigene Autobiographie *Weiter leben. Eine Jugend* stellt ein Zeugnis ihrer erschütternden Erfahrungen als verfolgte und im KZ internierte Jüdin im Nationalsozialismus dar. Autobiographien können daher bezeugen, dass sich etwas tatsächlich ereignet hat.
   Adressat dieses Zeugnisses können nicht nur andere Menschen, sondern kann im Rahmen einer Art *Bewältigung* auch die erzählende Person selber sein. In diesem Sinne kann eine Erzählung auch helfen, erschütternde oder traumatische Ereignisse zu bewältigen. So merkt Hannah Arendt Karen Blixen zitierend an, dass „alles Leid erträglich wird, wenn man es einer Geschichte eingliedert oder eine Geschichte darüber erzählt“[213]. Diese Einsicht in die narrativen Möglichkeiten der Vergangenheits- bzw. Traumbewältigung ist mittlerweile auch in der Psychotherapie erkannt und zur Anwendung gebracht worden; auf dieses Thema komme ich noch ausführlich zu sprechen.[214]

4) Während das Vorbild-Motiv das Leben einer Person als besonderes ‚Exemplar‘ seiner Gattung narrativ darstellt, was, wie angesprochen, häufig zu einer Stereotypisierung führt, z.B. in Form des paradigmatischen Künstlergenies, sind andere Lebensdarstellungen im Kontrast dazu darum bemüht, die *Individualität* der porträtierten Person herauszustellen. Die Biographie kann also auch als ein Versuch einer Artikulation des individuellen und ‚wahren‘ Ichs verstanden werden. Das Individuelle stellt eben, so Manfred Frank, nicht eine besondere Ausprägung des Allgemeinen dar, sondern erweist sich als das unableitbare und damit unhintergehbare Einzelne.[215]
   Das ‚wahre Ich‘, so diese romantisch-hermeneutische Idee, zeigt sich jedoch nicht unmittelbar, sondern nur rückblickend im Spiegel seines Lebenswegs. „Erst über Geschichten gewinnen Individuen identifizierbare Identität“[216], so Hermann Lübbe. Nur in der biographischen

210 Breithaupt (2012).

211 Zum Zusammenhang von Narrationen und Zeugenschaft s. Mein (2008).

212 Klüger (1996), S. 409.

213 Arendt (2012), S. 367.

214 S. hierzu Kapitel 10.1.

215 Vgl. hierzu Frank (1986).

216 Lübbe (1979), S. 655.

Gesamtdarstellung des Lebens lässt sich, so diese Idee, dieses zunächst und zumeist verborgene Selbst in seinen Facetten, Konturierungen und letztlich seiner Persönlichkeit erkennen. Diese biographisch vermittelte Selbsterkenntnis steht daher im Zeichen eines Wunsches nach *Authentizität*[217].

Die Biographie kann entsprechend als Versuch verstanden werden, die „Abweichungen eines Individuums von einem Modell oder einem Typus“[218] darzustellen, also den individuellen Menschen sichtbar werden zu lassen. „Die Form der Biographie“, so Philippe Lejeune, „gibt jedem Menschen die Möglichkeit, sich als selbstbestimmtes und erfülltes Individuum aufzufassen“.[219]

Am nachdrücklichsten hat sicherlich Richard Rorty für die Existenz eines starken anthropologischen Bedürfnisses, ein unverkennbares Individuum (bzw. für die antagonistische Angst, eine ‚Kopie‘) zu sein, argumentiert. Dies sei jedoch, so Rorty, nur durch narrative Neuschöpfung als starker Dichter mittels eines innovativen und idiosynkratischen Vokabulars möglich.[220]

Während Rorty für eine Selbst*er*findung plädiert, wird in der hermeneutischen Tradition eher die autobiographische Selbstfindung in den Fokus gestellt. Emil Angehrn sieht daher in der Autobiographie „ein paradigmatisches kulturelles Muster der Selbstfindung“[221]. Nur im Leben als Ganzes lässt sich erkennen, wer man war bzw. wie man der geworden ist, der man nun ist. Ein zentrales Motiv des autobiographischen Erzählens stellt also die *Selbsterkenntnis* dar, welche letztlich – hierfür wurde zuvor ausführlich argumentiert – primär in Bezug auf die praktische Frage, wie zu leben sei, von Bedeutung ist.

Das Begehren, sich in seiner individuellen Gestalt narrativ erkennbar werden zu lassen, bzw. sich selber in seiner Individualität autobiographisch zu verstehen, steht jedoch vor dem Problem, dass dies im Medium der Sprache vollzogen werden muss. Begriffe fassen jedoch bekanntlich nur Allgemeines, sodass sich darstellungstheoretisch die altbekannte Problematik zeigt, für welche sich die lateinische Formulierung ‚*individuum est ineffabile*‘ etabliert hat: Das Individuelle kann nur um den Preis seiner Verallgemeinerung sprachlich gefasst werden; es bleibt daher unsagbar.

---

217 Zum schwierigen Begriff der Authentizität s. Trilling (1980) sowie Schilling (2020).
218 Fetz (2009b), S. 35.
219 Lejeune (2016), S. 196.
220 Vgl. Rorty (1991), S. 52ff.
221 Angehrn (2017), S. 113.

Ob diese darstellungstheoretische Unmöglichkeit, das Individuum letztlich vollständig narrativ zu fassen, in der Praxis das autobiographische Begehren jedoch schmälert, darf als fraglich gelten. Der Wunsch, sich in seiner biographischen Reflexion als Individuum erkennen zu können, bleibt von solchen sprachtheoretischen Aporien letztlich wohl weitestgehend unberührt.

An der Idee, dass die Biographie Individualität zum Ausdruck zu bringen vermag, entzündet sich jedoch auch in anderer Hinsicht starke Kritik. Während Autoren der Kritischen Theorie, wie Siegfried Kracauer[222] oder Leo Löwenthal[223], die Biographie als eine die triste Konformität des modernen Lebens verdeckende kleinbürgerliche Mode verstehen und sie damit noch verhältnismäßig gnädig behandeln, fällt die Kritik in Pierre Bourdieus berühmtem Aufsatz *Die biographische Illusion* geradezu vernichtend aus:

> „Der Versuch, ein Leben als eine einmalige und sich selbst genügende Abfolge von Ereignissen zu verstehen, deren einziger Zusammenhang in der Verbindung mit einem ‚Subjekt' steht, dessen Konstanz nur die eines Eigennamens sein dürfte, ist ungefähr so absurd wie der Versuch, eine Fahrt mit der U-Bahn zu erklären, ohne die Struktur des Netzes zu berücksichtigen, das heißt, die Matrix der objektiven Relationen zwischen den verschiedenen Stationen."[224]

Bourdieus Mahnung, die sozialen und kulturellen Einflussfaktoren bei der Biographie nicht unberücksichtigt zu lassen, mag sinnvoll sein, doch gleichsam überflüssig, da viele Biographen ihr Sujet gerade in oder als exemplarischen Ausdruck ihrer Zeit porträtieren. Ja, es scheint, so Goethe, geradezu „die Hauptaufgabe von Biographien zu sein, den Menschen in seinen Zeitverhältnissen darzustellen"[225]. Biographien negieren also nicht die gesellschaftlichen Bedingtheiten ihres Protagonisten, sondern vermögen, diese gleichwohl herauszustellen.

Unabhängig davon, dass Bourdieu problematischerweise nicht zwischen Darstellung (Biographie) und Dargestelltem (dem Lebensweg) zu unterscheiden scheint,[226] erweist sich seine sozialdeterministische Grundthese jedoch als sehr begründungsschwach und daher letztlich als wenig

222 S. Kracauer (1977).
223 S. Löwenthal (1980).
224 Bourdieu (2016), S. 230.
225 Goethe (1998), S. 9.
226 Ich komme auf diese wichtige Unterscheidung später noch zu sprechen.

überzeugend. Wie dargelegt, gehe ich davon aus, dass Menschen trotz biologischer, sozialer und psychischer Determinationen signifikante Freiheitsspielräume aufweisen. Gerade im Medium der biographischen Narration kann im Einzelfall das komplexe Zusammenwirken von biologischen und soziokulturellen Faktoren und der sich im Verhältnis zu diesen ergebenden Freiheitgrade aufgezeigt werden. Bernhard Fetz merkt entsprechend an, „dass die Biographie über das Potenzial verfügt, des Individuums innerhalb struktureller Zusammenhänge habhaft zu werden und die Spielräume zu beschreiben, die es innerhalb dieser Zusammenhänge gewinnt“[227]. Es kann darüber zudem vorgebracht werden, dass selbst das vollständig determinierte Leben einer Person in seiner biographischen Darstellung individuelle Konturen aufweisen würde – es wäre immer noch *ihr* Leben.

5) Fünftens sei auf das existenzielle Motiv des *Widerstandes gegen das Vergessen* verwiesen. Die narrative Lebensdarstellung hilft bei der Erinnerung an den Porträtierten bzw. macht uns Personen aus vergangenen Zeiten bekannt. Entsprechend ist eine Ähnlichkeit zum bereits vorgestellten Motiv des Bezeugens zu erkennen.
Eine Biographie *verewigt* also das Leben einer Person und kann daher in einem gewissen Sinne als ein (letztlich immer illusionärer) Versuch, der Endlichkeit des menschlichen Lebens zu entkommen, begriffen werden. In diesem Sinne wird die Biographie z.B. bei Johann Gottfried Herder als eine Art ‚Auferstehung der Toten‘ verstanden[228]: Das Leben der biographisch porträtierten Person wird vor dem Vergessen und damit vor einem ‚zweiten Tod‘ bewahrt.
Eine vergleichbare These vertritt auch Emil Angehrn, wenn er das autobiographische Erzählen als Widerstand gegen die Zeit begreift. „Lebensbeschreibung handelt“, so dieser, „von Vergangenem, ihr Antrieb und ihre Leistung liegen nicht zuletzt im Widerstand gegen das Vergehen und das Entschwinden des Lebens“.[229]
Was vergessen wird, steht in der Gefahr, umsonst gewesen zu sein. Die Lebenserzählung stellt daher eine existenzielle Abwehrbewegung dar; hierbei geht es,

> „um den substanziellen Verlust, dass etwas, das einst wirklich und Teil des Lebens war, sich in Nichts aufgelöst hat, dass etwas, um das es den

227 Fetz (2009b), S. 39.
228 Vgl. hierzu Heinrich (2009), S. 25ff.
229 Angehrn (2017), S. 28.

> Menschen ging und das dem Leben wichtig war, seine Bedeutung verloren hat, nicht mehr die Gegenwart prägt und eine Zukunft eröffnet; es geht darum, dass ein vergangenes Erlebnis, eine vergangene Tat nichtig wird“[230].

Dies berührt laut Angehrn eine tiefe Angst im Menschen; und zwar, „dass etwas umsonst war, dass es gar nicht wirklich war, ist die tiefste Angst, die Urangst im Erleben der Vergänglichkeit der Dinge“[231]. Aus dieser ‚Urangst‘ speist sich ein starkes Motiv des biographischen Erzählens; es handelt sich um das existenzielle Bedürfnis, der Vergänglichkeit der menschlichen Existenz erzählend entgegenzutreten.
Auf ein anderes, jedoch verwandtes existenzielles Motiv des autobiographischen Erzählens macht Hannah Arndt aufmerksam:

> „Daß wir es als Lebende überhaupt aushalten, mit dem Tod vor Augen zu existieren, daß wir uns nämlich keineswegs so verhalten, als warteten wir nur die schließliche Vollstreckung des Todesurteils ab, das bei unserer Geburt über uns gesprochen wurde, mag damit zusammenhängen, daß wir jeweils in eine uns spannende Geschichte verstrickt sind, deren Ausgang wir nicht kennen.“[232]

Die Lebensgeschichte hält also eine existenzielle Spannung aufrecht, welche uns neugierig auf das Leben sowie die damit verbundenen Erzählungen macht, und, so Arendt, uns zugleich die Angst vor dem Tod vergessen lässt. Die biographische Erzählung, so lässt sich diese These festhalten, steht also auf der Seite des Lebens gegen die Macht des Todes und des Vergessens.

6) Dies leitet über zum letzten und für meine Argumentation wichtigsten Motiv: dem Motiv der (auto)biographischen *Einheits- und Sinnstiftung* und damit dem *Versuch, das eigene Leben zu verstehen*. Es wurde ausführlich verdeutlicht, dass Erzählen narratologisch eine einheitskonstituierende Grundbewegung aufweist, welche Paul Ricœur treffend als „Synthese des Heterogenen“[233] bezeichnet. Dies trifft selbstverständlich auch auf autobiographische Erzählungen zu, welchen entsprechend häufig die Potenz zugesprochen wird, das Leben als Einheit verständlich zu machen; also – in den eingeführten Begriffen dieser Arbeit – die

230 Ebd., S. 50.
231 Ebd.
232 Arendt (2011), S. 239.
233 Ricœur (1988), S. 106.

Identität (idem) des Selbst (ipse) dar- oder herzustellen.[234] Zur These der narrativen Identität liegen zahlreiche Theorien vor, welche ich im nächsten Abschnitt aufbauend auf den bisherigen Überlegungen vorstellen und ihre theoretische Fruchtbarkeit für meine Fragestellung diskutieren werde.

Neben bzw. verwandt mit dem einheitsstiftenden ist das *sinnstiftende* Motiv der Autobiographie. Erzählungen, so wurde herausgearbeitet,[235] machen in ihrer Darstellung ein Geschehnis zum Ereignis; sie verleihen den Geschehnissen durch ihre narrative Konfiguration im Ganzen der Erzählung Sinn und Bedeutung. Dies gilt auch für Lebenserzählungen: Einzelnen Begebenheiten des eigenen Lebens kann durch narrative Einrahmung in eine Lebensgeschichte eine spezifische Bedeutung verliehen werden. Daher ist verständlich, wenn beispielsweise Anja Tippner und Christopher Laferl postulieren: „Für das lebensgeschichtliche Erzählen gilt, dass es meist von dem Impetus angetrieben wird, Sinn herzustellen."[236]

Paul Ricœur verstärkt diese These, wenn er anmerkt: „Durch die Erzählung soll die erzählte Zeit der Gleichgültigkeit entrissen werden", und weiter heißt es: „Das bedeutungslose Leben [wird] durch die Kunst zum bedeutungsvollen Werk erhoben."[237] Durch seine Literarisierung kann also dem an sich bedeutungslosen Leben, so Ricœur, Sinn zukommen. Nur erzählt, so die Grundidee dieses Motivs, hat ein Leben Bedeutung. Ähnlich äußert sich auch Marcus Billson, wenn er schreibt: „Aus der flachen Eintönigkeit und Bedeutungslosigkeit auf die Bühne des Eindrucksvollen gehoben, wird das Leben in den Memoiren mit Erregung, Spannung und dem Wunderbaren erfüllt."[238]

Dass dem autobiographischen Schreiben häufig ein Bedürfnis nach Sinn inhärent ist, kann kaum bestritten werden; ebenso, dass sich zumeist (aus narratologischer Notwendigkeit) eine gewisse narrative Kohärenz bzw. Bedeutungszuschreibung ergibt. Es stellt sich jedoch die Frage, ob es sich hierbei nicht, wie Bourdieu meint, um eine problematische „künstliche Sinnschöpfung"[239] handelt, welche der ‚déformation professionnelle'

234 S. hierzu Kapitel 2.
235 S. hierzu Kapitel 7.3.
236 Tippner et al. (2016), S. 14.
237 Ricœur (1989), S. 135.
238 Billson (2016), S. 151f.
239 Bourdieu (2016), S. 223.

bzw. einer „natürlichen Komplizenschaft“[240] des Biographen mit seinem Sujet entspringt.
Ähnlich kritische Äußerungen lassen sich auch bei Jean-Paul Sartre finden, wenn dieser in *Der Ekel* seinen Protagonisten Roquentin Folgendes aussprechen lässt:

> „Damit das banalste Ereignis zum Abenteuer wird, ist es nötig, daß man sich daran macht, es zu erzählen. Das ist es, worauf die Leute hereinfallen: ein Mensch ist immer ein Geschichtenerzähler, er lebt umgeben von seinen Geschichten und den Geschichten anderer, er sieht alles, was ihm widerfährt, durch sie hindurch, und er versucht sein Leben so zu leben, als ob er es erzählt.“[241]

Sartre und Bourdieu sehen im autobiographischen Sinn einen Trugschluss: Die Kohärenz und der Sinn der biographischen Erzählung täuschen nur über die Determiniertheit (Bourdieu) oder Kontingenz (Sartre) des eigenen Lebens hinweg – sie stellen daher eine Form der narrativen *Selbsttäuschung* dar.
Lassen wir diese Fragen vorerst offen und halten wir stattdessen fest, dass die Motive zum (auto)biographischen Erzählen variieren können: Autobiographien können u.a. in der Absicht geschrieben werden, zur Nachahmung anzuregen, sich zu rechtfertigen, zu bezeugen, Individualität sichtbar zu machen sowie Einheit und Sinn zu stiften. In Bezug auf das Klärungsinteresse dieser Arbeit sind vor allem die beiden letztgenannten Motive von Bedeutung.

In dieser Arbeit möchte ich folgende These vertreten: Die Einheits- und Sinnstiftung steht im Zeichen der *Selbsterkenntnis*, denn die eigene Vergangenheit stellt die primäre Quelle des möglichen Wissens über die eigene Person dar. Die Selbsterkenntnis wiederum, hierfür wurde nachdrücklich argumentiert,[242] ist vor allem für die praktische Frage, also für die Frage, wie ich mein Leben führen will, von Bedeutung. Diesen Aspekt betont auch Dieter Thomä deutlich, wenn er betont, dass die biographische „Retrospektive […] im Dienst des gegenwärtigen Lebensvollzugs“[243] steht. Ebenso Michael Hampe et al., wenn diese feststellen:

240 Ebd.
241 Sartre (1987a), S. 50.
242 S. hierzu Kapitel 5.4.
243 Thomä (1998), S. 252.

> „Die Lebenserzählung ist somit die Antwort auf die – ausgesprochene oder unausgesprochene – Frage des anderen: ‚Wie bist du so geworden?' [... und kein anderer? Willst du so bleiben? Oder doch ein anderer werden?]."[244]

Nachdem wir einen ersten Begriff der Autobiographie gewonnen und uns zudem ein Bild von den verschiedenen Gründen und Motiven des biographischen Erzählens gemacht haben, stellt sich zunächst die Frage, *ob und inwiefern das Leben grundsätzlich erzählbar ist.* Zu klären ist also, wie sich Leben und Erzählungen strukturell zueinander verhalten bzw., ob sich das Leben in Erzählungen adäquat ‚übersetzen' lässt. Im Anschluss sollen dann spezifische Schwierigkeiten in Bezug auf das autobiographische Erzählen erörtert werden.

Zuerst ist eine einfache, jedoch wichtige Unterscheidung zu markieren, und zwar zwischen den Begriffen *Lebenslauf* und Biographie: „Der Lebenslauf ist ein Insgesamt von Ereignissen, Erfahrungen, Empfindungen usw. mit unendlicher Zahl von Elementen. [...] Aber die Biographie macht für ein Individuum den Lebenslauf zum Thema."[245] Diese Differenz zu beachten, ist deshalb zentral, da „gemäß dem Alltagsverständnis [...] Biographien nicht aus Texten, sondern aus Leben gemacht, aus Ereignissen, Empfindungen, Handlungen, aus individuellen Leistungen und Ideen".[246] Entsprechend ist es nicht ungewöhnlich, dass wir z.B. von ‚biographischen Ereignissen' sprechen, damit jedoch nicht ihre Darstellung, sondern die Lebensereignisse selber meinen. Solche Formulierungen und die entsprechenden Intuitionen können jedoch zu der Annahme verleiten, dass ‚das Leben selber die Geschichte schreibe'. Diese These weist jedoch eine problematische *Darstellungsvergessenheit* auf. Denn die Biographie ist die *Darstellung*, der Lebenslauf das *Dargestellte.*

Dies zu vergessen, bedeutet in darstellungstheoretischer Naivität davon auszugehen, dass eine Darstellung ihren Gegenstand ‚unberührt' lässt. Es wurde in dieser Arbeit jedoch bereits im Zuge der Entwicklung des Begriffs der Artikulation gezeigt, dass eine solche These unhaltbar ist. Es ist daher für die weiteren Überlegungen wichtig, analytisch zwischen dem Leben und seiner biographischen Darstellung zu unterscheiden.

Sobald diese Unterscheidung gesetzt ist, stellt sich sogleich die Frage nach dem Verhältnis von dem Dargestellten und seiner Darstellung, vor allem, wenn die Darstellung ihrem Gegenstand adäquat entsprechen soll. Vermag die Biographie das Leben also überhaupt angemessen zu artikulieren? Die These der

---

244 Hampe et al. (2016), S. 60.
245 Hahn (2000), S. 101.
246 Fetz (2009b), S. 4.

adäquaten Darstellbarkeit des Lebens in Form einer (Auto)biographie fragt also danach, so Armin Nassehi, ob eine hinreichende „Homologie von Lebenslauf und Biographie“[247] angenommen werden kann.

Hiervon gehen vor allem hermeneutische Theoretiker, z.B. Paul Ricœur und Alasdair MacIntyre, aus. Begründet wird die Annahme einer Homologie (oder auch Isomorphie) von Leben und biographischer Erzählung, wie bereits angeführt,[248] durch die These einer *pränarrativen Imprägnierung* des Lebensvollzugs. Menschliches Handeln und Erleben vollzieht sich immer schon in impliziten narrativen Sinnstrukturen; das explizite Erzählen greift auf diese pränarrativen Erfahrungen zurück bzw. diese auf und artikuliert sie durch konfigurierende Erzählakte.

Durch die These einer *pränarrativen Imprägnierung* stellt sich die grundsätzliche Frage nach der Erzählbarkeit des Lebens für hermeneutisch orientierte Theoretiker in dieser Form kaum; so merkt z.B. Kurt Röttgers diesbezüglich an:

> „Die aufgeworfene Frage nach der Erzählbarkeit des Lebens ist daher eine sehr akademische Frage, wenn sie nämlich darauf abzielt, ob das Leben erzählbar ist. – Das Leben erzählt sich immer schon; denn nur so überhaupt läßt es sich leben.“[249]

Da das Leben selber schon narrativ geprägt ist, so die hermeneutische Position, handelt es sich beim Erzählen nur um eine Form der *Übersetzung* des ‚Lebenstextes‘ in biographische Erzählungen. Da sich Leben und Erzählen als *strukturell homolog* erweisen bzw. eine *strikte Korrelation* aufweisen, sind sie (auf darstellungstheoretischer, nicht unbedingt auf praktischer Ebene) ohne prinzipielle Probleme ineinander *übersetzbar*. Die grundsätzliche Frage nach der Erzählbarkeit des Lebens stellt sich daher, so Röttgers, weder praktisch noch theoretisch.

Armin Nassehi kritisiert diese These: „Die Homologie-Annahme“, so dieser sich auf Ricœur als paradigmatischen Theoretiker solcher Positionen beziehend, „setzt eine Affinität der Form des Lebens und der Form des Erzählens voraus“[250]. Die Annahme einer solchen Affinität oder Korrelation sei jedoch deshalb problematisch, da „die Korrelation, von der Ricœur spricht“, so Nassehi weiter, jedoch „ausschließlich temporaler, nicht aber sachlicher

---

247 Nassehi (1994), S. 54.
248 S. hierzu Kapitel 8.3.
249 Röttgers (1988), S. 5. Weiterführend zu Röttgers Theorie der Lesbarkeit des Lebens: Röttgers (1982).
250 Nassehi (1994), S. 57.

Natur"[251] ist. Dies bedeutet, dass die Anordnung der Lebensgeschehnisse (de re) und ihrer biographischen Darstellung (de dicto) nur in Bezug auf ihre Chronologie korrelieren; bzgl. aller weiteren ‚sachlichen' Verknüpfungen (z.B. kausaler, finaler oder konstitutiver Art) ist eine solche Affinität jedoch fraglich. Die realen Zusammenhänge der Lebensereignisse, wie immer diese auch beschaffen sein mögen, entsprechen per se nicht der narrativen Konfiguration der biographischen Schilderung. Entsprechend führt Armin Nassehi weiter aus:

> „Biographien sind Produkte von Beschreibungen, die den Lebenslauf zum Gegenstand haben, mithin sind sie von dem, was tatsächlich gelaufen ist, operativ vergleichsweise unabhängig, weil sie in der Kontinuität ihrer Möglichkeiten sowie in der selektiven Vergegenwärtigung von Vergangenem relativ frei sind. Biographien können Zusammenhänge stiften, die es vorher in dieser Form nicht gab. Was sie in der Vergangenheit eines Lebenslaufs beobachten, sind keine Reproduktionen von Vergangenem, sondern stets Neuproduktionen einer operativen Gegenwart."[252]

Diese Überlegungen führen Nassehi letztlich zu der These, dass „die biographische Produktion [...] nicht durch das gelaufene Leben determiniert"[253] ist. Die narrative Reproduktion ist immer eine poetische Neuproduktion und daher in ihrer konfigurierenden Anordnung nicht durch den Lebenslauf festgelegt. Daher, so Nassehi, ist die Homologie-Annahme und damit die These einer adäquaten Erzählbarkeit des Lebens zurückzuweisen. Ähnlich äußert sich auch Alois Hahn:

> „Die Thematisierung darf nicht als Spiegelung mißverstanden werden. Die Spiegelmetapher suggeriert ja, daß die Gesamtheit des Gegebenen wiedergegeben würde. Davon kann natürlich keine Rede sein. Schon die Unendlichkeit der den Lebenslauf konstituierenden Elemente schließt dies aus. Biographien stellen folglich stets selektive Vergegenwärtigungen dar."[254]

Alleine die unumgängliche narrative Operation der Selektion, diese und andere narratologische Grundoperationen wurden bereits ausführlich vorgestellt,[255] verunmöglichen es, dass von einer Spiegelung des Lebens in einer biographischen Erzählung ausgegangen werden kann. Dies wäre eine naive Annahme. Die Homologie-Annahme wie auch die Spiegel-Metapher zeugen

251 Ebd.
252 Ebd., S. 53.
253 Ebd.
254 Hahn (2000), S. 101.
255 S. hierzu Kapitel 7.3.

von der bereits angesprochenen verbreiteten Darstellungsvergessenheit biographischer Erzählungen.

Auch andere Theoretiker melden hier Zweifel an: So wurde z.B. bereits auf Sartres These verwiesen, dass die radikale Kontingenz unseres Daseins, die damit verbundene Notwendigkeit freier, existenzieller Lebensentscheidungen sowie der daraus resultierende Lebensweg einer Kohärenz und Sinn konstituierenden biographischen Erzählung grundsätzlich entgegenstünden bzw. diese nur als Trug möglich sei. Das Leben entziehe sich, so Sartres These, genuin dem erzählenden Zugriff. Der Existenzialist weist zudem die Idee einer imprägnierten Sinnhaftigkeit unseres Lebens entschieden zurück und sieht in biographischen Darstellungen vielmehr die Gefahr einer die Kontingenz des Daseins verkennenden illusionären Sinnstiftung. Diese kritische Haltung hat Sartre jedoch bekanntermaßen nicht davon abgehalten, umfangreich selber als Biograph und Autobiograph tätig zu sein.[256]

Diese verschiedenen Kritiken an der These der biographischen Darstellbarkeit des Lebens fasst Bernhard Fetz prägnant und damit zugleich definitorisch wie folgt zusammen: „Aus der Unmöglichkeit, Leben und Darstellung zur Deckung zu bringen, ergibt sich die zugleich einfachste und bündigste Definition von Biographie: Sie handelt vom Leben, ist es aber nicht."[257] Folgt aus diesen theoretischen Überlegungen nun eine ‚Unerzählbarkeit' des Lebens oder, was nahezu dasselbe meinen würde, ein reiner biographischer Konstruktivismus ohne nennenswerte Referenz auf das dargestellte Leben? Erweisen sich Biographien als trügerische oder gar als rein fiktionale Werke?

Selbstverständlich nicht. Denn dies würde bedeuten, das Kind mit dem Bade auszuschütten. Aus den Abschnitten zur Narratologie und zur Geschichtsphilosophie ist uns mittlerweile bekannt, dass Erzählungen, welche den Anspruch erheben, faktual zu sein, in ihrer narrativen Konfiguration der Geschehnisse zahlreichen situativen Einflussfaktoren sowie den poetischen Entscheidungen des Erzählenden unterliegen.

Dies darf jedoch nicht als konstruktivistische Willkür missverstanden werden. Narrative Freiheitsgrade bedeuten eben, dass gewisse Spielräume bestehen, etwas so oder so zu erzählen, jedoch zugleich auch, dass das faktische Geschehen der Freiheit narrativer Konfiguration deutliche Grenzen setzt. Faktuale Erzählungen sind, wollen sie ihrem Anspruch genügen, wie auch Hayden White immer wieder betont, an die Korrektheit ihrer ‚data' gebunden. Ebenso sind gewisse Bestimmungen von Ereignissen sowie deren

256 Als Beispiel für sein biographisches Schreiben sei auf seine Biographie zu Jean Genet verwiesen sowie auf seine Autobiographie ‚Die Wörter'; Sartre (1988), (1982).

257 Fetz (2009b), S. 54.

Verknüpfungen durch die Faktizität der Geschehnisse vorgegeben und können nur um den Preis einer eklatanten Verzerrung in ihrer Darstellung missachtet werden.

Alleine unser alltäglicher praktischer Umgang mit biographischen Erzählungen beweist, hier ist Kurt Röttgers recht zu geben, dass faktuale Lebenserzählungen ihrem Anspruch, den dargestellten Lebensereignissen gerecht zu werden, zumeist hinreichend gut genügen. Für die allermeisten Aufgaben und Kontexte, die in den Erzählungen zum Einsatz kommen, erweisen sich diese in der Lage, das Leben für die jeweiligen situativ-pragmatischen Zwecke hinreichend gut darzustellen. Einen grundsätzlichen Zweifel an der biographischen Darstellbarkeit des Lebens, welche damit zugleich die Nützlichkeit und pragmatische Güte unserer vielfältigen alltäglichen narrativen Praxen zu desavouieren beabsichtigt, halte ich aus phänomenologischer Sicht für eine problematische ‚déformation professionnelle' praxisvergessener Theorie.

Auf der anderen Seite weisen biographische Erzählungen, wie gezeigt und noch weitergehend zu zeigen sein wird, die eben genannten impliziten narratologischen Einflussfaktoren sowie die expliziten poetischen Freiheitsgrade auf, welche sich mitunter auch als problematisch verzerrende Effekte zeigen können. Es geht daher darum, weder auf der einen Seite eine realistische, d.h. darstellungstheoretisch naive ‚Spiegelung' des Lebens ins Biographische anzunehmen, noch auf der anderen Seite in einen referenzlosen Konstruktivismus zu verfallen. Vielmehr besteht die Herausforderung darin, die epistemische Güte biographischer Erzählungen im Spannungsfeld beider Pole auszuloten. Ich gehe daher von einer hinreichend validen, jedoch aufgrund dieser Verzerrungen immer wieder kritisch zu reflektierenden narrativen Darstellbarkeit des Lebens aus. Hieraus folgt jedoch die Notwendigkeit, sich der Reichweite und der Grenzen des biographischen Erzählens bewusst zu sein.

Dieter Thomä sieht in der fehlenden Homologie von Leben und ihrer Erzählung sogar ein nützliches Potenzial:

> „Eine Leistung der Erzählung liegt gerade darin, dass sie eine eigene assoziative Ordnung aufbauen kann. In dem Maße, wie die Erzählung sich von dem Paradigma der Lebensgeschichte emanzipiert, entfernt sie sich vom Lebenslauf, kann aber auf andere Weise wieder auf das Leben zukommen."[258]

Die weniger strikte Anbindung der Lebensgeschichte an den Lebenslauf sowie die genuinen narratologischen Gestaltungsmöglichkeiten im Akt des Erzählens können, so Thomä, eine Emanzipation von der (belastenden, hemmenden)

258 Thomä (2007), S. 89.

Vergangenheit ermöglichen. Die Möglichkeit, die eigene Geschichte immer auch *anders* erzählen und die eigene Vergangenheit damit *anders* sehen zu können, kann neue Lebensmöglichkeiten eröffnen – dies erachte ich als einen wichtigen Gedanken.

Schauen wir uns daher nun die Herausforderungen und Schwierigkeiten des autobiographischen Erzählens genauer an, wobei ich mich im ersten Schritt auf Punkte, die die Biographie im Allgemeinen betreffen, und im zweiten Schritt auf besondere Aspekte der Autobiographie konzentrieren werde:

1) Die erste, recht naheliegende Schwierigkeit beim Schreiben oder Erzählen einer Biographie besteht in der Verfügbarkeit und Zuverlässigkeit der *Quellen*.[259] Der Biograph ist auf diese angewiesen; er ist, so Leon Edel, „ein Sklave seiner Dokumente“[260]. Die Arbeit mit den Quellen wird vor allem dann zur Herausforderung, wenn eine große zeitliche, räumliche bzw. kulturelle Distanz zwischen Biograph und Protagonist besteht. Die Quellen, seien es Briefe, Tagebücher, Akten, Zeugenaussagen oder auch Gespräche mit der porträtierten Person selbst, können reichhaltig, spärlich, fragmentarisch, verlässlich, parteiisch oder verfälschend sein.
   Häufig sind auch nur noch Spuren eines Lebens aufzufinden. „Von Quellen zu sprechen“, so Bernhard Fetz, „heißt von Lücken zu sprechen“.[261] Mit diesen Lücken gilt es in der biographischen Erzählung einen angemessenen Umgang zu finden. Zudem, so Fetz weiter, sind die meisten Quellen ursprünglich nicht für die Arbeit des Biographen vorgesehen; sie werden für etwas herangezogen, wofür sie nicht bestimmt waren. Die Biographen „rauben der Quelle ihre vermeintliche Unschuld“[262]. Das Leben und seine Zeugnisse haben nämlich primär nicht den Zweck, Quelle biographischer Erzählungen zu sein.
   Lebt der biographisch Porträtierte (oder ein Zeitzeuge) noch und erklärt sich bereit, dem Biographen aus seinem Leben zu berichten, stellen die *Erinnerungen* die primäre Quelle der Lebenserzählung dar. Besonders bedeutend sind Erinnerungen natürlich bei autobiographischen Erzählungen. „Jede Autobiographie ist Erinnerung, mag sie auch in noch so großem Umfang sich auf Dokumente stützen“[263], so Roy Pascal. Autobiographien, so wurde bereits mehrfach gesagt, stellen komplexe Artikulationen der erinnerten eigenen Vergangenheit dar.

---

259 Zur Problematik der Quellen der Biographie s. Fetz (2009a).
260 Edel (1957), S. 5 (eigene Übersetzung).
261 Fetz (2009a), S. 106.
262 Ebd., S. 108.
263 Pascal (1965), S. 85.

Über das Thema Erinnerungen und ihren epistemischen Status wurde im vorherigen Kapitel bereits ausführlich gesprochen: Es wurde herausgearbeitet, dass das Erinnern als ein rekonstruierender Akt ausgehend von situativen Motiven, Gegebenheiten und Einflussfaktoren verstanden werden muss. Erinnerungen sind daher keine Abbilder des einst Erlebten und in Bezug auf ihren Wahrheitsgehalt nicht an diesem Maßstab zu messen. Sie sind für die alltäglichen Aufgaben zumeist als hinreichend verlässlich, erweisen sich jedoch bei darüber hinausgehenden mnestischen Anforderungen häufig als verzerrt und daher als epistemisch invalide.
Für die Biographie und Autobiographie bedeutet dies, dass bzgl. mnestischer Quellen Vorsicht geboten ist. Reichweite und Grenzen des Erinnerungsvermögens sollten bekannt sein und ihr bisweilen unzuverlässiger epistemischer Status beim Schreiben und Lesen einer biographischen Erzählung immer bewusst mitreflektiert werden. Letztlich, und dies wird im Folgenden zu klären sein, stellt sich die Frage, welche ‚Art' von Wahrheit von einer autobiographischen Erzählung gefordert bzw. welche epistemischen Ansprüche an diese adressiert werden; die Validität mnestischer Quellen muss schließlich an dieser bemessen werden.
Der Umgang mit den Verzerrungen und Lücken des Gedächtnisses ist also eine genuine Herausforderung des (auto)biographischen Schreibens; entsprechend merkt Pascal Roy an: „Die Verfälschung der Wahrheit durch den Akt der erinnernden Besinnung ist ein so grundlegendes Wesensmerkmal der Autobiographie, daß man sie als deren notwendige Bedingung bezeichnen muß."[264] Die Unzuverlässigkeit bzw. Verzerrungen der Erinnerung als Quelle sind daher nach Roy als ein derart wesentlicher Bestandteil der Autobiographie anzusehen, dass es sich als unergiebig und damit sinnlos erweist, sie als epistemische Einschränkung zu beklagen. Sie stellen vielmehr ein hinzunehmendes und letztlich sogar konstitutives Element des autobiographischen Erzählens dar.
Gerade in therapeutischer Hinsicht lohnt es sich mitunter sogar, das unzuverlässige und selektive Erinnerungsvermögen nicht nur als Defizit anzusehen, sondern sich stattdessen zu fragen, warum gerade diese oder jene Szene so (ggf. verzerrt) erinnert wird. „Bedeutsam ist", so Roy in diesem Sinne, „an welches Vergangene sich der Mensch erinnern kann".[265] Es lohnt sich daher mitunter zu fragen, warum sich also in diesem Kontext genau an diese Episode erinnert wird (und nicht an eine andere). Oder auch: Warum wird etwas so erinnert und erzählt (und nicht anders)?

---

264 Pascal (1965), S. 90.
265 Ebd., S. 32.

2) Der Biograph muss nicht nur häufig die lückenhaft archivierten bzw. erinnerten Lebensabschnitte rekonstruieren, sondern, wie ausführlich dargelegt,[266] im Akt des Erzählens das Material auch narrativ konfigurieren. Hierbei sind *narratologische Eigendynamiken, kontextuelle Einflussfaktoren* sowie *konfigurative Freiheitsgrade* untilgbare Bestandteile der narrativen Darstellung. Dies bedeutet, um an einige der bisherigen Überlegungen dieser Arbeit anzuknüpfen, dass der Biograph aus dem – nehmen wir an, es liege vor – reichlichen Quellenmaterial relevante Episoden, Fragmente, Umstände oder Aspekte auswählen muss. Die Selektion ist, wie gezeigt wurde, eine unumgängliche narrative Grundoperation. Eine überlieferte Episode als biographisch relevant zu erachten, bedeutet jedoch zugleich, andere (nicht überlieferte) als weniger bedeutsam bzw. ggf. auch als nicht beachtenswert einzuschätzen. Die ausgewählten Lebensgeschehnisse müssen im nächsten Schritt narrativ konfiguriert werden; dies meint, dass die Ereignisse miteinander in Beziehung gesetzt bzw. verknüpft werden müssen. Wie Hayden White überzeugend aufzeigt, können dieselben ‚*data*' (im Fall der Biographie: erinnerte Lebensgeschehnisse) seitens des Autors in ein unterschiedliches Emplotment eingefügt werden, wodurch sich verschiedene Darstellungen desselben Geschehens ergeben.

Dies bedeutet, dass Art und Weise der biographischen Darstellung in hohem Maße von den kulturell-gesellschaftlichen Umständen ihrer Entstehung sowie der Person des Biographen abhängig ist. Die Darstellung der Vergangenheit ist daher wesentlich durch die Gegenwart des Erzählens geprägt. Entsprechend zieht Angela Steidele ausgehend von ihrer Tätigkeit als Biographin folgenden radikalen Schluss: „Biographien spielen in der Zeit und Gesellschaft ihrer Entstehung, nicht in der Zeit des Biographierten."[267] Dies hat u.a. damit zu tun, dass Biographien „selektive Vergegenwärtigungen" sind und damit „abhängig vom kulturellen Zusammenhang, von Tradition, kulturspezifischen Erinnerungstechniken, rituellen Formen"[268], so Bernhard Fetz. Diese gegenwärtigen narratologischen Einflussfaktoren prägen die biographische Erzählung der Vergangenheit in Form und Gestalt entscheidend mit; sie verleihen ihr ihre narrative Form.

Entsprechend betont Jean Starobinski die Bedeutung des *Stils* der Autobiographie und merkt hierzu an, dass

266 S. Kapitel 7.3.
267 Steidele (2019), S. 43.
268 Fetz (2009b), S. 52.

> „in Wirklichkeit [...] die Vergangenheit nie anders als von der Gegenwart aus hervorgebracht werden [kann]. Die ‚Wahrheit' der abgelaufenen Zeit besteht als solche nur für das Bewußtsein, das, wenn es heute ihr Bild übernimmt, ihr unvermeidbar seine Form, seinen Stil aufzwingt. Jede Autobiographie – mag sie sich auch auf reine Erzählung beschränken – ist eine Selbstinterpretation"[269].

Eine solche Betonung des narrativen Stils unterstreicht zugleich die Bedeutung der Subjektivität des Biographen. „Die Person des Biographen bestimmt also eine Biographie", so stellt Angela Steidele in Reflexion über ihr eigenes biographisches Schreiben fest, „mindestens so sehr mit wie die biographierte".[270] Dies ist m.E. insofern eine treffende These, als (biographische) Erzählungen gleichsam durch ihren Gegenstand (das Leben des Porträtierten) wie auch durch die narrative Form und Konfiguration des Biographen bestimmt sind. Entsprechend stellt Steidele die These auf: „Jede Biographie ist auch eine Autobiographie."[271]

3) Als dritte und letzte Herausforderung des biographischen Schreibens sei auf die *Interdependenz von Leben und Biographie* verwiesen. Jemanden bildlich, filmisch oder narrativ darzustellen, hat in den allermeisten Fällen keinen oder kaum einen Einfluss auf den Dargestellten. Eine Person verändert sich z.B. dadurch, dass sie für einen Bildhauer Modell sitzt, in der für die Darstellung relevanten Aspekte ihrer Person nicht. In Bezug auf die Biographie – und vor allem für die Autobiographie – ist dies jedoch in nicht wenigen Fällen anders zu sehen: *Die narrative Darstellung eines Lebens beeinflusst dieses.* Wie ist diese These zu verstehen?

Diese Beeinflussung kann in beide Richtungen wirken: vom Erzählen auf das Leben, vom Leben auf das Erzählen. Dass das Leben das eigene autobiographische Schreiben prägt, ist eine Selbstverständlichkeit. Sowohl die grundsätzlichen lebensgeschichtlichen Prägungen manifestieren sich in der Art und Weise des Erzählens wie auch die aktuellen situativen Einflüsse während des Schreibaktes; hierzu wurde und wird noch einiges angeführt werden.

Das Erzählen kann jedoch auch Einfluss auf das Leben nehmen: Zuerst sei auf die Gefahr verwiesen, dass das Bedürfnis, das eigene Leben zu beobachten und erzählend festzuhalten bzw. zu verstehen, dieses *hemmen* kann. Bereits bei Wilhelm Dilthey lässt sich der mahnende Hinweis

---

269 Starobinski (2016), S. 123.

270 Steidele (2019), S. 35.

271 Ebd., S. 36.

finden: „Die Beobachtung aber zerstört das Erleben.“[272] Als Beispiel kann hier wiederum auf Marcel Proust verwiesen werden, welcher sich nicht nur, jedoch auch durch sein exzessives autobiographisches Schreiben die Möglichkeit verwehrte, sein Leben zu leben. Auch in der klassischen Psychoanalyse, welche ich als primär narrative Praxis verstehe, lassen sich immer wieder Fälle beobachten, in denen das umfassende erzählende Verstehen des eigenen Lebens dieses zu leben nahezu verhindert.

> [Fallvignette 20]: Eine Patientin wird in meiner Sprechstunde vorstellig. Sie leide unter dem Gefühl, in ihrem Leben nicht ‚voranzukommen‘; ihr Leben ziehe gefühlt ‚an ihr vorbei‘. Hierauf reagiere sie mit depressiven Episoden. Sie habe auch schon umfangreich psychotherapeutische Hilfe in Anspruch genommen, was jedoch an ihrer Problematik wenig verändert habe. Sie berichtet diesbezüglich, dass sie drei Jahre lang viermal in der Woche zu einem Psychoanalytiker gegangen sei. Jedes Detail ihres Lebens der letzten Jahre sei dabei thematisiert worden – vor lauter Selbstbeobachtung und therapeutischer Reflexion habe sie es vergessen zu leben, so die Patientin.

Autobiographische Erzählungen können jedoch auch auf andere Weise Einfluss auf das Leben nehmen: Es wurde bereits auf die Vorbildfunktion als ein Motiv von Biographien hingewiesen. Dies bedeutet, dass solche Biographien darauf abzielen, Einfluss auf die Lebensführung anderer Menschen zu nehmen. Jenseits solcher, das Leben in Gänze bestimmender Nachahmung – als das wirkmächtigste Beispiel kann hier sicherlich die *imitatio Christi* gelten – sind veröffentlichte Biographien auch dahingehend prägend, dass sie dem Leser narrative Skripte, Muster und Schemata bereitstellen, mit deren Hilfe dieser sein Leben nicht nur anders zu beschreiben, sondern auch anders zu leben vermag. Typische, häufig in veröffentlichten Biographien präsentierte narrative Skripte, z.B. das zuerst verkannte, später erfolgreiche Genie, oder die Niederlage, die einen erst stark gemacht hat, mögen die eigene Lebenserzählung in ihrer narrativen Form prägen.

Wie bereits erwähnt, gilt dies in besonderem Maße für den Typus der Künstlerbiographie; hier sei auf die bereits angeführte Studie von Ernst Kris verwiesen.[273] Interessant an dieser ist vor allem, dass Kris nicht nur

272 Dilthey (1981), S. 239.

273 Kris (1995).

die narrativen Muster von Künstlerbiographien untersucht, sondern zugleich herausarbeitet, wie Künstler in ihrer Lebensführung tradierten biographischen Mustern nacheifern:

> „Ein doppelter Zusammenhang scheint zwischen Biographik und Lebenslauf zu bestehen. Die Biographik verzeichnet das typische Geschehen und durch die Biographik wird das typische Schicksal eines Berufsstandes geprägt, ein typisches Schicksal, dem der Tätige sich ein Stück weit unterwirft. […] Das psychologische Gebiet, auf das wir hier hindeuten, mag man unter dem Schlagwort ‚Gelebte Vita' begreifen."[274]

Biographien stellen also nicht nur das Leben dar, sondern werden in Teilen auch gelebt. Die entsprechenden narrativen Skripte erweisen sich als handlungsleitend und damit lebensprägend, so Kris. Solche Formen der *gelebten Biographie* verdeutlichen, wie Leben und Lebensdarstellung sich wechselseitig bedingen.

Den Gedanken, dass die Biographie das Leben nicht nur abbildet, sondern es zugleich auch in Form und Gestalt bestimmt, lässt sich auch bei Paul de Man finden, wenn dieser anmerkt: „Wir nehmen an, das Leben würde die Autobiographie hervorbringen […], aber können wir nicht mit gleicher Berechtigung davon ausgehen, das autobiographische Vorhaben würde seinerseits das Leben hervorbringen und bestimmen?"[275] Für de Man ergibt sich hieraus die Frage, ob „nicht alles, was der Autor einer Autobiographie tut, letztlich von den technischen Anforderungen der ‚Selbstlebensbeschreibung' beherrscht und daher in jeder Hinsicht von den Möglichkeiten des Mediums bestimmt"[276] wird.

Für Kris und de Man ist es daher evident, dass Leben und Lebensdarstellung sich wechselseitig bestimmen. Die wichtigste Einflussnahme des (auto)biographischen Erzählens auf das eigene Leben sei hier hingegen nur kurz angesprochen, da sie den primären Fokus der gesamten Untersuchung darstellt. Es handelt sich um die durch die autobiographische Erzählung gewonnene *Selbsterkenntnis*, welche, wie dargelegt, wichtig ist, um bessere existenzielle Lebensentscheidungen zu treffen. Auf diese Weise verändert sich wiederum das dargestellte Leben, sodass Lebensführung und Lebenserzählung sich wechselseitig beeinflussen.

Die beschriebene Interdependenz zwischen Leben und Biographie kommt natürlich vor allem bei der Autobiographie zum Tragen. Dies hat

274 Ebd., S. 164.
275 Man (1993), S. 132f.
276 Ebd.

seinen Grund darin, dass das biographische Erzählen Teil des Lebens ist, welches dargestellt wird. Leben und Erzählen greifen hier auf komplexe und folgenschwere Weise ineinander. Dieses *autobiographische Paradoxon*[277] soll im Folgenden noch eingehender betrachtet werden, womit sich zugleich der Fokus von der Biographie im Allgemeinen zu den Besonderheiten des autobiographischen Erzählens verschiebt.

Autobiographien unterscheiden sich – dies ist naheliegend und wurde auch schon mehrfach gesagt – dadurch, dass nicht irgendein, sondern das *eigene* Leben erzählt wird. Diese Selbstbezüglichkeit der Autobiographie bedeutet (prima facie) zugleich eine noch zu erläuternde *Identität von Autor, Erzähler und Protagonist*.

In erster Annäherung könnte man sagen: *Ich* schreibe einen Text, in dem *ich* von *mir* erzähle. Dieter Thomä nennt diese logische Grundkonstellation die *autobiographische Triade*[278]. Diese autobiographische Triade erweist sich bei genauer Betrachtung als theoretisch komplexe, in mancher Hinsicht paradoxal anmutende sowie folgenreiche Figur und soll daher eingehender betrachtet werden.

Während wir die narratologische Instanz des Erzählers für unsere Fragestellung weitestgehend beiseitelassen können, erweist sich vor allem die wie auch immer zu verstehende Identität zwischen dem aktualen *erzählenden Ich* und dem vergangenen *erzählten Selbst* als besonders relevant und interessant. Wir begegnen hier der im ersten Abschnitt dieser Arbeit herausgearbeiteten anthropologischen Grundfigur des exzentrischen Selbstverhältnisses wieder: Im autobiographischen Erzählen beziehe ich mich exzentrisch (erzählend) auf mein Leben. Es besteht also, wie bei der exzentrischen Denkfigur inhärent,[279] zugleich eine konstitutive exzentrische *Differenz* wie auch eine (noch genauer zu bestimmende) personale *Identität*.

Um die komplexe Beziehung zwischen dem erzählenden Ich und dem erzählten Selbst bzw. die autobiographische Triade im Allgemeinen theoretisch besser zu verstehen, lohnt sich ein Blick in das bereits erwähnte Grundlagenwerk *Der autobiographische Pakt* von Philippo Lejeune. Unter dem titelgebenden Begriff des *autobiographischen Paktes* versteht Lejeune das seines Erachtens gattungsgebende Merkmal der Autobiographie, und zwar den paratextuell formulierten Identitätsanspruch zwischen Autor, Erzähler und Protagonist. Lejeune erläutert hierzu:

---

277 Holdenried (2000), S. 44.

278 Thomä (1998), S. 26ff.

279 S. hierzu Kapitel 1.2.

> „Der autobiographische Pakt ist die Behauptung dieser Identität im Text, die letztlich auf den Namen des Autors auf dem Umschlag verweist. Die Formen des autobiographischen Pakts sind sehr vielfältig: Sie zeugen jedoch alle von der Absicht, dieser Signatur gerecht zu werden."[280]

Die die Gattung der Autobiographie auszeichnende „Namensidentität"[281] zwischen Autor (erzählendem Ich), Erzähler und Protagonist (erzähltem Selbst) stellt für Lejeune ein zumeist paratextuell gegebenes Versprechen an den Leser dar (z.B. durch einen entsprechenden Hinweis im Titel), dass es sich bei diesen drei Instanzen um dieselbe Person handelt. Mitunter spricht Lejeune auch von einem Vertrag, wenn er z.B. schreibt, dass „für den Leser [...] die Autobiographie in erster Linie durch einen Identitätsvertrag definiert [wird], der durch den Eigennamen besiegelt wird"[282]. Der Autor versichert also bzw. verpflichtet sich durch die Nennung seines Eigennamens als den des Protagonisten darauf, tatsächlich seine Lebensgeschichte zu erzählen.

Bei der postulierten Identität zwischen Autor, Erzähler und Protagonist handelt es sich jedoch (vorerst) nur um eine numerische Identität. Sie wäre z.B. nicht gegeben, wenn der Autor in täuschender Absicht nicht sein, sondern das Leben einer anderen Person narrativ darstellen würde. Würde der Autor trotzdem das Versprechen zum Ausdruck bringen, dass es sich um eine Autobiographie handelt, bräche er dieses. Solche ‚Vertragsbrüche' stellen jedoch eher die Ausnahme dar. Die weitaus gewichtigere Frage lautet, ob diese Identität auch in qualitativer Hinsicht[283] besteht, d.h., dass vor allem die Darstellung des Protagonisten und Erzählers in ihrer Art zu sein übereinstimmen; anders formuliert: Stimmt meine Darstellung von mir mit meiner aktuellen bzw. vergangenen Person überein?

Lejeune ergänzt also den autobiographischen Pakt um einen „*Referenzpakt*"[284] und führt hierzu aus:

> „Die Biographie und die Autobiographie sind, im Gegensatz zu allen Formen der Fiktion, referentielle Texte: Sie erheben [...] den Anspruch, eine Information

---

280 Lejeune (1994), S. 27.

281 Ebd., S. 28.

282 Ebd., S. 36.

283 Qualitative Identität meint hier Übereinstimmung in allen relevanten Aspekten. Selbstverständlich bleiben, selbst bei einer absolut adäquaten Darstellung, erzähltes Selbst und erzählendes Ich darstellungstheoretisch zwei Entitäten: Das erzählte Selbst ist die Darstellung des erzählenden Ichs.

284 Lejeune (1994), S. 39f.

> über eine außerhalb des Textes liegende ‚Realität' zu bringen und sich somit der Wahrheitsprobe zu unterwerfen."[285]

Dies bedeutet, dass sich der Autor einer sich als solche zu erkennen gebenden Autobiographie darauf verpflichtet, die Referenz zur Realität, also zu den Ereignissen seines Lebens, zu wahren bzw. sich offen für Prüfung oder Kritik zu zeigen. Das Kriterium dieser Referenz ist, so Lejeune weiter, „das Leben eines Menschen, ‚so wie es gewesen ist'"[286]. Es wird also eine *adäquate Referenz* gefordert.

Dies gilt jedoch, wie Lejeune sehr deutlich betont, nicht für den autobiographischen Roman.[287] Hier mag der Protagonist zwar möglicherweise Ähnlichkeit mit dem Autor haben, ggf. auch seinen Namen tragen; der Text gibt sich jedoch als fiktional zu erkennen, d.h. es wird nicht der Anspruch adäquater Referenz erhoben. *„In Autobiographien"*, so Lejeune weiter, ist es hingegen

> „unerläßlich, daß der Referenzpakt geschlossen und eingehalten wird: Aber das Resultat muß nicht unbedingt eine strenge Ähnlichkeit aufweisen. Der Referenzpakt kann nach den Maßstäben des Lesers schlecht eingehalten werden, ohne daß der referenzielle Wert des Textes verschwinden."[288]

Die Referenz, also die Übereinstimmung der narrativen Darstellung des eigenen Lebens mit diesem, wird von Lejeune prima facie als Auftrag verstanden. Der Autobiograph versucht, diesem nach Möglichkeit gerecht zu werden. Ob dies gelungen ist, entscheiden die Leser.

Die numerische Identität zwischen Autor, Erzähler und Protagonist ist für Lejeune im Falle einer faktualen Autobiographie, die ihrem Begriff gerecht wird, gegeben. In Bezug auf die qualitative Identität ist dies jedoch ein im Rahmen des Referenzpaktes formulierter Anspruch, dem der Autor besser oder schlechter nachkommen kann. Ein Autobiograph schließt also einen Vertrag mit seinem Leser, dass er sich nach Kräften bemüht, ‚die Wahrheit und nichts als die Wahrheit' über sein Leben zu berichten, um so dem Anspruch des Begriffs der Autobiographie gerecht zu werden.

Ein solcher Vertrag gilt jedoch nicht nur gegenüber dem Leser, sondern im Fall der Autobiographie häufig auch (im Rahmen eines Selbstverhältnisses) gegenüber dem Erzählenden selbst. Jacques Derrida, sich hier auf Lejeune berufend, merkt in diesen Zusammenhang in Bezug auf Friedrich Nietzsches

---

285 Ebd., S. 30.
286 Ebd. S. 41.
287 Vgl. ebd., S. 26ff.
288 Ebd., S. 40.

autobiographische Schrift *Ecce homo* an: „Er empfängt sie [seine Identität] durch den unerhörten Vertrag, den er mit sich selber geschlossen hat. Er hat sich bei sich verschuldet und uns darin eingeschlossen durch das, was von einem Text vermöge der Unterschrift bleibt."[289] Nietzsches selbstbindender Vertrag konstituiert also, so Derrida, seine narrative Identität. Der autobiographische bzw. referenzielle Pakt kann also auch als epistemische *Selbstverpflichtung* verstanden werden: *Ich* erzähle über *mein Leben,* d.h. ich verpflichte mich gegenüber dem Leser und mir selber mich nach Kräften zu bemühen, eine qualitative *Identität* zwischen der *dargestellten Person* und der *realen Person* herzustellen, was zugleich bedeutet: nach Möglichkeit *die Wahrheit zu erzählen.*

Die Frage nach der Wahrheit der Autobiographie ist also vom formulierten Anspruch her zu verstehen. Diese These vertritt auch Ruth Klüger, wenn sie schreibt:

> „Eine Autobiographie muß vom Anspruch, nicht vom Inhalt her, definiert werden, als ein Buch, in dem Autor und Erzähler nicht zu unterscheiden sind. Eine Autobiographie, in der Lügen stehen, ist noch immer eine Autobiographie, wenn auch eine verlogene, und kein Roman."[290]

Bevor wir uns genauer mit der Frage, ob und inwiefern dieser epistemische Anspruch einer Autobiographie eingelöst werden kann, gilt es (quasi auf dem Weg dorthin) noch einige weitere Besonderheiten in Bezug auf die autobiographische Trias zu betrachten.

Die im numerischen Sinne gegebene Identität zwischen erzählendem Ich (Erzähler) und erzähltem Selbst (Protagonist) hat den Umstand zur Folge, dass der autobiographisch Erzählende dem Gegenstand seiner Darstellung eben nicht distanziert und objektiv gegenübersteht, sondern zugleich dessen Sujet *ist.* Dies bedeutet: Er hat das Erzählte *selber erlebt,* und *das Erzählen des eigenen Lebens ist Teil ebendessen.* Hieraus ergeben sich interessante Implikationen:

1) Die existenzielle *Nähe* des autobiographischen Autors zu dem Gegenstand seiner Erzählung, seinem Leben, stellt zugleich ein Privileg wie auch eine Bürde dar. Privilegiert ist der autobiographische Erzähler aufgrund dieser Involviertheit selbstredend in epistemischer Hinsicht. Unbestreitbar verfügt eine (erwachsene) Person i.d.R. über das umfassendste Faktenwissen über ihr Leben; im Vergleich zu einem Biographen, welcher sie zu porträtieren beabsichtigt, hat sie hier deutliche epistemische Vorteile. Prima

289 Derrida et al. (2000), S. 26.
290 Klüger (1996), S. 408.

facie kann daher angenommen werden, dass eine Person die beste Zeugin ihres Lebens ist. Besonders gilt dies, wenn, wie es in Biographien häufig der Fall ist, der Fokus nicht auf einer objektiven Berichterstattung liegt, sondern es vorrangig um das subjektive Erleben der porträtierten Person geht, also um die Motive, Gründe, Gefühle, Gedanken und Bedeutungen, die mit den Lebensereignissen in Verbindung stehen.

Diese Nähe des autobiographischen Erzählers zu seinem Leben und das damit korrespondierende epistemische Privileg verringern sich jedoch mit zunehmender zeitlicher *Ferne* zu den beschriebenen Lebensereignissen. Die Zeit schafft also Distanz zwischen dem in der Gegenwart erzählenden Ich und dem erzählten Selbst vergangener Jahre. Gerade die häufig prägenden und daher für die (therapeutische) Selbsterkenntnis besonders relevanten Ereignisse der Jugend und der Kindheit liegen mitunter derart weit zurück, dass die autobiographischen Erinnerungen an diese Zeit verblasst bzw. stark verzerrt und damit tendenziell invalide sind.[291]

2) Die privilegierte Nähe des Autobiographen zu seinem Sujet kann sich jedoch auch als problematisch erweisen; es kann ihr dadurch nämlich an *Objektivität mangeln*. Dies bedeutet, dass Lebensereignisse primär oder gar ausschließlich aus der eigenen Perspektive (eigenes Wissen, eigene Bedeutungszuschreibung etc.) unter Vernachlässigung der Sichtweisen anderer erzählt werden. Es steht daher in letzter Konsequenz die Gefahr einer subjektiv verzerrten und epistemisch solipsistischen Erzählung im Raum.

Ein subjektiv verengter narrativer Blick tangiert jedoch nicht nur möglicherweise den Wahrheitswert einer autobiographischen Erzählung, sondern mag auch die berechtigten Ansprüche anderer auf die adäquate Darstellung der Geschehnisse missachten. Autobiographien stellen neben dem Autor als Protagonisten immer auch zugleich andere Menschen narrativ dar, deren Perspektive auf das Geschehene es (je nach Kontext mehr oder weniger) ebenfalls zu berücksichtigen gilt. Hieraus ergibt sich mitunter eine *intersubjektive Verpflichtung*, den subjektiven Blick bzw. die narrative Perspektive in Bezug auf die eigene Vergangenheit zu erweitern. Wie Hannah Arendt betont, stellt die Berücksichtigung aller Perspektiven und aller mit diesen verbundenen Erzählungen ein wesentliches Element eines demokratischen Zusammenlebens dar.[292] Hieraus folgt eine Form der Verpflichtung der Berücksichtigung der

291 S. hierzu Kapitel 8.2.

292 Zu Arendts Theorie der Narrativität vgl. Weißpflug (2014).

Erzählungen anderer, vor allem wenn es sich um marginalisierte Stimmen handelt.

Auch wenn es hier nicht um die politische Dimension des Erzählens geht, so kann doch festgehalten werden, dass Autobiographien in vielen Kontexten der Verpflichtung unterliegen, nicht nur der eigenen Sicht auf die Geschehnisse der Vergangenheit zu folgen, sondern die Perspektiven anderer in der eigenen Lebenserzählung ebenfalls zur Geltung kommen zu lassen. Der Anspruch auf Faktualität, an welchen die Autobiographie ihrem Begriff nach ‚vertraglich' verpflichtet ist, impliziert vor allem eine *Offenheit für Einsprüche* anderer, gleich, ob es um Kenntnis bzgl. der ‚data' oder um die perspektivierte, bedeutungszuschreibende Sichtweise auf die Lebensereignisse geht.

Dies gilt vor allem dann, wenn es sich bei einer autobiographischen Erzählung nicht um ein abgeschlossenes Werk, sondern um eine dialogische Stehgreiferzählung handelt. In solchen dialogischen Erzählsituationen ist eine besondere Offenheit für die Fragen, Sichtweisen und Einwände des Gegenübers geboten – insbesondere dann, wenn gemeinsam erlebte Ereignisse im Rahmen einer geteilten Erzählung dargestellt werden. Wie dargelegt, handelt es sich bei autobiographischen Erinnerungen und Erzählungen nämlich zumeist nicht um rein individuelle ‚Werke', die jenseits des sozialen Raums stehen, sondern immer auch um verwobene, geteilte oder kollektive Erzählungen einer gemeinsamen Vergangenheit.

Es mag irritieren, dass die Problematik der narrativen Verzerrung infolge der Nichtberücksichtigung anderer an dieser Stelle angeführt wird, wo es doch eigentlich um das komplexe Verhältnis der Identität und Differenz von Autor und Protagonist gehen soll. Der Grund liegt nahe: Das erzählende, aktuale Ich steht – ähnlich wie bei der geschilderten intersubjektiven Problematik – nämlich immer in der *Gefahr, die Perspektive seines ‚vergangenen Ichs' zu ignorieren* und sein Leben nur aus der aktuellen Sicht auf die Vergangenheit narrativ darzustellen.

In diesem Zusammenhang sei auf die Darlegungen zum *Gedächtnis* verwiesen,[293] im Rahmen derer die These herausgearbeitet wurde, dass Erinnerungen nicht einfach das einst Erlebte wiedergeben, sondern eine durch die Gegenwart angeregte und stark beeinflusste Rekonstruktion aus assoziativ memorierten Erinnerungsfragmenten darstellen. Erinnerungen sind daher als poetische Akte aus Wiedergabe von Erlebtem, assoziativer Verknüpfung und imaginärer Vervollständigung

293 S. hierzu Kapitel 8.2.

zu verstehen. Hieraus folgt: *Das sich erinnernde Ich erinnert sich anders an die Ereignisse als sein diese einst erlebendes Ich.*
Ein mit dieser mnestischen Differenz im Zusammenhang stehendes Phänomen stellt die ebenfalls bereits ausführlich untersuchte *Nachträglichkeit* (Retroaktivität) dar.[294] Die Art und Weise der Bezugnahme auf die Vergangenheit, so wurde dargelegt, geschieht immer vom epistemischen und bedeutungszuschreibenden Standpunkt der Gegenwart. Dieser narrative Standpunkt ist Resultat jenes bisherigen Lebenswegs, von dem aus nun berichtet wird. Sowohl neues Wissen wie auch neue Ansichten, Überzeugungen oder Wertmaßstäbe sowie ebenso der weitere Verlauf der Dinge verändern die Bedeutung des einst Gewesenen kontinuierlich; die Vergangenheit erscheint durch den weiteren Lauf der Geschichte immer wieder in neuem Licht.
Dies bedeutet jedoch, dass die Ereignisse nie so erzählt werden können, wie sie einst tatsächlich erlebt wurden. Das einstige Ich wird als dargestelltes Selbst also immer auch im Wissen seiner bereits vergangenen Zukunft skizziert. Es ist in seiner narrativen Artikulation durch seine nachfolgende Entwicklung geprägt. Jerome Bruner bringt diese Problematik prägnant auf den Punkt, wenn er in Bezug auf die Erzählung der eigenen Kindheit anmerkt:

> „Das Ich als Protagonist weist immer sozusagen in die Zukunft. Wenn jemand etwas sagt, so als ob er eine Kindheit zusammenfassen wollte, ‚Ich war ein ziemlich rebellisches Kind‘, dann ist das gewöhnlich ebenso sehr als eine Vorhersage zu verstehen wie als eine Zusammenfassung.“[295]

Das erzählende Ich blickt also immer im Licht der Kenntnis der weiteren Entwicklung seines Lebens und (durch diese geprägte) aktuelle Sicht auf sein damaliges Ich. Das daraus resultierende narrative Selbst ist entsprechend unter dem Einfluss der Nachträglichkeit zu betrachten. Zwischen Autor und Protagonist steht also *die Differenz des durch die Nachträglichkeit geprägten Blickes der Gegenwart auf die Vergangenheit.* Die nachträgliche ‚Verzerrung‘ führt also zu einem letztlich untilgbaren und mitunter folgenreichen ‚Mangel‘ an Objektivität und tangiert wiederum die Frage nach der Erfüllbarkeit des Anspruchs auf Faktualität ein jeder Autobiographie.

294 S. hierzu Kapitel 8.1.
295 Bruner (1997), S. 129.

3) Der Begriff der Nachträglichkeit führt zur dritten und letzten Herausforderung in Bezug auf das komplexe Verhältnis vom autobiographisch schreibenden Autor und seinem Protagonisten, welcher er selber zu sein beansprucht. Der schreibende Autor lebt ja *noch* das Leben, welches er gerade narrativ darstellt. Hieraus folgt eine interessante Implikation, auf die Michaela Holdenried aufmerksam macht: „Die Autobiographie ist – im Gegensatz zu rein fiktionalen Gattungen – durch ihre strukturelle Offenheit zum Ende hin gekennzeichnet: Seinen eigenen Tod hat noch kein Autobiograph geschildert."[296]
Diese strukturelle Offenheit – da der Autobiograph noch schreibt, also lebt / nicht tot ist, ist sein Leben noch nicht abgeschlossen – kennzeichnet die Autobiographie und markiert zugleich auch eine Differenz zur Biographie bzw. zum autobiographischen Roman. In einem solchen kann die erzählende Handlung (das erzählende Leben) als Ganzes und damit abschließend narrativ dargestellt werden; in einer Autobiographie ist dies logisch unmöglich. Aufgrund ihrer genuinen Retrospektivität weist die Autobiographie eine untilgbare Offenheit auf.
Aus dieser Offenheit folgt zugleich eine genuine und konstitutive *Unabgeschlossenheit* der Autobiographie. Das letzte und abschließende Wort ist nicht geschrieben und kann auch (faktisch) nie geschrieben werden. Dies ist insofern folgenreich, da, wie ausführlich dargelegt,[297] narratologisch jedes ein- oder angefügte Wort das Potenzial hat, die Bedeutung der gesamten Geschichte zu verändern.
Aus dieser konstitutiven Unabgeschlossenheit des faktischen Erzählens und der damit verbundenen Unmöglichkeit, den Sinn einer Geschichte final zu fixieren, folgt die genuine Veränderbarkeit der autobiographischen Erzählung. Solange (bzw. da) der Autor lebt (vielmehr: sein Leben führt), ist seine Lebensgeschichte nie final geschrieben; und dies gilt, wie gezeigt, nicht nur für sein zukünftiges und entsprechend noch unbeschriebenes, sondern auch für sein vergangenes Leben.
Für das Bestreben, eine abgeschlossene Autobiographie mit einem final fixierten Bedeutungsgefüge zu schreiben, mag die Einsicht in ihre konstitutive Unabgeschlossenheit als problematisch erscheinen; in psychotherapeutischer Hinsicht eröffnet diese narrative Offenheit jedoch die kurativ wirksame Möglichkeit, eine leidverursachend erzählte Geschichte im Laufe der Zeit anders zu erzählen.

296 Holdenried (2000), S. 30.
297 S. hierzu Kapitel 8.1.

Die autobiographische Trias von Autor, Erzähler und Protagonist erweist sich als komplex und vielschichtig. Obgleich es sich bei Autor und Protagonist im Fall der Autobiographie um eine im numerischen Sinne identische Person handelt, lassen sich zahlreiche wichtige narratologische und darstellungstheoretische Differenzen zwischen beiden Instanzen aufzeigen.

Interessant ist jedoch vor allem die Frage nach der qualitativen Identität, also der Frage, ob das dargestellte Selbst dem erzählenden Ich in Bezug auf seine Eigenschaften entspricht, also die Frage, ob die Darstellung adäquat ist. Hier zeigt sich ein interessanter Aspekt der Autobiographie, auf den Jerome Bruner hinweist:

> „Die Autobiographie hat etwas Merkwürdiges an sich. Sie besteht in einem Bericht, den ein Erzähler hier und jetzt über einen Protagonisten mit dem eigenen Namen liefert, der früher da und dort existierte, und die Geschichte endet in der Gegenwart, wo der Protagonist mit dem Erzähler verschmilzt."[298]

Da Autobiographien ja ein Geschehen in der Zeit, zumeist die persönliche Entwicklung des Sujets, narrativ aufzeigen, ist das dargestellte Selbst einer früheren Zeit, z.B. der Autobiograph als Kind, nur numerisch, jedoch nicht oder nur sehr eingeschränkt qualitativ, d.h. in Gestalt und Eigenschaften mit dem erzählenden Ich identisch.

Insofern die nachfolgend dargestellte Entwicklung jedoch bis zum Zeitpunkt des Schreibens der Autobiographie reicht – also das ganze bisherige Leben erfasst wird –, nähert sich das dargestellte Selbst dem erzählenden Ich an, bis es letztlich mit ihm verschmilzt. Eine ihrem faktualen Anspruch gerecht werdende Autobiographie tilgt also letztlich die qualitative Differenz und *stellt entsprechend Identität zwischen erzählendem Autor und erzähltem Selbst her*. Sie hat also das Ziel verständlich zu machen, wie der Autobiograph wurde, was er ist.

Dieses Ziel kann die autobiographische Erzählung jedoch nur erreichen, wenn es ihr gelingt, eine adäquate Darstellung des Lebenswegs und damit letztlich des narrativen Selbst zu geben. Dies führt zur bereits mehrfach angerissenen Frage nach der *Wahrheit der Autobiographie*, welche im nächsten Abschnitt ausführlich thematisiert werden soll.

Fassen wir daher die Ergebnisse der Untersuchung zur Autobiographie zusammen: Autobiographien stellen komplexe narrative Artikulationen einer Person über ihre eigene, vergangene Existenz dar. Autobiographisches Erzählen kann verschiedene Motive und Gründe haben, wobei im Rahmen dieser

298 Bruner (1997), S. 129.

Arbeit vor allem die Sinn- bzw. Einheitsstiftung und damit die Selbsterkenntnis von Interesse sind. Es wurde im Anschluss die Frage nach der grundlegenden Erzählbarkeit des Lebens untersucht; diesbezüglich wurde unter Rückgriff auf die bereits dargelegten Überlegungen zum Erzählen und Erinnern für die These argumentiert, dass biographische Erzählungen in der Lage sind, die Vergangenheit einer Person unter Berücksichtigung narratologischer Strukturen, Eigendynamiken und poetischer Freiheitsgrade hinreichend gut darzustellen.

Die Untersuchung der Besonderheit des autobiographischen Erzählens fokussiert vor allem auf die autobiographische Trias bestehend aus Autor, Erzähler und Protagonist, welche im Rahmen einer Autobiographie zugleich unterschieden und identisch sind. Diese Identität, vor allem die von Autor (erzählendem Ich) und Protagonist (erzähltem Selbst), wurde eingehender betrachtet. Obgleich qua ‚vertraglicher' Vereinbarung numerisch identisch, muss ihre qualitative Identität am Ende einer autobiographischen Erzählung, die ihrem Begriff genügen will, narrativ hergestellt werden. Das erzählte Selbst gleicht sich letztlich in seiner Art zu sein dem erzählenden Ich an; die autobiographische Erzählung hebt die qualitative Differenz zwischen beiden Instanzen auf – anders formuliert: *Sie zeigt, wie jemand zu dem wurde, der er nun ist.*

Das der autobiographischen Erzählung eigene komplexe Verhältnis von Autor und Protagonist hat mehrere folgenschwere Implikationen: Die Nähe des Erzählenden zum Gegenstand seiner Erzählung bringt ihn zwar in eine privilegierte epistemische Position, gibt seiner Darstellung zugleich jedoch einen stark subjektiven, mitunter dadurch verzerrenden Charakter. Es besteht die Gefahr der Nichtberücksichtigung anderer Perspektiven. Dies gilt auch in Bezug auf sein früheres Ich, welches der Autobiograph ja porträtiert. Aufgrund der Nachträglichkeit erfolgt die Darstellung des früheren Ichs in Form des erzählten Selbst immer aus der narrativen Perspektive der Gegenwart. Dies bringt einerseits das Risiko einer retrospektiven Verzerrung, jedoch zugleich auch die Chance, die eigene Vergangenheit immer wieder neu und damit anders zu erzählen.

Dies führt zu der m.E. wichtigsten Besonderheit des autobiographischen Erzählens, nämlich dem genuinen Umstand, dass der Erzähler das dargestellte Leben zugleich noch lebt. Es handelt sich bei der Autobiographie daher um eine *lebende Erzählung*. Dies bedeutet, dass die Geschichte konstitutiv unabgeschlossen ist und damit immer weiter und auch verändert erzählt werden muss. Da das autobiographische Erzählen immer retrospektiv erfolgt, ist es der Erzählung logisch unmöglich, den finalen und damit die Bedeutung der gesamten Geschichte abschließenden Schlusspunkt zu setzen. Solange man lebt, ist die Lebensgeschichte nicht abschließend geschrieben.

8.4 Narrative Identität (zugleich ein Zwischenresümee)

Die bisher vorgestellten Überlegungen und die entsprechend entwickelten Begrifflichkeiten ermöglichen es, sich nun qualifiziert einem vorläufigen argumentativen Fluchtpunkt dieser Arbeit zuzuwenden – dem Begriff der *narrativen Identität*; im Vokabular dieser Arbeit, wie dargelegt, auch das *Selbst* genannt. Dieser soll im Zentrum der nachfolgenden Überlegungen stehen. Hierzu ist es jedoch nicht notwendig, umfangreiche weitere begriffliche Arbeit zu leisten; vielmehr geht es darum, die bisher entwickelten argumentativen ‚Fäden' zielführend zu verknüpfen. Entsprechend stellt dieses Kapitel vor allem eine Zusammenfassung des bisherigen Gangs der Argumentation und damit zugleich ein Zwischenresümee dar.

Den sich hieraus ergebenden Begriff der narrativen Identität werde ich im Anschluss mit einigen prominenten anderen Theorien zur narrativen Identität in Beziehung setzen. Durch diese Inbezugsetzung soll sowohl die Verwandtschaft meines Begriffs der narrativen Identität mit (bzw. die Abgrenzung) zu diesen Konzepten sichtbar werden. Nach diesem Zwischenfazit, an dessen Ende ein elaborierter und hoffentlich überzeugender Begriff der narrativen Identität steht, soll dieser im letzten Schritt für die psychotherapeutische Praxis fruchtbar gemacht werden.

Vergegenwärtigen wir uns also noch einmal den Gang der bisherigen Argumentation: Die Arbeit begann im ersten Abschnitt mit einer Untersuchung zum Begriff des *Selbst*. Dieser wurde im ersten Schritt vom Begriff des *Ichs* unterschieden. Unter dem Ich kann in grober Annäherung das ‚innere' Sein und das unmittelbare Verhalten des Subjekts verstanden werden; das Ich bezeichnet also das, was eine Person ist und was sie tut. Nur zeichnet es mich als Menschen aus, dass ich nicht nur unmittelbar irgendwie bin (bzw. etwas tue), sondern dass ich zu meinem Sein in einem *Selbstverhältnis* stehe. Dieser konstitutive Selbstbezug wurde als anthropologische Grundfigur des Sich-zu-sich-Verhaltens bestimmt. Mit den Begriffen Plessners formuliert: Jede Form des *zentrischen* Seins steht zu sich selbst in einem *exzentrischen* Selbstverhältnis.

Da sich der Begriff des Ichs durch eine problematische Mehrdeutigkeit und Tendenz zur Hypostasierung auszeichnet, soll dieser nach Möglichkeit in dieser Arbeit gemieden werden. Stattdessen wurde für die argumentativen Zwecke dieser Untersuchung vorgeschlagen, von Gestalten der *zentrischen Selbstgegebenheit* und Akten des *exzentrischen Selbstbezugs* zu sprechen. In der Folge wurden verschiedene Formen der Selbstgegebenheit und Selbstbezugnahme in ihrer konstitutiven Verschränktheit exemplarisch in den Blick genommen: zum einen die unmittelbare Selbstgegebenheit, z.B. die vorreflexive Selbstvertrautheit bzw. das basale Selbstgefühl; zum anderen jedoch auch Formen der reflexiven epistemischen Selbstbezugnahme. Hier können verschiedene Formen und Komplexitätsgrade solcher exzentrischen Selbstbezugnahmen herausgestellt werden: vom komplexen Phänomen des Selbstbewusstseins über das propositionale Selbstwissen bis hin zum umfassenden epistemischen Selbstverständnis.

Als für die weiteren Überlegungen zentral wurde drittens das *praktische Selbstverhältnis* herausgestellt. Hierbei handelt es sich nicht nur um eine *deskriptive* Selbstreflexion dergestalt, wie ich eben bin, sondern zugleich um eine wertende, d.h. *evaluative* Stellungnahme dazu, ob ich so sein will, wie ich mich (deskriptiv) verstanden habe.

Aber was ist nun das Selbst? Unter dem Begriff des Selbst verstehe ich das aus Formen der Selbstgegebenheit erwachsende und mittels Selbstbezugnahmen hergestellte mehr oder weniger verbundene *Ensemble der Selbstverständnisse unserer Existenz.* An bzw. infolge dieser Definition ist mehreres zu beachten:

1) Obzwar grammatisch als Substantiv formuliert, stellt das Selbst kein ‚Ding', sondern, wie noch zu zeigen sein wird, vor allem ein *Ensemble an Geschichten* dar. Das Selbst ist vielmehr Performanz als Substanz. Der mögliche Vorwurf einer problematischen Hypostasierung ist folglich unbegründet.
2) Das Selbst ist darüber hinaus nicht einfach gegeben, sondern muss qua exzentrischer Selbstbezugnahme *hergestellt* werden. Es konstituiert sich aus dem komplexen Zusammenspiel von zentrischer Selbstgegebenheit und exzentrischen Selbstbezugnahmen. Das Selbst ist daher weder einfach gegeben (und dann gefunden) noch wird es frei erfunden.
3) Die verschiedenen Selbstverständnisse sind sowohl *deskriptiv* wie auch *evaluativ*. Das Selbst umfasst also sowohl Erkenntnisse dahingehend, wie ich bin bzw. war, ebenso wie evaluative Einschätzungen dieser sowie letztlich Vorstellungen davon, wie jemand sein will. Es hat daher sowohl einen Vergangenheits- bzw. Gegenwarts- wie auch einen Zukunftsbezug.
4) Das Selbst ist weder einheitlich geordnet noch unveränderlich, sondern befindet sich in ständiger Bewegung; *seine Identität ist immer fraglich.*

Die zuletzt angeführte These leitet zur Frage nach der Einheit, d.h. der *Identität des Selbst* über. Hierzu wurde der Begriff der Identität im Allgemeinen sowie in Bezug auf Personen, also die Frage nach der *personalen Identität* untersucht. Von Paul Ricœur wurde hierbei die wichtige Unterscheidung zwischen *idem*- und ipse-Identität übernommen: die (einstellige) ipse-Identität beantwortet die Frage, wer ich bin, und damit die Frage nach meinem Selbst. Die (zweistellige) idem-Identität gibt Antwort auf die Zweifel, ob bzw. inwiefern ich mit mir selber (noch) identisch bin. Entsprechend erweist sich die Frage nach der Einheit des Selbst als Frage nach der idem-Identität der ipse-Identität. Die analytische Unterscheidung dieser beiden Identitätsbegriffe ist vor allem wichtig, wenn man den Prozess der *Selbstveränderung* angemessen begrifflich verstehen will, bei dem beide Bedeutungen des Identitätsbegriffs verstärkt zur Anwendung kommen.

Die Frage nach der idem-Identität einer Person ist im Allgemeinen und auch in dieser Arbeit vor allem in zeitlicher Hinsicht von existenziellem Interesse (‚*Bin ich noch derselbe, der ich früher war?*'); dies führt zum Thema der *diachronen personalen Identität*. Zur Frage nach der zeitlichen Einheit der Person konnte herausgearbeitet werden, dass im Normalfall ein *transtemporales (numerisches) Identitätsbewusstsein* von mir als ein im basalen Sinne über die Zeit hinweg selbiges Subjekt besteht, obgleich ich mich selbstverständlich in der Art und Weise, wie ich bin (ipse-Identität), verändert habe. Dieses basale und im nichtpathologischen Normalfall gegebene Identitätsbewusstsein garantiert jedoch nur, *dass* ich mich in einem basalen (‚leeren') Sinne über die Zeit hinweg als eine Person erlebe, nicht jedoch, *wer* diese Person eigentlich ist. Ein solches biographisches Selbstverständnis, also eine Antwort auf die Frage, wer ich über die Lebenszeit hinweg war und bin (ipse), bedarf zwar als Voraussetzung eines basalen transtemporalen Einheitsbewusstseins (idem), es muss jedoch durch Akte der (narrativen) Selbstbezugnahme hergestellt werden.

Im zweiten Abschnitt dieser Arbeit wurde der titelgebende Begriff der *Existenz* genauer in den Blick genommen: Mit Heidegger wurde dafür argumentiert, dass die menschliche Existenz aufgrund ihres Vollzugscharakters einen konstitutiven *Zukunftsbezug* aufweist und durch diesen primär geprägt ist. Die Existenzphilosophie geht also von einem Vorrang der Frage, wie ich sein werde bzw. sein will, aus. Dieser *Entwurfscharakter* des Daseins korrespondiert mit der *Geworfenheit*, also den (biologischen, sozialen und psychischen) Bedingtheiten der menschlichen Existenz, welche sie zugleich prägen. Diese Prägungen, so wurde weiter argumentiert, stellen jedoch in den allermeisten Fällen keine absoluten Determinanten dar, sondern sind als Formen der Selbstgegebenheit, zu denen sich das Subjekt exzentrisch selber verhalten kann, zu verstehen: Ich kann mich also zu dem, was ich bin, in Bezug setzen. Dies hat häufig auch eine evaluative Dimension dergestalt, dass ich mich frage, ob ich so sein will, wie ich erkannt habe, dass ich bin. Diese Form des evaluativen Selbstverhältnisses wurde mit Tugendhat die *praktische Frage* genannt.

Dies leitete zur kontroversen Theorie der *Selbstwahl* über. Dieser existenzielle Grundgedanke Sartres wurde von einigen Missverständnissen befreit. Hierzu war eine Unterscheidung zwischen der existenziellen Wahl im schwachen und starken Sinne notwendig: Nur die Selbstwahl im starken Sinne kann aufgrund ihres performativen Charakters als grund- und damit alternativlos bezeichnet werden, da bei ihr grundlegend entschieden wird, ob ich mich überhaupt als ein Wählender verstehe und versuche, ein selbstbestimmtes Leben zu führen. Der Begriff der existenziellen Entscheidungen im schwachen Sinne bezeichnet dann auf dieser Grundlage getroffene Lebensentscheidungen lebensentscheidender Tragweite; diese bewegen sich im Raum von Alternativen und Gründen, und bedürfen daher der informierten Abwägung.

Im Rahmen der *Logik existenzieller Entscheidungen* wird also zuvorderst entschieden, ob man sein Leben überhaupt unter der Maßgabe der praktischen Frage führen will, sodass in der Folge dann Entscheidungen über grundlegende Maßstäbe und lebensbestimmende Präferenzen der eigenen Existenz getroffen werden. Solche existenziellen Maximen, mit Charles Taylor auch *starke Wertungen* genannt – gleich, ob übernommen oder gewählt – legen fest, was uns im Leben wirklich wichtig ist. Es ist uns als demjenigen, als den wir uns verstehen, unmöglich, ihnen nicht gerecht zu werden; sie sind damit konstitutiv für unsere Identität (ipse).

Im nächsten argumentativen Schritt wurde unter Berücksichtigung der nun entwickelten existenzphilosophischen Begriffe die Frage nach der Identität (idem) des Selbst (ipse) erneut in den Blick genommen. Anhand von Derek Parfits problematischer These der Bedeutungslosigkeit wurde ex negativo gezeigt, dass uns als Menschen unsere eigene Zukunft eben nicht bedeutungslos oder gleichgültig ist, sondern dass wir grundlegend durch eine *Sorge* bzgl. unseres zukünftigen Seins ausgezeichnet sind.

Die Einheit des Selbst, so wurde mit Heidegger argumentiert, wird daher durch die zukunftsgerichtete Sorge um unsere eigene Existenz hergestellt. Dieses fundamentale Interesse an unserem zukünftigen Selbst nötigt uns zu einer gewissen diachronen Einheit der Lebensführung; hieraus ergibt sich die These einer *existenziellen Identität des Selbst*. Diese praktische Einheit des Lebensvollzugs ist nicht (wie z.B. das basale transtemporale Identitätsbewusstsein) einfach gegeben, sondern resultiert aus verschiedenen lebenspragmatischen, moralischen oder gesellschaftlichen Gründen, Implikationen oder Verpflichtungen. Eine solche diachrone Einheit der Lebensführung ist weder strikt einheitlich noch absolut notwendig, vielmehr ein Gebot der praktischen Klugheit.

Zusammenfassend lässt sich zur Frage der diachronen personalen Identität also festhalten, dass auf basaler Ebene im nichtpathologischen Regelfall ein transtemporales Identitätsbewusstsein gegeben ist. Diese Identität besagt jedoch nur, *dass* ich im numerischen Sinn dieselbe Person wie in der Vergangenheit (und Zukunft) bin; jedoch nicht, *wer* ich bin (war / sein werde). Dies leistet nur ein inhaltlich gehaltvolles biographisches Selbstverständnis; hierbei geht es um die Frage, wer ich war, bin und sein werde. Die resultierenden

Selbstverständnisse nenne ich das *Selbst*. Die zeitüberdauernde Einheit des Selbst, die Identität (idem) des Selbst (ipse), ist weder garantiert noch einfach gegeben, sondern konstituiert sich aus einer Vielzahl von lebenspraktischen Notwendigkeiten im Rahmen des Lebensvollzugs.

Aus der praktischen Frage ergibt sich die Frage, auf welcher Grundlage eine Lebensentscheidung existenzieller Tragweite getroffen wird. Diesbezüglich wurde dafür argumentiert, dass gute existenzielle Entscheidungen eine valide *Selbstkenntnis* erfordern: Nur wer sich hinreichend gut kennt, also weiß, was er will, was er kann und wie er psychologisch ‚funktioniert', ist in der Lage, für ihn gute Lebensentscheidungen zu treffen. *Selbst(er)kenntnis steht also im Dienst der praktischen Frage*; sie ist praktisch motiviert.

Hieraus ergab sich die Notwendigkeit, das Sich-selber-Verstehen im Rahmen einer *Hermeneutik des Selbst* eingehender in den Blick zu nehmen: Hierzu wurde herausgearbeitet, dass Selbsterkenntnis immer von einem *Vorverständnis* ausgeht. Es zeigt sich zudem, dass Versuche, sich selber besser zu verstehen, häufig als *Reaktion auf Unverständnis* (seiner selbst) auftreten und mit der Schwierigkeit der *Opazität* des eigenen Ichs konfrontiert sind. Zudem wurde dafür argumentiert, dass *Selbsterkenntnis auf andere angewiesen* ist. Selbsterkenntnis ist zudem zentral für ein selbstbestimmtes Leben; denn nur, wer sich versteht, erlebt sich selber als weniger fremd bzw. kann sich seine heteronomen Anteile *aneignen*. Zuletzt wurde zudem gezeigt, dass der Selbsterkenntnis *Grenzen* gesetzt sind, d.h. es gibt und es verbleiben immer unverstehbare Aspekte am eigenen Leben. Häufig ist es daher vielmehr geboten, einen guten *Umgang mit dem Nichtverstehen* zu finden.

Nach dieser in Umrissen skizzierten Hermeneutik des Selbst wurde der für diese Arbeit zentrale Begriff der Argumentation vorgestellt: der Begriff der *Artikulation*. Der Selbst-Artikulation wurde deshalb eine zentrale Bedeutung beigemessen, weil sie zwischen Selbstfindung und -erfindung zu situieren ist: In Akten der Artikulation wird etwas, das schon implizit vorhanden ist (z.B. ein Gefühl, ein Wunsch oder ein Gedanke), in sprachliche Form gefasst und damit als solches hervorgebracht. Im Unterschied zum zentrischen unvermittelten Ausdruck stellt die Artikulation eine *formgebende Handlung* dar, im Rahmen derer in gewissen Grenzen poetische *Freiheitsspielräume* bestehen, etwas so oder so zu artikulieren. Mit Charles Taylor wurde zudem dafür argumentiert, dass Artikulationen ihren Gegenstand nicht ‚unberührt' in Sprache überführen, sondern ihn damit zugleich verändern. Akte der Artikulation sind daher nicht nur formierend, sondern zugleich auch *transformierend*.

Meine These lautet daher, dass sich Selbsterkenntnis primär in Akten der Selbstartikulation vollzieht. Jedoch sind auch der Artikulation Grenzen gesetzt: Es bedarf entsprechender sprachlicher Fähigkeiten, um ein Gefühl, einen Wunsch oder Gedanken adäquat zu artikulieren; diese Fähigkeiten können besser oder schlechter entwickelt sein. Zudem ist eine solche Artikulation immer nur im Rahmen des verfügbaren Vokabulars möglich. Ein reiches sprachliches Vokabular ermöglicht also eine differenzierte Artikulation der eigenen psychischen Zustände, es kann dies jedoch auch begrenzen, oder die Artikulation bestimmter z.B. gesellschaftlich verpönter subjektiver Momente verunmöglichen. Auch besonders schöne wie auch unfassbar grauenvolle (traumatische) Erfahrungen können sich einer angemessenen Artikulation entziehen. Als letzte, jedoch psychotherapeutisch besonders interessante Grenze der Artikulation wurde auf die *Artikulationsvermeidung* hingewiesen: Es besteht auch die Möglichkeit, ein unangenehmes Gefühl, einen problematischen Wunsch oder unschöne Gedanken motivational nicht zu artikulieren, sodass diese als solche nicht Gegenstand des Bewusstseins werden.

Selbst-Artikulationen beziehen sich jedoch nicht nur, wie bisher beschrieben, auf einzelne punktuelle Momente der eigenen Existenz; das eigene Leben kann (in seinen Veränderungen) auch über einen längeren Zeitraum hinweg artikuliert werden. Eine solche umfassende Artikulation, welche vor allem die eigene Vergangenheit betrifft, nimmt die Form einer *Lebensgeschichte* an. Eine solche autobiographische Selbst-Artikulation ist notwendig, um das eigene Selbst (ipse) über die Zeit hinweg, also in seiner Identität (idem) und seinen Veränderungen narrativ zu fassen. Hieraus ergab sich die zu untersuchende These: Autobiographische Narrationen sind als *komplexe, konfigurierende Artikulationen des eigenen, vergangenen Lebens* zu verstehen.

Im Folgenden wurde der zweite titelgebende Begriff der *Narrativität* genauer untersucht: Die Erzählung wurde in erster Annäherung als die mediale Form aller *Darstellungen von Geschehen* bestimmt. Analytisch wurde für die weitergehende narratologische Betrachtung zwischen dem *Wie* (der Darstellung) und dem *Was* (der Handlung) unterschieden. Diese Unterscheidung liegt darin begründet, dass ein und dieselbe Handlung immer auch (an sich) unverändert anders dargestellt werden kann; nichtsdestoweniger bekäme die Geschichte als Ganzes eine veränderte Bedeutung.

Auf der narratologischen Ebene der *Darstellung* (dem Wie) wurde einerseits (erzählpragmatisch) das *Erzählen* sowie die resultierende *Erzählung* als Gegenstand betrachtet: Bezüglich des Erzählens wurden die Person des Erzählers, die Gründe und Motive des Erzählaktes, der Zuhörer, die Erzählinszenierung sowie die gesamte Erzählsituation in den Blick genommen. Diese verschiedenen Umstände und Aspekte haben Einfluss auf das Wie der Erzählung und sind daher beim Versuch des Verstehens dieser zu beachten. Bezüglich des Wies der resultierenden Erzählung wurden vor allem die narratologischen Gesichtspunkte des Fokus, der Distanz und der Stimme ausführlich betrachtet.

Hierbei wurde der Begriff der *Perspektive* als unentbehrlich herausgestellt: Geschichten werden von jemandem erzählt, sie sind daher notwendigerweise perspektiviert. Als für die weitere Argumentation besonders relevant erweist sich die zeitliche Position des Erzählers zum Geschehen, welche seine Erzählung epistemisch spezifisch perspektiviert.

Nach der Untersuchung des Begriffs der Darstellung wurde in der Folge auf der narratologischen Ebene der *Handlung* (das Was) das, was dargestellt wird, das *Geschehen,* in den Blick genommen: Unter einem Geschehen wird eine *Veränderung in der Zeit an einem Referenten,* kurz: eine *Zustandsveränderung* verstanden. Diese bedeutet: Ein über die Zeit im basalen Sinne diachron mit sich identisches Subjekt führt Veränderungen an sich herbei oder erleidet sie. Hieraus folgt, dass eine Erzählung ein Sujet immer in *Identität und Differenz* bzw. in der für Veränderungen konstitutiven Verbundenheit beider darstellt. Diese basale narratologische Logik qualifiziert die (autobiographische) Erzählung besonders als ‚Lösung' des Problems der personalen Identität.

Um ein Geschehnis darstellen zu können, müssen relevante, d.h. erzählwürdige Geschehnisse ausgewählt bzw. andere ignoriert werden; es ist also eine *Selektion* erforderlich. Dies bedeutet, dass Erzählungen narratologisch notwendigerweise selektiv sind und dass immer auch Geschehnisse nicht erzählt werden. Durch die Auswahl als erzählwürdig wird ein Geschehen im nächsten Schritt zum *Ereignis,* womit wir einen der zentralen Begriffe dieses Untersuchungsabschnitts erreicht haben. Beim narratologischen Ereignisbegriff handelt es sich um eine graduierbare Eigenschaft eines ausgewählten, damit eingerahmten und letztlich narrativ dargestellten Geschehnisses. Ob ein Geschehen mehr oder weniger *ereignishaft* ist, ergibt sich aus der narrativen Konfiguration der jeweiligen Geschichte; dies bedeutet: *Erst die Geschichte macht aus einem Geschehnis ein Ereignis.*

Eine Geschichte besteht nun nicht aus einem, sondern, da es sich ja um die Darstellung einer Zustandsveränderung handelt, aus mindestens zwei Ereignissen, welche narrativ in Bezug gesetzt, d.h. *verknüpft* werden müssen. Hierzu stehen zahlreiche Arten solcher narrativer Verknüpfungen zur Verfügung. Ohne Anspruch auf Vollständigkeit wurden einige der wichtigsten solcher narrativer Inbezugsetzungen von Ereignissen vorgestellt: die basale chronologische Darstellung, die kausale Verknüpfung sowie die intentionale und teleologische Inbezugsetzung, welche vor allem bei menschlichen Handlungen essenziell ist. Zudem können Ereignisse als Vor- oder Anzeichen anderer Ereignisse narrativ in Szene gesetzt werden, oder verschiedene Ereignisse werden konstitutiv zu einem größeren Ereignis zusammengezogen. Die narrative Verknüpfung kann jedoch auch primär oder ausschließlich ästhetisch motiviert sein. Zuletzt ist es zudem möglich, dass Ereignisse explizit unverknüpft, d.h. als kontingent dargestellt werden.

Komplexe narrative Verknüpfungen bezeichne ich als *Konfigurationen.* Erzählungen können daher als konfigurierende Darstellung von Ereignissen verstanden werden. Bei der Art und Weise der Konfiguration stehen dem Erzähler zahlreiche tradierte *Schemata* (auch Plot, Motiv oder Sinnlinien) zur Verfügung, welche verschiedene Ereignisse zu einem bekannten Muster der Handlung zusammenfügen.

Bis hierher wurde das Erzählen nur in seinen allgemeinen narratologischen Merkmalen untersucht, gleich, ob es sich um eine fiktionale oder faktuale Erzählung handelt. Entsprechend dem Klärungsinteresse dieser Arbeit gilt der Fokus jedoch den faktualen, d.h. Wahrheit beanspruchenden Erzählungen der (eigenen)Vergangenheit. Da die Vergangenheit nun einmal vergangen ist, ist ihre Vergegenwärtigung nur mittels rekonstruierender Bezugnahmen möglich. Zwei eng miteinander verbundene Arten solcher Bezugnahmen sind hier essenziell: das Erinnern und das Erzählen.

Um die inhärente Logik der narrativen Vergangenheitsbezugnahme genauer zu verstehen, wurde vor allem auf die geschichtsphilosophischen Thesen von Hayden White und Arthur Danto rekurriert. Mit White wurde dafür argumentiert, dass auch das faktuale Erzählen der Vergangenheit – und nichts anderes tun, so dessen provokante These, Historiker – eine *poetische Handlung* darstellt. Dies meint, dass immer verschiedene Arten des *Emplotments* der historischen Ereignisse (data) möglich sind. Der Historiker ist daher immer auch ein Romancier, dem die poetische Freiheit unterschiedlicher narrativer Rahmungen und Konfigurationen zur Verfügung steht. Die Ereignisse haben daher an sich keine Bedeutung, sondern erhalten diese erst im Akt des narrativen Emplotments, so White. Es gibt daher nicht nur eine (‚wahre'), sondern immer verschiedene, bessere oder schlechtere Arten der erzählenden Vergegenwärtigung der Vergangenheit.

Die These, dass die Ereignisse der Vergangenheit an sich keine (finale) Bedeutung haben, vertritt letztlich auch Arthur Danto, wobei er jedoch aufgrund einer anderen, für mein Klärungsinteresse jedoch hoch aufschlussreichen Argumentation zu dieser kommt. Danto geht davon aus, dass eine faktuale Erzählung immer aus mindestens zwei Ereignissen besteht, wobei das spätere dem vorherigen seine Bedeutung verleiht. Die historische Bedeutung eines Ereignisses hängt also von den ihm nachfolgenden Ereignissen ab, die Historiker für eine narrative Inbezugsetzung heranziehen können. Der Clou von Dantos Argumentation besteht nun darin, dass Geschehnisse der realen Welt im Unterschied zum Roman nie zu einem Abschluss kommen, da die reale

Geschichte immer weitergeht. Da der Historiker, wenn man prophetische oder geschichtsteleologische Antizipationen der Zukunft ausschließt, die Zukunft nicht kennt, kann er nie wissen, mit welchen zukünftigen Ereignissen ein vergangenes Ereignis noch narrativ in Bezug gesetzt werden könnte, bzw. welche Bedeutung ihm hierdurch in der Zukunft gegeben wird. Prägnant formuliert: Die Ereignisse der Vergangenheit sind in ihrer Bedeutung nie final fixiert und müssen daher im Licht der Gegenwart immer wieder neu beschrieben werden. In Bezug auf die autobiographische Erzählung bedeutet dies: *Erst in der Zukunft kann ich wissen, wer ich war.*

Diese geschichtsphilosophische Idee der *Retroaktivität* korrespondiert mit dem psychoanalytischen Begriff der *Nachträglichkeit*. Hierunter wird die klinische Beobachtung verstanden, dass die Erinnerungen von Patienten sich im Laufe der psychischen Entwicklung in Gestalt und Bedeutung verändern bzw. durch den Einfluss der aktualen Situation geprägt sind. Dies bedeutet, dass auch die Erinnerungen, vor allem an die für die Psychoanalyse sehr bedeutsame frühe Kindheit, nie final fixiert, sondern durch den weiteren Lebensvollzug in stetiger Veränderung begriffen sind. Wenn die eigene Vergangenheit sich immer nur im Licht der Gegenwart bzw. Zukunft zeigt, bestätigt dies die zu Beginn der Arbeit formulierte These der vorrangigen Bedeutung der Zukunft für die menschliche Existenz.

Dies wirft die Frage nach der Beschaffenheit und epistemischen Güte von *Erinnerungen* auf, welche in einem Exkurs genauer betrachtet wurden. Gegen die verbreitete, jedoch problematische Metapher des Gedächtnisses als ‚neutraler' Speicher wurden zahlreiche Erkenntnisse aus der Gedächtnispsychologie angeführt, welche in die These mündeten, dass es sich bei Erinnerungen nicht um Abbilder des einst Erlebten, sondern um *komplexe Akte der imaginären Rekonstruktion assoziativ geordneter Erinnerungsfragmente* handelt. Ob und wie wir uns an ein Ereignis erinnern, hängt daher davon ab, wie wir es einst erlebt und kodiert haben, wie es im mnestischen Netzwerk mit anderen (und auch späteren) Erinnerungen assoziiert konsolidiert und vor allem aufgrund welcher Hinweisreize und weiterer situativer Einflussfaktoren es abgerufen wird. Der Effekt der Retroaktivität bzw. Nachträglichkeit ist also auch der empirischen Gedächtnispsychologie bekannt.

Zuletzt stellte sich daher die Frage nach der *Wahrheit der Erinnerungen*. Der Gedächtnispsychologie sind zahlreiche mnestische Verzerrungseffekte und strukturelle Defizite des menschlichen Gedächtnisses bekannt. Aus diesen mnestischen Defiziten sollte jedoch nicht geschlussfolgert werden, dass man seinen Erinnerungen grundsätzlich misstrauen sollte. Ein (pathologisch nicht beeinträchtigtes) Gedächtnis, so konnte festgehalten werden, erfüllt die meisten alltäglichen Anforderungen hinreichend gut. Epistemisch unzuverlässig zeigen sich unsere Erinnerungen jedoch vor allem dann, wenn sie überstrapaziert werden, also z.B. ein hohes Maß an Genauigkeit gefordert ist oder viele Details erinnert werden sollen.

Aus der erinnernden und erzählenden Vergegenwärtigung der eigenen Vergangenheit ergibt sich die *Autobiographie*. Der Begriff Autobiographie fasst als Fluchtpunkt dieser Arbeit einige zentrale, im bisherigen Gang der Argumentation entwickelte Begrifflichkeiten als Synthese zusammen; ich verstehe unter Autobiographie eine *komplexe Form der Artikulation und narrativen Darstellung der Erinnerungen der eigenen vergangenen Existenz*. Dem autobiographischen Erzählen können verschiedene Gründe und Motive zugrunde liegen: Es kann dem Autobiographen darum gehen, sich als Vorbild zu präsentieren, seine Lebensentscheidungen zu rechtfertigen, Erlebnisse zu bezeugen, dem Vergessen entgegenzuwirken, sich als Individuum herauszustellen oder – und dies ist das für meine Arbeit zentrale Motiv – dem Leben Einheit bzw. Sinn zu geben und damit zur Selbsterkenntnis beizutragen.

Die Idee einer autobiographischen Selbsterkenntnis sieht sich jedoch mit beträchtlichen Herausforderungen konfrontiert. Hier sind zahlreiche kritische Stimmen zu vernehmen, welche u.a. die *Erzählbarkeit des Lebens* grundsätzlich infrage stellen. Entsprechend wurde erörtert, ob auf basaler Ebene eine hinreichende strukturelle Homologie zwischen Leben und Erzählung besteht, sodass die Autobiographie ihrem faktualen Anspruch überhaupt gerecht werden kann. Mithilfe der narratologischen Vorüberlegungen konnte jedoch gezeigt werden, dass diese Kritik zwar nicht unbegründet, in ihrer grundsätzlichen Infragestellung des autobiographischen Erzählens jedoch überzogen ist.

Darüber hinaus wurden weitere, teils bereits bekannte Schwierigkeiten in Bezug auf die Autobiographie angesprochen: die Angewiesenheit des autobiographischen Erzählers auf seine mitunter unzuverlässigen Erinnerungen, die narratologischen Eigendynamiken, kontextuellen Einflussfaktoren sowie konfigurativen Freiheitsgrade beim Erzählen und als wichtigsten Punkt die enge, teils interdependente Verbundenheit zwischen Leben und Autobiographie.

Der letztgenannte Punkt wurde mit dem Begriff der *autobiographischen Triade* eingehender beschrieben: Diese bezeichnet die für die Autobiographie eigentümliche Identität zwischen Autor, Erzähler und Protagonist. Hierbei wurde vor allem die Identität zwischen Autor und Protagonist, also die Frage, ob der Autobiograph (das erzählende Ich) tatsächlich mit seinem Protagonisten (dem erzählten Selbst) im numerischen und qualitativen Sinne identisch ist, in den Blick genommen. Die numerische Identität zwischen beiden Instanzen, so wurde mit Philippe Lejeune argumentiert, wird als autobiographischer Pakt mit dem Leser vereinbart, während die qualitative Identität als einzulösender Anspruch formuliert wird. Eine gute Autobiographie wird diesem

Anspruch gerecht, eine schlechte nicht. Es kamen zudem weitere Besonderheiten der Identität zwischen erzählendem Ich und erzähltem Selbst in den Blick: zum einen das (vermeintliche) epistemische Privileg des Autobiographen bzgl. seines Sujets, welches jedoch zum anderen mit einem Mangel an Objektivität und damit mit einer Angewiesenheit auf andere Personen als Ko-Autoren einhergeht.

Mit der Identität zwischen dem erzählenden Ich und dem erzählten Selbst geht jedoch zugleich eine konstitutive *Differenz* einher. Mit fortschreitender Erzählung nähert sich die Lebensgeschichte am Ende dem Zeitpunkt des Erzählens an, sodass der Unterschied zwischen dem erzählten Selbst und dem erzählenden Ich nahezu aufgehoben wird. Eine vollständige Aufhebung dieser Differenz ist jedoch unmöglich, da der Autobiograph das von ihm beschriebene Leben ja, solange er schreibt, noch vollzieht, wodurch die Autobiographie genuin unabgeschlossen und damit die finale Bedeutung der Lebensereignisse offenbleiben muss. Es handelt sich bei der Autobiographie schließlich um eine *lebende Erzählung*, welche ihr Dargestelltes – das eigene Leben – nie einzuholen vermag.

Welcher Begriff der *narrativen Identität* bzw. des *Selbst* ergibt sich nun aus dieser Argumentation? Hierbei ist entscheidend, auf welche Frage bzw. auf welches lebenspraktische Problem eine Theorie der narrativen Identität eine Antwort zu sein beansprucht. Im Fall dieser Arbeit stellt die *praktische Frage*, also die Frage, *wer man sein* bzw. wie man sein Leben führen will, den argumentativen Ausgangspunkt dar. Um eine solche existenzielle Entscheidung gut treffen zu können, bedarf es einer hinreichend fundierten *Selbstkenntnis*; also eines validen Wissens darum, wer man ist bzw. war. Aus den Bestimmungen, wer man ist bzw. sein will, ergibt sich das *Selbst* (ipse-Identität). Dieses Selbst ist in diachroner (und synchroner) Hinsicht per se nicht einheitlich strukturiert: Die Identität (idem) des Selbst (ipse) ergibt sich vielmehr, so wurde argumentiert, aus pragmatischen Notwendigkeiten des Lebensvollzugs. Zur narrativen Identität wird diese durch das Erfordernis der Selbsterkenntnis, die eigene Vergangenheit verstehend zu artikulieren, was zugleich bedeutet, sie als *autobiographische Erzählung* darzustellen. Zusammenfassend ergibt sich daher folgende Definition der narrativen Identität:

> *Unter narrativer Identität verstehe ich das durch die praktische Frage motivierte und mittels autobiographischer Erzählungen gewonnene Selbstverständnis der eigenen Existenz dergestalt, wer man war, ist bzw. sein will.*

Wie verhält sich dieses Verständnis von narrativer Identität zu anderen Überlegungen im philosophischen Diskurs? Zuerst wäre hier anzumerken, dass bereits zahlreiche einschlägige Autoren dieses Diskurses in der bisherigen Argumentation in unterschiedlicher Gewichtung in systematischer Hinsicht Berücksichtigung fanden; zu nennen wären die ‚Klassiker' Charles Taylor, Paul Ricœur, Hannah Arendt, Richard Rorty, Derek Parfit oder Alasdair MacIntyre sowie neuere Autoren wie Katja Crone oder Tim Henning.

Der philosophische Diskurs zur narrativen Identität umfasst jedoch zahlreiche weitere Stimmen, sodass sich eine große Vielfalt von Arbeiten zu dieser Thematik ergibt;[299] hinzu kommen Arbeiten aus der Psychologie und den Sozialwissenschaften.[300] Da entsprechende Überblicksarbeiten vorliegen, wäre es in Anbetracht des systematischen Klärungsinteresses dieser Arbeit wenig zielführend, den Diskurs nochmals umfangreich vorzustellen. Dies wäre zudem müßig, da der Diskurs zur narrativen Identität meiner Auffassung selber keine ‚Identität' aufweist. Hiermit meine ich, dass die verschiedenen Theorien zwar unter diesem Begriff firmieren, in Teilen jedoch Lösungen für sehr unterschiedliche Probleme und Fragestellungen untersuchen. Exemplarisch sei auf folgende Ausgangsproblematiken und sich hieraus ergebende Klärungsinteressen hingewiesen:

1) Im angelsächsischen Diskurs zur narrativen Identität – als prominente Autoren wären Marya Schechtmann[301], David Carr[302], Derek Parfit[303], Daniel Dennett[304] oder David Vellemann[305] zu nennen – wird auf verschiedenen argumentativen Wegen und mit unterschiedlichen Resultaten der Begriff der narrativen Identität vorrangig zur Lösung für das sich aus der empiristischen Tradition ergebende Problem der diachronen Einheit der personalen Identität in Anschlag gebracht. Wie in Kapitel 2 ausführlich dargelegt, halte ich (aus phänomenologischer Perspektive) sowohl die sich aus der empiristischen Tradition ergebende Ausgangsproblematik für ein Scheinproblem wie auch die vorgeschlagenen Lösungen argumentativ für wenig überzeugend. Entsprechend findet dieser Diskurs in meiner Arbeit wenig Beachtung.

---

299 Eine gute Übersicht über zahlreiche klassische philosophische Theorien zum Thema narrative Identität findet sich bei Thomä (1998), zu neueren, vor allem angelsachsischen Autoren s. Wedelstaedt (2016).

300 Hier wären vor allem die Arbeiten von Jürgen Straub zu nennen; eine Auswahl wichtiger Texte zu dieser Thematik findet sich hier: Straub (2019).

301 S. Schechtman (1996).

302 S. Carr (1991).

303 S. Parfit (2017b).

304 S. Dennett (1992).

305 S. Velleman (2006).

2) Ein anderer Fokus liegt den im weitesten Sinne hermeneutischen Theorien der narrativen Identität zugrunde. Diese theoretischen Ansätze stehen m.E. in der Tradition einer Subjektphilosophie, welche das Subjekt jedoch nicht mehr als absoluten und gänzlich luziden Ausgangspunkt philosophischer Denkbewegungen, sondern vielmehr als opak und prekär verstehen. Das Subjekt muss daher in seiner synchronen und diachronen Identität erst hermeneutisch freigelegt werden; dies geschieht durch Erzählungen. Als prominentester und wichtigster Vertreter dieses Diskurses kann mit Sicherheit Paul Ricœur genannt werden, im deutschen Sprachraum sicherlich Emil Angehrn.[306] Jedoch können auch Charles Taylor[307] und Alasdair MacIntyre[308] diesem Diskurs zugerechnet werden.
Dass auf die Vertreter dieses Diskurses bereits mehrfach und in Teilen ausführlich argumentativ Bezug genommen wurde, zeigt, dass ich die Überlegungen dieser Autoren für ergiebig halte und meine Theorie dadurch als hermeneutisch gelten darf. Als problematisch, vor allem bei Ricœur, erachte ich hingegen, dass es seinen theoretisch umfangreichen Überlegungen zur narrativen Identität m.E. an lebenspragmatischer Fundierung mangelt und sie von einem ‚hermeneutischen Optimismus' getragen sind, welcher die zahlreichen Schwierigkeiten und Untiefen der Frage nach der narrativen Identität unterschätzt.

3) Vor allem Charles Taylors Überlegungen zeichnen sich über ihren hermeneutischen Charakter hinaus dadurch aus, dass sie die Frage nach der narrativen Identität im Kontext der Frage nach dem guten (Zusammen) leben stellen. Neben Taylor und dem bereits mehrfach angeführten Alasdair MacIntyre können auch die theoretischen Ansätze von Hannah Arendt[309], John Rawls[310] und Peter Bieri[311] zu diesem deontologischen Diskurs zählen. Diese Theorien präsentieren die Idee der narrativen Identität, nicht – wie im analytischen und hermeneutischen Diskurs anzutreffen – als deskriptive Beschreibung dergestalt, dass der Mensch konstitutiv als ein autobiographisch erzählendes Wesen aufzufassen sei, sondern argumentieren, dass es aus existenziellen, hedonistischen oder moralischen Gründen geboten sei, eine solche Identität zu entwickeln.[312]

306 Vgl. Angehrn (2017).
307 Vgl. Taylor (1996).
308 S. MacIntyre (1995), S. 273ff.
309 S. Arendt (2011), S. 222ff.
310 S. Rawls (1979), S. 608ff.
311 Vgl. Bieri 2011.
312 Diese Unterscheidung des Diskurses ist an Dieter Thomä angelehnt; vgl. Thomä (2007).

Da ich ebenfalls und angeregt durch einige dieser Theoretiker dafür argumentiere, dass die autobiographische Erzählung primär als aus der praktischen Frage heraus motiviert zu verstehen ist und ich auch, wie dargelegt, der Überzeugung bin, dass es eine gewisse intersubjektive Verpflichtung gibt, sein Leben einheitlich zu führen, verstehe ich meine Ausführungen insofern auch als Teil dieses Diskurses.

4) Als Viertes und damit zuletzt ist noch auf kritische Stimmen zum Begriff der narrativen Identität bzw. dessen argumentative Tragweite zu verweisen. Hier wären neben der bereits angeführten deflationären Kritik von Derek Parfit bzw. einiger Vertreter der postmodernen Philosophie, wie z.B. Gilles Deleuze und Félix Guattari, zur Theorie der personalen Identität auch Galen Strawson[313] und Dieter Thomä[314] zu nennen, welche nicht grundsätzlich bestreiten, dass Menschen über eine personale, ggf. auch narrativ strukturierte Identität verfügen, sich jedoch in Bezug auf Bedeutung und Tragweite dieser kritisch äußern. Die Fundamentalkritik von Parfit, Deleuze bzw. Guattari habe ich bereits als überzogen und argumentativ unhaltbar zurückgewiesen. Strawson und Thomä kritisieren, dass eine narrative Identität für eine gelungene Lebensführung nicht notwendig sei; m.E. ist die diesbezügliche Argumentation beider Autoren nicht sehr differenziert und daher wenig überzeugend.

Der Blick in die Diskurslandschaft zeigt also, dass eine Vielzahl von Theorien unter dem Begriff der narrativen Identität firmiert, deren Problemstellung, argumentativer Fokus sowie letztlich deren Thesen stark divergieren. Meine hier bisher vorgestellten Überlegungen profitieren in elektiver Affirmation (oder Ablehnung) teils stark von einzelnen Gedanken bestimmter vorgestellter Theoretiker, jedoch erscheint es mir bei genauerer Betrachtung schwierig, mich im vorgestellten Diskurs eindeutig argumentativ zu positionieren.

Ein weiterer Grund für die Schwierigkeiten, meine Position im Diskurs zu verorten, besteht im bisher nur angedeuteten, jedoch erst im Folgenden zu entwickelnden psychotherapeutischen Fokus dieser Arbeit. Dieser soll den Schwerpunkt der weiteren Überlegungen bilden. Im nächsten Abschnitt werde ich mich daher dem bisher schon an vielen Stellen angeklungenen Thema der Wahrheit und, damit zentral verbunden, dem Thema der Selbsttäuschung zuwenden. Es folgt darauf der sechste und letzte Abschnitt zu den psychotherapeutischen Implikationen meiner Überlegungen.

313 S. Strawson (2004).

314 S. Thomä (1998).

TEIL V

Wahrheit

Bei Sigmund Freud, dessen epistemische Zweifel bezüglich biographischer Erzählungen bereits zur Sprache kamen, ist zu lesen:

> „Wer Biograph wird, verpflichtet sich zur Lüge, zur Verheimlichung, Heuchelei, Schönfärberei und selbst zur Verhehlung seines Unverständnisses, denn die biographische Wahrheit ist nicht zu haben, und wenn man sie hätte, wäre sie nicht zu gebrauchen."[1]

Ähnlich kritisch äußert sich auch Sarah Kofman, welche unmissverständlich die These vertritt: „Jede Autobiographie ist Lüge, sie wird geschrieben im Zeichen verkennender Retrospektion und mit dem Zweck zu idealisieren."[2] Die Vermutung, dass es um die epistemische Güte autobiographischer Erzählungen nicht gut bestellt sei, wurde bereits an verschiedenen Stellen der bisherigen Argumentation geäußert: Die eigenen Gefühle sind unklar, das Gedächtnis trügt, die Geschichte kann so oder so erzählt werden und zuletzt ist der autobiographische Erzähler zu sehr in sein Leben existenziell involviert, um objektiv und valide über dieses zu berichten. Macht es in Anbetracht all dieser epistemischen Zweifel überhaupt noch Sinn, von einer *Wahrheit der Lebenserzählungen* bzw. der hieraus resultierenden *Wahrheit des Selbst* zu sprechen?

Andererseits darf nicht vergessen werden, was auf dem Spiel steht, wenn man autobiographische Erzählungen in epistemischer Hinsicht als letztlich rein fiktional einstuft. Menschen erzählen sich ihr Leben aus bedeutsamen Gründen und existenziellen Motiven, von denen viele als obsolet gelten würden, sollten sich ihre Erzählungen als wahrheitsunfähig erweisen. In Anbetracht der Vielzahl von narrativen Praxen des Alltags, welche eben gerade deshalb funktionieren, weil ein hinreichend guter Realitätsbezug zustande kommt, erscheint ein epistemisch deflationärer Zweifel schier überzogen. Er würde der lebensweltlichen Bedeutung der Autobiographie nicht gerecht.

1 Freud (1984), S. 137.
2 Kofman (2008), S. 80.

 | DOI:10.30965/9783846768686_014

Daher soll es im Folgenden darum gehen, die Erzählung, vor allem die Autobiographie, in Bezug auf ihre Wahrheitsfähigkeit in den Blick zu nehmen. Im ersten Schritt soll untersucht werden, *ob bzw. inwiefern das Medium Autobiographie in der Lage ist, ein Leben so darzustellen, wie es tatsächlich war*. Es wird sich zeigen, was bereits schon mehrfach angemerkt wurde; nämlich, dass die autobiographische Erzählung trotz zahlreicher Einschränkungen epistemisch hinreichend valide die eigene Vergangenheit darzustellen vermag. Entscheidend hierbei ist jedoch – dies wird argumentativ darzulegen sein – an welchem Wahrheitsanspruch bzw. -begriff die epistemische Güte letztlich gemessen werden soll.

Im zweiten Schritt soll es dann nicht mehr um die Frage gehen, ob autobiographische Erzählungen Wahrheit beanspruchen können oder nicht, sondern darum, ob der Erzählende (sich selber gegenüber) diese Wahrheit annehmen kann und will. Es geht also um das gewichtige und komplexe Problem der *Selbsttäuschung*, welches in Bezug auf autobiographische Erzählungen verständlich gemacht werden soll. Da sich Selbsttäuschungen nicht nur als Schwäche oder Defizit, sondern mitunter als lebensermöglichend erweisen, stellt sich im Anschluss die Frage nach dem existenziellen *Wert autobiographischer Wahrheiten*.

Die Tendenz, sich erzählend selber zu täuschen, wird in der Psychoanalyse unter dem Begriff der *Verdrängung* gefasst und ihre Aufhebung als *Deutung* bezeichnet. Im letzten Kapitel dieser Arbeit wird die Frage nach der Wahrheit der Autobiographie bzw. der narrativen Identität in therapeutischer Hinsicht genauer betrachtet. Hier werde ich darlegen, inwiefern bzw. wie es zu verstehen ist, dass autobiographische Selbsterkenntnis, welche um Wahrheit bemüht ist, letztlich eine *kurative Wirkung* entfalten kann. Hieraus werde ich schlussfolgern und entsprechend dafür argumentieren, dass die Psychoanalyse in einem bestimmten Sinne als *Hermeneutik* zu verstehen ist.

KAPITEL 9

Narrative Wahrheit

Das Thema Wahrheit von Erzählungen wurde bereits mehrfach argumentativ gestreift: Es wurde u.a. dargelegt, dass es narratologisch etabliert ist, Erzählungen entsprechend ihres explizit deklarierten oder kontextuell angezeigten *Wahrheitsanspruchs* entweder als *faktual* oder *fiktional* zu bezeichnen.[1] Wenn eine Erzählung also paratextuell z.B. auf dem Buchcover als Roman tituliert oder eine Geschichte an einem Märchenabend vorgetragen wird, so ist hinreichend informierten Lesern bzw. Zuhörern klar, dass diese Geschichten nicht den Anspruch erheben, dass die narrativ dargestellten Ereignisse sich auch tatsächlich so zugetragen haben. Bei einem Text hingegen, welcher als faktuale Erzählung firmiert, wie z.B. bei einem Sportbericht oder einem geschichtswissenschaftlichen Werk, wird der Anspruch erhoben, dass die dargestellte der tatsächlichen Vergangenheit entspricht.

Die Idee, den epistemischen Status einer Erzählung primär peri- oder paratextuell zu bestimmen, begründet sich u.a. dadurch, dass es sich in der Narratologie trotz zahlreicher Versuche als schier unmöglich erwiesen hat, innertextuell verlässliche Fiktions- bzw. Realitätssignale zu ermitteln. Am Text alleine lässt sich aus narratologischer Sicht daher nicht ‚ablesen', ob es sich um eine fiktionale oder faktuale Erzählung handelt. Die Frage, ob eine Erzählung den erhobenen Anspruch auf Faktualität auch einzulösen vermag, übersteigt die Möglichkeiten der Narratologie.

Dies mag auf den ersten Blick unbefriedigend erscheinen, liegt jedoch in der methodischen bzw. gegenstandsbezogenen Begrenzung der Narratologie begründet: Gegenstand der Narratologie sind eben nur die Erzählungen und nicht die in faktualen Erzählungen behauptete epistemische Korrespondenz der dargestellten mit der referenzierten realen Welt. Anders formuliert: Der hierfür notwendig epistemisch vergleichende und damit verifizierende Blick in die außertextuelle Realität ist nicht Aufgabe der Narratologie.

Gleichwohl heißt dies nicht, dass die Frage nach der Wahrheit von Erzählung damit ad acta zu legen sei. Für die Betrachtung einer Erzählung als Werk mag die Frage danach, ob dieses seinem Anspruch an Faktualität gerecht wird, narratologisch vernachlässigbar sein. In vielen anderen Kontexten ist die epistemische Güte einer Erzählung jedoch höchst brisant: Ob eine narrative

1 S. hierzu Kapitel 7.3.

© BRILL FINK, 2025 | DOI:10.30965/9783846768686_015

Darstellung den tatsächlichen Ereignissen entspricht, ist beispielsweise bei einer Zeugenaussage vor Gericht, bei einer geschichtswissenschaftlichen Schilderung zu einem politisch brisanten Geschehen oder auch bei einer um Aufrichtigkeit bemühten autobiographischen Selbsterkundung eben nicht nebensächlich. Im Gegenteil besteht in vielen Fällen ein gewichtiges und berechtigtes Interesse daran, zu erfahren bzw. weitergehend zu verstehen, was in der Vergangenheit tatsächlich passiert ist.

Unter Berücksichtigung des Umstandes, dass eine (an Wahrheit interessierte) Bezugnahme auf die Vergangenheit nur in der medialen Form der Erzählung – im konstitutiven Zusammenspiel mit Erinnerungen – möglich ist, ergibt sich die Herausforderung, auf das Medium der Erzählung angewiesen zu sein, deren epistemische Güte jedoch in vielerlei Hinsicht fraglich ist. Hieraus resultiert das fundamentale darstellungstheoretische Dilemma zwischen der *Notwendigkeit der Erzählung und ihrer epistemischen Unzuverlässigkeit.* Einen Ausweg aus diesem Dilemma zu skizzieren, ist die Aufgabe der nachfolgenden Überlegungen.

9.1 Können Autobiographien wahr sein?

Bei Autobiographien, so wurde mit Philippe Lejeune argumentiert, handelt es sich ihrem Begriff nach um faktuale Erzählungen. Der Autor, welcher seine Lebenserzählungen explizit und implizit-kontextuell als Autobiographie präsentiert, verspricht bzw. (in den Worten Lejeunes) geht mit dem Leser den autobiographischen Pakt ein, dass er sich nach Kräften bemüht, die Vergangenheit so zu berichten, wie sie tatsächlich war.

Eine autobiographische Erzählung, welche diesen Begriff für sich reklamiert, erhebt also einen *Anspruch auf Faktizität.* Es stellt sich daher die Frage, in welchen Fällen ein Autobiograph seiner Verpflichtung nicht gerecht wird. Mehrere Fälle sind hier denkbar:

1) Naheliegend ist ein *Missverständnis* aufseiten des Lesers: Eine autobiographisch anmutende Erzählung mag vielleicht gar nicht als solche gedacht sein, sondern stellt z.B. vielmehr einen auf den ersten Blick als solchen nicht zu erkennenden autobiographischen Roman dar. In diesem Fall wird eine fiktionale fälschlicherweise für eine faktuale Darstellung gehalten. Da viele Romanciers auf eigene Lebenserfahrung zurückgreifen, wodurch Ähnlichkeiten zwischen dem Autor und seinem Protagonisten entstehen können, führt dies mitunter zu solchen Fehleinschätzungen.[2]

2 Um diesem Missverständnis vorzubeugen, versichern Romanciers nicht selten paratextuell (z.B. in einem Vorwort), dass mögliche Ähnlichkeiten mit real existierenden Personen

Nicht selten wird der epistemische Status einer autobiographisch erscheinenden Erzählung vom Autor jedoch auch mehr oder weniger explizit im Unklaren gelassen. Solche Werke werden in der Narratologie unter dem Begriff der *Autofiktion* gefasst: Unter Autofiktion versteht man die paradox anmutende „Fiktion strikt realer Ereignisse und Fakten"[3], so der Schöpfer dieses Begriffs, Serge Doubrovsk. Widersprüchlich sind solche Werke insofern, als sie (mit Philippe Lejeunes gedacht) „gleichzeitig wiewohl widersprüchlich" mit dem Leser „den autobiographischen und den fiktionalen Pakt abschließen"[4]. Es fällt entsprechend schwer bzw. ist (aus literaturwissenschaftlicher Sicht) unmöglich zu unterscheiden, ob es sich bei dem vorliegenden Werk um eine Autobiographie oder einen autobiographischen Roman handelt. Eine autofiktionale Erzählung vermittelt also den Anschein, dass die geschilderten Lebensereignisse mit dem Leben des Autors übereinstimmen, gibt jedoch nicht eindeutig zu erkennen, ob dies tatsächlich der Fall ist.

2) Während es sich bei der Autofiktion um eine poetische Gestaltungsmöglichkeit handelt, bei welcher zumeist explizit mit der ‚vertraglichen' Verpflichtung zur Faktualität literarisch ‚gespielt' wird, stellt die intendierte Täuschung einen anderen ‚Tatbestand' dar. Wenn ein Autor eine Erzählung bewusst und absichtlich als autobiographisch, d.h. mit faktualem Geltungsanspruch präsentiert, er jedoch weiß, dass es sich so nicht zugetragen hat, er also eine Geschichte erfunden hat, liegt eine *Täuschung* vor. Als zentral ist in einem solchen Fall die *Täuschungsabsicht*, also der intendierte, jedoch dem Leser nicht zu verstehen gegebene Bruch des autobiographischen Paktes hervorzuheben. Die Beispiele für solche autobiographischen Täuschungen sind Legion: Das Spektrum reicht, um einige Beispiele zu nennen, von einer harmlosen, ausgedachten Urlaubsgeschichte für den übernеugierigen Kollegen über ‚geschönte' Lebensläufe ambitionierter Politiker bis hin zu autobiographischen Memoiren eines Weltkriegsveteranen, welcher die Beteiligung an Kriegsverbrechen bewusst auslässt.

Es ist an dieser Stelle (vorerst) nicht notwendig, die verschiedenen Motive und Gründe solcher autobiographischen Lügen genauer zu betrachten bzw. diese moralisch zu beurteilen. Es zeigt sich jedoch hier bereits eine

---

unbeabsichtigt und daher rein zufällig sind; solche Erklärungen sind narratologisch als Fiktionalitätsdeklaration zu verstehen.

3 Doubrovsky (2008), S. 11. Zum Begriff der Autofiktion sei zudem auf folgenden Sammelband, insbesondere auf die von der Herausgeberin verfasste Einleitung verwiesen: Wagner-Egelhaaf (2013).

4 Doubrovsky (2008), S. 11.

signifikante Schwierigkeit in Bezug auf den Wahrheitsanspruch von Erzählungen: Da Erzählungen, dies wurde ausführlich dargelegt,[5] neben anderen konstitutiven Merkmalen notwendigerweise selektiv sind, sind Auslassungen von Geschehnissen unumgänglich. Dies hat jedoch zur Folge, dass man Versuche autobiographischen Lügens in epistemischer Hinsicht nicht einfach korrespondenztheoretisch nachweisen kann: Dasjenige, was ein Kriegsveteran beispielsweise schildert, entspricht womöglich den damaligen Geschehnissen; das Problem besteht vielmehr bzgl. dessen, was er nicht berichtet. Es mag jedoch veritable Gründe dafür geben, dass der Veteran z.B. gegenüber einem Gericht, seinen Enkeln oder ihm selber gegenüber diese biographischen Schuldverwicklungen nicht auslassen sollte.

Ob eine solche autobiographische Täuschung vorliegt, hängt also davon ab, welche (berechtigten) Interessen bzgl. einer Lebenserzählung bestehen. Diese variieren jedoch je nach Kontext: Die kurze Auftragsarbeit für eine staatsnahe Firma darf in einem normalen beruflichen Lebenslauf aus Gründen der narrativen Prägnanz wohl ohne Probleme ausgelassen werden; derselbe Lebenslauf könnte der Person, wenn sie jedoch später eine politische Karriere einschlägt, als Täuschungsversuch ausgelegt werden.

Hier deutet sich bereits an, dass sich die Frage, ob eine autobiographische Erzählung wahr oder falsch ist, d.h. der tatsächlichen Vergangenheit entspricht, in dieser simplen korrespondenztheoretischen Form nicht stellen bzw. beantworten lässt. Die darstellungstheoretische Komplexität elaborierter und vielschichtig lebenspragmatisch eingebetteter Erzählungen erfordert ein anspruchsvolleres Verständnis von narrativer Wahrheit.

3) Während die bisher genannten Formen der autobiographischen Lüge versuchen, andere zu täuschen, bleibt das biographische Selbstverständnis des Erzählers davon zumeist unbeeinflusst. Es kommt jedoch nicht selten vor, dass auch ein täuschender Autobiograph irgendwann beginnt, die erlogene Darstellung seines Lebens selber zu glauben. Mitunter geht es sogar primär darum, sich mit einer autobiographischen Erzählung selber bzgl. seiner Vergangenheit zu täuschen. Der Wunsch, dass es sich im eigenen Leben anders zugetragen hat, als es tatsächlich der Fall war, wird hier zum ‚Vater der Geschichte'. Mit solchen autobiographischen *Selbsttäuschungen* wird das Ziel verfolgt, einen unbequemen oder leidvollen

5 S. hierzu Kapitel 7.3.

Teil der eigenen Vergangenheit (oder Gegenwart) vor sich selber zu verbergen.
Obgleich, vor allem im therapeutischen Kontext, häufig anzutreffen, stellt die narrative Selbsttäuschung doch ein paradox anmutendes und damit theoretisch schwer verständliches Phänomen dar: Als Erzählender müsste ich mir des narrativen Betrugs, dem ich als Zuhörender erliegen soll, doch eigentlich bewusst sein. Wie kann es daher möglich sein, dass ich meinen eigenen Lügen glaube? Diese Frage gilt es zu beantworten. Aufgrund ihrer Komplexität und therapeutischen Bedeutsamkeit werde ich mich dieser Thematik daher im folgenden Kapitel ausführlich zuwenden.

4) Unter narrativer Selbsttäuschung verstehe ich, wie noch darzulegen sein wird, Versuche der epistemischen Einflussnahme auf den Prozess der autobiographischen Selbsterkenntnis mit dem Ziel der Vermeidung unangenehmer Einsichten. Es liegt also ein Motiv vor, die eigene Lebensgeschichte inadäquat zu erzählen. Hiervon zu unterscheiden sind nichtintendierte Beeinträchtigungen des faktualen Anspruchs einer autobiographischen Erzählung. Den naheliegendsten Fall stellt der *Fehler* dar: Jemand kann sich einfach unbeabsichtigt bzgl. seiner Vergangenheit irren. Wird er dessen gewahr, kann er Erzählungen jedoch i.d.R. ohne große Schwierigkeiten korrigieren.
Eindeutige Irrtümer in Form eines propositionalen Sachverhalts, der sich anders als erinnert bzw. erzählt zugetragen hat, stellen jedoch in diesem Feld eher die Ausnahme dar. Zumeist liegen nämlich weniger eindeutige, sondern vielmehr komplexe mnestische oder psychische *Verzerrungen* vor. Solche Phänomene kamen, vor allem in Bezug auf das menschliche Gedächtnis, bereits an verschiedenen Stellen zur Sprache: Die Kindheit wird beispielsweise rückblickend tendenziell schöner gesehen, als sie war, Niederlagen werden ausgeblendet oder die Kontingenz des Lebenswegs wird geleugnet und letztlich doch primär als eigener Wille verstanden.
Neben diesen psychischen Verzerrungstendenzen wurden zudem auf der Ebene der Lebenserzählungen zahlreiche, die epistemische Güte beeinträchtigende narratologische Formprinzipien und Eigendynamiken herausgestellt:[6] Erzählungen sind genuin selektiv und perspektiviert; zudem sind sie als komplexe poetische Konfigurationen von Ereignissen zu verstehen. Autobiographische Erzählungen geben der eigenen Vergangenheit also aufgrund dieser narratologischen Strukturmerkmale

6 S. hierzu Kapitel 7.

> eine bestimmte Form und bestimmen damit den Sinn der Lebensgeschichte entscheidend mit. Diese narratologischen Strukturmerkmale und Eigendynamiken können daher als *narrative Verzerrung* verstanden werden, woraus sich starke darstellungstheoretische Zweifel in Bezug auf den epistemischen Status von biographischen Erzählungen ergeben; ihr faktualer Anspruch erscheint uneinlösbar.
>
> Ich werde jedoch im Folgenden dafür argumentieren, dass solche grundsätzlichen Zweifel an der epistemischen Potenz der Erzählung überzogen sind. Eine solche Kritik missversteht eine Erzählung als ‚Abbildung' der vergangenen Geschehnisse und verkennt damit ihren Status als poetische Darstellung. Entsprechend ist es deplatziert, so meine noch zu entfaltende These, ihre epistemische Güte an einem korrespondenztheoretischen Wahrheitsverständnis zu bemessen.

Ihren Anspruch an Faktualität verfehlt eine Erzählung also dann, wenn sie missverstanden wird, wenn sie Fehler enthält, wenn sie in täuschender oder selbsttäuschender Absicht erzählt wird, bzw. wenn sie unbeabsichtigte Verzerrungen aufweist. Dies betrifft autobiographische Erzählungen im Allgemeinen. Wie verhält sich die Frage nach der Wahrheit von Erzählungen nun für die an Selbsterkenntnis interessierte Autobiographie, vor allem im therapeutischen Kontext?

Ich gehe diesbezüglich von der These aus, dass Versuche der narrativen Selbsterkenntnis prima facie an der Wahrheit interessiert und daher an ihr orientiert sind. Dies hat seinen Grund darin, dass, so meine dargelegte Argumentation, Selbsterkenntnis im Dienst der praktischen Frage steht, also der Frage, wie zu leben sei. Solche existenziellen Entscheidungen erfordern eine valide Selbsterkenntnis der eigenen Wünsche, Fähigkeiten und weiterer Eigenschaften der eigenen Person. Die eigene Vergangenheit dient als wichtigste Quelle solcher Selbsterkenntnis. Hieraus folgt, dass ein gewichtiges Interesse an der epistemischen Validität der eigenen Lebenserzählung besteht. Denn eine unzuverlässige autobiographische Selbsterkenntnis, so meine Argumentation weiter, führt zu tendenziell schlechteren existenziellen Entscheidungen, die nicht den eigenen Wünschen oder Fähigkeiten entsprechen und sich in der Folge als abträglich für das Wohlergehen erweisen. Es besteht daher *aus existenziell-lebenspragmatischen Notwendigkeiten ein veritables Interesse an einer epistemisch validen autobiographischen Erzählung.*

Entsprechend gehe ich für meine weitere Argumentation davon aus, dass auch bei der auf Selbsterkenntnis ausgerichteten Lebenserzählung prima facie *ein (Selbst)anspruch auf Faktualität* besteht. Einen epistemischen Anspruch an sich bzw. seine autobiographische Erzählung zu stellen, bedeutet jedoch bei weitem noch nicht, diesem auch gerecht zu werden. Auch hier stellt sich daher die Frage, wann diesem epistemischen Anspruch entsprochen bzw. wann er verfehlt wird.

Da sich dieser autobiographische Faktualitätsanspruch an die Person selber richtet, spielen die dargestellten Fälle eines epistemischen Missverständnisses keine oder im Fall einer (ausschließlich) intersubjektiven Täuschung kaum eine Rolle (bzw. geht mit einer Selbsttäuschung einher). Es verbleiben daher drei wichtige epistemische Verfehlungen: 1) Der explizite Fehler, 2) die unbeabsichtigten Verzerrungen sowie 3) die explizite narrative Selbsttäuschung.

Der offenkundige Fehler und die mnestischen, psychischen oder narratologischen Verzerrungen haben gemein, dass sie dem Autobiographen *unbeabsichtigt* unterlaufen; ihnen liegt kein bewusstes Motiv zugrunde. Sie unterscheiden sich jedoch voneinander dahingehend, dass ein expliziter Fehler, wenn erkannt, relativ leicht behoben werden kann, während dies bei den aufgezeigten Verzerrungstendenzen deutlich schwieriger ist. Hier stellt sich die viel grundlegendere darstellungstheoretische Frage, ob und inwiefern eine Autobiographie ihrem epistemischen Anspruch überhaupt gerecht werden, also wahr sein kann.

Hiervon unterscheiden sich wiederum die narrativen Selbsttäuschungen. Bei diesen liegt der irritierende Umstand vor, dass jemand zwar einerseits an einer wahrhaftigen Lebenserzählung interessiert ist, sich jedoch zugleich diesbezüglich intentional täuscht, d.h. seinen eigenen Anspruch konterkariert. Diese paradoxal anmutende Grundstruktur der narrativen Selbsttäuschung gilt es im Anschluss zu erhellen. Zuerst möchte ich mich jedoch der Frage zuwenden, ob und inwiefern die autobiographische Erzählung überhaupt als ‚wahr' bezeichnet werden kann. Es gilt also zu klären, ob eine Autobiographie überhaupt epistemisch als *wahrheitsfähig* erachtet werden kann.

Dies wird in den entsprechenden Diskursen kontrovers diskutiert: Zu Beginn fällt sogleich auf, dass es keinen ernstzunehmenden Theoretiker zu geben scheint, welcher die These vertritt, dass das Medium der Autobiographie ihren Wahrheitsanspruch ohne signifikante Einschränkungen zu erfüllen vermag. Die kritischen Stimmen bilden die deutliche Mehrheit: Zur Sprache kamen bereits Sarah Kofman, Armin Nassehi, Pierre Bourdieu und Sigmund Freud. Da bereits viel, in Teilen sehr berechtigte Kritik zur Wahrheitsfähigkeit von (Auto)biographien angeführt wurde, erscheint es mir müßig, diese hier noch einmal zu wiederholen. Stattdessen möchte ich der Frage nachgehen, ob bzw. inwiefern autobiographische Erzählungen trotz dieser zahlreichen epistemischen Einschränkungen ihrem faktualen Anspruch genügen können.

Insofern die These der Wahrheitsfähigkeit von autobiographischen Erzählungen vertreten wird, wird häufig von einer Art *subjektiver Wahrheit der Autobiographie* ausgegangen. Der naheliegende und auch schon angesprochene

Grund für die These liegt in der Abhängigkeit der autobiographischen Erzählung vom subjektiven Erleben (und Erinnern) der geschilderten Ereignisse. Entsprechend merkt Marcus Billson an:

> „Der Memoirenschreiber beabsichtigt nicht, Menschen und Ereignisse der Vergangenheit so zu zeigen, wie sie waren (obwohl er fortwährend glaubt, dies zu tun), sondern er stellt sie dar, wie sie ihm erschienen, wie er sie erlebt und in Erinnerungen behandelt hat. Die drei Verben – ‚erscheinen', ‚erleben', ‚erinnern' – beinhalten ein Element menschlicher Subjektivität seiner Wahrnehmung und damit die Möglichkeit menschlichen Irrtums."[7]

Autobiographische Erzählungen berichten also nicht primär und womöglich nicht einmal vorrangig davon, was sich ereignet hat, sondern wie es *erlebt, erfahren* und *erinnert* wurde. Auf diesen wichtigen Punkt weist auch Pascal Roy hin, wenn er schreibt:

> „Hier sehen wir uns nun mit dem zentralen und kompliziertesten Problem der Autobiographie konfrontiert. Der Autobiograph berichtet nicht Tatsachen, sondern Erfahrungen, d.h. die Wechselwirkungen zwischen Mensch und den Tatsachen oder Ereignissen."[8]

Auch wenn einem Autobiographen selbstredend die Möglichkeit offensteht, externe Quellen oder die Sichtweisen anderer Menschen bei der Darstellung der Vergangenheit hinzuzuziehen und sie mit seinem subjektiv perspektivierten Erleben der Ereignisse in Beziehung zu setzen, so scheint jedoch die von Billson und Pascal postulierte Priorität des erstpersonalen Erscheinens, Erlebens und Erinnerns letztlich untilgbar. Die strukturelle Subjektivität ist der Autobiographie daher inhärent.

Die konstitutive Subjektivität darf jedoch nicht als bedauerliche epistemische Einschränkung der Autobiographie verstanden werden, welche, wäre es möglich, am besten getilgt werden sollte. Sie stellt nämlich, so Billson weiter, gerade dasjenige dar, was der Erzählung ihre Relevanz und ihren Reiz gibt; hierzu ebendieser:

> „Der Memoirenschreiber hingegen akzeptiert ganz bereitwillig die Subjektivität seiner Wahrnehmung als das sine qua non seiner Arbeit. Ohne sie wäre seine Arbeit nicht interessant und hätte keine Bedeutung. Es wären eben keine Memoiren."[9]

---

7 Billson (2016), S. 146.
8 Pascal (1965), S. 29.
9 Billson (2016), S. 146.

Da autobiographische Erzählungen gerade durch ihre subjektive Perspektive und individuelle Bedeutungszuschreibung als solche interessant und relevant werden, ist die Subjektivität, obgleich sie die epistemische Qualität reduzieren mag, als ein genuines und damit konstitutives Merkmal von Autobiographien anzusehen.

Die Subjektivität zeigt sich jedoch nicht nur im Moment des Erlebens (des später Erzählten), sondern, wie ausführlich im Exkurs zum Thema Gedächtnis dargelegt, auch im Erinnern und letztlich im konfigurierenden Akt des Erzählens. Als wichtige narrative Operationen wurden hierbei die Selektion und die Konfiguration herausgestellt. Diese prägen selbstredend auch die autobiographische Erzählung. Der Autobiograph wählt beim Erzählen verschiedene Geschehnisse aus seinem Leben aus und stellt diese in einer bestimmten narrativ konfigurierten Verknüpfung dar. Entsprechend merkt Alois Hahn hierzu an: „Die selektive Vergegenwärtigung stiftet Zusammenhänge, die es so vorher gar nicht geben konnte. Der Lebenslauf ist uns nur über die Fiktion biographischer Repräsentation als Wirklichkeit zugänglich."[10]

Die *Fiktionalisierung*, verstanden als narrative Operation der Selektion und Konfiguration ausgewählter Ereignisse, stellt also ein zentrales Moment des autobiographischen Erzählens dar. Diese Fiktionalisierung folgt aus dem konstitutiv poetischen (hervorbringenden) Moment des Erzählens. Hans Rudolf Picard minimiert daher den dokumentarischen und unterstreicht im Gegenzug den poetisch-kreativen Charakter der Autobiographie, wenn er schreibt, diese sei eben „keine Dokumentation, sondern erinnernde Neuschöpfung. Insofern steht sie der echten Fiktion nicht so fern, wie es zunächst scheint"[11]. Dokumentarisches und Fiktionales sind in der Autobiographie daher immer untrennbar verwoben.

Bedeutet dieses notwendige fiktionale Moment im autobiographischen Erzählen, dass die Frage nach der Wahrheit der Autobiographie – verstanden als faktualer Anspruch, dass es so gewesen ist – als obsolet zu erachten ist? Sind Autobiographien genuin unwahr?

Nein, dies wäre überzogen. Angela Steidele merkt hierzu an: „Biographien erzählen, d.h. fiktionalisieren. [...] Dennoch produzieren Biographien keine Unwahrheiten. ‚Die' Wahrheit ist zwar nicht festzustellen – Falsches, Kontrafaktisches lässt sich dennoch oft sehr leicht entlarven."[12] Dies meint, dass Autobiographien (aufgrund ihrer angeführten narratologischen Strukturmerkmale) notwendigerweise fiktionalisieren müssen. Diese Form der narrativen

10 Hahn (2000), S. 101.
11 Picard (1978), S. 67.
12 Steidele (2019), S. 67.

Fiktionalisierung verunmöglicht es, dass eine autobiographische Erzählung, wie Steidele m.E. berechtigterweise anmerkt, *die* Wahrheit darzustellen vermag. Zugleich müssen sich autobiographische Erzählungen, um ihrem Anspruch auf Faktualität gerecht zu werden, selbstredend an bestimmte grundlegende epistemische Maßstäbe halten bzw. sich offen für (‚entlarvende') Kritik bzw. andere Sichtweisen auf die Vergangenheit zeigen.

Aufgrund der untilgbaren Subjektivität und der narratologischen Freiheitsgrade der Selektion und Konfiguration des Erzählens kann und sollte die epistemische Güte einer Autobiographie nie korrespondenztheoretisch – verstanden als objektive und isomorphe Darstellung dessen, was war – begriffen werden. Dies ist der autobiographischen Erzählung weder möglich noch ihr Ziel. Es stellt sich an dieser Stelle vielmehr die Frage, *welchem Verständnis von Wahrheit* die autobiographische Erzählung verpflichtet ist.

Autobiographien sind daher, so meine These, einem erweiterten Begriff von *narrativer Wahrheit* verpflichtet. Die Frage, ob autobiographische Erzählungen ihrem Anspruch an Faktualität gerecht werden, ist daher nicht anhand eines einfachen epistemischen Maßstabs, z.B. des verifizierenden ‚Abgleichs' der Darstellung mit den Geschehnissen der Vergangenheit, zu beantworten, sondern bedarf der Berücksichtigung der Besonderheit narratologischer Strukturmerkmale sowie narrativer Darstellungspraxen. Folgende Aspekte erachte ich für ein erweitertes Verständnis narrativer Wahrheit in Bezug auf autobiographische Erzählungen für wichtig:

1) Wie bereits angeführt, ist der autobiographischen Erzählung immer eine *untilgbare Subjektivität* inhärent. Selbst wenn eine Lebenserzählung sich um Neutralität und Objektivität bemüht, so ist sie doch immer auf das subjektiv gefärbte Erleben der Geschehnisse sowie deren mnestische Vergegenwärtigung angewiesen. Gerade das individuelle Gedächtnis – dies wurde ausführlich dargelegt – darf eben nicht als ein ‚neutraler Speicher' missverstanden werden. Das Erinnern stellt vielmehr einen in vielerlei Hinsicht bedingten poetischen Prozess dar, dessen subjektive Färbung trotz Mühen kaum eliminierbar scheint.
Selbstverständlich kann, insofern gewollt oder gefordert, versucht werden, solche subjektiven Färbungen einer autobiographischen Erzählung zu reduzieren oder gar zu tilgen. Dies kann durch eine selbstkritische Haltung beim Erzählen, Versuche der Verifizierung durch neutrale Quellen oder durch die ko-narrative Hinzuziehung anderer involvierter Personen geschehen. In einer Reihe von Kontexten mögen solche Versuche, die subjektive Note der eigenen autobiographischen Erzählung zu reduzieren und damit ihre Objektivität zu verbessern, auch geboten sein. In vielen anderen Erzählsituationen hingegen würde die Geschichte gerade

hierdurch einer entscheidenden Eigenschaft beraubt. Ihre Subjektivität macht die Lebenserzählungen in vielen Kontexten gerade bedeutsam und interessant. Daher begehren Leser und Zuhörer häufig genau diese subjektive Note und wären vermutlich enttäuscht, würde ihnen der Autobiograph stattdessen einen nüchternen Tatsachenbericht präsentieren.
Auch in der Psychotherapie sind biographische Darstellungen dieser Art mitunter anzutreffen:

> [Fallvignette 21]: Ein älterer Patient mit psychosomatischer Symptomatik legt mir zur biographischen Anamnese einen tabellarischen Lebenslauf vor, den er kurz und knapp erläutert. Auch die betriebsbedingte Kündigung seiner Arbeitsstelle, an der 35 Jahre tätig war und die in eine längere Arbeitslosigkeit mündete, sowie der Tod seiner Frau einige Jahre später werden protokollarisch berichtet. Als ich ihn darauf anspreche, welche emotionale Bedeutung diese Ereignisse für ihn hatten, reagiert er ratlos.

Die Fallvignette macht deutlich, dass die subjektiven Färbungen für die meisten autobiographischen Erzählungen unentbehrlich sind. Daher soll hier die These vertreten werden, dass es in autobiographischen Narrativen mitunter weniger darum geht, darzustellen, was passiert ist, *sondern wie es für die Person war, dies zu erleben bzw. welche Bedeutung dieses Geschehen für ihr (weiteres) Leben hatte (bzw. hat)*. Für die Frage in dieser Richtung ist die Subjektivität in der Tat ein untilgbares Element der autobiographischen Erzählung.
Dies gilt m.E. insbesondere für die an Selbsterkenntnis interessierten autobiographischer Erzählungen, vor allem im therapeutischen Kontext: Auch hier – dies wird noch darzulegen sein – zielt das Klärungsinteresse weniger darauf ab, was sich ereignet hat, sondern vielmehr, wie es erlebt wurde, wie es erinnert wird, welche Bedeutung ihm beigemessen wird und wie es das weitere Leben geprägt hat. Wichtig sei, so Roy Pascal, die Autobiographie „nicht in ihrer objektiven Wahrheit anzuerkennen, sondern als Wahrheit für diesen Menschen, als seine Wahrheit“[13]. Weniger das faktische Geschehen als vielmehr dessen Bedeutung für das Leben stehen bei solchen autobiographischen Erzählungen im Zentrum des Interesses. Die gesuchte autobiographische Wahrheit ist daher weniger

13 Pascal (1965), S. 212.

die der vergangenen Tatsachen als die ihrer Bedeutung für das (weitere) Leben.

2) Die an einen Autobiographen herangetragenen epistemischen Maßstäbe können also bzw. sollen explizit die subjektive Perspektive seines Erlebens, Erinnerns und Erzählens beinhalten. Ob eine autobiographische Lebensgeschichte ihrem explizit oder implizit formulierten Anspruch auf Faktualität genügt, hängt also davon ab, welche epistemischen Maßstäbe im jeweiligen Kontext gefordert sind.
Wie bereits mehrfach erwähnt, erachte ich es in diesem Zusammenhang als deplatziert, die epistemische Güte einer autobiographischen Erzählung an einem korrespondenztheoretischen Wahrheitsverständnis zu bemessen; dies aus folgendem Grund: Autobiographische Erzählungen können nämlich aus erzählpragmatischen Gründen niemals alle Geschehnisse des eigenen Lebens darstellen. Es müssen im Rahmen der narrativen Selektion notwendigerweise einige Ereignisse als erzählwürdig ausgewählt und damit zugleich andere als nicht relevant ausgelassen werden. Dies wurde bereits ausführlich dargestellt und erläutert.[14] In epistemischer Hinsicht hat dies jedoch weitreichende Folgen:
Selbst wenn die narrative Darstellung der ausgewählten Lebensereignisse den tatsächlichen Gegebenheiten (wie auch immer dies zu verstehen sei) adäquat zu entsprechen vermag und damit im Sinne eines korrespondenztheoretischen Wahrheitsverständnisses als wahr gelten darf, können wichtige Aspekte der eigenen Vergangenheit in täuschender Absicht weg- und damit ausgelassen werden. Da Auslassungen von Geschehnissen aufgrund der Notwendigkeit einer narrativen Selektion unumgänglich sind, lässt sich, weil das Dargestellte den Geschehnissen entspricht, aus einer rein korrespondenztheoretischen Sicht in diesem Fall keine Kritik formulieren.
In diesem Zusammenhang sei an das Beispiel eines in Kriegsverbrechen verstrickten Weltkriegsveterans erinnert, welcher seine Beteiligung an diesen in seiner autobiographischen Erzählung eben gerade verschweigt. Im korrespondenztheoretischen Sinne mag seine Erzählung unbeanstandet als wahr gelten, obgleich sie durch geschickte narrative Rahmung der Täuschung dient. Da in verschiedenen Kontexten (vor Gericht, innerfamiliär oder gar innerpsychisch) jedoch ein veritables Interesse daran bestehen mag, dass eben gerade diese autobiographische Gegebenheit nicht ausgelassen werden darf, stellt sich der Verdacht ein, dass der

14 S. hierzu Kapitel 7.3.

Kriegsveteran eben nicht ‚die ganze Wahrheit' berichtet – obgleich er korrespondenztheoretisch nichts Falsches erzählt.

Dies zeigt, dass der korrespondenztheoretische Wahrheitsbegriff bzgl. der Frage der epistemischen Güte von lebenspraktisch eingebetteten Erzählungen zu kurz greift. Da die Erzählung immer nur bestimmte Lebensereignisse darzustellen und nur in einer bestimmten Hinsicht zu verknüpfen vermag, kann dies in Bezug auf ihre epistemische Güte nicht einfach mit der Realität verifikativ abgeglichen werden. Es kommt vielmehr darauf an, *auf welche Frage bzw. auf welches damit verbundene Klärungsinteresse eine Erzählung antwortet.*

Hieraus folgt zugleich, dass ein und dieselbe autobiographische Erzählung in einer Erzählsituation als epistemisch unproblematisch, in einem anderen Kontext jedoch als kritikable Lügengeschichte gelten kann. Die Frage, ob eine Erzählung ihrem Anspruch an Faktualität gerecht wird, ist daher nicht an sich, sondern immer nur unter Bezug auf ihre *Erzählsituation,* d.h. in Bezug auf den lebenspraktischen Kontext und seine jeweiligen epistemischen Interessen, Ansprüche und Verpflichtungen zu beantworten. Die (erweiterte) Wahrheit einer autobiographischen Erzählung entscheidet sich also jeweils in Bezug auf die *epistemischen Anforderungen in der bestimmten Erzählsituation.*

3) Autobiographische Erzählungen unterliegen zudem, wie vorgestellt, einer Vielzahl mehr oder weniger bewusst vollzogener Täuschungen bzw. mnestischer und narratologischer Verzerrungstendenzen. Die Menge, Komplexität und der Folgenreichtum solcher Täuschungen und Verzerrungen stellt eine große Bürde für die epistemische Güte autobiographischer Erzählungen dar.

Es wäre jedoch, so meine These, unterkomplex und daher problematisch, diese nur als epistemische Beeinträchtigungen zu verstehen. Denn narrative Täuschungen und Verzerrungen sind, so meine These, als bedeutsamer Teil des Lebens selbst Teil der biographischen Wahrheit. „Denn immer geht es", so Bernhard Fetz, „der Biographie um Wahrheit, auch noch in der Verstellung: Zur biographischen Wahrheit gehört die Wahrheit der Verdrängung".[15] Dieser Gedanke ist selbstverständlich auch für die Psychotherapie von großer Bedeutung.

[Fallvignette 22]: Eine Patientin stellt im psychotherapeutischen Prozess fest, dass sie wohl positive Gefühle gegenüber ihrem Vater,

15 Fetz (2009b), S. 21.

> welcher ihre Familie vor Jahren verlassen hatte und welcher mittlerweile verstorben ist, verdrängt habe. Sie habe immer nur Enttäuschung und Wut ihm gegenüber verspürt. Dass dort womöglich immer auch sehnsuchtsvolle Gefühle waren, habe sie verdrängt. Zuerst ärgert sich die Patientin sehr, dass ihr dies nicht früher, d.h. zu einem Zeitpunkt, an dem ihr Vater noch gelebt hat und eine Kontaktaufnahme möglich gewesen wäre, bewusstgeworden ist. Im weiteren Verlauf der Behandlung kann die Patientin jedoch verstehen und damit akzeptieren, dass diese Verdrängung wohl für sie notwendig war, um die schmerzliche Trennung irgendwie verarbeiten zu können – dies sei Teil ihrer Geschichte, so die Patientin.

Da eine Lebenslüge eben selber ein folgenreicher und prägender Teil eines Lebens zu sein vermag, gehört sie unverzichtbar zur autobiographischen Wahrheit. Hier zeigt sich nochmals die komplexe Interdependenz von Leben und autobiographischer Erzählung: Die Erzählung des eigenen Lebens ist immer auch Teil ebendessen.
Zwar macht es einen Unterschied, ob ich aufrichtig und distanziert (vermutlich retrospektiv) von einer existenziell gewichtigen Lebenslüge autobiographisch berichte, oder ob sie meine aktuellen narrativen Darstellungsakte mitbestimmt; im erstgenannten Fall ist die Verstellung als solche erkannt und wird als *Gegenstand* meiner Autobiographie dargestellt; im anderen Fall prägt sie als (partiell) unerkanntes *Motiv* meine Lebenserzählung. Gleichwie, Selbstlügen und narrative Verzerrungen gehören nun mal auch zur Wahrheit eines Lebens. In diesem Sinne versteht auch die moderne Psychoanalyse die Abwehr bzw. den Widerstand eben nicht nur als wahrheitsbeeinträchtigende (und damit aufzuhebende) Mechanismen, sondern immer auch als essenziellen Teil der Wahrheit des Subjekts. Entsprechend kann angenommen werden: *Die Wahrheit einer Autobiographie kann auch in ihren Verstellungen liegen.*

4) Die eigene Vergangenheit kann, so wurde gezeigt, notwendigerweise nur durch immer auch in Teilen fiktionale Erzählungen *vergegenwärtigt* werden. Der gegenwärtigen Situation des Erzählers kommt bei dieser Vergegenwärtigung eine besondere Bedeutung in Bezug auf die Art und Weise der narrativen Darstellung zu. Dies kann wiederum bedeuten, dass die resultierende Erzählung mehr über die Gegenwart (des erzählenden Ichs) als über die Vergangenheit (des erzählten Selbst) zum Ausdruck bringt. Anders formuliert: *Nicht selten erweist sich die erzählte Wahrheit der Vergangenheit vielmehr als die Wahrheit der Gegenwart.* Roy Pascal merkt in diesem Sinne an, dass die Autobiographie „als eine

Wechselwirkung, ein geheimes, auch trügendes Einverständnis zwischen Vergangenheit und Gegenwart [anzusehen sei]. Ihre Bedeutung liegt in Wirklichkeit mehr in der Enthüllung der gegenwärtigen Situation als in der Entschleierung der Vergangenheit"[16].

Die These, dass die erzählte Wahrheit der Vergangenheit häufig eher die der Gegenwart sei, korrespondiert mit den vorgestellten Überlegungen zur *Nachträglichkeit*.[17] In diesem Zusammenhang habe ich ausführlich dafür argumentiert, dass die mnestische und narrative Bezugnahme auf die Vergangenheit in ihrer Bedeutung nie final bestimmt werden kann, sondern immer im Licht der weiteren Entwicklung der Geschehnisse neu beschrieben werden muss. Für die Frage nach der autobiographischen Wahrheit erweist sich die Nachträglichkeitsthese als folgenreich: Die Erzählsituation und die damit verbundenen erinnernden und erzählenden Bezugnahmen auf die eigene Vergangenheit sind nicht nur durch das aktuale Klärungsinteresse sowie situative Einflussfaktoren (aktuelle Eindrücke, Stimmungen, Erwartungen der Leser / Zuhörer etc.) geprägt, sondern eben auch durch die *historische epistemische Perspektive*, aus der heraus auf das vergangene Leben geblickt wird. Wir erzählen uns unsere Vergangenheit immer vom epistemischen Standpunkt der Gegenwart aus. Dies heißt, wir wissen zumeist mehr als einst, vor allem vieles, was in der Zwischenzeit passiert ist, jedoch nicht, was zukünftig noch folgen wird. Diese epistemische Konstellation erweist sich als sehr folgenreich.

Es liegt auf der Hand, dass die Nachträglichkeit zu epistemischen Verzerrungen führen kann; dies vor allem dergestalt, dass der damalige epistemisch limitierte Blick auf die Geschehnisse vergessen und durch die aktuelle Perspektive ersetzt wird: Das erzählende Ich missachtet die Perspektive seines einst erlebenden Ichs. Eine solche Missachtung der *epistemischen Asymmetrie des autobiographischen Erzählens* kann dazu verleiten, dem vergangenen Ich gegenüber ‚ungerecht' zu werden. Dieses Phänomen ist beispielsweise häufig in Bezug auf getroffene Lebensentscheidungen, welche sich später nachteilig erwiesen haben, anzutreffen. Hierzu eine Fallvignette:

> [Fallvignette 23]: Ein depressiv erkrankter Patient hadert mit seiner beruflichen Situation. Er ist unzufrieden mit seinem Beruf und führt seine depressive Symptomatik hierauf zurück. In jungen Jahren habe er die falsche Berufsentscheidung getroffen; diesen Fehler

16 Pascal 1965, S. 23.

17 S. hierzu Kapitel 8.1.

> könne er sich nicht verzeihen. Entsprechend dominiert psychodynamisch die starke retrospektive (letztlich hemmende) Selbstanklage. Wir betrachten biographisch eingehender die Zeit, in der er seine Berufsentscheidung getroffen hat, und der Patient kann einsehen, wie wenig er sich damals mit der Berufswelt auskannte; dies reduziert seine Selbstanklage.

Das neurotische Hadern des Patienten mit seiner Entscheidung steht damit in Verbindung, dass er seine damalige Entscheidung aus der heutigen epistemischen Perspektive betrachtet und als problematisch erachtet, wodurch sie ihm unverzeihlich erscheint. Das Vergessen der Perspektive, welche uns in epistemischer, aber auch in emotionaler, evaluativer oder in entwicklungspsychologischer Hinsicht einst prägte und uns auf eine bestimmte Weise auf die Geschehnisse blicken ließ, tangiert die Frage nach der Wahrheit der autobiographischen Erzählung erheblich.
Noch virulenter wird die These der mnestischen und narrativen Nachträglichkeit in Bezug auf die Wahrheitsfrage, wenn man berücksichtigt, dass auch die aktuelle Erzählperspektive nicht die epistemisch abschließende ist. Ob die Entscheidung des Patienten auch zukünftig für ihn problematisch und damit als Fehler erscheint, hängt u.a. auch davon ab, ob er seine aktuell unbefriedigende Berufssituation in Zukunft neu zugestalten vermag. Da das Leben weitergeht und die eigene Zukunft unbekannt ist, bleibt die autobiographische Erzählung der eigenen Vergangenheit (und Gegenwart) per se unabgeschlossen und damit auch die finale Wahrheit der Vergangenheit offen.
Was folgt hieraus für die Frage nach einem erweiterten Verständnis von autobiographischer Wahrheit? Die narrative Wahrheit der eigenen Vergangenheit ist folglich immer auch als eine Wahrheit der Gegenwart zu verstehen. Es bedarf daher eines Bewusstseins der perspektivischen Bedingtheit der aktuellen Bezugnahmen auf die eigene Vergangenheit sowie des Wissens, dass die eigene Geschichte nie final abschließend erzählt werden kann.

5) Für den fünften und letzten Aspekt eines erweiterten Verständnisses von autobiographischer Wahrheit sei auf einen Gedanken Goethes verwiesen; dieser merkt zu seiner eigenen Autobiographie *Dichtung und Wahrheit* an: „Es sind lauter Resultate meines Lebens und die erzählten einzelnen Facta dienen bloß, um eine allgemeine Beobachtung, eine höhere Wahrheit, zu bestätigen.“[18]

---

18 Eckermann (1999), S. 479.

Für Goethe besteht die *höhere Wahrheit* seines Lebens also weniger in den einzelnen episodischen Fakten, sondern in dem, was sich als biographisches Ganzes aus diesen ergibt. Als These und in den Begrifflichkeiten dieser Arbeit formuliert, ließe sich also sagen: Die (höhere) Wahrheit einer autobiographischen Erzählung entscheidet sich mitunter nicht anhand der einzelnen dargestellten Ereignisse, sondern auf der Ebene der narrativen Konfiguration dieser Einzelmomente zu einem Ganzen. Die Wahrheit einer autobiographischen Schilderung mag daher weniger darin liegen, dass alle Details eines dargestellten Lebens zutreffend berichtet werden, sondern darin, dass das besagte Leben im Ganzen eine ‚höhere' Wahrheit zu verdeutlichen mag; dies kann z.B. in Form einer Künstlergenieerzählung als einer verschiedenen Widrigkeiten unbeirrbar trotzenden Erfolgsgeschichte oder im Stile einer Heiligenvita mit obligatorischer Bekehrung geschehen.
Gerade in Bezug auf psychotherapeutische Narrative ist die gesuchte biographische Wahrheit häufig eben nicht in der Summe der zutreffenden Details, sondern in der narrativen Konfiguration als Ganzes zu finden. Hierzu eine Fallvignette:

> [Fallvignette 24]: Eine junge Patientin kommt zum letzten Therapiegespräch im Rahmen eines stationären Aufenthalts. Nach einigem Zögern merkt sie an, dass viele Aspekte ihres therapeutischen Narrativs in den Details nicht der Wahrheit entsprechen: Sie arbeite z.B. anderswo als angegeben und ihr Bruder sei z.B. nicht bei einem Autounfall verstorben, sondern habe den Kontakt zur Familie abgebrochen. Dies tue ihr sehr leid, aber zu Beginn der Behandlung habe sie nicht genug Vertrauen gehabt, um einer fremden Person die *‚ganzen Wahrheiten ihres Lebens'* zu berichten. Sie gibt jedoch an, trotzdem von den Gesprächen sehr profitiert zu haben, weil die eigentlichen Themen von diesen Lügen unberührt blieben.

Wenn also bei der Frage nach der epistemischen Güte einer autobiographischen Erzählung primär *die Wahrheit der Erzählung als Ganzes* im Zentrum des Interesses steht, könnte man sogar die These vertreten, dass der Validität einzelner biographischer Fakten wenig Bedeutung zukommt: Wann der Künstler genau an der Akademie abgelehnt wurde, wie viele Firmen des Entrepreneurs vor seinem Aufstieg Konkurs gingen, oder welchen Sünden der Heilige vor seiner Bekehrung verfallen war, mag letztlich unerheblich sein. Mitunter mag es einem Autobiographen sogar redlich erscheinen, zum Zwecke der besseren Hervorhebung einer

> solchen ‚höheren' Wahrheit bzgl. einiger Details seines Lebens epistemisch nachlässig umzugehen.
>
> Eine solche epistemische Vernachlässigung biographischer Details im Dienst der ‚höheren' Wahrheit der autobiographischen Erzählung mag mitunter tolerabel oder gar geboten sein. Ob hierbei der faktuale Anspruch verletzt wird, entscheidet sich in Bezug auf den erzählpragmatischen Kontext, in den die Autobiographie eingebettet ist. Entscheidend ist, welche epistemischen Ansprüche seitens der Hörer bzw. Leser an den Autobiographen gestellt werden und inwiefern dieser für sich behauptet, diesen gerecht werden zu wollen. In den Worten Lejeunes: Wichtig für die epistemische Beurteilung solcher Fälle ist, welcher autobiographische Pakt explizit oder implizit (z.B. qua Kontext) geschlossen wurde. Es muss sich also darauf verständigt werden, ob eher eine ‚chronistische' oder eben eine ‚höhere' Wahrheit gesucht und ggf. gefunden wird.

Zusammenfassend lässt sich zur Frage nach der Wahrheit autobiographischer Erzählungen also festhalten, dass diese, insofern sie ihrem Begriff genügen, den Anspruch erheben, an Wahrheit orientiert zu sein. Für den an Selbsterkenntnis interessierten Autobiographen gilt dies insbesondere deshalb, so meine Argumentation, da er ein veritables Interesse an valider Selbsterkenntnis hat, um tendenziell bessere Lebensentscheidungen treffen zu können. Ich gehe daher von einem faktualen (Selbst)anspruch aus. Hieraus ergibt sich zuerst die Frage, ob und inwiefern diesem Anspruch überhaupt entsprochen werden kann.

In der Folge wurde dafür argumentiert, dass es als deplatziert anzusehen ist, die Frage nach der epistemischen Güte von autobiographischen Erzählungen an einem objektivistischen bzw. korrespondenztheoretisch orientierten Wahrheitsbegriff zu messen. Stattdessen plädiere ich für einen *erweiterten Wahrheitsbegriff*, welcher der narratologischen Komplexität und den verschiedenen epistemischen Klärungsinteressen und -ansprüchen gerecht zu werden vermag. In Grundzügen und ohne Anspruch auf Vollständigkeit wurde dieser in Bezug auf fünf Aspekte vorgestellt: Es wurde 1) betont, dass *Subjektivität* nicht als zu eliminierender Aspekt einer autobiographischen Erzählung verstanden werden sollte, sondern gerade ein zentrales Merkmal einer solchen darstellt. Zudem wurde 2) herausgestellt, dass die epistemische Güte einer autobiographischen Erzählung in Abhängigkeit von den jeweiligen situativen *Klärungsinteressen* betrachtet werden muss. Eine Autobiographie kann aufgrund ihrer notwendigen Selektivität und poetischen Konfigurativität nicht an sich als wahr (oder falsch) gelten; entscheidend ist, welche epistemischen Klärungsinteressen kontextuell an sie herangetragen werden. Darüber hinaus gehören 3) auch Irrtümer und (Selbst)täuschungen zur Wahrheit eines Lebens; die Wahrheit einer Autobiographie umfasst immer auch die *Wahrheit ihrer Verstellung*. Obgleich es ihr Anspruch ist darzustellen, wie es war, sagen autobiographische Narrationen 4) zudem häufig mehr Wahres über die Gegenwart als über die Vergangenheit. Sie unterliegen der *Nachträglichkeit*, was zur Folge hat, dass die eigene Vergangenheit in ihrer Bedeutung nie abschließend beschrieben werden kann. Als letzten Aspekt eines erwarteten Wahrheitsverständnisses wurde 5) betont, dass die Frage nach der Wahrheit einer Autobiographie (je nach Klärungsinteresse) nicht nur in Bezug auf die (korrekte) Darstellung der einzelnen Ereignisse entschieden wird, sondern dass sich auf der Ebene der Lebenserzählung als konfiguriertes Ganzes eine davon epistemisch unabhängige *höhere Wahrheit* zeigen kann.

Ein solcher, hier in Grundzügen skizzierter erweiterter autobiographischer Wahrheitsbegriff wird, so meine These, den Erfordernissen der lebensweltlich vielfältigen autobiographischen Praxen deutlich gerechter als ein starres korrespondenztheoretisches Verständnis von Wahrheit. Entscheidend dafür, ob ein Autobiograph seinem faktualen (Selbst)anspruch gerecht wird, ergibt sich – dies sollte deutlich geworden sein – aus den jeweiligen epistemischen Interessen der konkreten Erzählsituation. Dies bedeutet, dass sich je nach Erzählsituation und den mit ihr verbundenen Klärungsinteressen andere Maßstäbe ergeben, anhand derer sich die Frage entscheidet, ob eine Autobiographie ihrem faktualen Anspruch gerecht wird. Neben basalen epistemischen Maßstäben, wie z.B. atomistische Faktentreue oder logische Kohärenz einzelner Ereignisverknüpfungen, können auch komplexere narratologische Strukturmomente wie die besagte narrative Selektion oder die poetische Konfiguration in Bezug auf die Wahrheitsfrage eine entscheidende Rolle spielen.

Es darf jedoch ein weiterer wichtiger Aspekt nicht vergessen werden: Eine wesentliche epistemische Qualität ist nämlich nicht in der Erzählung selbst situiert, sondern besteht in der Bereitschaft des Autobiographen, *sich offen dafür zu zeigen, sein Leben auch anders zu erzählen*. Die Gründe hierfür können vielfältig sein: so z.B. neue Erkenntnisse über die Vergangenheit, kritische Rückfragen bzgl. epistemischer Gütekriterien der vorgelegten Erzählung, eine abweichende Sichtweise anderer auf die Ereignisse oder der Vorschlag einer alternativen poetischen Konfiguration ihrer narrativen Darstellung. Es geht daher bei autobiographischen Erzählungen, so meine im nächsten Kapitel zu untersuchende These, häufig weniger um die Wahrheit, sondern vielmehr um *Wahrhaftigkeit*, verstanden als eine um Wahrheit bemühte Haltung des Erzählers zu seiner eigenen Lebensgeschichte.

Wie ist die Frage, ob Autobiographien wahr sein können, nun letztlich zu beantworten? Entscheidend ist, dies wurde ausführlich dargelegt, welche epistemischen Ansprüche in der jeweiligen Erzählsituation bestehen. Einem strikten korrespondenztheoretischen Wahrheitsbegriff entsprechen die meisten autobiographischen Erzählungen im Alltag nicht, bzw. können diesem gar nicht entsprechen. Trotzdem erfüllen die meisten solcher Erzählungen ihre jeweilige lebenspraktische Aufgabe hinreichend gut, d.h. sie genügen den an sie herangetragenen epistemischen Anforderungen. Dies ist jedoch selbstverständlich nicht immer der Fall: Fehler, Verzerrungen und Täuschungen sind hier allseits bestens bekannte Phänomene. Die Frage lautet daher nicht, ob *die* Autobiographie grundsätzlich wahrheitsfähig ist, sondern ob *eine bestimmte* Lebenserzählung den jeweils an sie explizit oder implizit herangetragenen Ansprüchen genügt. Um diese Frage im Einzelfall zu beantworten, ist es zum einen notwendig, diese epistemischen Ansprüche zu klären sowie zum anderen ein Bewusstsein der mnestischen und narrativen Besonderheiten autobiographischer Erzählungen, vor allem in Bezug auf ihre epistemische Reichweite und Grenzen, zu haben. Die aus meinen Überlegungen resultierende These lautet also: *Autobiographien können in dem Sinne wahr sein, dass sie im Rahmen ihrer darstellungstheoretischen Möglichkeiten den jeweiligen epistemischen Ansprüchen genügen.*

9.2 Narrative Selbsttäuschung

Ihrem Begriff nach beanspruchen Autobiographien Faktualität. Insofern das eigene Leben zum Zwecke der Selbsterkenntnis in Bezug auf die praktische Frage erzählt wird, besteht prima facie zudem ein veritables Interesse daran, sich nicht bzgl. seines eigenen Lebens bzw. seiner Person folgenschwer zu irren oder zu täuschen. Diese bedeutet, eine Person, die an autobiographischer Selbstkenntnis interessiert ist, sollte bestrebt sein, dass ihre Lebenserzählung dem faktualen Anspruch gerecht wird. In Bezug auf die Gefahr des Irrtums bzw. der Verzerrung in Bezug auf die eigene Lebensgeschichte, also der ungewollten epistemischen Beeinträchtigung, wurde in den letzten Abschnitten bereits vieles gesagt und letztlich die These formuliert, dass autobiographische Erzählungen trotz dieser epistemischen ‚Schwächen' ihren Ansprüchen zumeist in hinreichendem Maße gerecht werden können. Autobiographische Erzählungen sind also in der Lage, zu einer hinreichend validen Selbsterkenntnis beizutragen.

Was möglich ist, muss jedoch auch gewollt werden; und mitunter wird eine autobiographische Wahrheit nicht gewollt. Hier haben wir es mit dem Phänomen der *Lüge* bzw. *Täuschung*, genauer: der *narrativen Selbsttäuschung* zu tun. Narrative Selbsttäuschung kann hierbei in erster, noch darzulegender begrifflicher Annäherung als ein Versuch der epistemischen Beeinflussung des eigenen autobiographischen Selbstverständnisses mit dem Ziel der Vermeidung unangenehmer Einsichten unter Inkaufnahme der Beeinträchtigung der Wahrhaftigkeit verstanden werden. Diese These gilt es im Folgenden zu plausibilisieren.

Das komplexe Phänomen der Selbsttäuschung ist nicht nur aufgrund seiner paradoxal anmutenden Grundstruktur, auf die ich noch zu sprechen kommen werde, Gegenstand zahlreicher philosophischer Untersuchungen,[19] sondern auch zentrales Thema der Psychoanalyse. Es kann als eine Grundeinsicht Sigmund Freuds gelten, dass zahlreichen neurotischen Erkrankungen selbsttäuschende psychische Mechanismen – bekanntlich *Abwehrmechanismen* genannt – zugrunde liegen. Entsprechend dem klinisch-therapeutischen Fokus dieser Arbeit kommt der Frage nach diesen im Speziellen und dem Phänomen der Selbsttäuschung im Allgemeinen daher besondere Bedeutung zu; es soll daher in diesem Kapitel ausführlich in den Blick genommen werden.

Im Folgenden geht es mir daher zuerst darum, Selbsttäuschungen als alltägliches sowie klinisches Phänomen darzustellen sowie im Anschluss ausgehend von der intersubjektiven Lüge das Grundparadox der Selbsttäuschung herauszustellen. Ich werde darlegen, dass die prominentesten Antworten (hierbei vor allem die sogenannten Teilungstheorien) dieses Grundparadox nicht überzeugend aufzulösen vermögen, und im Anschluss dafür argumentieren, dass man Selbsttäuschungen stattdessen angemessener, vor allem wenn sie als narrative Selbsttäuschungen biographische Lebenslügen betreffen, als exzentrische Einflussnahmen auf die eigenen Artikulations- und Selbsterkenntnisprozesse begreifen sollte.

Was sind also Selbsttäuschungen und in welchen Gestalten treten sie auf? Max Frisch lässt uns hierzu an den selbsttäuschenden inneren Überzeugungsversuchen seines Hauptprotagonisten in *Homo faber* teilhaben: „Sie konnte nur das Kind von Joachim sein! Wie ich's rechnete, weiß ich nicht; ich legte mir die Daten zurecht, bis die Rechnung wirklich stimmte."[20]

---

19 Im deutschsprachigen Raum sind vor allem zwei einschlägige Publikationen zu nennen. Zum einen liegt die entsprechend titulierte Monographie von Kathi Beier vor: Beier (2010). Diese bietet zwar einen guten Überblick zur Diskussion der Thematik, die eigenen Überlegungen zur Selbsttäuschung als Deprivation überzeugen jedoch nur bedingt. Zum anderen sei auf die Untersuchung von Martin Löw-Beer verwiesen, welche sich durch ihre klare und fundierte Argumentation sowie ihren klinischen Fokus auszeichnet; entsprechend werde ich wiederholt auf diese zu sprechen kommen: Löw-Beer (1990). Für den angelsächsischen Sprachraum bietet der folgende Sammelband einen guten Überblick: McLaughlin et al. (1988).

20 Frisch (1977), S. 121.

In der Literatur mangelt es wahrlich nicht an sich selbsttäuschenden Figuren: zu Walter Faber, den Max Frisch, wie das Zitat verdeutlicht, all seine Rechenkünste aufbieten lässt, um die eigentlich schon offen zutage liegende bittere Einsicht zu zerstreuen, dass Elisabeth seine Tochter ist, gesellt sich Alexej Karenina, der nicht sehen will, dass seine Frau Anna eine Affäre mit Graf Wronskij hat,[21] sowie Hendrik Ibsens Hjalmar Ekda, der in der felsenfesten Illusion lebt, ein großer Erfinder zu sein.[22] Gemeinsam ist diesen literarischen Klassikern der Selbsttäuschung, dass sie einen mehr oder weniger ‚äußeren Sachverhalt' (die Untreue der Ehefrau, eine Vaterschaft, die berufliche Erfolglosigkeit) willentlich nicht anerkennen. Die motivierte Verkennung einer Tatsache in der Welt nennt man üblicherweise *Verleugnung*, wobei für die vorliegende Frage natürlich zentral ist, dass der Selbsttäuscher eine Tatsache nicht nur vor anderen, sondern vornehmlich vor sich selbst verleugnet; in der Psychoanalyse wird der entsprechende Abwehrmechanismus ebenfalls so bezeichnet.[23]

Eine andere Form der Selbsttäuschung liegt vor, wenn nicht ein Sachverhalt in der Welt, sondern ein Gedanke, ein Wunsch oder ein Gefühl nicht wahrgenommen werden soll. Hier kann beispielhaft auf das klassische Beispiel Sartres von einer Frau, die ein Gespräch mit einem Mann nicht als Flirt verstanden wissen will und daher alle erotischen Gefühle und entsprechenden Absichten verdrängt, verwiesen werden.[24] Der Begriff *Verdrängung* ist natürlich ebenfalls prominent von der Psychoanalyse besetzt und bezeichnet dort den Vorgang eines motivierten Fernhaltens unerwünschter Gedanken, Gefühle, Wünsche oder Erinnerungen vom Bewusstsein.[25]

Ein anderes weit verbreitetes selbsttäuschendes Phänomen stellt das *Wunschdenken* dar: Weil ich z.B. eine Führerscheinprüfung bestehen will, rede ich mir ein, dass mir dies gelingen wird bzw. ich vermeide die unangenehme Einsicht, dass ich aufgrund meiner unzureichenden Fahrfähigkeiten wahrscheinlich durchfallen werde. Eine klassische Selbsttäuschung dieser Art liegt dann vor, wenn meine Überzeugung (z.B., dass ich die Fahrprüfung bestehen werde), nicht durch gute Gründe, z.B. eine valide Einschätzung meiner Fähigkeiten am Steuer, sondern primär durch meinen Wunsch, die Prüfung zu bestehen, zustande kommt.[26] Denn es ist offensichtlich, dass, nur weil ich

21 S. Tolstoj (2011).

22 S. Ibsen (1991).

23 Eine einführende Übersicht zu Abwehrmechanismen der Verleugnung findet sich bei Laplanche et al. (1973), S. 595ff.

24 Sartre (1994), S. 132ff.

25 Zur Übersicht ebenfalls: Laplanche et al. (1973), S. 582ff.

26 Dieses Beispiel wird von Davidson ausführlich besprochen, vgl. Davidson (2006c), S. 348ff.

etwas will, dies nicht auch der Fall sein wird.[27] Philosophisch ist diese Form der wunschdenkenden Selbsttäuschung prominent im Rahmen der Religionskritik, vor allem von Ludwig Feuerbach, ausformuliert worden.[28] Zuletzt möchte ich ein eigenes klinisches Beispiel vorstellen:

> [Fallvignette 25]: Ein 21-jähriger Patient sucht die Ambulanz wegen rezidivierter depressiver Episoden auf, wir vereinbaren eine Kurzzeittherapie. Im Laufe der Behandlung wird deutlich, dass der Patient häufig dazu tendiert, unangenehme Gefühle und Gedanken zu vermeiden. Eine der ‚Strategien', die er (wie auch zahlreiche andere Patienten) hierzu verwendet, besteht darin, das Öffnen von Briefen mit vermutlich unangenehmem Inhalt (vor allem Rechnungen bzw. Mahnungen) zu unterlassen. Der Patient führt hierzu an: ‚*Natürlich weiß ich, dass in den Briefen irgendetwas Unschönes stehen wird, das weiß man ja schon vom Absender her. Aber solange ich sie nicht gelesen habe, weiß ich ja nicht, was genau es ist – und dieses Nicht-so-genau-Wissen hilft mir, nicht mehr daran denken zu müssen.*' Durch seine sich selber täuschende Vermeidungsstrategie ‚gewinnt' der Patient psychische Beruhigung, oder negativ formuliert: Er vermeidet unangenehme Beunruhigung. Dieser ‚Gewinn' an Seelenruhe erwies sich jedoch als teuer erkauft, da psychodynamisch davon ausgegangen werden kann, dass die finanziellen Sorgen auf anderem Wege zutage treten werden (z.B. in Form von depressiven Symptomen); zudem ist abzusehen, dass es irgendwann kaum mehr möglich ist, den Sachverhalt der Verschuldung zu verleugnen.

Verleugnung, Verdrängung und Wunschdenken können als paradigmatische Gestalten der Selbsttäuschung verstanden werden. Was zeichnet solche Phänomene aus und wie sind sie zu verstehen? Um diese Fragen zu beantworten, ist es naheliegend und durchaus ergiebig, sich der Selbsttäuschung vom Begriff der klassischen (intersubjektiven) *Lüge* her zu nähern.

Als Ausgangspunkt der klassischen Theorie der Lüge gelten üblicherweise die einschlägigen Überlegungen von Augustinus;[29] dieser geht von zwei zentralen Charakteristika der Lüge aus: der *Wahrheitsbehauptung* (entgegen der

27 Unter Berücksichtigung der von Albert Bandura entwickelten Selbstwirksamkeitserwartungstheorie kann man unter Umständen jedoch durchaus sagen, dass, wie im genannten Beispiel, der Glaube daran, dass etwas erreicht werden kann, zum Gelingen dieser Aufgabe einen positiven Beitrag leisten kann; vgl. Bandura (1997).

28 S. Feuerbach (1984).

29 Die wichtigsten Texte zur Philosophie der Lüge sind in folgender Anthologie zu finden: Lotter (2017). Eine gute Übersicht zu dieser Thematik ist bei Dietz (2017) zu finden.

eigenen Überzeugung) und der *Täuschungsabsicht*. Zur Wahrheitsbehauptung führt Augustinus aus:

> „Daher lügt einer, der etwas anderes im Sinn hat, als er durch Worte oder sonstige Äußerungen zum Ausdruck bringt. Deswegen spricht man ja auch vom doppelten Herzen des Lügners, das heißt vom doppelten Denken: eines den Sachverhalt betreffend, von dem er weiß oder annimmt, er sei wahr, und den er nicht zum Ausdruck bringt, obwohl er weiß oder annimmt, er sei unwahr."[30]

Es ist für die Lüge also zentral, so die berühmte, jedoch leicht missverständliche Formulierung von Augustinus, dass der Lügner mit einem *‚doppelten Herzen‘* spricht. Es besteht also eine Differenz zwischen dem Geglaubten und dem zum Ausdruck Gebrachten. Der Lügner behauptet also einen Sachverhalt, von dem er weiß oder annimmt, dass er nicht stimmt. Dieses ‚doppelte Denken‘ unterscheidet die Lüge vom Irrtum, da hier etwas zum Ausdruck gebracht wird, was der Irrende auch glaubt. Der Lügner behauptet eine Wahrheit, die seiner eigenen Überzeugung widerspricht.

Bereits Augustinus macht damit auf einen naheliegenden, jedoch häufig übersehenen Umstand aufmerksam: Es ist unerheblich, ob die Überzeugung, die der Lügner *‚im Sinn hat‘*, wahr oder falsch ist; entscheidend ist nur, dass er etwas anderes behauptet, als er für wahr hält. Ausgehend von Augustinus betont Jacques Derrida daher nochmals ausdrücklich, dass man

> „die Unwahrheit sagen [kann], ohne zu lügen, man kann aber auch die Wahrheit sagen, um in die Irre zu führen, also lügen. Wenn man jedoch daran glaubt, was man sagt, dem Glauben schenkt, auch wenn es unwahr ist, so lügt man nicht“[31].

Entscheidend für die erfolgreiche Lüge ist daher nur, dass versucht wird zu bewirken, dass der Belogene etwas glaubt, von dem der Lügner annimmt, es sei falsch. Lügen haben daher mit Wahrheit in einem epistemischen Sinne, so Gabriel Falkenberg, nichts zu tun,[32] und Suanne Dietz ergänzt, dass sich Lügen

> „im Grunde nicht auf Wahrheit, sondern auf Wahrhaftigkeit [beziehen], wobei sich Wahrhaftigkeit im Unterschied zur Wahrheit auf die Person des Sprechers, seine Einstellung in einem weit gefaßten Sinn auch auf ihren Charakter bezieht“[33].

30 Augustinus (2017), S. 132.
31 Derrida (2015), S. 16.
32 Vgl. Falkenberg (1982), S. 71.
33 Dietz (2017), S. 64.

Die *Wahrhaftigkeit* hat beim Lügen deshalb eine so große Bedeutung, weil die Lüge nur im Rekurs auf die subjektive Überzeugung des (vermeintlichen) Lügners festgestellt werden kann. Auf die auch für die (narrative) Selbsttäuschung wichtige Unterscheidung zwischen Wahrheit und Wahrhaftigkeit werde ich später noch genauer zu sprechen kommen. Zunächst müssen wir uns jedoch der zweiten zentralen Eigenschaft der Lüge, der *Täuschungsabsicht*, zuwenden.

Hierzu führt Augustinus aus: „Die Schuld des Lügners besteht in der Täuschungsabsicht, wenn er seine Ansicht äußert."[34] Zum Begriff der Lüge gehört also notwendigerweise die Absicht, täuschen zu wollen. Unter einer Täuschungsabsicht kann der manipulative Versuch der Einflussnahme auf die Überzeugungen einer anderen Person verstanden werden. Zur Lüge wird ein solcher Versuch der epistemischen Manipulation, wenn diese von einem „Wille[n] zur Unwahrheit"[35] geprägt ist.[36] Dies unterscheidet die Lüge von Fällen, wie z.B. fiktiven Darstellungen in der Kunst oder bei ironischen Äußerungen, in denen zwar bewusst die Unwahrheit gesagt wird, der epistemische Status des Kundgetanen jedoch explizit, implizit oder kontextuell kenntlich gemacht wird: Auf der Bühne, deren epistemischer Status als Ort fiktionaler Darbietung allen Zuschauern bekannt sein sollte, lügt der Schauspieler daher beispielsweise nicht. Ebenso wenig wie der Ironiker täuscht, wenn seine Mimik die unwahren Ausführungen parakommunikativ als Ironie zu verstehen gibt. Allgemeiner formuliert kann man daher sagen, dass nur dort sinnvollerweise von einer Lüge gesprochen werden kann, wo Wahrhaftigkeit erwartet wird, und dies ist weder bei der ironischen oder zitierten Rede noch im Theater der Fall. Auch in vielen alltäglichen Situationen wird, z.B. aus Höflichkeit, nicht erwartet, dass die Wahrheit gesagt wird, ohne dass man jemanden gleich der Lüge bezichtigen würde. Die Lüge hat daher, so Wittgenstein prägnant, „eine besondere Umgebung"[37].

Das Lügen ist zudem nicht auf sprachliche Äußerungen begrenzt, sondern es ist ebenso möglich, mimisch oder gestisch zu lügen. Häufig bedarf auch die sprachliche Lüge, um überzeugend zu wirken, der Unterstützung weiterer Ausdrucksformen; wer lügend kundtut, dass er sich freut, ist gut beraten, dies auch mimisch zu unterstreichen. Zudem, und dies ist auch für das Phänomen der Selbsttäuschung von großer Bedeutung, zieht eine Lüge, insofern sie

34 Augustinus (2017), S. 132.

35 Dietz (2017), S. 18.

36 Das hier anklingende Problem der moralischen Bewertung der Lüge klammere ich für meine Untersuchung aus. Im vorliegenden Kontext interessiert eher die Frage, ob (Selbst-)Lügen dem eigenen (psychischen) Wohlergehen eher zu- oder abträglich sind. Beiträge zur Diskussion dieser Frage finden sich bei Leonhardt et al. (2002).

37 Wittgenstein (1984), Nr. 780.

unaufgedeckt bleiben soll, zahlreiche logische Implikationen nach sich: Einmal in die Welt gesetzt, muss der Lügner, um sich nicht in offenbarende Widersprüche zu verstricken, diese in zahlreichen weiteren Situationen im Blick behalten. Eine komplexe Lüge, z.B. eine gerichtliche Falschaussage, braucht daher ein hohes Maß an Intelligenz sowie Vorstellungs- und Einbildungskraft.

Beim Lügen wird also in täuschender Absicht etwas kundgetan, was nicht der Überzeugung des Lügners entspricht. In den klassischen Fällen gibt es daher eine klare Differenz zwischen dem für wahr Gehaltenen und dem zum Ausdruck Gebrachten. Diese Differenz beschreibt Augustinus metaphorisch mit dem ‚*doppelten Herzen*' in der Brust des Lügners. Der Widerspruch zwischen innerer Überzeugung des Lügners und seiner Lüge ist, sobald bekannt, zumeist eklatant und die Lüge daher vom Belogenen als solche erkennbar. Auch den meisten theoretischen Untersuchungen liegen solche eindeutigen Beispiele zugrunde. Diese Fokussierung ist jedoch insofern problematisch, als dass es eine Reihe von Fällen gibt – und dies gilt, wie zu zeigen sein wird, insbesondere für narrative Selbsttäuschungen –, bei denen eine solche eindeutige Differenz nicht vorliegt. Es handelt sich um die Möglichkeit, (im direkten Sinne) zwar nichts ‚Falsches' zu sagen, mit dieser Aussage jedoch trotzdem eine Täuschungsabsicht zu verwirklichen. Ein klassisches Beispiel hierfür stellt die Geschichte der Verfolgung des heiligen Athanasius dar: Auf der Flucht begegnet dieser seinen Verfolgern, die ihn aber nicht erkennen und daher fragen, wo der Verräter Athanasius sei. Athanasius antwortet daraufhin, der Verräter sei nicht weit von hier, woraufhin die Verfolger weitereilen, um den Gesuchten zu finden, sodass Athanasius unbehelligt fliehen kann.[38]

Athanasius hat in einem strikten Sinne nicht gelogen, denn der Gesuchte (also er selbst) war ja in der Tat nicht weit weg. Zugleich täuscht er jedoch seine Verfolger, weil sie die Aussage nicht in diesem Sinne verstehen, was gerade das täuschende Kalkül des Flüchtigen ist. Athanasius nutzt hier in täuschender Absicht und mittels einer rhetorischen Strategie eine semantische Auslegungsoffenheit.[39] Solche rhetorischen Strategien der täuschenden Ausnutzung von Polysemien, Euphemismen, Ambiguitäten und anderen

38 Vgl. Williams (2013), S. 159.

39 Da Lüge eine Sünde ist und ein Heiliger, welcher seinem Begriff entspricht, nicht sündigt, ist es von großer Bedeutung, dass Athanasius hier dem klassischen Lügenverständnis nach nicht lügt. Ausgehend von Augustinus und Thomas von Aquin ist die Lüge nämlich deshalb Sünde, weil, so Gottes Wille, Sprache auf Wahrheit abziele und ein Missbrauch der Sprache daher sündhaft sei. Die Täuschung- bzw. Betrugsabsicht fällt demgegenüber moralisch kaum ins Gewicht. Entsprechend darf Athanasius als Heiliger gelten, obgleich die besagte ‚Lügen'-Anekdote von ihm überliefert ist; vgl. ebd.

Bedeutungsspielräumen sind ein wohlbekanntes und im Alltag häufig anzutreffendes Phänomen; hierzu ein fiktives Beispiel sowie eine Anekdote aus einem Behandlungsfall:

(1) Eine eifersüchtige Ehefrau beschuldigt ihren Mann des Fremdgehens, er sei gestern Abend hierzu bei der Nachbarin gewesen. Dieser war tatsächlich dort, entgegnet ihr jedoch: ‚*Gestern Abend war ich nicht bei der Nachbarin*: und ergänzt unausgesprochen in Gedanken: ‚…, *erst nachts war ich dort*'. Dadurch, dass der Ehemann den Unterschied von Abend und Nacht in Bezug auf den Wahrheitswert seiner Aussage betont, kann er vor sich – oder später auch vor seiner Frau, wenn diese über die Ereignisse im Bilde ist – behaupten, in einem strikten Sinne nicht die Unwahrheit gesagt zu haben. Hierbei missachtet er in täuschender Absicht jedoch, dass es für den Vorwurf seiner Frau gänzlich irrelevant ist, wann genau er sie betrogen hat. Der Ehemann lügt nicht, sagt jedoch auch nicht, obgleich gefordert, die Wahrheit.[40]

(2) [Fallvignette 26]: Ein Patient hat kurzfristig eine Therapiestunde abgesagt und begründet dies in der nächsten damit, dass er erkältet gewesen sei und daher nicht zur Sitzung habe kommen können. Meinerseits stellt sich jedoch Skepsis ein, ob die Erkältung des Patienten sein Erscheinen tatsächlich verunmöglicht hat, er diese nicht eher aufbausche bzw. vorschiebe. Ich frage den Patienten, ob nicht auch andere Motive im Spiel gewesen sein könnten, woraufhin dieser strikt sagt: ‚*Ich war krank und konnte daher nicht kommen.*'

Während es im ersten Beispiel eindeutig ist, dass der Ehemann betrügt, ist dies im zweiten Fall strittig, da die Frage, wie weit die Erkältung tatsächlich ursächlich für das Nichterscheinen des Patienten verantwortlich gemacht werden kann, weniger eindeutig feststellbar ist. Diese Unklarheit in der Sache wiederum kann vom Patienten möglicherweise bewusst in täuschender Absicht eingesetzt worden sein.

Was sich hier zeigt, ist ein Grundproblem in Bezug auf Lüge und Selbsttäuschung: In Fällen, in denen der Sachverhalt, über den eine Aussage in (selbst)täuschender Absicht formuliert wird, weitestgehend unstrittig ist (z.B., dass der Befragte der gesuchte Athanasius ist, oder dass der Ehemann

40 Eine solche Form des Lügens wird, vor allem in der katholischen Ethik, *Mentalreservation* genannt. Die Mentalreservation stellt ausgehend von Lügenbegriff Augustinus' eine Möglichkeit dar, das absolute Lügenverbot zu umgehen, da durch eine innerliche, nicht ausgesprochene Ergänzung, im strikten Sinne (vor Gott) keine Unwahrheit formuliert wird. Diese Möglichkeit ergibt sich, da für Augustinus (und in der Folge für zahlreiche weitere, ihm hier folgende Theologen) das Sündhafte der Lüge nicht die Täuschung, sondern die missbräuchliche Verwendung der Sprache darstellt.

seine Frau betrogen hat), lässt sich die Lüge trotz täuschender Rhetorik letztlich zumeist als Falschaussage entlarven. In Fällen jedoch, in denen der Sachverhalt selber strittig bzw. interpretationsbedürftig ist (z.B. in Bezug auf die Frage, wie beeinträchtigend eine Erkältung ist), gestaltet sich die Sache deutlich schwieriger.[41] Auch wenn die geäußerte Lüge in diesen Fällen nicht mehr im klar erkennbaren Widerspruch zu den Überzeugungen des Lügners steht, so bleibt es jedoch, dass der Lügner den Belogenen dahingehend rhetorisch beeinflussen will, dass dieser eine Überzeugung entwickelt, die er für falsch hält. Er verhält sich nicht wahrhaftig.

Ich werde später zeigen, dass die meisten Theorien zur Selbsttäuschung daran kranken, dass sie sich nur mit Fällen beschäftigen, in denen sich jemand über einen unstrittigen (und zumeist äußeren) Sachverhalt selber täuscht; m.E. sind dies jedoch die wesentlich selteneren und uninteressanteren Fälle. Aus dieser problematischen Verengung ergeben sich bei vielen Theoretikern unnötige Schwierigkeiten und unangemessene Lösungsansätze. Diese werde ich vor allem vor dem Hintergrund der vorgestellten narrativen Grundüberlegungen kritisch beleuchten.

Was ist also unter einer Lüge zu verstehen? Ausgehend von Augustinus können zwei zentrale Eigenschaften herausgestellt werden: 1) Die Differenz der eigenen Überzeugung des Lügners und des von ihm zum Ausdruck Gebrachten (‚*doppeltes Herz*‘) sowie 2) seine Täuschungsabsicht. Es ist zudem wichtig zu betonen, dass es bei der Lüge nicht um Wahrheit, sondern um Wahrhaftigkeit geht. Zusammenfassend lässt sich die Lüge wie folgt auf den Begriff bringen: *Bei einer Lüge handelt es sich um einen Versuch der epistemischen Beeinflussung anderer mit sprachlichen oder anderen kommunikativen Mittel mit dem Ziel, dass der Belogene Überzeugungen entwickeln soll, die der Lügner selber für falsch erachtet.*

Im nächsten Schritt stellt sich nun die Frage, wie sich ausgehend von diesem Begriff der Lüge das Phänomen der Selbsttäuschung verständlich machen lässt. Es liegt nämlich nahe und ist üblich, sich dem Phänomen der Selbsttäuschung von der intersubjektiven Lüge her zu nähern. Selbsttäuschung wäre daher prima facie als ein Sich-selber-Belügen zu verstehen. Hiervon ausgehend lassen sich nun Gemeinsamkeiten und Unterschiede herausstellen.

Als Gemeinsamkeit kann zuvorderst angeführt werden, dass beide auf Augustinus zurückgehenden klassischen Grundbestimmungen der Lüge – die *Wahrheitsbehauptung entgegen der eigenen Überzeugung* sowie die

41 Die Frage, wie vor dem Hintergrund eines interpretationsoffenen Selbst- und Wirklichkeitsverständnisses überhaupt sinnvoll von einer Lüge gesprochen werden kann, ist auch bei Jacques Derrida zentral; vgl. Derrida (2015), S. 23f.

Täuschungsabsicht – auch in der Selbsttäuschung grundsätzlich wiederzufinden sind: Der Selbsttäuscher bewirkt vorsätzlich, dass er an etwas glaubt, von dem er jedoch zugleich überzeugt ist oder ahnt, dass es falsch ist. Schauen wir uns die beiden Bestimmungen genauer an.

Bei einer Selbsttäuschung täusche ich mich *absichtlich* über mich; es muss also eine wie auch immer geartete *Täuschungsabsicht* vorliegen. Eine Absicht setzt begrifflich ein Ziel voraus, das mit der (selbsttäuschenden) Handlung erreicht werden soll. Die zuvor angeführten Beispiele lassen bereits erahnen, dass die Selbsttäuschung i.d.R. der *Vermeidung einer belastenden Einsicht oder eines unangenehmen Gefühls* dient. Es stellt sich jedoch an dieser Stelle sogleich die Frage, ob (und inwiefern) ein Selbsttäuscher überhaupt in der Lage ist, seine Überzeugungen absichtlich zu verändern? Kann sich Alexej Karenina beispielsweise wirklich einfach entscheiden, nicht die Überzeugung zu haben, dass seine Frau ihn betrügt?

Wir kommen hier zu der klassischen und kontrovers diskutierten Frage, ob es möglich ist, etwas glauben zu wollen. William James bejaht,[42] Bernhard Williams verneint dies.[43] Es ist hier vorerst unnötig, die Debatte um den sogenannten *doxastischen Voluntarismus* in Gänze darzustellen.[44] Im Nachfolgenden werde ich dafür argumentieren, dass es zwar nicht möglich ist, willentlich *direkt* zu bewirken, dass man etwas glaubt. Ich werde jedoch versuchen darzulegen, dass es möglich und üblich ist, selbst *indirekt* (exzentrisch) Einfluss auf den Prozess der Genese seiner Überzeugung (bzw. seiner autobiographischen Narrative) zu nehmen, und dies mitunter auch in selbsttäuschender Absicht.

Es ist jedoch ebenso möglich, Selbsttäuschungen als *nichtintentional* zu verstehen. Aus der kognitiven Psychologie ist bekannt, dass Menschen in ihrer Urteilsbildung zahlreichen verzerrenden Mechanismen unterliegen, welche bewirken, dass z.B. unangenehme Gefühle oder Gedanken niedergehalten werden; derartige Phänomene werden z.B. in der kognitiven Dissonanztheorie beschrieben.[45] Solange Mechanismen jedoch explizit als Mechanismen, also

---

42 S. James (1975).

43 S. Williams (1978).

44 S. hierzu Beier (2010), S. 55ff.

45 In ursprünglich von Leon Festinger formulierten kognitiven Dissonanztheorie wird davon ausgegangen, dass bei Unvereinbarkeit von mehreren Kognitionen (zumeist zwischen einer Handlung und einer Überzeugung) unangenehme Spannungszustände entstehen, die Strategien der Dissonanzreduktion hervorrufen. Beschönigung, Vermeidungen und Ausreden können dann beispielsweise solche Dissonanz reduzieren; vgl. Festinger (2012). Die Dissonanztheorie stellt einen wichtigen Theoriehintergrund der kognitiven Verhaltenstherapie dar; vgl. Margraf et al. (2009), S. 302.

als nichtintentional ablaufende Prozesse beschrieben werden, können diese nicht als Selbsttäuschungen gelten, da eine Täuschung eben begrifflich ein intentionaler Akt ist. Um das schwierige und paradox anmutende Phänomen der Selbsttäuschung theoretisch einzufangen, vertreten einige Theoretiker daher die Position, dass es sich bei Selbsttäuschungen ausschließlich um das Resultat solcher nichtintentionaler Prozesse handelt.[46] Dies bedeutet: Nicht ich, sondern, wenn man so sprechen will, meine kognitiven Prozesse täuschen mich.

Kommen wir zur zweiten Grundbestimmung der Lüge nach Augustinus: der *Wahrheitsbehauptung entgegen der eigenen Überzeugung*. Wie bei der Lüge irrt sich der Selbsttäuscher nicht einfach über einen Sachverhalt, sondern er weist prima facie ebenfalls die von Augustinus als ‚*doppeltes Herz*' bezeichnete Grundstruktur der Lüge auf: Selbsttäuschend behaupte ich etwas (vor mir selbst), von dem ich zugleich annehmen muss, dass es falsch ist. Denn, so insistiert Sartre, „ich muß diese Wahrheit sehr genau kennen, um sie sorgfältig vor mir verstecken zu können"[47]. Als Selbsttäuscher muss ich also, um in einem klassischen Sinne von Täuschung sprechen zu können, dasjenige wissen, was ich eigentlich nicht weiß (bzw. nicht wissen soll). Dies erscheint jedoch äußert widersprüchlich: Wie kann ich als Selbsttäuscher eine ernsthafte Überzeugung haben, von der ich zugleich weiß, dass sie falsch ist? Die Überzeugung zu haben, dass p, und zugleich zu wissen, dass nicht-p, verstößt gegen den Satz vom Widerspruch und somit gegen eine Grundregel des vernünftigen Denkens. Dieses gerne als *Grundparadoxie der Selbsttäuschung* bezeichnete Problem ist philosophisch häufig beschrieben worden; so bemerkt Kant:

> „Die Wirklichkeit mancher inneren Lüge, welche die Menschen sich zu Schulden kommen lassen, zu beweisen, ist leicht, aber ihre Möglichkeit zu erklären, scheint doch schwerer zu sein: Weil eine zweite Person dazu erforderlich ist, die man zu hintergehen die Absicht hat, sich selbst aber vorsätzlich zu betrügen einen Widerspruch in sich zu enthalten scheint."[48]

Schopenhauer zieht hieraus den Schluss, dass eine solche Form der ‚inneren Lüge' aus den genannten Gründen unmöglich ist: „Innere Lüge halte ich für unmöglich […]: denn sowenig etwas seyn und zugleich nicht seyn kann, sowenig kann ich etwas glauben und zugleich nicht glauben."[49]

---

46 Diese Position wird u.a. von David Pears, Alfred Mele und Annette Barnes vertreten; s. Pears (1984), Mele (2001), Barnes (2007).

47 Sartre (1994), S. 123.

48 GMS, AA VI, 430.

49 Schopenhauer (1985), S. 257.

Auch Sartre hält solche Formen der Selbsttäuschung für inkonsistent, denn

> „ich muss mir also zumindest darin aufrichtig sein, daß ich mir meiner Unaufrichtigkeit bewußt bin. Dann aber vernichtet sich dieses ganze psychische System. Denn man wird zugeben, daß, wenn ich absichtlich und zynisch versuche, mich zu belügen, ich bei diesem Unternehmen vollkommen scheitere, die Lüge zurückweicht und sich unter meinem Blick auflöst“[50].

Vor sich selber *absichtlich* eine *Wahrheitsbehauptung entgegen der eigenen Überzeugung* täuschend vorzubringen, scheint zumindest theoretisch schwierig fassbar, wenn nicht gar widersprüchlich bis unmöglich zu sein. Wichtig ist hierbei jedoch, dass man ein in Grundzügen rationales und an Wahrheit interessiertes Subjekt voraussetzt: Wenn jemand nur inkohärente bis wirre Sätze formuliert oder seinen eigenen Überzeugungen keinen Glauben schenkt, wäre es unangebracht, von Selbsttäuschung zu sprechen. Es gelten hier die gleichen Voraussetzungen wie bei der intersubjektiven Lüge: Täuschung und Lüge sind nur da möglich, wo Wahrheit erwartet wird. Das Phänomen der Selbsttäuschung setzt also ein im Selbstverhältnis in Grundzügen vernünftiges und wahrheitsinteressiertes Subjekt voraus.

Zudem gilt, wie auch bei der Lüge, dass es bei der Selbsttäuschung nicht um Wahrheit geht. Denn der Selbsttäuscher will sich selber eine Überzeugung vermitteln, von der er zugleich glaubt, dass sie nicht stimmt. Ob sie tatsächlich wahr ist, ist eine nachgeordnete Frage. Dies sei an den angeführten literarischen Beispielen verdeutlicht: So könnte Elisabeth, obgleich alle verfügbaren Indizien dafür sprechen und jeder rational denkende Mensch diese Schlussfolgerung ziehen sollte, in Wirklichkeit doch nicht Fabers Tochter sein; oder Anna Karenina könnte eine Affäre ihrem Gatten nur im Rahmen einer Prüfung elegant vortäuschen. Entscheidend ist – dies wird zu zeigen sein –, dass der Selbsttäuscher offensichtliche und vernünftige Schlüsse nicht zieht, weil er die Genese der resultierenden, sehr unangenehmen Überzeugungen, welche ihm in einem gewissen Sinne schon klar sein müssen, vermeiden will. Daher geht es bei Selbsttäuschungen nicht um Wahrheit, sondern vielmehr um *Wahrhaftigkeit*.

Was ist unter Wahrhaftigkeit zu verstehen? Hierzu sei in erster Annäherung an den bereits bekannten Begriff des *Anspruchs auf Faktualität* erinnert, den ein Autor von nichtfiktionalen Erzählungen erhebt.[51] Wahrhaftigkeit kann analog als der zum Ausdruck gebrachte Anspruch eines Sprechers verstanden werden, dass „die manifeste Sprechintention so gemeint ist, wie sie geäußert

50 Sartre (1994), S. 123.
51 S. hierzu Kapitel 7.3.

wird"[52]. Eine Äußerung ist also dann wahrhaftig, wenn das zum Ausdruck Gebrachte der Überzeugung des Sprechers entspricht; anders formuliert: Wenn nicht gelogen wird und daher kein ‚*doppeltes Herz*' im Sinne Augustinus' besteht.

Häufig wird jedoch unter dem Begriff der Wahrhaftigkeit nicht nur die Übereinstimmung zwischen Überzeugung und Äußerung, sondern vielmehr die *epistemische Tugend des Strebens nach* Wahrheit verstanden. „Mit Wahrhaftigkeit", so Margit Stumpp, „bezeichnen wir das Streben nach Wahrheit, also das Verhältnis eines Menschen zum Wahrheitsgehalt einer Aussage".[53] Unter epistemischen Tugenden versteht man die grundsätzliche Haltung einer Person bestrebt zu sein, dass die eigenen Überzeugungen bzw. Äußerungen wahr sind.[54] Ich möchte den Begriff der epistemischen Tugend an dieser Stelle einführen, da er sich später noch als argumentativ relevant erweisen wird. Hierfür sprechen drei wichtige Aspekte dieses Begriffs:

1) Wahrhaftigkeit stellt als Anspruch an die eigene Person, sich um Wahrheit zu bemühen, ein *Selbstverhältnis* in Form eines *evaluativen Selbst* dar und schließt daher gut an die bisherigen Überlegungen an.
2) Wahrhaftigkeit ist nicht Wahrheit, sondern der eigene *Anspruch* und das *Bemühen*, dieser zu entsprechen. Ob dies im Einzelfall gelingt oder grundsätzlich möglich ist, ist eine nachgeordnete Frage. Der Begriff der Wahrhaftigkeit betrifft eher die (lebens)ethische bzw. psychologische denn die epistemische Seite des Problems und ist daher für den Fokus dieser Arbeit besser geeignet. Zudem schließt er auch an die Überlegungen zum Faktualitätsanspruch von (Lebens)erzählungen an.
3) Drittens erweist sich der Begriff der epistemischen Tugend dahingehend als vorteilhaft, da er eben keine absolute, d.h. ohne Ausnahme gültige epistemische Maxime, sondern, entsprechend dem Tugendbegriff,[55] vielmehr eine grundsätzliche Haltung im Verbund mit einer *situativen epistemischen Klugheit* darstellt. Ein wahrhaftiger Mensch ist daher nicht kategorisch daran gebunden (im Rahmen seiner Möglichkeiten) die Wahrheit zu sagen, sondern überlegt situativ, welcher Wahrheitsbezug in einer bestimmten Konstellation angemessen ist. In Bezug auf Selbsttäuschungen bedeutet dies, dass eine solche Person zwar grundsätzlich an valider Selbsterkenntnis interessiert ist und sich bemüht, diese zu

52 Habermas (1982), S. 588.
53 Stumpp (2022), S. 27.
54 Ausführlich zum Begriff der epistemischen Tugenden s. Gelhard et al. (2019).
55 Ausführlich zum Tugendbegriff: Halbig (2013).

erlangen; es kann jedoch ebenso Situationen geben, in denen eine Selbsttäuschung klug sein mag.

Ein Autor, welcher den Begriff der epistemischen Tugenden besonders hervorgehoben hat, ist Bernhard Williams.[56] Dieser unterscheidet diesbezüglich zwei „Grundtugenden der Wahrheit"[57], und zwar Genauigkeit und Ehrlichkeit: „Die Genauigkeit trägt dazu bei, grob gesagt, daß die Wahrheit mit Überzeugung des Sprechers übereinstimmt, während die Ehrlichkeit die Aufgabe hat, daß das vom Sprecher Gesagte das von ihm Geglaubte ausdrückt."[58]

Mit dem Begriff der Genauigkeit wird also eine epistemische Haltung dergestalt beschrieben, dass jemand bestrebt ist, größtmögliche Sorgfalt dahingehend walten zu lassen, dass seine Überzeugungen mit der Wirklichkeit übereinstimmen, während Ehrlichkeit den grundsätzlichen Anspruch bezeichnet, dass die getätigten Äußerungen den eigenen Überzeugungen entsprechen. Auf den ersten Blick mag beim Phänomen der Selbsttäuschung die Ehrlichkeit im Fokus stehen. Es wird sich jedoch zeigen, dass vielmehr eine bewusste Vernachlässigung der epistemischen Tugend der Genauigkeit im Zentrum steht.

Diese Vorüberlegungen vorausgesetzt, stellt sich die Frage, wie das Grundparadox der Selbsttäuschung, nämlich die Frage, wie es dem Selbsttäuscher gelingt, etwas intentional nicht wahrhaben zu wollen, was er hierzu jedoch wissen müsste, plausibel gemacht werden kann. Es liegen mehrere verschiedene Lösungsansätze hierzu vor:

1) Die wohl einfachste Lösung dieser Grundparadoxie der Selbsttäuschung besteht darin, in Anbetracht der Schwierigkeiten, die es bereitet, das Phänomen begrifflich widerspruchsfrei zu fassen, dafür zu argumentieren, dass es Selbsttäuschungen als solche nicht gibt.[59] Gegen solch eine *defätistische Lösung* lässt sich jedoch einwenden, dass entsprechende Theorien andere plausible Deutungen für die zahlreichen, gut dokumentierten Phänomene (vermeintlicher) Selbsttäuschung vorlegen müssten, was in dieser Form bisher nicht erfolgt zu sein scheint.

2) Häufiger formuliert und überzeugender sind zweitens Theorien, welche Phänomene der Selbsttäuschung durch *nichtintentionale Prozesse* verursacht verstehen. Psychische Mechanismen, welche die Wahrnehmungen, das Denken oder das Erinnern in eine bestimmte Richtung verändern, sind in der Psychologie und den Neurowissenschaften

56 S. Williams (2013), (1996).

57 Ebd., S. 16.

58 Ebd., S. 17f.

59 S. z.B. Kipp (1980).

in großer Anzahl eindrucksvoll beschrieben worden; als Beispiel sei auf die zahlreichen mnestischen Verzerrungen verwiesen, welche ich im Gedächtniskapitel beschrieben habe.[60]

Insofern nicht ich mich, sondern, wenn man so sprechen will, meine psychischen Mechanismen mich täuschen, stellt dies nicht nur, wie bereits beschrieben, eine Lösung für das Problem der Täuschungsabsicht dar, sondern löst zugleich auf den ersten Blick auch das epistemische Paradox der Selbsttäuschung auf.

Einen anderen Diskurs, in dem täuschende psychische Mechanismen eine große Rolle spielen, stellt die Psychoanalyse dar. Denn auch Sigmund Freud, so meine Lesart, greift auf diese ‚Lösung' des Problems der Selbsttäuschung zurück. Bekanntermaßen postuliert Freud die Existenz von sogenannten Abwehr*mechanismen*, welchen innerhalb der psychoanalytischen Theorie die Funktion zukommt, dem Subjekt unangenehme oder verpönte Teile seines Seelenlebens vor ihm selber verborgen zu halten. Hier stellt sich jedoch zuerst die Frage, ob man bei den von Freud beschriebenen Fällen und der daraus entwickelten psychoanalytischen Theorie überhaupt von Selbsttäuschung sprechen kann.

Freud entwickelte seine These ausgehend von klinischen Phänomenen, welche sich nach den gängigen psychologischen und psychopathologischen Grundannahmen seiner Zeit weder theoretisch noch alltäglich verstehen ließen. Freud begegnete Patienten mit abwegig und unsinnig erscheinenden Verhaltensweisen, welche zudem äußerst leidvoll waren; er berichtet von einer Zwangspatientin, welche er wiederholt bzgl. ihrer Zwangshandlung gefragt hatte: „Warum tun Sie das? Was hat das für einen Sinn? — [daraufhin] hatte sie geantwortet: Ich weiß es nicht."[61]

Die Patientin tut also etwas, von dem sie nicht weiß, warum sie es tut. Es läge nahe, diese Verhaltensweisen einfach als wirr und unsinnig abzutun. Im Lauf der Behandlung stellt sich jedoch, so Freud weiter, eine Veränderung ein:

> „Aber eines Tages, nachdem es mir gelungen war, ein großes prinzipielles Bedenken bei ihr niederzukämpfen, wurde sie plötzlich wissend und erzählte, was zur Zwangshandlung gehörte."[62]

---

60 S. hierzu Kapitel 8.2.

61 Freud (1999q), S. 296.

62 Ebd.

Die zentrale Entdeckung Freuds hierbei ist nun, dass den unverständlich erscheinenden Verhaltensweisen ein dem Betroffenen nicht unmittelbar zugänglicher *Sinn* zugrunde liegt. Dies gelte, so Freud weiter, auch für andere Symptome, daher sei es berechtigt anzunehmen, dass „die neurotischen Symptome [...] ihren Sinn"[63] haben.

Nun ist es leider so, dass Freud den Begriff Sinn in seinen Schriften mehr- und uneindeutig verwendet, zumeist versteht er unter Sinn, wie im vorherigen Zitat bereits angeklungen, vor allem *Absicht*.[64] Das neurotische Symptom hat also Sinn, wenn der Betroffene mit diesem eine Absicht verfolgt; eine Absicht von der er, wie die Patientin im angeführten Beispiel, jedoch nichts unmittelbar weiß. Daher scheint es auf den ersten Blick berechtigt, in diesem Fall von Selbsttäuschung zu sprechen.[65] Freud spricht daher mitunter auch von einem *Nichtwissenwollen* seiner Patienten: „Das Nichtwissen der Hysterischen war also eigentlich ein — mehr oder minder bewußtes Nichtwissenwollen, und die Aufgabe des Therapeuten bestand darin, diesen Assoziationswiderstand durch psychische Arbeit zu überwinden."[66]

Es gilt für den Therapeuten, dieses Nichtwissenwollen – Freud nennt dieses Phänomen, wenn es in der Behandlung auftrifft, *Widerstand* – zu überwinden. Der Patient, so Freuds Annahme, ‚will' nicht, dass der eigentliche Sinn seines Symptoms zutage tritt, da es sich hierbei zumeist um eine unangenehme oder verpönte Angelegenheit handelt. In der Regel ist es auch weitestgehend problemlos möglich, dass solche unerwünschten Gedanken und Gefühle, obgleich sie unser Erleben und Verhalten in vielfältigen Formen beeinflussen, verdeckt bleiben. Unser Alltag ist nämlich, wie Freud in seiner *Psychopathologie des Alltagslebens* ausführlich dargelegt,[67] durch solche selbsttäuschenden Phänomene geprägt. Im Fall von klinischen Symptomen wird der Betroffene jedoch leidvoll gewahr, dass hier etwas nicht stimmt, die Selbsttäuschung (die Abwehr) nicht mehr vollständig gelingt.

Obgleich Freud, wie bereits erwähnt, an verschiedenen Stellen in der klinischen Beschreibung seiner Behandlungsfälle Formulierungen verwendet, welche als Selbsttäuschung ausgelegt werden können, sind ihm

63 Ebd., S. 264.

64 Eine ausführliche Analyse der Freud'schen Begriffsverwendung von Sinn ist bei Achim Stephan zu finden; s. Stephan (1989), S. 5ff.

65 Freud selbst verwendet den Begriff der Selbsttäuschung nur gelegentlich, z.B. Freud (1999o), S. 304.

66 Ebd., S. 269.

67 S. Freud (1999n).

innerhalb seiner Metapsychologie *Absichten*, also Gründe als Ursachen für Verhalten fremd. Seine verdinglichte Deutung der menschlichen Psyche – Freud spricht hier nicht ohne Grund von einem *psychischen Apparat* – ist durch mechanische, (trieb)ökonomische und physikalische Begriffe und Konzepte geprägt.[68] Phänomene der Selbsttäuschung werden daher bei Freud in der theoretischen Konzeption auf *nichtintentionale Abwehrmechanismen* zurückgeführt. Dies führt dazu, dass Freud in seinen Fallvignetten zwar Phänomene der Selbsttäuschung als solche beschreibt, sie jedoch in seiner metapsychologischen Theorie auf nichtintentionale Mechanismen zurückführt. Insofern man Selbsttäuschung als intentionale Handlung versteht, beschreibt Freud in seiner Theorie (nicht unbedingt in seinen klinischen Fallbeschreibungen) keine Selbsttäuschungen.[69]

Es bleibt jedoch die Frage, ob die Annahme solcher nichtintentionaler (Abwehr)mechanismen die besagte Grundparadoxie der Selbsttäuschung, welche Freud in seinen Fallvignetten ja beschreibt, löst.

Nicht wirklich, so würde ich behaupten. Denn, wie bereits angeführt, kann man im Falle der Täuschung durch psychische Mechanismen nur noch eingeschränkt davon sprechen, dass *ich* mich selber täusche, vielmehr werde ich getäuscht. Es liegt bei dieser Erklärung also keine Selbsttäuschung im vollwertigen Sinne des Begriffs mehr vor. Wenn die Phänomene hierdurch jedoch hinreichend gut verständlich gemacht werden können, mag dies zu verschmerzen sein.

Problematischer ist jedoch, dass die Lösung der Grundparadoxie der Selbsttäuschung durch nichtintentionale psychische Mechanismen für eine einfache selbsttäuschende Verzerrung explanatorisch gut funktionieren mag. Das Problem ist vielmehr, dass den besagten psychischen Mechanismen bei komplexen Selbsttäuschungen ungemein viel kognitive Kapazität zugesprochen werden muss. Wie bereits mehrfach erwähnt, sind Lügen, gerade Lebenslügen – es sei hierzu an die literarischen Figuren Walter Faber oder Hjalmar Ekdal erinnert – hochanspruchsvolle intellektuelle Leistungen. Es erscheint mir jedoch psychologisch fragwürdig und hat mitunter, wie bei Freud zu beobachten, die problematische Folge, dass die ‚mechanischen' psychischen Instanzen wie intentionale,

68 Es liegen zahlreiche Darstellungen der metapsychologischen Grundtheoreme Freuds vor; eine ausführliche Übersicht bieten Gödde et al. (2012). Eine empfehlenswerte philosophische Annäherung hat Alasdair MacIntyre vorgelegt: MacIntyre (1968).

69 Entsprechend sieht z.B. auch Edward Erwin Selbsttäuschung nicht als bedeutsames Thema der Psychoanalyse an; s. Erwin (1988).

sehr geschickte, in Teilen ‚menschlich' handelnde Akteure beschrieben werden. So schreibt beispielsweise Freud in *Das Ich und das Es*: „Wenn das Ich die Züge des Objektes annimmt, drängt es sich sozusagen selbst dem Es als Liebesobjekt auf, sucht ihm seinen Verlust zu ersetzen, indem es sagt: ‚Sieh', du kannst auch mich lieben, ich bin dem Objekt so ähnlich.'"[70] Da wir bereits gesehen haben, dass Freud den psychischen Apparat gerade nicht mit intentionalem Vokabular zu beschreiben versucht, sind solche, leider nicht nur in der populären Rezeption der Psychoanalyse immer wieder aufkommenden anthropomorphistischen Vorstellungen psychischer Instanzen klar zurückzuweisen.[71] Es mag jedoch gerade ein Symptom grundlegender konzeptioneller Schwierigkeiten seiner Theorie sein, dass Freud derartig häufig auf solche problematische Beschreibungsformen zurückgreifen muss.

3) Freud löst die Paradoxie der Selbsttäuschung nämlich nicht nur durch die Annahme von selbsttäuschenden psychischen Mechanismen, sondern vor allem durch eine *Teilungstheorie* des menschlichen Geistes. Dies stellt die dritte mögliche Lösung der Grundparadoxie der Selbsttäuschung dar. Ich werde auf diese Lösung in der Folge ausführlicher eingehen, da sie die in klinischer Hinsicht wirkmächtigste Theorie der Selbsttäuschung darstellt.

Die Annahme, dass die menschliche Psyche aus mehreren Kompartimenten besteht, stellt prima facie eine naheliegende Antwort auf das Paradox der Selbsttäuschung dar. Wenn ein Teil der Psyche einen anderen Teil täuscht, entspricht dies strukturell einer klassischen intersubjektiven Lüge, wodurch der logisch widersinnig erscheinende Umstand, dass eine Person etwas weiß, was sie zugleich nicht weiß, nicht mehr besteht. Neben Freud bzw. an ihn angelehnt vertritt auch Donald Davidson eine Teilungstheorie zur Lösung des epistemischen Grundproblems der Selbsttäuschung.

Wir verbleiben vorerst bei Freud: Bekanntermaßen unterteilt dieser die menschliche Psyche in unterschiedliche Regionen mit verschiedenen Graden der Luzidität. Seine entsprechenden metapsychologischen Theorien zu einer Kompartimentierung des Geistes, also die bekannte Unterteilung in *Unbewusstes, Vorbewusstes* und *Bewusstsein* im Rahmen der sogenannten 1. Topik sowie in *Es, Ich* und *Über-Ich* innerhalb der 2. Topik, entwickelt Freud ausgehend von klinischen Phänomenen, welche sich

70 Freud (1999c), S. 258.

71 Zur problematischen anthropomorphistischen Tendenz in der Theorie Freuds s. Schafer (1982).

nach den gängigen psychologischen und psychopathologischen Grundannahmen seiner Zeit weder theoretisch noch alltagspsychologisch verstehen ließen. Seine Patienten taten etwas, z.B. eine Fehlhandlung, oder erlebten etwas, z.B. einen Traum, deren Sinn und Absicht ihnen häufig, meist zudem in leidvoller Weise selber unbekannt war. Freud erkennt dieses paradox anmutende Phänomen deutlich, wenn er z.B. in Bezug auf den Träumer ausführt: „Ich sage Ihnen nämlich, es ist doch sehr wohl möglich, ja sehr wahrscheinlich, daß der Träumer es doch weiß, was sein Traum bedeutet, nur weiß er nicht, daß er es weiß, und glaubt darum, daß er es nicht weiß."[72]

Der Träumer weiß also, was sein Traum bedeutet, und weiß es zugleich auch nicht. Dies erscheint widersprüchlich. Freud löst diesen Widerspruch durch die Annahme verschiedener ‚Bereiche' innerhalb der menschlichen Psyche. Zentral ist hierbei vor allem die ‚Region' unserer Psyche, welche Gedanken und Gefühle umfasst, zu der wir keinen direkten Zugang haben (wollen), welche sich jedoch zugleich in Symptomen und Fehlhandlungen bemerkbar macht: Diese nennt Freud das *Unbewusste*. Ich werde diesen schillernden und schwierigen Begriff hier vorerst nicht weiterführend untersuchen; es reicht für unsere Zwecke aus zu konstatieren, dass nach Freud Teile unseres seelischen Apparats fern unseres Bewusstseins operieren. Das Unbewusste ‚weiß' also, was der Traum bedeutet, verbirgt es jedoch vor dem Bewusstsein. Dies erinnert an das ‚*doppelte Herz*', welches Augustinus dem Lügner zuschreibt, wenn dieser in täuschender Absicht etwas anderes kundgibt, als er selber glaubt. Es liegt also nahe, auch hier von (Selbst)täuschung zu sprechen.

Insofern das Unbewusste in der Lage ist, auf den bewussten Teil täuschend einzuwirken, – wie genau diese täuschenden Mechanismen funktionieren, kann hier vorerst offen bleiben – wäre leicht verständlich, wie jemand etwas zugleich wissen und nicht wissen kann: Die beiden sich widersprechenden Überzeugungen befinden sich an unterschiedlichen ‚Orten' der Psyche, sodass dem Subjekt der logische Widerspruch nicht gewahr wird. Mit der Annahme einer Teilung der menschlichen Psyche in einen täuschenden und einen getäuschten Teil löst Freud für sich also das epistemische Problem der Selbsttäuschung.

Auch Donald Davidson schlägt eine derartige, an Freud anschließende Lösung für die Grundparadoxie der Selbsttäuschung vor, auf die ich

72 Freud (1999q), S. 98.

kurz eingehen möchte.[73] Von Freuds Ansatz unterscheidet sich Davidsons zuvorderst durch zwei wesentliche Punkte: Erstens geht Davidson im Gegensatz zu Freud nicht von einer *konstitutiven* Gespaltenheit der menschlichen Psyche aus, sondern versteht diese *funktional*, d.h. eine solche Spaltung tritt nur in selbsttäuschenden Akten zutage. Zudem unterscheidet Davidson bzgl. Handlungen grundsätzlich zwischen Ursachen und Gründen,[74] eine Unterscheidung, die Freud (problematischerweise) so nicht kennt. Davidsons interessante Grundidee ist nun, dass sich Selbsttäuschungen gerade durch die Berücksichtigung des Unterschieds zwischen Ursachen und Gründen verständlich machen lassen.

Als Ausgangspunkt wählt Davidson ein Beispiel des Wunschdenkens: Ein Jüngling hat den Wunsch, schöne Waden zu haben.[75] Dieser Wunsch bringt ihn dazu – so ist es typisch für Wunschdenken – die Überzeugung zu entwickeln, er habe tatsächlich schöne Waden. Diese Überzeugung ist jedoch nicht durch epistemisch tragende Gründe zustande gekommen, z.B. indem der Jüngling seine Waden genau betrachtet oder sich bei anderen versichert hat, dass seine Waden tatsächlich wohlgeraten sind, sondern sie kam allein durch den entsprechenden Wunsch zustande. Es sei bezeichnend für Wunschdenken, so Davidson,

> „daß eine Überzeugung durch einen Wunsch verursacht wird. Doch das Urteil, ein Sachverhalt sei oder wäre wünschenswert, ist kein Grund dafür zu glauben, daß er wirklich bestehe“[76].

Der Wunsch verursacht die Überzeugung, rechtfertigt sie jedoch nicht. Daher liegt, so Davidson, beim Wunschdenken ein klarer Fall von Irrationalität vor. Wie kann, so fragt dieser, ein grundsätzlich rationales Subjekt einer solchen Irrationalität erliegen? Davidson sieht diesbezüglich nur eine Lösung:

> „Es gibt allerdings eine Möglichkeit, wie ein geistiges Ereignis ein anderes geistiges Ereignis verursachen kann, ohne ein Grund für dieses zu sein […].

73 Für Davidsons Theorie der Selbsttäuschung sind vier Aufsätze zentral, welche in deutscher Sprache zusammengefasst in einem Sammelband vorliegen: s. Davidson (2006b). Ich werde mich vornehmlich auf den Aufsatz *Paradoxien der Rationalität* (Davidson (2006a)) beziehen.

74 Zur einflussreichen Handlungstheorie Davidsons will ich hier nicht mehr ausführen, als für die vorliegende Thematik nötig ist. Dargelegt findet diese sich in: Davidson (1990).

75 Vgl. Davidson (2006a), S. 300.

76 Ebd., S. 301.

> Das kann geschehen, wenn Ursache und Wirkung im Geist verschiedener Personen vorkommen."[77]

Und weiter heißt es, nur „wenn Teile des Geistes unabhängig sind, können wir verstehen, wie sie fähig sind, Inkonsistenzen zu beinhalten und auf kausaler Ebene zu agieren"[78].
Der Wunsch des Jünglings nach schönen Waden ist zwar kausal verantwortlich für die Überzeugung, solche auch zu haben, muss jedoch logisch dissoziiert werden, sodass die Irrationalität nicht offen zutage tritt und dann sogleich korrigiert werden würde. Durch die funktionale Abspaltung des Wunsches im Geiste des Selbsttäuschers kann dieser weiterhin unbeirrt an seiner unbegründeten Überzeugung festhalten. Auf diese Weise löst Davidson letztlich das Grundproblem der Selbsttäuschung ebenso wie Freud durch eine Teilung der menschlichen Psyche.
Eine „Selbsttäuschung", so heißt es in einem anderen Aufsatz von Davidson, „ist also eine Form von selbstinduzierter Rechtfertigungsschwäche"[79]. Der Selbsttäuscher verstößt willentlich gegen ein Grundprinzip der Rationalität, welches darin besteht, alle verfügbaren Evidenzen bei der Bildung seiner Überzeugung heranzuziehen und ausgehend von diesen das am besten begründete Urteil zu fällen. Stattdessen geben seine Wünsche den Ausschlag dafür, was er für richtig hält. Wir sollten uns an dieser Stelle noch einmal an *Walter Faber* erinnern, der sich alle verfügbaren Evidenzen so zurechtlegt, dass er letztlich selber davon überzeugt ist, Elisabeth könne nicht seine Tochter sein. In diesem Sinne liegt bei ihm tatsächlich eine Form der selbstinduzierten Rechtfertigungsschwäche vor.
Stellen die von Freud und Davidson vorgeschlagenen Kompartimentierungstheorien eine Lösung des epistemischen Grundproblems der Selbsttäuschung dar? Auch hier gilt, dass es sich bei diesen Lösungen im vollwertigen Sinne nicht um Selbsttäuschungen handelt; schließlich täusche nicht ich mich, sondern jemand anderes (in mir) täuscht mich. Da das Selbst als innerlich dissoziiert verstanden wird, liegt vielmehr eine Täuschung in Form einer klassischen Lüge vor. Diesen bereits mehrfach vorgebrachten begrifflichen Einwand erachte ich jedoch, insofern die Theorien explanatorisch ihre Anforderungen erfüllen, als zweitrangig. Es

77 Ebd., S. 304.
78 Ebd., S. 305.
79 Davidson (2006c), S. 336.

geht vorrangig darum, Phänomene verständlich zu machen, nicht den sie beschreibenden Begriffen gerecht zu werden.

Es lassen sich jedoch deutlich gewichtigere Einwände formulieren: Hier lohnt sich der Blick in Sartres Kritik der Freud'schen Psychoanalyse. Sartre formuliert mehrere Kritikpunkte an der theoretischen Konzeption Freuds, von denen ich einen als gewichtig erachte:[80] Sartre kritisiert, dass die Annahme eines unbewussten Teils der eigenen Psyche dazu führen würde, dass ich mich in Bezug auf mein Unbewusstes, so Sartre, in epistemischer Hinsicht „in der Position des Anderen" befinde, was zugleich bedeutet, dass „ich [...] mich nur vermittels des Anderen erkennen"[81] kann.

Dieser Hinweis scheint auf den ersten Blick unproblematisch, wenn nicht gar treffend zu sein, denn die von Freud beschriebenen Erfahrungen weisen ja genuin ein Moment der *Selbst-Fremdheit* oder *Andersheit* auf; entsprechend üblich sind solche Charakterisierungen.[82] Man könnte sogar auf die Idee kommen, solche Formen der radikalen epistemischen Selbstfremdheit als ein Selbstverhältnis im Rahmen der uns mittlerweile bestens bekannten anthropologischen Grundfigur der exzentrischen Positionalität zu beschreiben. Dies ist jedoch insofern deplatziert, als dass die Selbstfremdheit zur Erklärung der Grundparadoxie der Selbsttäuschung aus logischen Gründen epistemisch radikal gedacht werden muss: Das Verhältnis zu mir selbst gleicht in epistemischer Hinsicht dem Verhältnis zu einer beliebigen anderen Person in der Welt. Hierdurch ginge die besondere Struktur des zentrisch-exzentrischen Selbstverhältnisses verloren.

Sartres Kritik geht in dieselbe Richtung. Er weist nämlich auf eine äußerst problematische Konsequenz einer solchen radikalen epistemischen Selbstfremdheit hin: Insofern mir als Selbsttäuscher der die unangenehmen Überzeugungen enthaltende Teil meiner Psyche unzugänglich und damit fremd ist, kann ich über diesen nur Kenntnis in der Art und Weise erlangen, wie ich üblicherweise (extra-mentale) Gegenstände in der Welt erkenne. Mein Unbewusstes steht mir in diesem Fall als ein

80 Zudem kritisiert Sartre, dass sich auf der Ebene des Zensors die Grundproblematik wiederholen würde (was ich für zu mindestens im Rahmen der zweiten Topik für unbegründet erachte) und nennt den bereits bekannten Kritikpunkt, dass den Abwehrmechanismen (zu) hohe kognitive Fähigkeiten zugesprochen werden müssten.

81 Sartre (1994), S. 126.

82 Titelgebend findet sich diese Selbst-Fremdheit als Chiffre für das Unbewusste prominent in Julia Kristevas Schrift *Fremde sind wir uns selbst*, s. Kristeva (1990).

fremder, mich täuschender und daher in seinen Verstellungen zu deutender Gegenstand gegenüber.
Natürlich ist es i.d.R. ohne größere Probleme möglich, mein Verhalten und Erleben analog zu einem beliebigen Gegenstand zu beobachten und unter Anwendung der psychoanalytischen Schemata zu dechiffrieren zu versuchen. Wie dies aussehen kann, demonstriert Sartre, durchaus in karikierender Absicht, anhand der Figur des Lucien Fleurier in seiner Erzählung *Die Kindheit eines Chefs:*

> „Er hatte sich gierig auf die Psychoanalyse gestürzt […]. Der wirkliche Lucien war tief im Unbewußten vergraben; man mußte über ihn nachsinnen, ohne ihn jemals sehen zu können, wie über einen teuren Abwesenden. Lucien dachte den ganzen Tag an seine Komplexe und stellte sich mit einem gewissen Stolz die dunkle, grausame und gewalttätige Welt vor, die unter den Dämpfen seines Bewußtsein brodelte. […] Er wagte seiner Mutter nicht mehr ins Gesicht zu sehen, und wenn er sie vor dem Schlafengehen küßte, fürchtete er, daß eine finstere Macht seinen Kuß umleitete und auf Madame Fleuriers Mund treffen ließ, es war, als hätte er in sich selber einen Vulkan gehabt."[83]

Lucien betrachtet sich (d.h. sein ,wirkliches', tief im Unbewussten vergrabenes Ich) als eine ihm fremde Person, der er sich nur nähern kann, indem er sein Verhalten und Erleben unter Anwendung psychoanalytischer Theorien zu deuten versucht. Er ist, so könnte man nach dem Modell der intersubjektiven Täuschung überspitzt formulieren, als Getäuschter dem Täuschenden unter Mithilfe der Psychoanalyse auf der Spur. Eine solche Suche sei jedoch müßig, so Sartre, denn

> „die Resultate werden, ob sie nun alleine durch meine Bemühungen oder unter Mitwirken eines Fachmanns erreicht werden, nie die Gewißheit besitzen, die die Intuition verleiht; sie werden einfach die immer größer werdende Wahrscheinlichkeit wissenschaftlicher Hypothesen haben"[84].

Auch wenn ich den Begriff der *Intuition* und *Gewissheit* hier für leicht irreführend halte, denke ich, dass Sartre an dieser Stelle auf ein zentrales Problem der Psychoanalyse aufmerksam macht. Es macht, um in Sartres literarischem Beispiel zu bleiben, einen fundamentalen Unterschied, ob Lucien nur ,wissenschaftlich' schlussfolgert, dass der Kuss seiner Mutter aufgrund einer aus psychoanalytischer Sicht anzunehmenden ödipalen

83 Sartre (1987b), S. 131f.
84 Sartre (1994), S. 126.

Konstellation gefährlich sein könnte, oder ob er tatsächlich im Moment des Küssens einen irritierenden libidinösen Impuls verspürt.

Das Problem im Fall von Lucien liegt nicht darin, dass die jeweilige psychoanalytische Deutung unangebracht oder falsch wäre, sondern dass es sich um eine (mehr oder weniger gut begründete) Form des *propositional-hypothetischen Wissens* über sich selbst als fremden Gegenstand handelt. Was hier jedoch jeweils fehlt, ist das, was Sartre mit *Intuition* bezeichnet und ich lieber *zentrisches* bzw. *erstpersonales Erleben* der eigenen psychischen Zustände nennen möchte. Vermittelt anzunehmen, dass ich z.B. ein bestimmtes Gefühl haben müsste oder von einem Motiv getrieben werde, unterscheidet sich von der Art und Weise der unmittelbaren Bezugnahme auf diese psychische Entität fundamental vom erlebnishaften Gewahrwerden bzw. der Aneignung solcher Affekte, Impulse oder Gedanken.

Thomas Fuchs unterstreicht diese Kritik am Freud'schen Begriff der Verdrängung bzw. der aus ihr folgenden unmöglichen Aufhebung, wenn er unterstreicht, dass

> „die psychoanalytische Therapie [...] dann nur rationale Einsicht in die Mechanismen des eigenen Inneren vermitteln, jedoch nicht zu einer wirklichen Integration der Persönlichkeit beitragen [könnte]. Dass ‚wo Es war, Ich werden' sollte, bliebe dann nur eine Sache des expliziten Wissens, nicht der Aneignung"[85].

Rationale Einsicht ist jedoch nicht das, was ein Psychoanalytiker mit einer Deutung erreichen will. Das Ziel der psychoanalytischen Arbeit besteht nicht darin, das theoretische Wissen des Patienten über seine unbewussten Gefühle, Wünsche oder Gedanken zu vergrößern, sondern diese selber wieder zur kurativen Arbeit an diesem zugänglich zu machen.

Die kritischen Einwände Sartres und Fuchs' gegen die Psychoanalyse, welche ebenso gegen alle anderen Formen der Teilungstheorie der Selbsttäuschung gewendet werden können, lassen sich daher wie folgt zusammenfassen: Ansätze, die Phänomene der Selbsttäuschung durch eine Form der radikalen Spaltung der menschlichen Psyche erklären, haben zur Konsequenz, dass ich mich als Selbsttäuscher gegenüber meinen dissoziierten Gedanken und Gefühlen ‚*in der Position des Anderen*'[86] befinde. Diese radikale Fremdheit bestimmter Teile meiner Existenz hat

85 Fuchs (2008), S. 36.
86 Sartre (1994), S. 126.

zur Folge, dass ich entsprechende Erkenntnis nur in Form einer neutral geschlussfolgerten Hypothese über mich gewinnen kann. Entsprechend der implizit zugrunde liegenden Denkfigur der intersubjektiven Täuschung ließe sich etwas überpointiert sagen: Ich als Getäuschter mutmaße über die mir gänzlich fremden Motive und Überzeugungen von mir als Täuschendem.

Für die Psychoanalyse ist dies m.E. insofern ein Problem, als ich in der klinischen Praxis ja gerade eine Aufhebung der Selbsttäuschung qua gedeuteter *Einsicht* erreichen will. Insofern jedoch in der metapsychologischen Theorie eine radikale Alterität des Unbewussten angenommen werden muss, kann eine solche Einsicht, welche eben nicht die Form eines propositionalen Wissens, sondern die einer unmittelbaren, erstpersonalen Bewusstwerdung haben soll, nicht mehr verständlich gemacht werden: Die Selbsttäuschung kann als solche nicht aufgehoben werden. Dies widerspricht jedoch der klinischen und alltäglichen Praxis. Aus diesem Grund halte ich Teilungstheorien zur Erklärung der Grundparadoxie der Selbsttäuschung für die Fragestellung meiner Arbeit für nicht zielführend.

Als Zwischenfazit kann daher festgehalten werden, dass keine der drei bisher präsentierten Lösungen des Grundparadox der Selbsttäuschung – die defätistische Lösung, die täuschenden Mechanismen oder die Teilungstheorien[87] – überzeugen konnte. Man kann sich daher die Frage stellen, ob diesen Lösungsansätzen möglicherweise ein grundlegenderes Missverständnis inhärent ist. Genau diese These vertritt Hilde Landwehr;[88] ihre instruktiven Überlegungen zum Problem der Selbsttäuschung will ich daher kurz darstellen:

Bisher wurde der Frage, worüber sich ein Selbsttäuscher eigentlich täuscht, keine größere Beachtung geschenkt. Dies stellt eine gängige Vernachlässigung im Diskurs über das Phänomen der Selbsttäuschung dar. Den meisten (vor allem analytischen) Ansätzen liegt folgendes argumentatives Muster zugrunde: Jemand täuscht sich darüber, die Überzeugung p zu haben, wobei p eine beliebige Proposition sein kann. Die zu lösende Paradoxie ergibt sich in der Folge daraus, dass zum Zwecke der Täuschung zugleich nicht-p für wahr gehalten werden muss, was offensichtlich widersprüchlich ist.

87 Es liegen weitere, m.E. jedoch ebenfalls wenig überzeugende Ansätze vor; so versteht Kathi Beier Selbsttäuschungen als Deprivationen (Beier (2010)), während Thomas Keutner die These vertritt, dass sich Selbsttäuschungen durch ihren Vergangenheitsbezug verstehen lassen (Keutner (2004)).

88 S. Landweer (2001).

In den zumeist verwendeten Beispielen steht p für einen einfachen, d.h. mehr oder weniger klar eingrenzbaren und damit feststellbaren Sachverhalt in der Welt, über den man sich motiviert selber täuscht. Dies stellt jedoch eine unangemessene und in der Konsequenz irreführende Verzerrung dar. Daher möchte ich dafür argumentieren, dass die Gegenstände der Selbsttäuschung zumeist nicht einfache Sachverhalte sind, sondern vielmehr die diese betreffenden Gefühle, Werturteile, Einschätzungen und Interpretationen von komplexen Situationen. Es wird sich zeigen, dass, sobald man sich auf diese als die tatsächlich relevanten Gegenstände der Selbsttäuschung konzentriert, einige zentrale Probleme, diese Phänomene theoretisch verständlich zu machen, nicht mehr zeigen.

Die Standardbeispiele der Selbsttäuschung betreffen, wie bereits erwähnt, Überzeugungen über vergangene oder aktuelle Sachverhalte in der Welt: Dass Elisabeth seine Tochter ist, will Walter Faber ebenso wenig wahrhaben wie Alexej Karenina akzeptieren kann, dass seine Frau ihn betrügt. Es handelt sich hierbei, so Hilge Landweer, um „einfache Sachverhalte, deren Tatsächlichkeit überprüfbar wäre“[89]. Eine Vaterschaft lässt sich mittels einer DNA-Analyse heutzutage nahezu zweifelsfrei feststellen, des Ehebruchs kann Anna Karenina überführt werden. „Bei echten Selbsttäuschungen“, so Landweer weiter, sieht dies jedoch anders aus, denn hier geht es „um Bewertungen und Einschätzungen von komplexen Situationen, die in ihren Details durchaus realitätsadäquat wahrgenommen werden können, aber insgesamt nicht angemessen sind“[90].

Anhand des Beispiels eines sich selber als begnadet einschätzenden Komponisten verdeutlicht Landweer dies; denn gerade „Lebensentwürfe“ seien „ein bevorzugtes Feld für Selbsttäuschungen“[91]. Nun lässt sich dieses Urteil (‚ich bin ein begnadeter Komponist‘) nicht dadurch verifizieren, dass man die ggf. selbsttrügerische Überzeugung anhand der Wirklichkeit überprüft, wie es z.B. bei einer Vaterschaft der Fall wäre. Zwar mögen die Werke des vermeintlichen Genius beim Publikum wenig Gefallen wecken, aber, wie so häufig in der Kunst, erkennt vielleicht erst die Nachwelt die stilistische Brillanz des einst Verschmähten. Selbstverständlich lassen sich Gründe dafür anführen, warum die Überzeugung, ein begnadeter Komponist zu sein, angemessen oder abwegig sein mag; abschließende Urteile sind jedoch kaum möglich, sondern nur Interpretationen.

---

89 Ebd., S. 213.

90 Ebd.

91 Ebd.

Während also einzelne Aspekte der Selbsttäuschung überprüft werden können, ist eine eindeutige Überprüfung der Gesamtsituation nicht möglich. Diese kann nur hermeneutisch bzw. kontextuell interpretiert werden. Entsprechend kritisiert Landweer auch, dass den vorherrschenden Theorien der Selbsttäuschung ein korrespondenztheoretischer Wahrheitsbegriff zugrunde liegt. Angemessener sei, so diese weiter, jedoch eine „hermeneutische Wahrheitsauffassung“[92], denn es gebe „für das, was man als ‚Selbsttäuschung‘ bezeichnet, [...] keine situationsunabhängigen, operationalisierbaren Kriterien“[93]. Ob der erfolglose Musiker sich also über sein Talent selber täuscht, ist daher eine Frage der Güte seiner (Selbst)interpretation. Selbsttäuschungen dürfen daher – diese These werde ich später noch ausführlicher begründen – nicht ausgehend vom nicht mit der Realität übereinstimmenden Urteil verstanden, sondern sollten vom Prozess der Genese der Bildung dieses psychischen Zustandes her begriffen werden.

Eine situativ-hermeneutische Wahrheitsauffassung, so Landweer weiter, erlaubt ein anderes Verständnis von Selbsttäuschungen. Während nämlich der korrespondenztheoretische Wahrheitsbegriff nur Aussagen zulässt, die distinktiv entweder wahr oder falsch sind, erlaubt der hermeneutische Wahrheitsbegriff, dass eine Situation anders gesehen oder verstanden werden kann. Landweer hierzu:

> „Denn selbstverständlich verhält es sich nicht so, dass man, wenn man sich selbst täuscht, zu ein und demselben Zeitpunkt zwei einander widersprechende Beschreibungen oder Bewertungen einer Situation für wahr hält. Charakteristisch dagegen ist für das Phänomen der ‚erkannten‘ Selbsttäuschung ein Perspektivwechsel.“[94]

Eine komplexe Situation kann (mit guten Gründen) so oder so aufgefasst werden. Durch einen *Perspektivwechsel* kann daher ein und dieselbe Situation anders verstanden werden, wobei sich die verschiedenen Situationsauffassungen laut Landweer nicht derart widersprechen, dass sich beim Selbsttäuscher ein paradoxaler Widerspruch ergibt. Der Selbsttäuscher weist also nicht zwei widersprüchliche Überzeugungen (ein ‚doppeltes Herz‘ nach Augustinus) auf, sondern weigert sich vielmehr, eine andere Perspektive auf die Situation einzunehmen.

92 Ebd.
93 Ebd., S. 214.
94 Ebd., S. 215.

Diese Grundidee Landweers halte ich deshalb für wertvoll, weil ihr hermeneutischer Wahrheitsbegriff deutliche Ähnlichkeit zum Begriff der Artikulation, so wie ich ihn bisher dargelegt habe, aufweist. Bei Artikulationen besteht nämlich ebenfalls, wie dargelegt,[95] die Möglichkeit, in gewissen Grenzen etwas so oder so zu artikulieren. Gleiches gilt für den Begriff der Narrativität.[96] Im Folgenden möchte ich daher das Phänomen der *selbsttäuschenden Artikulation* genauer in den Blick nehmen.

Hierzu ist es im ersten Schritt notwendig, die Grundidee Landweers zu erweitern: Die Gegenstände der Selbsttäuschung sind nämlich nicht nur Interpretationen komplexer Situationen, sondern auch die diese betreffenden Einstellungen, Beurteilungen und Gefühle. Dies ist insofern ein wichtiger Punkt für meine Interpretation, da es beim Gros der Selbsttäuschungen weniger darauf ankommt, was der Fall ist, sondern was diese für das Subjekt bedeutet bzw. welche Gefühle damit einhergehen. Mir scheint es daher in den meisten Fällen viel weniger relevant, *ob* beispielsweise jemand seine Vaterschaft (vor sich selber) verleugnet, sondern *wie er sich* zu seiner Vaterschaft *verhält*. Ist Walter Faber stolz, Vater zu sein? Oder schämt er sich seiner Vaterschaft? Ist Alexej Karenina etwa traurig über den Ehebruch oder eher wütend? Vielleicht ist ihm die Affäre seiner Frau sogar gleichgültig, was er sich jedoch nicht eingestehen kann, weil dies seinem Idealbild einer Ehe widerspräche. Vor allem in der therapeutischen Praxis geht es zumeist nicht darum zu klären, was in der Welt tatsächlich der Fall ist, als vielmehr darum, welche Gefühle und Werturteile der Patient in Bezug auf diese und jene Umstände hat bzw. glaubt zu haben. Ich ergänze eine kurze Fallvignette:

> [Fallvignette 27]: Ein junger Patient berichtet, dass er vorgestern die Kündigung erhalten habe. Mich verwundert, dass er dies so unbeeindruckt schildert. Er merkt hierzu an, dass dies keine Tragödie sei, da der Arbeitgeber eh schlecht war und er dort ungern gearbeitet habe. Daher sei er eher erleichtert, dass er dort nun nicht mehr tätig sei. Diese Aussagen passen nicht zu seinen vorherigen Ausführungen und lassen meinerseits den Verdacht aufkommen, dass er die emotionale Bedeutung seiner Kündigung selbsttäuschend herunterspielt.

Ich möchte im Folgenden daher den Fokus auf Selbsttäuschung über Gefühle und Werturteile legen. Als zentraler Punkt erscheint mir herbei,

---

95 S. hierzu Kapitel 6.
96 S. hierzu Kapitel 7.

dass Selbsttäuschungen über Gefühle und Werturteile nicht einfach nach dem (korrespondenztheoretischen) Modell von Überzeugungen über Sachverhalte in der Welt gebildet werden. Es besteht nämlich nicht einfach ein Gefühl, z.B. die Scham Walter Fabers, über das dann eine davon unabhängige selbsttäuschende Überzeugung (‚ich schäme mich, ihr Vater zu sein') gebildet wird. Diese Unabhängigkeit ist nämlich in Bezug auf psychische Zustände wie Gefühle und Wertungen nicht gegeben. Es existiert nicht zuerst ein Gefühl an sich, welches anschließend artikuliert wird. Denn Artikulationen sind – diesen zentralen Gedanken habe ich im Ausgang von Charles Taylor entwickelt[97] – konstitutiv für ein Gefühl. Sie bilden nicht einen bereits gegebenen, jedoch unartikulierten psychischen Zustand ab, sondern bringen ihn zugleich in Form und Gestalt mit hervor.

Bezüglich der Selbsttäuschungen bedeutet dies, dass die Gefühle und Urteile Walter Fabers oder Alexej Kareninas nicht einfach (bewusstseinsfern) vorhanden sind und hieraus abbildend einfach eine selbsttäuschende Überzeugung gebildet wird, woraus sich die besagte Grundparadoxie der Selbsttäuschung in Form der logischen Unverträglichkeit von p und nicht-p ergibt, sondern dass ihre Artikulation sie in Gestalt und Form signifikant beeinflusst. Weiter noch: Die Artikulation eines Gefühls, eines Wunsches oder eines Gedankens kann auch unterlassen werden. Nicht artikuliert existiert dieser psychische Zustand als solcher nicht.

Dies bedeutet, dass Walter Faber keine schamvollen Gefühle als solche hat, wenn er sie nicht entsprechend artikuliert. Alexej Karenina hätte keine Eifersucht, wenn er sein Erleben nicht oder nicht in diese Richtung artikulierte. Da Artikulationen Handlungen sind – hierfür wurde nachdrücklich argumentiert –, können sie beeinflusst werden. Die einfachste Möglichkeit besteht dann darin, die artikulierende Reflexion zu unterlassen, sodass das nicht gewollte Gefühl nicht entsteht. Der Selbsttäuscher Alexej Karenina erlebt also keinen inneren Widerspruch, wenn er die Entstehung von Eifersucht verhindert und sie entsprechend nicht empfindet.

Diese These findet sich auch bei Martin Löw-Beer, wenn er einer sich selber täuschenden Person attestiert:

> „Der Hinweis, daß sie solche Gefühle nicht erlebt, erlaubt ihr, an dem Selbstverständnis festzuhalten, die Gefühle nicht zu haben. [...] Die Person bildet also in der Tat diese Gefühle so lange nicht aus, wie sie sich weigert, über sich nachzudenken."[98]

97 S. hierzu Kapitel 6.3.

98 Löw-Beer (1990), S. 60.

Löw-Beer verwendet hierfür den Begriff des *mentalen Handelns,* welchen er „als Bedingung der Möglichkeit von bewußter Selbsttäuschung"[99] versteht. Der Selbsttäuscher handelt also mental so, dass die unerwünschten Gefühle nicht entstehen; er manipuliert den Prozess ihrer Genese. Den Begriff des mentalen Handelns bindet Löw-Beer explizit an den Artikulationsbegriff von Charles Taylor,[100] was seine Überlegungen für meine Argumentation umso anschlussfähiger macht. Im Folgenden möchte ich im Anschluss an Löw-Beer daher dafür argumentieren, dass Selbsttäuschungen primär als *manipulierte Artikulationsprozesse* zu verstehen sind.

Ein Selbsttäuscher gestaltet die artikulierende Reflexion über seine Gefühle, Wünsche oder auch Überzeugungen derart, dass er die Entstehung unangenehmer Einsichten vermeiden kann. Aber bleibt das Grundparadox der Selbsttäuschung dann nicht bestehen? Denn, so könnte man einwenden, wenn ich die Artikulation meiner Gefühle oder Einstellungen in eine bestimmte Richtung zu beeinflussen versuche, muss ich doch wissen, was ich letztlich nicht wissen will.

Ja, dies stimmt einerseits, da auch im Fall dieser Art der Selbsttäuschung zumindest eine Ahnung davon bestehen muss, was eben nicht als Resultat des manipulierten Artikulationsprozesses entstehen soll. Andererseits gibt es hier einen signifikanten Unterschied: Bei den klassischen Fällen von Selbsttäuschung bestehen zeitgleich zwei epistemisch gleichwertige, logisch unverträgliche Überzeugungen (p und nicht-p), was für ein halbwegs vernünftiges Subjekt als Widerspruch untragbar wäre.

Im Fall der selbsttäuschenden Artikulation handelt es sich jedoch, dies ist von größter Bedeutung, um einen *Prozess*. Dies bedeutet, dass ein signifikanter Unterschied zwischen dem den Prozess der Selbsttäuschung motivierenden Verdacht und der resultierenden Einsicht besteht. „Die Möglichkeit bewußter Selbsttäuschung", so Martin Löw-Beer, ergibt sich dadurch, dass wie als Selbsttäuscher „nur erwarten, aber nicht wissen können, ob uns Überlegungen zu bestimmten Einsichten führen werden, [hierdurch] können wir gezielt vermeiden, von etwas explizit zu wissen"[101].

Der vage Verdacht ist eben etwas anderes als die im Zuge einer ausführlichen Reflexion möglicherweise entstehende, unangenehme und daher vermiedene Einsicht. Eine beunruhigende Ahnung lässt sich leicht zerstreuen, eine fundierte (Selbst)erkenntnis deutlich schlechter. Daher motiviert die vage

99 Ebd., S. 57.
100 Ebd., S. 46.
101 Ebd., S. 59.

Ahnung dazu, die Genese eines manifesten psychischen Zustandes selbsttäuschend zu vermeiden.

Diese für die Selbsttäuschung bedeutsame Differenz zwischen vagem Verdacht und der zu vermeiden beabsichtigten manifesten Einsicht tritt vor allem in Bezug auf Gefühle, Wünsche und Wertungen zutage, da hier der jeweilige psychische Zustand durch die selbsttäuschend beeinflussten Artikulationsprozesse als solcher (bzw. in einer bestimmten Gestalt) gar nicht erst entsteht. Die abstrakte Ahnung ist eben etwas ganz anderes als die volle emotionale Valenz des artikulierten Gefühls. Ebenso ist der ‚leise' Verdacht eines eigenen unklaren Bedürfnisses etwas anderes als die motivationale Dringlichkeit eines artikulierten Wunsches; genau wie sich eine latente Ahnung signifikant von der Unabweisbarkeit einer ausformulierten Überzeugung unterscheidet.

Martin Löw-Beer fasst dieses Verständnis von Selbsttäuschung derart zusammen, dass ihr zentraler Punkt darin besteht,

> „daß sich der Selbsttäuscher weigert, sich für ihn bedeutsame Inhalte klarzumachen. Bewußt ist in diesem Fall die Wahl, sich über sich nicht klar zu werden. Der Selbsttäuscher lehnt es ab, sich zu analysieren, obwohl und weil er weiß, daß Selbstreflexion (wahrscheinlich) die Revision seines Selbstverständnisses nach sich ziehen würde"[102].

Der Selbsttäuscher ahnt zudem,

> „daß er bestimmte Gefühle, Einstellungen bilden würde, wenn er sich auf die Selbstreflexion einlassen würde. Aber da Letztere eine notwendige Bedingung für die Bildung dieser Zustände ist und es ihm lieber ist, die entsprechenden Erlebnisse zu vermeiden, läßt er sich nicht auf die selbstreflexiven Artikulationsprozesse ein"[103].

Zentral ist hierbei, dass es sich bei einer Selbsttäuschung um einen *Prozess* handelt. Dieser zeichnet sich dadurch aus – und nur so kann die Grundparadoxie der Selbsttäuschung aufgelöst werden –, „daß der Täuschungsprozess dem Selbsttäuscher nicht in seiner Gesamtheit klar sein darf"[104]. Löw-Beer spricht daher auch von Prozessen der „falschen Selbstveränderungen"[105], welche der Selbsttäuscher an sich vollzieht.

Die Grundparadoxie der Selbsttäuschung – etwas zu wissen, was nicht gewusst werden soll – lässt sich also m.E. dadurch auflösen, dass die sich

102 Ebd., S. 69.
103 Ebd.
104 Ebd., S. 82.
105 Ebd., S. 83ff.

widersprechenden Überzeugungen im Rahmen der selbsttäuschenden Artikulationsprozesse einen gänzlich anderen epistemischen und psychischen Status innehaben. Selbsttäuschungen können daher als *Versuche der epistemischen Beeinflussungen der artikulierenden Selbstreflexionsprozesse mit dem Ziel der Vermeidung unangenehmer Einsichten* verstanden werden.

So formuliert wird zudem die uns bereits bestens vertraute anthropologische Denkfigur der Exzentrizität wieder erkennbar. Selbsttäuschungen sind dadurch möglich, dass ich exzentrisch versuche, Einfluss auf meine zentrischen psychischen Zustände zu nehmen. Als Selbsttäuscher nehme ich daher ein (epistemisch manipulierendes) Verhältnis zu mir selbst ein. Der Vorteil, Selbsttäuschungen in dieser Weise als exzentrisches (genauer: manipulativ epistemisches) Selbstverhältnis zu denken, liegt, vor allem im Vergleich mit den vorgestellten Teilungstheorien, wie sie Freud und Davidson vertreten, darin, dass der Selbsttäuscher nicht in zwei Subjekte zerfällt, was zum einen der Beschreibung der allermeisten Selbsttäuschungsfälle unangemessen ist und zum anderen die Aufhebung der Selbsttäuschung unverständlich erscheinen lässt.

Wie sehen solche selbsttäuschenden Beeinflussungsversuche der artikulierenden Selbstreflexion im Einzelnen aus? Ich möchte hier exemplarisch einige Möglichkeiten kurz skizzieren:

1) Das einfachste Beispiel wurde schon genannt: Die *Verweigerung der Selbstreflexion*. Da Selbstartikulation bzw. -reflexion Handlungen sind, können sie vollzogen oder unterlassen werden. Es besteht daher die Möglichkeit, eine Selbstreflexion, an deren Ende eine unangenehme Einsicht erwartet werden kann, zu vermeiden.

> [Fallvignette 28]: Eine junge Patientin, eine junge Mutter mit zwei kleinen Kindern, welche gerade mit ihrem Partner ein Haus baut, wird mit einer Panikstörung vorstellig. Die psychotherapeutische Arbeit funktioniert zuerst gut, Panikattacken treten nicht mehr auf. In einer Stunde werden ihre Partnerwahl und ihre Entscheidung, eine Familie zu gründen, Thema. Am Ende zeigen sich kurz einige Ambivalenzen bzgl. dieser Entscheidung. Vor der nächsten Stunde erreicht mich die Nachricht, dass die Patientin die Behandlung gerne beenden möchte. Es liegt nahe, dass die Patientin eine möglicherweise unangenehme Selbstreflexion über ihre Lebensentscheidungen vermieden hat.

2) Es ist jedoch auch möglich, nicht die artikulierende Selbstreflexion als solche zu vermeiden, sondern nur bestimmten äußeren Situationen,

Personen, Gegenständen oder Informationen aus dem Weg zu gehen. Durch eine solche *äußere Vermeidung* von z.B. Situationen, die vermutlich unerwünschte Gefühle evozieren würden, kann ein Selbsttäuscher die Entstehung dieser verhindern.

> [Fallvignette 29]: Eine Patientin wird von ihrem Partner verlassen. Es ist in der Folge deutlich zu sehen, dass sie zur Verarbeitung der Trennung in selbsttäuschender Absicht keine ihn betreffenden positiven Gefühle und Erinnerungen mehr zulassen will, obgleich sie noch vorhanden sind. Um das Auftauchen solcher psychischen Zustände zu verhindern, vermeidet sie Dinge oder Orte, welche mit der Partnerschaft in positiver Hinsicht assoziiert sind und daher ebensolche Gefühle auslösen würden. So wechselt sie beispielsweise das Fitnessstudio und vermeidet es, die gemeinsame Lieblingsband zu hören.

Neben der Vermeidung kann auf die eigenen psychischen Zustände natürlich auch durch die explizite *äußere Konfrontation* mit geeigneten Situationen, Personen oder Gegenständen in selbsttäuschender Hinsicht Einfluss genommen werden. So kann die besagte verlassene Frau nicht nur das Auftreten positiver Gefühle gegenüber dem Partner versuchen zu verhindern, sondern durch die Konfrontation mit entsprechenden Reizen die Evokation aversiver Emotionen zu befördern versuchen.

Gleiches gilt, wenn jemand an einer Überzeugung festhalten will, obgleich er ahnt, dass diese nicht fundiert oder schlecht begründet ist. Ein solcher Selbsttäuscher – die Beispiele hierfür sind vor allem im gesellschaftlich-politischen Feld Legion – geht häufig der Konfrontation mit Evidenzen, die ihn ggf. zur Revision seiner Überzeugungen nötigen würden, aus dem Weg. In der Sozialpsychologie werden solche Phänomene u.a. unter dem Begriff ‚selective exposure theory'[106], in den Medienwissenschaften unter dem Begriff der ‚Informationsblase'[107] beschrieben. Durch eine solche *selektive Informationskonfrontation* ist es einem Selbsttäuscher möglich, die eigenen Meinungsbildungsprozesse exzentrisch in eine bestimmte Richtung zu beeinflussen, sodass er schlussendlich das glaubt, was er glauben will. In diesem Sinne ist es m.E. durchaus berechtigt, von einem

106 S. hierzu beispielsweise Hart et al. (2009).
107 Dieser Begriff geht auf Eli Pariser zurück; s. Pariser (2012).

indirekten doxastischen Voluntarismus oder mit William James von einem „will to believe"[108] zu sprechen.

3) Neben der äußeren besteht zudem im Rahmen einer mentalen Handlung die Möglichkeit der *innerpsychischen Einflussnahme* auf die eigenen psychischen Zustände. Spontan sich meldenden positiv gefärbten Erinnerungen an den Ex-Partner kann durch die besagte Patientin beispielsweise wenig Raum zur Entfaltung eingeräumt werden, sodass die Entstehung unangenehmer sehnsuchtsvoller Gefühle verhindert wird. Zugleich kann sich die Patientin auch bewusst negative Aspekte oder Erinnerungen bzgl. des Ex-Partners vor Augen führen und damit eine Reduktion ihrer verbliebenen libidinösen Besetzungen in die Wege leiten.

Zugleich – und hier sei an die entsprechenden Überlegungen zum Begriff der Artikulation erinnert[109] – können implizit gegebene, sich meldende Gefühle, Wünsche oder Gedanken auch in eine bestimmte Richtung hin artikuliert werden. Da Artikulationen als formgebende Handlungen immer gewisse Freiheitsgrade aufweisen, sie etwa so oder so zu artikulieren, kann der Selbsttäuscher diese zu seinem Zwecke nutzen. So können (im Rahmen unseres Beispiels) unliebsame libidinöse Residuen ausschließlich als Gefühle der Vergangenheit ohne Gegenwartsbezug, oder sich meldende Einsamkeit kann primär als Freiheitsgefühl verstanden werden.

Zu den artikulierten Gefühlen, Wünschen oder Gedanken kann zudem exzentrisch wiederum ein Verhältnis eingenommen werden. So können psychische Zustände, welche in eine inakzeptable Richtung weisen, z.B. als unwichtig und damit nichtssagend deklariert werden. Dieses Phänomen ist häufig bei ungewollten inneren Zweifeln anzutreffen: Statt diese ernst zu nehmen und eine Überzeugung oder eine Entscheidung noch einmal zu überdenken, kann ein Selbsttäuscher diese einfach als belanglos oder nebensächlich einstufen. Hierzu wiederum eine Fallvignette:

> [Fallvignette 30]: Ein Patient hat den Kontakt zu seiner Mutter abgebrochen; er stellt dies narrativ als ohne Zweifel sehr positive Entwicklung dar. Als das Weihnachtsfest naht, berichtet er jedoch, dass er sich spontan an einige schöne Feiertage mit seiner Mutter erinnere. Er merkt jedoch zugleich an, dass dies nichts bedeute, da es einfach nur ‚*psychische Reflexe*' seien.

108 S. James (1975).

109 S. hierzu Kapitel 6.

Martin Löw-Beer betont solche Möglichkeit der Selbsttäuschung deutlich, wenn er anmerkt:

> „Explizit bewußte Selbsttäuschung liegt dann vor, wenn es einer Person gelingt, eine Meinung, die sie verleugnen möchte, auf den Geltungsstatus eines Gedankenspiels oder eines Tagtraums herabzustufen, während sie die gegenteilige (verleugnende) Meinung in ihr Selbstverständnis aufnimmt."[110]

Im Fall des soeben angeführten Patienten bedeutet dies, dass er sehnsuchtsvolle Erinnerungen, welche möglicherweise Zweifel an seiner Entscheidung, den Kontakt zu seiner Mutter abzubrechen, wachrufen könnten, zur Vermeidung eben solcher Zweifel als bedeutungslose und daher nicht berücksichtigenswerte psychische Automatismen erachtet.

4) Bereits angeklungen ist,[111] dass zudem die Möglichkeit besteht, einen selbsttäuschenden Umgang mit den eigenen Erinnerungen zu pflegen. Erinnerungen weisen zwar ein starkes Moment der Spontanität und Unverfügbarkeit auf, trotzdem ist es möglich, sich exzentrisch zu seinen Erinnerungen zu verhalten und hierdurch (in Grenzen) intentional zu beeinflussen, woran und wie man sich erinnert.

Es wurde bereits ausführlich dargelegt, dass es sich bei Erinnerungen nicht um Abbildungen von Erlebnissen, sondern um stark situativ beeinflusste imaginäre Rekonstruktionen handelt. Hieraus ergibt sich, dass es relativ einfach und nicht selten zu beobachten ist, dass (intersubjektiv) suggestiv auf die Erinnerungen anderer manipulativ Einfluss genommen wird. Entsprechend ist auch im Rahmen von exzentrischen Selbstverhältnissen mnestische Autosuggestion möglich: Wie bereits erwähnt, kann dies beispielsweise durch gezielte äußere Reizkontrolle erfolgen, indem man z.B. erinnerungsträchtige Orte aufsucht oder diese meidet; zum anderen ist es möglich, sich spontan meldenden Erinnerungen bewusst ‚inneren Raum' zu geben oder dies eben zu unterbinden. Zudem können vage Erinnerungen, welche jedoch Unangenehmes erahnen lassen, bewusst auf den epistemischen Status von Trugerinnerungen herabgesetzt und damit als bedeutungslos angesehen werden.

Indem sie beispielsweise Gefühle, Wünsche oder Gedanken auslösen, machen unsere Erinnerungen – je nach Inhalt sowie Art und Weise der Vergegenwärtigung – etwas mit uns. Wenn also erahnt wird, dass dies unangenehme psychische Zustände sein könnten, ist es naheliegend,

110 Löw-Beer (1990), S. 74.

111 S. hierzu Kapitel 8.2.

dass hier der Wunsch entsteht, diese selbsttäuschend zu vermeiden und Versuche der manipulativen (exzentrischen) Einflussnahmen auf die eigenen mnestischen Prozesse zu unternehmen.

5) Als fünfte, letzte und für den Fokus dieser Arbeit interessanteste Möglichkeit möchte ich auf die *narrative Selbsttäuschung* eingehen. Die bisherigen diskutierten Formen der Selbsttäuschungen bezogen sich primär auf die Artikulation einzelner psychischer Zustände. Komplexe (Selbst) artikulationen vor allem der eigenen Vergangenheit können jedoch, dies wurde bereits erläutert,[112] nur in der medialen Form der Erzählung erfolgen. Da die meisten (existenziell bedeutsamen) Selbsttäuschungen nicht einzelne Lebensmomente, sondern das eigene Leben über einen längeren Zeitraum betreffen, ist die autobiographische Lebensgeschichte einer der zentralen Orte der Selbsttäuschung.
Es sei in diesem Zusammenhang daran erinnert und an dieser Stelle noch einmal betont, dass die eigene Lebensgeschichte niemals eine ‚interessenlose' Abbildung der eigenen Vergangenheit, sondern Resultat einer poetischen Handlung ist. Dies bedeutet, dass der Erzählhandlung, wie dargelegt,[113] (neben medialen und situativen Einflussfaktoren) immer auch zahlreiche explizite oder implizite Gründe und Motive zugrunde liegen. Und diese können eben auch darin bestehen, unangenehme Gefühle oder Einsichten zu vermeiden, auch wenn dies dem Faktualitätsanspruch der biographischen Erzählung abträglich ist.
Nach dem, was uns bereits über das Erzählen im Allgemeinen[114] und das Erzählen der eigenen Lebensgeschichte im Besonderen[115] bekannt ist, verwundert es nicht, warum die Lebensgeschichte nicht nur der Ort ist, an dem Selbsttäuschungen häufig (subjektiv) ‚nötig' sind, sondern zudem auch gut ‚funktionieren'. In diesem Zusammenhang sei daran erinnert, dass mit dem Erzählen auf basalster narratologischer Ebene notwendigerweise eine *Selektion* einhergeht: Es muss etwas ausgewählt werden, was erzählt werden soll. Diese Auswahl erfolgt unter dem Gesichtspunkt der *Erzählwürdigkeit*. Dies bedeutet zugleich, dass zahlreiche andere Begebenheiten ausgelassen werden müssen. Mit den zur narrativen Darstellung ausgewählten (Lebens)ereignissen korrespondieren *Nicht-Ereignisse*; also Gegebenheiten, die explizit nicht erzählt

112 S. hierzu Kapitel 8.1.
113 S. hierzu Kapitel 7.1.
114 S. ebd.
115 S. hierzu Kapitel 8.3.

werden. Dies wurde mit dem Begriff der *konstitutiven Negativität der Narrativität* bezeichnet.

Diese Notwendigkeit der narrativen Auslassung eignet sich gut für selbsttäuschende Lebensdarstellungen. Es wurden ja bereits Beispiele von intersubjektiver Täuschung qua autobiographischer Auslassungen besprochen; zahlreiche weitere Beispiele sind denkbar: der bereits angeführte Kriegsveteran, welcher seine Beteiligung an früheren Gräueltaten narrativ auslässt; ein Mann, welcher bei einem Date verschweigt, dass er verheiratet ist; oder eine Bewerberin, welche unvorteilhafte berufliche Misserfolge in ihrem Lebenslauf übergeht.

Die Besonderheit bei solchen Auslassungen besteht darin, dass im Rahmen der narrativen Selektion Auslassungen, da sie eben notwendige Momente des Erzählaktes darstellen, nicht per se als Täuschungen anzusehen sind. Entsprechend kann der narrative Täuscher auf den Hinweis auf die ausgelassenen Lebensbegebenheiten immer (auch innerlich) rechtfertigend beispielsweise darauf verweisen, dass sich dort eben nichts Erzählwürdiges ereignet habe.

Bei der bewussten narrativen Selbsttäuschung verändert sich nun, dass der Täuschende wissen muss, was er in seiner Erzählung explizit unerwähnt lässt. Hieraus folgt die uns bereits bestens vertraute Paradoxie, dass der Selbsttäuscher als Täuschender weiß, was er als Getäuschter nicht wissen soll. Ich habe jedoch dargelegt, dass sich dieses Grundparadox der Selbsttäuschung auflösen lässt, wenn Selbsttäuschungen als manipulierende Einflussnahme auf den Prozess der (narrativen) Selbstartikulation verstanden werden. Dies bedeutet, dass der sich selber qua narrativer Auslassung selbsttäuschenden Person zwar die nicht erzählten Ereignisse ihrer Vergangenheit bekannt sind, sie es jedoch unterlässt, diese autobiographisch derart zu artikulieren, dass ihr diese in ihrer narrativen Bedeutung und existenziellen Tragweite unerschlossen bleiben.

Möglich ist dies, da sich die Bedeutungen einzelner Lebensereignisse, wie gezeigt, nur im Kontext der narrativen Konfiguration der Autobiographie als Ganzes ergeben. Ein ausgelassenes Lebensereignis wird daher nicht in seiner existenziellen Tragweite artikuliert und verstanden. Genau dies ist jedoch das Ziel des Selbsttäuschers: Er möchte sich die Bedeutung dieses Aspekts seiner eigenen Vergangenheit nicht klarmachen, weil er ahnt, dass ein biographischer Reflexionsprozess zur Genese unangenehmer Einsichten, Gefühle oder Wünsche führen würde. Durch die bewusste Auslassung dieser Teile seiner Vergangenheit nimmt er manipulativ Einfluss darauf, wie ihm seine eigene Vergangenheit repräsentiert ist, und damit, wie die so narrativ konfigurierte Lebensgeschichte ihm (in einer vorteilhaften Weise) sagt, wer er sei. Die bewusste autobiographische Auslassung kann also als Versuch der epistemischen Beeinflussung des eigenen autobiographischen Selbstverständnisses zum Zwecke der Vermeidung unangenehmer Einsichten verstanden werden.

Neben der Selektion und der damit verbundenen bewussten Auslassung von Nicht-Ereignissen wurde die *Konfiguration* als ein zentrales Moment des Erzählens herausgearbeitet.[116] Erst durch die narrative Verknüpfung der ausgewählten Lebensereignisse entsteht eine Erzählung. Im poetischen Akt des Erzählens können Bezugnahmen zwischen verschiedensten Ereignissen hergestellt werden. Hier stehen, dies wurde ausführlich dargelegt, verschiedene Formen der narrativen Verknüpfung zur Verfügung. Solche narrativen Konfigurationen bestehen nicht nur auf der basalen Ebene der Verknüpfung einzelner Ereignisse, sondern ebenso in Form von Emplotments oder narrativen Skripten auf der Ebene der Erzählung als Ganzes.

Aus den poetischen Möglichkeiten der narrativen Konfiguration bzw. des Emplotments ergeben sich signifikante Freiheitsgrade, die eigene Lebensgeschichte so oder so zu erzählen. Diese poetischen Freiheiten der narrativen Konfiguration stellen selbstredend eine praktikable Möglichkeit dar, die eigene Lebenserzählung in eine bestimmte Richtung zu lenken.

Bezugnehmend auf die bisherigen narratologischen Überlegungen[117] möchte ich exemplarisch zehn Beispiele für narrative Selbsttäuschungen vorstellen:

1) Eine recht einfache Möglichkeit der selbsttäuschenden biographischen Schilderung besteht darin, dezidiert nüchtern, sachlich und emotional distanziert zu erzählen. Durch eine solche Art und Weise der inszenatorischen Darstellung kann versucht werden, die existenzielle Betroffenheit und die emotionale Bedeutung der eigenen Vergangenheit gering zu halten. Frei formuliert: ‚Was sich ereignet hat, ist geschehen; es geht mich jedoch nicht mehr viel an'. Eine solche Erzählweise greift die bekannte narratologische Differenz zwischen erzählendem Autor und erzähltem Protagonisten auf und vertieft sie qua einer distanzierten Art und Weise der inszenatorischen Darstellung.

   Als Selbsttäuschung kann eine solche *narrative Dissoziation* fungieren, wenn diese Distanzierung zum vergangenen Selbst

116 S. hierzu Kapitel 7.3.

117 S. hierzu Kapitel 7. Auch die nachfolgenden internen Verweise beziehen sich, wenn nicht anders angegeben, auf dieses Kapitel.

bewusst gesetzt wird, um eine unangenehme Nähe zu diesem zu vermeiden. Wenn also der angeführte Kriegsveteran von seinem eigenen vergangenen Selbst wie von einer anderen Person erzählt, kann er beispielsweise verhindern, dass sich Schamgefühle ob seiner Beteiligung an Kriegsverbrechen einstellen. Durch die narrative Nichtvergegenwärtigung dieser Teile seiner beschämenden Vergangenheit kann der Veteran (exzentrisch) die Genese entsprechender Reue- und Schamgefühle, welche ihn ggf. zu einer kritischen Reflexion seiner Taten zwingen würden, zu verhindern versuchen.

Andererseits sind auch Situationen denkbar, in denen nur eine bewusst emotionslose und distanzierte narrative Vergegenwärtigung vergangener Erlebnisse möglich, oder gar geboten sein mag. Bei traumatischen Erlebnissen – auf diese Thematik werde ich noch zu sprechen kommen[118] – mag es sinnvoll bzw. ratsam sein, sich der eigenen Vergangenheit erzählend bewusst nur im Modus der emotionalen Distanzierung zu nähern, da die durch diese narrative Vergegenwärtigung evozierten Affekte ansonsten für die Person unaushaltbar werden könnten.

2) Erzählen findet, wie dargelegt, immer in *Erzählsituationen* statt; diese sind jedoch nicht einfach nur der ‚neutrale' Ort der Erzählhandlung, sondern beeinflussen Form, Gestalt und Inhalt der resultierenden Erzählung. Eine Erzählung ist zudem immer an jemanden gerichtet (auch wenn dies wie z.B. bei Selbstgesprächen die eigene Person ist) und wird durch diese Adressierung ebenfalls in ihrer Form und Bedeutung mitbestimmt.

Ein narrativer Selbsttäuscher kann sich auch diesen Umstand zunutze machen. So kann dieser die passende Erzählsituation für die Aufrechterhaltung seiner biographischen Selbsttäuschung suchen bzw. Erzählsituationen, die seinen Selbstbetrug möglicherweise infrage stellen würden, vermeiden. Dies ist z.B. möglich, indem primär ein (in einer bestimmten Hinsicht) nicht nachfragendes, sondern vor allem zustimmendes Umfeld für seine autobiographischen Schilderungen gesucht wird. Eine andere Möglichkeit besteht darin, das Gespräch zu beenden, wenn zu vermeidende Aspekte der eigenen Vergangenheit zur Sprache kommen.

118 S. hierzu Kapitel 10.1.

Ein häufig anzutreffendes Resultat solcher selbsttäuschender Strategien besteht darin, dass sich in Gruppen oder Familien ein ‚silent agreement' dahingehend einstellt, dass bestimmte unangenehme Themen oder Ereignisse der Vergangenheit nicht angesprochen werden. Mitunter ergeben sich komplexe stillschweigende Regeln, was gesagt, gefragt oder erzählt werden dar. Solche Phänomene *geteilter Selbsttäuschungen* bezeichnet Ronald Laing auch als *Kollusion*; hierunter versteht dieser

> „ein ‚Spiel', das von zwei oder mehr Leuten gespielt wird, die sich dabei gegenseitig täuschen. Das Spiel ist das Spiel gegenseitiger Selbst-Täuschung. […] Jeder spielt das Spiel des anderen, wobei es nicht notwendig ist, daß er sich dessen voll bewußt ist. Ein wesentlicher Grundzug des Spiels ist, nicht zuzugeben, daß es ein Spiel ist"[119].

Solche geteilten Selbsttäuschungen sind z.B. in Form von Familiengeheimnissen häufig anzutreffen; unser Beispiel aufgreifend könnte daher in der Familie des Kriegsverbrechers die stillschweigende Regel bestehen, nicht nachzufragen, was Opa im Krieg alles getan haben mag; während anderseits im Kameradschaftsverein die Kriegszeit bewusst nur auf eine beschönigende Weise narrativ vergegenwärtigt wird.[120]

> [Fallvignette 31]: Eine ältere Patientin berichtet in der biographischen Anamnese von ihrer sehr fürsorglichen Großmutter, welche die wichtigste Bezugsperson in ihrer frühen Kindheit darstellte. Irgendwann sei die Großmutter jedoch ‚*einfach nicht mehr dagewesen*', was für die Patientin eine Zäsur bedeutet hat. Besonders schlimm (und für die Psychodynamik der Patientin folgenreich) sei gewesen, dass alle Fragen danach, wo ihre Großmutter sei, oder was mit ihr passiert sei, in der Familie einhellig harsch zurückgewiesen wurde. Erst Jahrzehnte später habe ihr, so berichtet die Patientin, eine Tante berichtet, dass ihre Großmutter wohl unter einer psychischen Störung gelitten habe und dauerhaft in einer psychiatrischen Klinik untergebracht worden sei. Man habe

119 Laing (1989), S. 59.

120 Zum Thema solcher kollusiver interfamilärer Erinnerungsvermeidungsstrategien hat Harald Welzer ausführlich geforscht: Welzer et al. (2015).

in der Familie wohl nicht wahrhaben wollen, dass ihre Großmutter erkrankt sei, so die Patientin, und das Thema daher ‚*totgeschwiegen*'.

3) Neben der Möglichkeit, vergangene Begebenheiten in der narrativen Vergegenwärtigung in selbsttäuschender Absicht vollständig auszulassen, können unliebsame Ereignisse in der autobiographischen Erzählung auch nur kurz und knapp dargestellt werden. Im Gegenzug können vorteilhafte Ereignisse ausführlich geschildert werden. Der narrative Selbsttäuscher macht in solchen Fällen von der bereits vorgestellten Möglichkeit des *zeitdeckenden* bzw. des *zeitraffenden Erzählens* Gebrauch. So kann beispielsweise ein narzisstisch akzentuierter Mensch im Bestreben, sich selber davon überzeugen zu wollen, eine großartige Person zu sein, seinen Erfolgen in der autobiographischen Erzählung viel Raum gewähren, während er seine Niederlagen nur kurz oder randständig darstellt. Das Mehr oder Weniger an Aufmerksamkeit, die bestimmten Ereignissen in ihrer narrativen Darstellung zuteilwird, kann genutzt werden, um jemanden oder sich selber täuschend davon zu überzeugen, dass diesen mehr oder weniger Bedeutung zukommt.
4) Eine weitere Möglichkeit der Selbsttäuschung besteht im Akt der *narrativen Designation:* Um von Ereignissen (in ihrer narrativen Konfiguration) erzählen zu können, müssen diese zuerst benannt werden: Etwas muss *als* etwas bezeichnet werden. Die Sprache bietet für ein und dasselbe Ereignis häufig verschiedene, zwar grundsätzlich angemessene, jedoch konnotativ unterschiedliche Sinndimensionen eröffnende Begriffe an. Zudem besteht die Möglichkeit, ein Wort durch die Verwendung einer Trope wie z.B. einer Metapher, Metonymie, Synekdoche oder eines Euphemismus zu ersetzen und damit zugleich einen bestimmten Bedeutungshorizont zu eröffnen bzw. von einem anderen abzulenken. Die Beispiele, vor allem aus der propagandistischen Rhetorik, sind zahlreich und allseits bekannt (z.B. ‚Endlösung' statt Völkermord oder ‚Kollateralschäden' statt ziviler Kriegsopfer).
Zu *selbsttäuschenden Tropen* können solche Begriffsverwendungen bzw. -ersetzungen werden, welche bewusst derart eingesetzt werden, dass sie bestimmte Aspekte in Bezug auf den bezeichneten Gegenstand vergessen lassen bzw. andere hervorheben. Durch solche Designationen kann der Selbsttäuscher Einfluss darauf nehmen, welche Gefühle, Impulse oder Gedanken ein so oder so

benanntes Ereignis aus seiner Vergangenheit bei ihm ausgelöst hat bzw. welche verhindert werden sollen. So kann beispielsweise ein Soldat zivile Kriegsopfer von Militäraktionen, an denen er beteiligt war, eben als ‚Kollateralschäden' bezeichnen und durch diese euphemistische Designation versuchen, dass bei ihm keine reflexionsanregenden Schuldgefühle evoziert werden.

> [Fallvignette 32]: Ein Patient, welcher einen mittelständigen Betrieb führt, nimmt eine psychotherapeutische Behandlung wegen Schlafproblemen und anderer psychosomatischer Symptome auf. In der Therapie berichtet er, dass er gerade dabei sei, seinen Betrieb zu ‚restrukturieren'. Hierzu sei es auch notwendig, einem Teil seiner teils langjährigen Belegschaft zu kündigen. Er vermeidet diesen Begriff jedoch und korrigiert mich entsprechend: Er würde seine Mitarbeiter nicht kündigen, sondern vielmehr *‚Impulse zur Eröffnung neuer Berufsperspektiven'* setzen, so der Patient.

5) Es wurde bereits angesprochen, dass durch die Art und Weise der einfachen narrativen Verknüpfung zwischen einzelnen Lebensereignissen bzw. dem komplexen Emplotment auf der Ebene der Konfiguration der Lebensgeschichte Möglichkeiten bestehen, die eigene Vergangenheit bewusst in einem bestimmten Licht zu präsentieren. Dies gilt vor allem für *narrative Skripte*: Es wurde gezeigt, dass sich Lebenserzählungen häufig solcher etablierter Muster, wie z.B. des Motivs des verkannten Genies, des lehrreichen Scheiterns oder der Bekehrung bedienen.[121]
Dem eigenen Leben eine solche Form zu geben, kann diesem jedoch bisweilen gar nicht angemessen sein, sondern vorrangig dem Wunsch entspringen, ihm eben diese narrative Gestalt geben zu wollen. So kann die eigene Erfolgslosigkeit oder der nun als anstößig wahrgenommene frühere Lebenswandel mitunter leichter als Teil der eigenen Identität akzeptiert werden, wenn diese Aspekte in ein entsprechendes narratives Skript konfiguriert eingebunden biographisch repräsentiert sind. Durch diese Art der bewusst verzerrten Darstellung kann der autobiographische Selbsttäuscher bewusst seine eigenen Gefühle, spontanen Assoziationen

121 S. hierzu Kapitel 8.3.

oder Reflexionsimpulse in eine ihm angenehme Richtung zu beeinflussen versuchen.

> [Fallvignette 33]: Eine depressive pensionierte Kunstlehrerin hadert in der Psychotherapie mit ihrer Lebenssituation. In ihrer autobiographischen Darstellung ist deutlich das narrative Skript des verkannten Genies zu erkennen: Sie sei eigentlich eine Künstlerin, ihre Kunst sei damals eben *‚zu avantgardistisch‘* für ihre Zeit gewesen, daher sei ihr nichts anderes übriggeblieben, als Lehrerin zu werden. Heute seien ihre Bilder jedoch mittlerweile *‚veraltet‘*. Sie sei sich jedoch sicher, dass ihr – *‚wie van Gogh‘* – irgendwann, vielleicht auch erst nach ihrem Tod, die Anerkennung zuteilwerden würde, die sie verdiene. Sie zeigt mir auch ihre Bilder; ich finde sie – ohne mir hier Expertise zuschreiben zu wollen – wenig ansprechend. Mir erscheint die Selbstnarration der Patientin daher einen selbsttäuschenden Charakter zu haben.

6) Als sechstes Beispiel sei an die narratologische Möglichkeit erinnert, in der Darstellung von Ereignissen eine andere Reihung als die chronologische Ordnung der realen Geschehnisse (und der Handlung) vorzunehmen. In diesem Zusammenhang ist es z.B. möglich, das nur glücklicherweise gute Ende einer eigentlich waghalsigen Tat in der narrativen Darstellung zuerst zu präsentieren, sodass die tollkühne Handlung, da geglückt, narrativ nicht als solche erscheint und damit auch nicht als solche verstanden wird.

> [Fallvignette 34]: Ein Patient, welcher u.a. eine problematische Tendenz zum Glücksspiel aufweist, führt z.B. in seiner Erzählung zuerst an, dass er beim Pferderennen groß gewonnen habe, ergänzt dann jedoch erst im Anschluss, dass er sein ganzes Geld aus einer Intuition heraus auf ein ihm unbekanntes Pferd gesetzt hat. Durch diese narrative Anordnung der beiden Ereignisse wirkt dies weniger wie eine Geschichte, die zur kritischen Selbstreflexion über leichtsinniges Verhalten anregen sollte.

Als Selbsttäuschung kann eine solche Darstellung der bewusst gesetzten temporalen Ordnung dann fungieren, wenn die erzählende

Person hierdurch verhindern will, dass ihre biographische Erzählung ihr Anlass geben könnte, über ihre eigentlich zu riskanten Entscheidungen oder Handlungen nachzudenken. Der Spieler wählt also eine solche *selbsttäuschende Ordnung der narrativen Darstellung* jener Ereignisse, die ihm möglichst wenig Anlass gibt, seine riskante Lebensweise zu hinterfragen.

7) Dieses Beispiel bringt uns zu einer weiteren narrativen Strategie der Selbsttäuscher: Ausführlich und nachdrücklich wurde in Kapitel 8.3 die *epistemische Differenz zwischen dem (aktuellen) erzählenden Ich und dem erzählten Selbst* der Vergangenheit herausgestellt: Da uns der weitere Verlauf der Geschehnisse unseres Lebens mittlerweile (weitestgehend) bekannt ist, erzählen wir uns unsere Lebensgeschichte immer aus einer epistemisch privilegierten Position. Das Erzählen im Wissen der späteren Entwicklung, so wurde argumentiert, führt jedoch häufig zu problematischen Verzerrungen, welche z.B. darin bestehen können, dass die eigene epistemische Beschränktheit des vergangenen Ichs vergessen wird. Dies kann zu einer verzerrten Bewertung eigener vergangener Entscheidungen und Handlungen führen, z.B. in Gestalt von grübelndem Hadern oder ungerechtfertigten Schuldgefühlen (‚ich hätte es besser wissen müssen').

> [Fallvignette 35]: Ein älterer Patient hadert mit seiner Entscheidung, als er vor Jahren zusammen mit seinem Bruder mehrere landwirtschaftliche Flächen geerbt hatte. Da er nicht in der Landwirtschaft tätig sei, habe er sich von seinem Bruder, welcher einen Hof führt, mit einer kleinen Summe auszahlen lassen. Vor einigen Jahren seien mehrere der Flächen jedoch zu Baugebieten umgewidmet worden, wodurch sich ihr Wert vervielfacht habe. Hätte er sich damals nicht auszahlen lassen, wäre er heute Millionär und *‚alle meine Probleme wären gelöst'*, so dieser; diese Fehlentscheidung könne er sich nicht verzeihen. Ich frage, ob man damals hätte wissen können, dass die Flächen umgewidmet werden sollten, was der Patient verneint.

Eine Form der Selbsttäuschung kann ein solches rückblickendes Vergessen der einstigen epistemischen Beschränktheit annehmen, wenn die Einsicht, dass die (lebensprägenden) Entscheidungen der Vergangenheit unter viel größerer Unkenntnis und damit verbundener Unsicherheit gefällt worden sind, als es das aktuelle Ich wahrhaben will.

8) In diesem Zusammenhang sei zudem noch einmal an den zentralen Begriff der *Retroaktivität* bzw. *Nachträglichkeit* erinnert: Die Bedeutung von biographischen Ereignissen, so wurde dargelegt,[122] ergibt sich nämlich immer aus der Inbezugnahme mit anderen, vor allem nachfolgenden Ereignissen. Dies hat bei der autobiographischen Erzählung zur Folge, dass sich, da das dargestellte Leben ja andauert, die Bedeutung der vergangenen Ereignisse je nach Erzählzeitpunkt immer verändert und sich daher nie abschließend bestimmen lässt. In diesem Sinne ergibt sich hieraus die These der *Veränderbarkeit der Vergangenheit.* Unter anderem deshalb habe ich dafür argumentiert, dass die narrative Bezugnahme auf die eigene Vergangenheit in einem erheblichen Umfang durch die gegenwärtige Erzählsituation mitbestimmt wird.
Nicht selten ergibt sich deshalb die Tendenz, die Vergangenheit so zu erzählen, dass die Gegenwart als ihre notwendige Folge erscheint. Dies meint, dass die Ereignisse der Vergangenheit narrativ so konfiguriert werden, dass sie als sinnvolle Vorgeschichte der aktuellen Situation erscheinen. Fehlversuche, Brüche, Verzögerungen, Ambivalenzen, alternative Möglichkeiten oder Kontingenzen können dahingehend ‚geglättet' werden, dass sich in der narrativen Darstellung eine stringente Entwicklung zur Gegenwart ergibt. Frei formuliert ergeben sich Sätze wie: ‚Ich wollte es immer schon so, wie es heute ist.' Oder: ‚Alles, was geschehen ist, war wichtig und richtig, damit ich hier nun stehe.' Diese Tendenz könnte man auch als *retroaktive Teleologie* bezeichnen. Hierzu eine weitere Fallvignette:

> [Fallvignette 36]: Eine ältere Patientin berichtet nach einer Unterbrechung der Therapie aufgrund einer orthopädischen Reha, dass sie dort einen „Kurschatten" kennengelernt habe. Mit diesem Mann sei nun alles in ihrem Leben wunderbar, so die Patientin; sie brauche daher keine Therapie mehr. Gut, dass ich gestürzt bin, ergänzt sie, sonst wäre ich jetzt weiter unglücklich.

---

122 S. hierzu Kapitel 8.1.

Da autobiographische Erzählungen häufig das ausgeprägte Motiv der Erklärung oder Rechtfertigung aufweisen,[123] kann es entsprechend dazu kommen, dass, vom Ende erzählt, die bewusst so narrativ konfigurierte Vorgeschichte die aktuelle Lebenssituation als notwendig, sinnvoll und (damit) gerechtfertigt darstellt. Selbsttäuschend ist ein Emplotment in Form einer solchen retroaktiven Teleologie dann, wenn der Autobiograph, obgleich andere Erzählweisen naheliegen oder geboten wären, sich seine Vergangenheit bewusst in dieser Weise narrativ darstellt, um sich selber davon zu überzeugen, dass sein Leben, so wie es jetzt ist, durch seine Geschichte gerechtfertigt ist. Diese Rechtfertigung ergibt sich jedoch aus einer bewusst so gewählten Form der narrativen Darstellung, über die selbstkritisch keine Rechenschaft abgelegt wird.

9) Hiermit hängt eine weitere Form der narrativen Selbsttäuschung zusammen: Die narrative Leugnung des Grades von *Bedingtheit und Kontingenz in der eigenen Lebensführung*. Wie dargelegt, weisen Erzählungen (und Erinnerungen) die starke Tendenz auf, den Einfluss des Zufalls zu reduzieren und die eigene Handlungsmacht überzubetonen: In narrativen Darstellungen werden häufig mehr kausale, intentionale oder teleologische Verknüpfungen gesetzt als real gegeben. Hierdurch erscheint das eigene Leben in seiner biographischen Darstellung in vielen Fällen als gewollter oder sinnvoller, als es zumeist tatsächlich war (und ist). In selbsttäuschender Absicht kann diese Tendenz als narrative Gestaltungsmöglichkeit genutzt werden, wenn dieser Eindruck gewünscht wird. Mir scheinen solche narrativen Formen selbsttäuschender Intentionalitätsunterstellung zum Zwecke der Vermeidung der Einsicht, welche Macht der Zufall auf unser Leben letztlich hat, sehr wirkmächtig zu sein.

Die *Macht des Zufalls* stellt, so eine These von Michael Hampe in seinem gleichnamigen Buch[124], eine grundlegende Herausforderung für die Lebensführung eines jeden Menschen dar. Der Umgang mit dieser Kontingenz kann von der (deterministischen) Leugnung über die dem Zufall strotzende Selbstermächtigung bis hin zur existenziell produktiven Annahme reichen; dies erfolgt (anerkennend oder verleugnend) primär im Medium der autobiographischen Erzählung: „Ein Leben und eine Erzählung können die

123 S. hierzu Kapitel 8.3.

124 Hampe (2007).

Grenzen menschlicher Macht selbst sichtbar machen oder ignorieren“[125], so Hampe.

10) Dies führt uns zu meinem letzten Beispiel für narrative Selbsttäuschungen: Es wurde dargelegt[126] und soeben daran erinnert, dass die Bedeutung der eigenen Vergangenheit nie final feststeht: Im Licht der Gegenwart kann (bzw. muss) die Lebensgeschichte immer auch anders erzählt und hierdurch das eigene Selbst gleichsam auch anders verstanden werden. Mitunter nötigen uns neue Erkenntnisse bzw. der weitere Verlauf der Geschehnisse sogar dazu, die tradierte narrative Darstellung unserer Vergangenheit einer Revision zu unterziehen. Die eigene Lebensgeschichte stellt nämlich immer eine *lebendige Geschichte* dar.

Das Bewusstsein, dass das eigene Leben auch anders erzählt werden kann, die Einsicht in die Notwendigkeit, dass dies bisweilen erforderlich ist, sowie das Bestreben, sich und seine eigene Vergangenheit damit besser zu verstehen, bestehen jedoch häufig nicht. Die eigene Vergangenheit wird nicht selten (in einer bestimmten Art und Weise der narrativen Artikulation und damit verbundenen konfigurierten Bedeutungszuschreibung) als unveränderlich angesehen. Eine vertiefte autobiographische Reflexion wird entsprechend nicht angestrebt.

Insofern diese Verweigerung bewusst erfolgt, weil eine Veränderung des biographischen Selbstverständnisses vermieden werden soll, kann auch hier von einer Form der Selbsttäuschung gesprochen werden: Der narrative Selbsttäuscher unterlässt die autobiographische Reflexion bzw. die Möglichkeit der narrativen Revision, weil er ahnt, dass dieser Prozess der Selbsterkenntnis zu unangenehmen Einsichten führen könnte. Diese Art der narrativen Selbsttäuschung ähnelt der These Sartres, dass Selbsttäuschung, bei ihm Unaufrichtigkeit genannt, vor allem als Selbstverdinglichung, d.h. bewusste Verleugnung der menschlichen Freiheit, verstanden werden sollte.[127]

Selbsttäuschungen dieser Art bestehen daher in einer bewussten Leugnung der Freiheitsgrade der narrativen Artikulation, der konstitutiven Nachträglichkeit des Erzählens sowie letztlich der Unabschließbarkeit der autobiographischen Selbsterkenntnis.

125 Ebd., S. 184.

126 S. hierzu Kapitel 8.3.

127 Vgl. Sartre (1994), S. 119ff.

Diese beispielhafte Aufzählung von Möglichkeiten der narrativen Selbsttäuschung ist nicht vollständig, vermittelt jedoch einen veritablen Eindruck davon, dass und wie Selbsttäuschungen in autobiographischen Erzählungen möglich sind.

Ich fasse die bisherigen Überlegungen zum Phänomen der Selbsttäuschung synoptisch zusammen: Selbsttäuschungen erscheinen auf den ersten Blick widersprüchlich, da der Selbsttäuscher als Täuscher etwas weiß, worüber er als Getäuschter nichts wissen soll. Es stellt sich daher zum einen die Frage, wie es möglich ist, seine eigenen Überzeugungen willentlich zu verändern, und wie es zum anderen verständlich gemacht werden kann, wie der Selbsttäuscher etwas weiß, was er nicht wissen soll. Ich habe dafür argumentiert, dass sich diese beiden paradox anmutenden Probleme auflösen lassen, wenn man Selbsttäuschungen (unter Rückgriff auf die anthropologische Grundfigur des exzentrischen Selbstverhältnisses) als manipulativen Einfluss auf den (Artikulations- und Reflexions)prozess der Entstehungen der eigenen psychischen Zustände versteht. Dieses Verständnis von Selbsttäuschungen habe ich weiterführend in Bezug auf autobiographische Erzählungen untersucht und eine Reihe von Strategien der narrativen Selbsttäuschungen aufgezeigt.

Zuletzt stellt sich noch die nicht unwichtige Frage, ob ein Selbsttäuscher eigentlich rational handelt. Meine Antwort hierzu lautet: Nein, denn er verstößt, so Martin Löw-Beer, gegen das „Prinzip der zureichenden Gründe", welches besagt, dass es rational ist, „alle Gründe (sofern sie verfügbar sind), die für oder gegen diese [selbsttäuschende Überzeugung] sprechen, in Erwägung zu ziehen"[128]. Vernünftig ist es also, sich bei der Bildung eigener Überzeugungen nach Möglichkeit nicht von eigenen Wünschen, sondern von Gründen leiten zu lassen. Der ansonsten sehr rationale Selbsttäuscher Walter Faber missachtet also an der Stelle, an welcher ein starker Wunsch besteht, dass es sich in der Welt anders verhalte, als es der Fall ist, seine eigenen Maximen des rationalen Denkens. Der Selbsttäuscher ist daher kein rationales Subjekt.

Selbsttäuschungen funktionieren daher nur unter der Bedingung, dass die eigenen Akte der mnestischen oder narrativen Vergegenwärtigung der Vergangenheit keiner kritischen Reflexion unterzogen werden. Ein narrativer Selbsttäuscher muss, damit seine Selbsttäuschung gelingt, es vermeiden, ausführlich nachzudenken bzw. Rechenschaft darüber abzulegen, warum er seine Lebensgeschichte so und nicht anders erzählt. Es lässt sich daher festhalten: *Die Reflexionsvermeidung ist die Bedingung der Möglichkeit einer narrativen Selbsttäuschung.*

---

128 Löw-Beer (1990), S. 66.

Ein Selbsttäuscher erzählt also bewusst nicht ‚sorgfältig'. Er verletzt die bereits angeführte epistemische Tugend der Genauigkeit im Sinne Bernard Williams'. Diesen Punkt unterstreicht auch Kathi Beier, wenn sie feststellt:

> „Weil das Schließen ein Handeln ist, das man unterlassen kann, kann es Personen, die sich selbst täuschen, gelingen, in Bedrohungssituationen aus dem, was sie wissen, nicht das zu erschließen, was es rational zu erschließen gälte. Es mangelt ihnen damit an der Wahrheitstugend, die Bernard Williams accuracy [Genauigkeit] nennt."[129]

Im Umkehrschluss ließe sich also sagen, dass man, will man Selbsttäuschungen vermeiden, im Selbstverhältnis die epistemische Tugend der Wahrhaftigkeit bzw. der Genauigkeit kultivieren sollte. Eine grundsätzliche, zu kultivierende Haltung der kritischen Wahrhaftigkeit in Bezug auf die eigene Lebensgeschichte ist daher empfehlenswert.

Aber bedeutet dies, dass der Selbsttäuscher immer unklug handelt? Dem würde ich widersprechen wollen. Die These, dass es mitunter klug sein mag, sich selber zu täuschen, lässt sich nur dann sinnvoll stellen, wenn man annimmt – und ich möchte dies tun –, dass es in bestimmten Situationen klug sein kann, sich nicht gänzlich rational zu verhalten. Unter *Klugheit* verstehe ich hierbei die Kompetenz, sich selbst im Handeln und Leben gut orientieren zu können.[130] Ob etwas lebenspraktisch klug ist, lässt sich auch in der Frage zum Ausdruck bringen, ob es *ratsam* oder *empfehlenswert* ist, sich z.B. selber zu täuschen. Wie bereits angeführt, halte ich es (gegen die Position Beiers) für sinnvoll zu sagen, dass es für eine an der Tugend der Wahrhaftigkeit orientierte Person durchaus situativ geboten sein kann, Selbsttäuschungen in Kauf zu nehmen.

Wann kann es also klug sein, sich bisweilen selber zu täuschen? Einerseits gibt es zahlreiche, bereits angeführte Gründe, warum es häufig lebenspraktisch nicht vorteilhaft ist, sich selber zu täuschen. Entsprechend dem Fokus dieser Arbeit und der bisherigen Argumentation möchte ich hier vor allem betonen, dass gegen die Empfehlung zur Selbsttäuschung vor allem spricht, dass sie *valide Selbsterkenntnis verwehrt*.

Der Selbsttäuscher nimmt zur Vermeidung unangenehmer Einsichten bewusst in Kauf, inadäquate Selbsterkenntnis zu erlangen. Ich habe jedoch dafür argumentiert, dass es ein Gebot der praktischen Klugheit ist, valide Selbsterkenntnis über sich zu erlangen, weil diese hilfreich ist, vorteilhafte Lebensentscheidungen zu treffen. Selbsttäuschungen wirken zwar kurzfristig

129 Beier (2010), S. 179.
130 Instruktiv zum Thema Klugheit: Luckner (2005).

entlastend, bergen jedoch die Gefahr, dass auf ihrer Grundlage unvorteilhafte existenzielle Entscheidungen getroffen werden. In diesem Sinne ist es unklug, sich selber zu täuschen. Dies bedeutet zugleich, dass es grundsätzlich ratsam ist, im Sinne einer klugen Wahrhaftigkeit bestrebt zu sein, etwaige selbsttäuschende Einflussnahmen auf die eigenen Reflexionsprozesse zu unterlassen.

Zugleich möchte ich anderseits jedoch auch dafür argumentieren, dass es in manchen Fällen klug sein kann zu versuchen, sich ein Gefühl oder eine Einsicht selbsttäuschend zu ersparen. Entsprechende Beispiele wurden bereits genannt: So ist es mitunter hilfreich und daher ratsam, sich bzgl. der eigenen Fähigkeit bei einer Aufgabe etwas besser einzuschätzen, als man tatsächlich ist, da dies die Selbstwirksamkeit stärkt (bzw. beeinträchtigende Zweifel und Ängste reduziert) und dadurch die Chancen, die Aufgabe zu meistern, erhöht. Zudem gibt es (traumatische) Erlebnisse, die derart schrecklich sind, dass deren Vergegenwärtigung zu solch belastenden psychischen Zuständen führen würde, dass es, insofern möglich, ratsam sein kann, sich zu bemühen, solche Erinnerungen zu verhindern. Mitunter mag es, als drittes Beispiel, biographische Einsichten geben, welche derart niederschmetternd sind, dass es verzeihlich erscheinen mag, wenn versucht wird, ihre Genese zu verhindern bzw. in eine bestimmte Richtung zu lenken. Hierzu zwei Fallvignetten:

> [Fallvignette 37]: Ein älterer Patient, welcher als erfolgreicher Bauunternehmer tätig war und es hierdurch zu einem beträchtlichen Wohlstand gebracht hat, wird wegen Ängsten und depressiven Symptomen psychotherapeutisch vorstellig. Es wird schnell deutlich, dass es ihm zwar materiell an nichts mangelt, er jedoch sozial sehr vereinsamt lebt. Die Einsamkeit scheint wesentlich zur Symptomatik beizutragen. Im weiteren Gespräch wird deutlich, dass der Patient alles in seinem Leben dem beruflichen Erfolg untergeordnet habe: Seine Ehefrau habe sich vernachlässigt gefühlt und ihn vor Jahren schon verlassen, zu den Kindern sei der Kontakt *‚eingeschlafen‘* und als Freunde habe er nur einige Geschäftspartner gehabt. Er habe sich nun einmal, so der Patient, entschieden, Unternehmer zu sein, und daher sei all seine Energie in seinen Betrieb geflossen. Den möglichen Gedanken, hier keine gute existenzielle Entscheidung getroffen zu haben und in Konsequenz sein Leben falsch gelebt zu haben, lässt der Patient jedoch nicht zu; wohl wäre diese Einsicht zu schmerzhaft.

> [Fallvignette 38]: Eine ältere Patientin berichtet im Rahmen der biographischen Anamnese, dass eine ihrer Töchter mit 17 Jahren von zu Hause

> abgehauen sei. Es gebe keine Informationen darüber, wohin sie damals gegangen sei, oder wo sie heute lebe – nicht einmal, ob sie überhaupt noch lebe. Dies sei ein ganz schwieriges Thema für sie, so die Patientin. Sie könne dies eigentlich nur aushalten, weil sie immer noch die Hoffnung habe, dass ihre Tochter lebe und es irgendwann ein Wiedersehen gebe. Sie wisse, so die Patientin weiter, dass dies sehr unwahrscheinlich sei, brauche diese Hoffnung jedoch zum Weiterleben.

Während der Patient im ersten Fall die bittere Einsicht selbsttäuschend, jedoch aus nachvollziehbaren Gründen vermeidet, dass er womöglich die falschen Lebensentscheidungen getroffen hat, liegt bei der zweiten Patientin ein Fall von selbsttäuschender Hoffnung[131] vor.

Diese Beispiele zeigen, wie wichtig Selbsttäuschungen in bestimmten Situationen sein können. Im psychoanalytischen Diskurs ist dies schon lange bekannt: Selbsttäuschungen, dort zumeist Abwehrmechanismen genannt, wird eine zumeist lebensermöglichende Bedeutung zugesprochen. Entsprechend betont Joachim Küchenhoff auch, dass die „Selbsttäuschung [...] demnach zum Leben [gehört], sie macht das bewusste Leben aus. Damit verliert die Selbsttäuschung jeglichen Bezug zu einer Pathologie, sondern wird zu einer anthropologischen Dimension“[132].

Der Grund hierfür liegt nicht nur darin, dass Selbsttäuschungen, wie in den angeführten Beispielen gezeigt, bisweilen notwendig sind, da die aufzudeckende Wahrheit unaushaltbar wäre, sondern darüber hinaus auch darin, dass die Wahrheit des Selbst eben auch die selbsttäuschenden Momente umfasst. Sie eliminieren zu wollen, würde essenzielle Teile des Selbst verkennen. Küchenhoff umreißt dies wie folgt:

> „Selbsttäuschungen stellen Formen der narrativen Selbstbeschreibung dar, die unvollständig oder falsch sein können, aber deren Wahrheitsanspruch gerade im Prozess der Selbsttäuschung enthalten ist: Das Leid, das nicht in Worte zu fassen ist, der Wunsch, der gegen alle Wertmaßstäbe verstoßen könnte und damit als unsäglich empfundener unsagbar bleibt – sie leben gerade in dem, was in der eigenen Erzählung fehlt, legen Zeugnis ab von einer Wahrheit, die nicht auf die objektive, sondern auf die psychische Realität bezogen ist.“[133]

Hieraus zieht Küchenhoff den Schluss, dass es in der Psychotherapie eben nur oder nicht einmal primär nicht darum geht, luzide Selbsttransparenz zu

131 Zum Begriff der selbsttäuschenden Hoffnung: Bluhm (2012).
132 Küchenhoff (2017), S. 144.
133 Ebd., S. 142.

schaffen; vielmehr gilt es zugleich, die Verzerrungen, Auslassungen und Täuschungen als Teil der psychischen Realität anzuerkennen. Dies führt nach Küchenhoff zu einem erweiterten narrativen Selbstverständnis:

> „An die Stelle eines therapeutischen Alles-oder-nichts-Prinzips, das durch eine Aufhebung von Selbsttäuschung rationale Transparenz schafft und gültige und beständige, objektiv wahre Erkenntnis schafft, tritt die Möglichkeit, das Sprechen über sich und das eigene Leben durch Therapie zu erweitern."[134]

Hieraus ergibt sich für Küchenhoff ein verändertes Wahrheitsverständnis:

> „Es geht ja nicht, wie Paul Ricœur dies einmal schön formuliert hat, ums das ‚Wahr-Sein', sondern um das ‚Wahr-Sprechen'. Die Frage nach der objektiven Wahrheit bleibt so in der Schwebe, und die Schwebe bereits kann ein selbstkritisches Nachdenken darüber auslösen, ob das Gesagte das Erlebte erschöpfend beschreibt."[135]

Ich werde den Gedanken, dass es bei der therapeutischen Wahrheit weniger um eine objektive, attestierbare Feststellung, sondern vielmehr um eine Form des wahrhaftigen Erzählens handelt, im nächsten Kapitel noch genauer herausarbeiten.

Vorerst soll jedoch festgehalten werden, *dass es zumeist nicht, jedoch in bestimmten Situationen durchaus klug sein kann, sich in Bezug auf die Selbsterkenntnis in Form von autobiographischer Selbsttäuschung irrational zu verhalten.* Entsprechend stellt sich die Frage, wann es, vor allem in therapeutischer Hinsicht, sinnvoll ist, eine biographische ‚Wahrheit' aufzudecken und wann nicht. Dies leitet über zum letzten Kapitel dieser Arbeit, in welchem die Frage nach der therapeutischen Wahrheit' untersucht werden soll.

Ich fasse die Überlegungen zur narrativen Selbsttäuschung resümierend zusammen: *Narrative Selbsttäuschungen können als Versuch der epistemischen Einflussnahme auf den Prozess der autobiographischen Selbsterkenntnis mit dem Ziel der Vermeidung unangenehmer Einsichten unter Inkaufnahme der Beeinträchtigung der Wahrhaftigkeit verstanden werden.*

---

134 Ebd., S. 145.

135 Ebd., S. 153; das angeführte Zitat ist hier zu finden: Ricœur (2016), S. 46.

KAPITEL 10

Therapeutische Wahrheit

Es stellt sich nun zuletzt die Frage, welche Bedeutung die bisherigen Überlegungen für die psychotherapeutische Theorie und Praxis haben. Als Fluchtpunkt dieser Untersuchung einleitend angekündigt und im Gang der Argumentation immer wieder gestreift, wurde dieser Bezug bisher nicht genauer thematisiert – dies soll nun erfolgen. Die Frage lautet daher: Welche Implikationen ergeben sich aus den dargelegten Grundthesen dieser Arbeit für die Psychotherapie in klinisch-praktischer und theoretischer Hinsicht?

Ich wiederhole noch einmal in größtmöglicher Prägnanz unter den leitenden Schlagwörtern die bisherigen Grundthesen:

1) Menschen zeichnen sich dadurch aus, dass sie in der Lage sind, sich zu sich selber zu verhalten (*Exzentrizität*).
2) Hieraus folgt u.a., dass sie sich entscheiden müssen, wer sie sein wollen (*Existenz*).
3) Um eine gute existenzielle Entscheidung treffen zu können, muss man sich selber hinreichend gut kennen (*Selbsterkenntnis*).
4) Selbsterkenntnis wird vor allem durch die eigene Lebensgeschichte gewonnen (*Narrativität*).
5) Die biographische Selbsterkenntnis sollte valide sein (*Wahrheit*).

Diese bisherige Argumentation soll nun im Folgenden mit der Grundthese Sigmund Freuds, *dass autobiographische Selbsterkenntnis heilsam ist*, in Bezug gesetzt werden. Es wird daher zum einen nachzuweisen sein, dass diese These tatsächlich die Psychoanalyse Freuds treffend beschreibt, sowie zum anderen, wie dies genau zu verstehen ist.

Mein sich aus dem Gang der bisherigen Argumentation ergebender Vorschlag zur Beantwortung dieser Frage lautet, dass *autobiographische Selbsterkenntnis deshalb kurativ wirkt, weil sie hilft, bessere, d.h. für uns passendere und daher im Resultat weniger leidvolle Lebensentscheidungen zu treffen*. Dies darzulegen, ist Aufgabe des letzten Kapitels dieser Arbeit.

Zuvor möchte ich noch zwei methodische Anmerkungen zu diesem Kapitel einbringen: Zum einen ist es mir wichtig zu betonen, dass es sich bei dieser Arbeit, auch wenn sie inhaltlich interdisziplinär angelegt ist, um eine philosophische Arbeit handelt. Ihr argumentativer Schwerpunkt liegt entsprechend auf den bisher vorliegenden Untersuchungen. Die nachfolgenden Ausführungen zu den psychotherapeutischen Implikationen dieser Überlegungen bewegen sich jedoch in Teilen jenseits philosophischer Themen; sie sind daher

© BRILL FINK, 2025 | DOI:10.30965/9783846768686_016

eher als ‚skizzenhaftes' Programm für weitere (mitunter auch notwendigerweise empirische) Untersuchungen zu sehen.

Zum anderen, und dies folgt hieraus, möchte ich unterstreichen, dass es nicht mein Anliegen ist, fundierte, möglicherweise revisionäre Aussagen zu Ätiologie oder Behandlungstechnik psychischer Erkrankungen vorzulegen. Dies würde in methodischer bzw. epistemologischer Hinsicht den Rahmen dieser Arbeit sprengen. Es geht mir vielmehr darum, eine Theorie der (medien) anthropologischen Voraussetzungen dessen, was in psychotherapeutischen Behandlungen geschieht bzw. vollzogen wird, aufzustellen. Ich vertrete nämlich die These, *dass die meisten Psychotherapeuten theoretisch nicht angemessen verstehen, was sie praktisch tun.*

Ungeachtet dessen ergeben sich aus meinen Überlegungen psychotherapeutische Implikationen, welche bereits an dieser Stelle vorwegnehmend genannt sein sollen: In praktischer, d.h. behandlungstechnischer Hinsicht plädiere ich für eine Fokussierung auf den Patienten als *erzählendes Subjekt* und damit einhergehend für eine vermehrte Aufmerksamkeit auf das Wie (statt dem Was) seiner Erzählung. In theoretischer Hinsicht folgt aus meinen Überlegungen das Plädoyer, Psychotherapie entsprechend ihres Gegenstandes – dem erzählenden und sich dadurch selbsterkennenden Patienten – nicht als Naturwissenschaft, sondern vorrangig als narrativ informierte, kritische *Hermeneutik des Selbst* zu verstehen und theoretisch als solche zu verorten.

10.1 Der erzählende Patient

Sich der Psychoanalyse oder ihr verwandter tiefenpsychologisch orientierter psychotherapeutischer Verfahren[1] theoretisch zuwenden zu wollen, erscheint bereits im ersten Schritt als kaum mögliches Unterfangen. Ein schier unüberschaubarer ‚Berg' an Theorien[2], unzähligen Diskussionen und Diskursen[3] sowie ein ‚Meer' an empirischen Untersuchungen[4] oder behandlungstechnischen Weiterentwicklungen verunmöglichen es, sich ein angemessenes Bild dieser

1 Eine genauer Binnendifferenzierung der verschiedenen psychotherapeutischen Verfahren, obgleich in anderer Hinsicht bedeutsam, ist für das Klärungsinteresse meiner Arbeit unerheblich. Meine Überlegungen beziehen sich primär auf die Tradition psychoanalytischer und tiefenpsychologischer Therapieansätze, insofern sie dem erzählenden und sich in kurativer Hinsicht selbstverstehenden Patienten Beachtung schenkt.

2 Zuletzt hat Michael Ermann prägnante Überblickswerke zur Theorieentwicklung bei und nach Freud veröffentlicht: Ermann (2015), (2012), (2017).

3 Eine gute Übersicht über die moderneren Deutungskämpfe ist bei Herzog (2022) zu finden.

4 S. hierzu: Poscheschnik (2005).

Disziplin zu machen. Es scheint daher ratsam, eine ‚theoretische Epoché' zu vollziehen; dies meint eine Ausklammerung des theoretischen (metapsychologischen) ‚Überbaus' und eine Besinnung auf das, was sich in einer psychotherapeutischen Behandlung prima facie ereignet.

Eine solche Epoché empfiehlt sich auch deshalb, da nicht vergessen werden sollte, dass die Psychoanalyse von Freud zuerst als praktisches Behandlungsverfahren entwickelt und erst nachfolgend (mehr oder weniger geglückte) Versuche unternommen wurden, diese Praxis theoretisch verständlich zu machen. Meines Erachtens sind Freud diese Versuche häufiger miss- als geglückt. Ich stimme daher Jürgen Habermas zu, wenn dieser bzgl. der Psychoanalyse anmerkt, dass „die Theoriesprache […] ärmer als die Sprache [ist], in der die Technik beschrieben worden ist"[5]. Als Behandler und erzählender Beobachter ist Freud stärker denn als Theoretiker.

Treten wir also einen Schritt zurück und fragen uns, was eigentlich in der Psychotherapie passiert? Freud umreißt dies wie folgt:

> „In der analytischen Behandlung geht nichts anderes vor als ein Austausch von Worten zwischen dem Analysierten und dem Arzt. Der Patient spricht, erzählt von vergangenen Erlebnissen und gegenwärtigen Eindrücken, klagt, bekennt seine Wünsche und Gefühlsregungen. Der Arzt hört zu, sucht die Gedankengänge des Patienten zu dirigieren, mahnt, drängt seine Aufmerksamkeit nach gewissen Richtungen, gibt ihm Aufklärungen und beobachtet die Reaktionen von Verständnis oder von Ablehnung, welche er so beim Kranken hervorruft. Die ungebildeten Angehörigen unserer Kranken […] versäumen es auch nie, ihre Zweifel zu äußern, wie man ‚durch bloße Reden etwas gegen die Krankheit ausrichten kann'. […] Wir werden also die Verwendung der Worte in der Psychotherapie nicht geringschätzen und werden zufrieden sein, wenn wir Zuhörer der Worte sein können, die zwischen dem Analytiker und seinem Patienten gewechselt werden."[6]

Zunächst und zumeist findet in psychoanalytischen Behandlungen, so Freud, nichts anderes statt, als dass der Patient erzählt, der Therapeut ihm zuhört und gelegentlich mit dem Patienten in einen narrativen Dialog tritt. Den Ausgangspunkt der Psychoanalyse stellt also der *erzählende Patient* im Verbund mit dem ihm aufmerksam zuhörenden Therapeuten dar. Entsprechend ist es treffend, wenn Freud und Breuer ihr Verfahren als „talking cure"[7] bezeichnen.

Die von Freud angesprochene Verwunderung der Angehörigen darüber, dass ‚*bloßes Reden*' etwas gegen eine manifeste psychische Erkrankung

5 Habermas (1971), S. 309.
6 Freud (1999q), S. 9.
7 Freud (1999o), S. 50.

auszurichten vermag, stellt die Psychoanalyse vor die Aufgabe, theoretisch verständlich zu machen, wie ein solches Erzählen zu heilen vermag. Konrad Peter Grossmann ist daher zuzustimmen, wenn er anmerkt, dass Psychotherapie „Erzählungen von menschlicher Not und ihre Bewältigung zum Gegenstand hat", was zugleich bedeutet: „Psychotherapietheorien sind Erzählungen über hilfreiches Erzählen"[8].

Wie bereits angemerkt, sind die theoretischen Erläuterungen und resultierenden metapsychologischen Systeme hierzu umfangreich und zahlreich. Das Gros dieser Theorien eint jedoch, dass sie ihren ‚Gegenstand', so wie er sich zunächst und zumeist zeigt, nämlich als erzählender Patient, häufig übersehen und ihm (in theoretischer Hinsicht) wenig Aufmerksamkeit zuteilwerden lassen.[9] Ich möchte daher ausgehend von den bisherigen Überlegungen meine Idee einer *narrativen Reformulierung* der psychoanalytischen Theorie in Grundzügen anskizzieren.

Zuerst stellt sich die Frage, ob bzw. inwiefern dem Erzählen überhaupt die behauptete Bedeutung für die psychotherapeutische Praxis zukommt. Da es sich hierbei um eine empirische Frage handelt, wären für die Beantwortung entsprechende Studien nötig. Ein Blick in die Literatur zeigt jedoch, wie Tilmann Habermas in einem entsprechenden Überblicksartikel feststellt, dass es „erstaunlich wenige empirische Studien zur Rolle des Erzählens in der Psychotherapie"[10] gibt. Habermas selber hat hierzu einige Untersuchungen zusammengetragen bzw. durchgeführt, welche zum einen bestätigen, dass in psychotherapeutischen Behandlungen in erheblichem Umfang erzählt wird, und zum anderen, dass sich einige Besonderheiten beobachten lassen (z.B. dass am Anfang einer Therapie mehr, im Verlaufe dann weniger erzählt wird).[11] In Bezug auf die für diese Arbeit relevante Frage nach der kurativen Wirkung des Erzählens lassen sich diesen Studien m.E. jedoch kaum aufschlussreiche Erkenntnisse entnehmen.

Die zu klärende Ausgangsfrage lautet weiterhin: Warum heilt das Sprechen, Erzählen bzw. die narrative Vergegenwärtigung der eigenen Vergangenheit in der Therapie? Hierzu lassen sich mehrere Antworten finden:[12]

1) Zu Beginn der Entwicklung der Psychoanalyse ging Freud (zusammen mit Josef Breuer) noch davon aus, dass die therapeutische Wirkung der

8 Grossmann (2003), S. 16.

9 Ausgenommen sind hierbei die mittlerweile stark unterrepräsentierten hermeneutischen Theorien der Psychoanalyse sowie die lacanianische bzw. Lacan nachfolgende französische Psychoanalyse; hierzu später mehr.

10 Habermas et al. (2022), S. 112.

11 Vgl. Habermas (2019).

12 Eine gute Übersicht hierzu lässt sich bei Marx et al. (2021) finden.

von ihm entwickelten ,talking cure' in einer Form der *Katharsis* besteht. Verdrängte pathogene Affekte, so die damalige Annahme, sollten durch ihre Verbalisierung abreagiert werden, sodass sich ein „Ablauf durch die Rede"[13] und damit eine kathartische Reinigung vollziehe. Freud knüpft mit dieser Erklärung an den aristotelischen Katharsis-Begriff bzw. seine umfassende Wirkungsgeschichte an;[14] er erkannte jedoch die explanatorische Limitation dieses Konzepts für seine Fragestellung und ließ diesen Begriff alsbald fallen. Trotzdem fand und findet dieses Konzept in der Psychotherapieforschung immer wieder Anklang, deren Bedeutung jedoch häufig kritisch gesehen wird. Marx et al. halten entsprechend fest, dass

> „kathartische Reinigungsprozesse – meist schlicht als befreiende Entlastungserfahrung gedeutet – als grundlegender therapeutischer Prozess im Sinne eines allgemeinen Wirkfaktors zu betrachten [sind]. [...] Wichtig ist allerdings festzuhalten, dass diese verbalen Aktivitäten nicht auf den Katharsiseffekt reduzierbar sind"[15].

2) Freuds anschließende Erklärung der Wirksamkeit seiner ,talking cure' besteht darin, die Sprache bzw. die Erzählung als das *Medium des Unbewussten* zu verstehen. Eine wirkmächtige und vieldiskutierte, jedoch m.E. problematische Theorie hierzu entwickelt Freud in seiner Schrift *Das Unbewußte*, in welcher er durch die Unterscheidung zwischen unbewusster „Sachvorstellung" und bewusster „Wortvorstellung"[16] die logische Struktur des Unbewussten verständlich zu machen versucht.[17] Obgleich dieser Ansatz sprachphilosophisch dahingehend als problematisch zu betrachten ist, dass er von einem semantischen Atomismus ausgeht und zudem offenlässt, wie eine nichtsprachliche Sachvorstellung zu verstehen ist, so ist er jedoch dahingehend zu würdigen, dass Freud hier die Bedeutung der Sprache bzw. des Erzählens theoretisch gebührend zu berücksichtigen versucht.
Dies stellt jedoch bei ihm selbst und seinen Nachfolgern eher eine Ausnahme dar. Denn zumeist wird angenommen, dass das therapeutische Erzählen eben nur das Medium der vom Patienten geäußerten und

---

13 Freud (1999o), S. 40.

14 Zum klassischen aristotelischen Katharsisbegriff sowie zu den Möglichkeiten und Grenzen seiner Reaktualisierung vgl. Vöhler (2009).

15 Marx et al. (2021), S. 103.

16 Vgl. Freud (1999e), S. 300.

17 Vgl. hierzu Stephan (1989).

eigentlich interessanten Themen darstellt. Dem Was, nicht dem Wie gilt daher die Aufmerksamkeit. Die Erzählung stellt in den meisten psychoanalytischen Theorien daher nur das Medium dar, durch welches die eigentlich wirksamen Interventionen oder Treatments erfolgen. Als ‚neutrales' Medium verstanden wird dem Erzählen selber entsprechend keine größere Bedeutung zuteil – geschweige denn ein kurativer Effekt zugesprochen.

Dass dem zentralen Medium der Psychotherapie in Praxis und Theorie zumeist wenig Beachtung geschenkt wird, sollte m.E. als eine problematische *Darstellungsvergessenheit* dieser Profession aufgefasst werden. Die Vernachlässigung der Bedeutung der Medialität wird jedoch, so meine These, dem, was in psychotherapeutischen Behandlungen passiert, nicht gerecht. Zu häufig wird nämlich vergessen, dass zumeist, vor allem in den tiefenpsychologischen Verfahren, kaum wirklich explizite Intervention erfolgt. *Geheilt wird häufig nur durch Worte* – dies gilt es zu verstehen!

3) Dem gegenüber stehen Ansätze, welche dem Erzählen qua seiner Fähigkeit zur *Symbolisierung* eine kurative Wirkung auf das Erleben, Denken, Erinnern und Verhalten zusprechen. Die auf die Psychoanalytiker Wilfred Bion[18] und Donald Winnicott[19] zurückgehende These besagt, dass von bestimmten psychischen Repräsentationen, solange sie nicht symbolisiert sind, eine pathogene Wirkung ausgeht. Bion spricht in seiner ‚Theorie des Denkens' von sogenannten *Beta-Elementen*, welche durch das *Containing* ihrer psychotoxischen Wirkung beraubt werden. Unter dem Begriff des Containing, welcher vor allem von Winnicott weiterentwickelt wurde,[20] kann durchaus eine Art Symbolisierungsfähigkeit in dem Sinne verstanden werden, dass bestimmte psychische Erlebnisse und Erinnerungen durch ihre sprachliche (narrative) Symbolisierung ihre pathogene Wirkung verlieren. Auch wenn Bion und Winnicott mit ihren Theorien klinisch wertvolle Beiträge geleistet haben, bleiben diese Ansätze jedoch aufgrund ihrer Tendenz zur problematischen Reifikation, zum explanatorischen Mystizismus sowie ihrer Vernachlässigung der sprachlichen bzw. narrativen Dimension des Symbolisierungsprozesses m.E. theoretisch insuffizient.

Ein von Bion und Winnicott inspirierter, jedoch im Kontrast das therapeutische Erzählen nachdrücklich betonender Ansatz findet sich beim Psychoanalytiker Antonio Ferro. Dieser betont:

18 S. Bion (2005).

19 S. Winnicott (1979).

20 Zum Begriff des Containing s. Crepaldi (2018).

> „Ich verstehe unter Narration jenes Vorgehen des Analytikers während der Therapie, bei dem er ganz und gar dialogisch und ohne besondere, durch Deutungen gesetzte Zäsuren gemeinsam mit dem Patienten ‚einen Sinn konstruiert'."[21]

Entgegen der psychoanalytischen Tradition lehnt Ferro die Deutung der Erzählung ab; stattdessen unterstreicht er das freie, gemeinsame Erzählen:

> „Dies geschieht zuweilen in einer Art und Weise, die keiner der beiden an der Narration Beteiligten vorhergesehen hat und für möglich halten konnte. Denn keiner von beiden ist im Besitz einer vorab feststehenden Wahrheit. Bei dieser Vorgehensweise tritt eine ko-narrative Transformation oder sogar eine transformative Ko-Narration an die Stelle einer Deutung."[22]

Das therapeutische Narrativ stellt für Ferro entsprechend nicht ein bloßes Medium unbewusster, zu dechiffrierender Gehalte dar, sondern im gemeinsamen Erzählen selbst entsteht ein sogenanntes *narratives Feld*. Dieses, so die These Ferros, welcher hier an die Theorie Bions und Winnicotts anschließt, bewirkt eine kurative Veränderung des Erlebens, der Gefühle und des Denkens des Patienten.

Ferros Mut, sich gegen die klassische psychoanalytische Idee einer unterbewusst pathogenen, zu deutenden und, wenn aufgedeckt, heilsamen Wahrheit zu stellen und stattdessen dem Erzählen selber eine kurative Wirkung zuzuschreiben, verdient zwar Anerkennung; seine Schriften sind zudem reich an überzeugenden klinischen Schilderungen. Trotzdem mangelt es seiner Theorie m.E. an einem differenzierten Begriff des Erzählens bzw. an Überlegungen, wie genau Erzählungen eigentlich einen kurativen Effekt entwickeln.

4) Häufig findet das therapeutische Erzählen zudem theoretische Berücksichtigung, wenn es um die *Bewältigung traumatischer Erlebnisse* geht. Die These, dass die unbesprochene (bzw. unaussprechbare) Erfahrung schrecklicher Ereignisse belastend, das Erzählen dieser in geeigneter Form hingegen entlastend sein kann, wurde bereits kurz angesprochen.[23] Dieser Gedanke ist auch der Philosophie bekannt: So lautet eine der zentralen Aussagen in Adornos *Negativer Dialektik* bekanntlich: „Das

21 Ferro (2009), S. 10.
22 Ebd.
23 S. hierzu u.a. Kapitel 8.3.

Bedürfnis, Leiden beredt werden zu lassen, ist Bedingung aller Wahrheit."[24] Emil Angehrn interpretiert diesen berühmten Satz weiterführend dahingehend, dass die Unausgesprochenheit der traumatischen Erlebnisse das Leid an diesen vergrößert: „Im Trauma wird die Sprachferne zum bezeichnenden Zug und selbst zum Teil des Leidens."[25] Angehrn rekurriert weiterführend auf Nietzsche[26], wenn er anmerkt, „dass das eigentliche Problem [...] nicht im Leiden selbst, sondern in der Sinnlosigkeit des Leidens, der Nichtbeantwortbarkeit der Frage ‚Wozu leiden?' besteht"
Dies hat zur Folge, dass „die Sinnlosigkeit durch die Nichtthematisierbarkeit potenziert [wird]. Leiden und Sinnentzug und Sprachverlust sind im Trauma in unlösbarer Weise ineinander verflochten"[27]. Entsprechend gelte es, in den Worten Adornos, ‚Leiden beredt werden zu lassen', d.h. die traumatischen Erlebnisse in Sprache zu fassen; was bedeutet, sie erzählbar werden zu lassen. Rodolf Bernet führt hierzu in seinen Überlegungen zum traumatisierten Subjekt bzw. dessen narrativer Behandlung aus:

> „Die Rückgabe des Symptoms in der Form eines sprachlichen Ausdrucks verschafft dem aus der Sprache verbannten Trauma erstmals Zugang zur Sprache und nimmt es in das Sprachspiel auf. Die Aufnahme des Symptoms in das Sprachspiel untergräbt sein Monopol als einzig mögliche Äußerung des dem Subjekt widerfahrenen Traumas."[28]

Wichtig sei hierbei, dass nicht, wie in der klassischen psychoanalytischen Technik, die sprachliche Artikulation im Dienst einer Aufdeckung unbewusster Gehalte steht, deren Deutung bzw. Verstehen dann symptomlindernd wirkt, sondern der narrativen Versprachlichung selber kommt hier eine kurative Wirkung zu. Bernet hierzu weiter:

> „Ziel dieses Sprachspiels ist nun allerdings nicht die Verständigung über den Sinn des Symptoms, sondern vielmehr die schrittweise Aufnahme des traumatischen Erlebnisses in das Reich dessen, worüber gesprochen werden kann."[29]

---

24 Adorno (1997), S. 29.
25 Angehrn (2015b), S. 150.
26 Vgl. Nietzsche (1999f), S. 28.
27 Angehrn (2015b), S. 150.
28 Bernet (2003), S. 57.
29 Ebd., S. 58.

Es geht also nicht darum, den ‚tieferen' Sinn der Erlebnisse freizulegen, sondern diese überhaupt erst in das ‚Reich der Sprache' zu versetzen und damit die Möglichkeit des Verstehens zu schaffen. Traumatische Erinnerungen sind also nicht, wie z.B. bei neurotischen Störungen, dem Subjekt prima facie unverständlich, also potenziell aufdeckend verstehbar, sondern sie sind aufgrund ihrer Sprachlosigkeit und des damit verbundenen Sinnentzugs jenseits des Verstehbaren.

Während Emil Angehrn und Rudolf Bernet vor allem die Sprachferne und die damit verbundene Sinnlosigkeit des traumatischen Erlebnisses betonen, akzentuiert Joachim Küchenhoff in therapeutischer Hinsicht vor allem die *fehlende narrative Distanz* zum einstigen Erleben:

> „Dadurch, dass traumatische Erfahrungen keinen Symbolcharakter haben, werden sie nicht als Signifikanten eines Signifikats verstanden, sondern erhalten einen bedrängenden Wirklichkeitscharakter, sie drängen sich auf, sind abstandslose Tatsachen, scheinbar nackte Tatsachen, die mit immer neuen Worten nicht zu bekleiden oder zu ummänteln sind."[30]

Die Unmöglichkeit der Erzählbarkeit eliminiert die schützende narrative Distanz zu den traumatischen Erfahrungen bzw. Erinnerungen. Die Eigenschaft von Erzählungen, eine solche Distanz zwischen Erlebnissen der Vergangenheit (bzw. der Erinnerung an diese) und dem erzählenden Subjekt der Gegenwart herzustellen, wurde bereits narratologisch erörtert.[31] Therapeutisch gewendet bedeutet dies, dass es für einen weniger leidvollen Umgang mit traumatischen Erlebnissen wichtig ist, eine solche ‚schützende' narrative Distanz zu implementieren. Entsprechend gelte, so Mark Freeman, für das therapeutische Erzählen, dass dieses „genau das benötigte Maß an Distanz [verschafft], indem es einen interpretativen Kontext liefert, in den die traumatische Erinnerung platziert werden kann"[32].

Das Erzählen ermöglicht es, so Freeman, die traumatische Erinnerung narrativ einzuordnen und damit lebensgeschichtlich zu kontextualisieren. Dies ist insofern erforderlich, als dass traumatische Erlebnisse häufig fragmentiert, dissoziiert und ‚unverarbeitet' mnestisch organisiert sind. Dies resultiert aus dem Umstand, dass es dem Subjekt nicht möglich ist, die Geschehnisse in der überfordernden traumatisierenden Situation in ihrer Bedeutung wahrzunehmen, zu verstehen und mnestisch

30 Küchenhoff (2005), S. 315.

31 S. hierzu Kapitel 8.3.

32 Freeman (2015), S. 21.

einzuordnen. Entsprechend besteht die Notwendigkeit, dies rückwirkend im sicheren therapeutischen Setting zu bewerkstelligen.

Für eine solche rückwirkende Neuordnung der vergangenen Erlebnisse habe ich argumentativ den Begriff der *Nachträglichkeit* starkgemacht. Auch Mark Freeman unterstreicht, dass das traumatisierende Ereignis im Moment seines Geschehens die Fähigkeit des betroffenen Subjekts, dieses verstehend zu erfassen und psychisch einzuordnen, aufgrund seiner Monstrosität übersteigt; „dies hat deshalb nachträglich zu geschehen"[33], so Freeman.

Einer solchen *nachträglichen Renarrativierung* kommen dabei verschiedene Funktionen zu: Wie bereits beschrieben, geht es häufig im ersten Schritt darum, narrative Distanz zu den Erlebnissen zu gewinnen. Dies ist deshalb wichtig, weil traumatische Erinnerungen häufig die mnestische Besonderheit aufweisen, (zumeist unwillkürlich) nicht als vergangen, sondern als gegenwärtig erinnert zu werden.[34] In Anbetracht der schrecklichen Inhalte und der damit verbundenen starken negativen Gefühle ist dies für die Betroffenen sehr belastend. Dies bedeutet, dass „in vielen Traumanarrativen [...] die Zeitstruktur der Erzählung aufgehoben" ist, so Carl Eduard Scheidt. „Man kann dies als Invasion der erzählten Erfahrung in die Performanz der aktuellen Rede- und Erzählsituation verstehen"[35], so dieser weiter.

In therapeutischer Hinsicht ist es daher wichtig, dass traumatische Erlebnisse eben wieder als das, was sie sind, nämlich Erlebnisse der vergangenen Vergangenheit und nicht der Gegenwart mnestisch eingeordnet werden; anders formuliert: Sie müssen Erinnerung werden. Hierbei ist es wichtig, dass diese nachträglich anders (mitunter überhaupt erst) narrativ verknüpft werden. Martin Sack merkt hierzu an:

> „Aus den implizit und häufig in bruchstückhaften Fragmenten dissoziierten Traumaerinnerungen sollen narrativ verarbeitete Erinnerungen werden, die mit dem Wissen um die heutige Sicherheit und die heutigen Kompetenzen verknüpft werden."[36]

Entscheidend ist also, dass traumatische Erinnerungen narrativ derart diachron verknüpft werden, dass diese Ereignisse als (überlebte) Vergangenheit und die aktuelle Situation als sichere Gegenwart mnestisch

33 Ebd., S. 22.
34 Vgl. hierzu Seidler et al. (2021), S. 17ff.
35 Scheidt et al. (2015a), S. 27.
36 Sack (2015), S. 155.

repräsentiert werden. Letztlich geht es bei der narrativen Bewältigung von traumatischen Erlebnissen, welche sich zunächst aufgrund ihrer Monstrosität, Sinnlosigkeit und der damit verbundenen Gefühle der Angst, Ohnmacht und (mnestischen) Überforderung nicht erfassen, verstehen oder biographisch sinnvoll einordnen lassen, darum, diese nachträglich im Wissen und Gefühl der aktuellen Sicherheit zu artikulieren, einzuordnen und als schmerzlichen, jedoch vergangenen Teil der eigenen Lebensgeschichte annehmen zu können. Erst wenn es gelingt, diese als Teil des eigenen Lebens zu verstehen, verlieren sie ihren pathogenen Status als psychische ‚Fremdkörper'. Entsprechend resümiert auch Carl Eduard Scheidt:

> „Geschehnisse im Zusammenhang mit Traumerfahrungen müssen, um bewältigt werden zu können, in den zeitlichen Ablauf des Lebens und in einen biographischen Sinnzusammenhang eingebettet werden. Nur so kann ein Gefühl der Kontinuität im eigenen Leben wiederhergestellt werden."[37]

Es geht also bei der Traumatherapie letztlich darum, dass die erfahrenen Erlebnisse nicht mehr als mnestische oder biographische ‚Bruchstücke' psychisch repräsentiert sind, sondern narrativ in den ‚biographischen Sinnzusammenhang' integriert, d.h. Teil des Selbst werden. Wie genau dies klinisch-praktisch befördert werden kann, übersteigt das Klärungsinteresse dieser Arbeit. Festzuhalten ist jedoch, dass (autobiographischen) Erzählungen bei der Bewältigung von traumatischen Erlebnissen eine signifikante Bedeutung zukommt.
Es zeigt sich also, dass sowohl in bestimmten Theorien (u.a. bei Bion, Winnicott und Ferro) wie auch in Bezug auf bestimmte Störungsbilder (vor allem Traumata) dem Erzählen selber in bestimmter Hinsicht ein kurativer Effekt zugeschrieben werden kann. Diese Ansätze sind zwar reich an klinischem Material und behandlungstechnischen Überlegungen, jedoch bleiben sie m.E. zumeist narratologisch unterbelichtet; es bedarf daher auch hier weiterführender, narratologisch bzw. medienanthropologisch informierter Erörterungen, welche diese Diskurse aktuell noch vermissen lassen.

5) Es bestehen zudem mit der *Narrativen Medizin*[38] oder der *Narrativen Therapie*[39] Behandlungsansätze, welche nicht nur inhaltlich das Erzählen in

37 Scheidt et al. (2015a), S. 27.
38 S. Charon (2008).
39 S. White (2010); White et al. (2020).

den Mittelpunkt der Behandlung stellen, sondern auch unter eben diesem Begriff firmieren. Da für diese Arbeit thematisch einschlägiger, soll kurz ein Blick auf die Narrative Therapie von Michael White geworfen werden: White nimmt, ähnlich wie diese Arbeit, mit der Denkfigur des ‚homo narrator' einen medienanthropologischen Ausgangspunkt:

> „Unser Leben gestaltet sich unentwegt in Erzählungen, in den Geschichten, die wir erzählen und die uns erzählt werden, die wir träumen oder uns vorstellen oder gern erzählen möchten […]. Wir sind in eine Erzählung eingebettet, zählen die Bedeutung unserer vergangenen Taten auf und schätzen sie neu ein, ahnen den Ausgang unserer Projekte für die Zukunft und setzen uns dabei an die Schnittstelle verschiedener unvollendeter Geschichten."[40]

Aus diesen Grundüberlegungen leitet White die Notwendigkeit der fokussierten Berücksichtigung von Erzählungen in der psychotherapeutischen Arbeit her und stellt einige interessante diesbezügliche Ansatzpunkte und Techniken vor. Leider unterlässt es White im Folgenden theoretisch explizit herauszuarbeiten, wie genau das Erzählen ätiopathologisch oder kurativ wirkt. Hier lassen sich nur Andeutungen finden; so führt beispielsweise David Denborough als Erläuterung zur Narrativen Therapie aus:

> „Wenn wir die Geschichten unseres Lebens neu erzählen und die Probleme, mit denen wir konfrontiert sind, externalisieren, können wir den Einfluss des Problems auf unser Leben abschwächen und unseren Einfluss auf das Problem steigern."[41]

Die Neuerzählung der eigenen Lebensgeschichte und die damit bewirkte Abschwächung der Problemlast scheinen, so mein Eindruck dieses Ansatzes, bei White und Denborough jedoch einen deutlich konstruktivistischen Zug anzunehmen. Das veränderte Erzählen soll nämlich nicht nur qua Externalisierung Distanz zu den individuellen Problemen des Patienten schaffen, sondern diese Veränderungen sollen derart geschehen, dass die jeweiligen Probleme besser beeinflussbar werden. Ob die narrativ so dargestellten Probleme einen realen Sachverhalt darstellen oder nicht, scheint in diesem Ansatz keine bedeutsame Rolle zu spielen; eine mögliche narrative Selbsttäuschung wird also billigend in Kauf genommen.

---

40 Ebd., S. 85.

41 Denborough (2017), S. 56.

> Dies erscheint mir jedoch – jenseits aller epistemisch und darstellungstheoretisch zu klärenden Schwierigkeiten – als problematisch: Alltags- und biographische Narrative erweisen sich nämlich gerade deshalb als derart bedeutsam, weil sie sich intentional auf existenziell bedeutsame Lebensprobleme beziehen – eine an Beliebigkeit grenzende konstruktivistische Veränderbarkeit wird diesem existenziellen Lebensbezug nicht gerecht.

Diese Vorstellung narrativer Ansätze in der Psychotherapie ist sicherlich nicht erschöpfend, vermittelt jedoch einen Eindruck vom Stand des Diskurses. Ich würde diesen wie folgt paraphrasieren: Obzwar es einige Ansätze gibt, welche die Bedeutung des therapeutischen Erzählens, vor allem bei bestimmten Problemlagen bzw. Störungsbildern, berücksichtigen, fehlt es doch zumeist an einer entsprechenden medienanthropologisch bzw. narratologisch informierten theoretischen Fundierung.

Dies möchte die vorliegende Arbeit in Grundzügen leisten. Daher gilt es, ausgehend von den bisherigen Überlegungen aufzuzeigen, wie die kurative Wirkung des therapeutischen Erzählens verständlich gemacht werden kann.

Hier sei noch einmal die bisherige Argumentation komprimiert rekapituliert: Erzählen dient der Selbsterkenntnis, welche wiederum im Dienst der praktischen Frage steht. Wer sich also erzählend vergegenwärtigt, wer er war und ist, kann besser entscheiden, wer er sein will. Psychotherapeutisch adaptiert bedeutet dies: *Der erzählende Patient versteht sich eingehender und kann ausgehend von diesem vertieften Selbstverständnis besser entscheiden, wie er sein Leben führen will; diese Lebensveränderung wirkt leidreduzierend.*

Hieraus folgt, dass der kurative Effekt des therapeutischen Erzählens nicht im Erzählen selber, sondern in den aus ihr resultierenden Lebensentscheidungen liegt. Sollte diese These zutreffen, impliziert dies, *dass das neurotische Leiden zahlreicher Patienten ätiopathologisch auf falsche Lebensentscheidungen zurückgeführt werden kann.*

Dies stellt eine begründungsbedürftige These dar. Sie entspringt meiner klinischen Erfahrung und weist, so würde ich behaupten, prima facie eine intuitive Plausibilität auf. Signifikante symptomatische Veränderungen treten, so meine Beobachtung, zumeist erst dann auf, wenn es Patienten gelingt, die in der Therapie (narrativ) gewonnene Selbsterkenntnis in ihrer Lebensführung praktisch fruchtbar zu machen.

Was spricht für diese These? Wie bereits angesprochen, kann eine defizitär entwickelte Selbstkenntnis z.B. in Form einer Fehleinschätzung der eigenen Fähigkeit oder der eigenen Bedürfnisse und Wünsche für einen Patienten zu falschen und letztlich in der Konsequenz unbefriedigenden respektive leidvollen Lebensentscheidungen führen bzw. geführt haben. Darüber hinaus kann jedoch auch die existenzielle Möglichkeit, sein Leben anders zu führen (Selbstwahl), durch (vermeintliche) innere Inkohärenzen, Ambivalenzen oder Widersprüche gehemmt sein. Erst ein therapeutisch erarbeitetes kohärenteres Selbstverhältnis vermag diese Hemmung aufzuheben. Neben einer problematischen bzw. gehemmten Lebensführung ist es auch möglich, dass die praktische Frage, wie zu leben sei, nie wirklich gestellt wurde, was sich in einem unbefriedigenden Leben in Klischees zeigen könnte.

Auch wenn nur im epistemischen Status einer unsicheren Hypothese formuliert, möchte ich meine Argumentation mit der These, dass neurotisches Leiden auf falsche Lebensentscheidungen zurückgeführt werden kann, abschließen. Es ist mir wichtig zu betonen, dass meine These sicherlich nicht die einzige Erklärung für den kurativen Effekt des therapeutischen Erzählens darstellt. Andere Theorien, vor allem zur narrativen Bewältigung von traumatischen Erfahrungen, wurden bereits vorgestellt. Die bisher in dieser Arbeit dargelegte Argumentation lässt jedoch, so hoffe ich, meine These hinreichend plausibel erscheinen.

Wenn die These, dass der Patient sein (vergangenes) Leben in der Therapie deshalb erzählt, um sich selber eingehender zu verstehen und durch diese vertiefte Selbsterkenntnis bessere (weniger leidvolle) Lebensentscheidungen zu treffen, Plausibilität beanspruchen kann, stellt sich zuletzt die Frage nach der *therapeutischen Wahrheit* bzw. der *Wahrheit des Selbst*.

Die klassische Psychoanalyse weist ein ambivalentes Verhältnis zur Wahrheit auf: Sigmund Freuds epistemische Zweifel bzgl. der autobiographischen Erinnerungen bzw. der biographischen Wahrheit kamen bereits mehrfach zur Sprache. Trotzdem betont Freud immer wieder, dass die Psychoanalyse letztlich, gleich wie schwer dies sei, als aufdeckendes Verfahren genuin auf Wahrheit bezogen sei; entsprechend mahnt er, dass „nicht zu vergessen [sei], daß die analytische Beziehung auf Wahrheitsliebe, das heißt auf Anerkennung der Realität gegründet ist und jeden Schein und Trug ausschließt“[42].

Die Psychoanalyse stellt also grundsätzlich ein *wahrheitsbezogenes* Behandlungsverfahren dar. Inwiefern ist es jedoch möglich und warum ist es in kurativer Hinsicht wichtig, dass therapeutische Erzählungen wahr sind?

Hierzu wurde bereits einiges gesagt: Um gute existenzielle Entscheidungen treffen zu können, ist valide Selbstkenntnis erforderlich. Valide Selbstkenntnis setzt eine an Wahrheit orientierte (d.h. wahrhaftige) autobiographische Erzählung voraus. Es wurde zudem dafür argumentiert, dass autobiographische Erzählungen aus einer Reihe von erzähltheoretischen und

42 Freud (1999f), S. 94.

erzählpragmatischen Gründen einem strengen korrespondenztheoretischen Wahrheitsbegriff zwar kaum genügen können; sie sind jedoch in der Lage, den jeweiligen epistemischen Anforderungen einer bestimmten Erzählsituation hinreichend gerecht zu werden. Für die psychotherapeutische Erzählsituation bedeutet dies, dass ein für diese besondere Situation eigener Wahrheitsbegriff erforderlich ist.

Was zeichnet einen solchen therapeutischen Wahrheitsbegriff in Grundzügen aus? Die wichtigste epistemische Anforderung an einen solchen Wahrheitsbegriff wurde bereits genannt: Das therapeutische Narrativ muss zu valider Selbsterkenntnis führen. Dies bedeutet jedoch, dass ‚reale' Tatsachen und (vergangene) Ereignisse nur einen Teil der therapeutischen Wahrheit darstellen. Denn die Wahrheit des Selbst umfasst, wie dargelegt, vor allem auch die diesbezüglichen Bedeutungszuschreibungen, Gefühle, Gedanken und Wünsche. Hier erweist es sich als bedeutsam, dass solche psychischen Zustände nicht wie Tatsachen in der Welt einfach gegeben sind, sondern vielschichtig, veränderbar und – dies wurde ausführlich dargelegt – artikulationsbedürftig sind, wobei die Artikulation diese wiederum entscheidend formt. Es wäre daher deplatziert, die Wahrheit des Selbst als etwas konkret Konstatierbares zu verstehen. Sie kann, so könnte man sagen, als regulative Idee erstrebt, als solche jedoch nicht erreicht werden. Es handelt sich entsprechend nicht um ein Resultat, sondern um einen epistemischen Prozess – anders formuliert: um das epistemische Selbstverhältnis der *Wahrhaftigkeit*.

Die Wahrheit des Selbst – dies zu betonen erscheint mir von größter Wichtigkeit – ist zudem nie als *abgeschlossen* zu verstehen. Als sein Leben Erzählender führt der Patient dieses ja zugleich; seine Erzählung und die damit verbundene Wahrheit seines Selbst sind daher konstitutiv unabgeschlossen. Seine Zukunft ist ja ungeschrieben und im Spiegel dieser kann (und muss) seine Vergangenheit *nachträglich* immer wieder anders erzählt werden. Aufgrund der Interdependenz von Leben und Erzählung stellt, wie gezeigt,[43] auch das therapeutische Narrativ immer eine *gelebte Geschichte* dar. Hieraus folgt, dass auch die Wahrheit des Selbst immer als *lebendige Wahrheit* zu verstehen ist.

Diese Überlegungen weisen eine große Nähe zum Begriff der *Wahrheitspraktiken* von Michael Hampe auf. Vor einem pragmatischen Hintergrund hält Hampe die Rede von ‚der Wahrheit' als eine alle epistemischen Kontexte umfassende, hypostasierte Entität – gleich ob metaphysisch postuliert oder postmodern negiert – für sachlich problematisch und philosophiehistorisch

43 S. hierzu Kapitel 8.3.

verhängnisvoll. Stattdessen weist Hampe darauf hin, dass in unterschiedlichen epistemischen Kontexten verschiedene Wahrheitspraktiken aufzufinden sind, welche es in ihrer Pluralität anzuerkennen gilt. Eine Wahrheitspraktik, so Hampe weiter,

> „kann als eine Suchbewegung verstanden werden, die dann, wenn sie erfolgreich abgeschlossen wird, die Wahrheit von etwas findet: das ‚wahre Leben' ohne Widersprüche, die Offenbarung der Wahrheit über etwas in der Vergangenheit Geschehenes oder die Übereinstimmung zwischen dem, was der Fall ist oder getan wird und dem, was gesagt wird"[44].

Eine so charakterisierte *Suchbewegung* scheint mir auch eine sinnvolle Beschreibung der wahrheitsbezogenen psychotherapeutischen Praxis zu sein. Dies vor allem deshalb, weil Hampe nachdrücklich betont, dass die verschiedenen Wahrheitspraktiken eben nicht den allgemeingültigen epistemischen Schemata oder Regeln entsprechen, sondern in den verschiedenen Kontexten jeweils eigene epistemische Ansprüche formuliert und hierfür jeweils spezifische Praktiken der Wahrheitssuche gepflegt werden sowie bestimmte epistemische Gütekriterien gelten. Der Fluchtpunkt bzw. das Resultat einer solchen Suchbewegung, also ‚die Wahrheit'

> „ist das, was am Ende einer erfolgreichen *Inquiry* steht, am Ende einer Untersuchung, die Zweifel ausräumt, Widersprüche beseitigt, Zusammenhanglosigkeiten klärt, Entsprechungen ans Licht bringt oder was auch immer"[45].

Hampe betont zudem deutlich, dass die verschiedenen Wahrheitspraktiken häufig darauf abzielen, das „Leiden an Unwahrheiten"[46] zu reduzieren und damit ein gutes Leben zu ermöglichen. Dies geschieht eben durch den Abbau lebenshemmender existenzieller Zweifel, Widersprüche oder Zusammenhangslosigkeiten. Die angestrebte Wahrheit ist daher *lebensermöglichend*.

Ein vergleichbarer Gedanke findet sich auch beim Psychoanalytiker Wolfgang Loch in seinem instruktiven Aufsatz *Psychoanalyse und Wahrheit*. In diesem unterscheidet Loch zwischen einer *theoretisch-wissenschaftlichen* und einer *existenziellen Wahrheit*. Der theoretisch-wissenschaftliche Wahrheitsbegriff, welchen Loch auch den ‚griechischen' nennt, könne verstanden werden als „korrekte Feststellung, Übereinstimmung mit ihrem Objekt, als historisches Faktum, wobei vorausgesetzt ist, daß eine solche Wahrheit schon

---

44 Hampe (2019), S. 53.
45 Ebd.
46 Ebd., S. 49.

längst, schon immer existierte, wir sie nur formulieren mußten“[47]. Im Kontrast hierzu steht der existenzielle, von Loch auch ‚hebräisch‘ genannte Wahrheitsbegriff; hier sind wir

> „konfrontiert mit Wahrheit als Sinn, d.h. aber als etwas, das entsteht, indem der Prozeß einer Interaktion eine Gestaltung annimmt, die, einmal gebildet, es hinfort erlaubt, sich auf sie zu verlassen und sein Leben als Subjekt in eben diesem gefundenen Sinn fortzusetzen“[48].

Und weiter heißt es:

> „Wahrheit so begriffen entspricht nun nicht dem in der Tradition der Griechen gebildeten Wahrheitsbegriff, der am Sachverhalt und am Urteil festgemacht ist, sondern dem aus der Tradition der Hebräer herstammenden Wahrheitsbegriff. Wahrheit wird hier substantivisch, z.B. als Fels verstanden, ist der Grund, auf dem man stehen kann. In diesem Sinne darf man von einer existenztragenden Wahrheit sprechen.“[49]

Loch argumentiert nun dafür, dass es in der Psychoanalyse vorrangig um eine solche ‚existenztragende Wahrheit‘ geht. Wahrheit im erstgenannten, ‚griechischen‘ Sinne sei, so Loch, aufgrund der mnestischen Besonderheiten und des rekonstruktiven Charakters der psychoanalytischen Arbeit in der Psychotherapie weder erreichbar noch Ziel des Unterfangens. Entsprechend merkt Loch auch an, dass „Phantasien und Erinnerungen [...] keine entdeckte Wahrheit von historischem Charakter“ darstellen, sondern vielmehr als „Versuche, einen Sinn zu schaffen, um weiterleben zu können“,[50] verstanden werden sollten.

Gesucht und hoffentlich gefunden wird eine Wahrheit, die sich als stabiler Grund (als ‚Fels‘) für die weitere Lebensführung erweist. „Ich selbst glaube“, so Loch resümierend, „daß eine solche Bewertung der Wahrheit, verstanden als etwas, was mich trägt, was erlaubt, daß ich weiterlebe und wachse, eine absolut legitime Bestimmung ist.“[51]

Dass dieser Wahrheitsbegriff einen stark pragmatischen Charakter aufweist (und sich damit gut neben das Konzept der Wahrheitspraktiken von Michael Hampe stellen lässt), ist Wolfgang Loch bewusst. Er sieht zugleich die Gefahr

47 Loch (1976), S. 869.
48 Ebd.
49 Ebd.
50 Ebd., S. 874.
51 Ebd., S. 879.

einer „schrankenlosen Willkür“[52]. Dieser begegnet Loch, indem er nachdrücklich unterstreicht, dass Wahrheit „niemals ein solipsistisches, monologisches Ereignis ist, sondern notwendigerweise nur auf Grund gegenseitiger Übereinstimmung zustande kommen kann“[53]. Dies entspricht genau der psychoanalytischen Situation in Form eines suchenden Patienten und eines korrigierenden bzw. anerkennenden Therapeuten. Die psychotherapeutische Wahrheit bewährt sich, so Loch weiter, durch innere Kohärenz, gegenseitige Anerkennung und ihren existenztragenden Charakter.

Mit Hampe und Loch lässt sich also ein für meine Argumentation in dieser Arbeit sinnvoller existenziell-pragmatischer Wahrheitsbegriff formulieren, welcher Wahrheit als eine in bestimmten epistemischen Praktiken implementierte Suchbewegung mit leidreduzierendem bzw. existenzermöglichendem Fokus versteht.

Es ist mir an dieser Stelle wichtig zu betonen, dass es in Bezug auf therapeutische Narrative weniger darum geht, dass die biographische Suchbewegung zu einem definitiven Ende kommt – dies wäre aufgrund ihrer konstitutiven Unabgeschlossenheit bzw. Nachträglichkeit auch nicht möglich –, sondern eine *gelebte Erzählung* bleibt. Ich möchte daher die These aufstellen, dass am Ende einer psychotherapeutischen Behandlung, verstanden als eine spezifische narrative Wahrheitspraktik, keine konstatierbare Wahrheit des Selbst steht. Vielmehr geht es um die *Kultivierung der Wahrhaftigkeit* des Patienten in Bezug auf seine Lebenserzählung. Dies meint, dass das Ziel einer psychotherapeutischen Behandlung nicht darin besteht, dass der Patient schlussendlich seine biographische Wahrheit gefunden hat, sondern vielmehr die Fähigkeit erwirbt, sein Leben tiefer, komplexer, und, falls nötig, immer auch anders zu erzählen.

In diesem Sinne kann auch der Satz Freuds, dass „die biographische Wahrheit […] nicht zu haben“[54] ist, dahingehend verstanden werden, dass sie in der Tat nie als finale biographische Erzählung gefunden, sondern immer nur, solange man das erzählte Leben lebt, weiter gesucht werden kann.

Wenn wir also das therapeutische Erzählen als eine spezifische, suchende Wahrheitspraktik bzw. daran anschließend als kultivierte Haltung der Wahrhaftigkeit begreifen, stellt sich abschließend die Frage, was dieses wahrhaftige Selbstverhältnis auszeichnet. Hierzu möchte ich, ausgehend von meinen bisherigen Überlegungen, meinen Begriff der *narrativen Wahrhaftigkeit* kurz in Bezug auf drei Aspekte skizzieren:

52 Ebd.
53 Ebd.
54 Freud (1984), S. 137.

1) Es wurde ausführlich dargestellt,[55] dass Erinnerungen (und die damit verbundenen autobiographischen Erzählungen) zahlreichen Einflussfaktoren und epistemisch beeinträchtigenden Verzerrungstendenzen unterliegen; sie dürfen daher nicht als isomorphe Abbildungen der Erlebnisse missverstanden, sondern müssen als poetische Akte der imaginären Vergegenwärtigung begriffen werden. Für die Frage nach der narrativen Wahrhaftigkeit bedeutet dies, so meine erste These, dass sich der Erzählende solcher Tendenz zu Verzerrungen bei der mnestischen und narrativen Vergegenwärtigung bewusst sein sollte; anders formuliert: Narrative Wahrhaftigkeit besteht in einem *Bewusstsein der Grenzen des eigenen Erinnerungsvermögens*. Dies meint nicht, dass es ratsam wäre, seinem Gedächtnis grundsätzlich zu misstrauen, sondern ein mitunter kritisches (exzentrisches) Verhältnis zu seinen Erinnerungen einzunehmen und seine Lebensgeschichte im Bewusstsein ihrer Einschränkungen zu erzählen.
Neben solchen nichtintentionalen Verzerrungstendenzen gibt es – dies wurde ausführlich dargestellt[56] – zahlreiche Möglichkeiten der bewussten manipulativen Einflussnahme auf die Genese des narrativen Selbstverständnisses. Die Anwendung oder die Inkaufnahme von Selbsttäuschung widersprechen natürlich einer Wahrhaftigkeit. Für ein wahrhaftiges Selbstverhältnis ist daher ein *Bewusstsein der Möglichkeit solcher epistemischer Einflussnahmen* sowie die Maxime, sie nach Möglichkeit vermeiden zu wollen, zentral.
2) Die an die Erinnerungen anknüpfenden autobiographischen Erzählungen, dies wurde ebenfalls eingehend erörtert,[57] können nicht als realistische Repräsentationen der eigenen Vergangenheit verstanden werden; sie stellen vielmehr poetische Erzählhandlungen mit weitreichenden Freiheitsgraden der Selektion und narrativen Konfiguration dar. Dies bedeutet jedoch nicht, dass Erzählungen hierdurch für das autobiographische Selbstverständnis als grundsätzlich epistemisch defizitär anzusehen sind. Es gilt vielmehr, dass autobiographische Erzählungen ihre Aufgabe zumeist hinreichend gut erfüllen. Für eine wahrhaftige, d.h. an einer existenztragenden Wahrheit interessierte autobiographische Erzählung ist es daher ebenfalls wichtig, dass der Erzählende die Möglichkeiten und Grenzen der narrativen Vergegenwärtigung seines Lebens kennt. Wahrhaftigkeit könnte also als ein *Erzählen im Bewusstsein*

55 S. hierzu Kapitel 8.2.
56 S. hierzu Kapitel 9.2.
57 S. hierzu Kapitel 8.3.

der Freiheitsgrade der poetischen Erzählhandlung verstanden werden. Dies meint beispielsweise, dass es einem wahrheitssuchenden Erzähler bewusst ist, dass es neben seiner gewählten narrativen Konfiguration auch andere Möglichkeiten gibt, die Geschichte zu erzählen. Dies zu verstehen und als Haltung zu verinnerlichen, kann als ein Ziel des psychotherapeutischen Prozesses verstanden werden.

3) Drittens möchte ich die These einbringen, dass ein wahrhaftiges Erzählen immer auch mit einem *Bewusstsein der nachträglichen Veränderbarkeit der eigenen Erzählung* einhergeht. Autobiographische Lebenserzählungen sind, da der Erzählende das dargestellte Leben noch lebt, nie abgeschlossen; und dies bedeutet, dass sie aufgrund ihrer konstitutiven Nachträglichkeit veränderbar bleiben. Ein wahrhaftiger Erzähler weiß also, dass die aktuelle Version seiner biographischen Erzählungen nicht die ‚finale' Wahrheit seines Selbst darstellt, sondern im Licht der zukünftigen Entwicklung immer wieder neu erzählt werden muss. Autobiographisches Selbstverstehen und die damit verbundenen Bestimmungen des Selbst sind also nie abgeschlossen, sondern bleiben ein lebenslanges Unterfangen.

4) Als vierten und letzten Punkt möchte ich betonen, dass mein Begriff einer narrativen Wahrhaftigkeit aufgrund seines pragmatischen und tugendethischen Charakters keine kategorische Maxime darstellt. Es handelt sich vielmehr um eine Form der *epistemischen Klugheit*. Hiermit meine ich, dass ein wahrhaftiger Erzähler zwar grundsätzlich auf Wahrheitssuche ist; er weiß jedoch zugleich, dass es Erlebnisse oder Themen gibt, bei denen es (derzeit) unklug wäre zu versuchen, sich diese umfänglich zu vergegenwärtigen. Hierbei kann beispielsweise an die bereits angesprochenen traumatischen Erlebnisse gedacht werden. Da Erzählungen in dieser Arbeit als poetische Handlungen verstanden werden, kann bewusst Einfluss darauf genommen werden, ob und wie eine narrative Vergegenwärtigung erfolgen soll; dies kann, wie dargelegt, auch in selbsttäuschender Hinsicht geschehen. Da die therapeutische Wahrheitssuche jedoch auf eine existenztragende Wahrheit abzielt, widerspricht es nicht der Haltung der Wahrhaftigkeit, sich in bestimmten Fällen bewusst zu entscheiden, eine Geschichte nicht oder nur so zu erzählen, dass sie Leid verringert bzw. ein gutes Leben ermöglicht. Entscheidend ist jedoch, dass diese Entscheidung der epistemischen Einflussnahme auf die eigene biographische Erzählung im Bewusstsein ihrer selbsttäuschenden Notwendigkeit getroffen wird.

Zusammenfassend lässt sich mein Begriff der narrativen Wahrhaftigkeit dahingehend verstehen, dass es sich hierbei um ein Verhältnis zum eigenen wahrheitsorientierten Selbstverstehen (und damit zum eigenen Selbst) handelt, das sich durch ein Bewusstsein der Möglichkeiten und Grenzen der mnestischen und narrativen Vergegenwärtigung der eigenen Vergangenheit auszeichnet. Wahrhaftigkeit stellt keine absolute Maxime dar, sondern eine Form der epistemischen Klugheit, ob und wie Teile des vergangenen oder gegenwärtigen Lebens narrativ artikuliert werden sollen.

10.2 Psychoanalyse als narrative Tiefenhermeneutik

Insofern meine Überlegungen zu einer narrativen Reformulierung der Psychotherapie bis jetzt überzeugen vermögen, ergeben sich hieraus Implikationen für die theoretische Verortung einer so verstandenen Psychoanalyse. Wenn der erzählende Patient, so wie er in dieser Arbeit umrissen wurde, der zentrale Gegenstand der Psychotherapie ist, dann bedarf es in theoretischer Hinsicht eines (medien)anthropologisch, darstellungstheoretisch und narratologisch versierten Verständnisses innerhalb der Psychoanalyse. Dies wiederum würde bedeuten, dass sich die Psychoanalyse eben diesen Disziplinen vermehrt zuwenden und, dies wäre die weiterführende These, sich eher als Geistes- denn als Naturwissenschaft verstehen sollte.

Die Frage, ob die Psychoanalyse eine Natur- oder Geisteswissenschaft sei, hat eine lange Tradition: Freud selber sah sich bekanntlich als Naturwissenschaftler und wollte die von ihm entwickelte Psychoanalyse folglich als Naturwissenschaft verstanden wissen. Dieses Selbstverständnis stellt nicht nur eine diskursive Positionierung dar, sondern hat sich auch in zahlreichen theoretischen Anleihen aus den Naturwissenschaften seiner Zeit niedergeschlagen, welche die psychoanalytische Theorie bis heute prägen. Zugleich fällt jedoch bereits auf den ersten Blick auf, dass, da Freud psychopathologische Symptome als deutbare Zeichen versteht, es die Psychoanalyse in der klinischen Praxis in erheblichem Umfang mit Symbolen, Sprache und Kommunikation zu tun hat. Vor allem in seinen Fallvignetten sowie seinen klinisch-praktischen Schriften wird dies deutlich; Freud hat dies selber gesehen:

> „Ich bin nicht immer Psychotherapeut gewesen, sondern bin bei Lokaldiagnosen und Elektroprognostik erzogen worden wie andere Neuropathologen, und es berührt mich selbst noch eigentümlich, dass die Krankengeschichten, die ich schreibe, wie Novellen zu lesen sind, und dass sie sozusagen des ernsten Gepräges der Wissenschaftlichkeit entbehren."[58]

---

58 Freud (1999o), S. 227.

Diese Diskrepanz zwischen dem Charakter der Psychoanalyse als sprachfokussiertes Behandlungsverfahren und der sich naturwissenschaftlich gebenden Theorie hat Jürgen Habermas treffend als das „szientistische Selbstmißverständnis der Psychoanalyse“[59] bezeichnet; vielmehr sei, so die These Habermas‘, die Psychoanalyse als (*Tiefen*)*hermeneutik* zu begreifen. Die sich aus dieser Diskrepanz ergebende Kontroverse ist umfangreich;[60] sie soll hier nicht in Gänze, sondern nur in einigen Grundzügen dargestellt werden.

Diese Diskussion zeichnet sich dadurch aus, dass durch Freuds wirkmächtige diskursive Verortung der Psychoanalyse als Naturwissenschaft diese zunächst als vorherrschende Position bestand (und besteht). Mehrere Kritiker wiesen jedoch in der Folge daraufhin, dass die Psychoanalyse entweder den wissenschaftstheoretischen Ansprüchen einer Naturwissenschaft nicht genüge – als wichtigster Vertreter wäre hier Adolf Grünbaum zu nennen[61] – oder diese Verortung ihrem Charakter widerspreche. Die wichtigsten dieser Vertreter eines hermeneutischen Verständnisses der Psychoanalyse möchte ich kurz vorstellen:

1) Bereits angeführt wurde die bekannte These Jürgen Habermas' des *szientistischen Selbstmissverständnisses* Freuds. In seiner Monographie *Erkenntnis und Interesse* legt Habermas eine konzise Interpretation der Schriften Freuds vor und kommt durch die eingehende Betrachtung der psychoanalytischen Technik zum Ergebnis, dass diese angemessener Weise als *Tiefenhermeneutik* zu verstehen sei:

> „Die psychoanalytische Deutung befaßt sich nun mit solchen Symbolzusammenhängen, in denen ein Subjekt sich über sich selbst täuscht. Die Tiefenhermeneutik [...] bezieht sich auf Texte, die Selbsttäuschungen des Autors anzeigen.“[62]

Die Psychoanalyse hat es nach Habermas zunächst und zumeist mit sprachlichen Selbsttäuschungen zu tun; daher sei sie eben als Tiefenhermeneutik zu verstehen. Zugleich betont Habermas jedoch auch, dass sich der psychoanalytische Ansatz von der klassischen Hermeneutik, wie sie z.B. von Wilhelm Dilthey im Rahmen der verstehenden Psychologie

59 Habermas (1971), S. 263.

60 Eine gute Übersicht liefert Storck (2012).

61 S. Grünbaum (1988); zur Diskussion seiner Kritik vgl. Grünbaum (1991). Interessanterweise hält Grünbaum aufgrund seiner logisch-positivistischen Grundüberzeugungen die These, dass die Psychoanalyse als Hermeneutik zu verstehen sei, wenn sie zutreffe, für gänzlich unwissenschaftlich.

62 Ebd., S. 267.

vertreten wird,[63] darin unterscheidet, dass „sie nicht nur den Sinn eines möglicherweise entstellten Textes, sondern den Sinn der Textentstellung selbst“[64] im Rahmen der Theorie der Abwehr zum Thema hat. „Die Verstümmelungen“, so Habermas weiter, „haben als solche einen Sinn“[65], deren Aufhebung im Rahmen der Widerstandsdeutung geschieht.
Dass die Aufhebung der Selbsttäuschung durch eine sprachliche Deutung vollzogen wird, bedeutet für Habermas – und dieser Punkt ist für seine Argumentation zentral –, dass die Verdrängung und alle damit zusammenhängenden Konzepte, wie das Unbewusste, die Entwicklungstheorie, die Ätiopathologie sowie die psychoanalytische Krankheitslehre, als sprachliche bzw. kommunikative Prozesse begriffen werden sollten. Habermas hierzu:

> „Die Flucht des Ich vor sich selbst ist eine Operation, die an und mit der Sprache durchgeführt wird, sonst wäre es nicht möglich, den Vorgang der Abwehr hermeneutisch, auf dem Wege einer Sprachanalyse rückgängig zu machen.“[66]

Entsprechend ist für Habermas klar, dass die Psychoanalyse ausgehend von einer genaueren Betrachtung ihrer Technik als hermeneutisch zu verstehen ist – auch wenn sich dies problematischerweise nicht in der Metapsychologie wiederfinden lasse. Entsprechend betont Habermas: „Die Theoriesprache ist ärmer als die Sprache, in der die Technik beschrieben worden ist.“[67]
Die Metapsychologie Freuds gibt sich naturwissenschaftlich, bleibt damit jedoch hinter dem sprachlichen Reichtum der Fall- und Behandlungsbeschreibung zurück, so Habermas. Bei genauerer Betrachtung beinhaltet die Metapsychologie auch nicht nur naturwissenschaftliche Begrifflichkeiten, sondern an vielen Stellen eine Form der „terminologisierten Umgangssprache“[68]. Obgleich als naturwissenschaftliche Theorie problematisch, erweist sich die Metapsychologie, recht verstanden, für die klinische Praxis jedoch als sinnvoll. Denn „die darin verwendeten Terme“, so Habermas weiter, „dienen nämlich der Strukturierung von

63 Zum Verhältnis Diltheys zur Psychoanalyse s. Kuiper (1964), (1965).
64 Habermas (1971), S. 271.
65 Ebd., S. 266.
66 Ebd., S. 294.
67 Ebd., S. 299.
68 Ebd., S. 322.

Erzählungen"[69]. Auf diese interessante These – nämlich, dass große Teile der psychoanalytischen Theorie eigentlich eine Form der Meisterzählung darstellen, welche helfen, der Lebensgeschichte des Patienten eine sinnvolle narrative Form zu geben – werde ich später noch genauer eingehen. Im weiteren Verlauf rekonstruiert Habermas die Psychoanalyse unter dem Gesichtspunkt seiner Theorie des kommunikativen Handelns, wobei er neurotisches Leiden als eine deformierte Subjektbildung infolge problematischer kommunikativer Prozesse versteht. Es tut nicht Not, diese Überlegungen hier ausführlich darzustellen. Klinisch informierter sind diese Überlegungen nämlich in ähnlicher bzw. verwandter Gestalt beim Psychoanalytiker Alfred Lorenzer zu finden.

2) Alfred Lorenzers Überlegungen, welche er ausgehend von bzw. in Zusammenarbeit mit Jürgen Habermas entwickelt hat, nehmen ihren Ausgangspunkt an einer Kritik des klassischen psychoanalytischen Symbolbegriffs, welchen er (m.E. berechtigterweise) als unterkomplex ansieht.[70] Lorenzer moniert die Unplausibilität der These, dass die Symbolisierung im Unbewussten stattfinden soll und dort als einfache Übersetzung einer Sach- in eine Wortvorstellung gedacht wird. Stattdessen unterstreicht Lorenzer unter Rückgriff auf Ernst Cassirer und Susanne K. Langer[71] die kognitive Komplexität des Symbolisierungsprozesses und vor allem im Rahmen der Ontogenese des Subjekts ihre Einbettung in eine sprachliche Interaktions- und Lebensform. Mit Wittgenstein versteht Lorenzer weiterführend die sprachliche Entwicklung des Subjekts als eine leibliche und interaktionelle Einführung in die Sprachspiele einer Lebensform. Das Unbewusste wird von Lorenzer (und Habermas folgt ihm hier) letztlich als eine aus den geteilten Sprachspielen in eine ‚Privatsprache' exkommunizierte misslungene Symbolisierung (auch ‚Desymbolisierung' genannt) verstanden.[72]
Aufgrund dieser reviditierten metapsychischen Grundannahmen steht für Lorenzer außerfrage, dass die Psychoanalyse als ein kritisch-hermeneutisches Verfahren zu verstehen sei. Beim psychoanalytischen Verstehen handle es sich jedoch nicht um eine aufdeckende Dechiffrierung einzelner symbolhafter Symptome, sondern um ein *szenisches Verstehen* der ganzen Lebensform des Patienten, innerhalb derer den Symptomen eine unverständliche Bedeutung zukomme. Lorenzer hierzu:

69 Ebd.
70 Lorenzer (1970a).
71 Vgl. Langer (1984).
72 Grundlegend: Lorenzer (1970b); aktualisiert und zusammengefasst: Lorenzer (2002).

> „Das wichtigste Instrument der psychoanalytischen Untersuchung ist das szenische Verstehen als Verstehen von Lebenssituationen, von Szenen des menschlichen Alltags – und zwar in subjektiver Perspektive, denn die Leidensdarstellung soll ja ganz und gar als subjektives Erlebnis verstanden werden.“[73]

Beim *szenischen Verstehen* geht es also um ein verstehendes Sich-Einlassen auf die *Selbstdarstellung* des Patienten; diese charakterisiert Lorenzer wie folgt:

> „Sie fügt sich aus Szenen zusammen, aus lebenspraktischen Alltagsszenen, die im Zuhören des Analytikers als Episoden einer unendlichen Geschichte, der Lebensgeschichte des Analysanden registriert werden.“[74]

Die szenische Selbstdarstellung des Patienten nimmt entsprechend notwendigerweise eine narrative Form an:

> „Wohlgemerkt, dieser Charakter als Erzählung ist kein bloßes Durchgangsstudium der Erfassung des Patienten und keine Station, die der Analytiker schnell hinter sich bringen könnte. [...] Nein, dieser lebensunmittelbare szenische Darstellungsmodus macht [...] die wesentliche Erkenntnisweise der Psychoanalyse aus.“[75]

In seinen späteren Schriften betont Lorenzer, m.E. lobenswerterweise, neben der immer in das Verstehen miteinzubeziehenden *Szene* auch die Bedeutung der *Leiblichkeit* im psychoanalytischen Entwicklungs- und Verstehensprozess. Auch wenn Lorenzers Kritik häufig berechtigt und seine Revisionen der Freud'schen Metapsychologie hin zu einer Tiefenhermeneutik einige überzeugende Ideen aufweisen, sehe ich jedoch zwei signifikante Probleme seiner Theorie: Zum einen halte ich Lorenzers (und Habermas') Überlegungen zur Verdrängung bzw. zum Unbewussten im Rahmen einer exkommunizierten Privatsprache für nicht überzeugend;[76] zum anderen – hierauf werde ich gleich noch genauer eingehen – verbleibt der Fokus seiner Theorie trotz seines Hinweises auf den narrativen Charakter der Psychoanalyse beim Verstehen *einzelner* Symbole bzw. Symptome; komplexe Konfigurationen von sprachlichen

73 Ebd., S. 64.
74 Ebd.
75 Ebd.
76 Vgl. hierzu die Kritik von Löw-Beer (1990), S. 147ff.

Zeichen, also Erzählungen, bleiben bei Habermas und Lorenzer leider theoretisch unterbelichtet.

3) Gehen wir von Frankfurt nach Paris: Dort treffen wir auf einen regen und unorthodoxen Diskurs der Freud'schen Theorien. Ein Charakteristikum dieses Diskurses besteht in einer geringen Wertschätzung bzw. Ablehnung der naturwissenschaftlichen Gestalt der klassischen Psychoanalyse. Stattdessen rückt das Sprechen bzw. die Sprache in den Fokus der metapsychologischen Theorierevisionen. Als wichtigste Stimme, welche die Psychoanalyse nicht als Naturwissenschaft, sondern dezidiert als Hermeneutik verstanden wissen will, kann sicherlich Paul Ricœur gelten. In seiner groß angelegten Freudinterpretation[77] sowie zahlreichen weiteren Aufsätzen[78] arbeitet dieser den seiner Überzeugung nach unbestreitbaren hermeneutischen Charakter der Freud'schen Psychoanalyse heraus. Wie auch bei Habermas und Lorenzer nimmt Ricœurs Argumentation ihren Ausgangspunkt bei der psychoanalytischen Praxis:

> „Im psychoanalytischen Prozess kommt dasjenige von der Lebenserfahrung des Subjekts zum Tragen, was sich als Geschichte oder als Erzählung darstellen kann. Im diesem Sinne stellen die ‚Fallgeschichten', als erzählte Geschichte, die Ausgangstexte der Psychoanalyse dar. Der narrative Charakter der psychoanalytischen Erfahrung wird – zumindest nach meiner Kenntnis – von Freud niemals direkt diskutiert."[79]

Das Manko, den narrativen Charakter der psychoanalytischen Praxis in theoretischer Hinsicht ausgeblendet zu haben, hat, so die These Ricœurs, mit dazu beigetragen, dass sich Freud in seiner Metapsychologie gänzlich falscher theoretischer Anleihen bedient; entsprechend unterstreicht Ricœur nachdrücklich: „Die Freud'sche Metapsychologie ist nicht geeignet, folgende Bestimmungen in einem kohärenten Modell zusammenzubringen: Bedeutung und Kraft, Textdeutung und Arbeit am Widerstand."[80] Hieraus folgt, dass

> „diese reale Verdinglichung [...] es der Psychoanalyse unmöglich [macht], sich als eine der Disziplinen zu begreifen, die sich der Deutung von Texten widmen – als eine Hermeneutik im Sinne Gadamers"[81].

---

77 Ricœur (1974).
78 Diese sind zusammengefasst in folgender Anthologie zu finden: Ricœur (2016c).
79 Ricoeur (2016), S. 27f.
80 Ebd. S. 37.
81 Ebd. S. 40.

Die Besonderheit dieser psychoanalytischen Hermeneutik liegt für Ricœur darin begründet, dass es diese mit einer konstitutiven „Verflechtung von Sinn und Kraft“[82] zu tun hat. Entsprechend betont Ricœur nachdrücklich „die vorerzählerische Qualität der menschlichen Erfahrung“[83]. Diese pränarrative Grundstruktur des menschlichen Lebens hat zur Folge, dass, „wenn es also möglich ist, eine Handlung zu erzählen, dann weil sie bereits in Zeichen, Regeln und Normen zum Ausdruck gekommen ist; sie ist immer schon symbolisch vermittelt“[84].
Da das menschliche Leben grundlegend (prä)narrativ geprägt und der Mensch folglich als ‚self-interpreting animal‘ anzusehen ist, kommt die Psychoanalyse dann ins Spiel, wenn das narrative Verstehen (leidvoll) misslingt.

> „Der Grund, warum der Analysand die Analyse aufsucht, liegt nicht nur in seinem Leiden, sondern auch darin, dass er beunruhigt ist von Symptomen, Verhaltensweisen, Gedanken, die keinen Sinn machen, und die er nicht in eine fortlaufende und annehmbare Erzählung integrieren kann.“[85]

Die Aufgabe der Psychoanalyse besteht für Ricœur in klassischer hermeneutischer Tradition entsprechend darin, das Nichtverstehen narrativ aufzuheben; folglich gilt: Der Patient „erzählt das, was er nicht verstehen kann, bis er versteht, was er erzählt“[86].
Ricœurs umfangreich herausgearbeitetes und emphatisches Plädoyer für ein hermeneutisches Verständnis der Psychoanalyse setzt zwar viele aufschlussreiche Akzente, fand jedoch im Diskurs nur wenig Zustimmung. Die Gründe hierfür sind m.E. in Teil auch berechtigt: Ricœurs Interpretation überschätzt die Kraft des Verstehens bzw. übersieht die Opazität der menschlichen Existenz, wie sie Freud eindrücklich herausgearbeitet hat. Dem Verstehen scheinen bei Ricœur kaum Grenzen gesetzt. Hinzu kommt, dass Ricœur die für die Tiefenpsychologie wesentlichen Phänomene der (selbsttäuschenden) Verdrängung bzw. das dynamische Unbewusste unterbelichtet lässt.

---

82 Ricœur (1974), S. 82.
83 Ricœur (2016b), S. 219.
84 Ebd.
85 Ricœur (2016a), S. 90.
86 Ebd., S. 91.

4) Als ein prominenter Kritiker von Ricœurs Freud-Interpretation kann Jacques Lacan gelten.[87] Lacan hat sich in seiner Theorie nicht weniger vorgenommen als eine grundlegende linguistische bzw. sprachphilosophische Reformulierung der Freud'schen Psychoanalyse. Der resultierende Entwurf ist, freundlich gesagt, höchst komplex; kritisch gesehen ist er enigmatisch bis unverständlich. Eine hinreichend aufschlussreiche Darstellung dieser Theorie, welche zudem als Theorieentwicklung skizziert werden müsste, würde den Rahmen dieser Arbeit bei weitem sprengen.[88]

Ausgangspunkt von Lacans Überlegungen – und dies rechtfertigt es fürs Erste, ihn an dieser Stelle einzureihen – stellt sein Insistieren auf der vernachlässigten Bedeutung des Sprechens bzw. der Sprache in der Psychoanalyse dar:

> „Ob sich die Psychoanalyse als Agens von Heilung, Ausbildung oder Forschung versteht, sie hat nur ein Medium: das Sprechen des Patienten. Die Offensichtlichkeit der Tatsache entschuldige nicht, dass man sie vernachlässigt."[89]

Mit den Mitteln der strukturalistischen Linguistik, vor allem den Ansätzen von Ferdinand de Saussure und Roman Jakobson, unternimmt Lacan den Versuch, das Verhältnis des Subjekts, seines (selbstverstehenden) Sprechens und dessen Einbettung in die Sprache neu zu bestimmen. Als zentrale (und zugleich höchst auslegungsbedürftige) These postuliert Lacan: „Das Unbewusste ist strukturiert wie eine Sprache."[90]

In einer sehr einfachen, sicherlich unterkomplexen Annäherung lässt sich dieser zentrale Satz Lacans so verstehen, dass das Unbewusste, sobald es in Erscheinung tritt, immer sprachlich formiert und somit durch die Sprache strukturiert ist. Das Subjekt ist, so Lacan, nachdem es in die Sprache eingetreten ist, konstitutiv von sich (seinem Begehren) getrennt und den Formen, Mechanismen und Bewegungen des heteronomen Sprachgeschehens unterworfen. Der Grad, in dem die unbewussten psychischen

87 Die Differenzen zwischen Lacan und Ricœur sind nicht nur sachlicher Natur; es werden zahlreiche Anekdoten fruchtloser oder problematischer Begegnungen berichtet. Instruktive inhaltliche Gegenüberstellungen sind bei Jänig (1987) und Welsen (1990) zu finden. Zum Verhältnis von Lacan zu Lorenzer s. Heim et al. (2016).

88 Eine empfehlenswerte, da wenig idiosynkratische Darstellung von Lacans Theorie findet sich bei Hermann Lang; vgl. Lang (1998), (2000).

89 Lacan (1986b), S. 291.

90 Lacan (1987), S. 26.

Inhalte sowie deren Artikulation nun von der Sprache geprägt sind, wird von Lacan als sehr umfangreich angesehen: Linguistische Mechanismen bestimmen, so dieser weiter, nahezu vollständig unser psychisches Geschehen. Inspiriert durch die Spätphilosophie Martin Heideggers kommt Lacan letztlich zu der These, dass weniger das Subjekt (oder ‚sein' Es), sondern vielmehr die Sprache ‚durch es hindurch' spricht.

Lacans Grundgedanke besteht also darin, die von Freud beschriebenen psychopathologischen Phänomene und hierzu postulierten psychischen Mechanismen nicht auf biologische Vorgänge zurückzuführen, sondern vielmehr aus Strukturen der Sprache verständlich zu machen. Entsprechend

> „entdeckt die Psychoanalyse im Unbewußten über ein solches Sprechen hinaus die ganze Struktur der Sprache. Von Anfang an ist sie also dem Aufmerksamen eine Warnung, die ihm zeigt, warum er dem Gedanken abschwören muß, dass das Unbewußte nur der Sitz der Instinkte sei"[91].

Ausgehend von dieser Prämisse baut Lacan seine These der Sprachfundiertheit psychoanalytischer Phänomene in verschiedene Richtungen aus. So charakterisiert er das Unbewusste z.B. an einer Stelle wie folgt:

> „Das Unbewusste ist jenes Kapitel meiner Geschichte, das durch eine Leerstelle markiert oder durch eine Lüge besetzt ist: Es ist das zensierte Kapitel. Doch seine Wahrheit kann wiedergefunden werden; zumeist ist sie bereits anderswo geschrieben."[92]

Auf eine genauere Darstellung der zahlreichen, mitunter fruchtbaren, jedoch häufig auch enigmatischen weiterführenden Thesen Lacans soll hier verzichtet werden. Für das Klärungsinteresse dieser Arbeit ist vor allem entscheidend, dass Lacan, jenseits aller idiosynkratischen Theorieentwürfe, dem psychoanalytischen Sprechen und mitunter sogar dem Erzählen besondere Beachtung zukommen lässt.

Entscheidend für eine psychoanalytische Behandlung, die ihrem Begriff gerecht wird, ist laut Lacan, dass der Analysand das ‚wahre Sprechen' erlernt, worunter man in Annäherung eine Form der Wahrhaftigkeit – bei Lacan selbstverständlich fern jeglicher korrespondenztheoretischer Wahrheit gedacht – verstehen kann. Ein solches Sprechen, welches um die sprachliche Uneinholbarkeit des Begehrens in Versuchen seiner

91 Lacan (1986a), S. 19.

92 Lacan (1986b), S. 98f.

Artikulation weiß, ermöglicht es dem Subjekt, seine Geschichte nachträglich in Bezug auf die eigene Zukunft anders zu erzählen. In den Wort Lacans: „Die Analyse kann nur das Heraufkommen des wahren Sprechens (parole vrai) zum Ziel haben und auf Seiten des Subjekts die Verwirklichung seiner Geschichte in ihrer Beziehung zu einer Zukunft."[93]
Ist es entsprechend legitim, Lacan in die Reihe dieser Hermeneutiker zu stellen? Lacan vermeidet, auch in Distanzierung zu Ricœur, diese Bezeichnung für sich. Der Grund hierfür ist offensichtlich: Ein Verstehen im Sinne einer vollständigen Transparenz und einer damit einhergehenden Tilgung der konstitutiven (sprachbedingten) Selbstentfremdung des Subjekts ist für Lacan illusionär. Mit dieser Idee ist jedoch die klassische Hermeneutik assoziiert; entsprechend deutlich ist die Abgrenzung. Legt man jedoch einen anderen Begriff von Hermeneutik an, welcher sich gerade dadurch auszeichnet, dass in ihrem Zentrum eine nicht abschließbare Auseinandersetzung mit dem Nicht-Sinn steht,[94] ist es möglich, auch Lacan in einem gewissen Sinne als Hermeneutiker zu verstehen.[95]

5) Als fünftes und letztes Beispiel für ein (im weiten Sinne) hermeneutisches Verständnis der Psychoanalyse sei auf Jean Laplanche verwiesen.[96] Laplanche, welcher zuerst Lacan nahestand, sich später jedoch theoretisch deutlich von diesem distanzierte, teilt mit Lacan (und Ricœur) die Ablehnung des Freud'schen Biologismus[97] im Verbund mit einer Fokussierung der Bedeutung der Sprache in der Psychoanalyse. Ausgehend von einer beeindruckenden Kenntnis der Schriften Freuds entwickelt Laplanche – indem er ‚Freud gegen Freud liest' – eine eigenständige Revision der theoretischen Grundlagen der Psychoanalyse.
Laplanche geht hierzu auf die bereits angesprochene[98], frühe Verführungstheorie Freuds zurück, deren seines Erachtens sinnvolle, später jedoch widerrufene Einsichten er zur sogenannten ‚Allgemeinen Verführungstheorie' weiterentwickelt. Prägnant formuliert kann diese dahingehend zusammengefasst werden, dass Laplanche die menschliche Psyche und die ihr inhärente innere Alterität nicht durch biologische

93 Ebd., S. 145.
94 Einen solchen Begriff von Hermeneutik habe ich unter Rekurs auf Emil Angehrn in Abschnitt 8 skizziert.
95 Auch Manfred Frank sieht gute Gründe, Lacan als Hermeneutiker bezeichnen; s. Frank (1989).
96 S. Laplanche (1988), (2011).
97 S. Laplanche (2021).
98 S. hierzu Kapitel 8.1.

Triebe, sondern durch (unbewusst sexuell geprägte), die das Kind in der Interaktion mit den Eltern in der Frühgenese ‚empfängt', bestimmt sieht. Diese rätselhaften Botschaften zu diesem Zeitpunkt (und auch später nachträglich) zu verstehen, überfordert das Subjekt jedoch; sie bleiben letztlich genuin unverstanden. Die Frage danach, was die Eltern (und alle späteren Personen) von mir wollen – die Frage nach dem Begehren des anderen also –, bleibt als Grundfrage des Subjekts daher unisono unbeantwortet. Der (vergebliche) Versuch des Verstehens dieser rätselhaften Botschaften – Laplanche spricht diesbezüglich von einem unabschließbaren *Übersetzen* – prägt die psychische Entwicklung jedoch wesentlich und hat entscheidenden Anteil an der Entstehung des Unbewussten. Laplanche erläutert dies wie folgt:

> „Das Unübersetzbare, das Verdrängte, das sich in jedem späteren Stadium ablagern wird, ist nur das Echo, Restbestand des der Botschaft selbst innewohnenden Unübersetzbaren. Das, was mit mehr oder weniger Restbeständen, übersetzt, über-gesetzt, übertragen, aber niemals aufgelöst werden wird, das ist die Transzendenz der Ursituation – dieses Verhältnis des Kindes zu einem Erwachsenen, der etwas wissen lässt, um das er selbst nicht weiß."[99]

Die Sexualität und damit verbunden das Unbewusste sind bei Laplanche als Residuen des Versuchs, das Unübersetzbare der rätselhaften Botschaft des Begehrens des anderen immer wieder verständlich zu machen, aufzufassen. Und da das Unbewusste auch das Verhalten gegenüber den eigenen Kindern in Form neuer rätselhafter Botschaften prägt, perpetuiert sich diese ‚innere Fremdheit' in der Interaktion mit diesen transgenerational.

Argumentatives Ziel dieses Theorieentwurfes ist es, das Phänomen des (sexuellen) Begehrens und die damit verbundene Subjektgenese ohne biologische Anteile zu entwerfen. Lacans Grundgedanken aufgreifend, dass das Unbewusste primär als (Epi)phänomen der Sprache zu verstehen sei, entwirft Laplanche alleine auf Grundlage sprachlicher Interaktionen eine ausgereifte Theorie der Genese und transgenerationalen Perpetuierung der Sexualität und damit verbunden der Alterität des Unbewussten.

Was leistet dieser Theorieentwurf? Der argumentativen Überzeugungskraft sowie der interdisziplinären Anschlussfähigkeit dieser Theorie[100]

99 Laplanche (1996), S. 172f.
100 S. Bayer et al. (2014).

steht ihre klinische Ferne entgegen. Laplanche, welcher seine Thesen vor allem ausgehend von intensiven Freud-Lektüren und nicht aus eigener klinischer Erfahrung entwickelt, unterlässt es bedauerlicherweise auszuführen, wie ausgehend von seiner allgemeinen Verführungstheorie psychische Erkrankungen entstehen oder behandelt werden können. Eine Psychoanalyse scheint für Laplanche, wie bei seinem Lehrer Lacan, in einem nicht abschließbaren Prozess der Deutung des rätselhaften eigenen bzw. des Begehrens des Anderen zu bestehen. Zu erreichen scheint final nur die Einsicht, dass es letztlich nichts zu verstehen gibt.

Entsprechend tituliert Laplanche seine Psychoanalyse dezidiert als „Anti-Hermeneutik“[101]. Die Abgrenzung erfolgt deshalb so scharf, da Laplanche selbstverständlich die augenscheinliche Nähe seines Ansatzes zur Hermeneutik sieht. Er begründet seine Weigerung, als Hermeneutiker bezeichnet zu werden, in der Folge damit, dass es sich bei der Psychoanalyse eben um eine ‚sinn-zersetzende‘ *Analyse* und nicht um eine hermeneutische, d.h. ‚sinn-zusammenfügende‘ *Synthese* handle. Dies bedeutet, dass Träume, Symptome, Fehlhandlungen oder andere psychische Sinngebilde dekonstruierend gedeutet, jedoch nie (final) konstruktiv verstanden werden. Laplanche drückt dies wie folgt aus:

> „Erinnern wir uns an den Gebrauch der Metapher vom ‚Schlüssel‘ in der Hermeneutik. Denn der Schlüssel, der zum Öffnen dient, dient auch, und vor allem, zum Schließen. Die psychoanalytische Methode besitzt ursprünglich keine Schlüssel, sondern Schraubenzieher. Sie nimmt die Schlösser auseinander, sie öffnet sie nicht.“[102]

Einen Schlüssel zum Verständnis des Sinns des Traums oder des Symptoms gibt es nicht bzw. darf es, so Laplanche, nicht geben. Eine Synthese, d.h. eine finale Wahrheit der rätselhaften Botschaften des Unbewussten würde das Ende der Analyse bedeuten: „Die Weigerung zur Synthese ist [...] eine methodologische Enthaltung. Deren oberste Maxime lautet, daß man dort, wo man dem Weg der Synthese folgt, das Unbewußte zum Schweigen bringt.“[103] Worin der (klinische) Sinn einer unendlichen Psychoanalyse liegen soll, verrät der große Theoretiker Laplanche selbstverständlich nicht. Sich treu bleibend erfolgt die Argumentation nur anhand der (für ihn typisch ‚unendlich‘ anmutenden) Lektüre von Freud‘schen Texten; eine Auseinandersetzung mit hermeneutischen

101 Laplanche (1998).
102 Ebd., S. 616.
103 Ebd., S. 612.

Positionen, z.B. mit Ricœur, unterlässt Laplanche jedoch. Dies ist insofern bedauerlich, als dass Laplanches vielschichtige Theorie von einem produktiven Gespräch mit einer modernen Hermeneutik, wie sie dieser Arbeit zugrunde liegt, sicherlich profitieren könnte.

Die Vorstellung dieser fünf Autoren vermittelt einen aufschlussreichen Eindruck von den verschiedenen Möglichkeiten, der Sprache und dem Sprechen in der Psychoanalyse in theoretischer Hinsicht die Bedeutung zuteilwerden zu lassen, die ihnen faktisch in den Behandlungen zukommt. Auch wenn die Differenzen teils groß sind und teilweise auch Vorbehalte gegen eine solche Bezeichnung formuliert werden, können die vorgestellten Ansätze doch als Beispiele eines Verständnisses der Psychoanalyse als Hermeneutik (im erweiterten Sinne) verstanden werden.

Ausgehend von den bisherigen Überlegungen zur Narrativität möchte ich auf ein gemeinsames Defizit dieser (und vieler anderer psychoanalytischer) Ansätze aufmerksam machen: Die vorgestellten Theorien verweisen zu Recht darauf, dass es in der psychoanalytischen Behandlung zunächst und zumeist um das Verstehen bzw. das Deuten von Symptomen geht – und dies gilt es in der Theorie in seiner ganzen Tragweite zu berücksichtigen und letztlich theoretisch verständlich zu machen. Entsprechend verstehen diese und alle weiteren hermeneutischen Ansätze Symptome, Träume, Fehlleistungen etc. als Sinnträger (d.h. als Zeichen, Symbol oder Signifikanten).

Bis hierhin folge ich diesen Theorien. Das Problem besteht nun m.E. darin, dass der Fokus hierbei auf *einzelne* Symptome gelegt wird. Die Grundfrage lautet daher immer: Was bedeutet *dieses* Traumsymbol? Was sagt uns *diese* Fehlhandlung? Zwar wird in der Folge zumeist ausführlich dargelegt, dass dem einzelnen Zeichen immer nur im Verhältnis zu anderen Zeichen, d.h. letztlich nur innerhalb der Sprache (Lacan) oder im Rahmen eines Sprachspiels (Lorenzer) eine Bedeutung zukommt. Der Fokus und damit das theoretische explanandum bleibt jedoch problematischerweise immer das einzelne Zeichen.

Dieser semantisch verengte (‚atomistische') Blick verfehlt jedoch die klinische Realität, in welcher der Patient als erzählendes Subjekt auftritt; denn Erzählen bedeutet eben, eine komplexe Konfiguration von Zeichen zu verwenden. Patienten, so meine in dieser Arbeit nachdrücklich vertretene These, wollen jedoch fast nie nur einzelne Symptome, sondern sich selbst, d.h. sich als in der Zeit diachron vollziehende Existenz verstehen – und dies ist, wie gezeigt, nur im Medium der Erzählung möglich. Ansätze, die die Deutung einzelner Symptome theoretisch verständlich machen wollen, verfehlen also die Praxis der psychoanalytischen Behandlung. Stattdessen bedarf es einer hermeneutischen Theorie der Psychoanalyse, welche den Blick auf Erzählungen als komplex konfigurierte Sinngebilde richtet und über die entsprechenden explanatorischen Mittel verfügt, dieser medialen Darstellungsform gerecht zu werden. Folglich ergibt sich die Notwendigkeit einer entsprechenden, narratologisch informierten Theorie, wie sie in Grundzügen in dieser Arbeit entwickelt wird.

Vor dem Hintergrund der Einsicht in die konstitutive narrative Dimension einer Psychoanalyse ist es m.E. berechtigt und notwendig, diese als Hermeneutik zu bezeichnen. Wie bereits mehrfach erwähnt, orientiert sich mein Begriff der Hermeneutik an dem Emil Angehrns. Dessen Verständnis von Hermeneutik zeichnet sich nämlich durch drei lobenswerte Aspekte aus:

1) Angehrn fundiert seinen Begriff der Hermeneutik anthropologisch, indem er das Verstehen als ein Existenzial, d.h. als ein grundlegendes Moment des In-der-Welt-Seins herausarbeitet.
2) Zudem situiert Angehrn das Verstehen nicht nur auf einer kognitiven bzw. intellektuellen Ebene, sondern öffnet die Hermeneutik auch für basale Formen des leiblichen und praktischen Verstehens.
3) Zuletzt, und dies untersucht und betont Angehrn nachdrücklich, muss die Hermeneutik (entgegen einigen Ansprüchen ihrer Tradition) einsehen, dass das Verstehen nicht grenzenlos ist, sondern ständig mit seiner Endlichkeit bzw. den Grenzen des Sinns zu tun hat. Die Auseinandersetzung mit dem Nichts-Sinn ist daher das zentrale Anliegen einer modernen Hermeneutik.

Ausgehend von diesen Prämissen skizziert Angehrn die „Idee einer negativen Hermeneutik des Selbst“[104]. Dabei versteht dieser den Menschen als

> „jenes Wesen, das sich verstehend auf die Welt und auf sich selbst bezieht. Dabei kommt die Form dieser Selbstverständigung in einer doppelten Perspektivierung in den Blick: zum einen in der Mehrdimensionalität des Sinnverstehens, das sich vom leiblichen Erleben über den praktischen Existenzvollzug zur sprachlich-reflexiven Selbstinterpretation erstreckt, zum anderen in der Brechung durch die Endlichkeit des Verstehens und die Auseinandersetzung mit erlebter Negativität und den Grenzen des Sinns. Das Bild des Menschen konstituiert sich in einem Prozess reflexiver Verständigung, die sich zugleich auf die Frage nach dem Sinn und die Auseinandersetzung mit dem Anderen des Sinns einlässt.“[105]

Gerade der letztgenannte Aspekt erweist sich für eine psychotherapeutische Hermeneutik m.E. als zentral. Ein Fehler vieler klassischer hermeneutischer Theorien der Psychoanalyse besteht darin, dass sie von idealisierten

104 Angehrn (2010), S. 5.
105 Ebd., S. 6.

Falldarstellungen ausgehen, welche den Eindruck erwecken, dass die analytische Behandlung primär darin bestehe, ein komplexes, rätselhaftes Symptom nur elegant dechiffrierend zu deuten, um die neurotische Erkrankung zu heilen. Ein solch uninformiertes Bild der klinischen Praxis verkennt jedoch, dass häufig die therapeutische Arbeit eben nicht darin besteht, einen verstellten Sinn freizulegen, sondern einen Umgang mit den verschiedensten Formen des Unsinnigen, Sinnfremden, Sinnwidrigen oder Sinnlosen zu finden, die der menschlichen Existenz untilgbar eingeschrieben sind.[106] Eine so verstandene hermeneutische Psychoanalyse zeigt sich anschlussfähig an therapeutische Ansätze, welche die Auseinandersetzung mit den Sinnwidrigkeiten des menschlichen Lebens als einen möglichen Grund psychischer Leiden erkannt und existenzielle Aspekte entsprechend in den Mittelpunkt der psychotherapeutischen Behandlung gestellt haben. Hier wären beispielsweise die Daseinsanalyse, wie sie in moderner Gestalt von Alice Holzhey-Kunz vertreten wird,[107] oder die existenzielle Psychotherapie Irvin Yaloms zu nennen.[108]

Gleichwohl bleibt, so möchte ich betonen, von entscheidender Bedeutung, dass sich die sinnfremden oder sinnwidrigen Aspekte des individuellen Lebens immer nur in Darstellungen ebendessen zeigen und bearbeiten lassen – und diese Darstellungen nehmen notwendigerweise eine narrative Form an. Dass die darstellende Form des Narrativen hierbei nicht nur als ‚neutraler Träger' des Dargestellten verstanden werden darf, wurde in dieser Arbeit ausführlich dargelegt. Ob ein Leben, z.B. vor allem in der diachronen Perspektive, (de re) als sinnvoll oder sinnlos erfahren wird, kann eben nicht unabhängig von seiner narrativen Artikulation und Darstellung (de dicto) thematisiert werden; wie gezeigt, können beispielsweise bestimmte narrative Konfigurationen die Kontingenz des Lebens (selbsttäuschend) verdecken oder andere Sinnwidrigkeiten erscheinen lassen.

Eine sich als kritische Hermeneutik verstehende Psychoanalyse weiß daher um die existenzielle und damit therapeutische Bedeutung des Erzählens, ist über dessen mnestische, darstellungstheoretische bzw. narratologische Grundprinzipien informiert und kennt die Reichweite, Güte und epistemischen Grenzen des Bestrebens, sein eigenes Leben erzählend verstehen zu wollen.

---

106 Zu den verschiedenen Formen und Gestalten des Nicht-Sinns vgl. ebd., S. 243. Angehrn selbst sieht die Nähe bzw. Fruchtbarkeit seiner negativen Hermeneutik des Selbst für die Psychotherapie und sucht das interdisziplinäre Gespräch; s. Angehrn et al. (2014).

107 S. Holzhey-Kunz (2001), (2014).

108 S. Yalom (2015).

Abschluss

Zum Abschluss möchte ich daher meinen Vorschlag einer narratologischen Reformulierung der Psychotherapie in acht Thesen anskizzieren. Dieser Entwurf stellt zugleich eine finale Zusammenfassung des bisherigen Gangs der Argumentation dar:

1) Wie zu Beginn dieser Arbeit dargelegt, gibt es gute Gründe dafür, die verschiedensten Formen und Ausprägungen der menschlichen Subjektivität immer vor dem Hintergrund der anthropologischen Denkfigur des *exzentrischen Selbstverhältnisses* zu verstehen. Meines Erachtens lassen sich auch viele komplexe psychische Phänomene in diesem Begriffsrahmen angemessen und theoretisch schlüssig darstellen. Die Denkfigur des exzentrischen Selbstverhältnisses bzw. die damit korrespondierenden Begriffe eignen sich entsprechend deutlich besser als zahlreiche andere, in der Psychotherapie anzutreffende theoretische Begrifflichkeiten oder Theoriesprachen (z.B. wie das bewusstseinstheoretische, klassische psychoanalytische oder das behavioristische Vokabular). Entsprechend plädiere ich dafür, die anthropologische Denkfigur des exzentrischen Selbstverhältnisses in der Psychotherapie stärker zu berücksichtigen; sie liegt daher auch allen meinen weiteren Überlegungen zugrunde.

2) Ausgehend von der These, dass die menschliche Subjektivität primär als Selbstverhältnis zu verstehen ist, lässt sich, so habe ich dargelegt, zudem ein kohärenter (d.h. nicht essentialistischer oder hypostasierter) Begriff des *Selbst* entwickeln. Das Selbst wird als das resultierende Ensemble der verstehenden und wertenden Selbstbezugnahmen begriffen; anders formuliert: Das Selbst stellt die Antwort(en) auf die Frage, wer ich bin bzw. sein will, dar.

3) Das Selbst bedarf der *Selbsterkenntnis*; auch dies stellt eine exzentrische Selbstbezugnahme dar. Für den Menschen als ‚*self-interpreting animal*' stellt das Verstehen des eigenen Lebens bzw. das hieraus resultierende Selbstverständnis ein grundlegendes Existenzial dar.

   Selbsterkenntnis, so mein Vorschlag, sollte zudem primär als *Artikulation* verstanden werden. Der Begriff der Artikulation qualifiziert sich für mein Vorhaben dadurch, dass er zum einen der Bedeutung der Sprache bei derartigen Erkenntnisakten Rechnung trägt; zum anderen deshalb, weil artikulierende Verstehensprozesse sinnvoll zwischen realistischer Selbstfindung und poetischer Selbsterfindung situiert werden können.

   Zuletzt kann dem Artikulationsbegriff m.E. das explanatorische Potenzial zugesprochen werden, die für die psychoanalytische Theorie und

 | DOI:10.30965/9783846768686_017

Praxis zentrale Unterscheidung zwischen impliziten und expliziten Aspekten der menschlichen Existenz jenseits eines problematischen bewusstseinstheoretischen Vokabulars verständlich zu machen. Neben der Vermeidung verstellender Begrifflichkeiten hätte eine solche metapsychologische Revision den Vorteil, dass mit dem Begriff der Artikulation (anstelle von Bewusstwerdung) die Aufhebung verdrängter psychischer Aspekte im Medium sprachlicher Deutung theoretisch befriedigend verständlich gemacht werden könnte.

Ausbuchstabiert würde dies eine grundlegende Veränderung des für die Psychoanalyse zentralen Begriffs des Unbewussten bedeuten. Die implizite Seite der eigenen Existenz wäre dann nicht mehr in der ‚Tiefe' (ein Begriff, der m.E. eh eine missverständliche Metapher darstellt) unserer Psyche, sondern vielmehr als (mitunter absichtlich) übersehene bzw. verzerrt narrativ artikulierte Aspekte unseres Lebens aufzufassen.

Ein solcher Begriff des Unbewussten ließe sich in Grundzügen bei Maurice Merleau-Ponty finden, wenn dieser betont, dass das Unbewusste „nicht in unserem Innersten zu suchen, hinter dem Rücken unseres ‚Bewusstseins', sondern vor uns als Gliederung unseres Feldes"[1] auszumachen sei.

Thomas Fuchs erläutert Merleau-Pontys Begriff des Unbewussten wie folgt:

> „Es ist ein Unbewusstes, das nicht in der vertikalen Dimension der Psyche angesiedelt ist, sondern sich vielmehr in der horizontalen Dimension des gelebten Raums, vor allem in der Zwischenleiblichkeit des Umgangs mit den Anderen einnistet, als verborgene Kehrseite des Lebensvollzugs."[2]

Ein solcher Begriff eines ‚horizontalen' Unbewussten, verstanden als die willentlich übersehenen Randaspekte unseres Lebensvollzugs, hat nicht nur den explanatorischen Vorteil, Aporien der klassischen Metapsychologie Freuds zu umgehen, sondern zeigt sich auch äußerst anschlussfähig an eine narrativ reformulierte Psychoanalyse.

4) Artikulationen beschränken sich jedoch, gerade in der Psychotherapie, zumeist nicht nur auf punktuelle Aspekte der eigenen Existenz, sondern haben diese vor allem in ihrer diachronen Dimension zum

1 Merleau-Ponty (2004), S. 233.

2 Fuchs (2008), S. 47.

Gegenstand. Komplexe, zeitübergreifende Artikulationen nehmen darstellungstheoretisch notwendigerweise die Form einer *Erzählung* an. Entsprechend habe ich einen facettenreichen Begriff der Erzählung entwickelt, welcher sich vor allem dadurch auszeichnet, dass er das Erzählen als komplexe, konfigurierende Erzählhandlung begreift.

Hieraus folgt, dass es immer verschiedene Möglichkeiten gibt, wie das eigene Leben erzählt und damit verstanden werden kann. Dies betrifft vor allem die mnestische und narrative Vergegenwärtigung der eigenen Vergangenheit, welche im Rahmen der Nachträglichkeit in ihrer Bedeutung nie abschließend erzählt werden kann. Die Einsicht, dass das eigene Leben immer auch *anders* erzählt werden kann, ist für die psychotherapeutische Praxis m.E. von großem Wert. Dies unterstreicht auch Paul Ricœur, wenn er letztlich feststellt: „Lernen, sich zu erzählen bedeutet auch: lernen, sich anders zu erzählen."[3]

5) In diesem Zusammenhang wurde auch ein Vorschlag zu einem entsprechenden Neuverständnis des psychoanalytischen Konzepts der Verdrängung entwickelt. Ich plädiere dafür, hier primär von *narrativer Selbsttäuschung* zu sprechen. Hierunter verstehe ich motivierte Einflussnahmen auf die eigenen autobiographischen Selbsterkenntnisprozesse; entsprechend zeigt sich auch hier wieder die Denkfigur der exzentrischen Positionalität. Entscheidend ist, dass die Selbsttäuschung im Medium der Erzählung vollzogen wird, bzw. anders formuliert: unter ‚Ausnutzung' bestimmter Möglichkeiten der narrativen Konfiguration. Die Aufhebung der Selbsttäuschung – in der Psychoanalyse klassischerweise als Deutung bezeichnet – erfolgt entsprechend im Medium der Erzählung durch das Aufzeigen der poetischen Möglichkeiten, das eigene Leben möglicherweise anders angemessener zu erzählen.

6) Das autobiographische Erzählen soll zur besseren Selbsterkenntnis verhelfen, welche letztlich im Dienst der *praktischen Frage*, wie zu leben sei, steht. Dies bedeutet, so meine These, dass der kurative Effekt der psychotherapeutischen Selbsterkenntnis nicht ausschließlich, jedoch in einem bedeutsamen Umfang auf die hieraus resultierenden Veränderungen der Lebensführung zurückgeht. Für die Psychotherapie heißt dies, dass es in ihr vor allem um die Suche nach einer *existenztragenden Wahrheit* geht.

Um eine tendenziell weniger leidvolle Lebensführung zu ermöglichen, müssen die qua autobiographischer Erzählung gewonnenen Einsichten

3 Ricœur (2006), S. 134.

valide sein. Es stellt sich daher die Frage nach der *Wahrheit der narrativen Selbsterkenntnis.* Entschieden habe ich einen korrespondenztheoretischen Wahrheitsbegriff als narratologisch deplatziert und dem Erklärungsinteresse unangemessen zurückgewiesen. Autobiographische Erzählungen, welchen per se ein Anspruch auf Faktualität inhärent ist, können diesem genügen, so wurde argumentiert, wenn sie die kontextuell an sie adressierten epistemischen Anforderungen erfüllen. In Bezug auf die narrative Selbstkenntnis konnte gezeigt werden, dass weniger die Wahrhaftigkeit der Erzählung denn *die Wahrhaftigkeit des Erzählens* im Fokus steht.

7) Für die Kultivierung der Haltung der Wahrhaftigkeit bedarf es der Unterstützung. Zur *Aufgabe des Therapeuten* in einer narrativ reformulierten Psychoanalyse ließe sich viel sagen. In dieser Arbeit möchte ich mich darauf beschränken, dies nur kurz zu umreißen: Naheliegend ist, dass die Aufgabe eines narratologisch informierten Therapeuten darin bestehen sollte, dem Patienten bei seinem Versuch der erzählenden Selbsterkenntnis zu helfen.
Dies kann auf verschiedenen Ebenen geschehen: Er kann den Patienten, vor allem beim Vorliegen entsprechender Defizite, beispielsweise in seiner Fähigkeit zur narrativen Artikulation ko-narrativ unterstützen. Zudem kann er kritisch auf (selbsttäuschende) Vereinfachungen, Vereinseitigungen oder Verzerrungen hinweisen und die Möglichkeit, das Leben anders zu erzählen, aufzeigen. Zuletzt kann es – entsprechend der Argumentation dieser Arbeit – auch erforderlich sein, dem Patienten zu helfen, ausgehend von der gewonnenen Selbsterkenntnis sinnvolle Lebensentscheidungen zu treffen.

8) Diese Überlegungen führen zuletzt zu einem veränderten Verständnis der psychoanalytischen Theorie. Aus meiner Argumentation folgt die Notwendigkeit einer darstellungstheoretischen und narratologisch informierten Tiefenpsychologie; dies verleiht ihr den Charakter einer *kritischen Hermeneutik*. Für die Behandlungspraxis folgt, dass der Therapeut seine Aufmerksamkeit nicht nur den Inhalten der Patientennarrative widmen, sondern auch die Art und Weise bzw. die Veränderung des Erzählens im Laufe der Behandlung in den Blick nehmen soll.
Zahlreiche weitere theoretische und klinische Aspekte sollten m.E. unter dem Gesichtspunkt der Narrativität einer Reformulierung unterzogen werden. Beispielsweise plädiere ich dafür, Teile der psychoanalytischen Theorie als *Meistererzählung* (oder auch Meta-Erzählung) zu verstehen, oder, wie Jürgen Habermas es formuliert, als „Erzählfolien, die in jedem

Einzelfall der Lebensgeschichte als Auslegungsschema zugrunde gelegt werden müssen"[4].

Der Ödipuskonflikt wäre demnach beispielsweise nicht mehr als universelles psychologisches Gesetz der psychosexuellen Entwicklung aufzufassen, sondern als meta-narrative Erzählfolie der häufig anzutreffenden komplexen Verwicklung von Abhängigkeit, Begehren, Schuld und Verantwortung zu verstehen. Hampe et al. sehen dies ähnlich, wenn sie darauf aufmerksam machen, dass es

> „wohl kein Zufall [ist], dass einer der allgemeinsten ‚Sätze' der psychoanalytischen Theorie, der Ödipuskomplex, selbst eine Erzählung ist. [...] So ist der Ödipuskomplex gleichsam die Mastererzählung, auf deren Folie unbewusste Wünsche sichtbar werden"[5].

Psychoanalytische Theorien als Meistererzählungen zu verstehen, bedeutet in diesem Fall, dass eine ödipale Deutung als das Angebot einer Interpretationsfolie begriffen werden sollte, die es dem Patienten ermöglicht, seiner Lebensgeschichte einen neuen sinnvollen narrativen Rahmen zu geben. Weiter heißt es bei Hampe et al. daher entsprechend: „Eine Deutung renarrativiert und deanonymisiert das psychische Geschehen. Sie fügt es in einen neuen Kontext, indem sie neue Verbindungen schafft und neue Linien zieht."[6]

Schlussendlich bedeutet dies:

> „Dies erlaubt es dem Patienten, seine Geschichte neu so zu erzählen, dass eine kohärente Erzählung mit einem plausiblen – und doch niemals ganz bruchlosen Kontext entsteht, die sich der Analysand aneignen kann. Aus Es ist nun (ein neues Ich) geworden."[7]

Folglich möchte ich dafür plädieren, Teile der psychoanalytischen Theorie als bewährte Meistererzählungen aufzufassen, welche dem Patienten als Hilfe beim Versuch, sein Leben neu bzw. anders zu erzählen, in konarrativer Unterstützung angeboten werden können.[8]

---

4 Habermas (1971), S. 315.

5 Hampe et al. (2016), S. 72.

6 Ebd., S. 73.

7 Ebd.

8 Zur These, dass psychoanalytische Theorien als Meistererzählungen verstanden werden können s. zudem Schafer (1982), S. 213ff.

So verstanden, besteht eine der entscheidenden Leistungen der Freud'-schen Theorien darin, das *Vokabular der Selbsterzählung* erweitert und differenziert zu haben. Mit der psychoanalytischen Meisterzählung eröffnet uns die Psychoanalyse die Möglichkeit, wie Eva Illouz es nennt, eine „neue Erzählung des Selbst hervorzubringen"[9]. Hier sieht auch Richard Rorty die eigentliche Leistung Freuds: „Er hat uns die Möglichkeit gegeben, alternative Geschichten und alternative Vokabulare nicht als prospektiv richtigen Abbildungen des Verhaltens der Dinge in ihrem Ansichsein zu sehen, sondern als Werkzeuge des Wandels."[10] Ein erweitertes Vokabular bzw. alternative Geschichten erlauben es dem Patienten, so Rortys These, sich anders narrativ zu verstehen und mittels dieser ‚Werkzeuge des Wandels' ein anderes Leben zu führen.

Wie ich mir eine narrativ reformulierte Psychoanalyse schlussendlich vorstelle, beschreibt Hayden White, dessen Überlegungen zur Narrativität der Geschichtsschreibung diese Arbeit viel verdankt, erstaunlich einsichtig. Dies mag zunächst irritieren, da White als Historiker die psychotherapeutische Praxis nicht unbedingt vertraut sein sollte; es zeigt jedoch die produktive Nähe dieser beiden erzählenden Praxen.

Denn, was der Historiker tut, „ist nicht unähnlich dem, was in der Psychotherapie geschieht oder geschehen soll". Auch dem Patienten ist seine Lebensgeschichte fremd und unverständlich geworden:

> „Die Folgen von Ereignissen in der Vergangenheit des Patienten, die die vermutete Ursache seines sich im neurotischen Syndrom manifestierenden Leidens sind, sind ihm unvertraut, fremd, geheimnisvoll und bedrohlich geworden und haben eine Bedeutung angenommen, die er weder anerkennen noch erfolgreich zurückweisen kann."

Wichtig ist White jedoch zu unterstreichen, dass dieses Unverständnis nicht auf z.B. durch Verdrängung zurückzuführendem Nichtwissen fußt, sondern:

> „Nicht daß der Patient nicht wüßte, welches jene Ereignisse sind, ihm nicht die Fakten bekannt wären; denn wenn er nicht im gewissen Sinne die Fakten kennen würde, wäre er nicht imstande, sie zu erkennen und zu verdrängen, wann immer sie in seinem Bewußtsein auftauchen. Im Gegenteil, er kennt sie nur allzu gut. Ja, er kennt sie so gut, daß er permanent mit ihnen lebt, und zwar so, daß es ihm unmöglich wird, irgendwelche weiteren Fakten anders als im Lichte jener Ereignisfolge zu sehen, die seine Wahrnehmung der Welt prägt."

9 Illouz (2011), S. 86.

10 Rorty (1988), S. 52.

Die Aufgabe des Therapeuten besteht für White nun darin,

> „den Patienten dahin zu bringen, seiner gesamten Lebensgeschichte eine neue ‚Plotstruktur' zu verleihen, so daß sich der Sinn jener Ereignisse für ihn und ihre Bedeutung für die Ökonomie der gesamten Folge von Ereignissen, die sein Leben ausmacht, ändert"[11].

Mit diesen Erläuterungen Hayden Whites abschließend hoffe ich, erhellend dargelegt zu haben, wie Worte zu heilen vermögen.

---

11 White (1991), S. 107f.

Literaturverzeichnis

Abbt, Christine (2016): *„Ich vergesse“. Über Möglichkeiten und Grenzen des Denkens aus philosophischer Perspektive*. Frankfurt a. M.: Campus Verlag.

Adorno, Theodor W. (1997): *Negative Dialektik, Jargon der Eigentlichkeit. Gesammelte Schriften, Bd. 6*. Frankfurt a.M.: Suhrkamp.

Alloa, Emmanuel; Bedorf, Thomas; Grüny, Christian; Klass, Tobias Nikolaus (Hg.) (2019): *Leiblichkeit. Geschichte und Aktualität eines Konzepts*. Stuttgart: UTB.

Andree, Martin (2006): *Wenn Texte töten. Über Werther, Medienwirkung und Mediengewalt*. München: Wilhelm Fink Verlag.

Angehrn, Emil (1985): *Geschichte und Identität*. Berlin, New York: De Gruyter.

Angehrn, Emil (2001): „Schrift und Spur bei Derrida“. In: Hans-Georg von Arburg, Michael Gamper, Ulrich Stadler (Hg.): *„Wunderliche Figuren“. Über die Lesbarkeit von Chiffrenschriften*. München: Fink, S. 347–363.

Angehrn, Emil (2003): *Interpretation und Dekonstruktion. Untersuchungen zur Hermeneutik*. Weilerwist: Velbrück Wissenschaft.

Angehrn, Emil (2010): *Sinn und Nicht-Sinn. Das Verstehen des Menschen*. Tübingen: Mohr Siebeck.

Angehrn, Emil (2015a): *Die Herausforderung des Negativen. Zwischen Sinnverlangen und Sinnentzug*. Basel: Schwabe.

Angehrn, Emil (2015b): „Leiden beredt werden lassen. Zwischen Kritischer Theorie und Psychoanalyse“. In: Christine Kirchhoff, Falko Schmider (Hg.): *Freud und Adorno. Zur Urgeschichte der Moderne*. Berlin: Kulturverl. Kadmos, S. 145–152.

Angehrn, Emil (2017): *Sein Leben schreiben. Wege der Erinnerung*. Frankfurt a.M.: Vittorio Klostermann.

Angehrn, Emil; Küchenhoff, Joachim (Hg.) (2014): *Die Arbeit des Negativen. Negativität als philosophisch-psychoanalytisches Problem*. Weilerswist: Velbrück Wissenschaft.

Anwander, Norbert (2008): *Versprechen und Verpflichten*. Boston: Brill.

Arendt, Hannah (1989): *Vom Leben des Geistes. Bd. 1, Das Wollen*. München, Zürich: Piper.

Arendt, Hannah (2011): *Vita activa oder Vom tätigen Leben*. München, Zürich: Piper.

Arendt, Hannah (2012): „Wahrheit und Politik“. In: Hannah Arendt: *Zwischen Vergangenheit und Zukunft: Übungen im politischen Denken I*. München: Piper, S. 327–370.

Aristoteles (1995): *Philosophische Schriften*: Hamburg: Meiner.

Arntzen, Friedrich (2011): *Psychologie der Zeugenaussage. System der Glaubhaftigkeitsmerkmale*. München: Beck.

Assmann, Aleida (2010): *Erinnerungsräume. Formen und Wandlung des kulturellen Gedächtnisses*. München: Beck.

Assmann, Jan (2017): *Das kulturelle Gedächtnis. Schrift, Erinnerung und politische Identität in frühen Hochkulturen*. München: Beck.

Augustinus (2017): „Die Lüge". In: Maria-Sibylla Lotter (Hg.): *Die Lüge. Texte von der Antike bis in die Gegenwart*. Stuttgart: Reclam, S. 131–141.

Augustinus, Aurelius (2012): *Confessiones / Bekenntnisse*. Stuttgart: Reclam.

Bachtin, Michael (2016): „Die antike Biographie und Autobiographie". In: Anja Tippner, Christopher F. Laferl (Hg.): *Texte zur Theorie der Biographie und Autobiographie*. Stuttgart: Reclam, S. 103–117.

Bandura, Albert (1997): *Self-efficacy. The exercise of control*. New York: W.H. Freeman.

Barnes, Annette (2007): *Seeing through self-deception*. Cambridge: Cambridge University Press.

Barsalou, Lawrence W. (1995): „The content and organization of autobiographical memories". In: Ulric Neisser (Hg.): *Remembering reconsidered. Ecological and traditional approaches to the study of memory*. Cambridge: Cambridge University Press, S. 193–243.

Barthes, Roland (1988): *Das semiologische Abenteuer*. Frankfurt a.M.: Suhrkamp.

Barthes, Roland (1990): „Die Musik, die Stimme, die Sprache". In: Roland Barthes: *Der entgegenkommende und der stumpfe Sinn – Kritische Essays III*. Frankfurt a. M.: Suhrkamp, S. 279–285.

Barthes, Roland (2005): „Der Tod des Autors". In: Roland Barthes: *Das Rauschen der Sprache*. Frankfurt a.M.: Suhrkamp, S. 57–63.

Barthes, Roland (2008): *Die Vorbereitung des Romans*. Frankfurt a. M.: Suhrkamp.

Bartlett, Frederic Charles (1932): *Remembering. A study in experimental and social psychology*. Cambridge: Cambridge University Press.

Bartsch, Thorsten; Falkai, Peter (Hg.) (2013): *Gedächtnisstörungen. Diagnostik und Rehabilitation*. Berlin: Springer.

Bauch, Jost (1979): „Reflexionen zur Destruktion der teleologischen Universalgeschichte durch den Strukturalismus und die Kritische Theorie". In: *Archiv für Rechts- und Sozialphilosophie*, 65 (1), S. 81–103.

Bayer, Lothar; Quindeau, Ilka (Hg.) (2014): *Die unbewusste Botschaft der Verführung. Interdisziplinäre Studien zur Verführungstheorie Jean Laplanches*. Gießen: Psychosozial Verlag.

Beauvoir, Simone de (2014): *Das andere Geschlecht. Sitte und Sexus der Frau*. Reinbek bei Hamburg: Rowohlt.

Beier, Kathi (2010): *Selbsttäuschung*. Berlin, New York: De Gruyter.

Benjamin, Walter (1991): „Zum Bilde Prousts". In: Walter Benjamin: *Gesammelte Schriften. Band II.1*. Frankfurt a.M.: Suhrkamp, S. 310–324.

Bergson, Herni (1991): *Materie und Gedächtnis. Eine Abhandlung über die Beziehung zwischen Körper und Geist*. Hamburg: Meiner.

Bernet, Rudolf (2003): „Symptome als Sprache unmässigen Leidens". In: Martin Heinze, Christian Kupke, Christian Kurth (Hg.): *Das Maß des Leidens. Klinische und theoretische Aspekte seelischen Krankseins*. Würzburg: Königshausen und Neumann, S. 45–57.

Berti, Stefan (2010): „Arbeitsgedächtnis: Vergangenheit, Gegenwart und Zukunft eines theoretischen Konstruktes". In: *Psychologische Rundschau*, 61 (1), S. 3–9.

Bertram, Georg W. (2013): „Die Einheit des Selbst nach Heidegger". In: *Deutsche Zeitschrift für Philosophie*, 61 (2), S. 197–213.

Betzler, Monika (Hg.) (2013): *Autonomie der Person*. Münster: Mentis.

Betzler, Monika; Guckes, Barbara (Hg.) (2009): *Autonomes Handeln. Beiträge zur Philosophie von Harry G. Frankfurt*. Berlin: Akademie-Verlag.

Bieri, Peter (1986): „Zeiterfahrung und Personalität". In: Heinz Burger (Hg.): *Zeit, Natur und Mensch*. Berlin: Berlin Verlag, S. 261–281.

Bieri, Peter (2001): *Das Handwerk der Freiheit. Über die Entdeckung des eigenen Willens*. München: Hanser.

Bieri, Peter (2011): *Wie wollen wir leben?* Wien: Residenz.

Billson, Marcus (2016): „Memoiren: Perspektiven auf ein vergessenes Genre". In: Anja Tippner, Christopher F. Laferl (Hg.): *Texte zur Theorie der Biographie und Autobiographie*. Stuttgart: Reclam, S. 141–162.

Bion, Wilfred R. (2005): *Elemente der Psychoanalyse*. Frankfurt a.M.: Suhrkamp.

Blank, Hartmut; Musch, Jochen; Pohl, Rüdiger F. (2007): „Hindsight Bias: On Being Wise After the Event". In: *Social Cognition*, 25 (1), S. 1–9.

Blankenburg, Wolfgang (2007): „Futur-II-Perspektive und ihre Bedeutung für die Erschließung der Lebensgeschichte des Patienten". In: Wolfgang Blankenburg: *Psychopathologie des Unscheinbaren. Ausgewählte Aufsätze*. Berlin: Parodos-Verlag, S. 235–252.

Blankenburg, Wolfgang (2012): *Der Verlust der natürlichen Selbstverständlichkeit. Ein Beitrag zur Psychopathologie symptomarmer Schizophrenien*. Berlin: Parodos-Verlag.

Bleumer, Hartmut (2020): *Ereignis. Eine narratologische Spurensuche im historischen Feld der Literatur*. Würzburg: Königshausen & Neumann.

Bluhm, Roland (2012): *Selbsttäuscherische Hoffnung. Eine sprachanalytische Annäherung*. Münster: Mentis.

Blumenberg, Hans (1999): *Paradigmen zu einer Metaphorologie*. Frankfurt a.M.: Suhrkamp.

Boothe, Brigitte (2010): *Das Narrativ. Biografisches Erzählen im psychotherapeutischen Prozess*. Stuttgart: Schattauer.

Borges, Jorge Luis (1992): „Das unerbittliche Gedächtnis". In: Jorge Luis Borges: *Fiktionen. Erzählungen 1939–1944*. Frankfurt a.M.: Fischer, S. 95–104.

Bourdieu, Pierre (1987): *Die feinen Unterschiede. Kritik der gesellschaftlichen Urteilskraft*. Frankfurt a.M.: Suhrkamp.

Bourdieu, Pierre (2016): „Die biographische Illusion“. In: Anja Tippner, Christopher F. Laferl (Hg.): *Texte zur Theorie der Biographie und Autobiographie*. Stuttgart: Reclam, S. 221–231.

Bower, Gordon H. (1981): „Mood and memory“. In: *American Psychologist*, 36 (2), S. 129–148.

Brandom, Robert (2022): *Expressive Vernunft. Begründung, Repräsentation und diskursive Festlegung*. Berlin: Suhrkamp.

Breithaupt, Fritz (2012): *Kultur der Ausrede*. Berlin: Suhrkamp.

Breyer, Thiemo; Creutz, Daniel (Hg.) (2010): *Erfahrung und Geschichte. Historische Sinnbildung im Pränarrativen*. Berlin, New York: De Gruyter.

Brockmann, Till (2009): *Die Zeitlupe – Anatomie eines filmischen Stilmittels*. Marburg: Schüren.

Brosch, Renate (2017): „Veranschaulichen / Vergegenwärtigen“. In: Matías Martínez (Hg.): *Erzählen. Ein interdisziplinäres Handbuch*. Stuttgart: J.B. Metzler, S. 293–302.

Bruner, Jerome (1997): *Sinn, Kultur und Ich-Identität. Zur Kulturpsychologie des Sinns*. Heidelberg: Auer.

Bühler, Karl (1999): *Sprachtheorie: Die Darstellungsfunktion der Sprache*. Stuttgart: Fischer.

Butler, Judith (1997): *Körper von Gewicht. Die diskursiven Grenzen des Geschlechts*. Frankfurt a.M.: Suhrkamp.

Butler, Judith (2001): *Das Unbehagen der Geschlechter*. Frankfurt a.M.: Suhrkamp.

Carr, David (1991): *Time, Narrative, and History*. Bloomington: Indiana University Press.

Cassirer, Ernst (2007): *Versuch über den Menschen. Einführung in eine Philosophie der Kultur*. Hamburg: Meiner.

Cassirer, Ernst (2010): *Philosophie der symbolischen Formen. Dritter Teil – Phänomenologie der Erkenntnis*. Hamburg: Meiner.

Charon, Rita (2008): *Narrative medicine. Honoring the stories of illness*. Oxford: Oxford University Press.

Christen, Thomas (2002): *Das Ende im Spielfilm. Vom klassischen Hollywood zu Antonionis offenen Formen*. Marburg: Schüren.

Clark, Andy (2005): „Intrinsic content, active memory and the extended mind“. In: *Analysis*, 65 (285), S. 1–11.

Contzen, Eva von; Tilg, Stefan (2019): *Handbuch historische Narratologie*. Berlin: Springer.

Conway, Martin A. (2010): „A Structural Model of Autobiographical Memory“. In: Martin A. Conway, David C. Rubin, Hans Spinnler (Hg.): *Theoretical Perspectives on Autobiographical Memory*. Dordrecht: Springer Netherlands, S. 167–193.

Crepaldi, Gianluca (2018): *Containing*. Gießen: Psychosozial-Verlag.

Crone, Katja (2016): *Identität von Personen. Eine Strukturanalyse des biographischen Selbstverständnisses*. Berlin, New York: De Gruyter.

Danto, Arthur C. (1980): *Analytische Philosophie der Geschichte.* Frankfurt a.M.: Suhrkamp.

Davidson, Donald (1990): *Handlung und Ereignis.* Frankfurt a. M.: Suhrkamp.

Davidson, Donald (2006a): „Paradoxien der Rationalität". In: Donald Davidson: *Probleme der Rationalität.* Frankfurt a.M.: Suhrkamp, S. 285–315.

Davidson, Donald (2006b): *Probleme der Rationalität.* Frankfurt a.M.: Suhrkamp.

Davidson, Donald (2006c): „Täuschung und Teilung". In: Donald Davidson: *Probleme der Rationalität.* Frankfurt a.M.: Suhrkamp, S. 332–353.

Deleuze, Gilles (1992): *Woran erkennt man den Strukturalismus?* Berlin: Merve.

Deleuze, Gilles; Guattari, Félix (1977): *Anti-Ödipus. Kapitalismus und Schizophrenie I.* Frankfurt a.M.: Suhrkamp.

Demmerling, Christoph; Landweer, Hilge (2007): *Philosophie der Gefühle. Von Achtung bis Zorn.* Stuttgart, Weimar: J.B. Metzler.

Denborough, David (2017): *Geschichten des Lebens neu gestalten. Grundlagen und Praxis der narrativen Therapie.* Göttingen: Vandenhoeck & Ruprecht.

Dennett, Daniel (1992): „The Self as a Center of Narrative Gravity". In: Kessel, Frank S., Cole, Pamela M., Johnson, Dale L., Hakel, Milton D. (Hg.): *Self and Consciousness: Multiple Perspectives.* Hillsdale: Erlbaum, S. 103–115.

Derrida, Jacques (1976): „Freud und der Schauplatz der Schrift". In: Jacques Derrida: *Die Schrift und die Differenz.* Frankfurt a.M.: Suhrkamp, S. 302–350.

Derrida, Jacques (1988): *Randgänge der Philosophie.* Wien: Passagen Verlag.

Derrida, Jacques (2015): *Geschichte der Lüge. Prolegomena.* Wien: Passagen Verlag.

Derrida, Jacques; Kittler, Friedrich A. (2000): *Nietzsche – Politik des Eigennamens. Wie man abschafft, wovon man spricht.* Berlin: Merve.

Descombes, Vincent (2013): *Die Rätsel der Identität.* Berlin: Suhrkamp.

Diels, Hermann; Kranz, Walther (Hg.) (1922): *Fragmente der Vorsokratiker. Bd. II.* Berlin: Weidmannsche Buchhandlung.

Dietz, Simone (2017): *Die Kunst des Lügens.* Stuttgart: Reclam.

Dilthey, Wilhelm (1981): *Der Aufbau der geschichtlichen Welt in den Geisteswissenschaften.* Frankfurt a.M.: Suhrkamp.

Doi, Takeo (1973): *Amae – Freiheit in Geborgenheit. Zur Struktur japanischer Psyche.* Frankfurt a.M.: Suhrkamp.

Dosse, François (1999): *Geschichte des Strukturalismus.* Frankfurt a.M.: Fischer.

Doubrovsky, Serge (2008): „Nah am Text". In: *Kultur & Gespenster*, 7, S. 123–133.

Dusini, Arno (2005): *Tagebuch. Möglichkeiten einer Gattung.* München: Wilhelm Fink Verlag.

Eberlein, Undine (Hg.) (2016): *Zwischenleiblichkeit und bewegtes Verstehen.* Bielefeld: transcript.

Eckermann, Johann Peter (1999): *Gespräche mit Goethe in den letzten Jahren seines Lebens. 1823–1832.* Frankfurt a.M.: DKV.

Edel, Leon (1957): *Literary Biography*. Toronto: University of Toronto Press.

Ehrenberg, Alain (2015): *Das erschöpfte Selbst. Depression und Gesellschaft in der Gegenwart*. Frankfurt a.M.: Campus Verlag.

Eickhoff, Friedrich-Wilhelm (2005): „Über Nachträglichkeit". *Die Modernität eines alten Konzepts*. In: *Jahrbuch der Psychoanalyse*, 51, S. 139–161.

Emcke, Carolin (2010): *Kollektive Identitäten*. Frankfurt a.M: Campus.

Emcke, Carolin (2012): *Wie wir begehren*. Frankfurt a.M.: Fischer.

Erdmann, Benno (1892): *Logik*. Halle: Max Niemeyer.

Ermann, Michael (2012): *Psychoanalyse in den Jahren nach Freud. Entwicklungen 1940–1975*. Stuttgart: Kohlhammer Verlag.

Ermann, Michael (2015): *Freud und die Psychoanalyse. Entdeckungen, Entwicklungen, Perspektiven*. Stuttgart: Kohlhammer Verlag.

Ermann, Michael (2017): *Psychoanalyse heute. Entwicklungen seit 1975 und aktuelle Bilanz*. Stuttgart: Kohlhammer Verlag.

Ernst, Gerhard (Hg.) (2016): *Philosophie als Lebenskunst. Antike Vorbilder, moderne Perspektiven*. Berlin: Suhrkamp.

Erwin, Edward (1988): „Psychoanalysis and Self-Deception". In: Brian P. McLaughlin, Amelie Oksenberg Rorty (Hg.): *Perspectives on self-deception*. Berkeley: University of California Press, S. 228–245.

Falkenberg, Gabriel (1982): *Lügen. Grundzüge einer Theorie sprachlicher Täuschung*. Tübingen: Max Niemeyer.

Ferro, Antonio (2009): *Psychoanalyse als Erzählkunst und Therapieform*. Gießen: Psychosozial-Verlag.

Festinger, Leon (2012): *Theorie der kognitiven Dissonanz*. Bern: Verlag Hans Huber.

Fetz, Bernhard (2009a): „Der Stoff, aus dem das (Nach-)Leben ist". In: Bernhard Fetz (Hg.): *Die Biographie – Zur Grundlegung ihrer Theorie*. Berlin, New York: De Gruyter, S. 103–154.

Fetz, Bernhard (2009b): „Die vielen Leben der Biographie". In: Bernhard Fetz (Hg.): *Die Biographie – Zur Grundlegung ihrer Theorie*. Berlin, New York: De Gruyter, S. 3–67.

Feuerbach, Ludwig (1984): *Vorlesungen über das Wesen der Religion. Gesammelte Werke, Bd. 6*. Berlin: Akademie Verlag.

Fichte, Johann Gottlob (1970): *Grundlage der gesamten Wissenschaftslehre (1794)*. Hamburg: Meiner.

Figal, Günter (2001): *Lebensverstricktheit und Abstandnahme. „Verhalten zu sich" im Anschluß an Heidegger, Kierkegaard und Hegel*. Tübingen: Attempto-Verlag.

Flasch, Kurt (2016): *Was ist Zeit? Augustinus von Hippo, Das XI. Buch der Confessiones. Text – Übersetzung – Kommentar*. Frankfurt a.M.: Vittorio Klostermann.

Fonagy, Peter; Gergely, György; Jurist, Elliot L.; Target, Mary (2018): *Affektregulierung, Mentalisierung und die Entwicklung des Selbst*. Stuttgart: Klett-Cotta.

Forster, Edward Morgan (1990): *Aspects of the novel*. London: Penguin.

Foucault, Michel (2001): *Das Leben der infamen Menschen.* Berlin: Merve.

Foucault, Michel (2003): „Was ist ein Autor?“. In: Michel Foucault: *Schriften zur Literatur.* Frankfurt a.M.: Suhrkamp.

Foucault, Michel (2004): *Hermeneutik des Subjekts. Vorlesung am Collège de France (1981/82).* Frankfurt a.M.: Suhrkamp.

Foucault, Michel (2007): „Technologien des Selbst“. In: Michel Foucault: *Ästhetik der Existenz. Schriften zur Lebenskunst.* Frankfurt a.M.: Suhrkamp, S. 287–317.

Frank, Manfred (1986): *Die Unhintergehbarkeit von Individualität.* Frankfurt a.M.: Suhrkamp.

Frank, Manfred (1989): „Das ‚wahre Subjekt‘ und sein Doppel – Jacques Lacans Hermeneutik“. In: Manfred Frank: *Das Sagbare und das Unsagbare. Studien zur deutsch-französischen Hermeneutik und Texttheorie.* Frankfurt a.M.: Suhrkamp, S. 334–362.

Frank, Manfred (1991): *Selbstbewußtsein und Selbsterkenntnis.* Stuttgart: Reclam.

Frank, Manfred (Hg.) (1994): *Analytische Theorien des Selbstbewußtseins.* Frankfurt a.M.: Suhrkamp.

Frank, Manfred (2002): *Selbstgefühl. Eine historisch-systematische Erkundung.* Frankfurt a.M.: Suhrkamp.

Frankfurt, Harry G. (1993): „Willensfreiheit und den Begriff der Person“. In: Peter Bieri (Hg.): *Analytische Philosophie des Geistes.* Bodenheim: Athenäum Hain Hanstein, S. 287–302.

Frankfurt, Harry G. (2001a): „Die Bedeutsamkeit des Sich-Sorgens“. In: Harry G. Frankfurt: *Freiheit und Selbstbestimmung. Ausgewählte Texte.* Berlin: Akademie-Verlag, S. 98–115.

Frankfurt, Harry G. (2001b): *Freiheit und Selbstbestimmung. Ausgewählte Texte.* Berlin: Akademie-Verlag.

Freeman, Mark (2015): „Nachträglichkeit, traumatisch, nicht-traumatisch: Erinnerung, Erzählung und das Mysterium der Ursprünge“. In: Carl Eduard Scheidt, Gabriele Lucius-Hoene, Elisabeth Waller (Hg.): *Narrative Bewaltigung von Trauma und Verlust.* Stuttgart: Schattauer, S. 14–25.

Frege, Gottlob (2008): „Über Sinn und Bedeutung“. In: Gottlob Frege: *Funktion, Begriff, Bedeutung. Fünf logische Studien.* Göttingen: Vandenhoeck & Ruprecht, S. 23–46.

Frenkel-Brunswik, Else (1949): „Intolerance of ambiguity as an emotional and perceptual personality vaariable“. In: *J Personality*, 18 (1), S. 108–143.

Freud, Sigmund (1984): „Brief an Arnold Zweig v. 31.5.1936“. In: Sigmund Freud und Arnold Zweig: *Briefwechsel.* Frankfurt a.M.: Fischer, 137–138.

Freud, Sigmund (1985): *Briefe an Wilhelm Fließ, 1887–1904.* Frankfurt a.M.: Fischer.

Freud, Sigmund (1999a): „Aus der Geschichte einer infantilen Neurose“. In: Sigmund Freud: *Gesammelte Werke, Bd. XII.* Frankfurt a.M.: Fischer, S. 27–157.

Freud, Sigmund (1999b): „Bemerkungen über einen Fall von Zwangsneurose“. In: Sigmund Freud: *Gesammelte Werke, Bd. VII.* Frankfurt a.M.: Fischer, S. 43–113.

Freud, Sigmund (1999c): „Das Ich und das Es“. In: Sigmund Freud: *Gesammelte Werke, Bd. XIII*. Frankfurt a.M.: Fischer, S. 235–289.

Freud, Sigmund (1999d): „Das Unbehagen in der Kultur“. In: Sigmund Freud: *Gesammelte Werke, BD. XIV*. Frankfurt a.M.: Fischer, S. 419–506.

Freud, Sigmund (1999e): „Das Unbewusste“. In: Sigmund Freud: *Gesammelte Werke, Bd. X*. Frankfurt a.M.: Fischer, S. 262–303.

Freud, Sigmund (1999f): „Die endliche und unendliche Analyse“. In: Sigmund Freud: *Gesammelte Werke, Bd. XVI*. Frankfurt a.M.: Fischer, S. 57–99.

Freud, Sigmund (1999g): „Die Kindheitserinnerung des Leonardo da Vinci“. In: Sigmund Freud: *Gesammelte Werke, Bd. VIII*. Frankfurt a.M.: Fischer, S. 127–211.

Freud, Sigmund (1999h): „Die Sexualität in der Ätiologie der Neurosen“. In: Sigmund Freud: *Gesammelte Werke, Bd. I*. Frankfurt a.M.: Fischer, S. 491–516.

Freud, Sigmund (1999i): „Drei Abhandlungen zur Sexualtheorie“. In: Sigmund Freud: *Gesammelte Werke, Bd. V*. Frankfurt a.M.: Fischer, S. 27–145.

Freud, Sigmund (1999j): „Entwurf einer Psychologie“. In: Sigmund Freud: *Gesammelte Werke, Bd. XVII*. Frankfurt a.M.: Fischer, S. 444–448.

Freud, Sigmund (1999k): „Konstruktionen in der Analyse“. In: Sigmund Freud: *Gesammelte Werke, Bd. XVI*. Frankfurt a.M.: Fischer, S. 41–56.

Freud, Sigmund (1999l): „Neue Folgen der Vorlesung zur Einführung in die Psychoanalyse“. In: Sigmund Freud: *Gesammelte Werke, Bd. XV*. Frankfurt a.M.: Fischer.

Freud, Sigmund (1999m): „Notiz über den „Wunderblock““. In: Sigmund Freud: *Gesammelte Werke, Bd. XIII*. Frankfurt a.M.: Fischer, S. 387–391.

Freud, Sigmund (1999n): „Psychopathologie des Alltagelebens“. In: Sigmund Freud: *Gesammelte Werke, Bd. IV*. Frankfurt a.M.: Fischer.

Freud, Sigmund (1999o): „Studien über Hysterie“. In: Sigmund Freud: *Gesammelte Werke, Bd. I*. Frankfurt a.M.: Fischer, S. 75–312.

Freud, Sigmund (1999p): „Über Deckerinnerungen“. In: Sigmund Freud: *Gesammelte Werke, Bd. I*. Frankfurt a.M.: Fischer, S. 531–554.

Freud, Sigmund (1999q): „Vorlesungen zur Einführung in die Psychoanalyse“. In: Sigmund Freud: *Gesammelte Werke, Bd. XI*. Frankfurt a.M.: Fischer.

Frisch, Max (1977): *Homo Faber. Ein Bericht*. Frankfurt a.M.: Suhrkamp.

Fröhlich, Vincent (2015): *Der Cliffhanger und die serielle Narration. Analyse einer transmedialen Erzähltechnik*. Bielefeld: transcript.

Fuchs, Thomas (2000a): „Das Gedächtnis des Leibes“. In: *Phänomenologische Forschungen*, 5 (1), S. 71–89.

Fuchs, Thomas (2000b): *Leib, Raum, Person. Entwurf einer phänomenologischen Anthropologie*. Stuttgart: Klett-Cotta.

Fuchs, Thomas (2008): „Leibgedächtnis und Unbewusstes“. In: *psycho-logik / Jahrbuch für Psychotherapie, Philosophie und Kultur*, 3, S. 33–50.

Fuchs, Thomas (2013): „Das Leibgedächtnis: eine philosophische und psychologische Perspektive". In: *Psychologische Medizin*, 24, S. 10–16.

Fuchs, Thomas (2015): „Wege aus dem Ego-Tunnel". In: *Deutsche Zeitschrift für Philosophie*, 63 (5), S. 801–823.

Fuhrmann, Manfred (1979): „Rechtfertigung durch Identität. Über eine Wurzel des Autobiographischen". In: Odo Marquard, Karlheinz Stierle (Hg.): *Identität. Poetik und Hermeneutik, Bd. 8.* München: Fink, S. 685–690.

Furly, William D. (1992): „Antiphon der Athener: Ein Sophist als Psychotherapeut?". In: *Rheinisches Museum für Philologie*, 135 (3/4), S. 198–216.

Gadamer, Hans-Georg (2010): *Wahrheit und Method. Grundzüge einer philosophischen Hermeneutik.* Tübingen: Mohr Siebeck.

Gasser, Reinhard (1997): *Nietzsche und Freud.* Berlin, New York: De Gruyter.

Gebauer, Gunter; Holodynski, Manfred; Kölsch, Stefan; Scheve, Christian von (2017): *Von der Emotion zur Sprache. Wie wir lernen, über unsere Gefühle zu sprechen.* Weilerswist: Velbrück.

Gebauer, Gunter; Wulf, Christoph (1998): *Mimesis. Kultur – Kunst – Gesellschaft.* Reinbek bei Hamburg: Rowohlt.

Geisthövel, Alexa; Hitzer, Bettina (Hg.) (2019): *Auf der Suche nach einer anderen Medizin. Psychosomatik im 20. Jahrhundert.* Berlin: Suhrkamp.

Gekle, Hanna (1989): „Nachträglichkeit des Ursprungs. Das Trauma des Wolfsmanns". In: *Luzifer-Amor*, 4, S. 89–130.

Gelhard, Andreas; Hackler, Ruben; Zanetti, Sandro (Hg.) (2019): *Epistemische Tugenden. Zur Geschichte und Gegenwart eines Konzepts.* Tübingen: Mohr Siebeck.

Genette, Gérard (1991): *Fiktion und Diktion.* München: Fink.

Genette, Gérard (2010): *Die Erzählung.* Paderborn: Fink.

Genette, Gérard (2015): *Palimpseste. Die Literatur auf zweiter Stufe.* Frankfurt a.M.: Suhrkamp.

Gloy, Karen (2004): *Bewußtseinstheorien. Zur Problematik und Problemgeschichte des Bewußtseins und Selbstbewußtseins.* Freiburg: Alber.

Gloy, Karen (2008): *Philosophiegeschichte der Zeit.* Paderborn: Fink.

Gödde, Günter; Buchholz, Michael B. (Hg.) (2012): *Der Besen, mit dem die Hexe fliegt. Wissenschaft und Therapeutik des Unbewussten.* Gießen: Psychosozial-Verlag.

Goertz, Hans-Jürgen (2001): *Unsichere Geschichte. Zur Theorie historischer Referentialität.* Stuttgart: Reclam.

Goethe, Johann Wolfgang von (1998): „Dichtung und Wahrheit". In: Johann Wolfgang von Goethe: *Werke. Hamburger Ausgabe, Band 9.* München: Beck.

Goffman, Erving (2010): *Wir alle spielen Theater. Die Selbstdarstellung im Alltag.* München: Piper.

Goodwin, D.W.; Powell, B.; Bremer, D.; Hoine, H.; Stern, J. (1969): „Alcohol and recall: state-dependent effects in man". In: *Science*, 163 (3873), S. 1358–1360.

Grabe, Hans Jörgen; Rufer, Michael; Freyberger, Harald J. (Hg.) (2009): *Alexithymie: eine Störung der Affektregulation. Konzepte, Klinik und Therapie*. Bern: Huber.

Graevenitz, Gerhart von; Christen, Matthias; Marquard, Edeltraut-Luise Marquard; Marquard, Odo (Hg.) (1998): *Kontingenz. Poetik und Hermeneutik, Bd. 17*. München: Wilhelm Fink Verlag.

Greenwald, Anthony G. (1980): „The totalitarian ego: Fabrication and revision of personal history". In: *American Psychologist*, 35 (7), S. 603–618.

Grondin, Jean (2011): *Einführung in die philosophische Hermeneutik*. Darmstadt: Wissenschaftliche Buchgesellschaft.

Grossmann, Konrad Peter (2003): *Der Fluss des Erzählens. Narrative Formen der Therapie*. Heidelberg: Carl-Auer-Systeme-Verl.

Gruber, Thomas (2018): *Gedächtnis*. Berlin: Springer.

Grünbaum, Adolf (1988): *Die Grundlagen der Psychoanalyse. Eine philosophische Kritik*. Stuttgart: Reclam.

Grünbaum, Adolf (Hg.) (1991): *Kritische Betrachtungen Zur Psychoanalyse. Adolf Grünbaums „Grundlagen" in der Diskussion*. Berlin: Springer.

Gudehus, Christian; Eichenberg, Ariane; Welzer, Harald (Hg.) (2010): *Gedächtnis und Erinnerung. Ein interdisziplinäres Handbuch*. Stuttgart, Weimar: J.B. Metzler.

Gugutzer, Robert (2002): *Leib, Körper und Identität. Eine phänomenologisch-soziologische Untersuchung zur personalen Identität*. Wiesbaden: VS Verlag für Sozialwissenschaften.

Gumbrecht, Hans Ulrich (1979): „Faszinationstyp Hagiographie – ein historisches Experiment zur Gattungstheorie". In: Christoph Cormeau (Hg.): *Deutsche Literatur im Mittelalter. Kontakte und Perspektiven*. Stuttgart: J.B. Metzler, S. 37–84.

Gumbrecht, Hans Ulrich (2020): *„Prosa der Welt": Denis Diderot und die Peripherie der Aufklärung*. Berlin: Suhrkamp.

Gunnarsson, Logi (2013): *Philosophy of personal identity and multiple personality*. London: Routledge.

Habermas, Jürgen (1970): „Der Universalitätsanspruch der Hermeneutik". In: Rüdiger Bubner, Konrad Cramer, Rainer Wiehl (Hg.): *Hermeneutik und Dialektik. Band 1*. Tübingen: Mohr Siebeck, S. 73–103.

Habermas, Jürgen (1971): *Erkenntnis und Interesse*. Frankfurt a.M.: Suhrkamp.

Habermas, Jürgen (1982): „Erläuterungen zum Begriff des kommunikativen Handelns". In: Jürgen Habermas: *Vorstudien und Ergänzungen zur Theorie des kommunikativen Handelns*. Frankfurt a.M.: Suhrkamp, S. 571–606.

Habermas, Tilmann (2019): *Emotion and narrative. Perspectives in autobiographical storytelling*. Cambridge: Cambridge University Press.

Habermas, Tilmann; Fesel, Daniel (2022): „Erzählen in psychodynamischen Psychotherapien". In: *Psychotherapeut*, 67 (2), S. 110–115.

Hacking, Ian (1996a): „Les Aliénés voyageurs". *How fugue became a medical entity.* In: *History of psychiatry*, 7 (27.3), S. 425–449.

Hacking, Ian (1996b): *Multiple Persönlichkeit. Zur Geschichte der Seele in der Moderne.* München: Hanser.

Hadot, Pierre (1999): *Wege zur Weisheit oder was lehrt uns die antike Philosophie?* Berlin: Eichborn.

Hadot, Pierre (2005): *Philosophie als Lebensform. Antike und moderne Exerzitien der Weisheit.* Frankfurt a.M.: Fischer.

Hahn, Alois (2000): „Biographie und Lebenslauf". In: Alois Hahn: *Konstruktionen des Selbst, der Welt und der Geschichte. Aufsätze zur Kultursoziologie.* Frankfurt a.M.: Suhrkamp, S. 97–115.

Halbig, Christoph (2013): *Der Begriff der Tugend und die Grenzen der Tugendethik.* Berlin: Suhrkamp.

Halbwachs, Maurice (2012): *Das Gedächtnis und seine sozialen Bedingungen.* Frankfurt a.M.: Suhrkamp.

Hamburger, Käte (1977): *Die Logik der Dichtung.* Stuttgart: Klett-Cotta.

Hampe, Michael (2007): *Die Macht des Zufalls. Vom Umgang mit dem Risiko.* Berlin: Wjs-Verlag.

Hampe, Michael (2019): „Wahrheitspraktiken". In: Hanno Depner, Antje Maaser, Heiner Hastedt (Hg.): *Deutungsmacht von Zeitdiagnosen. Interdisziplinäre Perspektiven.* Bielefeld: transcript, S. 49–66.

Hampe, Michael; Guggenheim, Josef Zwi; Schneider, Peter; Strassberg, Daniel (2016): *Im Medium des Unbewussten. Zur Theorie der Psychoanalyse.* Stuttgart: Kohlhammer Verlag.

Härle, Gerhard (2007): *Lyrik – Liebe – Leidenschaft. Streifzug durch die Liebeslyrik von Sappho bis Sarah Kirsch.* Göttingen: Vandenhoeck & Ruprecht.

Hart, William; Albarracín, Dolores; Eagly, Alice H.; Brechan, Inge; Lindberg, Matthew J.; Merrill, Lisa (2009): „Feeling Validated Versus Being Correct: A Meta-Analysis of Selective Exposure to Information". In: *Psychological bulletin*, 135 (4), S. 555–588.

Hartmann, Martin (2011): *Die Praxis des Vertrauens.* Berlin: Suhrkamp.

Hegel, Georg Wilhelm Friedrich (1969): *Wissenschaft der Logik. Werke 5.* Frankfurt a.M.: Suhrkamp.

Heidegger, Martin (2004): „Brief über den „Humanismus"". In: Martin Heidegger. *Wegmarken. Gesamtausgabe, Bd. 9.* Frankfurt a.M.: Vittorio Klostermann, S. 313–364.

Heidegger, Martin (2006): *Sein und Zeit.* Tübingen: Niemeyer.

Heim, Robert; Modena, Emilio (Hg.) (2016): *Jacques Lacan trifft Alfred Lorenzer. Über das Unbewusste und die Sprache, den Trieb und das Begehren.* Gießen: Psychosozial-Verlag.

Heinrich, Tobias (2009): „Biographie als Hermeneutik". In: Wilhelm Hemecker (Hg.): *Die Biographie – Beiträge zu ihrer Geschichte.* Berlin, New York: De Gruyter, S. 13–41.

Heller, Agnes (1993): „Der Tod des Subjekts“. In: *Deutsche Zeitschrift für Philosophie*, 41 (4), S. 623–638.

Henning, Tim (2009): *Person sein und Geschichten erzählen. Eine Studie über personale Autonomie und narrative Gründe*. Berlin, New York: De Gruyter.

Henrich, Dieter (1979): „Identität. Begriff, Problem, Grenzen“. In: Odo Marquard, Karlheinz Stierle (Hg.): *Identität. Poetik und Hermeneutik, Bd. 8*. München: Fink, S. 133–186.

Henrich, Dieter (1982): „Fichtes ‚Ich‘“. In: Dieter Henrich: *Selbstverhältnisse. Gedanken und Auslegungen zu den Grundlagen der klassischen deutschen Philosophie*. Stuttgart: Reclam, S. 57–82.

Herring, Herbert, Schönflug, Ute (1976): „Ich“. In: Joachim Ritter, Karlfried Gründer (Hg.): *Historisches Wörterbuch der Philosophie, Band 4*. Darmstadt: Wissenschaftliche Buchgesellschaft, S. 2–18.

Herzog, Dagmar (2022): *Cold War Freud. Psychoanalyse in einem Zeitalter der Katastrophen*. Berlin: Suhrkamp.

Hetzel, Andreas; Hetzel, Mechthild (2011): „Slavoj Žižek: Psychoanalyse, Idealismus und Populärkultur“. In: Stephan Moebius, Dirk Quadflieg (Hg.): *Kultur. Theorien der Gegenwart*. Wiesbaden: VS Verlag für Sozialwissenschaften, S. 334–344.

Hetzel, Andreas; Posselt, Gerald (Hg.) (2017): *Handbuch Rhetorik und Philosophie*. Berlin, New York: De Gruyter.

Hock, Udo (2000): *Das Unbewusste Denken. Wiederholung und Todestrieb*. Gießen: Psychosozial-Verlag.

Hoesch, Matthias; Muders, Sebastian; Rüther, Markus (2017): „Personen, Normativität, Moral“. In: Derek Parfit: *Personen, Normativität, Moral. Ausgewählte Aufsätze*. Berlin: Suhrkamp, S. 9–65.

Hogrebe, Wolfram (1992): *Metaphysik und Mantik. Die Deutungsnatur des Menschen*. Frankfurt a.M.: Suhrkamp.

Hogrebe, Wolfram (2013): *Der implizite Mensch*. Berlin: Akademie-Verlag.

Holdenried, Michaela (2000): *Autobiographie*. Stuttgart: Reclam.

Holme, Hannah (2018): *Die Sorge um sich – die Sorge um die Welt*. Frankfurt a.M.: Campus Verlag.

Holzhey-Kunz, Alice (2001): *Leiden am Dasein. Die Daseinsanalyse und die Aufgabe einer Hermeneutik psychopathologischer Phänomene*. Wien: Passagen Verlag.

Holzhey-Kunz, Alice (2014): *Daseinsanalyse. Der existenzphilosophische Blick auf seelisches Leiden und seine Therapie*. Wien: Facultas.

Hörisch, Jochen (1998): *Die Wut des Verstehens. Zur Kritik der Hermeneutik*. Frankfurt a.M.: Suhrkamp.

Horn, Christoph (2014): *Antike Lebenskunst. Glück und Moral von Sokrates bis zu den Neuplatonikern*. München: Beck.

Horstmann, Jan (2018): *Theaternarratologie*. Berlin, New York: De Gruyter.

Hübner, Gert (2017): „Überzeugen". In: Matías Martínez (Hg.): *Erzählen. Ein interdisziplinäres Handbuch*. Stuttgart: J.B. Metzler, S. 286–293.

Hübner, Wolfgang (1975): „Spinozas Satz Omnis determinatio est negatio". In: Harald Weinrich (Hg.): *Positionen der Negativität. Poetik und Hermeneutik, Bd. 6*. München: Fink, S. 499–503.

Hühn, Peter (2014): „Event and Eventfulness". In: Peter Hühn, Jan Christoph Meister, John Pier, Wolf Schmid (Hg.): *Handbook of Narratology*. Berlin, New York: De Gruyter, S. 159–178.

Humboldt, Wilhelm von (1906): „Über die Buchstabenschrift und ihren Zusammenhang mit dem Sprachbau". In: Wilhelm von Humboldt: *Gesammelte Schriften, Bd. 5*. Berlin: B. Behr's Verlag, S. 107–133.

Hume, David (2015): *Eine Untersuchung über den menschlichen Verstand*. Hamburg: Meiner.

Husserl, Edmund (1969): *Vorlesungen zur Phänomenologie des inneren Zeitbewusstseins. Gesammelte Werke / Husserliana, Bd. 10*. Den Haag: Martinus Nijhoff.

Ibsen, Henrik (1991): *Die Wildente. Schauspiel in fünf Akten*. Stuttgart: Reclam.

Illouz, Eva (2007): *Der Konsum der Romantik. Liebe und die kulturellen Widersprüche des Kapitalismus*. Frankfurt a.M.: Suhrkamp.

Illouz, Eva (2011): *Die Errettung der modernen Seele. Therapien, Gefühle und die Kultur der Selbsthilfe*. Berlin: Suhrkamp.

Illouz, Eva (2016): *Warum Liebe weh tut. Eine soziologische Erklärung*. Berlin: Suhrkamp.

Iser, Wolfgang (1972): *Der implizite Leser*. München: Fink.

Jaeggi, Rahel (2016): *Entfremdung. Zur Aktualität eines sozialphilosophischen Problems*. Berlin: Suhrkamp.

James, William (1909): *Psychologie*. Leipzig: Quelle & Meyer.

James, William (1975): „Der Wille zum Glauben". In: Ekkehard Martens (Hg.): *Pragmatismus. Ausgewählte Texte von Charles Sanders Peirce, William James, Ferdinand Canning Scott Schiller, John Dewey*. Stuttgart: Reclam, S. 128–160.

Jänig, Rainer (1987): *Freuds Dezentrierung des Subjekts im Zeichen der Hermeneutiken Ricoeurs und Lacans*. Augsburg: AV-Verlag.

Jannidis, Fotis; Lauer, Gerhard; Martínez, Matías; Winko, Simone (Hg.) (2008): *Rückkehr des Autors. Zur Erneuerung eines umstrittenen Begriffs*. Berlin, New York: De Gruyter.

Jarausch, Konrad H.; Sabrow, Martin (2002): „„Meistererzählung" – Zur Karriere eines Begriffs". In: Konrad H. Jarausch, Martin Sabrow (Hg.): *Die historische Meistererzählung. Deutungslinien der deutschen Nationalgeschichte nach 1945*. Göttingen: Vandenhoeck & Ruprecht, S. 9–32.

Joisten, Karen (2009): *Philosophische Hermeneutik*. Berlin: Akademie-Verlag.

Josselyn, Sheena A.; Köhler, Stefan; Frankland, Paul W. (2015): „Finding the engram". In: *Nature Reviews Neuroscience*, 16 (9), S. 521–534.

Jung, Matthias (2005): „‚Making us explizit': Artikulation als Organisationsprinzip von Erfahrung". In: Magnus Schlette, Matthias Jung (Hg.): *Anthropologie der Artikulation. Begriffliche Grundlagen und transdisziplinäre Perspektiven*. Würzburg: Königshausen & Neumann, S. 103–142.

Jung, Matthias (2009): *Der bewusste Ausdruck. Anthropologie der Artikulation*. Berlin: De Gruyter.

Kant, Immanuel (1902ff.): *Gesammelte Schriften*. Berlin, New York: De Gruyter

Kanzian, Christian (2017): „Ereignisse". In: Markus Schrenk (Hg.): *Handbuch Metaphysik*. Stuttgart: J.B. Metzler, S. 152–157.

Kaul, Susanne; Palmier, Jean-Pierre; Skrandies, Timo (Hg.) (2009): *Erzählen im Film. Unzuverlässigkeit – Audiovisualität – Musik*. Bielefeld: transcript.

Keupp, Heiner (Hg.) (1999): *Identitätskonstruktionen. Das Patchwork der Identitäten in der Spätmoderne*. Reinbek bei Hamburg: Rowohlt.

Keutner, Thomas (2004): *Ignoranz, Täuschung, Selbsttäuschung. Kausalität in den Handlungswissenschaften*. Freiburg: Alber.

Kierkegaard, Sören (1956): *Entweder / Oder, Erster Teil. Gesammelte Werke, 1. Abteilung*. Düsseldorf: Eugen Diederichs Verlag.

Kierkegaard, Sören (1957): *Die Krankheit zum Tode. Gesammelte Werke, 24. und 25. Abteilung*. Düsseldorf: Eugen Diederichs Verlag.

Kipp, David (1980): „On Self-Deception". In: *The Philosophical Quarterly*, 30 (121), S. 305–317.

Kirchhoff, Christine (2009): *Das psychoanalytische Konzept der „Nachträglichkeit". Zeit, Bedeutung und die Anfänge des Psychischen*. Gießen: Psychosozial-Verlag.

Klauk, Tobias; Köppe, Tilmann (Hg.) (2016): *Fiktionalität. Ein interdisziplinäres Handbuch*. Berlin, New York: De Gruyter.

Klein, Christian (2009): „‚Historie': Bestandteile der Handlung". In: Christian Klein (Hg.): *Handbuch Biographie. Methoden, Traditionen, Theorie*. Stuttgart: J.B. Metzler, S. 204–212.

Klotz, Christian; d'Alfonso, Matteo Vincenzo (Hg.) (2019): *Fichtes Bildtheorie im Kontext, Teil I und II*. Leiden: Brill.

Klotz, Volker (1999): *Geschlossene und offene Form im Drama*. München: Hanser.

Klüger, Ruth (1996): „Zum Wahrheitsbegriff in der Autobiographie". In: Magdalene Heuser (Hg.): *Autobiographien von Frauen*. Berlin, New York: De Gruyter, S. 405–410.

Kofman, Sarah (2008): *Schreiben wie eine Katze ... Zu E.T.A. Hoffmanns „Lebens-Ansichten des Katers Murr"*. Wien: Passagen Verlag.

Köhle, Karl; Herzog, Wolfgang; Joraschky, Peter; Kruse, Johannes; Langewitz, Wolf; Söllner, Wolfgang (Hg.) (2017): *Uexküll. Psychosomatische Medizin. Theoretische Modelle und klinische Praxis*. München: Elsevier.

König, Karl (2007): *Abwehrmechanismen*. Göttingen: Vandenhoeck & Ruprecht.

Köppe, Tilmann (2016): „Die Institution Fiktionalität". In: Tobias Klauk, Tilmann Köppe (Hg.): *Fiktionalität. Ein interdisziplinäres Handbuch*. Berlin, New York: De Gruyter, S. 35–49.

Korsgaard, Christine M. (1999): „Personale Identität und die Einheit des Handelns: eine kantianische Antwort auf Parfit". In: Michael Quante (Hg.): *Personale Identität*. Paderborn: Schöningh, S. 195–237.

Koschorke, Albrecht (2012): *Wahrheit und Erfindung. Grundzüge einer Allgemeinen Erzähltheorie*. Frankfurt a. M.: Fischer.

Kotre, John N. (1996): *Weisse Handschuhe. Wie das Gedächtnis Lebensgeschichten schreibt*. München: Hanser.

Kracauer, Siegfried (1977): „Die Biographie als neubürgerliche Kunstform". In: Siegfried Kracauer: *Das Ornament der Masse. Essays*. Frankfurt a.M.: Suhrkamp, S. 75–80.

Kris, Ernst (1995): *Die Legende vom Künstler: Ein geschichtlicher Versuch*. Frankfurt a.M.: Suhrkamp.

Kristeva, Julia (1990): *Fremde sind wir uns selbst*. Frankfurt a.M.: Suhrkamp.

Küchenhoff, Joachim (2005): „Trauma, Konflikt, Repräsentation". In: Joachim Küchenhoff: *Die Achtung vor dem Anderen. Psychoanalyse und Kulturwissenschaften im Dialog*. Weilerswist: Velbrück, S. 309–327.

Küchenhoff, Joachim (2012): *Körper und Sprache: Theoretische und klinische Beiträge zu einem intersubjektiven Verständnis des Körpererlebens*. Gießen: Psychosozial-Verlag.

Küchenhoff, Joachim (2016): „Das verkörperte Selbst und der Andere". In: *Psychotherapeut*, 61 (2), S. 124–129.

Küchenhoff, Joachim (2017): „Zu den Bedingungen und den Grenzen einer (unter anderem therapeutischen) Aufhebung von Selbsttäuschung". In: Emil Angehrn, Joachim Küchenhoff (Hg.): *Selbsttäuschung. Eine Herausforderung für Philosophie und Psychoanalyse*. Weilerswist: Velbrück, S. 138–156.

Küchenhoff, Joachim (2019): „Das unerledigte Vergangene". In: Joachim Küchenhoff: *Verständigung und Selbstfindung. Psychoanalytisch-philosophische Gedankengänge*. Basel: Schwabe, S. 123–151.

Kühnel, Sina; Markowitsch, Hans J. (2009): *Falsche Erinnerungen. Die Sünden des Gedächtnisses*. Heidelberg: Spektrum Akademischer Verlag.

Kuiper, Pieter C. (1964): „Verstehende Psychologie und Psychoanalyse". In: *Psyche*, 18 (1), 15–32.

Kuiper, Pieter C. (1965): „Diltheys Psychologie und ihre Beziehung zur Psychoanalyse". In: *Psyche*, 19 (5), S. 241–249.

Lacan, Jacques (1986a): „Das Drängen des Buchstabens im Unbewussten oder die Vernunft seit Freud". In: Jacques Lacan: *Schriften II*. Weinheim, Berlin: Quadriga, S. 15–56.

Lacan, Jacques (1986b): „Funktion und Feld des Sprechens und der Sprache in der Psychoanalyse“. In: Jacques Lacan: *Schriften I*. Weinheim, Berlin: Quadriga, S. 71–169.

Lacan, Jacques (1987): „Unbewusstes und Wiederholung“. In: Jacques Lacan: *Die vier Grundbegriffe der Psychoanalyse. Das Seminar, Buch XI*. Weinheim, Berlin: Quadriga, S. 23–70.

Laing, Ronald D. (1989): *Das Selbst und die Anderen*. München: dtv.

Landweer, Hilge (2001): „Selbsttäuschung“. In: *Deutsche Zeitschrift für Philosophie*, 49 (2), S. 209–227.

Landweer, Hilge; Renz, Ursula; Brungs, Alexander (Hg.) (2012): *Handbuch klassische Emotionstheorien. Von Platon bis Wittgenstein*. Berlin, New York: De Gruyter.

Lang, Hermann (1998): *Die Sprache und das Unbewusste. Jacques Lacans Grundlegung der Psychoanalyse*. Frankfurt a.M.: Suhrkamp.

Lang, Hermann (2000): *Strukturale Psychoanalyse*. Frankfurt a.M.: Suhrkamp.

Langer, Ellen J. (1975): „The illusion of control“. In: *Journal of Personality and Social Psychology*, 32 (2), S. 311–328.

Langer, Susanne K. (1984): *Philosophie auf neuem Wege. Das Symbol im Denken, im Ritus und in der Kunst*. Frankfurt a.M.: Fischer.

Laplanche, Jean (1988): *Die allgemeine Verführungstheorie*. Tübingen: edition diskord.

Laplanche, Jean (1996): *Die unvollendete koperikanische Revolution in der Psychoanalyse*. Frankfurt a.M.: Fischer.

Laplanche, Jean (1998): „Die Psychoanalyse als Anti-Hermeneutik“. In: *Psyche*, 52 (7), S. 605–618.

Laplanche, Jean (2011): *Neue Grundlagen für die Psychoanalyse. Die Urverführung*. Gießen: Psychosozial-Verl.

Laplanche, Jean (2021): *Ein biologistischer Irrweg in Freuds Sexualtheorie*. Gießen: Psychosozial-Verlag.

Laplanche, Jean; Pontalis, Jean-Bertrand (1973): *Das Vokabular der Psychoanalyse*. Frankfurt a.M.: Suhrkamp.

Laplanche, Jean; Pontalis, Jean-Bertrand (1992): *Urphanatasie. Phanatasien über den Ursprung, Ursprung der Phanatasie*. Frankfurt a.M.: S. Fischer Verlag.

Ledoux, Joseph E.; Alberini, Cristina M. (2013): „Memory reconsolidation“. In: *Current Biology*, 23 (17), R746–50.

Lejeune, Philippe (1994): *Der autobiographische Pakt*. Frankfurt a.M.: Suhrkamp.

Lejeune, Philippe (2016): „Die Autobiographie der Nicht-Schreiber“. In: Anja Tippner, Christopher F. Laferl (Hg.): *Texte zur Theorie der Biographie und Autobiographie*. Stuttgart: Reclam, S. 191–217.

Leonhardt, Rochus; Rösel, Martin (Hg.) (2002): *Dürfen wir lügen? Beiträge zu einem aktuellen Thema*. Neukirchen-Vluyn: Neukirchener Verlag.

Loch, Wolfgang (1976): „Psychoanalyse und Wahrheit“. In: *Psyche*, 30 (10), S. 865–898.

Loch, Wolfgang (2010): „Zeichen – Deuten – Handeln. Ein klinsich-theoretischer Beitrag aus psychoanalytischer Sicht“. In: Wolfgang Loch (Hg.): *Erinnerung, Entwurf und Mut zur Wahrheit im psychoanalytischen Prozess. Gesammelte Schriften.* Frankfurt a.M.: Brandes & Apsel, S. 230–255.

Locke, John (2000): *Versuch über den menschlichen Verstand. Teil I, Buch I und II.* Hamburg: Meiner.

Lodes, Birgit (2013): „Musik und Narrativität“. In: Michele Calella, Nikolaus Urbanek (Hg.): *Historische Musikwissenschaft. Grundlagen und Perspektiven.* Stuttgart, Weimar: Verlag J.B. Metzler, 367.382.

Loftus, Elizabeth F. (1995): *Die therapierte Erinnerung. Vom Mythos der Verdrängung bei Anklagen wegen sexuellen Mißbrauchs.* Hamburg: Klein.

Loftus, Elizabeth F.; Goan, James A.; Pickrell, Jacqueline E. (2014): „Manufacturing False Memories Using Bits of Reality“. In: Lynne M. Reder (Hg.): *Implicit memory and metacognition.* New York: Psychology Press, S. 207–232.

Lorenzer, Alfred (1970a): *Kritik des psychoanalytischen Symbolbegriffs.* Frankfurt a. M.: Suhrkamp.

Lorenzer, Alfred (1970b): *Sprachzerstörung und Rekonstruktion. Vorarbeiten zu einer Metatheorie der Psychoanalyse.* Frankfurt a.M.: Suhrkamp.

Lorenzer, Alfred (2002): *Die Sprache, der Sinn, das Unbewußte. Psychoanalytisches Grundverständnis und Neurowissenschaften.* Stuttgart: Klett-Cotta.

Lorenzer, Alfred (2013): *Szenisches Verstehen. Zur Erkenntnis des Unbewussten.* Marburg: Tectum.

Lotman, Ju. M. (2017): „Die Autokommunikation: Das „Ich“ und der „Andere“ als Adressaten (Über zwei Kommunikationsmodelle im System der Kultur“. In: Ju. M. Lotman: *Die Innenwelt des Denkens. Eine semiotische Theorie der Kultur.* Berlin: Suhrkamp, S. 31–52.

Lotter, Maria-Sibylla (Hg.) (2017): *Die Lüge. Texte von der Antike bis in die Gegenwart.* Stuttgart: Reclam.

Löw-Beer, Martin (1990): *Selbsttäuschung. Philosophische Analyse eines psychischen Phänomens.* Freiburg: Alber.

Löwenthal, Leo (1980): „Die biographische Mode“. In: Leo Löwenthal: *Literatur und Massenkultur. Schriften 1.* Frankfurt a.M.: Suhrkamp, S. 231–257.

Lübbe, Hermann (1979): „Identität und Kontingenz“. In: Odo Marquard, Karlheinz Stierle (Hg.): *Identität. Poetik und Hermeneutik, Bd. 8.* München: Fink, S. 655–659.

Luckner, Andreas (2005): *Klugheit.* Berlin, New York: De Gruyter.

Luckner, Andreas (2007): „Wie man zu sich kommt – Versuch über Authentizität“. In: Julius Kuhl und Andreas Luckner: *Freies Selbstsein. Authentizität und Regression.* Göttingen: Vandenhoeck & Ruprecht, S. 9–48.

Luckner, Andreas; Ostritsch, Sebastian (2018): *Existenz.* Berlin, New York: De Gruyter.

Lurija, Alexander R. (1995): „Kleines Porträt eines großen Gedächtnisses“. In: Alexander R. Lurija: *Der Mann, dessen Welt in Scherben ging. Zwei neurologische Geschichten.* Reinbek bei Hamburg: Rowohlt, S. 147–249.

Macho, Thomas (2011): *Vorbilder.* München: Fink.

MacIntyre, Alasdair (1968): *Das Unbewußte. Ein Begriffsanalyse.* Frankfurt a.M.: Suhrkamp.

MacIntyre, Alasdair (1995): *Der Verlust der Tugend. Zur moralischen Krise der Gegenwart.* Frankfurt a.M.: Suhrkamp.

Man, Paul de (1993): „Autobiographie als Maskenspiel“. In: Paul de Man: *Die Ideologie des Ästhetischen.* Frankfurt a.M.: Suhrkamp, S. 131–146.

Margraf, Jürgen; Schneider, Silvia (2009): *Lehrbuch der Verhaltenstherapie. Grundlagen, Diagnostik, Verfahren, Rahmenbedingungen.* Heidelberg: Springer.

Markowitsch, Hans J.; Welzer, Harald (2006): *Das autobiographische Gedächtnis. Hirnorganische Grundlagen und biosoziale Entwicklung.* Stuttgart: Klett-Cotta.

Marquard, Odo (1979): „Identität, Autobiographie, Verantwortung“. In: Odo Marquard, Karlheinz Stierle (Hg.): *Identität. Poetik und Hermeneutik, Bd. 8.* München: Fink, S. 690–699.

Marquard, Odo (1986): „Lob des Polytheismus Über Monomythie und Polymythie“. In: Odo Marquard: *Abschied vom Prinzipiellen.* Stuttgart: Reclam, S. 91–116.

Martínez, Matías (2017a): „Erklären“. In: Matías Martínez (Hg.): *Erzählen. Ein interdisziplinäres Handbuch.* Stuttgart: J.B. Metzler, S. 250–256.

Martínez, Matías (Hg.) (2017b): *Erzählen. Ein interdisziplinäres Handbuch.* Stuttgart: J.B. Metzler.

Martínez, Matías (2017c): „Was ist Erzählen?“. In: Matías Martínez (Hg.): *Erzählen. Ein interdisziplinäres Handbuch.* Stuttgart: J.B. Metzler, S. 2–6.

Martínez, Matías; Scheffel, Michael (2016): *Einführung in die Erzähltheorie.* München: Beck.

Marty, Pierre; M'Uzan, Michel de (1978): „Das operative Denken („Pensee operatoire“)“. In: *Psyche*, 32 (10), S. 974–984.

Marx, Christopher; Benecke, Cord; Gumz, Antje (2021): „Wie kann Reden heilen? Zur Sprache in der Psychotherapie“. In: *Forum Psychoanal*, 37 (1), S. 99–115.

Masson, Jeffrey Moussaieff (1991): *Was hat man dir, du armes Kind, getan? Sigmund Freuds Unterdrückung der Verführungstheorie.* Reinbek bei Hamburg: Rowohlt.

Matlin, Margartet W.; Stand, David J. (1978): *The Pollyanna principle: Selectivity in language, memory, and thought.* Cambridge: Schenkman.

McLaughlin, Brian P.; Oksenberg Rorty, Amelie (Hg.) (1988): *Perspectives on self-deception.* Berkeley: University of California Press.

Mead, George Herbert (1973): *Geist, Identität und Gesellschaft. Aus der Sicht des Sozialbehaviorismus.* Frankfurt a.M.: Suhrkamp.

Meichenbaum, Donald (2012): *Intervention bei Stress. Anwendung und Wirkung des Stressimpfungstrainings*. Bern: Huber.

Mein, Georg (2008): „Narrative der Zeugenschaft". In: Kai Kauffmann, Eva Geulen, Georg Mein (Hg.): *Hannah Arendt und Giorgio Agamben. Parallelen, Perspektiven, Kontroversen*. München: Fink, S. 223–239.

Meister, Jan Christoph (2018): „Erzählen: Eine anthropologische Universalie?". In: Wolf Schmid, Martin Huber, Klaus Stierstorfer, Martina Wagner-Egelhaaf, Barbara Korte, Christoph Strosetzki, Schamma Schahadat (Hg.): *Grundthemen der Literaturwissenschaft*. Berlin, New York: De Gruyter.

Mele, Alfred R. (2001): *Self-deception unmasked*. Princeton: Princeton University Press.

Merleau-Ponty, Maurice (1966): *Phänomenologie der Wahrnehmung*. Berlin, New York: De Gruyter.

Merleau-Ponty, Maurice (2004): *Das Sichtbare und das Unsichtbare. Gefolgt von Arbeitsnotizen*. München: Fink.

Mersch, Dieter (2010): *Posthermeneutik*. Berlin: Akademie-Verlag.

Metzinger, Thomas (2010): *Der Ego-Tunnel*. Berlin: Berlin-Verlag.

Meuter, Norbert (2006): *Anthropologie des Ausdrucks. Die Expressivität des Menschen zwischen Natur und Kultur*. München: Fink.

Micali, Stefano; Fuchs, Thomas (Hg.) (2014): *Wolfgang Blankenburg – Psychiatrie und Phänomenologie*. Freiburg: Alber.

Misch, Georg (1989): „Begriff und Ursprung der Autobiographie". In: Günter Niggl (Hg.): *Die Autobiographie*. Darmstadt: Wissenschaftliche Buchgesellschaft, S. 33–55.

Mitscherlich, Alexander (1963): *Auf dem Weg zur vaterlosen Gesellschaft. Ideen zur Sozialpsychologie*. München: Piper.

Morrison, Toni (2018): *Die Herkunft der Anderen. Über Rasse, Rassismus und Literatur*. Reinbek bei Hamburg: Rowohlt.

Musil, Robert (1978): *Der Mann ohne Eigenschaften. Erstes Buch, Kapitel 81–123*. Reinbek bei Hamburg: Rowohlt.

Nassehi, Armin (1994): „Die Form der Biographie". *Theoretische Überlegungen zur Biographieforschung in methodischer Absicht*. In: *Bios*, 7 (1), S. 46–63.

Neisser, Ulric (1981): „John Dean's memory: A case study". In: *Cognition*, 9 (1), S. 1–22.

Nelson, Katherine; Fivush, Robyn (2004): „The emergence of autobiographical memory: a social cultural developmental theory". In: *Psychological review*, 111 (2), S. 486–511.

Newen, Albert; Bruin, Leon de; Gallagher, Shaun (Hg.) (2018): *The Oxford Handbook of 4E Cognition*. Oxford: Oxford University Press.

Nietzsche, Friedrich (1999a): *Also sprach Zarathustra. Kritische Studienausgabe, Bd. 4*. München: Dt. Taschenbuch-Verl.

Nietzsche, Friedrich (1999b): „Die fröhliche Wissenschaft". In: Friedrich Nietzsche: *Morgenröte, Idyllen aus Messina, Die fröhliche Wissenschaft. Kritische Studienausgabe, Bd. 3*. München: dtv, S. 343–651.

Nietzsche, Friedrich (1999c): *Morgenröte, Idyllen aus Messina, Die fröhliche Wissenschaft. Kritische Studienausgabe, Bd. 3*. München: dtv.

Nietzsche, Friedrich (1999d): „Über Wahrheit und Lüge im außermoralischen Sinn“. In: Friedrich Nietzsche: *Die Geburt der Tragödie / Unzeitgemäße Betrachtungen. Kritische Studienausgabe, Bd. 1*. München: Dt. Taschenbuch-Verl., S. 875–890.

Nietzsche, Friedrich (1999e): „Vom Nutzen und Nachtheil der Historie für das Leben“. In: Friedrich Nietzsche: *Die Geburt der Tragödie / Unzeitgemäße Betrachtungen. Kritische Studienausgabe, Bd. 1*. München: Dt. Taschenbuch-Verl., S. 243–334.

Nietzsche, Friedrich (1999f): „Zur Genealogie der Moral“. In: Friedrich Nietzsche: *Jenseits von Gut und Böse / Zur Genealogie der Moral. Kritische Studienausgabe, Bd. 5*. München: Dt. Taschenbuch-Verl., S. 245–421.

Niklas, Stefan (2013): „Ein etwas rabiater Versuch, den Begriff der Artikulation zu artikulieren“. In: Stefan Niklas, Martin Roussel (Hg.): *Formen der Artikulation. Philosophische Beiträge zu einem kulturwissenschaftlichen Grundbegriff*. München: Fink, S. 15–34.

Noonan, Harold W. (2005): *Personal identity*. London, New York: Routledge.

Obertreis, Julia (Hg.) (2012): *Oral history*. Stuttgart: Steiner.

Parfit, Derek (1984): *Reason and Persons*. Oxford: Oxford University Press.

Parfit, Derek (2017a): „Die Bedeutungslosigkeit der Identität“. In: Derek Parfit: *Personen, Normativität, Moral. Ausgewählte Aufsätze*. Berlin: Suhrkamp, S. 69–105.

Parfit, Derek (2017b): *Personen, Normativität, Moral. Ausgewählte Aufsätze*. Berlin: Suhrkamp.

Pariser, Eli (2012): *Filter Bubble. Wie wir im Internet entmündigt werden*. München: Hanser.

Parker, Elizabeth S.; Cahill, Larry; McGaugh, James L. (2006): „A case of unusual autobiographical remembering“. In: *Neurocase*, 12 (1), S. 35–49.

Pascal, Roy (1965): *Die Autobiographie. Gehalt und Gestalt*. Stuttgart: Kohlkammer.

Paul, Laurie A. (2020): *Was können wir wissen, bevor wir uns entscheiden? Von Kinderwünschen und Vernunftgründen*. Stuttgart: Reclam.

Pears, David (1984): *Motivated irrationality*. Oxford: Clarendon Press.

Peeters, Wim (2017): „Rat geben“. In: Matías Martínez (Hg.): *Erzählen. Ein interdisziplinäres Handbuch*. Stuttgart: J.B. Metzler, S. 269–273.

Peirce, Charles S. (1983): *Phänomen und Logik der Zeichen*. Frankfurt a.M.: Suhrkamp.

Perler, Dominik (1995): „Analytische Zugänge zu Ockham“. In: *Philosophische Rundschau*, 45 (2), S. 173–180.

Picard, Hans Rudolf (1978): *Autobiographie im zeitgenössischen Frankreich. Existentielle Reflexion und literarische Gestaltung*. München: Fink.

Pier, John (2008): „After This, Therefore because of This“. In: John Pier, José Á. García Landa (Hg.): *Theorizing narrativity*. Berlin, New York: De Gruyter, S. 109–140.

Plamper, Jan (2012): *Geschichte und Gefühl. Grundlagen der Emotionsgeschichte*. München: Siedler.

Platon (2004): *Sämtliche Dialoge*. Hamburg: Meiner.

Plessner, Helmuth (2003a): *Ausdruck und menschliche Natur. Gesammelte Schriften VII*. Frankfurt a.M.: Suhrkamp.

Plessner, Helmuth (2003b): „Das Lächeln". In: Helmuth Plessner: *Ausdruck und menschliche Natur. Gesammelte Schriften VII*. Frankfurt a.M.: Suhrkamp, S. 419–434.

Plessner, Helmuth (2003c): *Die Stufen des Organischen und der Mensch. Einleitung in die philosophische Anthropologie. Gesammelte Schriften IV*. Frankfurt a.M.: Suhrkamp.

Plessner, Helmuth (2003d): „Lachen und Weinen. Eine Untersuchung der Grenzen menschlichen Verhaltens". In: Helmuth Plessner: *Ausdruck und menschliche Natur. Gesammelte Schriften VII*. Frankfurt a.M.: Suhrkamp, S. 201–388.

Plessner, Helmuth (2003e): „Zur Anthropologie des Schauspielers". In: Helmuth Plessner: *Ausdruck und menschliche Natur. Gesammelte Schriften VII*. Frankfurt a.M.: Suhrkamp, S. 399–418.

Pohl, Rüdiger (2007): *Das autobiographische Gedächtnis. Die Psychologie unserer Lebensgeschichte*. Stuttgart: Kohlkammer.

Poscheschnik, Gerald (Hg.) (2005): *Empirische Forschung in der Psychoanalyse. Grundlagen – Anwendungen – Ergebnisse*. Gießen: Psychosozial-Verlag.

Price, Jill; Davis, Bart (2009): *Die Frau, die nichts vergessen kann. Leben mit einem einzigartigen Gedächtnis*. Stuttgart: Kreuz.

Priebe, Kathlen; Schmahl, Christian; Stiglmayr, Christian (2014): *Dissoziation. Theorie und Therapie*. Heidelberg: Springer.

Propp, Wladimir (1972): *Morphologie des Märchens*. München: Hanser.

Proust, Marcel (1994): *Auf der Suche nach der verlorenen Zeit. Frankfurter Ausgabe, Bd. 1*. Frankfurt a.M.: Suhrkamp.

Quante, Michael (Hg.) (1999): *Personale Identität*. Paderborn: Schöningh.

Quante, Michael (2012). *Person*. Berlin, New York: De Gruyter.

Quincey, Thomas de (1903): „The Palimpsest of the Human Brain". In: Thomas de Quincey: *Essays*. London: Whibley, S. 272.

Quindeau, Ilka (2004): *Spur und Umschrift: Zur konstitutiven Bedeutung von Erinnerung in der Psychoanalyse*. München: Fink.

Quine, Willard V. Orman (1981): *Theories and things*. Cambridge: Harvard University Press.

Rathbone, Clare J.; Moulin, Chris J. A.; Conway, Martin A. (2008): „Self-centered memories: The reminiscence bump and the self". In: *Memory & Cognition*, 36 (8), S. 1403–1414.

Rawls, John (1979): *Eine Theorie der Gerechtigkeit*. Frankfurt a.M.: Suhrkamp.

Ricœur, Paul (1974): *Die Interpretation. Ein Versuch über Freud*. Frankfurt am Main: Suhrkamp.

Ricœur, Paul (1988): *Zeit und Erzählung. Bd. 1: Zeit und historische Erzählung.* München: Fink.

Ricœur, Paul (1989): *Zeit und Erzählung. Bd. 2: Zeit und literarische Erzählung.* München: Fink.

Ricœur, Paul (1991): *Zeit und Erzählung. Bd. 3: Die erzählte Zeit.* München: Fink.

Ricœur, Paul (2005): *Das Selbst als ein Anderer.* München: Fink.

Ricœur, Paul (2006): *Wege der Anerkennung. Erkennen, Wiedererkennen, Anerkanntsein.* Frankfurt a.M.: Suhrkamp.

Ricœur, Paul (2010): „Existenz und Hermeneutik". In: Paul Ricœur: *Der Konflikt der Interpretationen. Ausgewählte Aufsätze (1960–1969).* Freiburg: Alber, S. 23–47.

Ricœur, Paul (2016a): „Bild und Sprache in der Psychoanalyse". In: Paul Ricœur: *Über Psychoanalyse. Schriften und Vorträge.* Gießen: Psychosozial-Verlag, S. 87–114.

Ricœur, Paul (2016b): „Das Leben. Ein Bericht auf der Suche nach einem Erzähler". In: Paul Ricœur: *Über Psychoanalyse. Schriften und Vorträge.* Gießen: Psychosozial-Verlag, S. 209–234.

Ricœur, Paul (2016c): *Über Psychoanalyse. Schriften und Vorträge.* Gießen: Psychosozial-Verlag.

Ricœur, Paul (2016): „Was für eine Wissenschaft ist die Psychoanalyse?". In: Paul Ricœur: *Über Psychoanalyse. Schriften und Vorträge.* Gießen: Psychosozial-Verlag, S. 17–59.

Ringkamp, Daniela (2017): „Demenz, Personalität und Praktische Selbstverhältnisse. Eine Auseinandersetzung mit den Möglichkeiten und Grenzen der Patientenautonomie Demenzbetroffener". In: *Ethik in der Medizin*, 29 (2), S. 119–132.

Ritter, Alexander (Hg.) (1978): *Zeitgestaltung in der Erzählkunst.* Darmstadt: Wissenschaftliche Buchgesellschaft.

Roedig, Andrea (1997): *Foucault und Sartre. Die Kritik des modernen Denkens.* Freiburg: Alber.

Rölli, Marc (Hg.) (2004): *Ereignis auf Französisch. Von Bergson bis Deleuze.* München: Fink.

Rorty, Richard (1988): „Freund und die moralische Reflexion". In: Richard Rorty: *Solidarität oder Objektivität? Drei philosophische Essays.* Stuttgart: Reclam, S. 38–81.

Rorty, Richard (1991): *Kontingenz, Ironie und Solidarität.* Frankfurt a.M.: Suhrkamp.

Rosa, Hartmut (1998): *Identität und kulturelle Praxis. Politische Philosophie nach Charles Taylor.* Frankfurt a.M.: Campus Verlag.

Rosenberg, Jay F. (2015): „Das Schiff des Theseus – Eine Fallstudie". In: Jay F. Rosenberg: *Philosophieren. Ein Handbuch für Anfänger.* Frankfurt a.M.: Vittorio Klostermann, S. 64–77.

Rössler, Beate (2017): *Autonomie. Ein Versuch über das gelungene Leben.* Berlin: Suhrkamp.

Röttgers, Kurt (1982): *Der kommunikative Text und die Zeitstruktur von Geschichten.* Freiburg: Alber.

Röttgers, Kurt (1988): „Die Erzählbarkeit des Lebens". In: *Bios*, 1 (1), S. 5–19.

Ruffing, Reiner (2013): *Der Sinn der Sorge*. Freiburg: Alber.

Rüggemeier, Jan (2017): „Bekehren". In: Matías Martínez (Hg.): *Erzählen. Ein interdisziplinäres Handbuch*. Stuttgart: J.B. Metzler, S. 231–235.

Sack, Martin (2015): „Narrative Arbeit im Kontext schonender Traumatherapie". In: Carl Eduard Scheidt, Gabriele Lucius-Hoene, Elisabeth Waller (Hg.): *Narrative Bewältigung von Trauma und Verlust*. Stuttgart: Schattauer, S. 151–160.

Sartre, Jean-Paul (1982): *Saint Genet*. Reinbek bei Hamburg: Rowohlt.

Sartre, Jean-Paul (1987a): „Der Ekel". In: Jean-Paul Sartre: *Der Ekel, Die Kindheit des Chefs. Gesammelte Werke. Romane und Erzählungen 1*. Reinbek bei Hamburg: Rowohlt, S. 7–200.

Sartre, Jean-Paul (1987b): „Die Kindheit des Chefs". In: Jean-Paul Sartre: *Der Ekel, Die Kindheit des Chefs. Gesammelte Werke. Romane und Erzählungen 1*. Reinbek bei Hamburg: Rowohlt, S. 108–178.

Sartre, Jean-Paul (1988): *Die Wörter. Gesammelte Werke. Autobiographische Schriften, Briefe, Tagebücher 1*. Reinbek bei Hamburg: Rowohlt.

Sartre, Jean-Paul (1994): *Das Sein und das Nichts*. Reinbek bei Hamburg: Rowohlt.

Sartre, Jean-Paul (1997): „Skizze einer Theorie der Emotionen". In: Jean-Paul Sartre: *Die Transzendenz des Ego. Philosophische Essays 1931–1939*. Reinbek bei Hamburg: Rowohlt, S. 255–321.

Sartre, Jean-Paul (2000): „Der Existenzialismus ist ein Humanismus". In: Jean-Paul Sartre: *Der Existenzialismus ist ein Humanismus und andere philosophische Essays 1943–1948*. Reinbek: Rowohlt, S. 145–192.

Saussure, Ferdinand de (2001): *Grundfragen der allgemeinen Sprachwissenschaft*. Berlin, New York: De Gruyter.

Schacter, Daniel L. (1999a): „The seven sins of memory: Insights from psychology and cognitive neuroscience". In: *American Psychologist*, 54 (3), S. 182–203.

Schacter, Daniel L. (1999b): *Wir sind Erinnerung. Gedächtnis und Persönlichkeit*. Reinbek bei Hamburg: Rowohlt.

Schacter, Daniel L.; Moscovitch, Morris (1984): „Infants, Amnesics, and Dissociable Memory Systems". In: Morris Moscovitch (Hg.): *Infant Memory*. Boston: Springer, S. 173–216.

Schafer, Roy (1982): *Eine neue Sprache für die Psychoanalyse*. Stuttgart: Klett Cotta.

Schapp, Wilhelm (2012): *In Geschichten verstrickt. Zum Sein von Mensch und Ding*. Frankfurt a.M.: Klostermann.

Scharfetter, Christian (2020): *Allgemeine Psychopathologie*. Stuttgart: Thieme.

Schechtman, Marya (1996): *The constitution of selves*. Ithaca: Cornell University Press.

Scheffel, Michael (2004): „Erzählen als anthropologische Universalie: Funktionen des Erzählens im Alltag und in der Literatur". In: Rüdiger Zymner, Manfred Engel (Hg.):

Anthropologie der Literatur. Poetogene Strukturen und ästhetisch-soziale Handlungsfelder. Paderborn: Mentis, S. 121–138.

Scheidt, Carl Eduard; Lucius-Hoene, Gabriele (2015a): „Kategorisierung und narrative Bewältigung bindungsbezogener Traumaerfahrungen im Erwachsenenbindungsinterview". In: Carl Eduard Scheidt, Gabriele Lucius-Hoene, Elisabeth Waller (Hg.): *Narrative Bewältigung von Trauma und Verlust*. Stuttgart: Schattauer, S. 26–38.

Scheidt, Carl Eduard; Lucius-Hoene, Gabriele; Waller, Elisabeth (Hg.) (2015b): *Narrative Bewältigung von Trauma und Verlust*. Stuttgart: Schattauer.

Scheler, Max (2018): *Die Stellung des Menschen im Kosmos*. Hamburg: Meiner.

Schilling, Erik (2020): *Authentizität. Karriere einer Sehnsucht*. München: Beck.

Schlette, Magnus; Jung, Matthias (2005): „Einleitende Bemerkung zu einer Anthropologie der Artikulation". In: Magnus Schlette, Matthias Jung (Hg.): *Anthropologie der Artikulation. Begriffliche Grundlagen und transdisziplinäre Perspektiven*. Würzburg: Königshausen & Neumann, S. 7–26.

Schmid, Wolf (2008): *Elemente der Narratologie*. Berlin, New York: De Gruyter.

Schmitz, Hermann (2007): *Die Liebe*. Bonn: Bouvier.

Schmitz, Hermann (2015): *Selbst sein. Über Identität, Subjektivität und Personalität*. Freiburg, München: Alber.

Schmitz, Hermann (2017): *Zur Epigenese der Person*. Freiburg: Alber.

Schneider, Manfred (1986): *Die erkaltete Herzensschrift. Der autobiographische Text im 20. Jahrhundert*. München: Hanser.

Schönherr-Mann, Hans-Martin (2007): *Simone de Beauvoir und das andere Geschlecht*. München: dtv.

Schopenhauer, Arthur (1985): *Kritische Auseinandersetzungen (1809–1818). Der handschriftliche Nachlass, Bd. 5*. Frankfurt am Main: Dt. Taschenbuch-Verl.

Schopenhauer, Arthur (1986): *Die Welt als Wille und Vorstellung I. Sämtliche Werke, Bd. 1*. Frankfurt a. M.: Suhrkamp.

Schöpf, Alfred (1988): „Die praktische und die wissenschaftstheoretische Bedeutung des Problems der Suggestion". In: Helmuth Vetter, Ludwig Nagl (Hg.): *Die Philosophen und Freud*. Wien, München: Oldenborg, S. 175–198.

Schorno, Christian (2004): *Autokommunikation. Selbstanrede als Abweichungs- bzw. Parallelphänomen der Kommunikation*. Berlin, New York: De Gruyter.

Schur, Max (1955): „Comments on the Metapsychology of Somatization". In: *The Psychoanalytic Study of the Child*, 10 (1), S. 119–164.

Schürmann, Eva (2017): „Frame and Framing. On the Parergonal Constitution of Artistic Representation". In: Stefan Majetschak, Anja Weiberg (Hg.): *Aesthetics Today. Contemporary Approaches to the Aesthetics of Nature and of Arts. Proceedings of the 39th International Wittgenstein Symposium in Kirchberg*. Berlin, New York: De Gruyter.

Schürmann, Eva (2018): *Vorstellen und Darstellen. Szenen einer medienanthropologischen Theorie des Geistes*. Paderborn: Fink.

Schürmann, Volker (2019): „Max Scheler und Helmuth Plessner – Leiblichkeit in der Philosophischen Anthropologie". In: Emmanuel Alloa, Thomas Bedorf, Christian Grüny, Tobias Nikolaus Klass (Hg.): *Leiblichkeit. Geschichte und Aktualität eines Konzepts*. Stuttgart: UTB, S. 207–223.

Schurz, Robert (1995): *Negative Hermeneutik. Zur sozialen Anthropologie des Nicht-Verstehens*. Opladen: Westdeutscher Verlag.

Schütze, Fritz (1984): „Kognitive Figuren des autobiographischen Stegreiferzählens". In: Martin Kohli, Günther Robert (Hg.): *Biographie und Soziale Wirklichkeit: neue Beiträge und Forschungsperspektiven*. Stuttgart: J.B. Metzler, S. 78–117.

Searle, John R. (1982): „Der logische Status fiktionalen Diskurses". In: John R. Searle: *Ausdruck und Bedeutung. Untersuchungen zur Sprechakttheorie*. Frankfurt a.M.: Suhrkamp, S. 80–92.

Searle, John R. (2015): „Was ist ein Sprechakt?". In: Uwe Wirth (Hg.): *Performanz. Zwischen Sprachphilosophie und Kulturwissenschaften*. Frankfurt a.M.: Suhrkamp, S. 83–103.

Seel, Martin (2003): „Ereignisse. Eine kleine Phänomenologie". In: Müller-Schöll, Nikolaus (Hg.): *Ereignis. Eine fundamentale Kategorie der Zeiterfahrung. Anspruch und Aporien*. Bielefeld: transcript, S. 37–47.

Seidler, Günter H.; Freyberger, Harald J.; Glaesmer, Heide; Gahleitner, Silke Birgitta (Hg.) (2021): *Handbuch der Psychotraumatologie*. Stuttgart: Klett-Cotta.

Shaw, Julia (2018): *Das trügerische Gedächtnis. Wie unser Gehirn Erinnerungen fälscht*. München: Wilhelm Heyne Verlag.

Shusterman, Richard (2012): *Körper-Bewusstsein. Für eine Philosophie der Somaästhetik*. Hamburg: Meiner.

Slaby, Jan (2008): *Gefühl und Weltbezug. Die menschliche Affektivität im Kontext einer neo-existentialistischen Konzeption von Personalität*. Paderborn: Mentis.

Sloterdijk, Peter (1978): *Literatur und Organisation von Lebenserfahrung. Autobiographien der Zwanziger Jahre*. München: Hanser.

Sommer, Manfred (1983): „Intentionalität und Narrativität bei Husserl". In: Alwin Diemer (Hg.): *Der 16. Weltkongress für Philosophie*. Berlin: Peter Lang, S. 551–555.

Sommer, Roy (2017): „Gruppenbildung". In: Matías Martínez (Hg.): *Erzählen. Ein interdisziplinäres Handbuch*. Stuttgart: J.B. Metzler, S. 257–259.

Stanzel, Franz K. (2008): *Theorie des Erzählens*. Göttingen: Vandenhoeck & Ruprecht.

Starobinski, Jean (2016): „Der Stil der Autobiographie". In: Anja Tippner, Christopher F. Laferl (Hg.): *Texte zur Theorie der Biographie und Autobiographie*. Stuttgart: Reclam, S. 121–137.

Steidele, Angela (2019): *Poetik der Biographie*. Berlin: Matthes & Seitz.

Steinfath, Holmer (2001): *Orientierung am Guten. Praktisches Überlegen und die Konstitution von Personen*. Frankfurt a.M.: Suhrkamp.

Stephan, Achim (1989): *Sinn als Bedeutung. Bedeutungstheoretische Untersuchungen zur Psychoanalyse Sigmund Freuds*. Berlin, New York: De Gruyter.

Stierlin, Helm (1982): *Delegation und Familie*. Frankfurt a.M.: Suhrkamp.

Stoellger, Philipp (2005): „Wo Verstehen zum Problem wird". In: Juerg Albrecht, Marie-Luise Angerer (Hg.): *Kultur nicht verstehen. Produktives Nichtverstehen und Verstehen als Gestaltung*. Heidelberg: Springer, S. 7–27.

Storck, Timo (Hg.) (2012): *Zur Negation der psychoanalytischen Hermeneutik*. Gießen: Psychosozial-Verlag.

Straub, Jürgen (2019): *Das erzählte Selbst. Konturen einer interdisziplinären Theorie narrativer Identität. Ausgewählte Schriften (3 Bände)*. Gießen: Psychosozial-Verlag.

Straub, Jürgen; Renn, Joachim (Hg.) (2002): *Transitorische Identität. Der Prozesscharakter des modernen Selbst*. Frankfurt a.M.: Campus Verlag.

Strawson, Galen (2004): „Against Narrativity". In: *Ratio*, 17 (4), S. 428–452.

Strawson, Peter Frederick (1972): *Einzelding und logisches Subjekt. Ein Beitrag zur deskriptiven Metaphysik*. Stuttgart: Reclam.

Strohmaier, Alexandra (2010): „Zur Performativität des Narrativen: Vorüberlegungen zu einer performativen Narratologie". In: Volker A. Munz (Hg.): *Signs, minds and actions*. Frankfurt a.M.: Ontos-Verlag, S. 77–94.

Strowick, Elisabeth (1999): *Passagen der Wiederholung. Kierkegaard – Lacan – Freud*. Stuttgart: J.B. Metzler.

Stumpp, Margit (2022): „Wahrhaftigkeit". In: Sven van Meegen (Hg.): *Wahrhaftigkeit – eine gesellschaftliche Herausforderung*. Wiesbaden: Springer VS, 27–38,

Sturma, Dieter (2008): *Philosophie der Person. Die Selbstverhältnisse von Subjektivität und Moralität*. Münster: Mentis.

Taylor, Charles (1985): „Self-interpreting animals". In: Charles Taylor: *Philosophical papers I*. Cambridge: Cambridge University Press, S. 45–76.

Taylor, Charles (1992a): „Bedeutungstheorien". In: Charles Taylor: *Negative Freiheit? Zur Kritik des neuzeitlichen Individualismus*. Frankfurt a.M.: Suhrkamp, 52–117.

Taylor, Charles (1992b): „Was ist menschliches Handeln?". In: Charles Taylor: *Negative Freiheit? Zur Kritik des neuzeitlichen Individualismus*. Frankfurt a.M.: Suhrkamp, S. 9–51.

Taylor, Charles (1996): *Quellen des Selbst. Die Entstehung der neuzeitlichen Identität*. Frankfurt a.M.: Suhrkamp.

Teichert, Dieter (2000): *Personen und Identitäten*. Berlin, New York: De Gruyter.

Teichert, Dieter (2003): „Zwei Begriffe personaler Identität". In: Christian Kanzian (Hg.): *Personen: ein interdisziplinärer Dialog*. Wien: Österreichischer Bundesverlag.

Theunissen, Michael (1991a): „Können wir in der Zeit glücklich werden". In: Michael Theunissen: *Negative Theologie der Zeit*. Frankfurt a.M.: Suhrkamp, S. 37–87.

Theunissen, Michael (1991b): „Melancholisches Leiden unter der Herrschaft der Zeit". In: Michael Theunissen: *Negative Theologie der Zeit*. Frankfurt a.M.: Suhrkamp, S. 218–281.

Thomä, Dieter (1998): *Erzähle dich selbst. Lebensgeschichte als philosophisches Problem*. München: Beck.

Thomä, Dieter (2007): „Vom Nutzen und Nachteil der Erzählung für das Leben". In: Karen Joisten (Hg.): *Narrative Ethik. Das Gute und das Böse erzählen*. Berlin: Akademie Verlag, S. 75–93.

Thomä, Dieter (Hg.) (2009): *Vaterlosigkeit. Geschichte und Gegenwart einer fixen Idee*. Frankfurt a.M.: Suhrkamp.

Tippner, Anja; Laferl, Christopher F. (2016): „Einleitung". In: Anja Tippner, Christopher F. Laferl (Hg.): *Texte zur Theorie der Biographie und Autobiographie*. Stuttgart: Reclam, S. 9–41.

Tolstoj, Lew (2011): *Anna Karenina*. München: dtv.

Tönnies, Sven (1994): *Selbstkommunikation. Empirische Befunde zu Diagnostik und Therapie*. Heidelberg: Asanger.

Trabant, Jürgen (1998): *Artikulationen. Historische Anthropologie der Sprache*. Frankfurt a.M.: Suhrkamp.

Trilling, Lionel (1980): *Das Ende der Aufrichtigkeit*. München: Hanser.

Tugendhat, Ernst (2005): *Selbstbewußtsein und Selbstbestimmung. Sprachanalytische Interpretationen*. Frankfurt a.M.: Suhrkamp.

Tulving, Endel (1992): *Elements of episodic memory*. Oxford: Clarendon Press.

Uexküll, Thure von (1970): *Grundfragen der psychosomatischen Medizin*. Reinbek bei Hamburg: Rowohlt.

Vaitl, Dieter (2012): *Veränderte Bewusstseinszustände. Grundlagen – Techniken – Phänomenologie*. Stuttgart: Schattauer.

van Campen, Cretien (2014): *The Proust Effect. The Senses as Doorways to Lost Memories*. Oxford: Oxford University Press.

Veits, Andreas; Wilde, Lukas R. A.; Sachs-Hombach, Klaus (2020): *Einzelbild & Narrativität. Theorien, Zugänge, offene Fragen*. Köln: Herbert von Halem.

Velleman, James David (2006): *Self to self. Selected essays*. Cambridge: Cambridge University Press.

Viertbauer, Klaus (2017): „Der Mensch als Selbst. Zum Begriff des präreflexiven Selbstbewusstseins in Kierkegaards Krankheit zum Tode (1849)". In: *Kierkegaard Studies Yearbook*, 2017 (1), S. 79–100.

Vöhler, Martin (2009): *Grenzen der Katharsis in den modernen Künsten. Transformationen des aristotelischen Modells seit Bernays, Nietzsche und Freud*. Berlin, New York: De Gruyter.

Voss, Christiane (2004): *Narrative Emotionen. Eine Untersuchung über Möglichkeiten und Grenzen philosophischer Emotionstheorien*. Berlin, New York: De Gruyter.

Wagner-Egelhaaf, Martina (2005): *Autobiographie*. Stuttgart, Weimar: J.B. Metzler.

Wagner-Egelhaaf, Martina (Hg.) (2013): *Auto®fiktion. Literarische Verfahren der Selbstkonstruktion*. Bielefeld: Aisthesis Verlag.

Waldenfels, Bernhard (2000): *Das leibliche Selbst. Vorlesungen zur Phänomenologie des Leibes*. Frankfurt a. M.: Suhrkamp.

Wampold, Bruce E.; Imel, Zac E.; Flückiger, Christoph (2018): *Die Psychotherapie-Debatte. Was Psychotherapie wirksam macht*. Bern: Hogrefe.

Wandruska, Boris (2014): „Die Rolle der Zukunft für die menschliche Existenz im Allgemeinen und für die Psychotherapie im Besonderen". In: Stefano Micali, Thomas Fuchs (Hg.): *Wolfgang Blankenburg – Psychiatrie und Phänomenologie*. Freiburg: Alber, S. 219–240.

Weber-Guskar, Eva (2009): *Die Klarheit der Gefühle. Was es heißt, Emotionen zu verstehen*. Berlin, New York: De Gruyter.

Wedelstaedt, Almut Kristine. v. (2016): *Von Menschen und Geschichten. Über philosophische Theorien narrativer Identität*. Münster: Mentis.

Weißpflug, Maike (2014): „Erzählen und Urteilen. Narrative politische Theorie nach Hannah Arendt". In: Hofmann, Wilhelm, Renner, Judith, Teich, Katja (Hg.): *Narrative Formen der Politik*. Berlin: Springer, S. 209–225.

Weizsäcker, Viktor von (2005): *Pathosophie. Gesammelte Schriften, Bd. 10*. Frankfurt a.M.: Suhrkamp.

Welsen, Peter (1990): „Opazität und Transparenz. Zum Verhältnis von Sprache und Bewußtsein bei Jacques Lacan und Paul Ricœur". In: *Phänomenologische Forschungen* (23), S. 74–103.

Welzer, Harald (2008): *Das kommunikative Gedächtnis. Eine Theorie der Erinnerung*. München: Beck.

Welzer, Harald; Moller, Sabine; Tschuggnall, Karoline (2015): *„Opa war kein Nazi". Nationalsozialismus und Holocaust im Familiengedächtnis*. Frankfurt a.M.: Fischer.

White, Hayden (1986a): *Auch Klio dichtet oder Die Fiktion des Faktischen. Studien zur Topologie des historischen Diskurses*. Stuttgart: Klett-Cotta.

White, Hayden (1986b): „Der historische Text als literarisches Kunstwerk". In: Hayden White: *Auch Klio dichtet oder Die Fiktion des Faktischen. Studien zur Topologie des historischen Diskurses*. Stuttgart: Klett-Cotta, S. 101–122.

White, Hayden (1991): *Auch Klio dichtet oder Die Fiktion des Faktischen. Studien zur Tropologie des historischen Diskurses*. Stuttgart: Klett-Cotta.

White, Hayden V. (2015): *Metahistory. Die historische Einbildungskraft im 19. Jahrhundert in Europa*. Frankfurt am Main: Fischer.

White, Michael (2010): *Landkarten der narrativen Therapie*. Heidelberg: Carl-Auer-Verlag.

White, Michael; Epston, David (2020): *Die Zähmung der Monster. Der narrative Ansatz in der Familientherapie*. Heidelberg: Carl-Auer-Verlag.

Williams, Bernard (1978): „Kann man sich dazu entscheiden, etwas zu glauben?". In: Bernard Williams: *Probleme des Selbst. Philosophische Aufsätze 1956–1972*. Stuttgart: Reclam, S. 217–241.

Williams, Bernard (1996): *Wert der Wahrheit*. Wien: Passagen Verlag.

Williams, Bernard (2013): *Wahrheit und Wahrhaftigkeit*. Berlin: Suhrkamp.

Wils, Jean-Pierre (2012): „Sartre: Emotionen als Urteil". In: Hilge Landweer, Ursula Renz, Alexander Brungs (Hg.): *Handbuch Klassische Emotionstheorien. Von Platon bis Wittgenstein*. Berlin, New York: De Gruyter, S. 661–680.

Winnicott, Donald W. (1979): „Die Spiegelfunktion von Mutter und Familie in der kindlichen Entwicklung". In: Donald W. Winnicott: *Vom Spiel zur Kreativität*. Stuttgart: Klett-Cotta, S. 128–135.

Winnicott, Donald W. (1991): „Die Angst vor dem Zusammenbruch". In: *Psyche*, 45 (12), S. 1116–1126.

Wittgenstein, Ludwig (1984): „Philosophische Untersuchung". In: Ludwig Wittgenstein: *Tractatus logico-philosophicus. Werkausgabe, Bd. 1*. Frankfurt a. M.: Suhrkamp, S. 225–580.

Yalom, Irvin D. (2015): *Existenzielle Psychotherapie*. Bergisch Gladbach: EHP – Verlag Andreas Kohlhage.

Yates, Frances A. (1994): *Gedächtnis und Erinnern. Mnemonik von Aristoteles bis Shakespeare*. Berlin: Akademie Verlag.

Zahavi, Dan (2007): „Self and Other". *The Limits of Narrative Understanding*. In: *Roy. Inst. Philos. Suppl.*, 60, S. 179–202.

Zimmermann, Christian von (2009): „Biographie und Autobiographie". In: Christian Klein (Hg.): *Handbuch Biographie. Methoden, Traditionen, Theorie*. Stuttgart: J.B. Metzler, S. 61–70.

Zipfel, Frank (2016): „Fiktionssignale". In: Tobias Klauk, Tilmann Köppe (Hg.): *Fiktionalität. Ein interdisziplinäres Handbuch*. Berlin, New York: De Gruyter, S. 97–124.

Žižek, Slavoj (2015): *Psychoanalyse und die Philosophie des deutschen Idealismus*. Wien, Berlin: Turia + Kant.